"十四五"职业教育国家规划教材

高等职业教育精品工程系列教材·汽车制造与试验技术专业

汽车发动机构造与检修
（第5版）

蒋瑞斌　扶爱民　主　编

李全利　秦会斌　朱晓波　副主编

电子工业出版社·

Publishing House of Electronics Industry

北京·BEIJING

内容简介

本书系统地介绍了汽车发动机工作原理、曲柄连杆机构的构造与维修、配气机构的构造与维修、汽油发动机电控汽油喷射系统的构造与维修、柴油机燃料供给系统的构造与维修、发动机冷却系统的构造与维修、发动机润滑系统的构造与维修、发动机的装配与磨合、点火系统的构造与维修及汽车起动系统的构造与维修等内容。

本书既可作为高等职业院校汽车各专业的教材，也可作为汽车维修的培训教材，还可供汽车维修从业人员、技师学习参考。

图书在版编目（CIP）数据

汽车发动机构造与检修 / 蒋瑞斌，扶爱民主编. —5 版. —北京：电子工业出版社，2022.6

ISBN 978-7-121-38023-5

Ⅰ．①汽… Ⅱ．①蒋… ②扶… Ⅲ．①汽车—发动机—构造—高等学校—教材②汽车—发动机—车辆修理—高等学校—教材 Ⅳ．①U472.43

中国版本图书馆 CIP 数据核字（2019）第 268638 号

责任编辑：郭乃明

印　　刷：三河市鑫金马印装有限公司
装　　订：三河市鑫金马印装有限公司
出版发行：电子工业出版社
　　　　　北京市海淀区万寿路 173 信箱　邮编　100036
开　　本：787×1 092　1/16　印张：21.5　字数：634 千字
版　　次：2005 年 3 月第 1 版
　　　　　2022 年 6 月第 5 版
印　　次：2025 年 8 月第 8 次印刷
定　　价：59.00 元

凡所购买电子工业出版社图书有缺损问题，请向购买书店调换。若书店售缺，请与本社发行部联系，联系及邮购电话：（010）88254888，88258888。

质量投诉请发邮件至 zlts@phei.com.cn，盗版侵权举报请发邮件至 dbqq@phei.com.cn。

本书咨询联系方式：（010）88254561，guonm@phei.com.cn。

前　言

职业教育的目的是使学生在相应的职业技术群中实现零距离就业，职业技术教育的教材宗旨是与行业领域的技术"零距离"接轨。

本书在"十二五"职业教育国家规划教材《汽车发动机构造与维修（第4版）》的基础上修订而成。

全书共10章，内容包括：发动机的基础知识、曲柄连杆机构的构造与维修、配气机构的构造与维修、电子控制汽油喷射供给系统的构造与维修、柴油机燃料供给系统的构造与维修、发动机冷却系统的构造与维修、发动机润滑系统的构造与维修、发动机的装配与磨合、汽油发动机点火系统的构造与维修、起动系统的构造与维修等。

本书由湖南生物机电职业技术学院蒋瑞斌、扶爱民（副教授）担任主编，陕西交通职业技术学院李全利（副教授）、山西长治职业技术学院秦会斌（副教授）、郴州职业技术学院朱晓波分别担任副主编。相关章节由蒋瑞斌统筹，实训部分由湖南生物机电职业技术学院的蒋欲刚编写，全书由扶爱民审定统稿。参加教材编写的还有吉林交通职业技术学院的高寒老师，河北师大职业技术学院的邢世凯老师。

在教材的编写过程中，得到了湖南生物机电职业技术学院、陕西交通职业技术学院、山西长治职业技术学院、郴州职业技术学院、吉林交通职业技术学院、河北师大职业技术学院的大力支持，在此一并表示感谢。

依行业约定俗成的习惯，本书对压强的叙述均以"压力"代替。

由于编者水平所限，加之时间仓促，书中难免存在缺点、错误，恳请读者批评指正。

编　者

目　　录

汽 车 总 论

学习目标

● 熟悉汽车类型与总体构造，国内外汽车分类标准。

● 了解汽车分类、汽车型号、汽车识别代号。

● 掌握汽车修理的预备知识。

0.1 汽车类型与总体构造

0.1.1 国产汽车的类型

汽车是指由自身动力装置驱动，具有 4 个或 4 个以上车轮的非轨道无架线的车辆，其主要用途是载运人员或货物。

汽车的类型很多，分类方法也很多，我国现行的汽车分类标准主要有 GB/T 15089—2001、GB/T 3730.1—2001 等。

1. 按 GB/T 15089—2001 分类

GB/T 15089—2001 是机动车和挂车的分类，是形式认证、各技术法规适用范围的依据。根据 GB/T 15089—2001 分类办法，将汽车及挂车分为 M 类、N 类、G 类、O 类和 L 类五种类型。

（1）M 类车辆。至少具有四个车轮的载客车辆，根据乘员数或座位数、最大设计总质量分为 M1、M2 和 M3 三类。其中 M1、M2 类车辆根据乘员数及对乘员的要求，又可分为 A 级、B 级、Ⅰ 级、Ⅱ 级、Ⅲ 级五个细类。

（2）N 类车辆。至少有四个车轮且用于载货车辆，根据最大设计总质量分为 N1、N2 和 N3 三类。

（3）G 类车辆。可概括为越野汽车，包括在 M 类或 N 类之中，即满足要求的 M 类、N 类的越野车。

（4）O 类车辆。包括半挂车在内的挂车，根据最大设计总质量分为 O1、O2、O3 和 O4 四类。

（5）L 类车辆。两轮或三轮车辆。根据车辆使用的热力发动机排量、车轮数，又分为 L1、L2、L3、L4 和 L5 五类。

2. 按 GB/T 3730.1—2001 分类

GB/T 3730.1—2001 是汽车行业的"通用性分类"，适用于一般概念、统计、牌照、保险、政府政策和管理的依据。

GB/T 3730.1—2001 根据车辆的设计和技术特性，分为汽车、挂车和汽车列车。将汽车分为乘用车和商用车两大类，如图 0.1 所示。

3. 按旧有标准分类

习惯上也可根据旧有标准将汽车分为 4 类，如表 0.1 所示。

根据旧有标准的规定，运输汽车按照其主要特征参数分级，如表 0.2 所示。

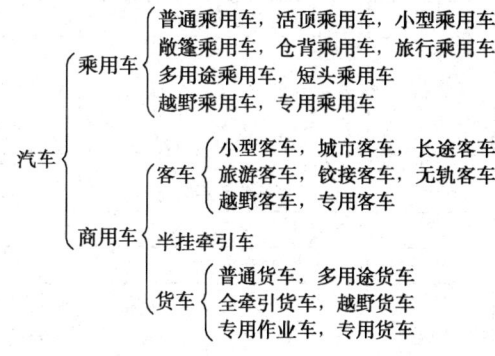

图 0.1 汽车分类

表 0.1　国产汽车分类

按用途分	运输汽车	轿车：按发动机工作容积分级
		客车：按车辆总长度分级
		货车：按汽车的总质量分级
	特种运输汽车	特种用途汽车：如商业售货车、医疗救护车、公安消防车、环卫环保作业车、市政建设工程作业车、农牧副渔作业车、石油地质作业车、机场作业车等
		竞赛汽车：F₁方程式赛车、拉力赛车等
		娱乐汽车：旅游汽车、高尔夫球场专用车、海滩游玩汽车等
按动力装置类型分	活塞式内燃机汽车	分为汽油车、柴油车、代用燃料车（代用燃料包括合成液体石油、液化石油气、压缩天然气、醇类等）
	电动汽车	以电动机为驱动机械，以蓄电池为能源的车辆
	复合车	有发动机和蓄能器两套动力源的车辆
	燃气轮机汽车	以燃气轮机为动力，靠气轮驱动的汽车
	喷气式汽车	以航空发动机或火箭发动机燃烧特殊燃料产生的喷气反作用力驱动的轮式汽车
按行使道路条件分	公路车	适用于公路和城市道路上行驶的汽车
	非公路车	一类是只能在矿山、机场、工地、专用道路等非公路地区使用
		另一类是能在无路地面上行驶的高通过性的越野汽车
按行驶机构的特征分	轮式汽车	分为非全轮驱动和全轮驱动两种类型。汽车驱动形式一般用符号"$n×m$"（车轮总数×驱动轮数）表示： 4×2 非全轮驱动，如普通轿车及大多数汽车。 4×4 全轮驱动轻型越野汽车，如奇瑞瑞虎。 6×6 中型越野汽车，如 EQ2080 型
	其他形式的车辆	如履带式、雪橇式、气垫式、步行机械式车辆等

表 0.2　运输汽车分级

（1）轿车：载送 2～9 个乘员，主要供私人用的汽车		
分级	发动机工作容积/L	示　例
微型	≤1.0	奥拓、夏利 TJ7100、福莱尔
普通	>1.0～≤1.6	捷达王、富康 988、羚羊 7130
中级	>1.6～≤2.5	桑塔纳 2000、奥迪 100、红旗 CA7220
中高级	>2.5～≤4.0	丰田皇冠、奔驰 300、别克新世纪
高级	>4.0	凯迪拉克、林肯、奔驰 S600、奥迪 A6
（2）客车：载送 9 个以上乘员，供公共服务用的汽车		
分级	车辆总长度/m	示　例
微型	≤3.5	松花江 HF6350、天津大发
轻型	>3.5～≤7	解放 CA6440、金杯 RZH114L
中型	>7～≤10	四平 SPK6900、金华 BK6820LPG
大型	>10～≤12	黄海 DD6112H、上海 SK6115KHP2
特大型	铰接式客车与双层客车	上海 SK6142 铰接式客车、金陵 JLY6121 双层客车
（3）货车：载送货物的运输汽车		
分级	汽车总质量/t	示　例
微型	≤1.8	福田微卡、小卡、轻卡
轻型	>1.8～≤6	北京 BJ1041、跃进 NJ1060、江铃 JX1030DS
中型	>6～≤14	解放 1091、解放 1092、东风 1090E
重型	>14	黄河 1171、斯太尔重型汽车

部分车型示例：

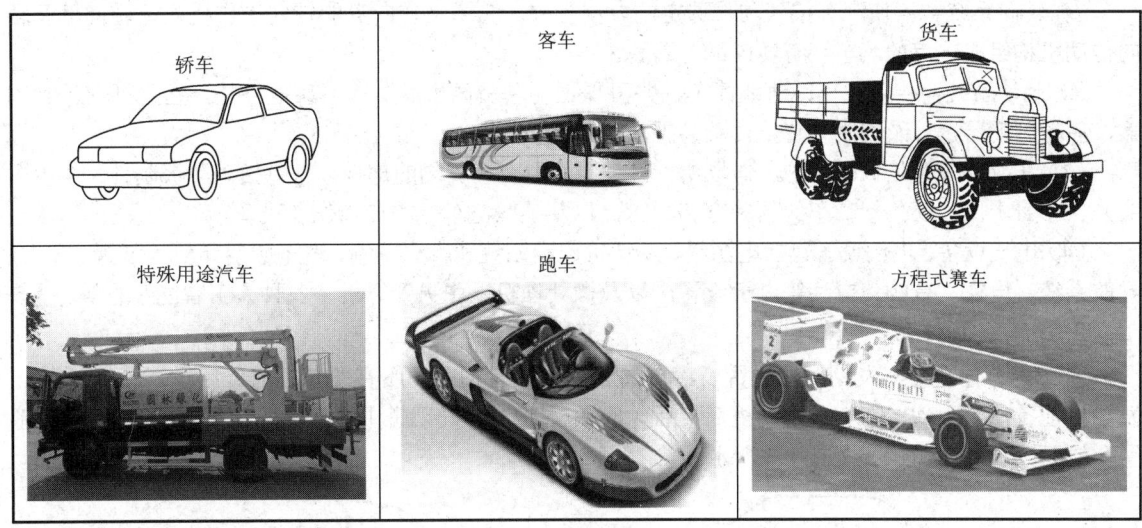

0.1.2 国外汽车分类

1. 欧系车的分类

欧系车的分类以德国大众的轿车分类最具代表性。大多按排量或轴距对汽车进行分类。通常把轿车分为A、B、C、D、E、F和G级，字母顺序越靠后，该级别车的轴距越长，排量和重量越大。

2. 按设计理念分类

按设计理念分类，是指各汽车制造商在成熟的轿车构造基础上，充分考虑消费者对汽车的经济性、安全性、外观、空间、舒适性、科技感的综合需求，融合跑车、运动、休闲、越野、娱乐等多种车型元素，以全功能（或多功能）进化型轿车的产品定位，设计出功能至上的诸如PICK-UP、SUV、CRV、SRV、RAV、HRV、MPV、CUV、NCV、RV汽车，满足消费者的用车需求。

0.1.3 汽车总体构造及布置形式

1. 汽车总体构造

汽车通常由发动机、底盘、车身、电气设备4部分组成。典型轿车的总体构造如图0.2所示。

（1）发动机。发动机的作用是使输进汽缸内的燃料燃烧而输出动力。现代汽车广泛应用往复活塞式内燃机，它一般由机体、曲柄连杆机构、配气机构、燃油供给系统、冷却系统、润滑系统、点火系统（汽油发动机采用）、起动系统等部分组成。

（2）底盘。底盘接受发动机的动力，使汽车产生运动，并保证汽车按照驾驶员的操纵正常行驶。底盘由下列部分组成。

① 传动系统——将发动机的动力传给驱动车轮。传动系统包括离合器、变速器、传动轴、主减速器及差速器、传动轴（半轴）等部分。

② 行驶系统——使汽车各总成及部件安装在适当位置，对全车起支承作用和对路面起附着作用，

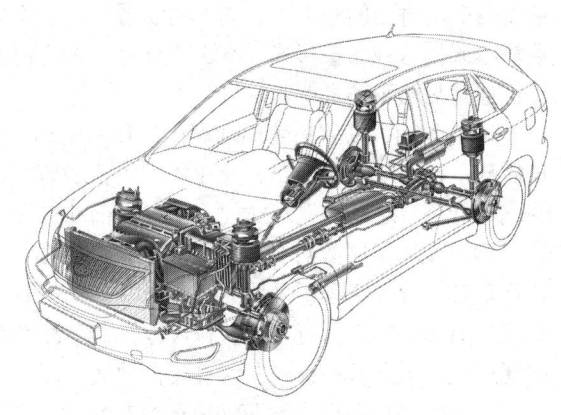

图 0.2 典型轿车的总体构造

缓和道路冲击和振动。它包括支承全车的承载式车身及车架、前悬架、前轮、后悬架、后轮等部分。

③ 转向系统——使汽车按驾驶员选定的方向行驶。它由带转向盘的转向操作机构、转向器及转向传动机构组成，有的汽车还有转向助力装置。

④ 制动系统——使汽车减速或停车，并可保证驾驶员离去后汽车可靠地停驻。它包括前轮制动器、后轮制动器，以及控制装置、传动装置和供能装置。

（3）车身。车身是驾驶员的工作场所，也是装载乘客和货物的部件。它包括车前板制件（俗称车头）、车身本体，还包括货车的驾驶室和货箱，以及某些汽车上的专用作业设备。

（4）电气设备。电气设备包括电源组、发动机起动系统和点火系统、汽车照明和信号装置、仪表、导航系统、电视、音响、电话等电子设备，以及微处理机、中央计算机、各种人工智能装置等。

2. 汽车的总体布置形式

汽车的总体布置与发动机的位置及汽车的驱动方式有关，一般有发动机前置后轮驱动（FR）、发动机前置前轮驱动（FF）、发动机后置后轮驱动（RR）、发动机中置后轮驱动（MR）、发动机前置全轮驱动（nWD）等，如图0.3所示。

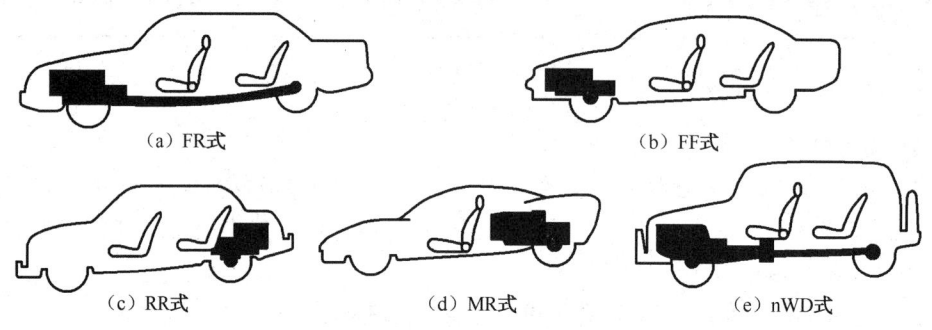

（a）FR式　　　　　　　　　　（b）FF式

（c）RR式　　　　（d）MR式　　　　（e）nWD式

图0.3　汽车的总体布置形式

（1）发动机前置后轮驱动简称前置后驱动，英文简称为FR。如图0.3（a）所示。这是一种传统的布置形式，应用广泛，适用于除越野汽车的各类型汽车，如大多数的货车、部分轿车和部分客车都采用这种形式。

（2）发动机前置前轮驱动简称前置前驱动，英文简称FF，如图0.3（b）所示。根据发动机布置的方向又分为发动机前横置前轮驱动和发动机前纵置前轮驱动（主减速器不同）。这种布置形式在变速器与驱动桥之间省去了万向传动装置，使结构简单紧凑，整车质量小，高速时操纵稳定性好。大多数轿车采用这种布置形式，但这种布置形式的爬坡性能差，豪华轿车一般不采用，而是采用传统的发动机前置后轮驱动。

（3）发动机后置后轮驱动简称后置后驱动，英文简称RR。如图0.3（c）所示。发动机布置在汽车后部，动力经过离合器、变速器、角传动装置、万向传动装置、后驱动桥，最后传到后驱动车轮，使汽车行驶。这种布置形式便于车身内部的布置，减小室内发动机的噪声，一般用于大型客车。

（4）发动机中置后轮驱动简称中置后驱动，英文简称MR。如图0.3（d）所示。MR是目前大多数跑车及方程式赛车所采用的形式。由于汽车采用功率和尺寸很大的发动机，将发动机布置在驾驶员座椅之后和后轴之前有利于获得最佳轴荷分配和提高汽车性能。此外，某些大、中型客车也采用这种布置形式，把配备的卧式发动机装在地板下面。

（5）发动机前置全轮驱动简称全轮驱动，英文简称nWD。如图0.3（e）所示，发动机布置在汽车前部，动力经过离合器、变速器、分动器、万向传动装置分别到达前后驱动桥，最后传到前后驱动车轮，使汽车行驶。由于所有的车轮都是驱动车轮，提高了汽车的越野通过性能，这是越野汽车采取的布置形式。

0.2 汽车产品型号与汽车识别代号

0.2.1 国产汽车产品型号编制规则

按照国标《汽车产品型号编制规则》，国产汽车产品型号应能表明汽车的厂牌、类型和主要特征参数等。该型号由拼音字母和阿拉伯数字组成，包括首部、中部、后部和尾部，如图 0.4 所示。

□：用汉语拼音字母表示，字母"I"和"O"不能 使用；○：用阿拉伯数字表示；■：用汉语拼音字母或阿拉伯数字均可。

首部——企业代号，用代表企业名称的两个汉语拼音字母表示。如 CA 代表一汽，EQ 代表二汽，SH 代表上海等。

中部——由 4 位数字组成，分为首位、中间两位和末位数字三部分。其含义如表 0.3 所示。

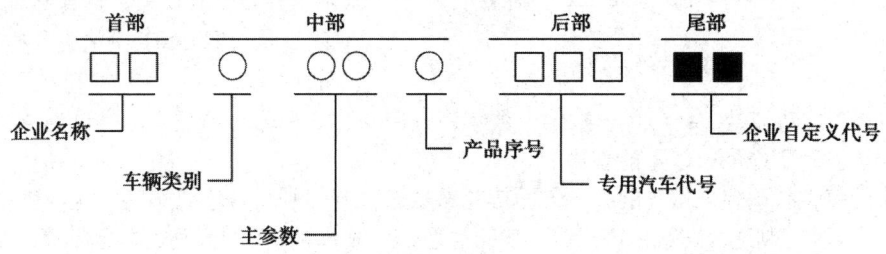

图 0.4 汽车产品型号的组成

表 0.3 国产汽车产品型号中部 4 位数字含义

首位数字（1～9） 表示车辆类别	中间两位数字 表示汽车主要特征参数	末位数含义
1—载货汽车		
2—越野汽车		
3—自卸汽车	汽车的总质量②	企业自定产品序号
4—牵引汽车		
5—专用汽车①		
6—客车	数字×0.1m 表示车辆总长度③	
7—轿车	数字×0.1L 表示发动机排量	
9—半挂车或专用半挂车	汽车的总质量	
① 专用汽车指专用货车或特种作业汽车。		
② 汽车总质量大于 100t 时允许用 3 位数字。		
③ 汽车长度大于 10m 时，计算单位为 m。		

后部——专用汽车分类或变型车与基本型的区别代号，如表 0.4 所示。

表 0.4 专用汽车分类或变型车与基本型的区别代号

厢式汽车	罐式汽车	专用自卸汽车	特种结构汽车	起重举升汽车	仓栅式汽车
X	G	Z	T	J	C

尾部——企业自定义代号。同一种汽车结构略有变化而需要区别时（如汽油、柴油发动机，长、短轴距，单、双排座驾驶室，平、凸头驾驶室等），可用汉语拼音字母或阿拉伯数字表示，位数也由企业自定。

示例：

CA1092：一汽生产，总质量9t，在原车型CA1091上改进的货车。

CA7226L：一汽生产，发动机排量2.2升，5缸发动机，加长型轿车。

0.2.2 车辆识别代号（VIN）

1. 车辆识别代号（VIN）的意义和作用

根据国际标准《道路车辆—车辆识别代号—内容与组成》的规定，现在世界各国汽车公司生产的汽车大部分都使用了VIN（Vehicle Identification Number）车辆识别代号编码。

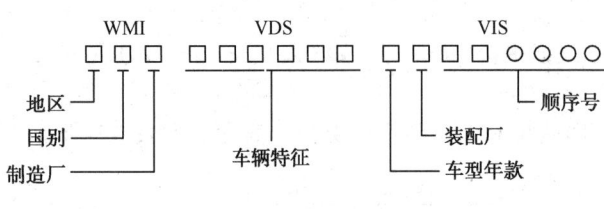

图 0.5 VIN 代号组成

VIN 车辆识别代号编码由一组字母（I、O、Q 除外）和阿拉伯数字组成，共17位，如图 0.5 所示。车辆识别代号经过排列组合，可以使车型生产在 30 年之内不会发生重号现象，它具有对车辆的唯一识别性，所以车辆识别代号称为"汽车身份证"。

注：□代表字母或数字；○代表数字。数字为 0～9 共 10 个阿拉伯数字，字母为 A～Z 共 23 个大写英文字母（字母 I、O、Q 不能使用）。

VIN 中的每位代码代表汽车的某一方面信息参数。按照识别代号编码顺序，从 VIN 中可以识别出该车的生产国家、制造公司或生产厂家、车的类型、品牌名称、车型系列、车身形式、发动机型号、车型年款、安全防护装置型号、检验数字、装配工厂名称和出厂顺序号码等，是识别一辆汽车不可缺少的工具。

VIN 车辆识别代号编码主要用于：车辆管理，车辆检测，车辆防盗，车辆维修，二手车交易，汽车召回，车辆保险；利用 VIN 还可鉴别出拼装车、走私车。

2. VIN 车辆识别代号编码各位字码的说明

（1）第 1～3 位（WMI）：全球汽车制造商识别代号。

全球所有汽车制造厂都拥有一个或多个 WMI（世界制造厂识别代号），该代号由三位字符（字母或数字）组成，它包含如下信息：

第 1 位：表示地理区域，如非洲、亚洲、欧洲、大洋洲、北美洲和南美洲。

第 2 位：一个特定地区内的一个国家。由美国汽车工程师协会（SAE）负责分配国家代码。

第 3 位：某个特定的制造厂，由各国的授权机构负责分配。如果某制造厂的年产量少于 500 辆，其识别代码的第三个字码就是 9。

以下是几家国内汽车制造厂的 WMI 编号：

LSV——上海大众；LFV——一汽大众；LDC——神龙富康；LEN——北京吉普；LHG——广州本田；LHB——北汽福田；LKD——哈飞汽车；LS5——长安汽车；LSG——上海通用；LB3——吉利汽车。

（2）第 4～8 位（VDS）：车辆特征代号。

轿车：种类、系列、车身类型、发动机类型及约束系统类型。

MPV：种类、系列、车身类型、发动机类型及车辆额定总重。

载货车：型号或种类、系列、底盘、驾驶室类型、发动机类型、制动系统及车辆额定总重。

客车：型号或种类、系列、车身类型、发动机类型及制动系统。

（3）第 9 位：校验位代号。通过按特定的算法防止输入错误。校验位能提供校验 VIN 编码正确性的方式，在车辆的识别过程中起着极其重要的作用。通过检验校验位可以核定整个 VIN 编码是否正确。

（4）第 10 位：车型年款代号。

厂家规定的车型年款代号（Model Year）不一定是实际生产的年份，但一般与实际生产的年份之差不超过 1 年，如表 0.5 所示。

表 0.5　车型年款代号

年份	代号	年份	代号	年份	代号	年份	代号
2001	1	2011	B	2021	M	2031	1
2002	2	2012	C	2022	N	2032	2
2003	3	2013	D	2023	P	2033	3
2004	4	2014	E	2024	R	2034	4
2005	5	2015	F	2025	S	2035	5
2006	6	2016	G	2026	T	2036	6
2007	7	2017	H	2027	V	2037	7
2008	8	2018	J	2028	W	2038	8
2009	9	2019	K	2029	X	2039	9
2010	A	2020	L	2030	Y	2040	A

（5）第 11 位：装配厂。

（6）第 12～17 位：顺序号。

3．车辆识别代号标示

（1）车辆识别代号标示的基本原则。

① 车辆识别代号应位于车辆的前半部分，易于看到且能防止磨损或替换的部位。

② 小型车辆的识别代号应位于仪表板上，在白天日光照射下，观察者不需要移动任何部件从车外即可分辨出车辆识别代号。

③ 每辆车的识别代号应在车辆部件上（玻璃除外），该部件除修理外是不可拆卸的。

④ 车辆识别代号也可标在永久性地固定在车辆部件上的一块标牌上，此标牌不损坏则不能拆卸。

⑤ 车辆识别代号的字码在任何情况下都应是字迹清楚、坚固耐久和不易替换的。

（2）车辆识别代号标示的位置。根据车辆识别代号标示的基本原则，车辆识别代号常标示在：左风窗仪表盘上；门柱上；发动机、车架等大部件上；左侧轮罩内；转向柱上；散热器支架上；发动机前部的加工垫上；质保和保养手册、车主手册上，以方便获取车辆识别代号信息。

0.3　汽车修理预备知识

0.3.1　汽车零件的耗损形式

汽车在工作过程中，其零件不可避免地要发生耗损，耗损形式主要有：磨损、腐蚀、疲劳和变形四类，其中磨损是最主要的一种耗损形式，大约有 80%的零件是由于磨损而报废的。

1．磨损

相互运动的零件，其接触表面之间的摩擦会造成零件的磨损，致使零件的尺寸、形状和表面质量发生变化，配合特性变坏。

零件的磨损规律如图 0.6 所示，大致分为三个阶段。

第一阶段是零件的磨合（走合）期，如图 0.6 中 ok_1

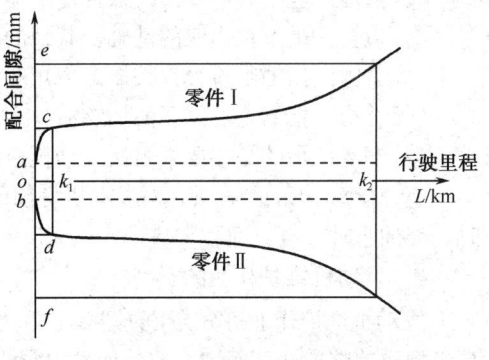

图 0.6　零件的磨损规律曲线

段所示，一般在新车运行 0 至 1000～1500km 期间。其特征是零件磨损较快，原因是新加工零件表面存在微观凹凸不平，产生了嵌合性磨损所致。零件的载荷越大、滑动速度越高和表面越粗糙，其磨损量也就越大。新的或大修竣工后的机器，其零件表面较粗糙，在磨合期间，应按磨合规定以较小的载荷和较低的速度运行。

第二阶段是零件的正常工作期，如图 0.6 中 k_1k_2 段所示。其特征是零件的磨损量随行驶里程的增加而增长，但增长很缓慢。

第三阶段是零件的加速磨损阶段，如图 0.6 中 k_2 点以后所示。其特征是零件的间隙已达到最大允许使用极限，零件的磨损量急剧增加（破坏性磨损）。此时机器应停止使用，及时送修。

保持良好的润滑和提高运动副中主要零件的表面硬度，可以减小摩擦和磨损，降低功率耗损，提高零件的使用寿命。

2. 腐蚀

金属零件表面常发生化学腐蚀和电化学腐蚀。其过程虽然是缓慢的，但对零件的正常工作和使用寿命都有很大的影响。所以，在金属表面一般都采用防腐措施，如镀铬、涂油、磷化、油漆等。

3. 疲劳

疲劳断裂是材料在交变载荷作用下产生的疲劳裂纹萌生和发展而导致断裂的一种破坏现象。如曲轴的裂纹与断裂、弹簧的折断、滚动轴承的表面裂纹或局部剥落（点蚀）等，多数是由于材料的疲劳引起的。

4. 变形

零件的变形形式主要有弯曲、扭曲、翘曲等。特别是基础零件如汽缸体的变形，会严重影响发动机有关零件的装配关系，降低发动机的修理质量和使用寿命。

零件的耗损失效是发动机需要修理的主要原因。在修理作业中，通常采用更换新的零部件，或修复其中的一些重要零件，恢复其配合特性和工作能力。

0.3.2 发动机的维护

同任何机器一样，汽车发动机在投入使用后，即投入了维护和修理过程。正确的使用、维护和修理是保证一台质量良好的发动机正常工作的前提。

1. 发动机的维护

发动机的维护是指为维持其良好技术状况和工作能力而进行的作业。发动机的维护包括三个方面。

（1）维护的原则是预防为主、定期检测、强制维护。

（2）维护的目的是保持整洁，及时发现并清除故障隐患，延长零件的使用寿命，防止早期损坏和运行中出现故障，保证安全行车。

（3）发动机维护作业的内容是清洁、检查、补给、润滑、紧固和调整。

① 清洁：包括外部清洁，保持滤清器和水、油、气管道的清洁等。

② 检查：是维护作业的基础。其他的维护作业一般都要依靠检查作业的结果来进行。

③ 紧固：指的是检查并按规定力矩和顺序拧紧所有外露连接零件的螺栓和螺母。

④ 补给：指的是按需要添加燃料、润滑剂、冷却液等。

⑤ 润滑：指的是按要求更换发动机机油和给润滑点加注润滑剂。

⑥ 调整：指的是按规定对发动机各部位的可调节部分所进行的调整，如调整发动机怠速、点火正时、喷油正时、气门间隙和皮带的张紧度等。

2. 发动机维护作业的类别

发动机维护作业可分为预防性维护和非预防性维护两大类，如图 0.7 所示。其中预防性维护是按事先规定的维护计划而进行的各种维护作业；非预防性维护指的是对于一些突发性故障所采取的事后维护，所以非预防性维护也称为事后维护。

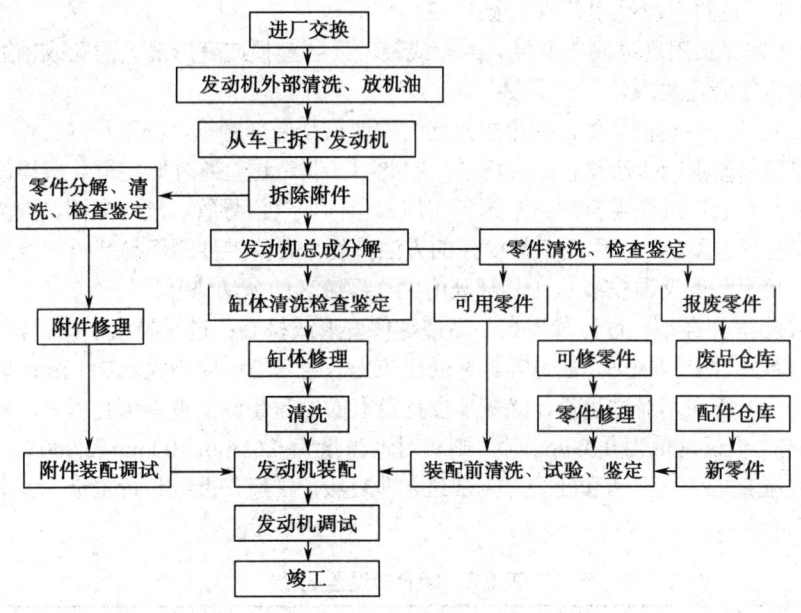

发动机的维护 {
　预防性维护 {
　　定期维护 {日常维护 / 一级维护 / 二级维护} 其中高级维护包含了低级维护内容
　　磨合维护（分为磨合前、磨合中、磨合后的维护）
　　换季维护（分换入夏季和换入冬季两种维护）
　}
　非预防性维护（事后维护）
}

图 0.7　发动机维护作业的类别

3．维护周期

发动机的维护周期是指进行同级维护的间隔期，一般以车辆行驶里程为依据，如解放 CA1092 的一级维护周期为 1500～2000km；二级维护周期为 6000～8000km。采用进口技术的国产汽车或进口汽车一般没有一级维护和二级维护的提法，如桑塔纳轿车只有 7500km 维护、15000km 维护、30000km 维护。每种维护的项目在有关资料中都有详细规定。其中高级维护包含了低级维护的全部项目。

0.3.3　发动机的修理

1．发动机的修理工艺

发动机的修理级别一般分为小修和大修。小修一般指一两个局部的修理；大修指全面修理，其修理工艺过程最具代表性。发动机大修时进行的各种技术作业总称为发动机大修工艺。按一定的顺序和方法完成这些作业的过程称为发动机大修工艺过程。发动机大修工艺过程如图 0.8 所示。

图 0.8　发动机大修工艺过程

2．零件的拆卸原则

（1）在拆卸顺序上，应本着"先装的后拆，后装的先拆，能同时拆的就同时拆"的原则。

（2）在拆卸范围上，应本着"能不拆的就不拆，尽量避免大拆大卸"的原则。因为每拆装一次零件都会有所损耗，装配精度都会比原来低。

（3）在拆卸目的上，应本着"拆是为了装"的原则。因此，拆卸零件时，要特别留意观察和记录：零件的安装方向、装配记号、耗损状况，并做好零件的分类存放。

3．零件的清洗方法

（1）清洗零件油污的方法有：有机溶剂（汽油、煤油、柴油、酒精等）清洗、碱溶液清洗和化学合成水基金属清洗剂清洗。

（2）清洗零件积炭的方法有：机械清除法和化学清除法。

（3）清除零件水垢的方法有：酸洗法和碱洗法。

4. 汽车零件的机械加工修复

汽车零件的机械加工修复方法主要有修理尺寸法、附加零件（镶套）修复法。

（1）修理尺寸法。配合零件中的主要件（如汽缸体、曲轴等结构复杂、价格较高的零件）磨损逾限后，为了延长这些零件的使用寿命，将其磨损部位用机械加工的方法扩大（孔类零件）或缩小（轴类零件）至规定的尺寸（即修理尺寸），恢复其正确的几何形状和精度，然后更换相应的配合件（如活塞、轴瓦等），通过改变尺寸而达到配合性质不变的目的。

国家标准规定了相关配合零件的修理尺寸等级和级差，并以此指导有关零件的生产。例如，发动机的汽缸与活塞的修理尺寸，除车型自身有规定者外，汽油机为六级，柴油机为八级，级差为 0.25mm。汽缸直径按规定的修理尺寸等级镗大后，可买到同级加大直径的活塞配件。

用修理尺寸法镗孔和磨轴时，应以磨损较大的孔和轴为依据，以便确定加工余量，确保恢复配合精度。

为了防止各级修理尺寸的零件混淆，在配合零件的非加工面（如活塞顶部）上打印修理尺寸的级别或修理尺寸的代号、尺寸分组标记等。

使用修理尺寸法的要点是：

① 同组的孔或轴的修理尺寸要按磨损最大的孔或轴来选择。

② 同组的孔或轴的修理尺寸必须一致。

③ 加工时，应先加工磨损或变形最大的孔或轴。只要磨损或变形最大的孔或轴加工后能满足要求，其他孔或轴也能满足要求。

（2）镶套修复法。发动机零件在使用中，有些零件只是局部磨损，特别是汽缸体、汽缸盖等造价较高的零件，因局部磨损而报废是很不经济的。因此，在制造这些零件时，把易磨损部位制成一个单独的套筒状零件，然后用过盈配合的方法镶入相应部位，如气门导管、气门座圈、汽缸套、飞轮齿圈等。当磨损部位磨损逾限后，可用更换套筒件的方法修复。有些零件的不易磨损部位经长期使用磨损或变形后（如飞轮壳与变速器安装承孔）可以用扩孔后镶套的方法修复。

镶套过盈量应选择合理。过盈量太大，易使零件变形或挤裂；过盈量太小，又容易松动和脱落。

镶套时，包容零件受拉应力，被包容零件受压应力。当套的厚度不大于 2～3mm 时，应力大小与相对过盈量成正比。所谓相对过盈量，就是单位直径上的过盈量。如轴承承孔镶套，其过盈配合的公称直径为 100mm，当过盈量为 0.05mm 时，则相对过盈量为 0.05mm/100mm＝0.0005。

根据相对过盈量的大小，镶套配合分为四级，即轻级、中级、重级和特重级。各级配合的特点和应用范围如表 0.6 所示。

表 0.6 镶套的过盈配合

级别	相对过盈量	配合代号	装配方式	特点	应用
轻级	0.0005 以下	$\dfrac{H6}{r5}$，$\dfrac{H7}{r6}$	压力机压入	传递力矩小，必要时另行紧固	转向节指轴镶后焊，变速器中间轴齿轮
中级	0.0005～0.001	$\dfrac{H7}{s6}$，$\dfrac{H7}{r6}$，$\dfrac{H8}{s6}$	压力机压入	能承受一定转矩及冲击，受力过大另行紧固	汽缸套、气门导管及主销衬孔套
重级	0.001	$\dfrac{H8}{s7}$	压力机压入	能承受很大的转矩和冲击力	飞轮齿圈、气门座圈
特重级	>0.001	$\dfrac{H7}{s6}$	温差压力装配法		

零件配合表面的加工精度和表面粗糙度直接影响镶套配合的过盈量。表面加工精度通常采用IT6~IT8，表面粗糙度 Ra 为 2.5~1.25μm。

镶套前应认真清洗零件，测量配合面的尺寸及形状误差；检查倒角和表面粗糙度。装配时，应将表面清洗干净，然后平稳压入，切忌用锤直接砸入，在压入过程中，如套筒发生歪斜或装配压力急剧增大，应立即中止压镶，查明原因。

重级和特重级过盈配合件的装配宜采用温差装配法或温差压力装配法，即将包容件加热至 423~473K 进行热配合，或将被包容件用干冰、液氮等冷却收缩后再进行镶装。

0.3.4 故障诊断与检测技术

发动机部分或完全丧失工作能力的现象称为发动机故障。在不解体（或仅拆除个别小件）条件下，通过检查、测试、分析、判断等一系列活动诊断、查明故障部位及原因的过程称为故障诊断与检测。

诊断技术主要是针对故障而言，检测技术主要是针对使用性能和技术状况而言，包括安全环保检测和综合性能检测等。

发动机诊断的基本方法有：人工直观试探法和仪表检测法。

人工直观试探法是通过原地或道路试验，靠观察或采用简单工具来判断发动机的技术状况和故障的方法。这种方法可用于初步诊断或仪表检测法的辅助诊断，有一定的实用价值。特别是借助于高科技的"专家系统"，可使人工直观试探法和仪表检测法理想地结合为一体。

仪表检测法是汽车诊断技术发展的方向。它采用专用仪器，特别是微型机智能技术，实现了快速、自动、准确地检测汽车、总成和机构的性能参数，并进行自动分析、判断、存储和打印。

诊断参数分为额定值、允许值、极限值和当前值。额定值由其功能用途确定。允许值是参数的边界值，一般有 2 个允许值。极限值是使用的限制值。当前值是诊断过程中测量获得的实际值。

诊断参数额定值、允许值和极限值的标准按其制定部门分为国家标准、制造厂推荐和维修企业标准。参数标准值的作用是为诊断提供一个比较基准，将当前值和标准值相比，就可以确定发动机或某一总成是否能够继续使用。

汽车诊断和检测技术自 20 世纪 80 年代开始成为国家重点推广的项目。国内外实行强制性车检制度的实践证明，它不仅具有直接的经济效益，而且具有不可估量的社会效益。汽车诊断与检测技术的发展前景广阔，其发展趋势是：诊断方式向智能化方向发展。

（1）随车诊断技术将加速发展。利用车载微机对发动机、传动、制动、转向等系统进行自诊断并以故障代号的方式予以记忆和显示。

（2）车外检测设备向智能化、多功能、易携带方向发展，可以有效监控和预测汽车技术状况。

复习思考题

1. 简述汽车的定义，汽车一般由哪些机构和系统组成？简要说明各组成部分的作用。
2. 简述国产汽车的分类标准，汽车识别代号。
3. 简要叙述汽车维护的作业分类及质量保证里程。
4. 简要叙述汽车大修的工艺流程。

第1章 发动机的基础知识

学习目标
- 熟悉发动机类型、总体结构及基本原理、基本术语。
- 了解发动机性能指标、产品型号,影响发动机工作性能的主要因素。
- 掌握汽车发动机型号编制规则、发动机工作原理。

1.1 发动机的总体构造及基本原理

1.1.1 概述

机器都必须由动力驱动,汽车的动力来源于发动机。

目前汽车所采用的发动机绝大多数是往复活塞式内燃机,它将燃料燃烧的热能转变为机械能。发动机按其使用燃料和结构特征不同可分为:汽油、柴油及多燃料发动机;点燃式与压燃式发动机;单缸与多缸发动机;水冷式与风冷式发动机;四冲程与二冲程发动机;双气门与多气门发动机;顶置式气门与侧置式气门发动机;单排直列式与 V 形排列式发动机。

1.1.2 发动机的总体构造

汽车发动机的类型很多,其具体结构原理也不尽相同,但为完成发动机工作循环所需的基本构造则大同小异。汽油机通常由两大机构和五大系统组成,柴油机则由两大机构和四大系统组成。

以某四缸四冲程汽油机(图 1.1)为例,汽车发动机由以下机构组成:

(1)曲柄连杆机构。它包括汽缸体、汽缸盖、活塞、连杆、曲轴和飞轮等,是发动机借以产生动力,并将活塞的往复直线运动转变为曲轴的旋转运动而输出动力的机构。

(2)配气机构。它主要由进气门、排气门、凸轮轴、凸轮轴正时齿轮或时规链(带)等组成。其作用是将足量的新鲜空气充入汽缸并及时地从汽缸排除废气。

(3)燃料供给系统。

电子控制汽油直接喷射式汽油机的燃料供给系统包括汽油箱,汽油泵,汽油滤清器,汽油压力调节器,喷油器,空气滤清器,空气流量计,水温、进气温度、曲轴位置、节气门开度、车速、爆震等传感器,电控单元(ECU),各种执行器,进排气歧管,排气消声器等。

传统柴油机燃料供给系统则由柴油箱、输油泵、柴油滤清器、喷油泵、喷油器、空气滤清器、进排气歧管、排气消声器等组成。

电控柴油机的燃料供给系统包括柴油箱,高压油泵,柴油滤清器,油压调节器,喷油器,空气滤清器,空气流量计,水温、进气温度、曲轴位置、节气门开度、车速、爆震等传感器,电控单元(ECU),各种执行器,进排气歧管,排气净化装置及排气消声器等。

(4)润滑系统。发动机的润滑系统包括机油泵、集滤器、限压阀、润滑油道、机油滤清器、油底壳等。其作用是减小摩擦,降低机件磨损,并部分冷却摩擦零件,清洗摩擦表面。

(5)冷却系统。发动机的冷却系统分为水冷式冷却系统和风冷式冷却系统两种。风冷式冷却系统主要由风扇、散热片等组成;水冷式冷却系统则包括散热器、风扇、水泵、节温器、水套等机件。其作用是将多余的热量散发到大气中,使发动机始终处于正常的工作温度。

（6）点火系统。发动机的点火系统主要由电源、点火线圈、分电器和火花塞等组成。其作用是由压缩冲程接近结束时所产生的高压电火花点燃混合气。

（7）起动系统。起动系统主要由起动机及附属装置组成，其作用是使静止的发动机起动并转入自行运转状态。

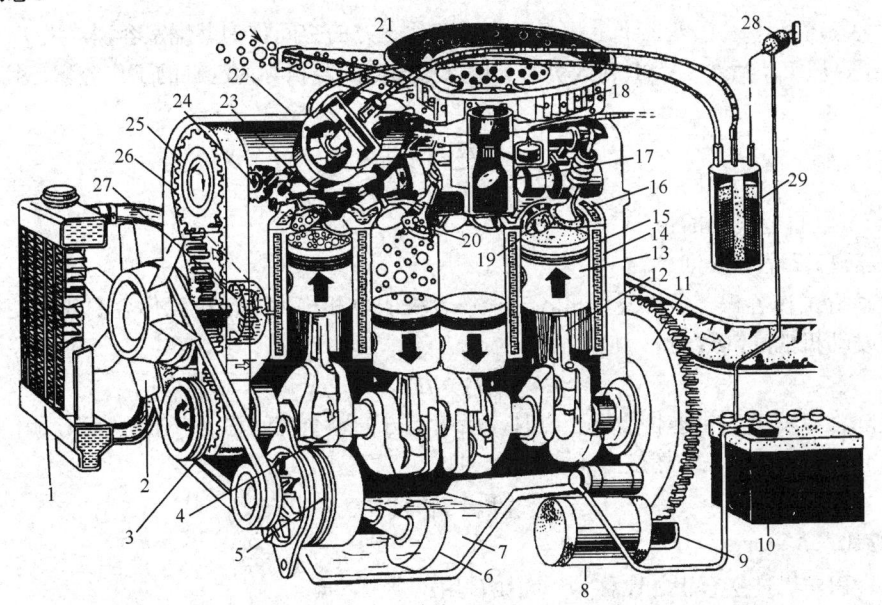

1—散热器；2—冷却风扇；3—曲轴正时齿轮；4—曲轴；5—发电机；6—机油滤清器；7—油底壳；8—起动机；
9—起动机齿轮；10—蓄电池；11—飞轮；12—连杆；13—活塞；14—汽缸体；15—水套；16—汽缸盖；17—化油器；
18—空气滤清器内芯；19—排气门；20—进气门；21—空气滤清器壳；22—分电器；23—火花塞；24—凸轮轴；
25—凸轮轴正时齿轮；26—凸轮轴正时齿带；27—水泵；28—点火开关；29—点火线圈

图 1.1   某四缸四冲程汽油机的构造图

1.1.3   发动机的常用术语

发动机的常用术语如图 1.2 所示。

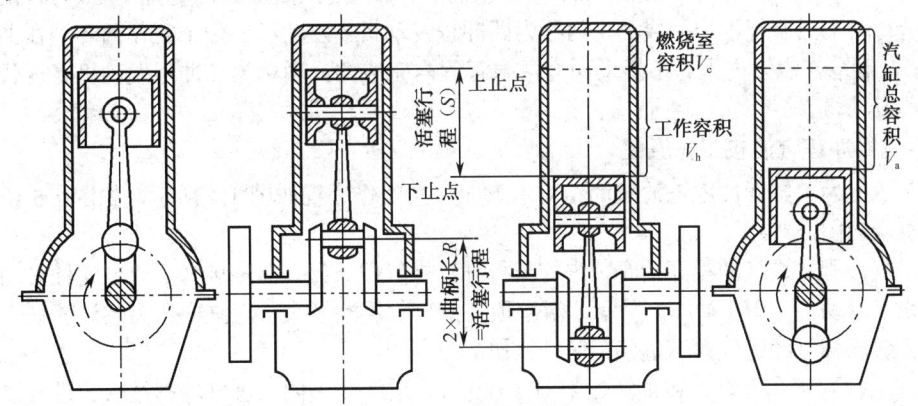

图 1.2   发动机的常用术语

1. 活塞行程与上、下止点

（1）上止点。活塞顶距离曲轴中心最远的位置称为上止点。

（2）下止点。活塞顶距离曲轴中心最近的位置称为下止点。

（3）活塞行程。上、下止点间的距离称为活塞行程，用 S 表示，如图 1.2 所示。四冲程发动机的活塞每移动一个活塞行程，曲轴必旋转半周（180°）。若曲柄长为 R，则

$$S = 2R$$

2. 汽缸容积

（1）燃烧室容积 V_c。活塞位于上止点时，活塞顶上方的空间称为燃烧室容积，用 V_c 表示。

（2）工作容积 V_h。活塞从上止点运动到下止点所扫过的容积称为汽缸的工作容积，用 V_h 表示（单位为 L 或升），即

$$V_h = \frac{\pi D^2}{4} S \times 10^{-6}$$

式中　D——汽缸直径（mm）；

　　　S——活塞行程（mm）。

（3）发动机工作容积。多缸发动机各缸工作容积的总和称为发动机工作容积或发动机排量，用 V_L 表示。若发动机的汽缸数为 i，则

$$V_L = iV_h$$

（4）汽缸总容积 V_a。活塞位于下止点时，活塞上方的整个空间称为汽缸总容积，用 V_a 表示。汽缸总容积等于汽缸工作容积与燃烧室容积之和，即

$$V_a = V_h + V_c$$

3. 压缩比

汽缸总容积与燃烧室容积之比称为压缩比，用 ε 表示，即

$$\varepsilon = \frac{V_a}{V_c} = \frac{V_h + V_c}{V_c} = 1 + \frac{V_h}{V_c}$$

ε 表示活塞从下止点运动到上止点时，汽缸内气体被压缩的程度，也表示缸内气体膨胀时体积变化的倍数。各种不同类型发动机对压缩比的要求各不相同，一般柴油机的压缩比较高（$\varepsilon = 16 \sim 22$），汽油机压缩比则较低（轿车用汽油机 $\varepsilon = 9 \sim 11$）。

1.1.4　单缸四冲程发动机的工作原理

发动机汽缸内每产生一次动力，都要经过进气、压缩、做功和排气四个工作过程。这四个工作过程称为发动机的一个工作循环。发动机的一个工作循环如果是在曲轴旋转两周（720°），活塞在汽缸内上、下运动四个活塞行程内完成的，则称为四冲程发动机。发动机的一个工作循环若在曲轴旋转一周（360°），活塞在汽缸内上、下运动两个活塞行程内完成的，则称为二冲程发动机。现代汽车大多采用四冲程发动机。

1. 单缸四冲程汽油机工作原理

图 1.3 所示为单缸四冲程汽油机的结构示意图，其工作过程如图 1.4 所示，如图 1.5 所示则为四冲程汽油机示功图。

（1）进气冲程。进气冲程开始时，进气门打开，排气门关闭。曲轴旋转，通过连杆带动活塞由上止点向下止点运动，如图 1.4（a）所示；活塞顶上部容积逐渐增大，汽缸内压力逐渐降低，产生真空吸力，将可燃混合气经进气管、进气门吸入汽缸。

当活塞运行到下止点时，曲轴转过半周（180°），进气门关闭，进气冲程结束。进气过程中汽缸内部压力 P、汽缸容积 V 沿曲线 ra 变化，如图 1.5（a）所示。进气冲程结束时，汽缸内部压力略低于外界大气压力。

（2）压缩冲程。压缩冲程如图 1.4（b）所示，进、排气门均保持关闭状态。活塞由下止点向上止点运动，汽缸内部容积减小、压力增大，可燃混合气被压缩，如图 1.5（b）中的曲线 ac 所示。当活塞到达上止点时，曲轴转过第二个半周（即总共转过 360°），压缩冲程结束。压缩冲程结束时，燃烧

室内的气体压力达到 0.6～1.5MPa，温度达到 600～700K。

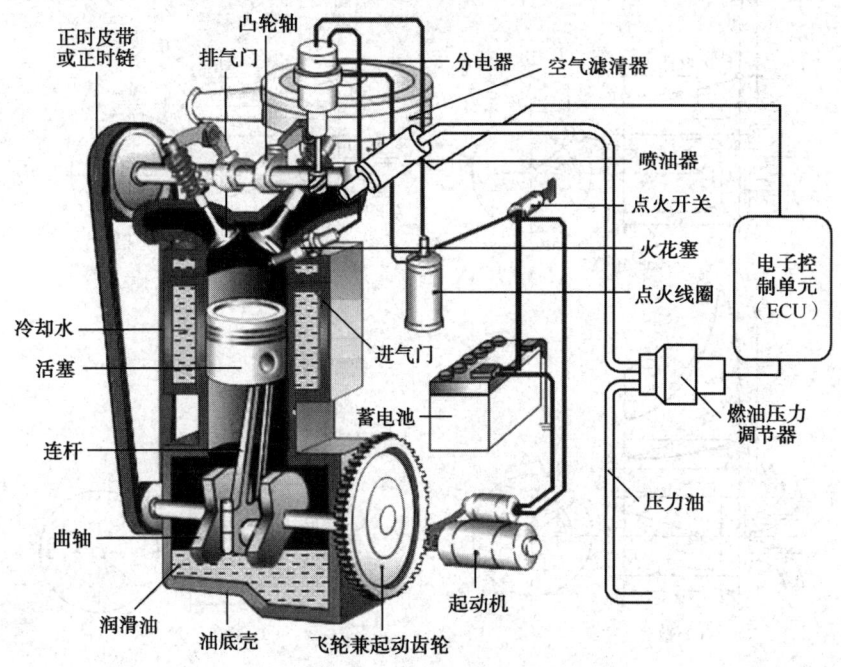

图 1.3　单缸四冲程汽油机的结构示意图

（3）做功冲程。做功冲程如图 1.4（c）所示。压缩冲程接近终了时，点火系统通过火花塞产生高压电火花，点燃燃烧室内的可燃混合气（进、排气门仍保持关闭状态）。可燃混合气迅速燃烧，缸内气体温度、压力急速升高，如图 1.5（c）之 cz 曲线所示。在活塞到达上止点后缸内温度可达 2200～2800K，压力达 3～5MPa。

燃烧后的高温高压气体推动活塞迅速向下运动，PV 沿图 1.5（c）中的 zb 曲线变化，通过连杆使曲轴旋转，产生转矩做功，完成一次将热能转变为机械能的过程。

当活塞到达下止点时，曲轴转过第三个半圈（此时已经转过 540°），做功冲程结束。做功冲程结束时，汽缸内的温度和压力分别降至 1300～1600K 和 0.3～0.5MPa。

（4）排气冲程。排气冲程如图 1.4（d）所示。在做功冲程接近完成时，排气门开启。汽缸内做功后的废气在残余压力作用下，大部分经排气门自行排出。活塞从下止点向上止点运动时，进一步将废气排出。活塞到达上止点，曲轴转过第四个半圈（总共转过 720°）。排气冲程 PV 变化如图 1.5（d）所示。排气冲程结束，汽缸内的废气温度约为 900～1200K，压力降至 0.105～0.115MPa。

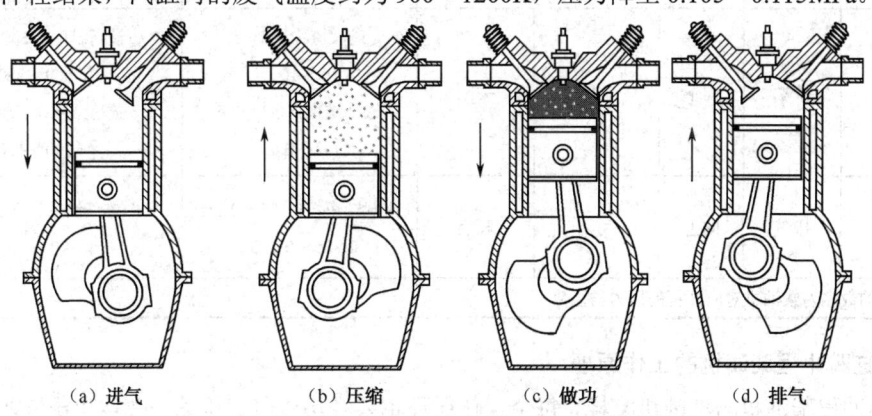

图 1.4　单缸四冲程汽油机的工作过程

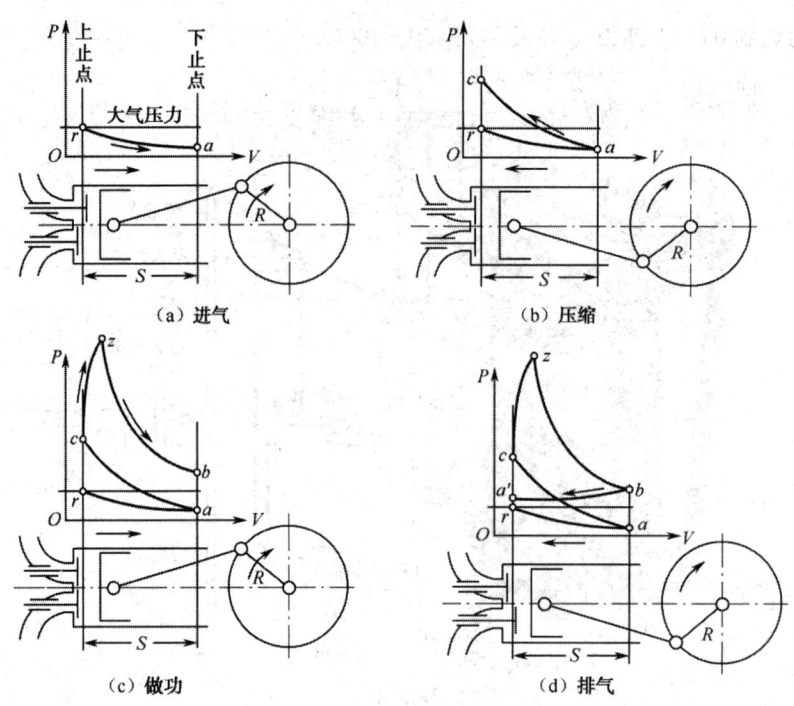

<table>
<tr><td align="center">（a）进气</td><td align="center">（b）压缩</td></tr>
<tr><td align="center">（c）做功</td><td align="center">（d）排气</td></tr>
</table>

图 1.5　四冲程汽油机示功图

　　排气冲程结束，排气门关闭，进气门开启，活塞继续向下运动，又开始了下一个工作循环。如此重复，循环不已。

　　单缸四冲程汽油机工作时，曲轴转角、活塞运动、气门状态、汽缸内的温度和压力等情况如表 1.1 所示。

表 1.1　单缸四冲程汽油机的工作过程

曲轴转角/°	冲程	活塞运动	气门状态		汽缸内压力、温度	
			进气门	排气门	压力/MPa	温度/K
0～180	进气	向下	开启	关闭	进气结束：0.08～0.90 （0.80～0.95）	进气结束：370～440 （320～350）
180～360	压缩	向上	关闭	关闭	压缩结束：0.6～1.5 （3～5）	压缩结束：600～700 （800～1000）
360～540	做功	向下	关闭	关闭	最大压力：3～5 （5～10） 做功结束：0.3～0.5 （0.2～0.4）	最高温度：2000～2800 （1800～2200） 做功结束：1300～1600 （1200～1500）
540～720	排气	向上	关闭	开启	排气结束：0.105～0.115 （0.105～0.125）	排气结束：900～1200 （800～1000）
注：括号内的数字为柴油机对应冲程的压力与温度						

2.　单缸四冲程柴油机的工作原理

　　单缸四冲程柴油机与汽油机一样，每个工作循环也要经历进气、压缩、做功和排气四个冲程。由于柴油的密度比汽油大，不易蒸发，自燃温度低，所以，可燃混合气的形成方式和着火方式与汽油机不同。图 1.6 所示为单缸四冲程柴油机的结构示意图，其工作过程如图 1.7 所示，示功图与图 1.5 一致。

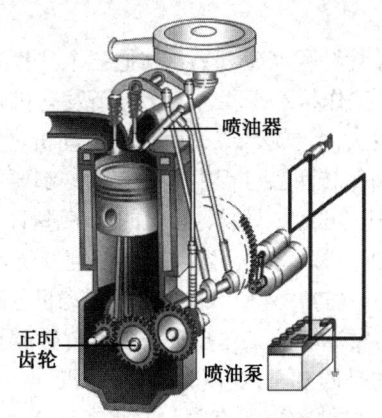

图 1.6　单缸四冲程柴油机的结构示意图

（1）进气冲程。柴油机在进气冲程中，吸入汽缸的是新鲜空气，如图 1.7（a）所示。

（2）压缩冲程。活塞由下止点向上止点运动时，汽缸内压缩的是纯空气，如图 1.7（b）所示。由于柴油机的压缩比比较高，因而压缩冲程结束时，汽缸内气体的温度可达 800～1000K，高于柴油的自燃温度（约 627K）；压力为 3～5MPa。

（3）做功冲程。当压缩冲程接近完成时，喷油泵将高压柴油经喷油器呈雾状喷入燃烧室中，高压柴油与高温空气密切接触而迅速着火燃烧，使汽缸内气体温度、压力急剧升高。燃烧瞬时气体温度达 1800～2200K，瞬时压力高达 5～10MPa。此后一段时间内，柴油边喷边燃烧，高温高压气体推动活塞下行而做功，如图 1.7（c）所示。做功冲程结束时温度为 1200～1500K，压力为 0.2～0.4MPa。

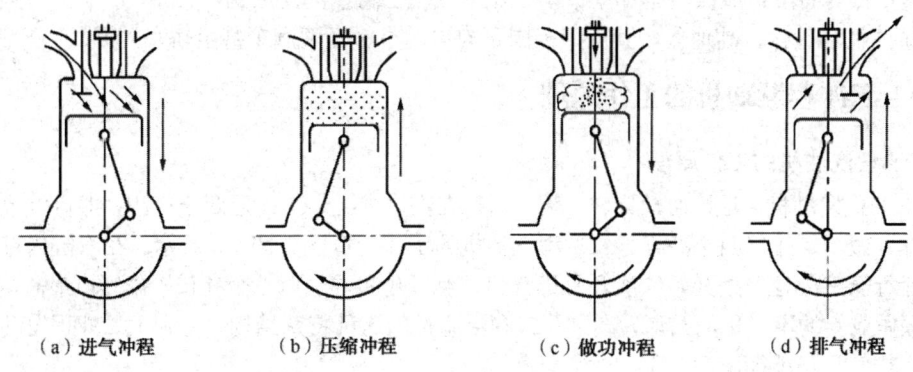

（a）进气冲程　　　（b）压缩冲程　　　（c）做功冲程　　　（d）排气冲程

图 1.7　单缸四冲程柴油机的工作过程

（4）排气冲程。柴油机的排气冲程与汽油机基本相同，如图 1.7（d）所示。排气冲程结束时汽缸内温度为 800～1000K，压力为 0.105～0.125MPa。

单缸四冲程柴油机工作时，曲轴转角、活塞运动、气门状态、汽缸内的温度与压力等情况如表 1.1 所示，括号内为柴油机对应冲程的压力、温度。

3.　单缸四冲程发动机的工作特点

（1）发动机的一个工作循环内曲轴转两圈（即转过 720°），每一个冲程曲轴转半圈（即转过 180°），进气冲程时进气门开启，排气冲程时排气门开启，其余两个冲程进、排气门均关闭。

（2）发动机运转的第一个循环，必须有外力使曲轴旋转完成进气、压缩冲程，完成做功冲程后，依靠曲轴和飞轮储存的能量便可自行完成以后的冲程，此后的工作循环发动机无需外力即可自行完成。

（3）发动机在换气过程中若能做到进气充分、排气彻底，即可提高充气系数，增大发动机发出的功率。

（4）单缸四冲程发动机只有做功冲程产生动力，其他三个冲程则消耗动力，但不可或缺地为做功冲程做准备。因此，单缸发动机的工作很不平稳，为了提高发动机转速的均匀性，一般在单缸发动机的曲轴上安装一个质量和尺寸均较大的飞轮，或采用多缸发动机。

对于多缸四冲程发动机，曲轴每转两圈过程中，所有汽缸都要完成一个工作循环，且各汽缸所有的工作循环完全相同，并严格按进气、压缩、做功、排气的次序进行。在结构上采用适当形式的曲轴，可以使各汽缸的做功冲程间隔角（$720°/i$）均匀，做功顺序相互交错，保证发动机运转平稳。例如，四缸发动机各缸做功冲程间隔角为180°（$720°/4$）；八缸四冲程发动机各缸做功冲程间隔角为90°（$720°/8$）。缸数越多，各缸做功间隔角越小，发动机的工作越平稳。但缸数越多，结构越复杂，结构尺寸和整体质量均增加。现代汽车用得最多的是四缸、六缸和八缸发动机。

多缸发动机的工作顺序与曲轴的结构形式有关，这将在第 2 章中介绍。

4. 柴油机与汽油机的比较

（1）汽油机的气体混合由汽油喷射系统在进气冲程中完成，汽油与空气先混合后燃烧；而柴油机的气体混合在汽缸的内部进行，而且是边喷射边燃烧，混合、燃烧没有明显界限。因此，汽油机和柴油机的燃料供给系统在结构原理上完全不同。

（2）汽油机在压缩冲程结束时，靠火花塞强制点燃混合气，使其燃烧做功；而柴油机则利用压缩冲程结束时汽缸内部高温高压气体使柴油自行着火燃烧做功，因此柴油机没有点火系统。

（3）柴油机压缩比汽油机高，燃油平均消耗率比汽油机低，故燃料经济性好，尾气排放污染小；但柴油机转速比汽油机低、质量大、制造和维修费用高，故柴油机一般多用于大型汽车。

（4）汽油机具有转速高、质量小、工作噪声小、起动容易、工作平稳、操作省力、适应性好、制造和维修费用低等特点，故在轿车和中、小、微型汽车上得以广泛应用。

随着柴油机轻量化、高速化，其应用范围正向中、小、轻型汽车甚至轿车扩展。

1.1.5 二冲程发动机的工作原理

1. 二冲程汽油机的工作原理

所谓二冲程发动机，是指曲轴旋转一周，活塞在汽缸内上、下往返两个行程，即可完成发动机的进气、压缩、做功、排气四个冲程。二冲程汽油机的工作示意图如图 1.8 所示。在汽缸内壁上，活塞向下止点运行至三分之二处开始依次开有排气口、换气孔和进气口三个孔口，排气口最高，进气口最低。活塞顶做成斜的不对称的凸形，汽缸孔口和活塞顶的这种特殊结构，有利于二冲程发动机进气尽可能充分、排气尽可能彻底。

（1）第一个冲程。曲轴旋转带动活塞由下止点向上止点运动，当活塞上行至关闭换气孔和排气口 [图 1.8（a）] 时，已进入汽缸的可燃混合气开始被压缩，直到活塞到达上止点，压缩过程结束。

活塞上行时，其下方曲轴箱内形成一定真空，当活塞上行至进气口开启时，燃料供给系统供给的可燃混合气在曲轴箱真空吸力作用下进入曲轴箱，如图 1.8（b）所示。

（2）第二个冲程。活塞上行接近上止点 [图 1.8（c）] 时，火花塞产生电火花，点燃可燃混合气，燃烧后形成的高温、高压气体推动活塞由上止点向下止点运动做功。当活塞下行到关闭进气口后，活塞下方曲轴箱内的可燃混合气被预压。

活塞继续下行至活塞顶打开排气口 [图 1.8（d）] 时，部分燃烧后的废气在膨胀做功残余压力作用下经排气口排出，紧接着换气孔开启，曲轴箱内经预压的可燃混合气经换气孔进入汽缸，并扫除汽缸内的残余废气，这一过程称为换气过程，一直延续到下一个冲程活塞再次关闭换气孔和排气口为止。

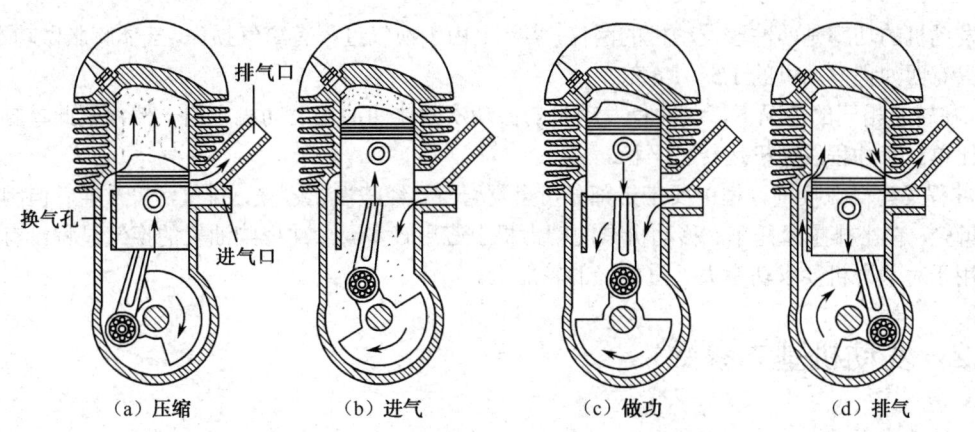

| （a）压缩 | （b）进气 | （c）做功 | （d）排气 |

图 1.8　二冲程汽油机的工作示意图

由二冲程汽油机工作过程可知：第一个冲程中活塞上方进行换气、压缩工作，活塞下方进行进气工作；第二个冲程中活塞上方进行做功、换气工作，活塞下方进行预压缩工作。换气过程跨越两个冲程。

2. 二冲程柴油机的工作原理

图 1.9 所示为带有换气泵的二冲程柴油机工作示意图，新鲜空气经换气泵提高压力（0.12～0.14MPa）后经汽缸外部的空气室和汽缸壁上的进气孔进入汽缸内，废气则由专门的排气门排出，此过程与二冲程汽油机有很多相近之处，主要区别是：换气过程由换气泵辅助完成，吸入汽缸的是纯空气。

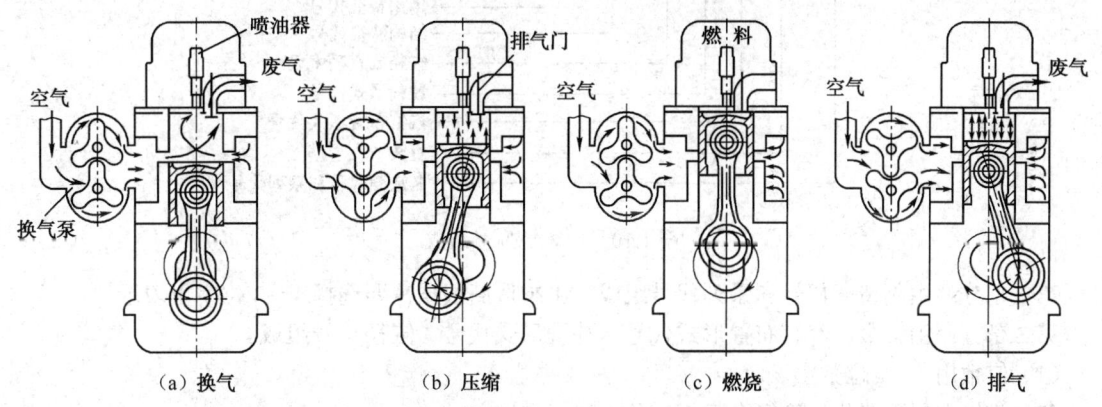

| （a）换气 | （b）压缩 | （c）燃烧 | （d）排气 |

图 1.9　带换气泵的二冲程柴油机工作示意图

（1）第一个冲程。曲轴旋转，活塞从下止点向上止点运动。行程开始前，进气孔和排气门均开启，由换气泵提高空气的压力，高压空气进入汽缸进行换气，如图 1.9（a）所示。当活塞上行至进气孔、排气门关闭时，开始压缩，如图 1.9（b）所示。当活塞接近上止点时，高压柴油经喷油器以极细雾状喷入汽缸自行着火燃烧 [图 1.9（c）]。

（2）第二个冲程。活塞到达上止点，着火燃烧的高温高压气体推动活塞向下运动对外输出动力，当活塞下行到三分之二行程时，排气门开启，将做功后的废气在残余压力作用下排出汽缸外，如图 1.9（d）所示。此时进气孔开启，进入换气过程。

由二冲程发动机工作过程不难看出，二冲程发动机具有以下明显特点。

① 二冲程发动机没有气门或只有排气门，从而省去了配气机构或使配气机构更为简单，简化了发动机结构，具有重量轻、制造成本低的特点。

② 其做功次数是四冲程发动机的两倍，理论上在汽缸工作容积、压缩比、转速相同的情况下，

二冲程发动机的功率是四冲程发动机的两倍，实际上由于换气过程有窜气损失，气体膨胀做功不充分，其功率只有四冲程发动机的 1.5～1.6 倍。

③ 在转速相同的情况下，二冲程发动机的做功次数比四冲程发动机多出一倍，因此单缸二冲程发动机比单缸四冲程发动机运转更平稳。

二冲程发动机在换气过程中要带走部分可燃混合气，经济性比较差，排气污染严重；但因结构简单、重量轻，在小排量摩托车、移动机具的动力机上应用较多。二冲程柴油机的换气过程没有燃料损失，多用于对动力机要求功率大、重量轻的轮船上。

1.2 发动机基本参数

1.2.1 发动机型号

根据国标《内燃机产品名称和型号编制规则》的规定：内燃机产品名称按所采用的燃料命名，内燃机型号用一组阿拉伯数字和汉语拼音或国际通用的英文缩略字母表示，由以下四部分组成，如图 1.10 所示。

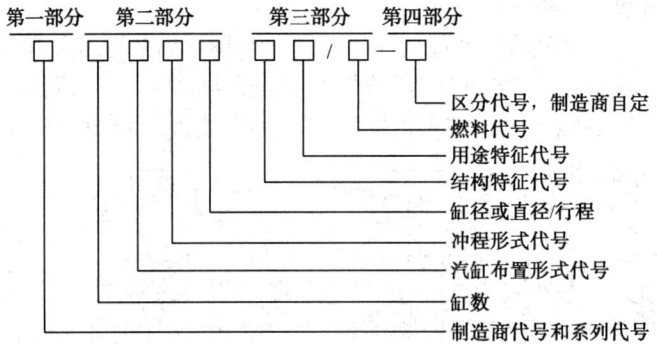

图 1.10　内燃机型号组成

第一部分：由制造商代号和系列代号组成，由制造商根据需要选择 1～3 位字母表示。

第二部分：由缸数、汽缸布置形式代号、冲程形式代号、缸径符号组成。

（1）缸数用 1～2 位数字表示。

（2）汽缸布置形式代号应符合表 1.2 规定。

表 1.2　汽缸布置形式代号

代号	含义
无	多缸直列或单缸
V	V 形
P	卧式
H	H 形
X	X 形
其他布置形式的代号见 GB/T 1888.1	

（3）冲程形式为四冲程时代号省略，二冲程用 E 表示。

（4）缸径符号一般用缸径或直径/行程数字表示，亦可用发动机排量或功率数表示，其单位由制造商自定。

第三部分：由结构特征代号、用途特征号组成，其代号分别符合表1.3与表1.4规定。燃料代号参照表1.5。

表 1.3　结构特征代号

代号	含义
无	冷却液冷却
F	风冷
N	凝气冷却
S	十字头
Z	增压
ZL	增压中冷
DZ	可倒转

表 1.4　用途特征代号

代号	含义
无	通用型及固定动力（或制造商自定）
T	拖拉机
M	摩托车
G	工程机械
J	铁路机车
D	发电机组
C	船用主机、右机基本型
CZ	船用主机、左机基本型
Y	农用三轮车（或其他农用车）
L	林业机械
注：内燃机的左机和右机的定义按 GB/T 726 的规定	

表 1.5　燃料代号

代号	含义	备注
无	柴油	
P	汽油	
T	天然气（煤层气）	管道天然气
CNG	压缩天然气	
LNG	液化天然气	
LPG	液化石油气	
Z	沼气	各类工业沼气（农业有机废弃物、工业有机废弃物、城市污水处理、城市有机垃圾）允许用 1～3 个字母的形式表示，如"ZN"表示农业有机废弃物产生的沼气
W	煤矿瓦斯	浓度不同的瓦斯允许用 1 个小写字母的形式表示，如 Wd 表示低浓度瓦斯
M	煤气	各类工业煤气如焦炉煤气、高炉煤气等。允许在 M 后加 1 个字母区分煤气的类型
S	柴油/天然气双燃料	
SCZ	柴油/沼气双燃料	
M	甲醇	
E	乙醇	
DME	二甲醇	
FME	生物柴油	
注 1：一般用 1～3 个拼音字母表示燃料，也可用成熟的英文缩写字母表示； 　　 2：其他燃料允许制造商用 1～3 个字母表示		

第四部分：区分代号，制造商自定。

型号如下。

柴油机型号：

G12V190ZLD——通用型、12缸、V形、四冲程、缸径190mm、冷却液冷却、增压中冷、发电用。

R175A——单缸、四冲程、缸径75mm、冷却液冷却（R—系列代号；A—区分代号）。

YZ6102Q——扬州产、6缸、直列、四冲程、缸径102mm、冷却液冷却、车用。

8E150C-1——8缸、直列、二冲程、缸径150mm、冷却液冷却、船用主机、右机基本型、第二代产品。

JC12V26/32ZLC——济南柴油机股份有限公司生产，12缸、V形、四冲程、缸径260mm、行程320mm、冷却液冷却、增压中冷、船用主机、右机基本型。

G8300/380ZDZC——通用系列、8缸、直列、四冲程、缸径300mm、行程380mm、冷却液冷却、增压可倒转、船用主机、右机基本型。

汽油机型号：

1E65F/P——单缸、二冲程、缸径65mm、风冷、通用型。

EQ6100—1/P——东风汽车工业公司生产，六缸、直列、四冲程、缸径100mm、冷却液冷却、通用型、第一种类型产品。

1.2.2 发动机的性能指标

发动机的性能指标可分为四大类：指示性能指标、有效性能指标、环境性能指标和强化性能指标，根据具体表现也可分为发动机的动力性、经济性、运转性和耐久可靠性指标等。

1. 发动机的指示性能指标

指示性能指标用以评定发动机实际循环情况的优劣。其中，平均指示压力、指示功率评定工作循环的动力性；指示热效率、指示燃料消耗率评定工作循环的经济性。

图1.11所示示功图反映工质压力 P 随汽缸工作容积 V（或曲轴转角 φ）变化的关系。P-V 曲线包容的面积表示工质完成一个实际循环所做的有用功。P-φ 图称为展开示功图。

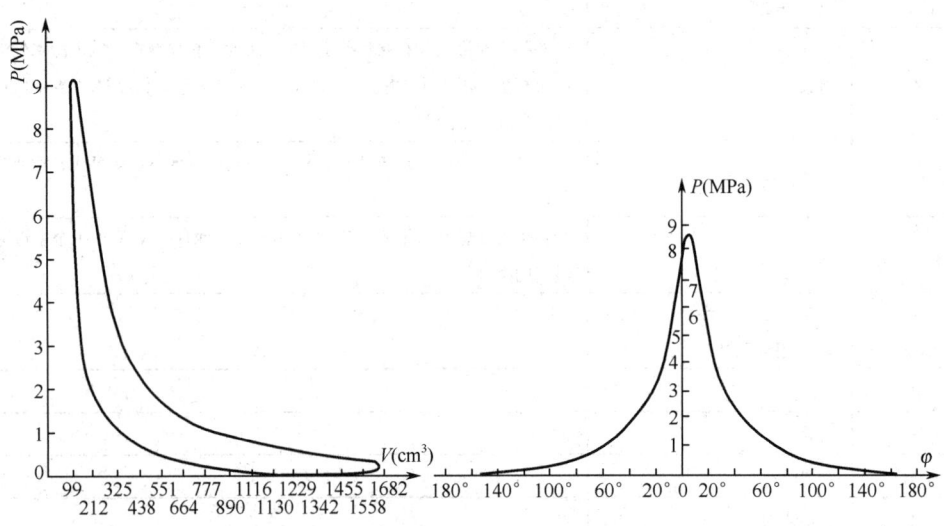

图1.11 某单缸四冲程柴油机 P-V 图及 P-φ 图（试验）

（1）指示功 W_i 和平均指示压力 p_i。

① 指示功。指示功指一个实际循环工质对活塞所做的有用功。用 W_i（kJ）表示，它可根据实测示功图通过计算求得，即

$$W_i = abA \quad (\text{kJ})$$

式中　a——示功图纵坐标的比例尺（kPa/cm）；

　　　b——示功图横坐标的比例尺（L/cm）；

　　　A——示功图面积（cm²）。

因为不同发动机具有不同的工作容积，不能仅用指示功 W_i 评价工作循环的好坏，还必须采用工作影响指标（平均指示压力 p_i），对发动机的工作循环进行评价。

② 平均指示压力。平均指示压力是指指示功 W_i 与汽缸工作容积 V_h 之比，即

$$p_i = \frac{W_i}{V_h} \quad (\text{kPa})$$

显然，平均指示压力 p_i 越大，汽缸工作容积的利用程度越高，发动机工作循环越优，设活塞面积为 A（cm²），活塞行程为 S（cm），从前式得出

$$W_i = p_i A S \times 10^{-3} \quad (\text{kJ})$$

如图 1.12 所示，p_i 的一般范围是：汽油机 0.8MPa～1.5MPa；柴油机 0.7MPa～1.1MPa；增压柴油机 1MPa～2.5MPa。

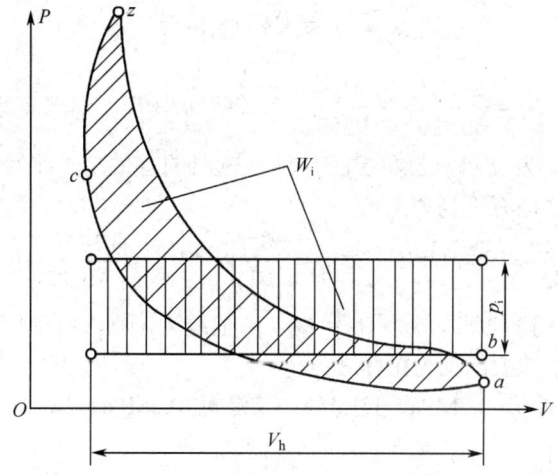

图 1.12　指示功与平均指示压力

（2）指示功率 N_i。指示功率 N_i 是指发动机单位时间（每秒）内所做的指示功。设平均指示压力为 p_i（kPa）；单缸工作容积为 V_h（L）；缸数为 i；转速为 n（r/min）；冲程数为 τ，则

$$N_i = \frac{i p_i V_h n}{30\tau} \times 10^{-3} \quad (\text{kW})$$

（3）指示燃油消耗率 g_i。指示燃油消耗率 g_i 是指单位指示功所消耗的燃油量。如测得发动机每小时燃油消耗量为 G_T（kg/h），指示功率为 N_i（kW），则指示燃油消耗率为

$$g_i = \frac{G_T}{N_i} \times 10^3 \, [\text{g}/(\text{kW} \cdot \text{h})]$$

g_i 的大致范围是：柴油机为 170～200g/（kW·h）；汽油机为 230～340g/（kW·h）。

（4）指示热效率 η_i。指示热效率（η_i）是指发动机实际循环指示功与所消耗燃料的热量之比值，即

$$\eta_i = \frac{W_i}{Q_i} = \frac{3.6}{g_i h_\mu} \times 10^6$$

式中　Q_i——所消耗燃料的热量（kJ）；

h_{μ}——燃料的低热值（kJ/kg）。

η_i 的大致范围是：柴油机为 $\eta_i=0.4\sim0.5$；汽油机为 $\eta_i=0.25\sim0.4$。

2. 发动机的有效性能指标

发动机有效性能指标是以曲轴输出功率为基础的指标，用以评价发动机的设计与制造水平及其整机性能。有效性能指标分为动力性指标和经济性指标。

1）动力性指标

（1）有效功率 N_e。指示功率 N_i 不可能完全输出，即在传递过程中不可避免产生如下机械损失。

① 内部运动机件的摩擦损失，占总机械损失的 60%～70%，如活塞及活塞环与汽缸壁、轴承与轴颈、配气机构中的摩擦损失等。

② 驱动附属机构的损失，占总机械损失的 10%～20%，如驱动冷却水泵、机油泵、喷油泵、风扇、电动机和点火装置的损失等。

③ 进、排气过程所消耗的功率，占总机械损失的 10%～20%。

上述损失导致的功率消耗称为机械损失功率 N_m。指示功率与机械损失功率之差称为有效功率 N_e（kW），该数据可由试验测得。

（2）有效转矩 M_e。发动机工作时，由功率输出轴输出的转矩称为有效转矩 M_e（N·m）。它与有效功率的关系是

$$M_e \approx 9550\frac{N_e}{n}\quad(\text{N·m})$$

$$N_e = \frac{2\pi n M_e}{60\times10^3} \approx \frac{M_e n}{9550} \approx 0.1047 \cdot n \times 10^{-3}\quad(\text{kW})$$

（3）平均有效压力 p_e。发动机汽缸单位工作容积输出的有效功，称为平均有效压力 p_e（kPa）。有效功率与平均有效压力之间有下列关系

$$N_e = \frac{ip_e V_h n}{30\tau}\times10^{-3}\quad(\text{kW}) \quad 或 \quad p_e = \frac{30\tau N_e}{iV_h n}\times10^{+3} = \frac{3.14 M_e \times \tau}{1000 V_h i}\quad(\text{kPa})$$

对于排量（iV_h）一定的发动机，p_e 正比于 M_e，p_e 值越大，则汽缸单位工作容积输出功越大，输出转矩越大。p_e 值是发动机重要的动力指标之一。

p_e 的一般范围是：汽油机 0.7MPa～1.3MPa；柴油机 0.6MPa～1.0MPa；增压柴油机 0.9MPa～2.2MPa。

（4）转速 n 和活塞平均速度 C_m。设计时，提高发动机转速，即可增加单位时间的做功次数，从而使发动机体积小、重量轻和功率大。转速 n 增加，活塞平均速度 $C_m = \frac{S_n}{30}$ 随之增加。

C_m 增大，则活塞组的热负荷和曲柄连杆机构的惯性力均增大，磨损加剧，寿命下降，以致 C_m 已成为表征发动机强化程度的参数。一般汽油机 C_m 不超过 18m/s；柴油机不超过 13m/s。

为了提高转速又不使 C_m 过大，可以减小活塞行程 S，即采用较小的行程缸径比（S/D）。但 S/D 值减小也会造成燃烧室高度减小，其表面积与容积比（A/V）值增大，混合气形成条件变差，不利于燃烧。n、C_m、S/D 值的大致范围如表 1.6 所示。

表 1.6　n、C_m、S/D 值的大致范围

机型	n（r/min）	C_m（m/s）	S/D
小客车汽油机	5000～8000	12～18	0.7～1.0
载货车汽油机	3600～4500	1～15	0.8～1.2
汽车柴油机	2000～5000	9～15	0.7～1.2
增压柴油机	1500～4000	8～12	0.9～1.3

2）经济性指标

（1）有效热效率 η_e。有效热效率是指循环的有效功与所消耗燃料的热量之比，即

$$\eta_e = \frac{W_e}{Q_i} = \frac{W_i}{Q_i} = \eta_i \eta_m \quad 或 \quad \eta_m = \frac{3.6}{g_e h_u} \times 10^6$$

式中　$\eta_m = \dfrac{N_e}{N_i} = \dfrac{p_e}{p_i} = 1 - \dfrac{N_m}{N_i}$ ——机械效率；

Q_i——获得有效功所消耗燃料的热量；

g_e——有效燃料消耗率。

发动机台架试验时，可采用单缸熄火法、拖动法、示功法等方法测定 η_m，η_m 值越接近 1，表明发动机性能越好。

参照 N_i 与 p_i 的关系，可导出平均机械损失压力

$$p_m = \frac{30 N_m \tau}{V_h \cdot n \cdot i} \quad (\text{kPa})$$

p_m 值的一般范围是：汽油机 0.15MPa～0.25MPa；柴油机 0.2MPa～0.3MPa。

现代发动机机械效率 η_m 一般范围如表 1.7 所示。

表 1.7　现代发动机机械效率 η_m 一般范围

机型	η_m	机型	η_m
非增压四冲程柴油机	0.75～0.80	增压二冲程柴油机	0.75～0.90
增压四冲程柴油机	0.80～0.92	四冲程汽油机	0.70～0.85
非增压二冲程柴油机	0.70～0.80		

（2）有效燃油消耗率 g_e。有效燃油消耗率是指单位有效功所消耗燃油的量，即

$$g_e = \frac{G_T}{N_e} \times 10^3 \quad [\text{g}/(\text{kW} \cdot \text{h})]$$

η_e 和 g_e 的大致范围如表 1.8 所示。

表 1.8　η_e 和 g_e 的大致范围

机型	η_e	$g_e [\text{g}/(\text{kW} \cdot \text{h})]$
汽油机	0.25～0.3	270～325
柴油机	0.3～0.45	190～285

3. 强化性能指标

（1）升功率 N_L。升功率是指发动机每升工作容积产生的有效功率，即

$$N_L = \frac{p_e}{i V_h} = \frac{p_e V_h i \cdot n}{30 i V_h \tau} = \frac{p_e n}{30 \tau} \cdot (\text{kW/L})$$

N_L 与 $p_e n$ 乘积成正比，即提高平均有效压力和转速，可提高升功率，提高发动机强化程度。

（2）比重量 G_e。发动机比重量是指其净重 G 与标定工况有效功率之比

$$G_e = \frac{G}{N_e} \quad (\text{kg/kW})$$

它表征发动机结构重量利用程度及结构紧凑性。

当发动机净重一定时，有效功率越大，比重量越小，则其强化程度越高。N_L 与 G_e 的大致范围如表 1.9 所示。

（3）强化系数。发动机强化系数用平均有效压力与活塞平均速度的乘积表示。该系数越大，则发动

机强化程度越高，即机械负荷和热负荷越高。$p_e \cdot C_m$ 的大致范围是：汽油机 8～17MPa·m/s；小型高速柴油机 6～11MPa·m/s；重型汽车柴油机 9～15MPa·m/s。

表 1.9　N_L 与 G_e 的大致范围

机型	N_L（kW/L）	G_e（kg/kW）
汽油机	30～70	1.1～4.0
汽车柴油机	18～30	2.5～9.0
拖拉机柴油机	9～15	5.5～1.6

综上所述，发动机的有效性能指标主要有：p_e、n、C_m、S/D、g_e、η_e、N_L、G_e、（$p_e \cdot C_m$）等，如表 1.10 所示。

表 1.10　发动机的主要有效性能指标

	p_e（kPa）	n（r/min）	C_m（m/s）	S/D	g_e[g/（kW·h）]	η_e	N_L（kW/L）	G_e（kg/kW）	$p_e \cdot C_m$
汽油机	650～1200	3600～6000	10～15	0.7～1.2	270～325	0.25～0.3	22～55	1.5～4.0	80～140
柴油机	600～950	2000～4000	8.5～12.5	0.75～1.2	241～285	0.3～0.4	18～30	4.0～9.0	60～99

4. 环境性能指标

发动机除要求具有良好的动力性、经济性和较高的强化程度外，还必须具有良好的排气清净性、较低噪声度、较小振动和可靠的低温起动性。

（1）排放污染。发动机排放污染是指排出废气中的有害成分，主要有尾气中一氧化碳、碳氢化合物、氮氧化合物、二氧化硫、铅化合物、臭味气体、固体微粒，以及从曲轴箱通风孔泄漏出的碳氢化合物和从汽油箱逸出的燃油蒸气等。这些有害排放物主要生成于燃烧过程中，应从混合气形成、燃烧和排气方式上设法加以控制。

为了保护环境，保障人体健康，发动机在工作机理和结构设计上应尽量使有害排放物减少，对废气加以净化处理。我国于 2005 年 4 月 27 日公布，自 2010 年 7 月 1 日起实施的中国轻型汽车第Ⅳ号排放标准中部分内容如表 1.11 和表 1.12 所示。

表 1.11　Ⅳ型试验的排放限值

试验温度 266K（-7℃）				
类别	级别	基准质量（RM）/kg	CO_2，L_4（g/km）	HC，L_2（g/km）
第一类车	—	全部	15	1.8
第二类车	Ⅰ	RM≤1305	15	1.8
	Ⅱ	1305＜RM≤1760	24	2.7
	Ⅲ	1760＜RM	30	3.2

（2）噪声污染。发动机工作时产生的噪声刺激神经，使人心情烦躁、反应迟钝、甚至导致耳聋、高血压和神经系统疾病。噪声主要源于进排气门、风扇和增压器等的气体动力噪声、汽缸内燃烧噪声、机体内的机械噪声（如活塞敲击、配气机构运行、齿轮运转等）。国际标准组织（ISO）提出了保护环境和保护听力的噪声标准，现代发动机噪声已大大超过了允许的值。为此，我国拟定了机动车辆允许噪声、中小功率柴油机噪声限值和噪声测试方法的标准。

表 1.12　轻型汽车国Ⅱ与国Ⅲ、国Ⅳ排放标准Ⅰ型试验排放限值对比

阶段	类别	级别	基准质量（RM）（kg）	一氧化碳（CO）L₁ 汽油	一氧化碳（CO）L₁ 柴油	碳氢化合物（HC）L₂ 汽油	碳氢化合物（HC）L₂ 柴油	氮氧化物（NOx）L₃ 汽油	氮氧化物（NOx）L₃ 柴油	碳氢化合物和氮氧化物（HC+NOx）L(2+3) 汽油	碳氢化合物和氮氧化物（HC+NOx）L(2+3) 柴油	颗粒物（PM）L₄ 柴油
II	第一类车	—	全部	2.2	1.0	—	—	—	—	0.50	0.7/0.9	0.08/0.10
II	第二类车	I	RM≤1250	2.2	1.0	—	—	—	—	0.50	0.7/0.9	0.08/0.10
II	第二类车	II	1250<RM≤1700	4.0	1.25	—	—	—	—	0.6	1.0/1.3	0.12/0.14
II	第二类车	III	RM>1700	5.0	1.5	—	—	—	—	0.7	1.2/1.6	0.17/0.20
III	第一类车	—	全部	2.3	0.64	0.20	—	0.15	0.50	—	0.56	0.50
III	第二类车	I	RM≤1250	2.3	0.64	0.20	—	0.15	0.50	—	0.56	0.50
III	第二类车	II	1250<RM≤1700	4.7	0.80	0.25	—	0.18	0.65	—	0.72	0.070
III	第二类车	III	RM>1700	5.22	0.95	0.29	—	0.21	0.78	—	0.86	0.100
IV	第一类车	—	全部	1.00	0.50	0.10	—	0.08	0.25	—	0.30	0.025
IV	第二类车	I	RM≤1250	1.00	0.50	0.10	—	0.08	0.25	—	0.30	0.025
IV	第二类车	II	1250<RM≤1700	1.81	0.63	0.13	—	0.10	0.33	—	0.39	0.04
IV	第二类车	III	RM>1700	2.27	0.74	0.16	—	0.11	0.39	—	0.46	0.06

注：第一类车指包括驾驶员座位在内，座位数不超过六座，且最大总质量不超过 2500kg 的 M 类汽车；第二类车是指除第一类车以外的其他所有轻型汽车。

Ⅰ型试验是指常温下冷起动后排气污染物排放试验；Ⅱ型试验即双怠速试验，测定双怠速的 CO、碳氢化合物和高怠速的 λ 值（过量空气系数）；Ⅲ型试验指曲轴箱污染物排放试验；Ⅳ型试验指低温下 266K（-7℃）冷起动后排气中 CO 和碳氢化合物排放试验；Ⅴ型试验即污染控制装置耐久性试验（试验里程 8 万公里）；Ⅵ型试验即蒸发污染物排放试验

（3）起动性能。发动机在一定温度下应能可靠起动，且起动迅速，起动消耗的功率小、磨损少。起动性能的好坏直接影响车辆机动性、操作者的安全和劳动强度。我国相关标准规定，不采用特殊的低温起动措施，汽油机在-10℃、柴油机在-5℃以下的环境条件下应起动顺利，且 15s 以内能自行运转。

5. 发动机的可靠性与耐久性

发动机的可靠性与耐久性用以衡量其在持续的负荷运转中，工作性能的可靠程度与耐久程度。

可靠性是指发动机在规定条件下和规定时间内完成规定功能的能力。一般以发生故障前的工作时间、故障间隔时间、无故障工作概率等指标评定。我国汽车行业对于载货汽车发动机的可靠性评定已有单项指标和综合指标。单项指标包括平均首次故障时间、平均故障间隔时间、当量故障率和使用有效度。综合指标为单项指标加权计算后得出的可靠性水平评定分数。

耐久性是指发动机在规定的使用和维修条件下，达到某种技术或经济指标极限时完成规定功能的能力。耐久性常指发动机的使用寿命或大修寿命。对于耐久性的评定，设计部门可以按各主要零件的试件在试验中的磨损来确定各主要零件乃至整机的耐久性指标；使用部门可以按整机达到极限状态前的工作小时数或车辆行驶里程数来评定。

可靠性和耐久性受诸多因素的影响，如所用材质、加工方法、装配调试、驾驶技术，以及负荷特点、气候因素等。即使同一型号发动机，可靠性和耐久性也会有相当大差别。当然发动机的可靠性与耐久性也与其结构组成和工作机理有关。

发动机工作时，各系统及有关机件将承受不同机械负荷与热负荷。机械负荷包括由于气体压力、冲击力、惯性力引起的应力和振动、预紧、摩擦等引起的附加应力，使发动机零部件分别受到拉伸、压缩、弯曲、扭转等或它们复合成的各种负荷引起的变形。热负荷过大可使某些零件温度过高而失去工作能力，如零件烧伤、变形导致配合间隙破坏，材料强度、硬度下降而加速磨损，润滑油变质结胶而使机件润滑条件恶化、摩擦磨损加剧等；热负荷过大还使某些零件温差过大导致内部热应力过大，如缸盖底面和活塞顶部变形和裂纹等。同时，某些结构还会发生化学蚀损，如汽缸内壁上部因高温废气而发生蚀损，湿式缸套外壁因电化学作用而出现穴蚀，高压油路、冷却水路、曲轴轴瓦等结构也可能出现穴蚀。

发动机在正常运转、满负荷作业和正确的技术维护下，机械负荷、热负荷和化学蚀损将在允许限度以内，可靠性和耐久性将合乎规律地自然缓慢下降。如果处在"敲缸"、超负荷、过热、"飞车"等不正常情况下长期作业，发动机将承受不应有的静负荷、动负荷、热负荷，加速化学蚀损，可靠性和耐久性急剧下降。

6. 发动机的热平衡

发动机燃料的热能只有一部分转化为有效机械能，其余部分通过各种途径而损失。一般情况下，发动机热平衡方程式可以表述为

$$Q = Q_e + Q_r + Q_w + Q_s$$

式中　Q——进入发动机的燃料产生的热量，如 Q_f 代表发动机每小时的耗油量，H_μ 代表燃料低热值（kJ/kg），则 $Q = Q_f H_\mu$

Q_e——相当于有效功的热量，$Q_e = 3.6 N_e$

Q_r——随废气排出的热量，相当于废气内能与新鲜充量内能之差，不包括燃料不完全燃烧的热损失。如 C'_p 和 C_{p1} 分别代表废气和新鲜充量的平均定压比热，T'_0 代表进气管入口处新鲜充量的温度，T_r 代表废气在靠近排气门处的温度，M_1 表示每小时排出的废气量，M_2 表示每小时消耗的空气量，则

$$Q_r = (M_2 + G_f) C'_p T_r - (M_1 + G_f) C_{p1} T'_0$$

Q_w——传递给冷却介质的热量，如 G 代表冷却水的循环量，C 代表冷却水的比热，t_2 和 t_1 分别代表出水口和进水口处的水温，则 $Q_w = GC(t_2 - t_1)$

Q_s——其余热损失，包括燃料不完全燃烧的热损失，即相当于燃料完全燃烧应该放出的热量与燃料在燃烧过程中实际放出的热量之差；还包括驱动辅助机构和附属装置的能量消耗、废气热量损失和机体辐射热损失等。

显然，热平衡随发动机负荷、转速、供油或点火提前角等工况参数和调整参数的改变有所不同。

为了估计热平衡方程式中各项相对值，同时便于比较不同发动机热平衡情况，常以百分数来表示热平衡方程式，即

$$q_e + q_r + q_w + q_s = 100\%$$

式中　$q_e = \dfrac{Q_e}{Q} \times 100\%$；　$q_r = \dfrac{Q_r}{Q} \times 100\%$；　$q_w = \dfrac{Q_w}{Q} \times 100\%$；　$q_s = \dfrac{Q_s}{Q} \times 100\%$。

一般高速四冲程发动机热平衡的百分数大约如表 1.13 所示。

关于发动机的热平衡，还可用热流图来表示其中各项的大小与相互关系，如图 1.13 所示。

表 1.13　高速四冲程发动机的热平衡百分数

热平衡各项组成	汽油机（%）	柴油机（%）	增压柴油机（%）
q_e	20～30	30～40	35～45
q_r	40～45	35～40	25～40
q_w	25～30	20～25	10～25
q_s	5	5	2～5

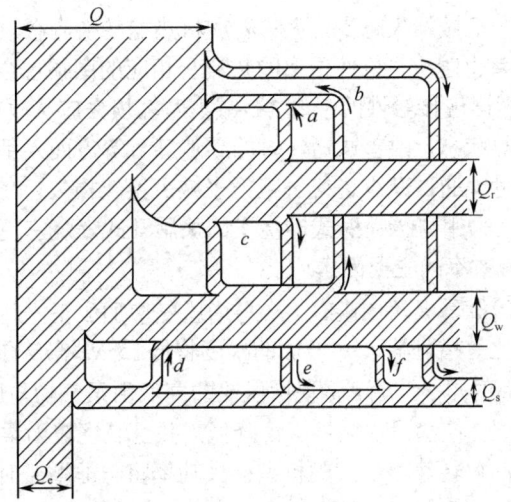

a—从废气回收的热量；b—从汽缸壁回收的热量；c—废气传给冷却水的热量；

d—摩擦生热传给冷却水的部分热量；e—排气系统散出的热量；f—冷却系统散出的热量

图 1.13　发动机的热流图

1.2.3　影响发动机工作性能的主要因素

发动机的工作是一个非常复杂的过程，影响其工作性能的因素很多，各因素之间存在着错综复杂的关系。

1. 影响发动机动力性与经济性的主要因素

对发动机工作性能影响较大的实际因素可以从以下几个方面来分析：

（1）增压度。在保持过量空气系数 α 等几个参数不变的条件下，如果采用增压技术，提高空气密度 ρ_s，可以使 N_e 成比例地增长。

（2）换气质量。换气充分是每循环中充分发挥工作性能的基础。换气完善程度由 η_v 来衡量，尽量提高此系数有利于发动机的工作。对汽油机，充进汽缸的燃油量与 η_v 成比例，所以换气应尽量充分，η_v 值高，有利于提高 N_e；对柴油机，充进汽缸的空气量越多，能够完全燃烧的循环供油量 Δg 也才能越多，Δg 与 η_v 存在着比例关系。所以要求换气充分，就是要求提高 η_v。

（3）对指示效率产生实际影响的因素，包括压缩比的高低，燃烧是否及时完全和热损失的多少等。

压缩比的高低对汽油机产生的影响尤其显著，提高压缩比可以改善热量的循环利用（膨胀比加大）、减少热损失（燃烧室散热面积减小），从而提高 η_i；并允许汽油机部分负荷时采用稀混合气，可更好工作。当然也应考虑到提高压缩比对燃料辛烷值要求提高，并使发动机热负荷和机械负荷增大的不利方面。

燃烧是否及时完全，这是每循环发挥工作性能的关键。η_i 表现了实际循环的效率，在特定的发动机上，它主要受燃烧完善程度的影响。发动机燃烧完善程度主要从完全、及时、柔和、无烟、低排污等几方面来加以衡量。燃烧越完善，在 z 点的热利用系数越高，平均指示压力也就越大，这是研究燃烧过程所努力追求的目标。但由于种种因素的影响，发动机燃烧过程往往难以达到理想完善的程度。对柴油机而言，燃烧完善程度主要与换气质量、压缩终点的温度、最大喷油压力、燃油雾化质量，以及燃油束与燃烧室内空气运动的配合等因素有关；对汽油机而言，燃烧完善程度主要与空燃比、混合气形成质量、点火提前等因素有关。

总体而言，如果采用尽量小的 α 达到尽量高的 η_i，就可以增加汽缸单位工作容积的做功量，提高其动力性和经济性。

（4）尽量减少机械损失。机械损失越少，意味着燃料热能转换为有效机械功越多，冷却系统和润滑系统传递的热量和消耗功率也越少，机件传递的热流和相应的磨损也会减少。负荷增大时，某些摩擦副间将出现边界润滑，甚至出现接触性的干摩擦。减少摩擦损失应从改善接触条件、强化表面性能、改进润滑油性能、保持最佳热状态、改善试运转时的零件磨合等方面入手。为了减少机械损失，还应该优化进排气系统结构和尺寸，通过减少进排气阻力来减少换气损失，在高速车用发动机上，换气损失可能高达机械损失的20%。采用直接喷射式燃烧室比采用开式燃烧室更能减少汽缸内的节流损失。

2. 影响机械损失及机械效率的主要因素

（1）增压。当发动机采用排气涡轮增压时，N_i 与增压度增加成正比地增加，此时汽缸中最大爆压虽有增加，但采取降低压缩比等措施后，p_z 增加的幅度将低于 N_i 增加的幅度，致使机械损失减少；当采用机械增压时，机械损失的减少与否，将视增压比的高低由泵气功与压气机耗功的和而定。此外，增压后，润滑油温度的提高，会使润滑油黏性阻力降低，并且燃烧较为柔和，有利于减轻轴承上的冲击负荷等。综上所述，若发动机转速不变，则机械损失功率将与非增压时大致相当。由于 N_i 值提高，所以涡轮增压及低压比的机械增压将使 η_m 提高。

（2）曲轴转速及活塞速度。曲轴转速及活塞速度的提高将使活塞摩擦损失及轴承摩擦损失迅速增加。同样，非增压发动机的泵气损失、辅助机械损失、二冲程发动机的扫气泵驱动功率均随转速及活塞速度的提高而增加。虽然转速增加后，每循环相对损失的热量较少，润滑油黏性阻力有所降低，但综合影响仍将使机械损失功率 N_m 或 p_m 大大增加。

图 1.14 所示为一部 6 缸非增压高速柴油机平均机械损失压力 p_m 随转速 n 迅速增加。图 1.15 所示为同一柴油机机械效率 η_m 随转速增加而下降，图中实线表示全负荷工况，虚线表示 30%的部分负荷工况，显而易见，负荷低时的 η_m 比全负荷时下降更显著。

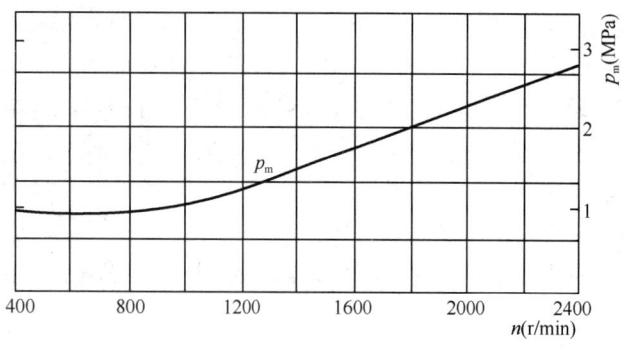

图 1.14　平均机械损失压力 p_m 与转速 n 的关系曲线

6 缸柴油机：汽缸总排量为 8L（升），$\varepsilon=16:1$，转速范围为 600～2400r/min。

（3）负荷。虽然负荷增加，p_z 也随之加大，但机械损失也会增大，而且在高负荷时 p_z 增加的幅度应比低负荷时小；在涡轮增压发动机中，为控制 p_z，一般采取降低压缩比的措施，使机械损失压力不致增加过大。同时，负荷增加，润滑油温度提高，其黏性阻力下降，因此负荷大小对 p_m 的影响不会太大。负荷增大必然增加供油量，从而使 p_i 成正比地增加，机械效率 η_m 也随之提高。

（4）润滑油温度及冷却水温度。润滑油温度和冷却水温度对发动机机械损失功率 N_m 有较大的影响。润滑油因温度升高而黏度下降，黏性阻力减小，机械损失 N_m 或 p_m 也减小。润滑油温度取决于冷却水温度，水温高则油温高，所以提高水温会使 N_m 或 p_m 下降。

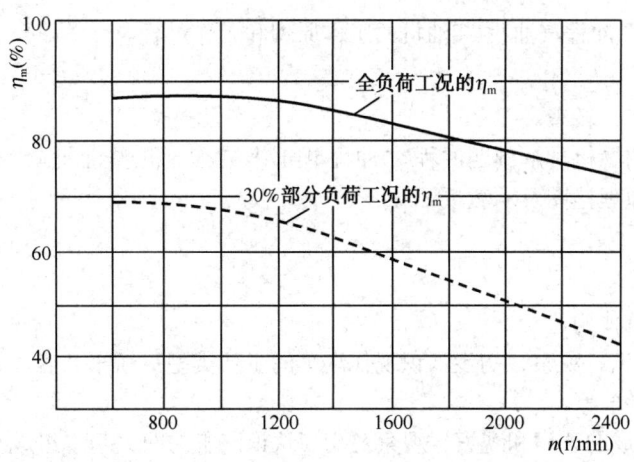

图 1.15　机械效率 η_m 与转速 n 的关系曲线

冷车起动时，水温和油温皆低，故 N_m 大；热车稳定状态时，则 N_m 小。因而相关标准对柴油机正常运转时的水温和油温都进行了明确规定，以保证 N_m 不致过大。图 1.16 所示为 N_m 与油温的关系曲线，N_m 随着油温增加而降低，并到达一个最低点，当超过这一温度后，N_m 又将逐渐增加。N_m 最小时，油温略大于润滑油容许温度。图 1.17 所示为 N_m 随冷却水温的变化曲线，显然 N_m 随着水温上升而下降。

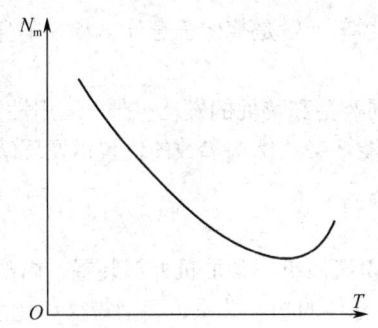

图 1.16　机械损失功率 N_m 随油温变化曲线　　　　图 1.17　机械损失功率 N_m 随水温变化曲线

（5）汽缸尺寸及数目。若运动速度不变，作用于摩擦表面的正压力不变，机械损失中的摩擦损失功率则与摩擦面积的大小有关，指示功率则与汽缸工作容积有关。即 p_z、C_m 保持不变的前提下，若缸径加大或者行程加长，则汽缸面积与容积比相对减小，N_i 增加的幅度大于 N_m，η_m 相对提高。

当汽缸尺寸和 n 都相同时，多缸发动机的 η_m 比单缸发动机大，这是由于单缸发动机带动辅助机械所需的功率相对偏大，机械损失功率相对增加。

（6）工艺水平。汽缸套内壁、轴颈、轴承等摩擦表面加工精度对机械损失功率有较大影响，表面加工精度越高，机械效率越高。

实训　汽车发动机的总体观察及发动机工作循环研究

1. 实训目的与要求

（1）了解汽车的基本组成、主要技术特性、各大部件的连接关系及动力传递路线。

（2）了解活塞往复直线运动与曲轴旋转运动之间的关系。

（3）了解汽油机与柴油机在结构和工作原理上的区别。

（4）掌握内燃机主要组成系统和机构的名称、功用、安装部位及相互间的关系。

（5）掌握四冲程/二冲程汽油机/柴油机的工作原理和工作过程。

2. 仪器、设备

（1）一般载重汽车、轿车。

（2）单缸、多缸内燃机，解剖四冲程/二冲程单缸/多缸汽油机/柴油机。

（3）内燃机工作原理挂图及示教板。

（4）常用工具。

3. 方法与步骤

（1）观察汽车的总体构造。

① 汽车形式的认识。观察、初步认识现代汽车的主要类型：轿车、客车、货车、牵引车、特种车、工矿自卸车和越野车等。

② 对汽车基本组成的认识和观察。观察及初步认识汽车的四大基本组成及功用。

a. 发动机。它是能量转换、产生动力的装置，分为汽油机、柴油机及石油液化气机等类型，由曲柄连杆机构、配气机构、燃料供给系统、冷却系统、润滑系统、起动系和点火系统（汽油机）组成。

b. 底盘。它用于接受动力使汽车运动，并保证汽车的正常行驶。它由传动、行驶、转向和制动系统等组成。

c. 电气设备。它是汽车的起动、点火、照明、信号装置，由电源和用电设备组成。现代汽车越来越多地装用各种电子控制、微处理及人工智能系统。

d. 车身。它用于安置驾驶员、乘客或货物。除轿车、客车一般是整体车身外，货车车身由驾驶室和货厢组成。

③ 对照实物，理解汽车主要技术参数。汽车除装用不同类型和特性的发动机外，还用性能参数、结构参数、使用参数及符号表示主要技术特性。对照汽车，能够确认结构参数的位置以及理解各参数的内容与含义。

（2）观察内燃机的一般构造并研究其工作过程。

① 利用解剖的发动机和完整的发动机，观察、初步认识汽油机、柴油机外部装置、内部机件的名称、位置、相互关系及构造特点，摇转曲轴，借以了解各零件的相互关系、运动规律和特点。

② 利用解剖发动机或模型，摇转曲轴，观察上止点、下止点、活塞行程、曲柄半径、工作容积、燃烧室容积及汽缸总容积、活塞所处位置，理解发动机各术语的含义。

③ 利用解剖发动机或模型，摇转曲轴，观察发动机在进气、压缩、做功和排气四个冲程中，曲轴旋转的角度（圈数），气门开和关的次数与状况，活塞、曲拐的位置及 运动情况，点火系统或喷油器的工作情况，进而研究四冲程汽油机/柴油机的工作原理和工作过程。

④ 利用解剖的发动机或模型，摇转曲轴，观察、研究在二冲程发动机工作过程中，曲轴旋转的角度、活塞位置的变化及换气形式与方法，掌握二冲程发动机的工作原理。清楚四冲程发动机与二冲程发动机的区别。

⑤ 对照实物，仔细观察，从结构和工作原理上，比较和区分汽油机和柴油机的异同。

⑥ 根据陈列的发动机，从汽缸数量、排列方式、所用燃料及冷却方式等情况，认识发动机的类型及功率、缸径、压缩比、转速等主要技术数据。

4. 实训工单

实训项目	汽车发动机的总体观察及发动机工作循环研究
一、准备工作	
	情况记录
（1）工量具及仪器设备准备	
（2）维修手册准备	

二、操作过程	
观察汽车总体结构	1. 汽车的型号为_____，类别为_____。其发动机型号为_____，排量为_____，最大功率为_____，最大输出扭矩为_____。采用____速____（手动、自动、手自一体）变速器。外形尺寸为_____。 2. 汽车的 VIN 为 _____，生产日期为_____。 3. 汽车由_____、_____、_____和_____四部分组成。
观察发动机的工作过程	1. 四冲程发动机由_____、_____、_____和_____四个冲程组成。每个冲程曲轴转过_____度。 2. 四缸发动机，当第一缸活塞处于上止点时，第四缸的活塞处于_____位置。 3. 发动机曲轴旋转两圈时，其凸轮轴旋转了_____圈。 4. 汽油机与柴油机相比较，汽油机多了一个_____系统。
发动机专业术语认知	在下图中标注发动机上止点、下止点、活塞行程、燃烧室容积、曲柄半径、活塞直径和汽缸直径。 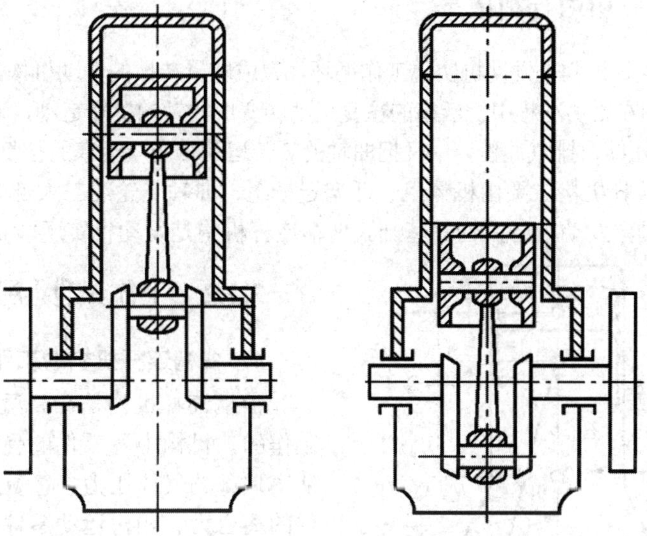
三、实训体会：	

复习思考题

1. 什么是发动机？什么是内燃机？发动机是如何分类的？

2. 发动机一般由哪些机构和系统组成？简要说明各组成部分的作用。

3. 何谓四冲程和二冲程发动机？简要说明其工作循环。

4. 列表对比说明柴油机、汽油机在进气、压缩、做功和排气四个冲程中的主要差异。

5. 何谓发动机的指示性能指标、有效性能指标及标定性能指标？

6. 简要叙述影响发动机工作性能的主要因素。

第2章 曲柄连杆机构的构造与维修

学习目标

● 掌握曲柄连杆机构的功用、组成、主要零部件的构造和装配连接关系；

● 熟悉曲柄连杆机构主要零部件的检测方法、维修方法；

● 掌握曲柄连杆机构装配与调整方法。

2.1 曲柄连杆机构概述

2.1.1 功用与组成

曲柄连杆机构是发动机实现工作循环，完成能量转换的传动机构，用以传递运动和动力，并改变运动方式，即在做功冲程中把活塞的往复运动转变成曲轴的旋转运动，对外输出动力；而在其他三个冲程（即进气、压缩、排气冲程）中又把曲轴的旋转运动转变成活塞的往复直线运动。

曲柄连杆机构主要由机体组、活塞连杆组、曲轴飞轮组三大部分组成。机体组是发动机的骨架，是支承和固定发动机各机构的基础。曲柄连杆机构是发动机实现能量转换的主要机构。

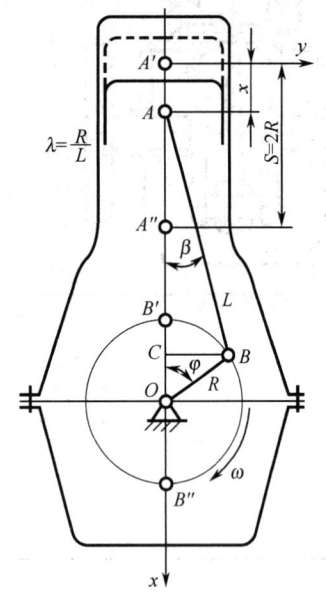

图 2.1 曲柄连杆机构的运动简图

2.1.2 工作条件与受力分析

1. 曲柄连杆机构的工作条件

曲柄连杆机构是在高温、高压、高速及化学腐蚀条件下工作的，机构中各零件的受力情况十分复杂，其中有作用于活塞顶部的气体压力、往复运动零件的惯性力、旋转运动零件的离心力、相对运动零件接触表面的摩擦力，以及由于温差引起的热应力。这些力作用在曲柄连杆机构和机体的各相关零件上，使之受到压缩、拉伸、弯曲、扭转、摩擦等不同性质的变形；各种力的周期性变化导致零件磨损不均匀。为了保证各零件工作可靠，减少磨损，在结构上必须采取相应的措施。

2. 曲柄连杆机构的运动分析

汽车发动机的曲柄连杆机构大多为对心式曲柄连杆机构，其特点是活塞销运动轨迹与曲轴轴线相交，其结构简单，加工容易，其运动简图如图 2.1 所示。活塞 A 进行往复直线运动，曲柄 B 进行旋转运动，连杆 AB 进行平面运动。发动机在稳定运转工况下，曲柄 BO 进行等速旋转，旋转角速度为 $\omega = \pi n/30$。

运用力学知识分析可得活塞位移 x、速度 v 和加速度 a 随曲柄转角 φ、曲柄连杆比 λ 的变化关系

位移：$x = 1 - \cos\varphi + (\lambda/4)(1 - \cos 2\varphi)$

速度：$v = \sin\varphi + (\lambda/2)\sin 2\varphi$

加速度：$a = \cos\varphi + \lambda\cos 2\varphi$

3. 曲柄连杆机构的受力分析

曲柄连杆机构受力主要来自四个方面：发动机工作时活塞顶部的气体压力；机构运动的惯性力；相对运动表面的摩擦力；作用在曲轴上的工作阻力。其中，摩擦力取决于发动机的结构、相对运动表面的粗糙度、运动零部件的配合情况及其润滑条件；工作阻力取决于外界工作负荷的性质和大小。对曲柄连杆机构工作影响最大的是气体压力和惯性力。

（1）气体压力。曲柄连杆机构的受力简图如图 2.2 所示。设汽缸直径为 D，汽缸内的气体绝对压力为 P_g，曲轴箱内的气体绝对压力为 P'（四冲程发动机，一般取 $P'=105kPa$），则发动机做功冲程作用在活塞顶部的气体压力为

$$F = (P_g - P')(\pi D^2 / 4)$$

由于连杆的摆动，F 除了对连杆产生拉伸（或压缩）力 F_1 以外，还对汽缸壁产生侧向压力 $F_c=F\tan\beta$。

连杆拉（压）力 F_1 使连杆轴承受载，并在曲柄销中心产生切向力 F_t 和法向力 F_n。

法向力 F_n 使曲轴承受弯曲应力，并使主轴承 O 受载。切向力 F_t 与 F'_t 构成力偶，其力偶矩即为发动机的转矩 T。

同时，与 F_t 相等的力 F''_t 也使主轴承受载。F'_n 与 F''_t 合成 F'_1，F'_1 又可分解为沿汽缸轴线的 F' 和垂直汽缸轴线的 F'_c。力偶 F_c 与 F'_c 构成的矩称为倾覆力矩 T_k，且 $T_k=-F_c h-T$。

当汽缸内气体压力 F 作用于活塞顶的同时，同样大小的力作用于汽缸盖。所以，F 也是发动机的内力，它作用于曲柄连杆机构零件、机体和汽缸盖等。对外界的作用只有两个力矩：转矩 T_g 通过曲轴飞轮传给传动系统，传动系相应产生一个反作用转矩 T'_g 作用于飞轮和曲轴；倾覆力矩 T_{kg} 通过机体传给发动机的支承，发动机支承反力为 $R_g=T_{kg}/b$，b 为发动机两支承点的距离。

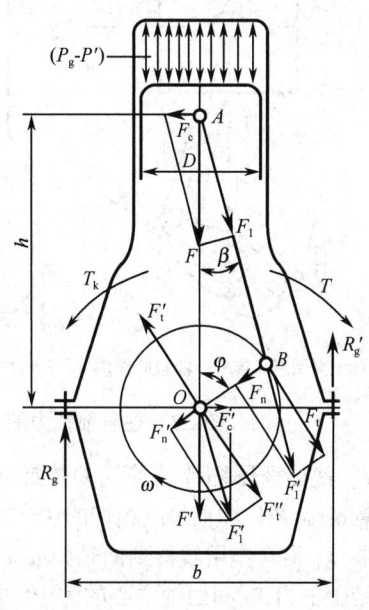

图 2.2　曲柄连杆机构的受力简图

（2）惯性力。

① 往复惯性力与曲柄连杆机构的往复质量 m_j 相对应，往复惯性力 F_j 值与活塞加速度 a 成正比，且方向相反。即

$$F_j = -m_j a = -m_j r \omega^2 (\cos\varphi + \lambda\cos^2\varphi)$$

往复惯性力 F_j 在曲柄连杆机构中的传递情况与气体压力 F_g 传递情况很相似。F_j 也使连杆轴承和主轴承受载，也产生转矩和倾覆力矩。由于 F_j 对汽缸盖没有作用，它不能在发动机内部自行被抵消，靠发动机的支承件承受，其值 $R_{j1}=R_{j2}=(F_j/2)\pm(T_{kj}/b)$，往复惯性力的作用如图 2.3 所示。

② 旋转惯性力与曲柄连杆机构的旋转质量 m_r 相对应，旋转惯性力或离心力 F_r 为

$$F_r = m_r r \omega^2$$

当曲轴角速度不变时，F_r 大小不变，其方向总是沿曲柄半径向外。如果不采用相应结构措施予以消除，该力也会使曲轴轴承乃至发动机支承件受载。

（3）作用在曲柄连杆机构上的合力。如图 2.4 所示，作用在活塞销上的合力 P_h 是沿着汽缸轴线作用的气体总压力 P_q 与往复惯性力 P_j 的合力

$$P_h = P_q + P_j$$

合力 P_h 可分解为两个分力，即沿连杆轴线的分力 $P_L=P_h/\cos\beta$ 和垂直于汽缸轴线的分力 $N=P_h\tan\beta$。力 N 使活塞侧面压向汽缸壁，增加了活塞与汽缸壁的摩擦与磨损。

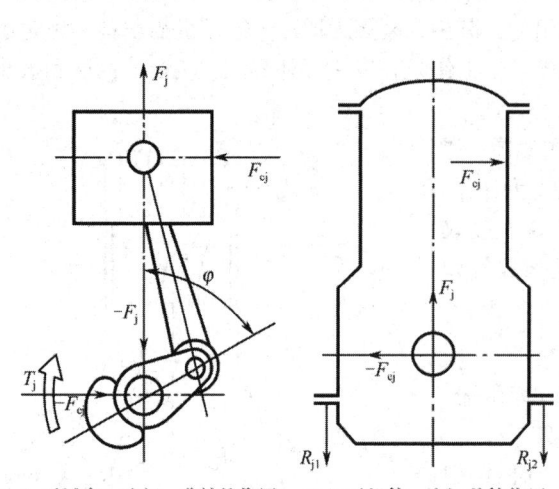

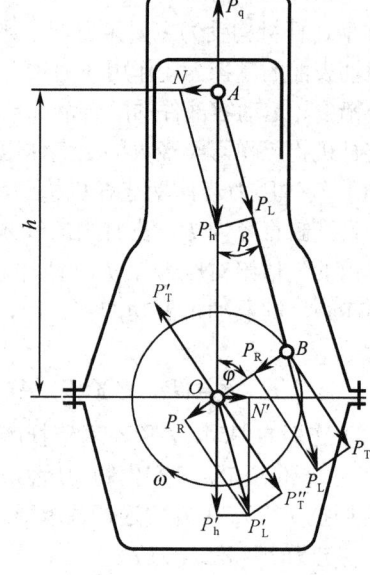

(a) 对活塞、连杆、曲轴的作用　　(b) 对机体、汽缸盖的作用

图 2.3　往复惯性力的作用　　　　　　　图 2.4　合力 P_h 的作用图

P_L 使连杆压缩或拉伸，并传递到曲柄销。再将 P_L 分解为两个分力；即沿曲柄半径的法向力 $P_R = P_L\cos(\varphi+\beta)$、和曲柄圆相切的切向力 $P_T = P_L\sin(\varphi+\beta)$。

将 P_R 沿其作用线移到曲轴中心，同时在曲轴中心上加两个大小相等方向相反的力 P'_T、P''_T，则曲柄销上的力 P_T 和曲轴中心的力 P'_T 形成转矩 M_e，用来克服曲轴的工作阻力矩。在曲轴中心的力 P_R 和力 P''_T 的合力等于 P_L 并作用于曲轴主轴承。该力又可分为两个力：垂直于汽缸轴线的力 N' 和沿汽缸轴线的作用力 P'_h。曲轴中心的 N' 和汽缸壁上的 N 又组成力偶 M，其方向与 M_e 相反，称为反转矩或倾覆力矩。

M_e 经过传动系统传到汽车的驱动轮上，而反转矩 M_F 则通过曲柄连杆机构的机体传到支承固定点上。

2.2　机体组

机体是汽缸体、曲轴箱、机座、主轴承盖及飞轮罩壳等固定零件的总称，这些零件形成一个刚性不动构件，作为安装发动机其他零部件的支承骨架。故在机体上加工有各种平面和孔道，内部还铸有冷却水套。

2.2.1　汽缸体与曲轴箱

1. 汽缸体的功用

汽缸体是构成发动机的骨架，是发动机各机构、系统的安装基础，其内、外安装着发动机的所有主要零件和附件。汽缸体在发动机运转时承受很复杂的负荷：各汽缸内气体对汽缸盖底面和汽缸表面的均布气压力、经活塞作用于各汽缸壁的侧向力、经曲轴施加在各主轴承上的力及支架对发动机的支承反力和反力矩。诸多负荷的大小、方向甚至作用点随工况和曲轴转角不断变化，致使机体承受交变的拉压弯扭作用，呈现复杂的应力状态。因此，要求机体必须有足够的强度和刚度，既不能产生裂纹和损坏，也不能出现过大的变形。尤其是机体与汽缸盖、汽缸套、主轴承座等结合处，若刚度不足就会使汽缸密封失效、摩擦磨损加剧和机体振动加剧等严重后果。

2. 汽缸体的结构

汽缸体一般用灰铸铁或铝合金铸成，汽缸体上部的引导活塞运动的圆柱形空腔称为汽缸，下半部分有供安装曲轴用的上曲轴箱。在汽缸体内部铸有许多加强筋、冷却水道和润滑油道等，前后两个平面经过加工，可安装正时齿轮盖和飞轮壳，如图2.5所示。

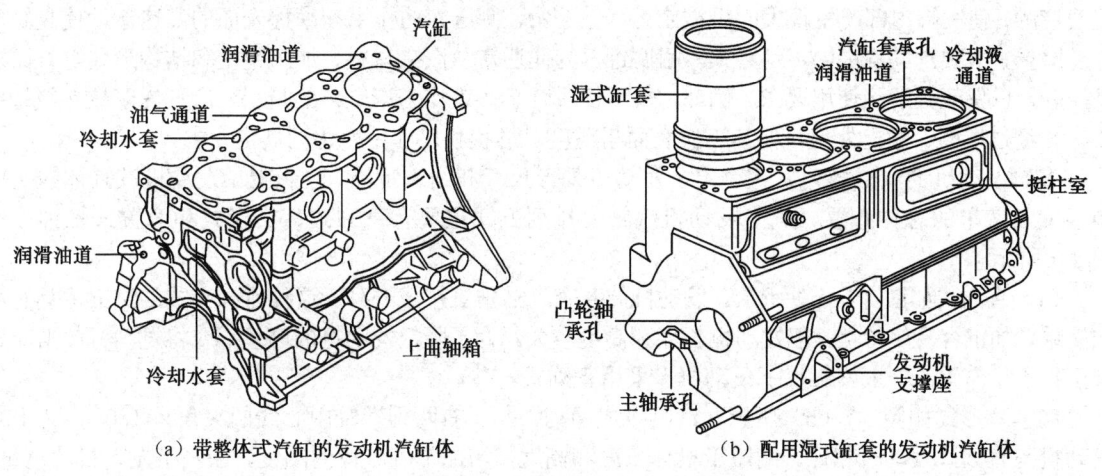

（a）带整体式汽缸的发动机汽缸体　　　　　（b）配用湿式缸套的发动机汽缸体

图 2.5　发动机汽缸体

汽缸体的上、下平面用以安装汽缸盖和下曲轴箱，是汽缸修理的加工基准。

3. 汽缸体的形式

根据汽缸体与油底壳安装平面的位置不同，通常把汽缸体分为平分（无裙）式、龙门（有裙）式和隧道式三种，如图2.6所示。

（1）平分式（如90系列柴油机）汽缸体如图2.6（a）所示。机体高度小、重量轻、结构紧凑，便于加工拆卸，但刚度和强度差。

汽缸体分界面与曲轴主轴线在同一平面上，这样便于加工和拆卸。

（2）龙门式（如CA6102及捷达汽车等发动机）汽缸体如图2.6（b）所示。汽缸体分界面在曲轴主轴线以下，这种汽缸体的刚度和强度较好，但工艺性较差。

（3）隧道式汽缸体如图2.6（c）所示。汽缸体分界面远低于曲轴轴线，曲轴主轴承座孔为整体式结构，汽缸体的结构刚度更高，用于采用滚动主轴承支承的组合式曲轴（如6135Q型发动机）。

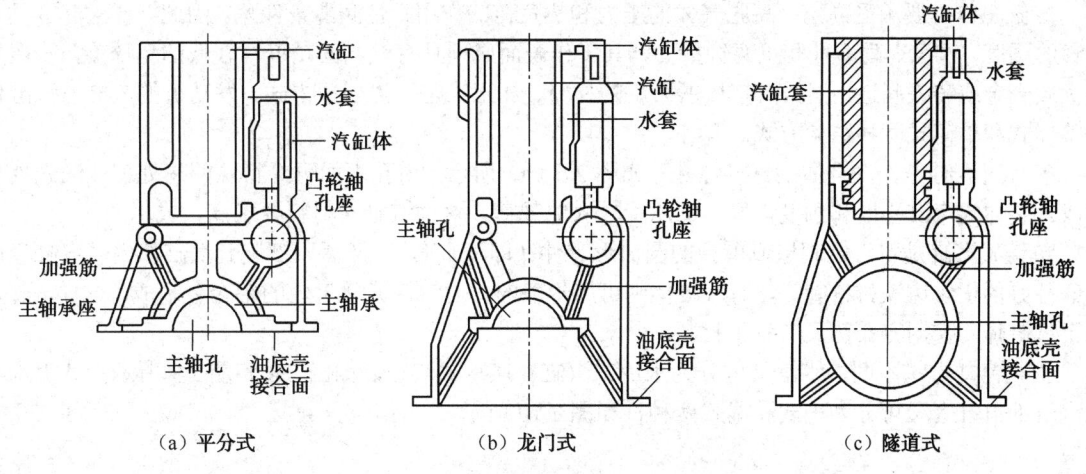

（a）平分式　　　　　　　（b）龙门式　　　　　　　（c）隧道式

图 2.6　汽缸体的结构形式示意图

2.2.2　汽缸体与汽缸套

汽缸由汽缸体和汽缸套组成，汽缸体为机体的一部分。汽缸上半部有为活塞在其中运动导向的圆柱形空腔，也是燃料燃烧和膨胀的场所。汽缸表面在工作时与高温高压的燃气或温度较低的新鲜空气交替接触，使汽缸内部产生很大的机械应力和热应力。侧压力的作用和摩擦表面的高速运动使汽缸壁容易磨损，故要求其耐高温、耐磨损、耐腐蚀。为此通常从汽缸材料、加工精度和结构形式等方面加以控制，以保证其达到使用要求。例如，采用优质合金铸铁作为汽缸体的材料，汽缸内壁按 2 级精度加工并经过珩磨、激光处理，使其工作表面粗糙度、形状和尺寸精度达到规定要求。

多缸发动机的汽缸排列方式决定了发动机外形尺寸和结构特点，也影响了发动机汽缸体的刚度和强度及汽车的总体布置。汽车发动机汽缸的排列方式主要有直列式、V 形式和对置式三种，如图 2.7 所示。

（1）直列式如图 2.7（a）所示。发动机的各个汽缸垂直排成一列。这种排列方式的汽缸体具有结构简单，加工容易等特点，但发动机长度和高度较大。为了降低发动机的高度，或将发动机倾斜布置甚至按水平布置。一般六缸以下发动机多采用直列式。

（2）V 形式如图 2.7（b）所示。汽缸排成两列，左、右两列汽缸中心线的夹角 $\gamma < 180°$，V 形式发动机与直列式发动机相比，缩短了机体长度和高度，增加了汽缸体的刚度，减轻了发动机的重量，但加大了发动机的宽度，且形状较复杂，加工困难，一般用于六缸以上的发动机。

（3）对置式如图 2.7（c）所示。汽缸排成两列，左、右两列汽缸在同一水平面上，即左、右两列汽缸中心线的夹角 $\gamma = 180°$。其特点是高度小，总体布置方便，有利于风冷。

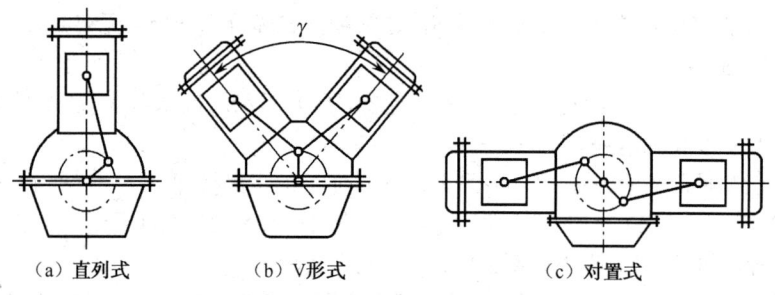

（a）直列式　　　（b）V形式　　　（c）对置式

图 2.7　多缸发动机的汽缸排列方式

汽缸工作时要承受高温、高压气体的压力和热负荷的作用，且润滑条件差。因此，要求汽缸具有足够的强度、刚度、耐磨性和抗腐蚀能力，其工作表面必须具有较高的精度与较低的粗糙度，一般采用优质合金或铸铁制造。根据汽缸体所采用的材料、加工工艺及热处理方式，发动机的汽缸与汽缸体有整体式和单铸式两种结构方式。

整体式汽缸是在汽缸体上直接镗孔，如图 2.6（a）所示，内孔表面再经特殊的热处理或激光处理而成。整体式汽缸强度和刚度都好，能承受较大的载荷，这种汽缸对材料要求高，成本高。

单铸式汽缸是将汽缸制造成单独的圆筒形零件（即汽缸套），然后再镶装到汽缸体内。汽缸套用耐磨性好的优质铸铁材料制成，而汽缸体则可用价廉的普通铸铁或质量轻的铝合金制成，这样，既延长了汽缸体的使用寿命，又节省了材料。

根据冷却方法不同，汽缸又可分为水冷式汽缸和风冷式汽缸，如图 2.8 和图 2.9 所示，其中水冷式汽缸的汽缸套又可分为干式和湿式两种，如图 2.10 所示。

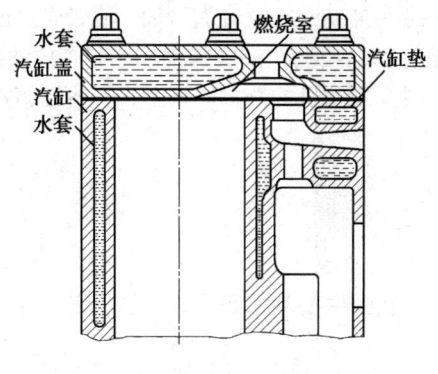

图 2.8　水冷式汽缸

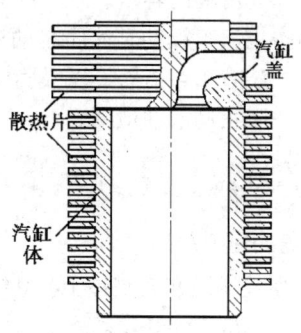

图 2.9　风冷式汽缸

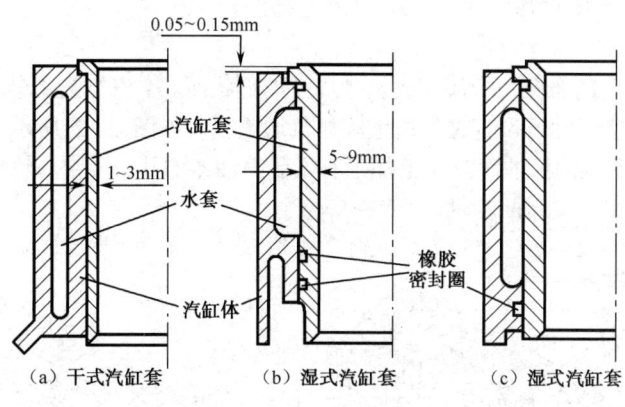

图 2.10　汽缸套

　　水冷式汽缸的汽缸体和汽缸盖都加工有冷却水套，冷却水在水套内不断循环，带走部分热量，以维持发动机的正常工作温度。

　　（1）干式汽缸套，如图 2.10（a）所示。其特点是汽缸套装入汽缸体后，其外壁不直接与冷却水接触，壁厚较薄，一般为 1～3mm。采用干式汽缸套的汽缸具有整体式汽缸的优点，强度和刚度都较好，但加工比较复杂，内、外表面都需要进行精加工，拆装不方便，散热不良。

　　（2）湿式汽缸套，如图 2.10（b）和图 2.10（c）所示，其特点是汽缸套装入汽缸体后，外壁直接与冷却水接触，湿式汽缸套壁厚一般为 5～9mm，它散热良好，冷却均匀，加工容易，通常只需要精加工内表面，而与水接触的外表面不需要加工，拆装方便；但缺点是强度、刚度都不如干式汽缸套好，而且容易产生汽穴和漏水现象，应该采取一些防护、防漏措施。

　　汽缸套外表面有两个用于径向定位的凸出的圆形环带，分别称为上支承定位带和下支承密封带。汽缸套上部凸缘与汽缸体相应的台阶则可实现汽缸套的轴向定位。

　　汽缸套上部顶面高出汽缸体 0.05～0.15mm，当汽缸盖螺栓拧紧后，可将汽缸垫压得更紧；汽缸套下支承密封带处装有 1～3 个耐热耐油的橡胶圈，满足了汽缸套的密封要求。

2.2.3　曲轴箱、油底壳

　　汽缸体下部用来安装曲轴的部位称为曲轴箱，曲轴箱分上曲轴箱和下曲轴箱。上曲轴箱与汽缸体铸成一体；下曲轴箱又称油底壳，用来储存润滑油，并封闭上曲轴箱，如图 2.11 所示。油底壳一般采用薄钢板冲压而成，其形状取决于发动

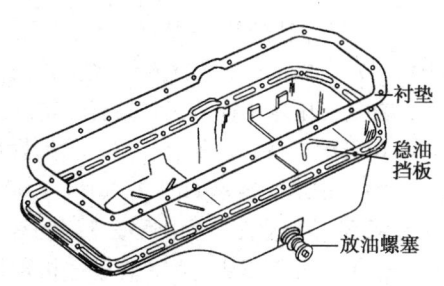

图 2.11　油底壳

机的总体布置和润滑油的容量。为了保证发动机纵向倾斜时油泵能经常吸到润滑油，油底壳后部一般做得较深；为防止汽车震动时油面波动过大，油底壳内装有稳油挡板。油底壳底部还装有放油螺塞，通常放油螺塞上装有永久磁铁，以吸附润滑油中的铁屑，减少发动机的磨损。在上、下曲轴箱接合面之间装有衬垫，防止润滑油泄漏。

2.2.4 汽缸盖

1. 汽缸盖的主要功用

汽缸盖用螺栓紧固在汽缸体上，其间垫有汽缸盖衬垫。它的主要功用是密封汽缸上部，并与活塞顶部和汽缸壁一起构成燃烧室。

水冷式汽缸的汽缸盖内部制有冷却水套，汽缸盖下端面的冷却水道与汽缸体的冷却水道相通，利用循环水冷却燃烧室等高温部分。

2. 汽缸盖的构造

汽缸盖的结构随气门的布置、冷却方式及燃烧室的形状而异。汽缸盖上装有进、排气门座，气门导管，用于安装进、排气门，还设有进气通道和排气通道等，如图 2.12 所示。汽油机的汽缸盖上加工有安装火花塞的孔，而柴油机的汽缸盖上加工有安装喷油器的孔。顶置凸轮轴式发动机的汽缸盖上加工有凸轮轴轴承孔，用以安装凸轮轴。

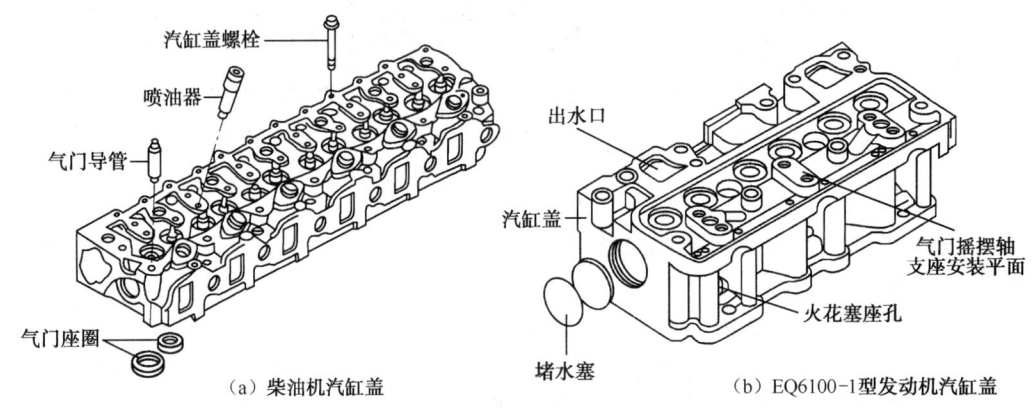

（a）柴油机汽缸盖　　　　（b）EQ6100-1型发动机汽缸盖

图 2.12　汽缸盖

为了制造、维修方便及减小变形对密封的影响，缸径较大的柴油机大多采用分开式汽缸盖，即一缸一盖、二缸一盖或三缸一盖。汽油机一般缸径小，缸盖负荷轻，多采用整体式。汽缸盖一般采用灰铸铁或合金铸铁铸成，铝合金的导热性好，有利于提高压缩比，所以近年来铝合金汽缸盖被采用得越来越多。

3. 燃烧室

汽油机的燃烧室由活塞顶部及汽缸盖上相应的凹部空间组成。燃烧室的形状对发动机的工作影响很大。发动机工作过程中对燃烧室有两点基本要求：一是面容比要小，以减少热量损失及缩短火焰行程；二是在压缩冲程结束时具有一定的挤气涡流，以利于混合气充分燃烧。汽油机燃烧室的形式主要有半球形燃烧室、楔形燃烧室、盆形燃烧室，少数发动机则采用多球（即 ω）形或篷形燃烧室。

（1）楔形燃烧室如图 2.13（a）所示。其特点是结构简单、紧凑，散热面积小，热损失也小，能保证混合气在压缩冲程中形成良好的涡流运动，有利于提高混合气的混合质量，进气阻力小，提高了充气效率。气门排成一列，使配气机构简单，但火花塞置于楔形燃烧室高处，火焰传播距离长些。切诺基轿车发动机采用这种形式的燃烧室。

（2）盆形燃烧室如图 2.13（b）所示。盆形燃烧室的汽缸盖工艺性好，制造成本低，但因气门直径易受限制，进、排气效果要比半球形燃烧室差。捷达轿车发动机、奥迪轿车发动机采用盆形燃烧室。

（3）半球形燃烧室如图 2.13（c）所示。这种燃烧室结构紧凑，气门位于球面上，可增大进气面积；火花塞位于气门中间，火焰传播距离短；没有挤气面积，汽缸内的气流运动较弱；半球形燃烧室容易实现多气门机构的布置，在轿车发动机上被广泛应用。

（4）多球形燃烧室是由两个以上半球形凹坑组成的，形似 ω。其结构紧凑，面容比（即燃烧室表面积与其容积之比）小，气门直径较大，气道比较平直，且能产生挤气涡流。夏利 TJ376Q 型汽油机采用了此种燃烧室。

（5）篷形燃烧室如图 2.14 所示。它是近年来高性能多气门轿车发动机上广泛应用的燃烧室，特别是小气门夹角的浅篷形燃烧室得到了较大发展。欧宝 V6、奔驰 320E、三菱 3G81、富士 EJ20 等型汽油机采用的燃烧室均为篷形燃烧室。

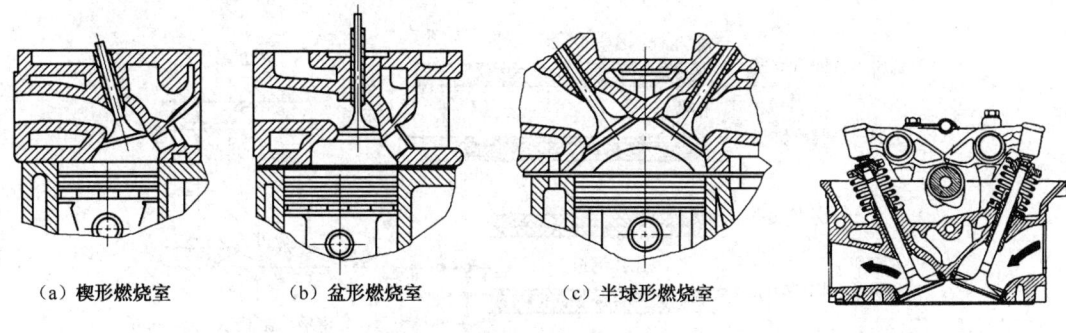

（a）楔形燃烧室　　　　　　（b）盆形燃烧室　　　　　　（c）半球形燃烧室

图 2.13　汽油机常用燃烧室　　　　　　　　图 2.14　篷形燃烧室

4. 汽缸垫

汽缸盖与汽缸体之间置有汽缸垫，又称汽缸床。其功用是填补汽缸体与汽缸盖结合面上的微观孔隙，以保证燃烧室的密封。

汽缸垫的结构如图 2.15 所示，按所用材料不同，汽缸垫可分为金属—石棉汽缸垫、金属—复合材料汽缸垫、全金属汽缸垫。汽车上应用较多的是金属—石棉汽缸垫，其结构如图 2.15（a）～（d）所示。

安装金属—石棉汽缸垫时，要注意对正汽缸垫与汽缸体的油孔和水孔，还要注意其安装方向：汽缸口金属卷边一面应朝向易修整接触面或硬平面，即对于铸铁汽缸盖，卷边朝向汽缸盖；对于铸铝汽缸盖，卷边朝向汽缸体；铸铝汽缸体、汽缸盖，卷边朝向汽缸盖。国外一些发动机采用耐热密封胶取代汽缸垫。

钢板汽缸垫、无石棉汽缸垫如图 2.15（e）和图 2.15（f）所示。这类汽缸垫多用在轿车、赛车及单缸发动机上。它需要在密封的汽缸孔、水孔、油道口周围冲压出一定高度的凸纹，利用凸纹的弹性变形实现密封。

随着新型密封材料的研发，一些发动机已开始使用单层金属汽缸加耐热密封胶，或只用耐热密封胶，以彻底取代传统的汽缸垫。使用耐热密封胶或纯金属汽缸的发动机，对汽缸体与汽缸盖结合面的加工精度要求更高。

5. 汽缸盖的拧紧

汽缸盖用螺栓固紧在汽缸体上。拧紧螺栓时，必须按"由中央对称地向四周扩展"的顺序分几次进行。最后一次要用扭力扳手按规定的拧紧力矩拧紧，以免损坏汽缸垫或发生漏水现象。如果汽缸盖由铝合金制成，则最后必须在发动机冷却的状态下拧紧，这样热起来时会增加密封的可靠性，因为铝合金汽缸盖的热膨胀系数比钢螺栓的大；铸铁汽缸垫则可以在发动机热时最后拧紧。某些发动机的缸盖采用了塑性变形扭力螺栓，拧紧时，应严格按说明书的要求拧紧。

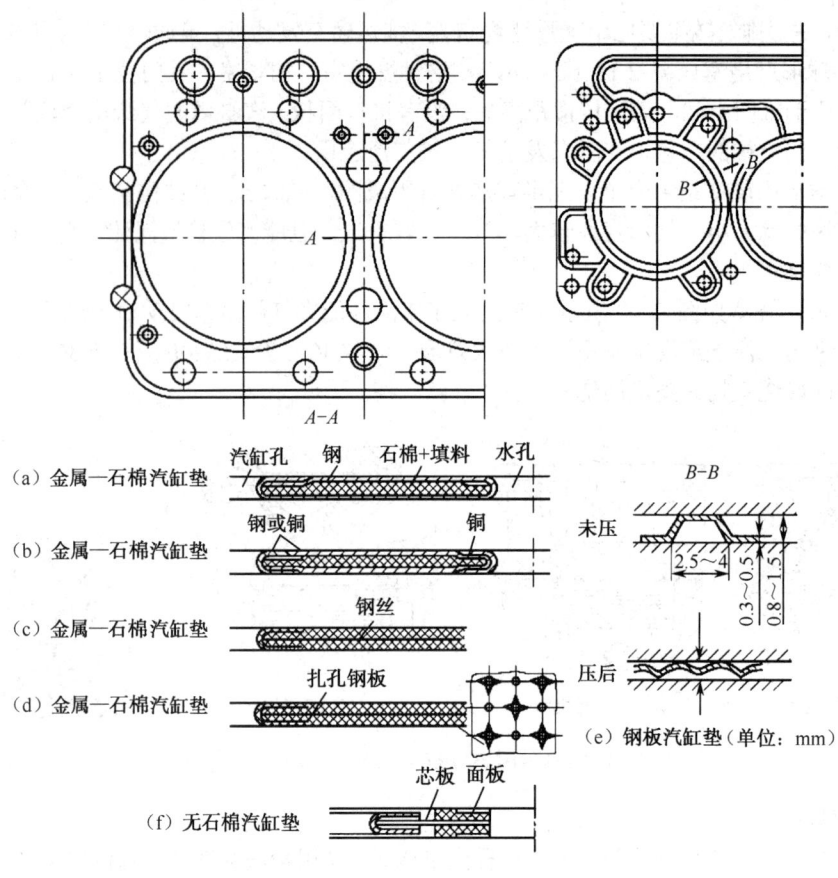

（a）金属—石棉汽缸垫　汽缸孔　钢　石棉+填料　水孔

（b）金属—石棉汽缸垫　钢或铜　铜

（c）金属—石棉汽缸垫　钢丝

（d）金属—石棉汽缸垫　扎孔钢板

（e）钢板汽缸垫（单位：mm）　未压　压后

（f）无石棉汽缸垫　芯板　面板

图 2.15　汽缸垫的结构

2.2.5　发动机的支承

发动机一般通过汽缸体和飞轮壳或变速器壳支承在车架上。发动机的支承方法一般有三点支承［图 2.16（a）］和四点支承［图 2.16（b）］两种。

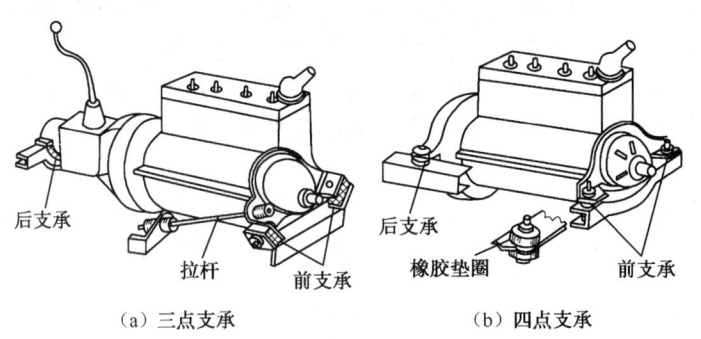

（a）三点支承　后支承　拉杆　前支承

（b）四点支承　后支承　橡胶垫圈　前支承

图 2.16　发动机三点支承示意图

发动机在车架上的支承均采用弹性元件，以消除在汽车行驶中车架的震动对发动机的影响，以及减少传给底盘和乘员的震动和噪声。

采用弹性元件支承的发动机运转（特别在工作不稳定的情况下，如低转速或超载荷）时，可能发生横向角震动，因此与发动机相连的各种管、杆件大多采用软连接，以保证在发动机震动时不致破坏管、杆件的正常工作。为了防止当汽车制动或加速时由于弹性元件的变形而产生的发动机纵向位移，有的发动机装有专门的纵拉杆，纵拉杆一端与车架纵梁相连，一端与发动机连接，两端连接处有橡胶垫。

2.3 活塞连杆组

活塞连杆组由活塞、活塞销、连杆等机件组成，如图 2.17 所示。

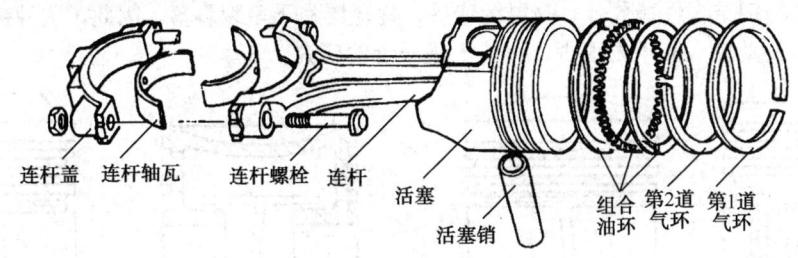

连杆盖　连杆轴瓦　连杆螺栓　连杆　活塞　活塞销　组合油环　第2道气环　第1道气环

图 2.17　活塞连杆组

2.3.1 活塞

1. 活塞的功用

活塞的功用是与汽缸盖及汽缸壁共同组成燃烧室，承受汽缸内气体压力，并将此压力通过活塞销传给连杆，以推动曲轴旋转。

2. 活塞的工作及要求

活塞是发动机中工作条件、受力情况最为复杂的部件。工作时其顶部直接与高温高压燃气接触，做功过程瞬时温度超过 2000K、压力可达 10MPa，甚至更高；发动机高速运转时，活塞线速度达 12m/s，活塞受力及速度（大小、方向）变化高达每秒数百次。由于结构的需要，活塞各部分尺寸各不相同；工作时活塞各部分受热极不均匀，在活塞内部各部位产生的热应力、热膨胀变形也不相等，而且活塞的润滑、散热条件十分恶劣。综上所述：活塞运行中在气体压力、往复惯性力、摩擦力及热应力作用下，将产生拉伸、压缩、磨损及热膨胀变形，所以要求活塞有足够的强度和刚度，质量小，热膨胀系数小，导热性好而且耐磨。

铝合金活塞具有质量小，导热性好的优点，在汽车发动机上被广泛采用。其缺点是热膨胀系数较大，在温度升高时，强度和硬度下降较快。为了克服这些缺点，一般要在结构设计、机械加工和热处理上采取各种措施加以弥补。少数发动机活塞采用优质铸铁或耐热钢制造。

3. 活塞的基本结构

根据其作用，活塞的基本结构分为顶部、头（防漏）部和裙（导向）部三部分，如图 2.18 所示。

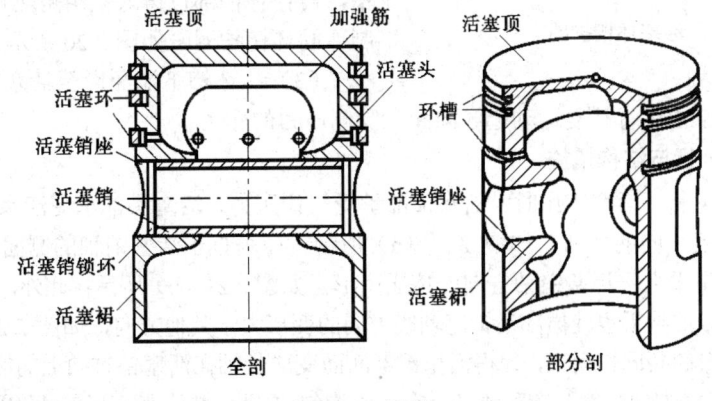

活塞顶　加强筋　活塞顶
活塞环　活塞头　环槽
活塞销座
活塞销　活塞销座
活塞销锁环
活塞裙　活塞裙
全剖　部分剖

图 2.18　活塞

（1）活塞顶部的形状与选用的燃烧室的类型密切相关。汽油机活塞顶部多采用平顶，如图 2.19（a）所示。其优点是吸热面积小，制造工艺简单。有些汽油机为了改善混合气的形成和燃烧环境而采用凸顶或凹顶活塞，如图 2.19（b）、（c）所示。凹坑的大小可以用来调节发动机的压缩比（或给气门留下运动空间）。成型顶活塞如图 2.19（d）所示，主要用于二冲程发动机。现在有的发动机上，为了减轻活塞顶部的热负荷，在活塞顶部喷镀 0.2～0.3mm 厚度的陶瓷，起到耐高温、防腐蚀和减少吸热的作用。但陶瓷与铝结合性能欠佳，高温运转后，陶瓷层易于龟裂剥落。因此，这种镀有陶瓷层的活塞，目前在汽车发动机上应用得很少，有待于进一步的研究。

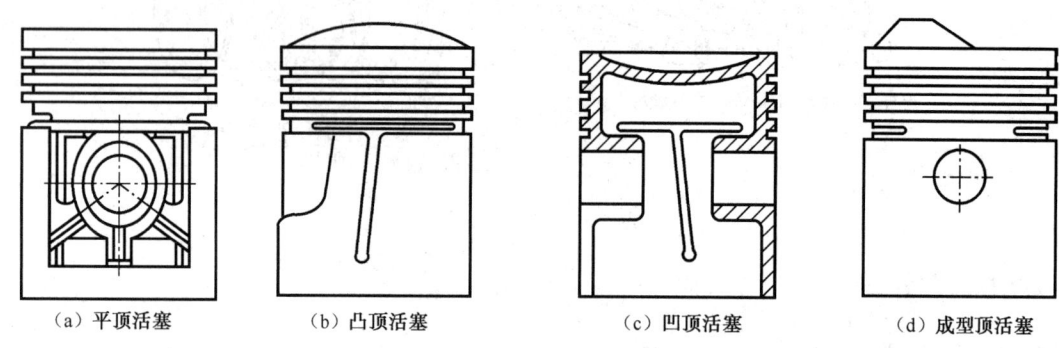

（a）平顶活塞　　　　（b）凸顶活塞　　　　（c）凹顶活塞　　　　（d）成型顶活塞

图 2.19　活塞顶部结构

（2）活塞销轴孔以上的部分即为活塞头部或防漏部。其主要用于承受气体压力，并传给连杆，与活塞环一起实现汽缸的密封，将活塞顶所吸收的热量通过活塞环传导到汽缸壁上。头部切有若干道用以安装活塞环的环槽。汽油机一般有 2～3 道环槽，上面 1～2 道安装气环，下面 1 道安放油环。在环槽底面上钻有许多径向小孔，使被油环从汽缸壁上刮下来的多余机油，得以经过这些小孔流回油底壳。

活塞头部一般做得较厚，以便于热量从活塞顶经活塞环传到汽缸的冷却壁面上，从而防止活塞顶部的温度过高。

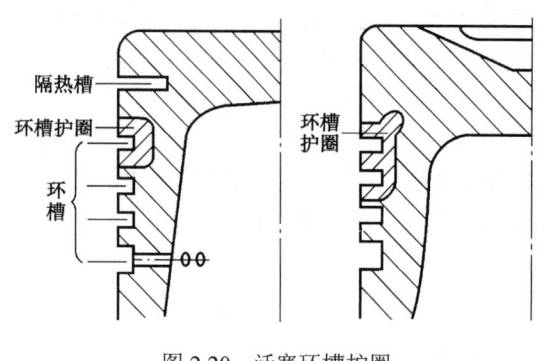

图 2.20　活塞环槽护圈

有的发动机活塞在第一道环槽上面切出一道较窄的隔热槽，如图 2.20 所示。隔热槽的作用是隔断从活塞顶部流下来的部分热流通路，迫使热流方向折转，把部分原来应由第一道活塞环散走的热量，分散给第二、三道活塞环，以防止第一道活塞环因过热使其吸附其上的润滑油生成积炭而发生活塞环卡滞。

活塞环槽的磨损是影响活塞使用寿命的一个重要因素。在热负荷较高的发动机中，为保护和加强环槽，常在环槽部位铸入采用耐热材料（奥氏体铸铁）制造的环槽护圈，如图 2.20 所示。

（3）从环槽下端面起至活塞底面部分称为活塞裙部。为活塞在汽缸内进行往复运动起导向和承受侧压力的作用。

4. 活塞变形分析与结构措施

（1）活塞变形分析。活塞工作时，活塞顶部承受气体压力，活塞头部承受活塞销的支反力，使活塞产生沿活塞销长度方向的弯曲，如图 2.21（a）所示；在垂直于活塞销轴的侧面，受到来自汽缸的侧压力，使活塞产生垂直于活塞销轴方向的挤压变形，如图 2.21（b）所示；此外，活塞销座附近的金属堆积，受热后膨胀的结果也使裙部沿销座轴线方向的变形大于其他方向，如图 2.21（c）所示。所以在机械变形和热变形的共同作用下，使得活塞裙部断面变成长轴在活塞销方向上的椭圆，如图 2.21（d）所示。由于活塞沿轴线方向温度分布和质量分布都不均匀，因此，热膨胀变形使活塞呈上大下小的锥形。

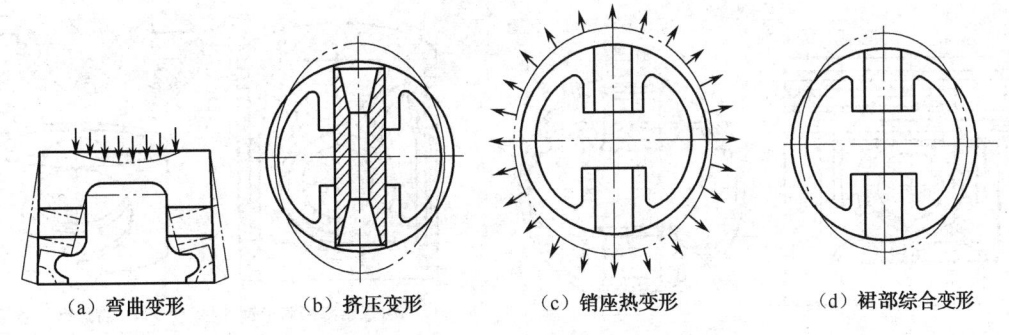

(a) 弯曲变形　　　　(b) 挤压变形　　　　(c) 销座热变形　　　　(d) 裙部综合变形

图 2.21　活塞裙部的椭圆变形

（2）为了使活塞在正常工作温度下与汽缸壁间保持有比较均匀的间隙，以免在汽缸内卡滞或引起局部磨损，在结构上采取了多种措施。

① 冷态下，预先将活塞裙部断面加工成长轴在垂直于活塞销方向的椭圆形，如图 2.22（a）所示；沿活塞轴线方向将活塞做成直径上小下大的近似圆锥形（多段圆形、多段圆锥形或多段筒形），如图 2.22（b）所示；为了减少销座附近的热变形，有的活塞将销座端部附近的裙部做成 0.5～1mm 的凹坑，以减少金属堆积。

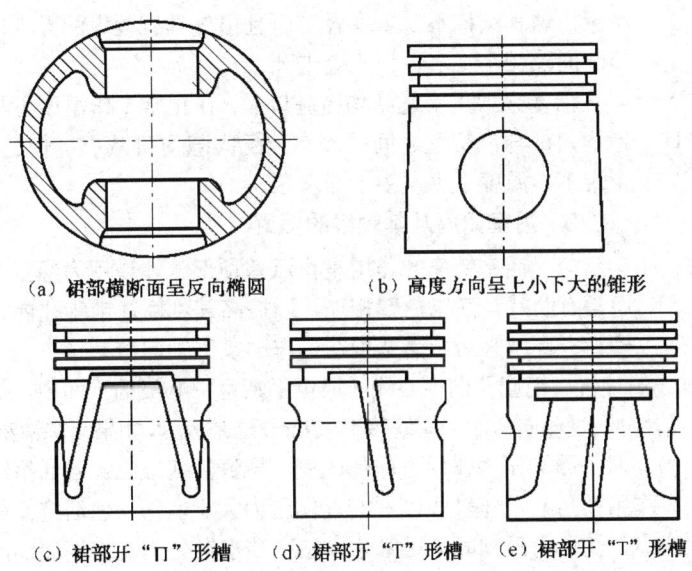

(a) 裙部横断面呈反向椭圆　　　　(b) 高度方向呈上小下大的锥形

(c) 裙部开"∏"形槽　　　　(d) 裙部开"T"形槽　　　　(e) 裙部开"T"形槽

图 2.22　裙部的结构特点

发动机活塞裙部为变椭圆筒形，即在裙部的不同部位其椭圆度不同，椭圆度由下而上逐渐增大，轮廓线为一抛物线。这种裙部不仅适应活塞的温度分布，而且裙部与承受侧压力一边的缸壁之间容易形成双向"油楔"，活塞无论向上或向下运动时，均能保证裙部有良好的润滑及较高的承载能力。

② 有的汽油机活塞开有"T"或"∏"形槽，如图 2.22（c）、（d）、（e）所示。横槽起隔热作用，减少热量向裙部传递，以减小裙部的膨胀变形。横槽开在环槽中间时，可兼作油孔。纵槽使裙部更具有弹性，冷态下的装配间隙得以尽可能小，热态下又为裙部膨胀留有余地，防止活塞卡滞。

③ 为了减少铝合金活塞裙部的热膨胀量，有的汽油机活塞销座中镶铸进热膨胀系数较低的"恒范钢片"（含镍 33%～36%，线膨胀系数约为铸铝合金的 1/10），如图 2.23 所示；某些柴油机铸铝活塞的裙部镶铸了筒形钢片，如图 2.24 所示，以牵制裙部的热膨胀。

④ 为了改善铝合金活塞的磨合性，通常都对活塞裙部进行表面处理，如在汽油机的铸铝活塞裙部外表面镀锡或镀锌，将柴油机的铸铝活塞裙部外表面磷化，还有的活塞在裙部涂覆石墨等。

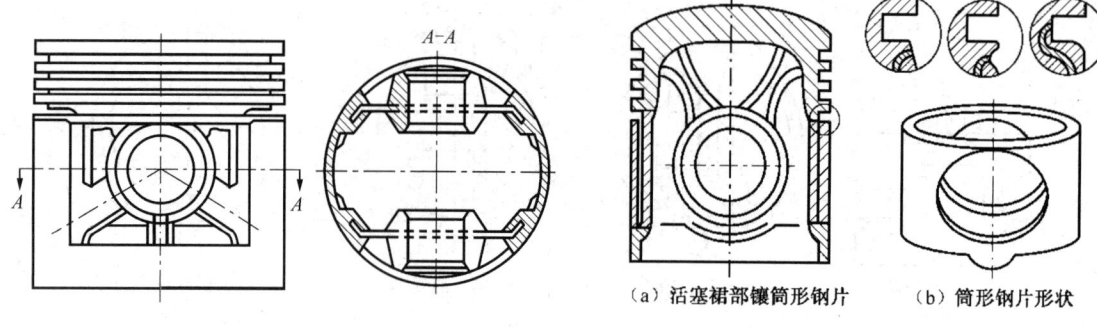

图 2.23 恒范钢片活塞

（a）活塞裙部镶筒形钢片　（b）筒形钢片形状

图 2.24 镶铸筒形钢片的活塞

⑤ 随着柴油机强化程度的不断提高，为适应柴油机的机械负荷和热负荷不断增长的需要，出现了不同结构的油冷活塞，如利用经过连杆杆身输送到小头的机油喷到活塞顶部底面进行冷却（称为"振荡冷却"），或利用在活塞顶部材料内用石蜡铸造法铸出蛇形管，利用安装在机体上的喷油嘴对蛇形管的一端喷入机油的方法来带走活塞顶的大部分热量，温度升高的机油，从蛇形管的另一端流出，这种冷却方式为喷油冷却。

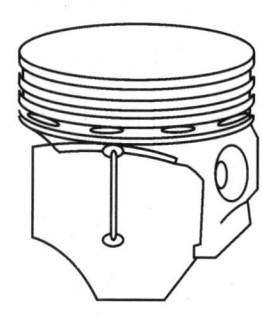

图 2.25 拖板式活塞

⑥ 为了减小活塞质量，在许多高速汽油机上采用拖板式活塞，如图 2.25 所示，这种结构不仅重量轻，而且裙部具有较大的弹性，可使裙部与汽缸套装配间隙减小很多，也不会卡死。

活塞采取了上述结构措施以后，在正常工作温度下与汽缸壁间的间隙更趋均匀，与汽缸壁之间的冷态装配间隙便可减小，使之不发生冷"敲缸"，正常工作温度下不发生卡滞现象。

5. 活塞销座及其轴线的偏置

（1）活塞销座的作用是将活塞顶部气体作用力经活塞销传给连杆。销座通常有肋片与活塞内壁相连，以提高其刚度。销座孔内有安放弹性卡环的环槽。卡环用来防止活塞销在工作中发生轴向窜动。

（2）活塞销座轴线的偏置。销座孔的中心线一般位于活塞中心线的平面内，但也有些高速汽油机的活塞销孔中心线向做功冲程受侧向力的一面偏移 1～2mm。这是因为，如果活塞销座对中布置（图 2.26），则当活塞越过上止点换向时，因侧压力作用方向的改变，导致活塞敲缸。若活塞销座偏置（图 2.27），在活塞接近上止点时，作用在活塞销座轴线以右的气体压力大于左边，使活塞倾斜，裙部下端提前换向。而活塞在越过上止点，侧压力反向时，活塞才以左下端接触处为支点，顶部向左转（不是平移），完成换向。可见偏置销座使活塞换向分成了两步，第一步是在气体压力较小时进行，且裙部弹性好，有缓冲作用；第二步虽气体压力大，但它是个渐变过程。为此，两步过渡使换向冲击力大为减弱。

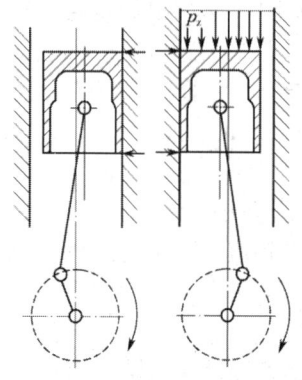

图 2.26 活塞销对中布置时的工作情况

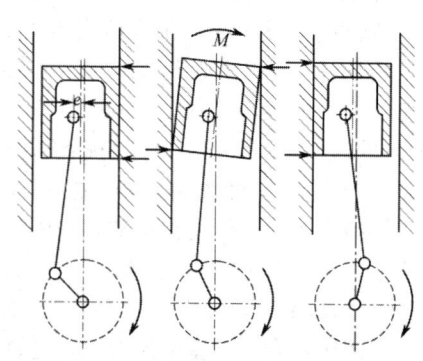

图 2.27 活塞销偏移布置时的工作情况

2.3.2 活塞环

1. 活塞环的种类与作用

活塞环是具有一定弹性的金属开口圆环，自由状态下其外径大于汽缸直径，装入汽缸后其外圆面紧贴汽缸壁。活塞环按作用不同分为气环和油环，如图2.28所示。

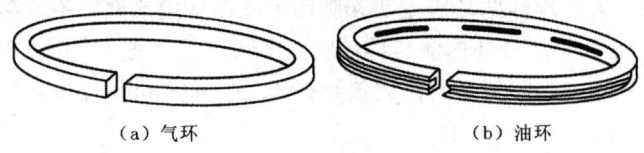

（a）气环　　　　　　　　（b）油环

图2.28　活塞环

气环也称为压缩环，其作用是保证活塞与汽缸壁间的密封，防止汽缸中的高温、高压燃气漏入曲轴箱，同时还将活塞顶部的大部分热量传导给汽缸壁，再由冷却水或空气带走。油环的作用：一是密封；二是刮除汽缸壁上多余的机油，并在汽缸壁上铺涂一层均匀的机油膜，这样既可以防止机油窜入汽缸燃烧，又可以减小活塞、活塞环与汽缸的磨损和摩擦阻力。

2. 活塞环的材料

活塞环在高温下进行高速运动，润滑条件差，故磨损严重，摩擦损失功率大。当活塞环失效时，将出现发动机起动困难，功率不足，机油消耗加大，排气管冒蓝烟，燃烧室和活塞等表面严重积炭等不良情况。因此，要求活塞环具有足够的强度和弹性，良好的耐热、耐磨性，以及较好的耐腐蚀性、储油性、磨合性和抗胶合性。

目前活塞环广泛采用合金铸铁，也有的采用优质灰铸铁、球墨铸铁及钢等。同时为了提高耐磨性和使用寿命需要对其进行表面处理，第一道气环工作表面一般都镀上多孔性铬。多孔性铬层硬度高，并有储油作用，以改善润滑条件，提高气环的使用寿命。其余气环一般做镀锡、磷化或喷钼处理，以改善磨合性与耐磨性。在高速强化的柴油机上，还可以采用钢片活塞环来提高弹力和冲击韧性。用粉末冶金技术制造的金属陶瓷和聚四氟乙烯制造的活塞环也在国外获得试用。

3. 气环的结构与密封原理

（1）气环的密封原理。自由状态下外径大于汽缸直径、具有一定弹性的气环随活塞装入汽缸后，靠气环的弹力（F_1）紧贴在汽缸壁上，形成第一密封面。同时，气环在燃气压力（F）作用下被压向环槽下端面，形成第二密封面。另外，绕到气环背后的燃气压力（F_2）使气环更加贴紧缸壁，加强了第一密封面的密封效果，如图2.29（a）所示。

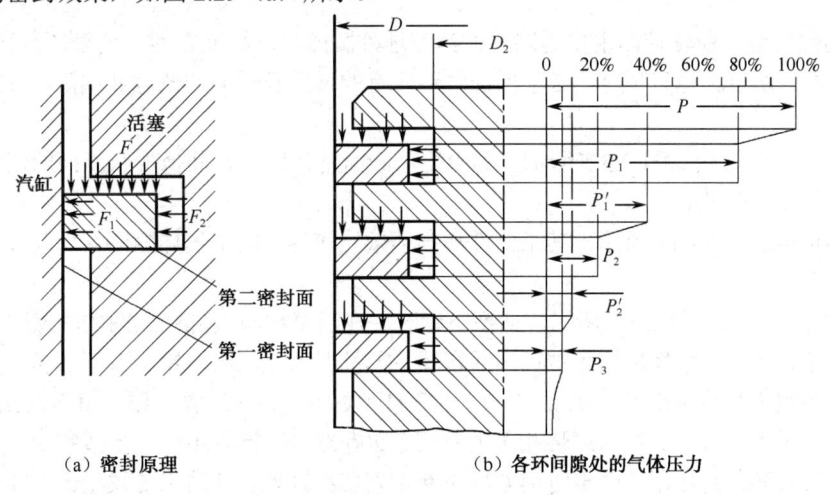

（a）密封原理　　　　　　　　　　　（b）各环间隙处的气体压力

图2.29　气环密封原理及各环间隙处的气体压力

工作时，活塞顶部的燃气绕流到活塞环的背面，并发生膨胀，其压力下降。经降压后的燃气从第一道气环的切口漏到第二道气环的上平面时，又使第二道气环压贴在第二环槽的下端面上，燃气又绕流到这个气环的背面，再次发生膨胀，其压力又进一步降低，如图2.29（b）所示。几道气环的切口相互错开，构成的"迷宫式"封气装置，足以对汽缸中的高压燃气进行有效的密封。

（2）气环的切口（或开口）形状和活塞环的间隙。

① 活塞环的间隙。为防止活塞环因受热膨胀而卡死在环槽或汽缸中，装配后在活塞环的切口处、活塞环与环槽端面之间、活塞环内侧与环槽底面之间应留有适当间隙，即端间隙（简称端隙或开口间隙）$\Delta_1=0.3\sim0.8$mm；侧间隙（简称侧隙）$\Delta_2=0.04\sim0.05$mm；背间隙（简称背隙）$\Delta_3=0.5\sim1$mm，如图2.30所示。

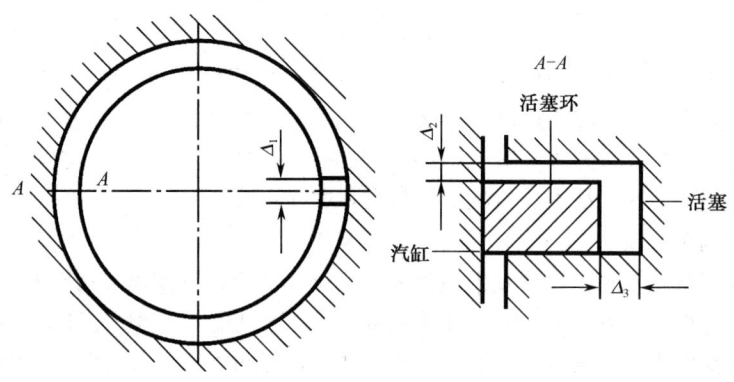

图2.30　活塞环的间隙

② 气环切口形状如图2.31所示。直角切口工艺性好，密封性差；阶梯切口密封性好，工艺性差；斜切口密封性和工艺性介于上述二者之间。带防转销钉槽切口一般只在单缸小型发动机上使用。

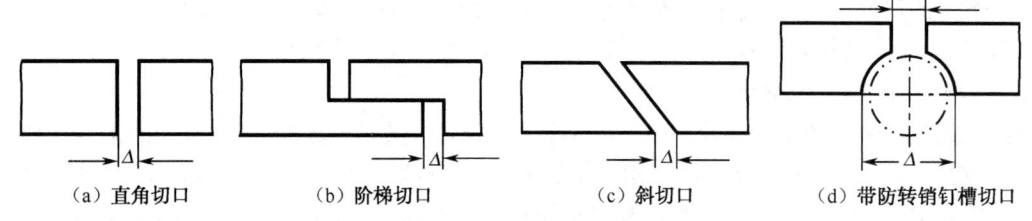

（a）直角切口　　　　（b）阶梯切口　　　　（c）斜切口　　　　（d）带防转销钉槽切口

图2.31　气环的切口形状

汽缸内的燃气漏入曲轴箱的主要通路是：活塞环外圆面与汽缸壁之间、活塞环侧面与环槽之间、活塞环的端间隙。所以选择气环时，必须保证气环应有的弹性及适当的侧隙和端隙；安装时各气环开口应互相错开。

（3）气环的断面形状如图2.32所示。其中矩形断面是常用的，其他形状断面的活塞环都是在矩形环的基础上衍生而来的。

① 矩形环如图2.32（a）所示，其工艺性和导热效果较好，但矩形环随活塞做往复运动时，会产生"泵油作用"。

矩形环的泵油作用如图2.33所示。活塞下行时，在活塞环与汽缸壁之间的摩擦阻力及活塞环本身的惯性作用下，活塞环紧靠环槽上端面，活塞环下部及背隙被从汽缸壁上刮下的机油所填充；当活塞上行时，气环紧靠环槽下端面，机油被挤向环槽的上端面，如此反复，结果就像油泵的作用一样，汽缸壁的机油被压入燃烧室。在与燃烧相关的气门、火花塞、环槽等零件上形成积炭，环槽积炭导致活塞环卡滞，失去其密封作用；严重时活塞环折断，划伤汽缸壁。其结果是发动机工作条件恶化，机油消耗增加。

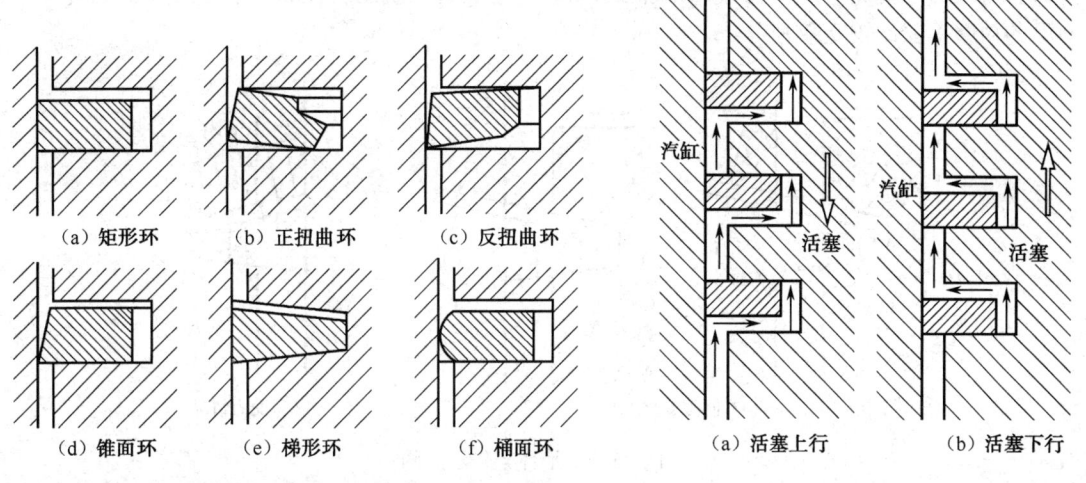

（a）矩形环　　　　（b）正扭曲环　　　　（c）反扭曲环

（d）锥面环　　　　（e）梯形环　　　　（f）桶面环

图 2.32　气环的断面形状

（a）活塞上行　　　　（b）活塞下行

图 2.33　矩形环的泵油作用

② 扭曲环，包括正扭曲环和反扭曲环，如图 2.32（b）、（c）所示。正扭曲环是指在内圆上边缘切槽（或倒角）及外圆下边缘切槽的气环。这种环随同活塞装入汽缸后扭曲成碟子形。反扭曲环是指在内圆下边缘切槽的气环，这种环随同活塞装入汽缸后扭曲成盖子形。

扭曲环断面扭曲原理如图 2.34（a）所示。因活塞环内圆上边缘被部分切除，装入汽缸后，在进气、压缩和排气冲程，活塞环弹性使对活塞内、外圆所受压力的合力 F_1、F_2 之间产生一个偏心距 e，由静力学可知：F_1、F_2 组成一力偶，此力偶矩为 $M=F_1e=F_2e$。在进气、压缩、排气冲程中，力偶的作用使活塞环弯扭变形［图 2.34（b）］，随活塞装入汽缸后，扭曲环上下端面与环槽始终接触，提高了表面接触应力，防止了活塞环在环槽内上下窜动而造成的泵油作用，同时增加了密封性。扭曲环还易于磨合，并有向下刮油的作用。在做功冲程中，燃气压力作用使扭曲环不再扭曲，其作用与矩形环的作用相同，如图 2.34（b）所示。

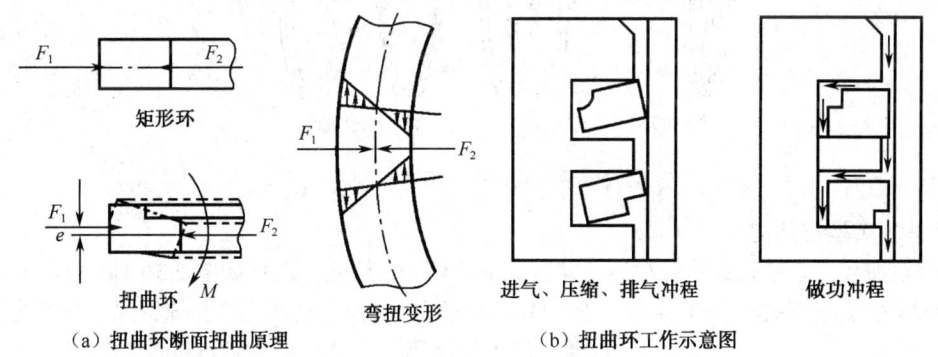

矩形环

扭曲环

弯扭变形

进气、压缩、排气冲程　　　　做功冲程

（a）扭曲环断面扭曲原理　　　　（b）扭曲环工作示意图

图 2.34　扭曲环的作用原理

扭曲环目前在发动机上已经得到了广泛的应用。安装时，必须注意活塞环的断面形状和方向，凡切槽或倒角在内圆的扭曲环，应将切槽（倒角）的一面向上安装；凡切槽（倒角）在外圆的扭曲环，应将切槽（倒角）的一面向下安装，不可装反。

③ 锥面环的外圆面为锥面，理论上为线接触，可以改善环的磨合。这种环在汽缸内，向下可刮油，向上滑动时由于斜面的油楔作用，不泵油；活塞环可在油膜上浮起，减少磨损。

④ 梯形环断面为梯形。侧向力换向，活塞左右摆动时，梯形环的侧隙 δ 发生变化，如图 2.35（a）所示，将环槽中的胶质挤出，避免了活塞环被黏在环槽中而引起折断。在做功冲程中，作用在梯形环上的燃气作用力 R 的径向分力 R_X 加强了活塞环的密封作用，如图 2.35（b）所示。因此，梯形环即使

在弹力有所减弱的情况下，仍能与汽缸贴合良好，具有良好的抗结胶性和导热性。其主要缺点是上、下两面的精磨工艺比较复杂。

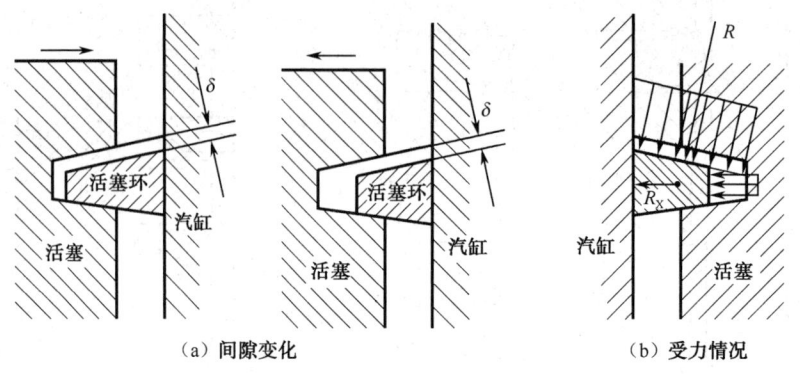

（a）间隙变化　　　（b）受力情况

图 2.35　梯形环工作示意图

⑤ 桶面环外圆面为外凸圆弧形。桶面环上下运动时，均能形成楔形油膜，将环浮起，减轻环与汽缸壁的磨损，其密封性、磨合性、对汽缸表面的适应性都比较好，其缺点是表面加工较困难。

梯形环、桶面环常用于强化柴油机的第一、第二道气环。

4. 油环

油环用于刮除汽缸壁上多余的机油，并使汽缸壁上均匀布上一层油膜，这样既可以防止机油窜入汽缸燃烧，又可以减小活塞、活塞环与汽缸的磨损和摩擦阻力。此外，油环也具有封气的辅助作用。油环分为普通油环和组合油环两种，如图 2.36 所示。

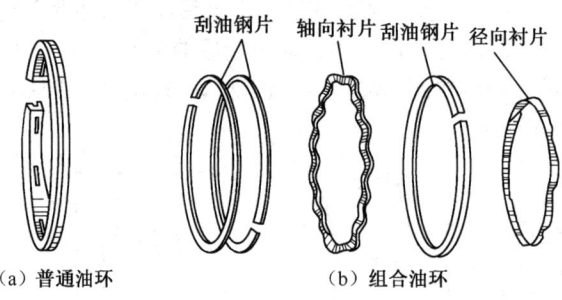

（a）普通油环　　　　　　（b）组合油环

图 2.36　油环

（1）油环类型与结构。

① 普通油环分为槽孔式油环和槽孔撑簧式油环两种，槽孔式油环如图 2.36（a）所示，外圆面设有环形集油槽，结构简单、加工容易、成本低，靠油环自身弹力刮油；槽孔撑簧式油环的内圆面加装撑簧，增大接触压力，提高刮油能力和耐久性。

② 组合油环。图 2.36（b）所示为一种由三个刮油钢片和两个弹性衬片组成的组合式油环，轴向衬片夹装在第二、第三刮油钢片之间，径向衬片使三个刮油钢片压紧在汽缸壁上。这种油环的优点是：环片很薄，对汽缸壁的压力大，因而刮油作用强；三个刮油片是各自独立的，故对汽缸的适应性好；质量小；回油通路大。因此，组合油环在高速发动机上得到较广泛的应用。其缺点是，环片的外表面必须镀铬，制造成本高。

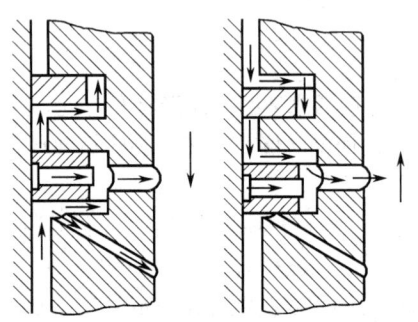

图 2.37　油环的刮油作用

（2）油环的刮油作用。油环的刮油作用如图 2.37 所示。在油环径向方向开有贯穿的油孔或油槽，在活塞的环槽内和环岸上开有许多排小孔或斜孔。当活塞下行时，刮下的机油通过油环径向槽内的小孔或槽孔和环岸上的斜孔流入机油底壳内；当活塞上行时，活塞环都贴在环槽下侧面，使气环与油环间的机油通过环槽上的排油孔流入油底壳。

（3）油环的断面形状。油环断面常做成如图2.38所示的几种形状。油环上唇的上端面外缘，一般均有倒角，可以使油环向上运动时形成油楔，把油环推离汽缸壁，机油更容易进入环槽内。油环下唇下端面外缘不倒角，这样向下刮油能力较强。鼻式油环刮油能力更强，但加工困难。

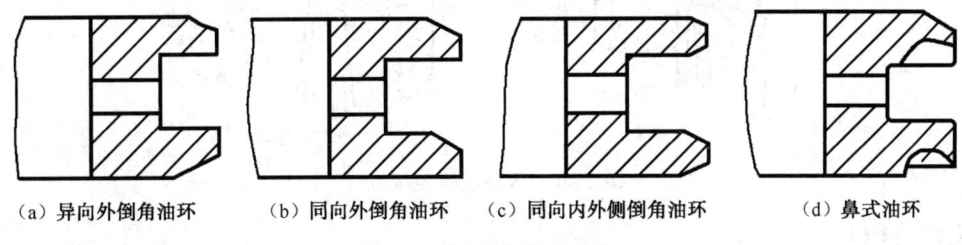

（a）异向外倒角油环　　（b）同向外倒角油环　　（c）同向内外侧倒角油环　　（d）鼻式油环

图 2.38　油环的断面形状

2.3.3　活塞销

1. 活塞销的功用

活塞销的功用是连接活塞和连杆小头，将活塞承受的气体作用力传给连杆。

2. 活塞销的工作要求

活塞销在高温下承受大小和方向不断变化的周期性冲击载荷，润滑条件较差，因而必须有足够的刚度和强度，表面耐磨，质量尽可能小。活塞销通常做成空心圆柱体，如图2.39所示。

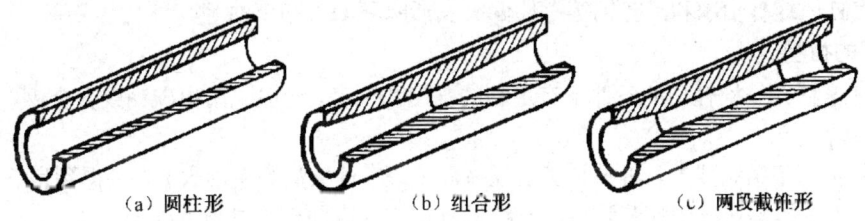

（a）圆柱形　　　　　　（b）组合形　　　　　　（c）两段截锥形

图 2.39　活塞销的结构

3. 活塞销的材料

活塞销一般采用低碳钢或低碳合金钢制造，先将表面做渗碳处理以提高表面硬度，并保证芯部具有一定的冲击韧性，然后进行精磨和抛光。

4. 活塞销的连接方式

活塞销、活塞销座孔和连杆（小头）衬套的连接方式分为全浮式和半浮式两种，如图2.40所示。

（1）全浮式连接［图2.40（a）］。发动机正常工作过程中，活塞销、活塞销座孔及连杆衬套之间有适量的配合间隙，活塞销可以在孔内自由转动。因此，活塞销磨损较均匀，使用寿命较长。目前大多数发动机采用此连接方式。

当采用铝合金活塞时，活塞销座的热膨胀量大于钢制活塞销。为了保证高温下工作时有正常的配合间隙（0.01～0.02mm），在冷态装配时两者为过盈配合。装配时，必须先把活塞放入 70～90℃的水或油中加热后，再将活塞销装入。为了防止活塞工作中发生轴向窜动而刮伤汽缸壁，在活塞销座两端还应加装限位卡簧。

（2）半浮式连接［图2.40（b）］。冷态装配时活塞销与活塞销座孔为间隙配合，活塞销与连杆衬套采用过盈配合。这种连接方式省去了连杆衬套的修理，维修方便。

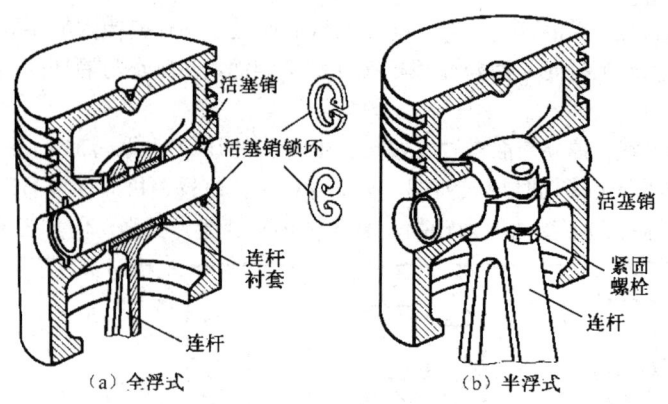

图 2.40　活塞销的连接方式

2.3.4　连杆

1. 连杆的功用、工作条件

（1）连杆的功用。连杆的功用是连接活塞和曲轴，将活塞承受的力传给曲轴，并将活塞的往复直线运动转变为曲轴的旋转运动。

（2）连杆的工作条件。连杆运动时，承受着经活塞销传来的气体压力和活塞连杆组往复运动的惯性力。这些大小和方向周期变化的作用力使连杆处于复杂的交变受力状态。因此要求连杆组在保证足够的强度和刚度的前提下，其结构质量尽可能轻。连杆和连杆螺栓若因强度不足而断裂，将导致整机破坏；连杆大端连接孔失圆，将导致其大端轴瓦因油膜破坏而烧损；连杆杆身因刚度不足而变形，将导致活塞、汽缸、连杆轴承和活塞销等零件偏磨及活塞环漏气和窜油等。

2. 连杆的材料

为了保证连杆在结构轻巧的条件下有足够的强度和刚度，一般采用中碳钢或合金钢，少数采用稀土合金、球墨铸铁。

连杆一般是用模锻制成的，机械加工前经调质处理（淬火后高温回火），可得到良好的既强又韧的机械性能。为了提高连杆的疲劳强度，不经机械加工的表面应经过喷丸处理。

3. 连杆的结构

连杆的结构如图 2.41 所示，由连杆小头、杆身和连杆大头（包括连杆盖）三部分组成。有的柴油机连杆杆身内还设有油道。

（1）连杆小头。连杆小头用以安装活塞销，连接活塞。全浮式活塞销的连杆小端活塞销座孔内，压入青铜衬套或铁基粉末冶金材料衬套。后者不仅价廉，且内含石墨和润滑油，自润滑性好。连杆小头运动副的润滑方式有两种：一是在连杆小头设有集油槽或集油孔，靠收集曲轴旋转时飞溅的机油来润滑；另一种是在连杆杆身内设有纵向压力油道，采用压力润滑方式。

（2）连杆杆身。连杆杆身通常采用工字形断面，如图 2.41（c）所示，以求在强度和刚度足够的前提下减小质量。某些发动机在杆身还钻有油道，使连杆小头运动副获得润滑油，进而使润滑油从小米喷向活塞顶，以冷却活塞。

（3）连杆大头。连杆大头用于连接曲轴。为便于安装，大头通常做成剖分式，一半为杆身大头，另一半为连杆盖，二者一般用 2 只或 4 只螺栓组装。大头内孔粗糙度较低，以保证连杆轴瓦装入后能很好地贴合传热。有的连杆大头连同轴瓦还钻有 1～1.5mm 小油孔，从中喷出润滑油用以加强配气凸轮和汽缸壁润滑。

① 连杆大头剖分形式。

a. 平切口。如图 2.42（a）所示，平切口连杆的剖分面垂直于连杆轴线。一般汽油机连杆大头尺寸小于汽缸直径，可以采用平切口。

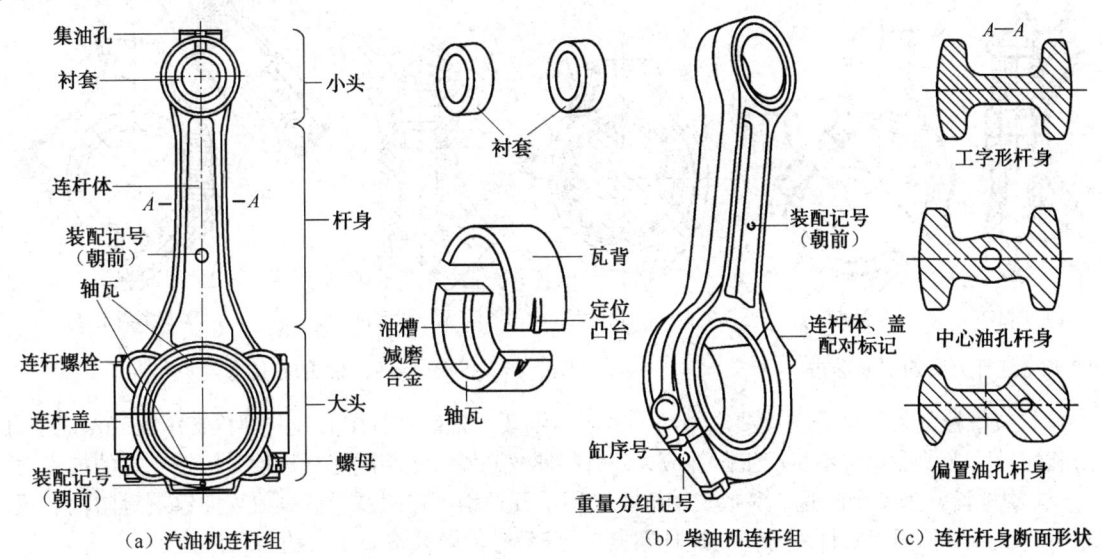

图 2.41　连杆的结构

b．斜切口。如图 2.42（b）所示，大多柴油机连杆大头尺寸较大，为了拆装时能从汽缸内通过，而采用此种形式。其剖分面与杆身中心线一般成 30°～60° 夹角。另外，斜切口配以较好的切口定位，还能减轻连杆螺栓的受力。

② 定位方式。平切口的连杆盖与连杆的定位常利用连杆螺栓上精加工的圆柱凸台或光圆柱部分与经过精加工的螺栓孔配合来保证。

斜切口连杆在工作中受到惯性力的拉伸，在切口方向也有一个较大的横向分力。因此斜切口连杆必须采用可靠的定位措施。

a．止口定位，如图 2.43（a）所示。这种形式工艺简单，但定位不可靠，只能单向定位，对连杆盖止口向外变形或连杆大头止口向内变形均无法防止，且结构不紧凑，应用较少。国产 95 系列柴油机用此种形式。

b．套、销定位，如图 2.43（b）所示。依靠套或销与连杆体（或盖）上的孔紧配合定位，这种形式能多向可靠定位。其缺点是定位孔的工艺要求高，若孔距精度不够准确，则可能因定位干涉而造成连杆大头孔严重失圆。此外，连杆大头横向尺寸因此而加大。国产 135 系列柴油机采用此形式。

c．锯形齿定位，如图 2.43（c）所示。依靠接合面的锯形齿定位。其定位可靠，结构紧凑，但对齿节距公差要求严格，否则，在连杆盖装在连杆大头上时，中间会有几个齿脱空，不仅影响连杆组的刚度，并且连杆大头孔也会失圆。同时，不能用加减垫片的方法调整轴承间隙。国产 105 系列柴油机采用此形式。

（4）连杆轴瓦。连杆大头与连杆盖中装有剖分式滑动轴承（轴瓦），如图 2.41 所示，其工作情况对发动机的机械效率、工作可靠性及使用寿命都有很大影响。轴瓦用 1～3mm 钢带作瓦背，其上附着厚 0.3～0.7mm 的减磨合金，它具有保持油膜、减小摩擦阻力和易于磨合的作用。

（5）连杆螺栓。连接连杆大头及连杆盖的螺栓结构形式有两种：一种是螺钉式，即用螺钉穿过连杆盖上的孔，直接旋入连杆大头的螺孔里。一般用在斜切口连杆大头结构上。另一种是用螺栓穿过连杆大头和连杆盖的螺栓孔，用螺母及防松件紧固。

连杆螺栓持续承受很大的交变载荷和冲击载荷作用，很容易引起疲劳断裂。连杆螺栓断裂会给发动机带来极其严重的后果，甚至使整机报废，所以连杆螺栓无论在结构、材质、加工和热处理等方面都有严格要求，一般用韧性较高的优质合金钢制造。

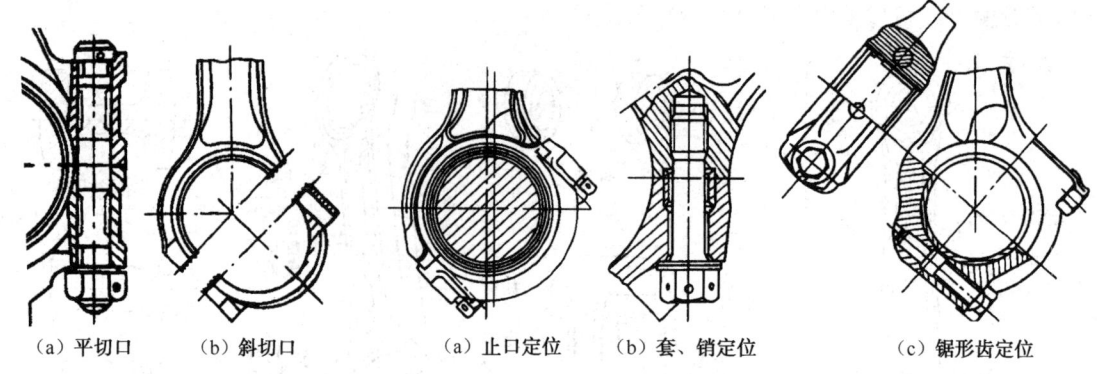

| （a）平切口 | （b）斜切口 | | （a）止口定位 | （b）套、销定位 | （c）锯形齿定位 |

图 2.42　连杆大头的剖分形式　　　　　　图 2.43　斜切口连杆大头的定位方式

螺钉或螺栓的螺纹部分精度要求很高，多采用细牙。螺纹部分中心线与螺栓支承面应保证垂直，以防装配时因支承面贴合不良产生附加应力，引起螺纹断裂。在装配连杆螺栓时应按一定的拧紧力矩分 2～3 次拧紧。为安全起见，多数发动机还采用了开口销、自锁螺母或螺纹表面镀铜等防松装置。轿车发动机广泛使用"塑性变形扭力连杆螺栓"，拧紧时，必须按说明书的要求拧紧。

4．V 形发动机的连杆

V 形发动机左、右两侧对应两汽缸的连杆是同支承于一个曲柄销上的，其布置形式有以下三种。

（1）并列连杆式如图 2.44（a）所示，对应地将左、右两缸的连杆一前一后地装在同一个曲柄销上。这样布置的优点是连杆可以通用，并且保证两列汽缸的活塞连杆组的运动规律相同。其缺点是两列汽缸轴心线沿曲轴轴向要错开一段距离，因而使曲轴的长度增加，刚 度降低。

（2）主副连杆式如图 2.44（b）所示。一列汽缸的连杆为主连杆，其大头直接安装在曲柄销全长上。另一列汽缸的连杆为副连杆，其大头与对应的主连杆大头（或连杆盖）上的两个凸耳做铰链连接。这种结构中左、右两列对应汽缸的主、副连杆与其汽缸中心线位于同一平面内，故不致加大发动机的轴向长度。其缺点是主、副连杆不能互换。此外，左、右两列汽缸的活塞连杆组的运动规律和受力都不一样。

（3）叉形连杆式如图 2.44（c）所示。左、右两列汽缸的对应两个连杆中，一个连杆的大头做成叉形，跨于另一个连杆的厚度较小的片形大头两端。叉形连杆式布置的优点是，两汽缸中的活塞连杆组的运动规律相同，左、右对应的两汽缸轴心线不需要在曲轴轴向上错位。其缺点是叉形连杆大头结构和制造工艺比较复杂，而且大头的刚度也不高。

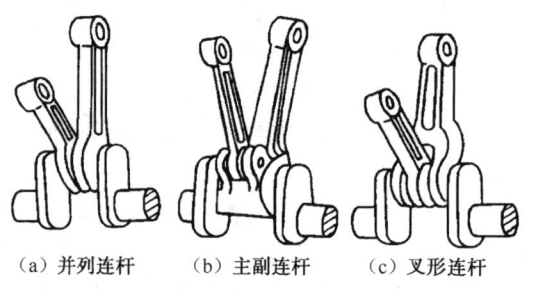

　　（a）并列连杆　　（b）主副连杆　　（c）叉形连杆

图 2.44　V 形发动机的连杆示意图

2.4　曲轴飞轮组

曲轴飞轮组主要由曲轴和飞轮，以及其他不同作用的零件和附件组成，其零件和附件的种类和数量取决于发动机的结构和性能要求。典型曲轴飞轮分解图如图 2.45 所示。

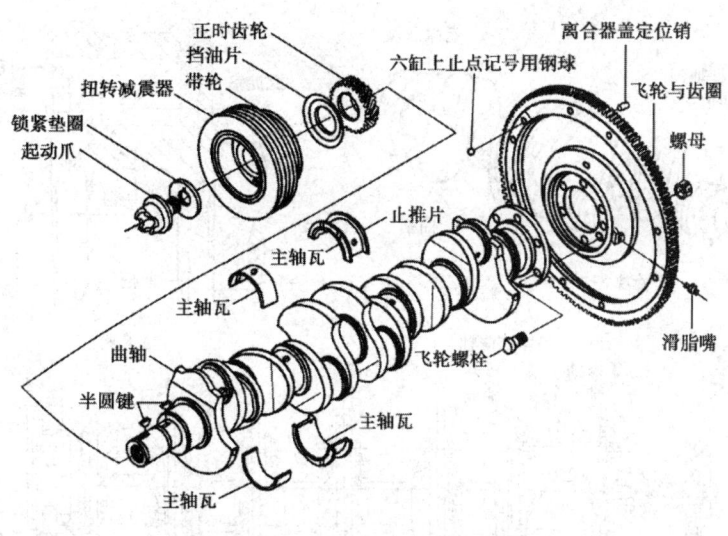

图 2.45　典型曲轴飞轮分解图

2.4.1　曲轴

1.　曲轴的功用、工作条件、材料及要求

（1）曲轴的功用。曲轴的功用是承受连杆传来的力，以旋转力矩的形式对外输出动力，并为配气机构和其他辅助装置提供动力。

（2）工作条件。曲轴在周期性变化的气体压力、惯性力及其力矩的共同作用下工作，承受弯曲和扭转交变载荷。因此，曲轴应有足够的抗弯曲、抗扭转的疲劳强度和刚度；轴径应有足够大的承压表面和耐磨性；曲轴的质量应尽量小；对各轴径的润滑应该充分。

（3）材料及要求。曲轴一般由中碳钢和中碳合金钢模锻而成，轴颈表面经高频淬火或氮化处理，最后进行精加工。有的柴油机采用球墨铸铁曲轴，价格便宜，耐磨性好，轴颈不需硬化处理。为提高曲轴的疲劳强度，消除应力集中，轴颈表面应进行喷丸处理，圆角处要经滚压处理。

2.　曲轴分类

（1）曲轴按单元曲拐连接方式分为整体式曲轴和组合式曲轴，如图 2.46 所示。整体式曲轴将各单元曲拐锻制或铸造成一个整体，具有工作可靠，质量轻，结构简单等特点。组合式曲轴由多个单元曲拐组合装配而成，即将曲轴各部分分段加工，然后有序组合成整个曲轴。单元曲拐便于制造，使用中损坏后可以更换，不必将整根曲轴报废，但拆装不便。

多缸发动机的曲轴一般为整体式曲轴。用滚动轴承作为曲轴主轴承的发动机，只能采用组合式曲轴。

（2）曲轴按照曲轴的主轴颈数可将曲轴分为全支承曲轴和非全支承曲轴两种。相邻两个曲拐之间都设置一个主轴颈的曲轴称为全支承曲轴；否则，称为非全支承曲轴。直列式发动机的全支承曲轴，其主轴颈总数（包括曲轴前端和后端的主轴颈）比汽缸数多一个；V 形发动机的全支承曲轴，其主轴颈总数比汽缸数的一半多一个。非全支承曲轴的主轴颈数目等于或少于曲柄销数。

全支承曲轴的优点是可以提高曲轴的刚度，并可减轻主轴承的载荷。其缺点是曲轴加工表面增多，主轴承数增多，使机体加长。桑塔纳、一汽奥迪 100 型轿车均采用全支承曲轴。柴油机因载荷较大的缘故，也多采用全支承曲轴。

3.　曲轴的结构

曲轴主要由曲轴前端（或称自由端）、若干个曲拐、曲轴后端（或称功率输出端）三部分组成，如图 2.46 所示。

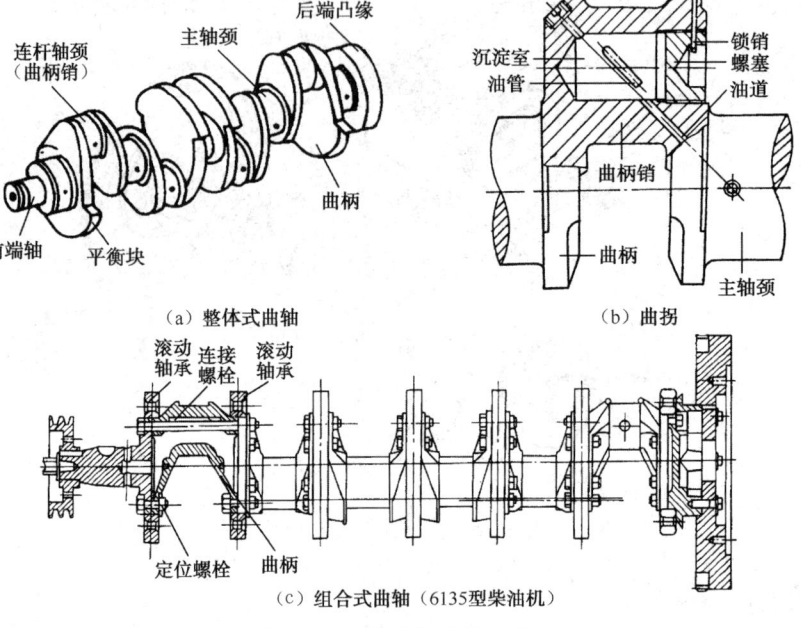

（a）整体式曲轴　　　　　　　　　　　　（b）曲拐

（c）组合式曲轴（6135型柴油机）

图 2.46　曲轴的类型及组成

（1）主轴颈。主轴颈是曲轴的支承点，位于曲轴箱主轴承座和主轴承盖之中。主轴颈的数量直接影响曲轴的强度和刚度，以及发动机的结构紧凑性，为保证曲轴的润滑，在主轴颈上有润滑油孔和斜油道，润滑油孔与发动机体的主油道相通，斜油道则将润滑油输送至连杆轴颈。

（2）曲轴前端。曲轴前端装有驱动配气凸轮轴的正时齿轮、驱动风扇和水泵的皮带轮及止推片等零件，其结构如图 2.47 所示。为了防止机油沿曲轴轴颈外漏，在曲轴前端上有一个甩油盘，随着曲轴旋转，当被齿轮挤出和甩出的机油落在甩油盘上时，由于离心力的作用，机油被甩到齿轮室盖的壁面上，再沿壁面流下，回到油底壳中。即使还有少量机油落到甩油盘前面的曲轴轴段上，也被压配在齿轮室盖上的油封挡住。甩油盘的外斜面应向后，如果装错，效果将适得其反。

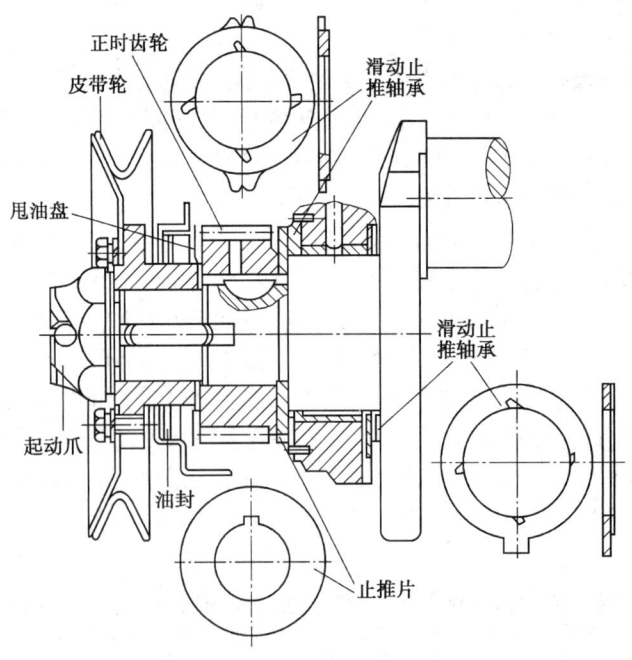

图 2.47　曲轴前端的结构

（3）曲拐。曲拐由曲柄销、左右两端的曲柄及前后两个主轴颈组成，如图 2.46（b）所示。曲柄销也叫连杆轴颈，在直列式发动机上，连杆轴颈数与汽缸数相同；在 V 形发动机上，因绝大多数是一个连杆轴颈上装有左右两个汽缸的连杆，所以连杆轴颈数为汽缸数的一半。

为减小旋转惯性力，高速发动机的连杆轴颈一般做成空心的，连杆轴颈及采用轴瓦支承的主轴颈均采用压力润滑，压力油从机体主油道引入各主轴颈，再经主轴颈与连杆轴颈间的斜油道进入各连杆轴颈。空心的连杆轴颈用螺塞封堵成封闭腔，作为机油沉淀室，如图 2.46（c）所示，来自主轴颈的机油先进入沉淀室，经离心沉淀，杂质被甩到沉淀室壁上，清洁的机油输送到连杆轴颈上。

（4）曲轴后端。曲轴后端是安装飞轮用的凸缘，其结构如图 2.48（a）所示。为防止机油向后漏出，在曲轴后端通常切出回油螺纹或设置其他封油装置。回油螺纹可以是梯形或矩形的，其螺旋方向为右旋，即与曲轴旋向相反。回油螺纹的封油原理如图 2.48（b）所示。当曲轴旋转时，流到螺纹槽中的机油也被带动旋转。机油因为本身有黏性，所以受到机体后盖孔壁的摩擦阻力 F_r。F_r 可分解为平行于螺纹的分力 F_{r1} 和垂直于螺纹的分力 F_{r2}。机油在 F_{r1} 的作用下，顺着螺纹槽被推送向前端，流回甩油盘。

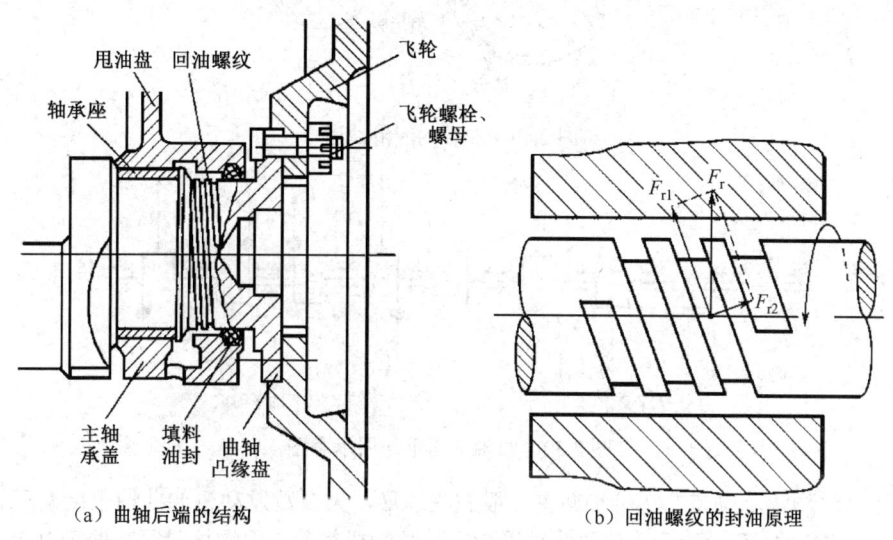

（a）曲轴后端的结构　　　　　　　　（b）回油螺纹的封油原理

图 2.48　曲轴后端的结构及回油螺纹的封油原理

曲轴前、后端均伸出曲轴箱之外，为防止润滑油沿轴颈外漏，在曲轴的前、后端均设有密封装置。常见的密封装置除甩油盘、回油螺纹外，还设有填料油封、自紧油封等。一般发动机都采用两种以上防漏装置组成复合式防漏结构。

（5）曲轴的润滑及润滑油道。曲轴润滑的供油方式有两种：一种是集中供油，另一种是分路供油。除主轴承采用滚动轴承时必须采用集中供油外，多数发动机采用分路供油。润滑油一般从机体上的主油道通过主轴承的上轴瓦引入，经曲轴的主轴颈油道向连杆轴颈供油，实现润滑。一般曲轴上均加工有润滑油道，如图 2.49 所示。

4. 曲轴的平衡

（1）平衡重。平衡重用以平衡连杆大头、连杆轴颈和曲柄等产生的离心惯性力及其离心惯性力矩；平衡活塞连杆组的往复惯性力及其力矩；减小曲轴轴承的负荷，使发动机运转平稳。

① 平衡重的作用方法根据平衡程度分为完全平衡法和分段平衡法。完全平衡法是在每个曲柄臂设置平衡重；平衡重数量多，曲轴质量增加，工艺性变差；分段平衡法是仅在部分曲柄臂设置平衡重。

对于四缸、六缸等多缸发动机，由于曲柄对称布置，往复运动产生的惯性力和离心力及其产生的力矩从整体上看都能互相平衡，但曲轴的局部却受到弯曲作用。从图 2.50（a）中可看到第一和第四曲柄销的离心力 F_1、F_4 与第二和第三曲柄销的离心力 F_2、F_3 因大小相等、方向相反而互相平衡，但由它们所形成的两个力偶矩 M_{12}、M_{34} 都给曲轴造成了弯曲载荷。曲轴若刚度不够就会产生弯曲变形，引起主轴颈和轴承偏磨。为了减轻主轴承负荷，改善其工作条件，一般都在曲柄相反方向设置平衡重，如图 2.50（b）所示。由此可见，平衡重所造成的力矩可以同 M_{12}、M_{34} 相平衡。

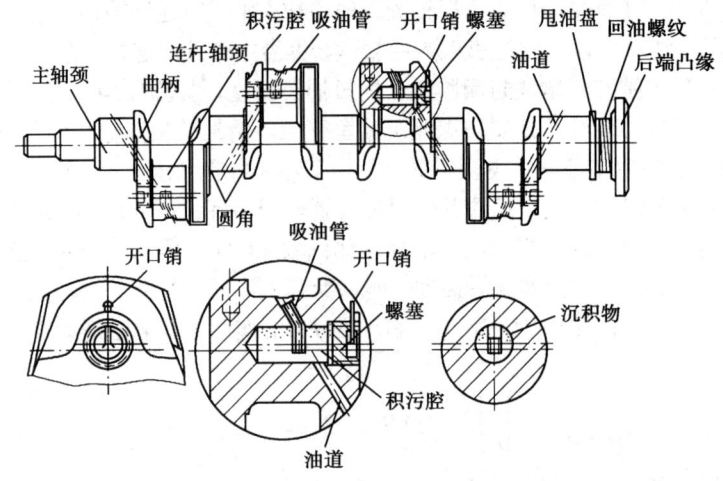

图 2.49　曲轴的润滑油道

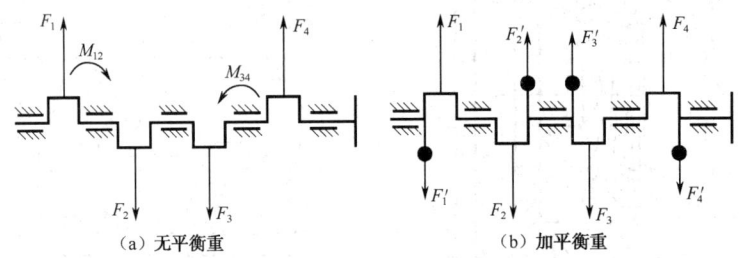

图 2.50　曲轴平衡重作用示意图

② 平衡重的形状及安装方法。平衡重一般做成扇形，大多数发动机的曲轴平衡重和曲轴锻造或铸造为一体，如图 2.46（a）所示；少数曲轴平衡重单独制成零件，用螺栓紧固在曲柄臂上，如图 2.51所示。

加平衡重会导致曲轴质量和材料消耗增加，锻造工艺复杂。因此曲轴是否加平衡重，要视具体情况而定。

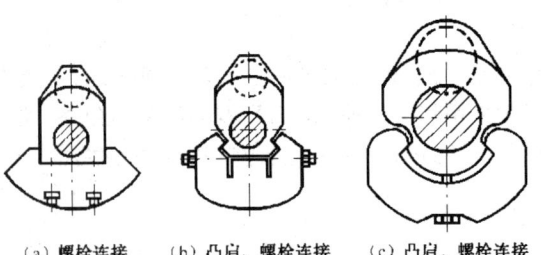

图 2.51　平衡重与曲柄臂的连接方式

（2）平衡机构。现代轿车重视乘坐舒适性和噪声水平，常采用平衡机构来提高其平衡度。图 2.52所示为几种轿车的平衡机构，平衡轴通常使用两根，断面为半圆，使用胶木齿轮与曲轴齿轮相啮合（或链传动），平衡轴与曲轴转动方向相反，以消除曲轴转动的惯性力。平衡机构的传动（或驱动）装置都有装配记号，拆卸或更换零件后，重新装复时应特别注意检查核对记号，以免平衡关系被破坏，造成机器损毁等重大事故。

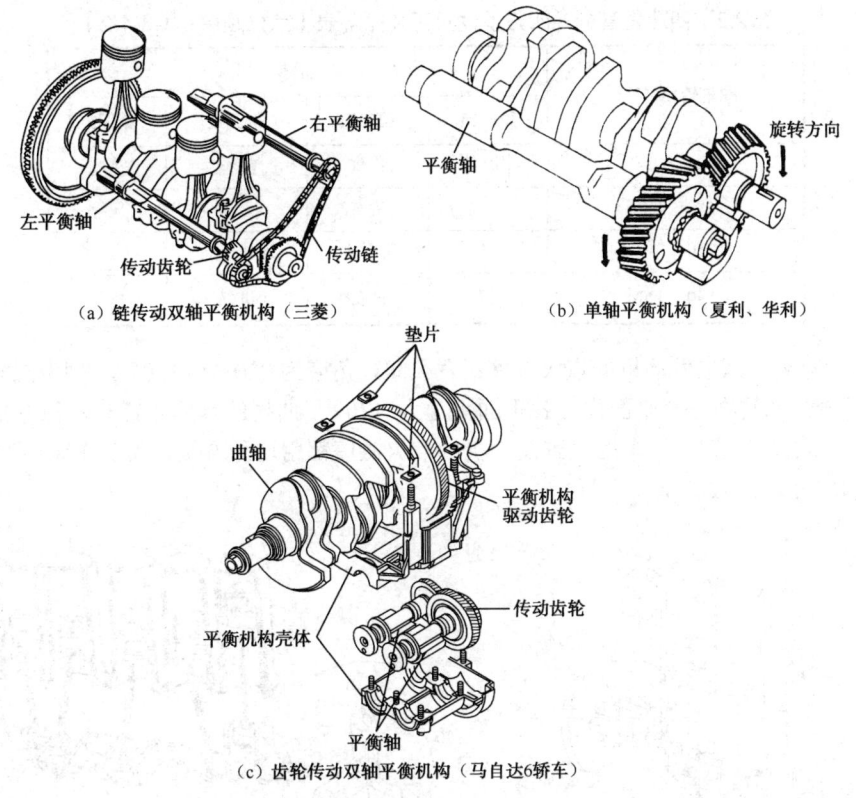

（a）链传动双轴平衡机构（三菱）　　　　　（b）单轴平衡机构（夏利、华利）

（c）齿轮传动双轴平衡机构（马自达6轿车）

图 2.52　几种轿车的平衡机构

5. 曲拐布置与发动机工作顺序

（1）曲拐布置原则。曲轴的形状和各曲拐的相对位置（即曲拐的布置）取决于汽缸的数量排列方式（单列或 V 形等）和点火顺序（即各汽缸的做功冲程交替次序）。在安排多缸发动机的点火顺序时，应注意使连续做功的两汽缸相距尽可能远，以减轻主轴承的载荷，同时避免可能发生的进气重叠现象（即相邻两汽缸进气门同时开启），以免影响充气。做功间隔应力求均匀，就是说，在发动机完成一个工作循环的曲轴转角内，每个汽缸都应发火做功一次，而且各汽缸发火的间隔时间（以曲轴转角表示，称为发火间隔角）应力求均匀。对汽缸数为 i 的四冲程发动机而言，发火间隔角为 $720°/i$，即曲轴每转 $720°/i$ 时就应有一个汽缸做功，V 形发动机左右两列汽缸应交替发火，以保证发动机运转平稳。

（2）几种常用的多缸发动机曲拐布置和点火顺序如下：

① 四冲程直列式四缸发动机的点火顺序：发火间隔角应为 $720°/4=180°$。曲拐布置如图 2.53 所示，四个曲拐布置在同一平面内。点火顺序有两种可能的排列法，即 1-2-4-3 或 1-3-4-2，它们的工作循环分别如表 2.1 和表 2.2 所示。

表 2.1　四冲程直列式四缸发动机工作循环表（点火顺序：1-2-4-3）

曲轴转角（°）	缸序			
	第一缸	第二缸	第三缸	第四缸
0～180	做功	压缩	排气	进气
180～360	排气	做功	进气	压缩
360～540	进气	排气	压缩	做功
540～720	压缩	进气	做功	排气

表 2.2　四冲程直列式四缸发动机工作循环表（点火顺序：1-3-4-2）

曲轴转角（°）	缸序			
	第一缸	第二缸	第三缸	第四缸
0~180	做功	排气	压缩	进气
180~360	排气	进气	做功	压缩
360~540	进气	压缩	排气	做功
540~720	压缩	做功	进气	排气

② 四冲程直列式六缸发动机的点火顺序：发火间隔角应为 720°/6=120°。曲拐布置如图 2.54 所示，六个曲拐分别布置在三个平面内，各平面夹角为 120°。曲拐的具体布置有两种方案，第一种点火顺序是：1-5-3-6-2-4，国产汽车的六缸发动机的点火次序都用这种方案，其工作循环如表 2.3 所示。另一种点火顺序是：1-4-2-6-3-5。

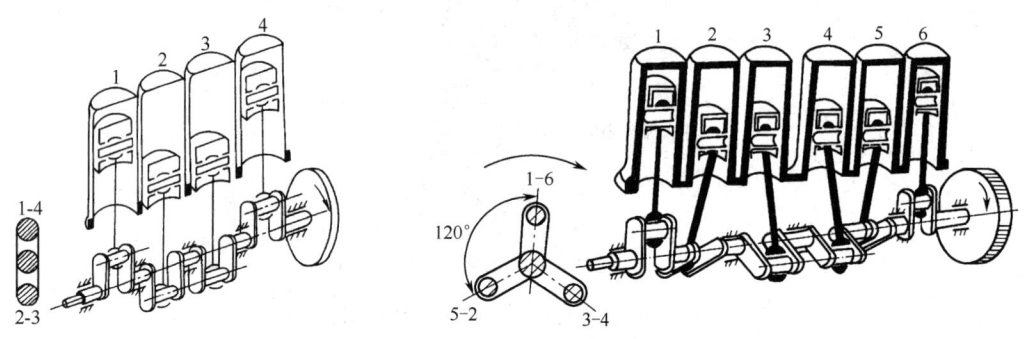

图 2.53　四冲程直列式四缸发动机的曲拐布置　　　图 2.54　四冲程直列式六缸发动机的曲拐布置

表 2.3　四冲程直列式六缸发动机工作循环表（点火顺序：1-5-3-6-2-4）

曲轴转角（°）		缸序					
		第一缸	第二缸	第三缸	第四缸	第五缸	第六缸
0~180	0~60		排气	进气	做功	压缩	进气
	60~120	做功					
	120~180		进气	压缩	排气		
180~360	180~240					做功	压缩
	240~300	排气					
	300~360		压缩	做功	进气		
360~540	360~420					排气	做功
	420~480	进气					
	480~540		做功	排气	压缩		
540~720	540~600					进气	排气
	600~660	压缩					
	660~720		排气	进气	做功	压缩	

③ 四冲程 V 形八缸发动机的点火顺序：发火间隔角应为 720°/8=90°。V 形发动机左右两列中相对应的一对连杆共用一个曲拐，所以四冲程 V 形八缸发动机只有四个曲拐，其布置可以与四冲程 V 形四缸发动机一样，四个曲拐布置在同一平面内，也可以布置在两个互相错开 90°的平面内，如图 2.55 所示，这样可使发动机得到更好的平衡性。红旗轿车 8V100 型发动机就采用这种布置形式，点火顺

序为 1-8-4-3-6-5-7-2（或 L_1-R_4-L_4-L_2-R_3-R_2-L_3-R_1），其工作循环如表 2.4 所示。

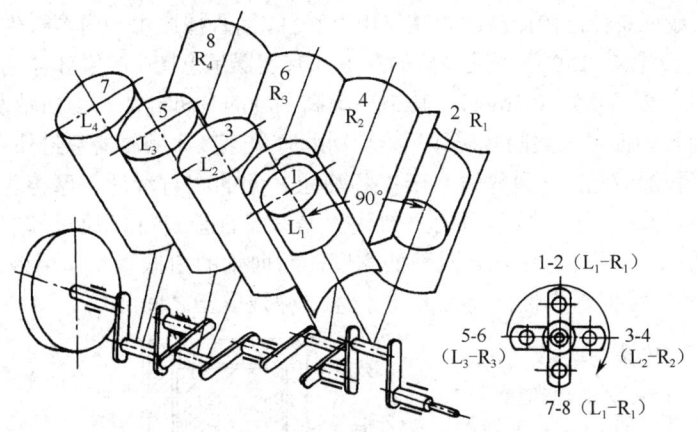

图 2.55　8V100 型发动机的曲拐布置

表 2.4　四冲程 V 形八缸发动机工作循环表（点火顺序：1-8-4-3-6-5-7-2）

曲轴转角 (°)		缸序							
		第一缸	第二缸	第三缸	第四缸	第五缸	第六缸	第七缸	第八缸
0～180	～90	做功	做功	进气	压缩	排气	进气	排气	压缩
	90～180	做功	排气	压缩	压缩	进气	进气	排气	做功
180～360	180～270	排气	排气	压缩	做功	进气	压缩	进气	做功
	270～360	排气	进气	做功	做功	压缩	压缩	进气	排气
360～540	360～450	进气	进气	做功	排气	压缩	做功	压缩	排气
	450～540	进气	压缩	排气	排气	做功	做功	压缩	进气
540～720	540～630	压缩	压缩	排气	进气	做功	排气	做功	进气
	630～720	压缩	做功	进气	进气	排气	排气	做功	压缩

2.4.2　曲轴扭转减震器

曲轴是一种扭转弹性系统，本身具有一定的自振频率。在发动机工作过程中，经连杆传给连杆轴颈的作用力的大小和方向都呈现周期性变化，这种周期性变化的力作用在曲轴上，引起曲拐回转的瞬时角速度也呈周期性变化。由于固装在曲轴上的飞轮转动惯量大，其瞬时角速度变化基本上可看作是均匀的。这样，曲拐便会一会儿比飞轮转得快，一会儿又比飞轮转得慢，形成相对于飞轮的扭转振动，当作用力变化的频率与曲轴自振频率成整数倍关系时，曲轴扭转振动便因共振而加剧。这将使发动机功率受到损失，正时齿轮或链条磨损增加，严重时甚至将曲轴扭断。为了消减曲轴的扭转振动，有的发动机在曲轴前端装有扭转减震器。

汽车发动机最常用的曲轴扭转减震器是摩擦式减震器。其工作原理是使曲轴扭转振动能量逐渐消耗于减震器内的摩擦上，从而使振幅逐渐减小。

图 2.56 所示为红旗轿车发动机曲轴上的橡胶摩擦式扭转减震器，转动惯量较大的惯性盘和由钢片冲制而成的减震器圆盘相连，减震器圆盘和惯性盘都与橡胶环硫化黏结，减震器圆盘的毂部用螺钉固定在装于曲轴前端的风扇带轮上。当曲轴发生扭转振动时，曲轴前端的角振幅最大，而且通过带轮毂带动减震器圆盘一起振动。惯性盘则因转动惯量较大（相当于小飞轮），其转动瞬时角速度比减震器圆盘均匀得多。这样，惯性盘与减震器圆盘有了相对角振动，而使橡胶环产生正、反方向交替的扭转变形。橡胶环扭转变形消耗扭转振动能量，曲轴的扭转振幅减小，将曲轴共振向更高的转速区域转移，避免了曲轴在常用转速内出现共振。

橡胶摩擦式扭转减震器的主要优点是结构简单，质量小，工作可靠，所以在汽车发动机上得以广泛应用。其主要缺点是对曲轴扭转振动的衰减作用不够强，而且橡胶由于内摩擦生热升温而容易老化。

图 2.57（a）所示为国产 150 系列发动机的黏液式减震器示意图。减震体浮动地装在密封外壳中，两者之间具有很小的间隙（0.5～0.7mm），其中充满高黏度的有机硅油。当曲轴发生扭转振动时，带着外壳一起振动，而转动惯量很大的减震体，其转动瞬时角速度比减震器密封外壳要均匀得多。于是两者之间发生相对滑动，硅油受到剪切，产生各油层之间的相对滑动，摩擦生热而消耗振动的能量，从而减小了扭振振幅。这种减震器的主要优点是减震性能良好，质量和容积均比较小；其主要缺点是硅油散热较差，因而容易升温而降低黏度，对曲轴的扭振衰减作用减弱。如图 2.57（b）所示为干摩擦式扭转减震器。其性能特点介于上述二种减震器之间。

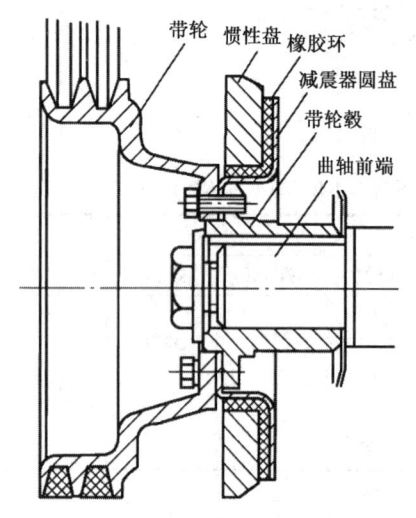

图 2.56　橡胶摩擦式扭转减震器

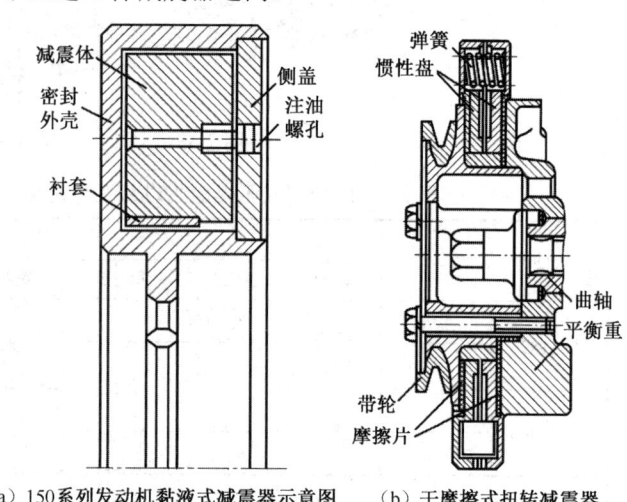

（a）150系列发动机黏液式减震器示意图　（b）干摩擦式扭转减震器

图 2.57　其他形式的扭转减震器

2.4.3　汽车发动机滑动轴承

汽车发动机滑动轴承有连杆轴承、主轴承和曲轴止推轴承等。

1．连杆轴承和主轴承

整体式曲轴的主轴承和连杆轴承都是剖分式滑动轴承，习惯上按其形状称为轴瓦。轴瓦是在 1～3mm 厚的钢背的内圆面上浇铸 0.3～0.7mm 厚的减磨合金层（如巴氏合金、铜铅合金、高锡铝合金等）而成，如图 2.58 所示。

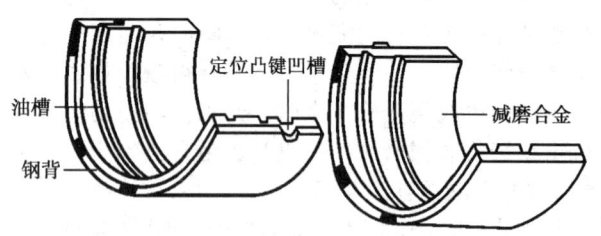

图 2.58　整体式曲轴轴承

减磨合金具有保持油膜，减少摩擦阻力和加速磨合的作用。巴氏合金轴瓦的抗疲劳强度较低，只能用于负荷不大的汽油机上，而铜铅合金或高锡铝合金轴瓦具有较高的承载能力与抗疲劳性。含锡量 20% 以上的高锡铝合金轴瓦在汽油机和柴油机上均得到了广泛应用。在铜铅减磨合金层上再镀一层厚度为 0.02～0.03mm 的铟或锡，即可用于高强度强化的柴油机。国外有些柴油机轴承在钢背与锡铝减磨合金层间加一层 Ai-Si-Mn 合金过渡层提高结合强度；在表面镀层与锡铝合金层之间再镀一层镍，防止表层锡向中间合金层扩散，就构成了五层合金轴承，轴承性能更好。

轴瓦的背面应有很高的光洁度。半个轴瓦在自由状态下不是半圆形，当它们装入连杆大头孔内时，有过盈，故能均匀地紧贴在大端孔壁上，具有很好的承受载荷和导热的能力，这样可以提高其工作可靠性和延长其使用寿命。

为了防止轴瓦在工作中发生转动或轴向移动，在两个轴瓦的剖分面上，分别冲压出高于钢背的两个定位凸键。装配时，这两个定位凸键分别嵌入在连杆大头（或机体）和轴承盖表面上的相应凹槽中。在轴瓦内表面上加工有油槽，用以储油，保证可靠润滑。

2. 曲轴的轴向定位与止推轴承

为了保证曲轴与活塞连杆组的正确装配位置，又允许曲轴工作中受热膨胀时能自由伸长，曲轴的轴向定位一般采用止推片或翻边轴瓦，如图2.59所示。例如，上海桑塔纳JV发动机采用全支承锻制曲轴，在第三道主轴承两端装有止推片实现轴向定位；解放CA6102型发动机在曲轴第一道主轴承座两端加装整体式止推装置（翻边轴瓦）实现轴向定位，如图2.59（b）所示。采用止推环进行轴向定位时，一般将其装在曲轴的前端或后端。

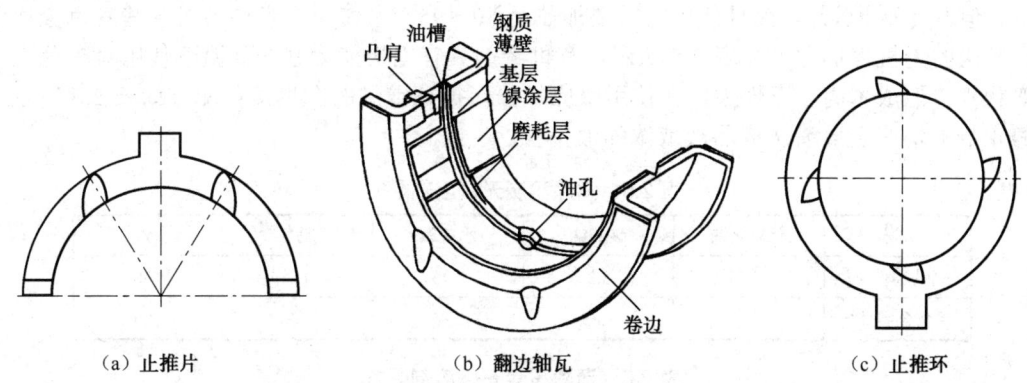

（a）止推片　　　　　　　　（b）翻边轴瓦　　　　　　　　（c）止推环

图2.59　曲轴的轴向限位装置结构（止推轴承）

2.4.4　飞轮

1. 飞轮的功用

飞轮是一个转动惯量很大的圆盘，其主要功用是将在做功冲程中加在曲轴上的动能的一部分储存起来，用以在其他冲程中克服阻力，带动曲柄连杆机构越过上止点、下止点，保证曲轴的旋转角速度和输出转矩尽可能均匀，并使发动机有可能克服短时间内的超载荷。此外，在结构上飞轮又往往用作汽车传动系统中摩擦离合器的驱动件。

2. 飞轮的材料

飞轮多采用灰铸铁制造，当轮缘的线速度超过50m/s时要采用强度较高的球铁或铸钢制造。

3. 飞轮的结构

飞轮外缘上压有一个齿圈（图2.45），可与起动机的驱动齿轮啮合，供起动发动机时使用。飞轮上通常刻有第一缸发火正时记号，以便校准发火时间。如图2.60所示，解放CA6102型发动机的正时记号是"上止点/1-6"，当这个记号与飞轮壳上的刻线对正时，即表示1-6缸的活塞处在上止点位置。东风EQ6100-1型发动机的飞轮上的这一记号为一个镶嵌的钢球。

多缸发动机的飞轮应与曲轴一起保持动平衡，否则，在旋转时因质量不平衡而产生的离心力将引起发动机振动并加速主轴承的磨损。为了在拆装时不破坏它们的平衡状态，飞轮与曲轴之间应有严格的相对位置，并用定位销或不对称布置螺栓予以保证。

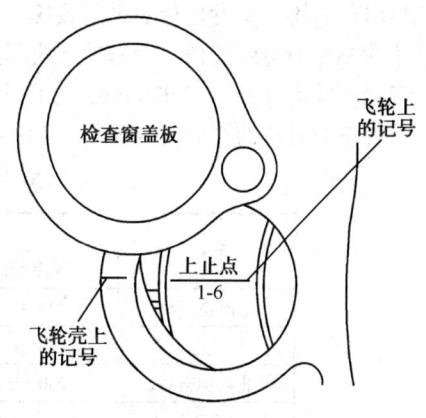

图2.60　飞轮结构及正时记号

2.5 曲柄连杆机构的维护

2.5.1 积炭的清除

发动机工作一段时间后，燃烧室内会产生一定量的积炭，须予以清除。清除积炭通常采用的方法有机械法和化学法两种。

（1）机械法。用机械法清除积炭比较简单，清除时利用钢丝刷或用刮刀刮除即可。

（2）化学法。化学法清除积炭是利用化学溶剂浸泡积炭 2～3h，靠物理或化学作用使积炭软化，然后用刷洗或擦洗法去除。所用化学溶剂可分为有机溶剂和无机溶剂两类。无机溶剂的毒性小，成本低，但退炭效果较差，而且使用时需要加热至 80～95℃。使用不当还会对某些有色金属造成腐蚀。常用的无机溶剂配方如表 2.5 所示。有机溶剂具有退炭能力强，常温下使用对有色金属无腐蚀等优点，但成本高，毒性大，在使用中应加强保护。常见的有机溶剂配方如表 2.6 所示，目前维修市场上均有金属清洗成品液或浓缩液销售。

表 2.5　清除积炭无机溶剂配方

成分	氢氧化钠	碳酸钠	水玻璃	肥皂	水
钢铁零件/kg	2.5	3.3	0.15	0.88	100
铝合金零件/g	—	1.85	0.85	1.00	100

表 2.6　清除积炭有机溶剂配方

成分	氨水	醋酸乙酯	丙酮	乙醇	苯	石蜡
配方一/%	30	4.5	1.5	22	40.8	1.2
成分	汽油	煤油	松节油	氨水	苯酚	油酸
配方二/%	8	22	17	15	30	8

2.5.2 曲轴轴承配合间隙的检验

1. 径向间隙的检验

（1）专用塑料线规检验法。在一些汽车的曲轴轴承的配件中，配有检验曲轴间隙专用的塑料线规（间隙规）。检验时，先拆下轴承盖，把塑料线规纵向放入轴承中，再按原厂规定的转矩紧固轴承盖，如图 2.61 所示，在拧紧过程中应注意防止曲轴的转动。然后拆下轴承盖，取出被压展的塑料线规，与附带有不同宽度色标的量规或第一道主轴承侧面上不同宽度的刻线相对比，与塑料线规压展宽度相等的刻线所标示的值，即为轴承的间隙值。上海桑塔纳轿车的塑料线规用颜色来标识间隙值，如绿色表示间隙为 0.025～0.076mm，红色表示间隙为 0.050～0.150mm，蓝色表示间隙为 0.100～0.230mm。几种汽车轴承的径向间隙如表 2.7 所示。

表 2.7　几种汽车轴承的径向间隙/mm

车型	主轴承		连杆轴承	
	标准间隙	极限值	标准间隙	极限值
上海桑塔纳	0.030～0.080	0.17	0.030～0.080	0.12
广州标致	0.020～0.051	0.10	0.020～0.051	0.10
北京切诺基	0.030～0.060	0.10	0.030～0.080	0.12
一汽奥迪	0.030～0.080	0.12	0.030～0.080	0.12

车型	主轴承		连杆轴承	
	标准间隙	极限值	标准间隙	极限值
南京依维柯	0.043～0.094	0.20	0.028～0.075	0.15
天津夏利	0.020～0.070	0.10	0.020～0.070	0.10
丰田 2Y、3Y	0.020～0.051	0.10	0.020～0.051	0.10

（2）通用量具检验法。

（3）手感检验法。技术熟练的工人，多用手感检验法来检视轴承的径向间隙。当单个主轴承的配合间隙符合标准时，曲轴的转动力矩不大于 10N·m。连杆轴承的配合间隙符合标准时，将连杆按规定装在轴颈上，然后用手用力甩动连杆小头，连杆应能够转动 1.25～1.75 转。

2. 轴向间隙的检验与调整

曲轴轴向间隙一般为 0.05～0.20mm，使用极限为 0.35mm。轴向间隙过大会引起汽缸、主轴承和连杆轴承的异常磨损，甚至粘结咬死。因此在二级维护时应检查曲轴的轴向间隙，如图 2.62 所示。曲轴轴向间隙的调整有的是通过更换不同厚度的、装在曲轴前端或后端的止推环进行的；有的则是更换装在中间不同侧面厚度的止推型轴承进行调整。当止推环或止推型轴承的止推翻边磨损至极限厚度时必须更换。

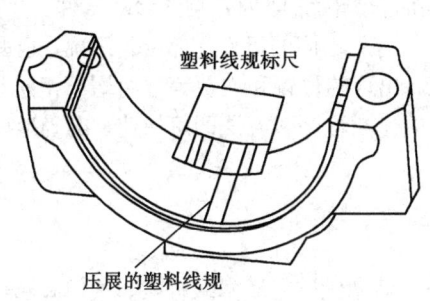

图 2.61　用专用塑料线规测量轴承间隙

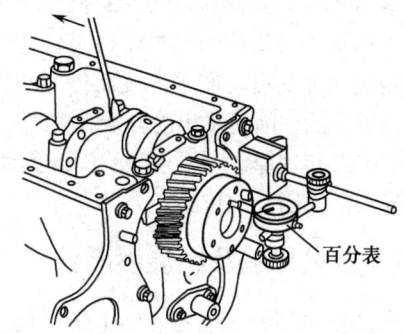

图 2.62　测量曲轴轴向间隙

2.6 发动机异响诊断

2.6.1 概述

1. 异响类型

发动机在运转过程中产生的响声强度超过技术文件规定的强度时，称为发动机的异响。

发动机常见的异响主要有机械异响、燃烧异响、空气动力异响和电磁异响等。本节主要讨论机械异响。

2. 发动机产生异响的原因

（1）机械异响。因磨损或调整不当造成运动副配合间隙太大或配合关系不当，运转中引起震动和相互撞击；或因运动件润滑不良、紧固不良和修理调整不当使其配合间隙失准而导致异响。

（2）燃烧异响。由发动机不正常燃烧，如汽油机的爆震声、柴油机的工作粗暴声导致的异响。

（3）空气动力异响。在发动机进、排气口和运转中的风扇处，气流震动引起的异响。

（4）电磁异响。在发电机、起动机和某些电磁元件内，由于磁场的交替变化，引起机械中某些部件或某一部分空间容积产生震动所引起的异响。

3. 发动机异响的影响因素和诊断条件

异响与发动机的转速、温度、负荷和润滑等条件有关。

（1）转速。一般情况下，转速越高机械异响越强烈。但高转速时各种响声混杂在一起，听诊某些异响反而不易辨清。因而诊断时不一定要求高转速，要具体分析。如听诊气门脚响和活塞敲缸响时，在怠速下或低速下就能听得比较明显；当主轴承响、连杆轴承响和活塞销响较为严重时，在怠速和低速下也能听到。所以诊断异响应在响声最明显的转速下进行，并尽量在低转速下运行，以减少不必要的噪声和损耗。

（2）温度。有些异响与发动机温度有关，而有些异响与发动机温度无关或关系不大。在机械异响诊断中，对于热膨胀系数大的配合副要特别注意发动机的热状态，最典型的例子是活塞敲缸响。在发动机冷起动时，该响声非常明显，然而一旦温度升高，响声随即消失或减弱。所以，诊断该响声应在发动机低温状态下进行。热膨胀系数小的配合副所产生的异响，如曲轴主轴承响、连杆轴承响、气门脚响等，受发动机温度变化的影响不大，因而对诊断温度无特别要求。发动机温度也是引起燃烧异响的因素之一。汽油机过热时，往往易产生突爆现象；柴油机过冷时，往往产生工作粗暴现象。

（3）负荷。许多异响都与发动机的负荷有关，如曲轴主轴承响、连杆轴承响、活塞敲缸响、汽缸漏气响、汽油机爆震响等，均随负荷的增大而增强，随着负荷的减小而减弱；但是柴油机工作粗暴声随着负荷的增大反而减小。而有些异响与负荷无关，如气门脚响，负荷变化时此异响不变化。

（4）润滑条件。无论什么形式的机械异响，当润滑条件不佳时，异响一般都显得特别严重。

此外，曲柄连杆机构的异响还与工作过程有关。异响的影响因素即为异响的诊断条件。

异响是因物体的震动产生声波而传播的。在发动机上，对于不同的机件、部位和工况，声源所产生的振动是不同的，因而发出的异响在音调、音高、音强、出现的位置和次数等方面均不相同。掌握异响的这些特点和规律，运用正确的诊断条件，按照合理的诊断程序和方法即可快速、准确地诊断发动机产生异响的原因及部位。

2.6.2 常见异响及经验诊断法

发动机的常见异响主要有曲轴主轴承响、连杆轴承响、活塞销响、活塞敲缸响、气门脚响等。发动机常见异响诊断和原因分析归纳如表 2.8 所示。

表 2.8 发动机常见异响诊断和原因分析归纳

异响种类	听诊部位	主要特征及变化规律	辅助听诊措施	主要原因
曲轴主轴承响	汽缸体下部，靠近油底壳与机体的接合平面	稳定转动时不响，转速突然变化时，发出低沉连续的"唔、唔"声，转速提高，声响增强，负荷增加，声响增强	单缸断火，声响无明显变化，相邻两缸断火时声响明显减弱，但不一定消失。观察机油压力有无变化，发动机是否抖动	主轴承盖螺栓松动、轴承磨损径向间隙过大、润滑不良等原因造成轴承合金烧毁或脱落
连杆轴承响	机油加注口处	转速突然变化时，有明显连续的"唔、唔"声（比主轴承响"轻""短"），而怠速时声响较小，中速则声响较明显，转速越高，声响越强；负荷增加，声响增强	单缸断火，声响明显减弱或消失，观察机油压力有无变化	连杆轴承盖螺栓松动、轴承磨损径向间隙过大、轴承尺寸不符或质量不佳、轴承变形或接触面积过小等原因造成轴承合金烧毁或脱落
活塞销响	汽缸上部或机油加注口处	怠速或略高于怠速时有较清晰、明显、节奏的"嗒、嗒"声响；转速变化，声响也周期性变化，加速时声响明显；温度升高，声响不减或更明显	单缸断火，声响减弱或消失，在"复火"瞬间声响特别清晰，将点火时间略提早一点，声响更加明显	活塞销与销座或衬套配合松旷；活塞销润滑不良；活塞销两端销环脱落使销窜动

异响种类	听诊部位	主要特征及变化规律	辅助听诊措施	主要原因
活塞敲缸响	汽缸上部或机油加注口处	通常怠速时可听见较明显、清晰、有节奏的"吭、吭"声响；转速升高时声响变得细碎甚至消失；点火一次而响两次，一般温度低时声响明显，温度升高时，声响明显减弱或消失	单缸断火，声响减弱或消失，观察机油加注口是否冒烟，排气管有无蓝烟，可疑汽缸加少量浓机油声响是否减弱或消失	活塞销裙部与汽缸壁间隙过大、活塞销与连杆衬套装配过紧、连杆弯曲变形等原因
气门脚响	气门室附近	怠速时发出有节奏的"嗒、嗒"声；转速升高声响也增强；单缸断火，声响不变	怠速时用手提起挺柱或插入厚薄规，若声响减弱或消失，即为该气门间隙过大	气门间隙过大；凸轮磨损，顶杆、挺柱跳动；气门杆与导管磨损松旷

2.7 汽缸体的检修

汽缸体零件是发动机的基础零件。汽缸体零件在使用中会受到不同程度的损伤，直接影响发动机的正常工作和使用寿命。因此，对发动机的汽缸体零件修理是发动机修理作业的主要组成部分，其修理质量是提高发动机修理质量的基础和保障。

汽缸体、汽缸盖常见的损伤现象有：翘曲变形、裂纹、螺栓孔损坏、水道孔边缘腐蚀等。尤其以汽缸体和汽缸盖变形和局部裂纹最为普遍。

2.7.1 汽缸体裂纹的检修

汽缸体的裂纹有曲轴箱的共振裂纹和水套的冰冻裂纹两种。汽缸体裂纹是指汽缸套承孔因型芯偏移，镶装汽缸套过盈量太大，压装工艺不当造成的裂纹。因此，在进行汽缸体其他项目检验前及更换汽缸套之后，均应进行水压（350～400kPa）试验，如图2.63所示。若有裂纹，可采取加热减应焊或胶黏修复工艺予以修理。

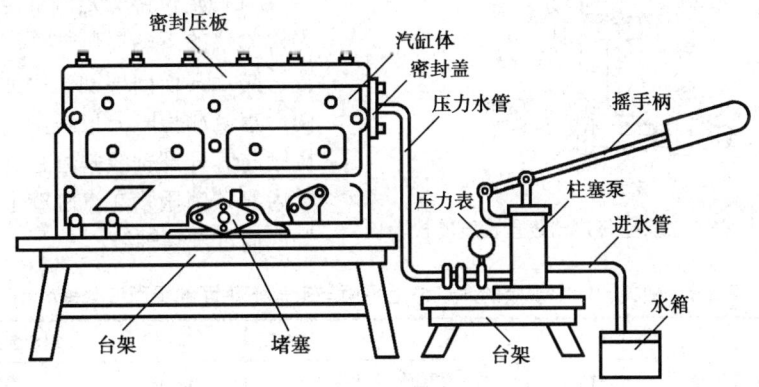

图2.63 汽缸体水压试验

2.7.2 汽缸体变形的检修

汽缸体在使用过程中变形是不可避免的，相当多的汽缸体在一个大修间隔里程后，部分主要要素的形位误差逾限，称为"汽缸体变形"。汽缸体主要要素的形位公差可参见国标《汽车发动机气（汽）缸体与气（汽）缸盖修理技术条件》。

1. 汽缸体上平面平面度的检验

汽缸体上平面平面度的检验一般采用厚薄规和桥形的检验尺（有关量具的介绍可参见华信教育资

源网上提供的绪论知识)。将检验尺分别在汽缸体上平面的两个长度、宽度、对角线的方向贴靠被检平面，如图 2.64 所示。用厚薄规在每间隔 50mm 处测出被检平面与检验尺的间隙，所有方向间隙的最大值即为平面全长的平面度，各方向上相邻两点间隙差的最大值为任一 $50mm^2 \times 50mm^2$ 平面范围内的平面度误差。汽缸体上平面与汽缸盖下平面的平面度公差如表 2.9 所示。

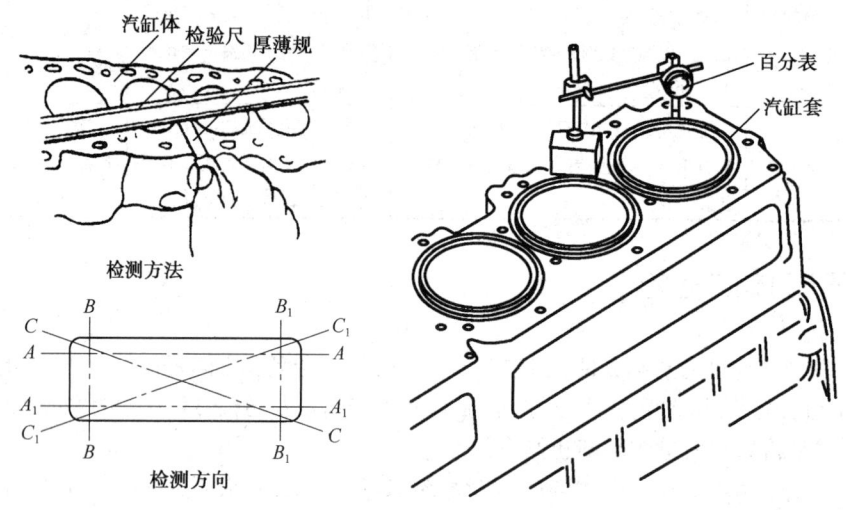

图 2.64　汽缸体平面变形的检验

2. 汽缸轴线与主轴承承孔公共轴线垂直度的检验

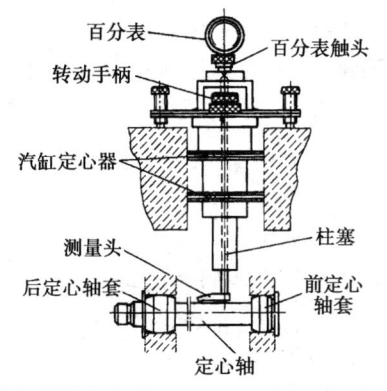

图 2.65　汽缸轴线与主轴承承孔公共轴线垂直度的检验仪

　　汽缸轴线与主轴承承孔公共轴线垂直度检验的检验仪如图 2.65 所示，主要由基准定位部分、测量部分和缸径定位部分等组成。

　　基准定位部分包括定心轴套、定心轴等。

　　缸径定位部分是汽缸定心器。其作用是为检验仪的下端提供一个汽缸直径的固定位置，防止其横向摆动，保证测量板在垂直方向上重复测量时方位不变。滑柱一端凸缘的棱圆与其杆部轴线垂直且同轴，当滑柱在汽缸内靠顶销压紧在汽缸壁上时，就可保证其轴线通过汽缸轴线。

表 2.9　相关国标中规定的汽缸体上平面与缸盖下平面的平面度公差/mm

测量范围/ mm²	汽缸体长度	铸铁			铝合金		
		汽缸体 上平面	汽缸盖下平面		汽缸体 上平面	汽缸盖下平面	
			侧置式	顶置式		侧置式	顶置式
任 50×50		0.05	0.05	0.035	0.05	0.05	0.05
整个平面	≤600	0.15	0.25	1.100	0.15	0.35	0.15
	>600	0.25	0.35		0.35	0.50	

　　测量部分包括百分表、百分表触头、柱塞和测量头等。两个测量板对称地装在本体和盖板之间，其间隙由垫环的厚度来保证。测量时，测量部分可以绕销转动，其上有三个触头，其中两个外触头在测量时与汽缸的前后壁接触，另一个内触头与传动板的底端面接触，这样当汽缸的前后壁相对于定心轴垂直方向倾斜某一角度时，就可以通过测量板将这一变化由内触头传给传动板，再经挺柱传递给百分表。

检验时，将被测汽缸体倒置于平台上，定心轴置入主轴承承孔内。将检验仪的缸径定位部分压缩后装入被测汽缸内，使本体上的导块平面与定心轴靠合并沿定心轴滑动检验仪，当测量板两外触头分别与汽缸前、后壁接触时，分别记下百分表的读数，百分表两次读数差值的一半，即汽缸轴线在 r（内触点到销轴线的距离）长度上对主轴承承孔的垂直度误差，因检验仪 $r=25\text{mm}$，故将两次百分表的读数差乘以 $L/2×25$，即为汽缸全长 L 上的垂直度误差。

汽缸轴线对主轴承承孔公共轴线的垂直度公差为 0.03mm（每 100mm），全长上的垂直度公差不应超过 0.05mm。

3. 汽缸体主轴承承孔同轴度的检验

如图 2.66 所示，汽缸体各主轴承承孔同轴度的检验仪，由定位机构、传递机构和测量机构等组成。定心轴支承在两端主轴承座的定心轴套内，其上安装有本体、等臂杠杆和百分表。测量时转动定心轴，等臂杠杆的球形触头沿被测承孔转动，其径向移动量经杠杆传给百分表，即为主轴承承孔轴线的同轴度误差。

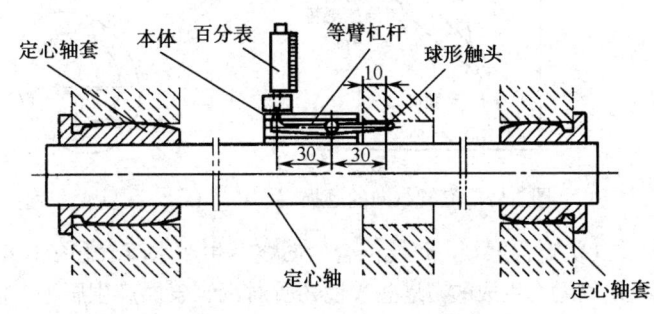

图 2.66　汽缸体主轴承承孔同轴度的检验（单位：mm）

在《汽车修理技术标准》中规定：
汽缸体主轴承承孔的同轴度和凸轮轴轴承承孔的同轴度公差应符合原设计规定。凡能用减磨合金补偿同轴度的，主轴承承孔和凸轮轴承孔的同轴度公差均为 0.15mm，相邻两座孔的同轴度公差为 0.10mm。

2.7.3　汽缸的常见损伤与检验

1. 汽缸的常见损伤

汽缸的常见损伤主要是汽缸工作表面产生的磨损和拉痕，其次是产生的裂纹。湿式汽缸套的外壁有时会发生穴蚀损伤。汽缸磨损到一定程度时，发动机的动力性显著下降，燃料的消耗急剧增加，发动机的经济性变差。汽缸的磨损程度是决定发动机是否需要大修的主要依据。

2. 汽缸工作表面的磨损特征

汽缸经过长期使用后发生磨损，其尺寸和形状都会发生变化。引起汽缸磨损的因素很多，十分复杂。但在正常使用情况下汽缸磨损遵循一定的规律性。一般在活塞运行区域内形成不均匀的磨损，沿汽缸上下方向磨损成不规则的锥形，会产生圆柱度误差；而沿汽缸圆周方向磨损成不规则的椭圆，就会产生圆度误差。最大磨损部位一般在活塞处于上止点时，第一道气环对应的汽缸壁处，往下逐渐减轻；汽缸上口与活塞环不接触的部位不磨损，因此该处出现明显的台阶，如图 2.67 所示。

沿汽缸圆周上的磨损也是不均匀的，呈不规则的椭圆形。磨损最大部位也因汽缸的结构、位置、使用条件等不同而异，一般是前后或左右方向磨损最大，如图 2.68 所示。

同一台发动机上，各个汽缸的磨损量也不尽相同，一般情况下，水冷式发动机的第一缸靠前部位和最后一缸靠后部位的汽缸壁磨损最严重。

3. 汽缸的磨损原因

（1）汽缸磨损成锥形的原因。

① 摩擦力不等。在做功冲程中，燃烧的高压气体窜入活塞环的背隙，增加了活塞环对汽缸壁的压力。而各道活塞环因燃气压力产生的背压又不相同，第一道环背压最大，以下各道环的背压依次递减，所以各道环对汽缸壁的摩擦力也不相同，靠近汽缸上部的磨损严重。

② 润滑条件不同。由于活塞到达上止点时要换向，此时刻的活塞移动速度为零，活塞环的布油性能变差，同时在汽缸上部由于高温、高压、气流吹拂等原因，使本来润滑效果就很差的润滑油膜遭

到破坏，容易出现干摩擦或半干摩擦，使磨损加剧。

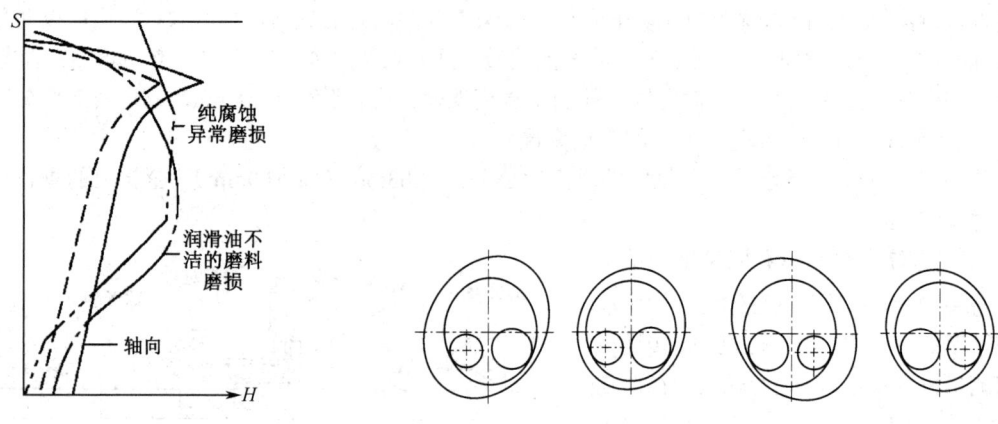

图 2.67　汽缸纵向的磨损　　　　　　　　　图 2.68　汽缸磨损特点

③ 腐蚀磨损。可燃混合气燃烧后生成水蒸气和多种氧化物（CO_2、SO_2、S_2O_3、NO_2）。水蒸气与氧化物融合生成酸，这些酸性物质对汽缸表面产生腐蚀，使汽缸表面形成松散组织，在活塞环的摩擦力作用下被刮掉，加速磨损。

酸性物质的生成与发动机的工作温度有直接关系。当发动机处在低温（冷却水温低于 80℃）环境工作时易发生酸腐蚀。发动机第一缸和最后一缸的外侧磨损较为严重，主要是由于酸腐蚀引起的。汽缸的上部由于不能完全被润滑油膜覆盖，酸腐蚀严重。

④ 磨料磨损。空气中的灰尘、润滑油中的硬质磨粒、汽缸自身磨屑都会对汽缸壁造成磨料磨损。而这些磨料多积聚在汽缸的上部壁面。加大了汽缸上部的磨损。

综上所述，汽缸上部的工作条件差，各种磨损较为严重。因此在正常使用情况下，磨损后的汽缸呈上大下小的锥形。例外情况下，如曲轴轴向间隙过大、活塞偏缸、缸体变形等会改变汽缸的磨损规律，使最大磨损出现在汽缸的中下部位。

（2）汽缸磨损成椭圆形的原因。

① 侧压力的影响。活塞在做功冲程中以很大的侧压力压向汽缸壁，破坏了润滑油膜，增加了汽缸的磨损。受侧压大的一边磨损较严重。

② 曲轴轴向窜动和零件变形的影响。当曲轴的轴向间隙增大，曲轴在离合器轴向力作用下不断前后窜动；连杆的弯曲变形；曲轴的弯曲；汽缸体和活塞变形等会使汽缸在曲轴的轴线方向上磨损出椭圆形。

③ 装配质量的影响。曲柄连杆机构组装时装配质量不符合要求；汽缸中心线与曲轴中心线不垂直；汽缸套安装不正等都会造成汽缸的偏磨现象。

④ 结构因素的影响。对于顶置式气门发动机，靠近排气门一侧的汽缸壁磨损较为严重。这是因为排气时高温废气吹掉了汽缸壁上的润滑油膜。使润滑条件变差。对侧置式气门发动机，正对进气门的汽缸壁磨损较为严重。这是因为进气时，较冷的可燃混合气吹向对面的汽缸壁，使其工作温度降低并冲掉润滑油膜，容易发生酸腐蚀磨损。

4. 汽缸的检验

对汽缸检验时，首先观察被检查汽缸的表面是否有裂纹、拉伤和穴蚀等损伤，然后用量缸表（内径百分表）测量汽缸的磨损情况。根据测量结果分析计算出：汽缸圆度、圆柱度、最大磨损量、配合间隙。以下以汽油机为例。

（1）汽缸的测量，如图 2.69 所示。用量缸表按图 2.69（a）所示的测量部位及方向、按图 2.69（b）所示方法检测各汽缸直径，按图 2.69（c）检测活塞裙部尺寸。柴油机取 4 个横截面，汽油机取 3 个横截面。

$S_1 - S_1'$ 位置。活塞处于上止点时，第一道气环所对应的缸壁位置。

$S_2 - S_2'$ 位置。活塞环运动区域的中间。

$S_3 - S_3'$ 位置。距汽缸下端 10mm 处。

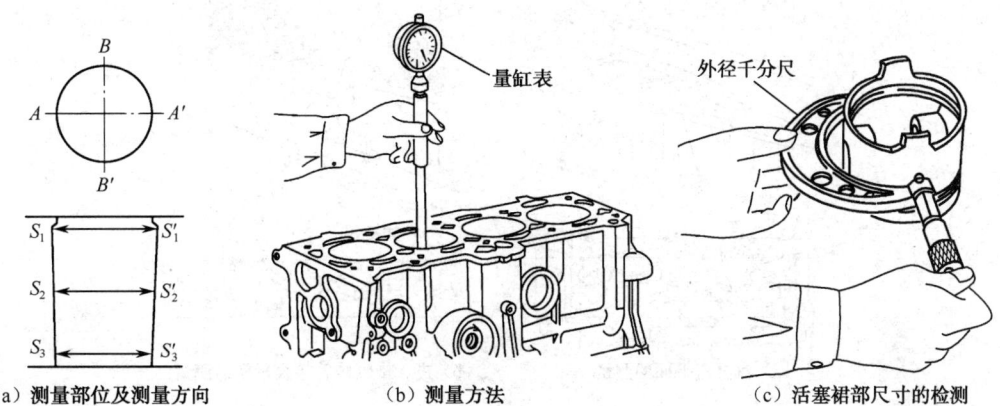

（a）测量部位及测量方向　　（b）测量方法　　（c）活塞裙部尺寸的检测

图 2.69　汽油机汽缸的测量部位及测量方法

由此测得汽缸 6 个内径尺寸。另测量汽缸上端（"磨损台阶"上端）未磨损处，或汽缸下端未磨损处（没有磨损痕迹的地方）的内径尺寸，即汽缸原内径尺寸。

（2）计算汽缸磨损后的圆度、圆柱度、最大磨损量、配合间隙。

① 最大磨损量。汽缸最大磨损处直径与未磨损处直径之差。一般最大磨损处在 S_1-S_1' 位置。

② 圆度。各测量截面的最大与最小直径之差的一半即为对应截面的圆度误差，取三个截面中的最大值。

③ 圆柱度。以 S_1-S_1' 截面的 A-A'（或 B-B'）方向与 S_3-S_3' 截面的 A-A'（或 B-B'）方向最大直径、最小直径之差值的一半即为该汽缸的圆柱度误差。

④ 配合间隙。S_1-S_1' 位置（一般取侧压力方向）测得的最大直径与活塞裙部下端直径之差即为配合间隙。

按照技术要求，汽缸上述四项指标中如有一项超过允许值，都应进行修理。各种车型发动机汽缸的技术要求参见《汽车维修手册》。

2.7.4　修理尺寸的确定

（1）汽缸修理尺寸分为 6 级，每级加大 0.25mm，其中+0.50mm、+1.00mm、+1.50mm 为常用级；+0.25mm、+0.75mm、+1.25mm 为辅助级。

（2）修理尺寸的确定方法。将汽缸的最大磨损量加上加工余量（一般为 0.10～0.20mm）后，与修理尺寸对照，选择最合适的一级尺寸作为修理尺寸。

例如，测得 CA1091 型汽车的 CA6102 型发动机汽缸的最大磨损量为 102.35mm，加工余量取 0.20mm，CA6102 型汽油机汽缸标准尺寸为 101.6mm，试确定该发动机汽缸的修理尺寸。

解：D_1=最大磨损量+加工余量=102.35+0.20=102.55（mm）

此值接近于第四级修理尺寸（102.60mm），所以最后确定汽缸的修理尺寸为第四级即 102.60mm。

2.8　汽缸盖的检修

汽缸盖的主要损耗形式是裂纹与变形。裂纹多发生在进气门座与排气门座之间的过梁处，气门座配合过盈量过大与镶装工艺不当往往引起此处断裂，断裂后应更换汽缸盖。汽缸盖变形是指与汽缸体的接合平面的平面度误差（按图 2.70 所示方法检测）逾限，会影响汽缸的密封性，应对此平面进行铲削或磨削修理。

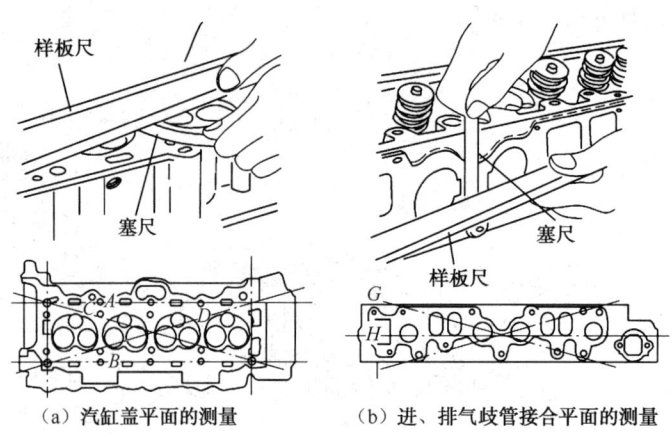

（a）汽缸盖平面的测量　　　　　（b）进、排气歧管接合平面的测量

图 2.70　汽缸盖平面度误差的检测

汽缸盖平面翘曲变形的修理方法如下：

① 局部预热加压校正。将翘曲变形的汽缸盖放在专用平板上，汽缸盖两端垫上垫铁，垫铁厚度约为变形量的 4 倍，使汽缸盖中间部分悬空。拧紧压板两端螺栓，然后用喷灯预热汽缸盖中部。温度达 300～400℃时，再拧紧螺栓加压，直至汽缸盖中间部位与平板面贴合。用手锤在汽缸盖加强筋部位敲击 2～3 次，停留 5min 左右。将压板螺栓松开。移动压板到汽缸盖一端，约为汽缸盖全长的三分之一处压紧压板，用手锤敲击，再将压板移至另一端三分之一处压紧敲击。停留一段时间后，松开压板，取出汽缸盖检查校正情况。如不符合要求，可进一步铲刮修整平面使其达到标准要求。局部预热加压校正适用于平面翘曲变形大于 1mm 的汽缸盖。

② 铣削修复平面。铣削时，将汽缸盖平面朝上放置在铣床工作台上，校正至水平并夹紧固定，按照铣削工艺规范进行铣削。铣削加工量不得超过 1mm。过大会影响汽缸盖的强度和刚度，使燃烧室容积变化过大。

经铣削加工后燃烧室的容积不同程度地有所减小，相应压缩比增大。压缩比增大会导致汽油发动机怠速不稳或爆燃。因此，对汽缸盖铣削修整后应对燃烧室容积进行测量，必要时还需要调整。

③ 燃烧室容积的测量。将铣削好的汽缸盖下平面向上，水平放置好，封堵火花塞孔（喷油器孔），在燃烧室上放置玻璃板。用量杯向燃烧室注入燃油，待燃油液面与玻璃板刚好接触时，加入燃油的容积就是燃烧室的容积。将测量的各缸容积与该型号燃烧室的公称容积比较。对于汽油机，容积减小不得少于公称容积的 5%，各缸燃烧室容积相差不应大于平均值的 4%。若不符合要求应进行调整，可采用刨、铣燃烧室内金属较厚的凸出部分进行调整。但加工深度应严格控制，加工棱边要修光。

汽缸盖修竣后，汽缸盖长度小于 300mm 的，其平面度公差为 0.05mm；长度大于 300mm 的，平面度公差为 0.10mm。燃烧室容积不小于原厂规定的 95%，各燃烧室间容积差不得大于 4mL。

2.9　活塞组的选配

2.9.1　活塞的损伤现象

活塞处在高压、高温、高速、润滑条件差的工作环境中。活塞在使用一段时间后，会造成不同程度的损伤。常见的损伤有磨损损伤和非正常损伤。磨损损伤常见的有：活塞环槽磨损、活塞销孔座磨损、活塞裙部磨损等。非正常损伤有：刮伤（擦伤）、烧顶、脱顶等现象。

1. 活塞环槽磨损

活塞环槽是活塞最常见的磨损部位，尤其是第一道环槽磨损最为严重，以下各环槽的磨损依次减轻。环槽的磨损使活塞环的侧隙增大，造成汽缸漏气和窜机油，导致发动机起动困难，动力下降，燃烧机油。

维修措施：

（1）更换活塞。若活塞环槽磨损超过极限，采用更换活塞的方法解决。

（2）更换活塞环。活塞环槽磨损未超过极限，可更换活塞环，继续使用活塞到下次大修。

2. 活塞销孔座磨损

活塞销孔座的最大磨损部位出现在孔座上下方向，呈椭圆形。这主要是气体压力和惯性力作用所致。此类磨损导致配合松弛，发出不正常的响声，降低压缩比。

维修措施：

（1）更换活塞。若活塞销孔座椭圆度超出修理极限尺寸时更换活塞。

（2）更换活塞销。若孔座磨损未超过极限尺寸，可铰削或镗削孔座，选配大尺寸组的活塞销。

3. 活塞裙部磨损

活塞裙部磨损和擦损通常出现在受侧压力大的一方。磨损严重时出现敲缸。

维修措施：

（1）更换活塞。活塞裙部磨损的同时通常也伴随汽缸的磨损，在镗修汽缸的同时，选配大尺寸组的新活塞。

（2）修复磨损面。在磨损不严重的情况下，可采用砂布打磨磨损部位。

4. 活塞刮伤、擦伤

活塞的刮伤、擦伤主要是活塞与汽缸壁间隙过小，发生边界摩擦或干摩擦，或者因较多较大的机械杂质、磨粒所致。

维修措施：

（1）清洗活塞、汽缸壁，清除杂质。

（2）刮削、打磨伤痕，严重时需要更换活塞。

5. 活塞烧顶

发动机长时间工作在超负荷状态或爆燃，容易造成活塞烧顶。若活塞顶部有轻微烧伤，仍可继续使用，若烧顶严重，必须更换活塞。

6. 活塞脱顶

活塞脱顶就是活塞头部与裙部分离。产生的原因主要是活塞环开口间隙过小，发动机长时间在高温条件下工作，活塞环开口顶死，活塞环与汽缸壁间发生粘结，活塞在连杆拉力作用下破裂分离。发生活塞脱顶后必须镗修缸套，并更换活塞。

2.9.2 活塞的选配

汽缸按修理尺寸可以进行镗缸或更换汽缸套处理，而活塞严重烧蚀、拉伤或活塞环槽严重磨损时，需要更换活塞。更换活塞时，应根据汽缸的修理尺寸选配活塞。选配活塞时要注意以下要点。

（1）按汽缸的修理尺寸选用同一级修理尺寸和同一分组尺寸的活塞。活塞的修理尺寸级别代号常打印在活塞的顶部（如"00""50"等）。活塞裙部尺寸是镗缸的依据，在实际维修中，应先选配活塞，然后按所选活塞的裙部尺寸计算镗磨加工量，进行镗缸和磨缸。

（2）活塞应成套选配，即同一台发动机必须选用同一品牌、同一厂家的活塞，以保证其材料和性能的一致性。

（3）同一发动机的活塞，其直径差不得超过 0.025mm，质量差为 4～8g，销座孔的涂色标记应相同。若活塞的质量差过大，应重新选配。

（4）选配活塞时，应测量活塞与汽缸的配合间隙。测量时将不装活塞环的活塞倒置在汽缸内，用厚薄规插入间隙。测量位置与销座成 90°，用弹簧秤拉动厚薄规片，拉动力为 19.6～29N，此时测量间隙应符合厂家要求。

2.9.3 活塞环的选配

1. 活塞环的损伤

常见的活塞环损伤现象有：磨损失效和断裂损坏。

（1）磨损失效。活塞环处在高温、高压、润滑条件差的环境下工作，磨损速度很快。随着磨损加剧，活塞环的弹力下降，端隙、侧隙、背隙增大，密封性能变差，导致漏气、窜机油，发动机动力性和经济性降低。

（2）断裂损坏。活塞环侧隙、端隙过小或安装不当，当发动机长时间大负荷工作时，工作温度过高，活塞环卡死在汽缸壁上，在冲击负荷作用下断裂。在维修过程中，汽缸缸肩未修平，也会造成第一道活塞环断裂。

2. 活塞环的选配

选配活塞环时，应注意以下几点。

（1）以汽缸的修理尺寸为依据，同一台发动机应选用与汽缸和活塞修理尺寸等级相同的活塞环。切不可"以大代小"，用较大级别的活塞环通过锉削开口端面，来代替小级别的活塞环。

（2）为了保证活塞环的配合质量，在选配活塞环时，应对活塞环进行弹力检验，漏光度检验，端隙、边隙、背隙检验，以及端面翘曲（平面度）检验。

3. 活塞环的检验

活塞环的检验包括活塞环的弹力、漏光度、端隙、侧隙、背隙及平面度的检验。

（1）活塞环的弹力检验。将活塞环放在弹力检验器上，如图 2.71（a）所示，使活塞环的开口端面处在水平面内，操纵检验器上的手柄，将活塞环压缩到规定的开口间隙，此时可由量块在秤杆上的位置读出作用于活塞环上的力，即为活塞环的弹力。奥迪轿车发动机第一道活塞环弹力为 8.5～12.8N，第二道活塞环弹力为 7.5～11.3N，油环弹力为 35～52.5N，用新、旧两个同名活塞环做对比试验，判断旧环弹力，如图 2.71（b）所示。

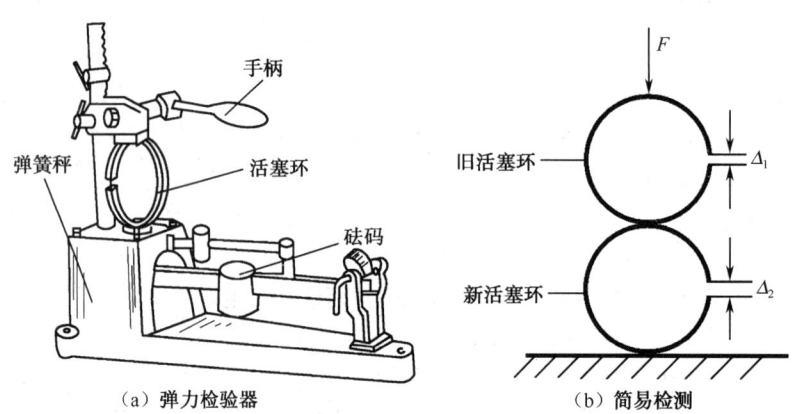

（a）弹力检验器　　　　　　　　（b）简易检测

图 2.71　活塞环弹力的检验

（2）活塞环漏光度的检验。活塞环漏光度的检验方法如图 2.72 所示。将活塞环平放在汽缸内，环的上面盖上比缸径略小的密封遮光板。通电后，利用灯泡的光线检验活塞环与汽缸壁之间的漏光缝隙。

技术要求如下：活塞环外圆工作面的漏光间隙不大于 0.02mm，同一活塞环漏光区不得多于两处，每处漏光弧长不大于 25°，同一活塞环上漏光总弧度不得大于 45°，并在开口两侧各 30° 范围内不允许漏光。

（3）活塞环端隙（开口间隙）的检验与修整。如图 2.73 所示，把活塞环放入汽缸上部，用活塞顶将活塞环推平。用塞尺检测开口间隙是否符合技术要求。若开口间隙过大，须重新选配；若开口间隙过小，用细平锉锉修。

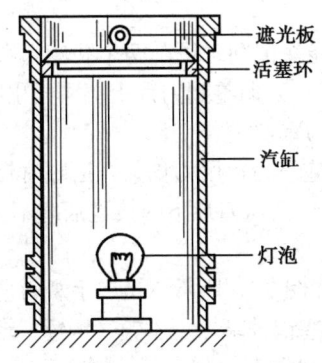

图 2.72　活塞环漏光度的检验

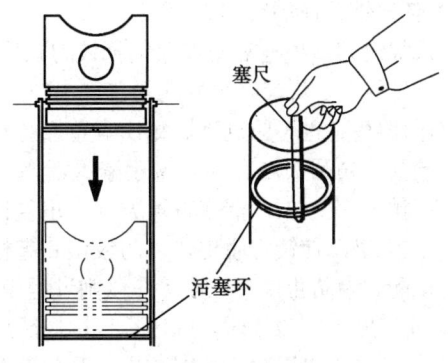

图 2.73　活塞环端隙的检验

锉修时，应注意以一个端面为基准，再锉修另一个端面，防止将端面锉成斜口。

（4）活塞环侧隙的检验与修整。如图 2.74 所示，将活塞环放在环槽内，围绕环槽滚动一圈，活塞环应能滚动自如；再用塞尺检查侧隙，应符合技术要求。若侧隙过大，应重新选配；若侧隙过小，可在垫有砂布的平板上研磨。

（5）活塞环背隙的修配。背隙是将活塞环装入汽缸后，其背面（内圆表面）与活塞环槽底部之间的间隙。为了测量方便，通常用槽深与环厚之差来表示，一般为 0～0.35mm。背隙过小时，可更换活塞环或车深活塞环槽。

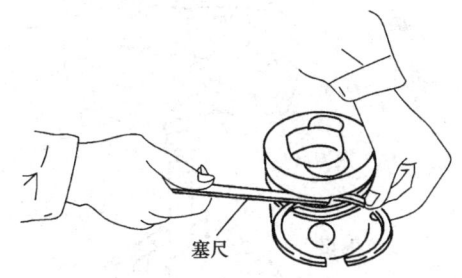

图 2.74　活塞环侧隙的检验

（6）活塞环平面度的检验。将活塞环放在平板上，观察和测量两个平面的翘曲量，应不大于 0.05mm。

2.9.4　活塞销的选配

1. 活塞销的损伤现象

活塞销由于受到尺寸的限制，一般外径较小，单位面积受压较大，并承受弯矩作用。活塞销常见的损伤现象是磨损和弯曲。磨损使活塞销表面失圆，出现台阶，间隙增大，导致汽缸发生敲击。弯曲变形过大，会造成活塞销座破裂。

2. 活塞销的选配

活塞销损伤严重必须更换，各厂家生产的活塞销除标准尺寸外，还有加大修理尺寸的活塞销供选用，一般有四级加大的修理尺寸，第一级修理尺寸级差为 0.08mm，其余各级依次相差 0.04mm。

活塞销选配时应成组更换，加大组的选择与活塞销孔座的修理尺寸级差一致。同组活塞销的重量差小于等于 10g。

3. 活塞销孔座的修配

（1）孔座与活塞销的配合。现代发动机活塞销孔座和活塞销的配合多采用全浮式配合形式。在常温下，汽油机孔座与活塞销有微量过盈，过盈量一般为 0.0025～0.0075mm。当活塞温度在 248～353K 时，孔座与活塞销有微量间隙，活塞销在孔座内有微量转动。柴油机孔座与活塞销在常温下为过渡配合，允许有微量间隙。

上述配合要求是通过对活塞销孔座的铰削或镗削来实现的。目前，许多厂家生产不同级的孔座修理尺寸活塞，每级相差 0.0025mm，很难测量，常用不同的颜色加以区分，方便选用。此类孔座不需要再加工，可直接选配。

（2）活塞销孔座的铰削。

① 选择铰刀。根据活塞尺寸选择铰刀长度，铰刀长度以能保证同时铰削两个孔座为宜。

② 调整铰刀。将铰刀垂直夹紧在虎钳口上，初调铰刀，第一刀调整到刀片上端刚露出孔座即可，以后各刀的调整量也不应过大。每次调整螺母转动 60°～90° 为宜。

③ 铰削。如图 2.75 所示，两手紧握活塞，掌握平稳，轻施压力，用力均匀，沿顺时针方向旋转铰削。每调整一次铰刀，活塞调换方向，重复铰削。每次铰削注意当刀片下端接近活塞下方孔座时，应用力下压活塞，使铰刀脱出，以防铰偏和起棱。

④ 试配。为防止铰大孔座，在铰削过程中应不断试配。如图 2.76 所示，当用手掌力量能将活塞销推入孔座深度 1/3～2/5 时，应停止铰削，然后用铜冲顶在活塞销外端，用木锤（铜锤）轻击，将活塞销打入孔座内，再用冲头反向冲出。观察接触痕迹，并进行刮削。

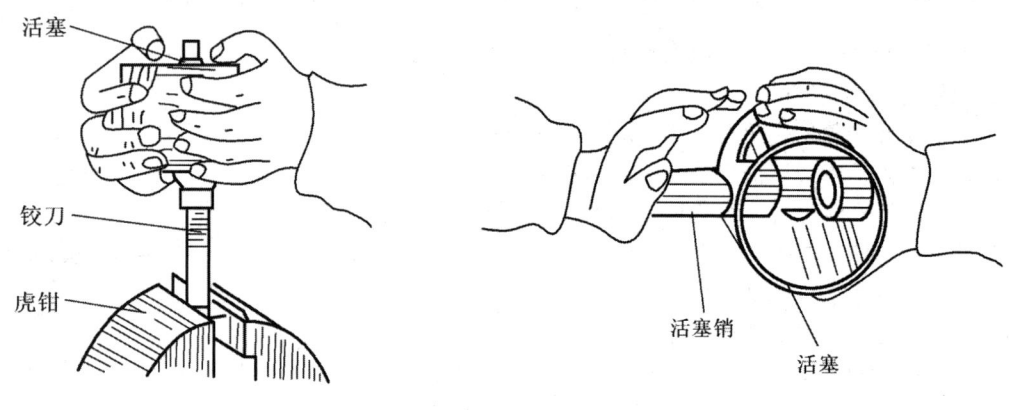

图 2.75　孔座的铰削　　　　图 2.76　活塞销与孔座的试配

⑤ 刮削。一般铰削的活塞销孔座很难达到配合要求，需要用刮刀刮削修正。修正部位是接触痕迹较深、面积较大的部位。刮削要求是：从里向外，刮大留小，刮重留轻，边刮边试。经刮削后，用手掌力可将活塞销推入孔座 1/2～2/3，接触面积达 75%以上，且分布均匀，轻重一致则达到配合要求。

（3）活塞销孔座的镗削。活塞销孔座可用镗削加工，多采用高速精镗。其生产效率高，加工精度高，能满足配合要求。

2.10　连杆组的检修

2.10.1　连杆变形的检验与校正

1. 连杆变形的检验

连杆检验仪如图 2.77 所示，三点规（K 形规）的左、右量脚距离为 100mm，左、右量脚中点与上量脚距离为 100mm。连杆变形的检验工艺为：

（1）取下连杆轴瓦，装上轴承盖，按规定转矩拧紧螺栓。

（2）拆下连杆衬套，根据连杆小头孔的大小选取标准心轴，穿入孔内。

（3）将连杆大头套在校验仪的可调销轴（此销轴与检验平板垂直）上，调节销轴，将连杆固定在检验仪上。

（4）将三点规跨放在连杆小头心轴上，使量脚接触检验平板，用塞尺测量三量脚与平板的间隙。

（5）计算直线度、扭曲度。左、右量脚间隙的平均值减去上量脚间隙，即连杆直线度（弯曲变形程度），如图 2.78 所示；左、右量脚间隙差值，即扭曲度（图 2.79）。

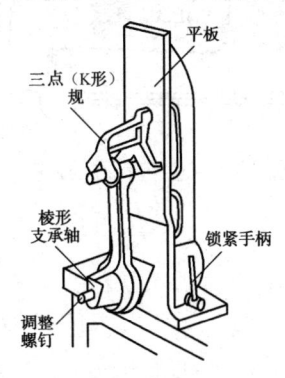

图 2.77　连杆检验仪

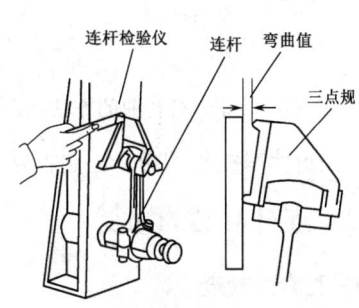

图 2.78　检验连杆的直线度

（6）双重弯曲的检验。连杆双重弯曲的检验如图 2.80 所示。连杆大头面由限位杆定位，测量出小头端面与平板距离 s；将连杆翻转 $180°$ 后，再按同法测得距离 s'。如两次测得的距离不等，表明连杆有双重弯曲，其差值 $|s-s'|$ 即双重弯曲值。双重弯曲值一般不得超过 1mm。

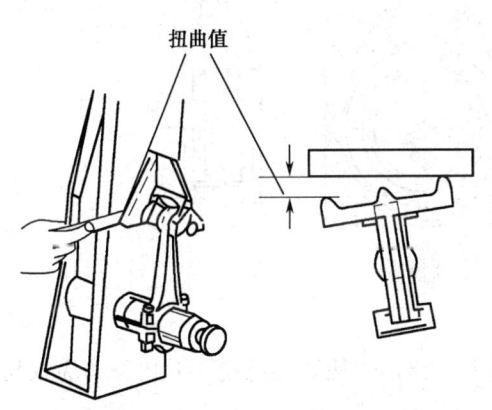

图 2.79　检验连杆的扭曲度

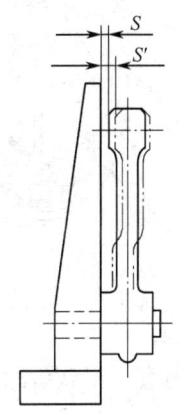

图 2.80　检验连杆的双重弯曲

2. 连杆变形的校正

当直线度大于 0.03（每 100mm）时，应校正弯曲；扭曲度大于 0.06（每 100mm）时，应校正扭曲。如两种变形同时存在，一般先校正扭曲，后校正弯曲。这样做的原因是在校正扭曲时可能产生少量弯曲，而发动机对连杆直线度的要求高于扭曲度。

（1）连杆扭曲的校正如图 2.81 所示，对连杆扭曲的反方向施加一定转矩，并持续一定时间，将其校正。

（2）连杆弯曲的校正如图 2.82 所示，对连杆弯曲的反方向施加一定弯矩，并持续一定时间，将其校正。

冷校后的连杆，由于残余应力未能消除，经过一段时间后会恢复变形，因此校正后应进行时效处理，即将连杆加热到 400～500℃，保温 0.5～1h，然后用石棉纸包好，在空气中冷却。

连杆变形过大时，可采用热校。用氧炔焰均匀加热校正部位至 450～600℃，然后进行校正。校正后用石棉纸包好连杆，在空气中冷却。

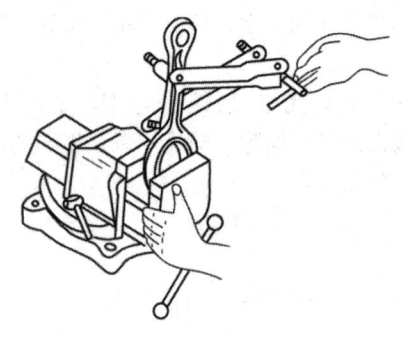
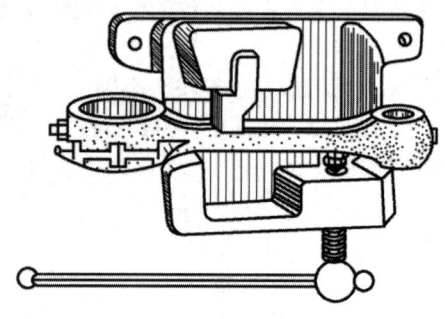

图 2.81　校正连杆扭曲的方法　　　　　　　图 2.82　连杆弯曲的校正

双重弯曲过大时校正困难，应更换连杆。

2.10.2　连杆衬套的修复

1. 连杆衬套的检查

连杆衬套的检查与连杆轴承检查相似，用量具测量衬套内径、活塞销外径，如图 2.83 所示。计算其圆度、圆柱度及配合间隙，超过允许值时，应更换衬套。也可通过手感判断间隙是否超限。

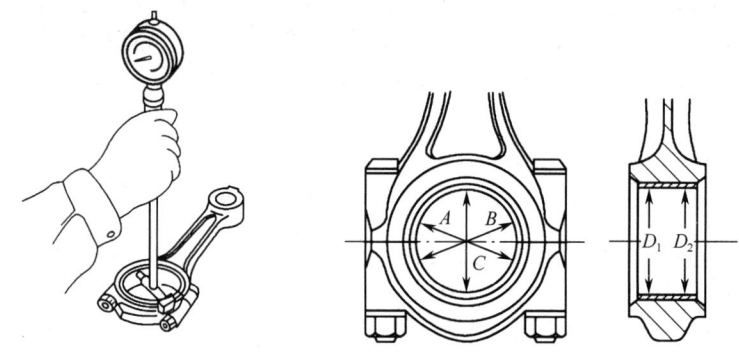

图 2.83　连杆衬套的检测

2. 衬套的更换

（1）压出旧衬套。用软质冲头在压床上将旧衬套压出，并检查连杆小头孔内壁有无损伤，如图 2.84 所示。

（2）新衬套的选配。衬套外圆与连杆小头孔应有 0.10～0.20mm 的过盈量；衬套压装前，活塞销能勉强套进时，表明内径合适。

（3）压装新衬套。用软质冲头在压床上将新衬套压入连杆小头孔内。压进新衬套时，注意对准衬套与连杆上的油孔。无压床设备时，也可在虎钳上进行。

3. 衬套铰削工艺要点

（1）选择铰刀。根据活塞销尺寸选择铰刀，并将铰刀垂直固定在虎钳上。

（2）调整铰刀。将连杆小头套在铰刀上，调整铰刀尺寸，至刀刃露出衬套上面 3～5mm 止，此为第一刀铰削量；以后各刀以旋转铰刀调整螺母 60°～90° 为宜。

（3）铰削。铰削时应一手托住连杆大头，按顺时针方向振动连杆，一手把住连杆小头，并略施压力，如图 2.85 所示。铰削时边转动，边推进，施力均匀稳定，保持水平旋转，勿在一处停刀，以防偏斜和起棱。当铰至衬套下端面与刀刃下面相平时，应停止铰削，此时将连杆小头压下，松开虎钳，取下铰刀，移开连杆。

重新固定铰刀，在同一铰刀尺寸下，翻转连杆180°，按以上方法再铰一次。

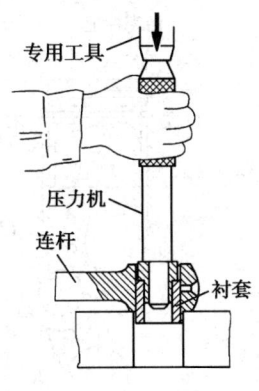

图 2.84　连杆衬套的拆装

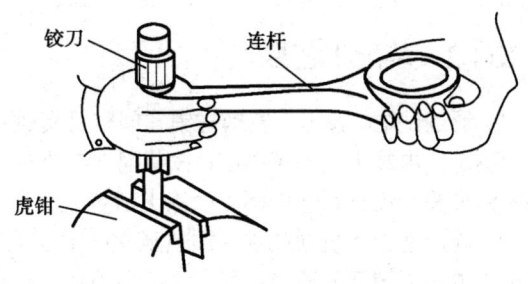

图 2.85　连杆衬套的铰削

（4）试配。铰削时应不断用活塞销试配，以防铰削过量。当用手掌能将活塞销推进衬套 1/3～2/5 时，停止铰削。然后，将活塞销压入衬套，并夹在虎钳上，往复扳动连杆，如图 2.86 所示。最后取出活塞销，检查衬套与活塞销的接触情况。

（5）修刮。根据衬套与活塞销的接触面和松紧度，用刮刀修刮，使其配合和接触面（75%）达到要求。

（6）检验。活塞销涂上机油，能用手掌将其顺利推入衬套（图 2.87），而无松旷感为宜。

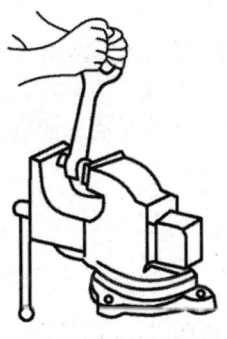

图 2.86　试配

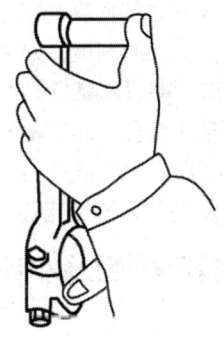

图 2.87　检验

2.10.3　连杆其他损伤的检修

连杆杆身与小头的过渡区应无裂纹，表面无碰伤，必要时采用磁力探伤法检验连杆的裂纹。如有裂纹，禁止继续使用，应立即更换。另外如果连杆下盖损坏或断裂时，也要同时更换连杆组合件。

连杆杆身与下盖的结合平面应平整。检验时，使两平面分别与平板平面贴合，其接触面应贴合良好，如有轻微缝隙，缝隙不得超过 0.026mm。连杆轴承承孔的圆柱度误差大于 0.025mm 时，应进行修理或更换连杆。

连杆螺栓应无裂纹，螺纹部分完整，无滑牙和拉长等现象。选用新的连杆螺栓时，其结构参数及材质应符合规定，禁止用直径相同的变通螺栓代替。连杆螺栓的自锁螺母不许重复使用。

2.11　活塞连杆组的组装

2.11.1　确定活塞与连杆安装的相对位置

应根据不同机型的结构特点，确定活塞与连杆安装的相对位置。安装活塞时应注意的是其顶部燃烧室的不对称性和相关记号（箭头等），安装连杆时应注意的是连杆大头切口方向，杆身朝前记号，大头钢印号码等，如图 2.88 所示。

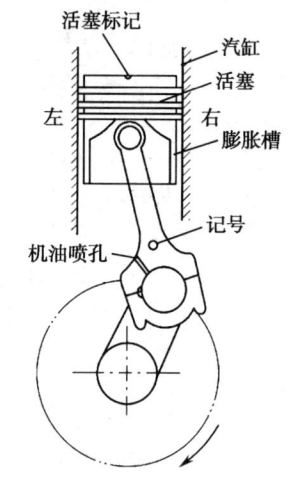

图 2.88　活塞连杆组的装配标记

2.11.2　装配工艺要点

（1）通过试配，找出活塞销与销孔间容易套进的方向，并在另一侧销孔内装上活塞销挡圈，按装配方向排列活塞销，并在活塞销外圆及连杆衬套内圆表面涂上适量机油。

（2）将活塞放入机油或水中加热至 90～100℃ 后取出，把连杆小头放在两销孔间适当位置，将活塞销装入。组装时，由两人操作，一人双手托起活塞，另一人一手拿连杆，一手拿锤子，轻轻敲击活塞销（垫以软质冲头），并经常转动连杆。如装配困难，应查明原因后再装配。

（3）装好的活塞销，其两个端面与挡圈槽的距离应相等。

（4）装上另一只挡圈。

2.11.3　组装后的质量检查

（1）活塞与连杆之间应转动灵活，轴向移动量符合技术要求。

（2）检查活塞裙部的圆度，如果圆度比装配前大，应查明原因（是否因活塞销与销孔紧度过大或装配不当导致变形）并设法消除。

（3）将活塞连杆组置于连杆检验仪上，检查活塞裙部母线与连杆大头中心线的垂直度。也可在活塞连杆组装入汽缸后，检查其是否偏缸。

（4）同一台发动机各缸活塞连杆组的质量差一般不大于 40g。

2.11.4　安装时的注意事项

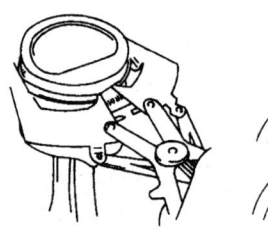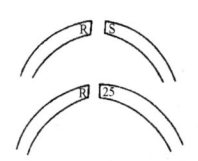

（a）活塞环的安装方法　　（b）活塞环的标记

图 2.89　活塞环的标记及安装方法

（1）安装活塞环时，应采用专用工具，以免将活塞环折断，如图 2.89（a）所示。由于各道活塞环的结构差异，在安装活塞环时要特别注意各道活塞环的类型和规格、顺序及其安装方向。

（2）安装气环时，有镀铬的活塞环一般装在第一道。安装扭曲环时，其安装方向视该环的具体作用而定：用于刮油的为正扭曲环，其内缺口或内倒角朝上，外缺口或外倒角朝下；用于布油的为反扭曲环，其安装方向与上相反。各种环的组合方式和安装方向要按该型发动机的说明书所标注的要求进行，不得随意改变。

（3）新型发动机活塞环的端部侧面标有装配标记，如图 2.89（b）所示。活塞环有标记的一面朝上安装，并且要注意每一道环的装配位置。活塞环除了可由装配标记识别外，还可以通过活塞环包装用纸的颜色加以辨认。不同厂家的活塞环的包装色彩不同，不同的色彩还能表示活塞环不同的安装顺序。

（4）活塞环装好后，检查活塞环在环槽内转动是否灵活，不得有阻滞现象，也不可太松动。

（5）为了提高汽缸的密封性，避免高压气体的泄漏，要求活塞环的开口应交错布置。当把活塞连杆组装入汽缸时，注意各道活塞环的开口位置应互相错开。三道环的开口互错 120°；四道环的开口互错 90°，并要求第一道环和第二道环的开口互错 180°，第三道环和第四道环的开口也应互错 180°。

组合油环的上、下刮油片开口也应互错 180°。且各道环的开口均应避开活塞销孔座位置，如图 2.90 所示。

2.11.5　活塞连杆组的装机

（1）先在各摩擦表面涂以清洁的机油。

（2）确认活塞连杆组的缸序和安装方向后，摆好活塞环开口位置，用专用工具收紧活塞环。

（3）将活塞连杆组从上面装入汽缸内。装入时，可用木榔头轻轻敲击活塞顶（图 2.91），并注意引导连杆大头靠向连杆轴颈。

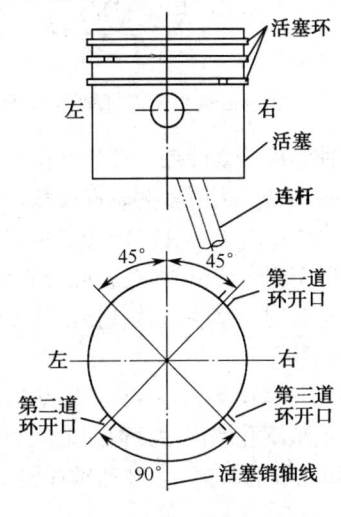

图 2.90　活塞环的开口方向

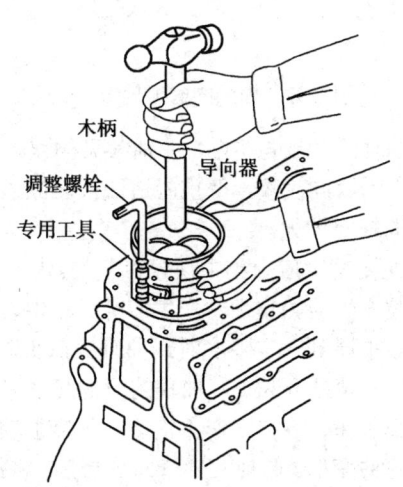

图 2.91　活塞连杆组的装机

（4）确认连杆轴承盖（瓦）的缸序和安装方向后，将其套在连杆轴颈上，按规定转矩拧紧连杆螺栓。

2.12　曲轴的耗损及检验

曲轴是发动机的重要零件，在工作时承受燃烧气体的压力、活塞连杆组做往复运动时产生的惯性力、旋转质量的离心力及它们形成的力矩。同时曲轴的扭转振动交变应力将引起曲轴的疲劳，产生裂纹。这些应力超过一定数值时，将造成曲轴的弯曲和扭曲变形，甚至断裂。轴颈表面要承受很大的负荷，而且有很高的滑动速度，散热条件差，引起磨损。所以，发动机在大修时必须对曲轴进行检验。曲轴的检验主要是指对曲轴的裂纹、轴颈磨损、弯曲变形、扭曲变形进行检验。

2.12.1　曲轴的常见损伤

（1）曲轴的磨损。曲轴的主轴颈和连杆轴颈的磨损是不均匀的，磨损后的轴颈呈椭圆形状。最大磨损部位相互对应，即各主轴颈面向连杆轴颈的一侧磨损量大，而连杆轴颈面向主轴颈的一侧磨损量大，如图 2.92 所示。同时各轴颈沿轴线方向的径向磨损量也不相同，使轴颈磨成锥形。连杆轴颈产生锥形磨损的主要原因是：连杆轴颈的油道倾斜，润滑油中的杂质在离心力的作用下偏积连杆轴颈一侧，加速该侧磨损，如图 2.93 所示。此外连杆弯曲也会导致连杆轴颈偏磨。

通常情况下连杆轴颈的磨损比主轴颈的磨损严重，这主要是连杆轴颈单位面积负荷相对较大，润滑条件不如主轴颈的缘故。

（2）曲轴的擦伤和烧伤。轴颈表面可能出现擦伤和烧伤。擦伤主要是因为润滑油不清洁，其中较大的机械杂质或磨粒将轴颈表面划出沟痕。烧伤主要是由于润滑油压力不足，油路阻塞等原因。发动机较长时间大负荷工作时发生边界摩擦或干摩擦，使摩擦表面温度升高，把轴颈表面烧蓝，严重的会把轴瓦烧熔，发生"抱轴"事故。

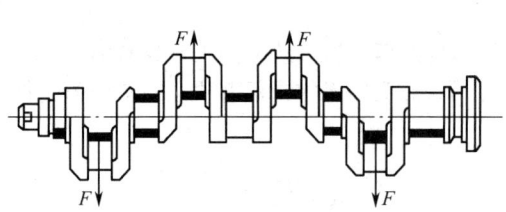

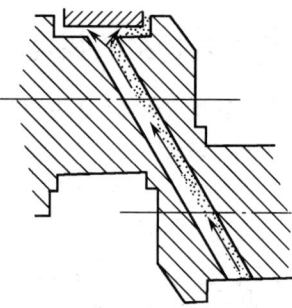

图 2.92　轴颈的磨损规律　　　　　　　图 2.93　润滑油杂质使连杆轴颈偏磨

（3）曲轴的裂纹与折断。曲轴常见的裂纹发生在曲柄臂与轴颈连接处的过渡圆角部位和油道口周围。前者多为横向裂纹，严重时造成曲轴断裂，发生严重的机械事故。后者多为轴向裂纹，沿油孔的锐角一侧向轴向扩大。

裂纹主要是由应力集中现象引起的。因为曲轴在工作时承受交变弯曲应力、扭转应力的反复作用。在上述部位产生应力集中，产生疲劳，出现裂纹。发动机高速运转时，产生扭转共振，共振促使裂纹扩大，裂纹扩展到一定限度时，曲轴突然折断。

（4）曲轴弯曲和扭曲。曲轴的弯曲变形多数是由于使用不当和修理不当造成的。发动机爆燃或长时间超负荷工作、各缸工作不均衡、各道主轴承松紧不一致、主轴承孔座同轴度偏差过大等，都会造成曲轴的弯曲变形。曲轴发生弯曲变形后，将加剧活塞连杆组和汽缸的磨损，以及曲轴和轴承的磨损，甚至引起曲轴的折断。

曲轴的扭曲变形主要是由于个别活塞卡缸，使曲轴的连杆轴颈的旋转阻力矩失衡导致的。汽车拖带挂车或陷坑时起步过猛、紧急制动时离合器分离不及时，也会引起曲轴的扭曲变形。曲轴发生扭曲变形将影响到发动机的配气正时和点火正时，严重时会使有些缸不能正常工作。

（5）曲轴其他部位损伤。常见的曲轴其他部位损伤现象有：曲轴的起动爪螺纹损坏；曲轴前后油封轴颈磨损；曲轴后凸缘盘螺栓孔磨损；凸缘盘中间支承孔磨损等。

2.12.2　曲轴裂纹的检验

曲轴裂纹的检验通常采用磁力探伤法、浸油敲击法和荧光粉探伤法。检验前把曲轴清洗干净。

（1）磁力探伤法。用磁力探伤仪的磁性夹头夹住曲轴两端，曲轴被磁化。磁力线不能直接通过裂纹，在裂纹处形成磁极。在曲轴上撒上铁粉，铁粉被磁化，吸附在裂纹处，显现出裂纹的形状和大小。对于没有裂纹的部位，磁力线直接穿过，不形成磁极，铁粉不被吸附。

（2）浸油敲击法。将曲轴在煤油中浸泡片刻，取出并擦净表面煤油，然后撒上白粉。用手锤分段敲击每道曲柄臂。有明显油迹渗出的部位，说明有裂纹。

（3）荧光粉探伤法。把荧光粉调成糊状，均匀涂抹于曲轴表面。然后擦净表面，用紫外线灯光照射曲轴，发光处显示裂纹形状。

2.12.3　曲轴磨损的检验

曲轴轴颈磨损的检测如图 2.94 所示。

（1）在每一道轴颈上选取两个截面 Ⅰ-Ⅰ 和Ⅱ-Ⅱ，在每一道截面上取与曲柄平行和垂直的两个方向 A-A′、B-B，用外径千分尺分别进行测量。并用内径量表检测各轴颈对应的轴瓦尺寸。

（2）根据检测结果，计算轴颈磨损后的圆度、圆柱度、最大磨损量及与轴瓦的配合间隙。

圆度误差=（D_{Amax}−D_{Bmin}）/2；

圆柱度误差=（D_{Imax}−D_{IImin}）/2 或（D_{IImax}−D_{Imin}）/2；

最大磨损量=轴颈标准直径−磨损后的最小直径；

与轴瓦的配合间隙=（轴瓦的最大直径−轴颈的最小直径）/2。

对曲轴短轴颈的磨损检验以检验圆度误差为主，对长轴颈进行磨损检验则必须检验圆度和圆柱度误差。曲轴主轴颈和连杆轴颈的圆度、圆柱度误差不得大于 0.025mm，超过该值，则按修理尺寸对轴颈进行磨削修理。

2.12.4 曲轴变形的检验

（1）曲轴弯曲的检验。曲轴弯曲的检验如图 2.95 所示，检验时，将曲轴的第一道和最后一道主轴颈搁置在检验平板的 V 形铁上，将百分表触及中间一道主轴颈，该处变形量最大，慢慢转动曲轴一圈，观察百分表指针摆动。百分表指针最大摆幅的一半，即为曲轴的弯曲度。当弯曲度不大于 0.1mm 时，可通过磨削主轴颈来消除变形；当弯曲度大于 0.1mm 时，在磨轴前应予以校正。

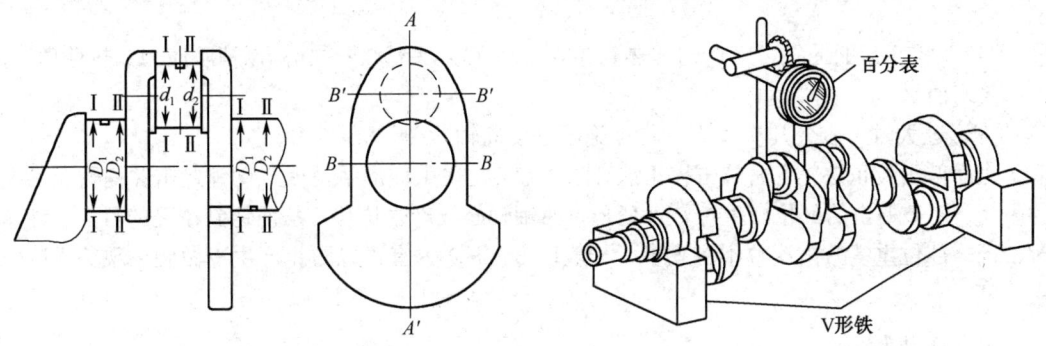

图 2.94　曲轴轴颈磨损的检验　　　　图 2.95　曲轴弯曲、扭曲的检验

注意：因为轴颈存在不均匀磨损，测量弯曲时，百分表不要放在轴颈中间，而应尽量放在轴颈的一端，即未与轴瓦磨损的部位。

（2）曲轴扭曲的检验。检验曲轴扭曲时，将第 1、第 6 缸（六缸发动机）连杆轴颈转到水平，用百分表分别测量第 1、第 6 缸连杆轴颈至检验平板的距离，求得这同一方位上两个连杆轴颈的高度差 h_A，由 h_A 计算出扭转角 θ，若 θ 大于 0°30′ 时可进行校正。扭转角的计算公式如下

$$\theta = \frac{360h_A}{2\pi R} \approx 57\frac{h_A}{R}$$

式中　R——曲柄半径（mm）。

（3）曲轴检验分析。

① 允许存在距圆角 10mm 以外的轴向微小裂纹，不允许存在横向裂纹。

② 四项指标（圆度、圆柱度、最大磨损量、与轴瓦配合间隙）均未超限，仅表面轻微损伤，且无变形时，可继续使用。

③ 四项指标中任一项超限及表面损伤严重时，必须修磨曲轴，更换轴瓦。

④ 四项指标未超限，表面损伤轻微，仅弯扭变形超限，通过校正可恢复的变形，只校轴不磨轴；否则必须先校正变形至小于 0.15mm 时，再磨轴。

⑤ 某些进口车的曲轴经软氮化工艺强化，表面硬度为 HRC64～67，不仅具有很好的耐磨性，还具有极好的抗黏着、抗擦伤性能，而且疲劳强度可提高 60%左右；强化层的深度可达 0.20mm。因此，这种曲轴无修理尺寸（俗称一次性曲轴）。检验时用有机溶剂洗净表面的油污，再喷洒 5%～10%的氯化铜溶液，等 30～40s 后，若曲轴不改变颜色则可继续使用（轴颈的圆度误差必须在公差范围内）。

若溶液由浅蓝色变为透明，轴颈表面变为铜色，说明强化层已磨损耗尽，则应更换新轴。

⑥ 在使用维修过程中，应注意此种曲轴的轴承间隙一般不得大于 0.08mm，使用极限间隙不得大于 0.12mm。

2.12.5 曲轴弯曲变形的校正

曲轴弯曲变形的校正通常采用的方法有冷压校正法和表面敲击校正法。当弯曲量较大时，可采用冷压校正法；当弯曲量小于 0.30mm 时，可采用表面敲击校正法。

（1）冷压校正法。曲轴的冷压校正法是采用压力机沿曲轴弯曲的反方向施加压力而进行校正的，如图 2.96 所示。

① 将曲轴放在压力机工作台 V 形架上，使弯曲凸起部位向上，并将压头对正中间主轴颈。

② 将百分表放在被校轴颈下面，触头与轴颈表面接触，调整表盘使指针对准 "0" 刻度线，开动压力机向曲轴施加压力。

③ 为防止回弹，校正中碳钢曲轴时，其反向压弯量应为弯曲量的 1.0～1.5 倍，保持时间约为 10min。

④ 经冷压校正后的曲轴，应均匀加热到 300～350℃，保温 0.5～1h，以消除应力。热处理以后，须再次测量弯曲量。

弯曲变形过大时，应分几次校正，防止施压过度曲轴断裂。

（2）表面敲击校正法。表面敲击校正法（图 2.97）是采用球形手锤或气动锤敲击曲柄臂左右两侧边缘的表面，使被敲击的部位产生冷塑性变形，曲轴轴心线产生位移，从而达到校正的目的。注意在敲击时，同一部位重复敲击次数不宜太多，一般以 3～4 次为宜，以防止产生冷做硬化现象而降低校正效果。

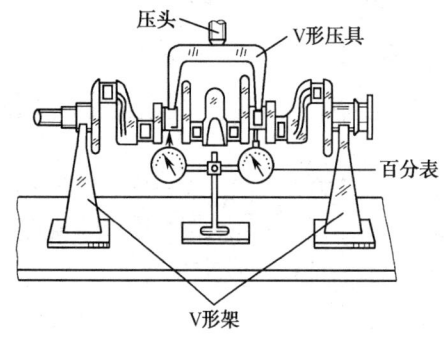

图 2.96　曲轴弯曲的冷压校正法

图 2.97　表面敲击校正法校正曲轴

2.12.6 飞轮的修理

（1）飞轮的损伤。

① 飞轮齿圈的损伤。常见的飞轮齿圈损伤有齿圈磨损和齿牙损坏，如图 2.98 所示。在工作中齿圈与起动机齿轮啮合，由于摩擦而发生磨损，飞轮始终单向旋转，齿圈出现偏磨现象。轮齿折断多数是因制造缺陷、疲劳损坏或冲击载荷造成。

② 飞轮工作面的磨损。飞轮工作面是指飞轮与离合器摩擦片结合的平面。由于离合器在分离和结合的瞬间，飞轮平面与摩擦片之间存在转速差，从而产生相对滑动摩擦，使飞轮平面产生磨损，这属正常磨损。实际中还可能发生非正常磨损：如驾驶操作不当；离合器无自由行程；离合器压盘压力不足等都会造成飞轮平面磨损。飞轮平面磨损严重时直接影响到与离合器的结合能力，造成动力损失。

③ 飞轮螺栓孔损伤。由于飞轮承受较大的转矩，常伴随着冲击载荷，使螺栓孔易发生损伤变形。

（2）飞轮的修理。

① 飞轮齿圈单面磨损严重，可翻转齿圈继续使用，翻转后应在齿顶重新倒角。若出现打牙三个以上，或连续打牙二个，齿圈松动，齿面磨损超过齿长 30%时，应更换齿圈。更换的新齿圈与飞轮外圆保证 0.30～0.60mm 的过盈量。更换时先将齿圈加热到 350～400℃，趁热压入，直至止口，冷却后紧固。

② 飞轮工作面磨损。若槽深超过 0.50mm 或平面度误差大于 0.12mm，可用平面磨床磨削加工，加工后飞轮平面减少量一般不得超过 1.20mm。

③ 飞轮螺栓孔磨损。若其圆度误差大于 0.035mm，可扩孔选配加大尺寸螺栓。

④ 飞轮与曲轴装配。飞轮与曲轴装配后，进行飞轮齿圈端面跳动误差的检测，如图 2.99 所示。飞轮齿圈端面跳动误差不得大于 0.10mm（在 150mm 半径处），以保证曲轴飞轮的平衡要求。

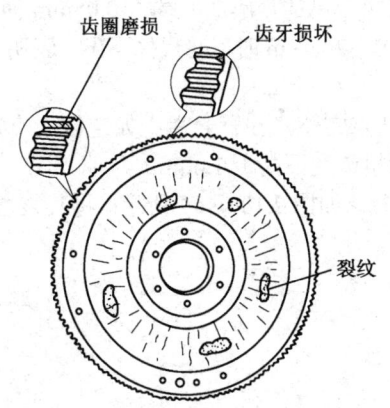
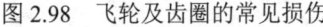

图 2.98　飞轮及齿圈的常见损伤

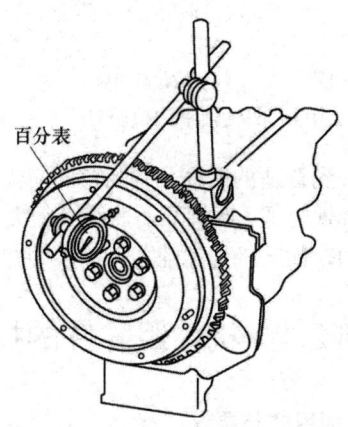

图 2.99　飞轮齿圈端面跳动误差的检测

⑤ 曲轴、飞轮、离合器总成组装后进行动平衡试验。曲轴、飞轮、离合器总成动不平衡量应不大于原厂的规定。东风、解放牌汽车的曲轴、飞轮、离合器总成动不平衡量不大于 100g·cm；国产轻型载货汽车、客车以及进口载货汽车的曲轴、飞轮、离合器总成动不平衡量一般不大于 70g·cm；轿车则不大于 30g·cm。更换飞轮或齿圈、离合器压盘或总成之后，都应重新进行组件的动平衡试验。

2.13　曲轴轴承的选配与修整

2.13.1　轴承的常见损伤现象及原因

使用中轴瓦的损伤现象有：磨损、疲劳剥落、刮伤和烧熔，尤以磨损和疲劳剥落最为常见。

轴瓦的磨损是因配合表面的摩擦引起的。磨损部位和磨损速度有其规律性，磨损最严重的部位位于主轴颈瓦的下瓦片和连杆的上瓦片。这主要是由于这两处受到的燃气压力和冲击载荷大，摩擦阻力大。轴瓦在使用初期磨损速度快，中期缓慢，后期加剧。这主要是因为在使用初期配合表面粗糙，接触面积小，接触应力大，导致磨损速度快。而后轴承表面磨合，并出现冷硬层，表面耐磨性明显改善，磨损速度缓慢。到使用后期，随着轴承间隙增大，轴颈失圆磨成锥形，配合质量下降，磨损加剧。

轴承合金层的疲劳剥落是由于轴承长期受交变载荷和冲击载荷的作用，使合金表面产生疲劳，出现微小裂纹，在油楔的作用下，裂纹向纵深扩展，出现剥落。

轴承的刮伤是由于润滑油不清洁，夹杂有较大颗粒的机械杂质和硬质磨粒，刮伤合金表面，出现沟痕或拉毛。

轴承合金的烧熔主要是润滑油不足、配合间隙过小或长时间超负荷工作，出现干摩擦，发热升温，合金膨胀，导致合金烧熔。严重时抱死曲轴，发生严重机械事故。

2.13.2　轴瓦选配的基本要求

（1）轴瓦的尺寸要求。曲轴轴颈除标准尺寸外，还有多级不同的修理尺寸，选配轴瓦前，应先确定曲轴轴颈的修理尺寸，再选配同一级别的轴瓦。

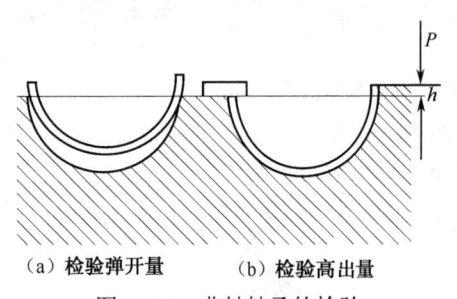

（a）检验弹开量　　（b）检验高出量

图 2.100　曲轴轴承的检验

（2）轴瓦分解面的高度应符合要求。新的轴瓦装入座孔内，其两端面应比座孔分解面高出一定高度，如图 2.100 所示。如高度不够，轴瓦与座孔不能紧密贴合，工作中会出现松动、滚瓦现象，散热效果差；如高度过大，轴瓦变形。

测量方法：将轴瓦装入座孔，按规定扭矩拧紧轴承盖一侧的螺栓，在另一侧的分解面间插入 0.05mm 的塞尺。当把该螺栓拧到 10～20N·m 时，塞尺抽不出，表明轴瓦高度合适。

（3）定位凸点完整，瓦背光滑。如定位凸点过低，可用尖冲头冲到合适的高度。轴瓦背面应光滑无斑点，表面粗糙度不高于 1.6μm。

（4）弹性合适。新轴瓦的曲率半径大于座孔的曲率半径，如图 2.100（a）所示。将其装进座孔时，应感觉吃力，如轻轻地就能装入，表明弹力不足。

实训 2.1　机体组零件的拆装与检修

1.　实训目的与要求

（1）熟悉汽缸盖及汽缸体的损伤及损坏规律。
（2）掌握汽缸盖及汽缸体的检验内容及检验方法。
（3）掌握汽缸盖及汽缸体的修理方法。
（4）掌握机体组件的拆装方法。

2.　仪器、设备

汽车发动机的汽缸体、汽缸盖及汽缸垫若干套。

检测平板、刀形尺、厚薄规、高度游标卡尺、水平仪、量缸表、弹簧秤、外径千分尺、水压机、250mL 量杯、滴管或注射器、中间有圆孔的面积为 15cm×15cm 的玻璃板及磁座百分表等各若干套。足量 80%煤油和 20%机油的混合液。

3.　方法与步骤

（1）机体组的拆装与结构观察。

机体组的拆卸顺序：（如有必要先将油底壳内的机油排放）拆除燃油供给系统、点火系统等系统的有关部件→拆卸前后汽缸盖罩→拆卸摇臂机构（及凸轮轴）→拆卸汽缸盖及衬垫→折卸油底壳。

观察汽缸体结构：注意汽缸体的结构形式，汽缸的排列形式，水套、润滑油道、汽缸套等的方向。

观察汽缸盖结构：注意汽缸盖的结构类型，燃烧室的结构，水套、润滑油道、进排气道等方向。

观察汽缸垫及油底壳结构。

（2）汽缸盖及汽缸体变形的检验。

检验顺序：汽缸盖下平面及汽缸体上平面平面度的检验→平面磨削→燃烧室容积的检测→燃烧室容积的调整→汽缸体及汽缸盖厚度的检测→曲轴主轴承承孔同轴度的检验→曲轴主轴承承孔同轴度的修复。

（3）汽缸盖及汽缸体裂纹的检验。

检验顺序：水压试验→汽缸盖及汽缸体上部裂纹的修复→汽缸体下部裂纹的检验→汽缸体受力较大部位裂纹的修复。

（4）汽缸磨损的检验。

检验顺序：分析汽缸磨损规律→依据发动机维修标准测量汽缸→确定修复方法。

4. 注意事项

（1）所有零件必须彻底清除油污、积炭、结胶和水垢等杂质。

（2）水压试验的压力不能过低，并且应该在彻底清除水垢的情况下进行修磨。

（3）修磨汽缸盖下平面及汽缸体上平面时的磨削量不要过多，以免过量减少燃烧室容积或损坏汽缸体。

（4）请勿在发动机修理台架上测量汽缸内径，以防因缸体被夹紧变形而测量不准。

5. 实训工单

实训项目	机体组零件的拆装与检修						
一、准备工作							
	情况记录						
（1）工量具及仪器设备准备							
（2）维修手册准备	发动机型号_____，汽缸盖平面度极限值_____，汽缸体平面度极限值_____。汽缸套缸径_____。汽缸套圆度标准值_____，圆柱度标准值_____。						
二、操作过程							
汽缸盖的拆卸	汽缸盖螺栓拆卸顺序与要点：						
汽缸盖变形的检测	测量结果：						
		第1次（mm）	第2次（mm）	第3次（mm）	第4次（mm）	第5次（mm）	第6次（mm）	最终测量结果
	汽缸盖下平面的平面度						
汽缸体变形的检测	测量结果：						
		第1次（mm）	第2次（mm）	第3次（mm）	第4次（mm）	第5次（mm）	第6次（mm）	最终测量结果
	汽缸体上平面的平面度						
汽缸套的检修	测量部位	A向（mm）	B向（mm）	圆度误差	圆柱度误差		
	上						
	中						
	下						
汽缸盖的装配	汽缸盖螺栓安装顺序与要点： 汽缸盖螺栓拧紧力矩：						
检修结论与体会： 根据测量结果，提出维修方案：							

实训 2.2 活塞连杆组件的组装与检修

1. 实训目的与要求

（1）熟悉活塞连杆组件的损伤及损坏规律。

（2）掌握活塞、活塞环及活塞销的选配方法。

（3）掌握连杆组件的损伤检验及修复方法。

2. 仪器、设备

汽车发动机活塞连杆组若干套。

连杆检验仪、连杆校验仪、厚薄规、台钳、连杆衬套铰刀、活塞环弹力检验仪、漏光度检验仪、弹簧秤等各若干套。加热器、加热容器各 1 个。

3. 方法与步骤

（1）活塞组件的选配。

① 活塞的选配：确定尺寸→注意标记→遵守注意事项。

② 活塞环的选配：确定尺寸→检查弹力→检查漏光度→检查间隙。

③ 活塞销的选配。

（2）连杆组件的检修。

① 检修连杆组件的顺序：外观检视→测定弯曲量→测定扭曲量。

② 校正顺序：校正连杆变形→选配连杆→拆装连杆衬套→选配连杆衬套→铰削连杆衬套→研磨试配。

（3）活塞连杆组的组装。

组装顺序：加热活塞→固定连杆→润滑活塞销→装连杆活塞→检查组合效果→装活塞环→调整活塞环的开口方位。

4. 注意事项

（1）所有零件必须彻底清除油污、积炭、结胶和水垢等杂质。

（2）连杆校正时，若弯曲和扭转变形并存，一定要先校正扭曲，后校正弯曲。

（3）如桑塔纳等轿车的连杆螺栓为预应力螺栓，拆卸后必须更换新件。

（4）连杆衬套压入连杆小头时，一定要保持油孔相对，保证润滑。

5. 实训工单

实训项目	活塞连杆组的组装与检修
一、准备工作	
	情况记录
（1）工量具及仪器设备准备	
（2）维修手册准备	发动机型号_____，压缩环端隙标准值_____，边隙标准值_____。气环高_____，气环径向厚_____，活塞裙部直径_____，活塞销直径_____。
二、操作过程	
活塞连杆组的拆卸	活塞连杆组的拆卸步骤及技巧：

实训项目	活塞连杆组的组装与检修		

检测活塞环		端隙	侧隙
	第一道气环		
	第二道气环		
	油环		

测量活塞	测量结果：				
		第 1 次（mm）	第 2 次（mm）	第 3 次（mm）	最终测量结果
	活塞直径				

连杆的检验	测量结果 连杆的弯曲变形量为_____； 连杆的扭曲变形量为_____。
活塞连杆组的组装	活塞连杆组的组装步骤与要点：
检修结论与体会：	

实训 2.3　曲轴飞轮组件的拆装与检修

1. 实训目的与要求

（1）掌握曲轴飞轮组件的修理方法。

（2）熟悉曲轴飞轮组件损伤及损坏规律。

（3）掌握曲轴飞轮组件的检验内容及检验方法。

2. 仪器、设备

发动机曲轴飞轮组及汽缸体、连杆若干套。

磁座百分表、厚薄规、塑料间隙规、高度游标卡尺、水平仪、外径千分尺、V 形铁、检测平板、常用工具等各若干套。

3. 方法与步骤

（1）曲轴飞轮组拆卸与结构观察。

曲轴飞轮组的拆卸顺序：从发动机中拆卸出曲轴飞轮组→拆卸起动爪→拆卸皮带轮总成→拆卸正时齿轮→拆卸飞轮。

观察曲轴结构：注意支承形式，曲拐排列形式，做功顺序，前端轴结构，后端轴结构，平衡重结构，轴向定位装置，前、后防漏油装置。

观察飞轮、曲轴主轴承、扭转减震器结构等。

（2）曲轴损伤的检验。

检验顺序：检验曲轴裂纹→检测曲轴弯曲→检测曲轴扭曲→分析轴颈磨损规律→测量轴颈。

（3）曲轴轴承的检验与选配。

曲轴轴承的检验：检查轴承外观→检测曲轴轴承径向间隙。

轴承的选配：确定尺寸→确定弹开量→确定高出度→确定定位凸唇→确定钢背质量。

（4）飞轮及曲轴扭转减震器的检修。

4. 注意事项

（1）所有零件必须彻底清除油污、积炭、结胶和水垢等杂质。

（2）检测曲轴主轴承和连杆轴承的间隙时，必须严格按照规定力矩拧紧轴承盖，否则测量值不准确。

（3）由于曲轴材质的不同，冷压校正时操作要求也不同，注意防止曲轴折断或出现新的裂纹。

（4）注意现代汽车发动机轴承多为直接选配，不允许刮配。

（5）注意区分轴颈径向圆跳动误差、曲轴轴线的直线度误差及弯曲度等指标之间的关系。

5．实训工单

实训项目	曲轴飞轮组件的拆装与检修				
一、准备工作					
	情况记录				
（1）工量具及仪器设备准备					
（2）维修手册准备	发动机型号_____，轴向间隙标准值_____，径向间隙标准值_____。曲轴安装轴径标准值_____，连杆轴径标准值_____。曲轴轴瓦螺母拧紧力矩为_____，飞轮轴向间隙标准_____，径向间隙标准_____。				
二、操作过程					
曲轴飞轮组的拆卸	活塞连杆组的拆卸步骤及技巧：				
曲轴轴颈的检测	测量数据：				
	第（ ）道	第一截面	第二截面	圆度误差	圆柱度误差
	主轴颈				
	连杆轴颈				
曲轴间隙测量	测量结果 曲轴的径向间隙为_____； 曲轴的轴向间隙为_____。				
曲轴飞轮组的安装	活塞连杆组的组装步骤与要点：				
检修结论与体会：					

复习思考题

1．汽缸体有几种形式？各有什么优缺点？

2．发动机镶装汽缸套有何优点？什么是干式汽缸套？什么是湿式汽缸套？采用湿式汽缸套时如何防止漏水？

3．汽缸垫的功用有哪些？它应满足哪些要求？目前汽车上常用的有哪几种类型？

4．曲柄连杆机构的组成及功用是什么？

5．铝制活塞有哪些结构特点？试述活塞工作时变形的原因及规律。

6．活塞环的功用是什么？

7．气环根据其断面形状，分为哪几种？各有什么特点？

8．简述气环的密封原理。

9．扭曲环装入汽缸中为什么会产生扭曲效果？它有何特点？装配时应注意什么？

10. 试述组合式油环的特点。

11. 浮式活塞销有什么优点？为什么要有轴向定位装置？

12. 为什么有的活塞的中心不与汽缸中心线对准？

13. 连杆的功用是什么？它有几种结构形式？有何安装标记？

14. 连杆大头的定位结构有哪几种？试比较分析。

15. 曲轴为什么要轴向定位？怎样定位？

16. 曲轴上的平衡重有什么作用？为什么有的曲轴上没有平衡重？

17. 曲轴前后端的防漏措施有哪些？

18. 曲轴扭转减震器有什么作用？

19. 汽缸内积炭过多对发动机工作有何影响？如何清除积炭？

20. 如何检查曲轴轴承的径向间隙和轴向间隙？当间隙逾限时，怎样调整？

21. 试述汽缸的磨损特点及原因分析。

22. 如何检查汽缸的磨损？如何确定汽缸的修理尺寸？

23. 什么是定位镗缸？其目的及主要内容是什么？

24. 汽缸为什么要进行网纹磨削？如何实现网纹磨削？汽缸珩磨后，有何技术要求？

25. 活塞、活塞环、活塞销选配时应分别注意什么问题？

26. 汽车维修中，如何检查和校正连杆的弯曲和扭曲？

27. 怎样装配活塞连杆组件？有何技术要求？

28. 曲轴的常见损伤有哪些？原因是什么？

29. 怎样确定曲轴轴颈和连杆轴颈的修理尺寸？有哪些技术要求？

30. 如何选配曲轴轴承？

31. 曲柄连杆机构的常见故障有哪些？试述故障的现象、原因、判断过程及排除方法。

第 3 章 配气机构的构造与维修

学习目标
● 掌握配气机构的功用、组成，主要零部件的构造及装配连接关系。
● 掌握发动机的换气过程和配气相位的定义、配气相位的测量和调整方法、气门间隙的调整方法。
● 掌握配气机构常见故障的诊断方法。

3.1 配气机构的构造

3.1.1 配气机构的功用与组成

1. 配气机构的功用

配气机构是进、排气管道的控制机构，它按照汽缸的工作顺序和工作过程的要求，准时地开闭进、排气门，向汽缸供给可燃混合气（汽油机）或新鲜空气（柴油机），并及时排出废气，确保进气充分、排气彻底；当进、排气门关闭时，保证汽缸密封。

配气机构以很高且变化的速度工作，惯性力和热负荷大，且润滑不良，零件磨损大。

进入汽缸内的进气量对发动机性能的影响很大。进气越多，混合气燃烧时所放出的热量越大，发动机的有效功率和转矩越大。因此，对配气机构的要求是：

（1）保证进气充分，排气干净。

（2）配气机构的运动件应该具有较小的质量和较大的刚度，确保配气机构具有良好的动力特性。

2. 配气机构的组成

配气机构按其结构原理不同分气门（阀）式，气孔式，气孔—气门（阀）式。四冲程发动机都采用气门式配气机构。

各种形式的气门式配气机构中，按其功用可分为气门组和气门传动组两大部分，如图 3.1 所示。

气门组的功用是控制进、排气门的开闭。气门组主要包括气门、气门座、气门导管、气门弹簧、气门弹簧座等零件，其组成与配气机构的结构形式基本无关。

气门传动组包括从正时齿轮开始至推动气门动作的所有零件（凸轮轴、挺柱、推杆、摇臂和摇臂轴等），其基本组成根据配气机构的形式而有所不同，它的功用是定时驱动气门使其开闭，且保证有足够的开度，满足发动机的工况需要。

气门的开启由气门传动组控制，气门的关闭则由气门弹簧来完成。气门的开闭时刻与规律完全取决于凸轮轮廓曲线的形状。

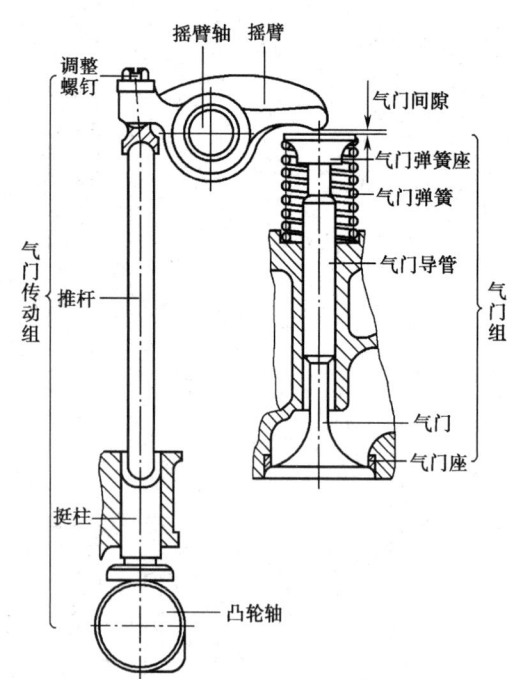

图 3.1 气门式配气机构

3.1.2 配气机构的分类

1. 按气门的布置位置分类

配气机构按气门的布置位置不同可分为气门侧置式配气机构和气门顶置式配气机构两大类。

气门位于汽缸体侧面的称为气门侧置式配气机构，由凸轮、挺柱、气门和气门弹簧等组成，省去了推杆、摇臂等零件，简化了结构。因为它的进、排气门在汽缸的一侧，压缩比受到限制，进、排气阻力较大，发动机的动力性和高速性均较差。气门侧置式配气机构仅在小型内燃机中还有所使用。

气门顶置式配气机构的进气门和排气门都设置在汽缸盖上，具有进气阻力小，燃烧室结构紧凑，气流搅动大，能达到较高的压缩比等特点。现代的汽车发动机都采用气门顶置式配气机构。

2. 按凸轮轴的布置位置分类

配气机构按凸轮轴的布置位置分为凸轮轴下置式（图 3.1）、凸轮轴顶置式 ［图 3.2 (a)］、凸轮轴中置式 ［图 3.2 (b)］ 三大类。

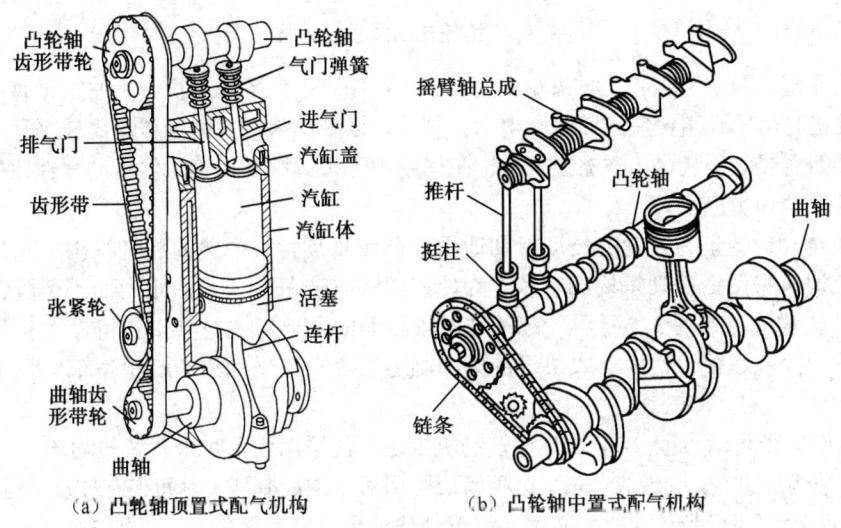

（a）凸轮轴顶置式配气机构　　　　（b）凸轮轴中置式配气机构

图 3.2　凸轮轴的布置位置

（1）凸轮轴下置式配气机构应用最广泛，载货汽车和大、中型客车发动机都采用这种布置方式。凸轮轴装在曲轴箱内，摇臂轴装在汽缸盖上，两者相距较远，推杆较长；凸轮轴距曲轴较近，两者之间只用一对正时齿轮传动，传动简单、可靠。

（2）凸轮轴顶置式配气机构的凸轮轴直接布置在汽缸盖上，此种布置方式传动零件少，发动机功率损失相对较少。凸轮轴直接通过摇臂来驱动气门或直接通过挺柱驱动气门，省去了推杆，使往复运动质量大大减小，因此它适用于高速发动机。由于凸轮轴离曲轴中心较远，因而采用链条传动或同步齿形带传动，使得正时传动机构较为复杂，为大多数轿车采用。

（3）凸轮轴中置式配气机构：为减小气门传动组零件的往复运动惯性力，某些速度较高的发动机将下置式凸轮轴的位置抬高到汽缸体的上部，缩短了传动零件的长度，称为凸轮轴中置式配气机构。此类配气机构有的采用中间齿轮传动，有的采用链条传动（如别克赛欧）或齿形带传动。

3. 按曲轴驱动凸轮轴的方式分类

（1）齿轮传动。凸轮轴下置式配气机构都采用正时齿轮传动，如图 3.3 所示。一般汽油机从曲轴到凸轮轴的传动只需一对正时齿轮 ［图 3.3 (a)］，解放 CA1091 和东风 EQ1090E 型载货汽车的配气机构采用此种传动方式。

柴油机齿轮直径较大，可在中间加装一个惰轮 ［图 3.3 (b)］。6120 型发动机的配气机构采用此种传动方式。

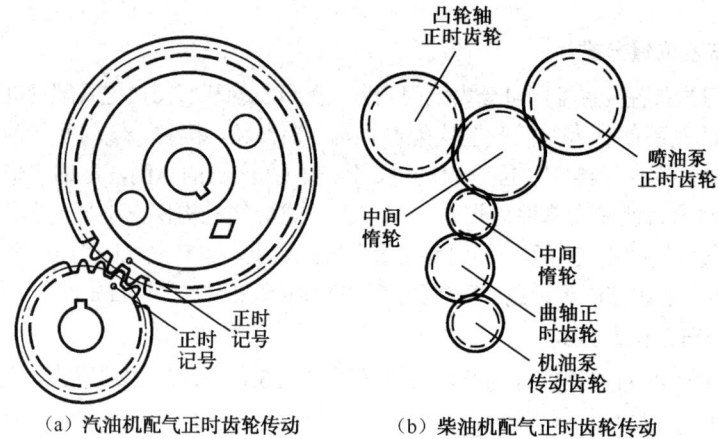

（a）汽油机配气正时齿轮传动　　　（b）柴油机配气正时齿轮传动

图 3.3　齿轮传动及正时记号

　　为了啮合平稳，减小噪声，正时齿轮多用斜齿。在中、小功率发动机上，曲轴正时齿轮用钢来制造，而凸轮轴正时齿轮则用铸铁或胶木（电木）制造，以减小噪声。齿轮传动比较平稳，配气正时控制精度高，又不需要张紧装置，摩擦损失小，在使用中无须调整和保养。但传动零件比较多，发动机功率损失大，振动和噪声较大。

　　（2）链条传动。链条与链轮的传动特别适用于凸轮轴顶置、中置的配气机构。尤其是凸轮轴顶置式的高速汽油机采用链传动机构的较多。为使在工作时链条有一定的张力而不至脱链，通常装有导链板、张紧装置等，如图 3.4 所示。链条与链轮传动的主要问题是其工作可靠性和耐久性不如齿轮传动，其传动性能在很大程度上取决于链条的制造质量。广州标致 505 型轿车配气机构即采用此种传动方式。

　　（3）同步齿形带传动。近年来，在高速发动机上还广泛采用齿形带来代替传动链，它不需要润滑，工作噪声低，结构质量轻，制造成本低。这种齿形带用氯丁橡胶制成，中间夹有玻璃纤维和尼龙织物，以增加强度。为确保齿形带传动的可靠性，齿形带传动也需要张紧装置，如图 3.5 所示，如齿形带过松，发动机工作过程中可能产生跳齿现象，使配气相位失准，影响发动机正常工作。

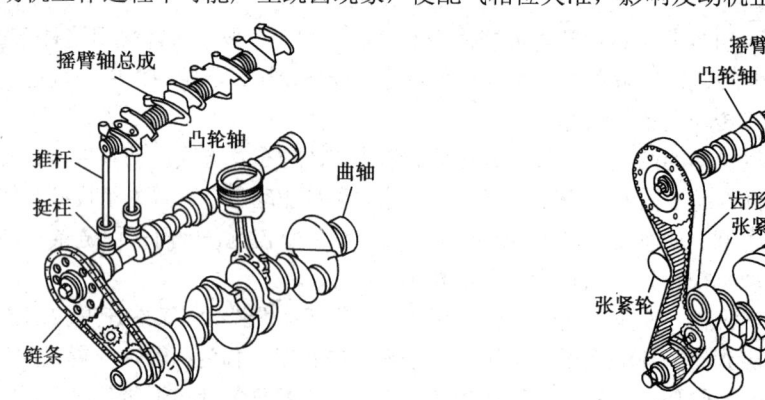

图 3.4　链条传动的配气机构　　　　　　　图 3.5　同步齿形带传动的配气机构

一汽奥迪 100、捷达高尔夫、上海桑塔纳及天津夏利 TJ7100 型轿车配气机构均采用此种传动方式。

4. 按每缸气门的数量分类

（1）双气门配气机构。一般发动机较多采用一个进气门和一个排气门的结构，为了进一步改善汽缸的换气，若条件允许，应尽量加大气门的直径，特别是进气门的直径，目的是增大进气门通过截面面积，减小进气阻力，增加进气量。排气门头部直径小，排气阻力稍大，但是排气阻力对发动机性能的影响比进气阻力小得多。凡是进气门数量和排气门数量相同时，进气门头部直径总比排气门大，一般进气门头部直径比排气门大15%～30%。

双气门配气机构的特点是结构简单，能适应各种燃烧室。但其汽缸换气受到进气通道的限制，故都用于低速发动机。

（2）多气门配气机构。众多的新型汽车发动机上，每个汽缸采用三、四、五个气门的多气门结构。四气门发动机每缸两个进气门，两个排气门，如图3.6所示。其优点如下。

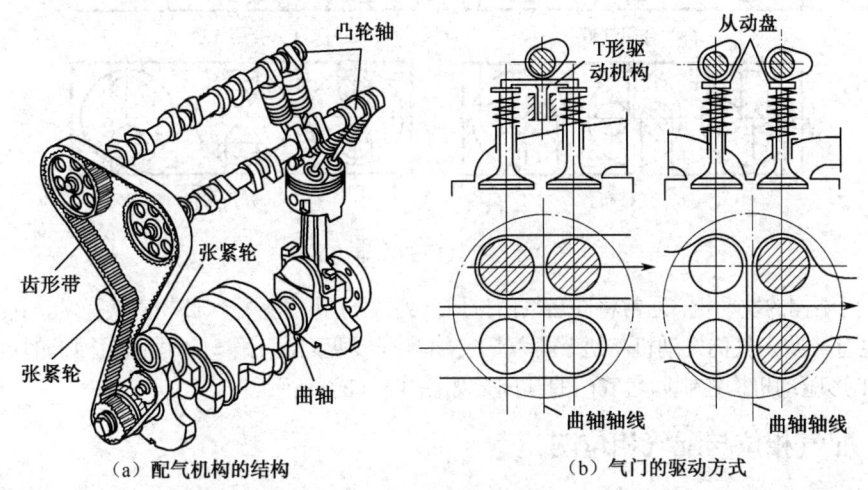

（a）配气机构的结构　　　　　（b）气门的驱动方式

图3.6　四气门发动机配气机构结构及气门的驱动方式

① 气门通道截面积大，进、排气充分，进气量增加，发动机的转矩和功率提高。

② 每缸四个气门，每个气门的头部直径较小，每个气门的质量减轻，运动惯性力减小，有利于提高发动机转速。

③ 四气门发动机多采用篷形燃烧室，火花塞布置在燃烧室中央，有利于燃烧。

此类配气机构的缺点是发动机零件数量较多，制造成本较高。奥迪V8、欧宝V6、奔驰190E、奔驰320E、日产VH45DE、日产VG30DEV6等发动机均为四气门发动机。

新型奥迪轿车V6、捷达EA113型发动机都采用五气门结构，如图3.7所示。大多五气门发动机采用了紧凑浴盆式燃烧室，火花塞位于燃烧室中心。与四气门结构相比，五气门结构中气门的过流截面更大，充气效率更高，油耗更低，转矩更大，排放污染物更少。

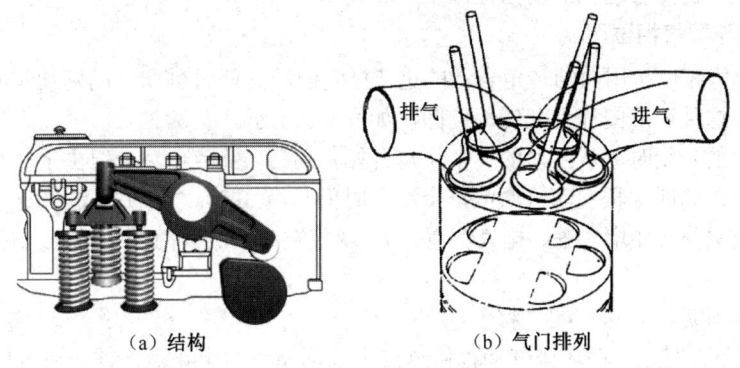

（a）结构　　　　　　（b）气门排列

图3.7　五气门结构及其气门排列方式

（3）气门的排列方式。

① 双气门结构的发动机：为简化结构，大多数此类汽油机将所有气门沿机体纵向排成一列，相

邻两缸的同名气门合用一个气道，既简化气道又可获得较大的流通截面，如图 3.8（a）及图 3.8（b）所示；有的汽油机也会将进、排气门交替布置，每缸单独用一个气道，有助于汽缸盖冷却均匀，如图 3.8（c）所示。柴油机一般是将进、排气道分置于机体两侧，以免排气加热进气，如图 3.8（d）所示。汽油机为了使汽油更好地雾化，多将进、排气道置于机体同一侧。

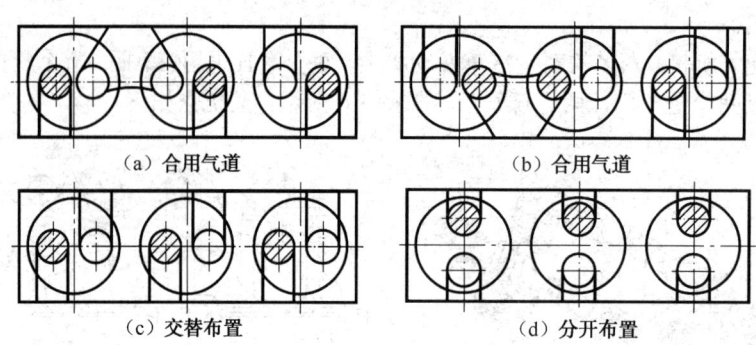

（a）合用气道　　　　　　　　　　　　（b）合用气道

（c）交替布置　　　　　　　　　　　　（d）分开布置

图 3.8　双气门的布置方式

② 多气门结构的发动机：通常将同名气门排成一列，分别用进、排气凸轮直接驱动，其结构如图 3.6（a）所示。也有一些多气门发动机将进、排气门交错排列成两列，工作时，由凸轮轴上的进、排气凸轮通过气门的 T 形驱动机构控制同名气门的开闭，如图 3.6（b）所示。

3.1.3　配气相位与配气相位图

1. 充气效率

新鲜空气或可燃混合气被吸入汽缸越多，则发动机可能发出的功率越大。新鲜空气或可燃混合气充满汽缸的程度，用充气效率 η_V 表示

$$\eta_V = \frac{\text{进气冲程所吸入的气体质量}}{\text{标准状态下占有气缸活塞行程容积的干燥气体质量}}$$

标准状态，即 1 个大气压、空气温度为 20℃、空气密度为 1.187kg/m^3。

充气效率越高，表明进入汽缸的新气越多，可燃混合气燃烧时可能放出的热量也就越大，发动机的功率越大。

对于四冲程发动机，理论上每一个工作冲程对应 180° 曲轴转角。现代发动机转速都很高，一个冲程所经历的时间十分短暂。为此，现代发动机在换气过程中其进、排气门都是早开迟关的，以改善进、排气状况，从而提高发动机的动力性。

2. 配气相位与配气相位图

（1）定义。配气相位指用曲轴转角表示的进、排气门的开闭时刻和开闭延续时间；通常用曲轴转角的环形图表示，这种环形图称为配气相位图，如图 3.9 所示。

理论上，气门的开闭时刻从活塞的一个止点开始，到另一止点结束。但由于发动机转速很高，一个冲程的时间极短，如四冲程发动机通常一个冲程时间只有 0.01s。为了使进气充分、排气彻底，除了从结构上进行改进外（如增大进、排气管道等），现代发动机的气门都是早开、迟闭的，以延长进、排气时间。

（2）进气门早开迟闭与进气配气相位。

① 进气提前角。在上一循环排气冲程接近终了，活塞到达上止点之前，进气门便开始开启。从进气门开始开启到活塞运行至上止点对应的曲轴转角称为进气提前角，用 α 表示。一般 $\alpha = 0° \sim 40°$。

进气门早开的目的是为了增大进气冲程开始时气门的开启高度，减少进气阻力，使进气充足。

② 进气迟后角。进气门在活塞运行至进气冲程下止点后、压缩冲程中才关闭。从下止点到进气

门关闭所对应的曲轴转角称为进气迟后角，用β表示。一般β=20°～60°。

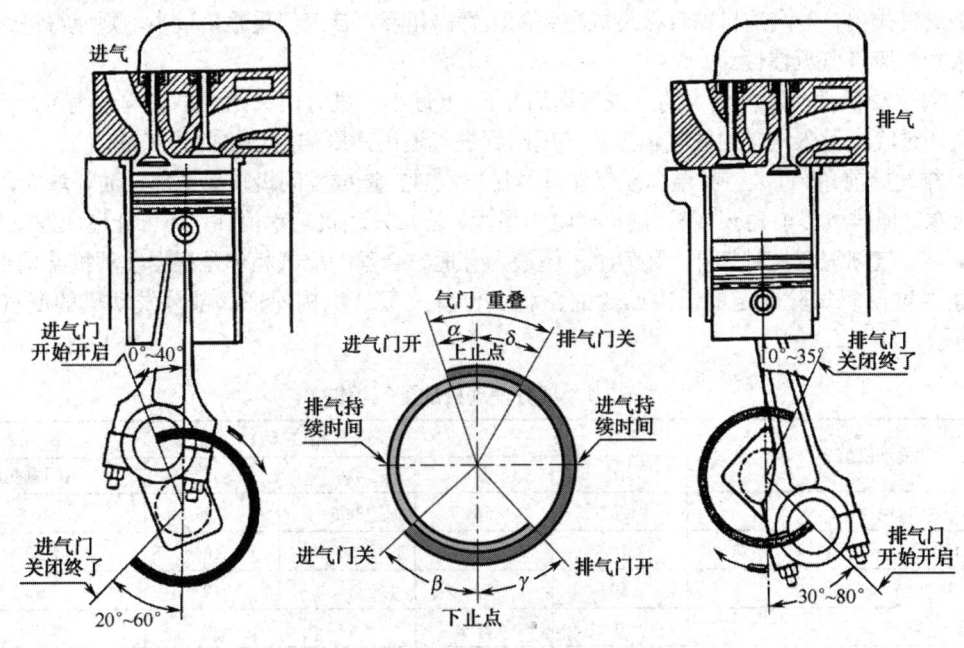

图3.9　配气相位图

进气门迟闭是为了延长进气时间，利用大气压力和气流惯性，使进气充分。

③ 进气持续角：进气门从开启至完全关闭的持续时间内所对应曲轴转角，即

$$进气持续角=\alpha+180°+\beta$$

（3）排气门早开迟闭与排气配气相位。

① 排气提前角。在做功冲程的后期，活塞到达下止点前，排气门便开始开启。从排气门开始开启到下止点所对应的曲轴转角称为排气提前角，用γ表示。一般γ为30°～80°。

在做功冲程结束前，汽缸内还有大约0.3～0.5MPa的压力，做功能力已经不强；排气门早开的目的是利用活塞做功后期缸内气体的剩余压力，进行前期排气，降低排气冲程阻力，防止发动机过热。

② 排气迟后角。活塞越过排气上止点后，在下一循环的进气冲程中排气门才关闭。从上止点到排气门完全关闭所对应的曲轴转角称为排气迟后角，用δ表示。δ一般为10°～35°。

排气门迟闭的目的是利用汽缸内的气体压力及废气流惯性，使排气干净。

③ 排气持续角：排气门从开启至完全关闭的持续时间内所对应的曲轴转角，即

$$排气持续角=\gamma+180°+\delta$$

（4）气门重叠与气门重叠角。

由于进气门早开、排气门晚关，在排气终了和进气刚开始即排气上止点附近，存在两个气门同时开启的现象，这种现象称为气门重叠。进、排气门同时开启时间对应的曲轴转角，称为气门重叠角，其大小等于进气提前角α与排气迟后角δ之和，即气门重叠角=$\alpha+\delta$。

进、排气门重叠时间极短，进、排气气流来不及改变各自的流动方向和流动惯性。合适的气门重叠角不会使废气倒流进气道或使新鲜气体随废气一起排出。

综上所述：气门早开迟闭，是为了满足进气充足、排气干净，增大充气系数，提高发动机功率的需要。

3. 配气相位对发动机性能的影响

配气相位中进气提前角α、进气迟后角β、排气提前角γ、排气迟后角δ的大小，对发动机性能都有很大影响。

（1）进气提前角α增大或排气迟后角δ增大使气门重叠角（α+δ）增大时，将导致废气倒流、新鲜气体随废气排出，对汽油机则直接造成燃料的浪费。相反，若气门重叠角过小，则使得进气阻力增大或"浪费"废气气流惯性。

（2）对发动机性能影响最大的是进气迟后角β。β过小，进气门关闭过早影响进气量；β过大，进气门关闭过晚，进入汽缸内的气体重新又压回到进气道内，影响发动机的进气量。

（3）排气提前角γ过大，高温高压气体过早排出汽缸，造成发动机功率下降，油耗增大，排气管放炮等现象。但排气提前角γ过小，则排气阻力增大，增加发动机功率消耗，还可能造成发动机过热。

实际中，气门究竟何时打开，又何时关闭最为合适？合理的配气相位是根据发动机结构形式、转速等因素通过反复试验确定的，由凸轮的形状、位置及配气机构保证。部分发动机的配气相位如表 3.1 所示。

表 3.1 部分发动机的配气相位

发动机型号	配气相位（°）				
	α	β	γ	δ	气门重叠角
东风 EQ6100-1	20	56	38.5	20.5	40.5
黄河 X6130	10	35	50	10	20
夏利 TJ376Q	19	51	51	19	38
CA488-3	0	56	44	8	8
奥迪 1.8L	3	33	41	5	8
切诺基 2.46L	12	78	56	34	46
斯太尔 WD615.67	2	26	49	5	7
上海桑塔纳 JV	1	37	42	2	3

需要指出的是，传统发动机的配气相位，只有当发动机在某一特定转速下运转时才是最合适的。随着电子控制技术在汽车发动机的推广应用，配气相位随转速、负荷变化而自动调整的可变配气相位发动机，也越来越多见，如丰田的 VVT-i、本田的 VTEC、奔驰公司的 VALVETRONIC 装置等。

3.1.4 气门间隙

（1）定义：气门完全关闭（凸轮的凸起部分不顶挺柱）时，气门杆尾端与摇臂/挺柱/凸轮之间的间隙，称为气门间隙。气门间隙如图 3.10 所示。

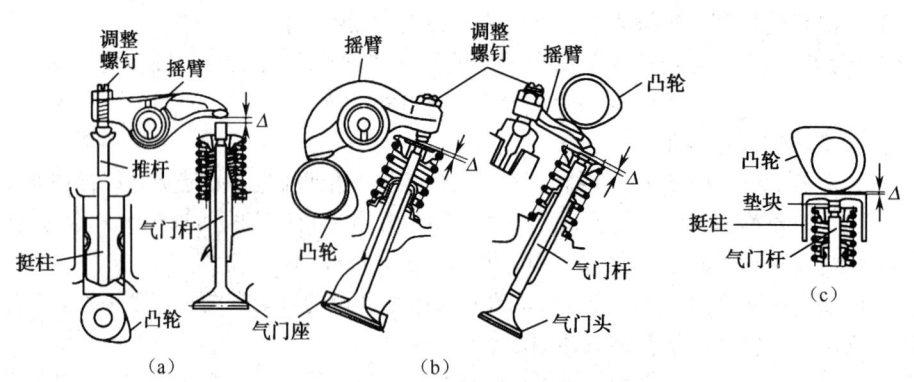

图 3.10 气门间隙

（2）作用：给各零件受热膨胀留出余地。

（3）气门间隙对发动机工作的影响：气门间隙过大会使传动零件之间及气门和气门座之间产生撞击、响声，加速磨损，同时也会使气门开启的持续时间减少，汽缸的进气不充分、排气不彻底，发动机功率下降；气门间隙过小，发动机在热态下气门应该关闭时可能关闭不严，发生漏气，导致功率下降，并使气门密封工作表面严重积炭或烧坏。

最适当的气门间隙由发动机制造厂根据试验确定。一般在冷态时，进气门的间隙为 0.25～0.30mm，排气门的间隙为 0.30～0.35mm。

采用液力挺柱的发动机可自动调节气门间隙，故不需要预留气门间隙。部分汽车发动机的气门间隙如表 3.2 所示。

表 3.2　部分汽车发动机的气门间隙

发动机型号	气门间隙（mm）			
	进气门		排气门	
	热态	冷态	热态	冷态
上海桑塔纳	0.25±0.05	0.20±0.05	0.45±0.05	0.40±0.05
一汽捷达	0.20～0.30	0.15～0.25	0.40～0.50	0.35～0.45
富康	—	0.20	—	0.40
一汽奥迪 100	0.20～0.30	0.15～0.25	0.40～0.50	0.35～0.45
南京依维柯	—	0.50	—	0.50
天津夏利	0.20	—	0.20	—
465 系列发动机	0.23～0.28	0.13～0.18	0.23～0.28	0.13～0.18
丰田 M 系列	0.28	0.25	0.35	0.30
三菱 4C33　4C32	—	0.07	—	0.17
五菱之光 6376C	0.15	0.08～0.15	0.20	0.08-0.16
东风 EQ6100-1		0.20～0.25		0.20～0.25
玉柴 YQ6105QC		0.40		0.45

3.2　配气机构的主要零件和组件

3.2.1　气门组

气门组一般由气门、气门座、气门导管、气门弹簧、弹簧座、锁片（锁销）等零件组成。有的发动机进气门还设有气门旋转机构。气门组的基本组成及各零件间的装配关系如图 3.11 所示。

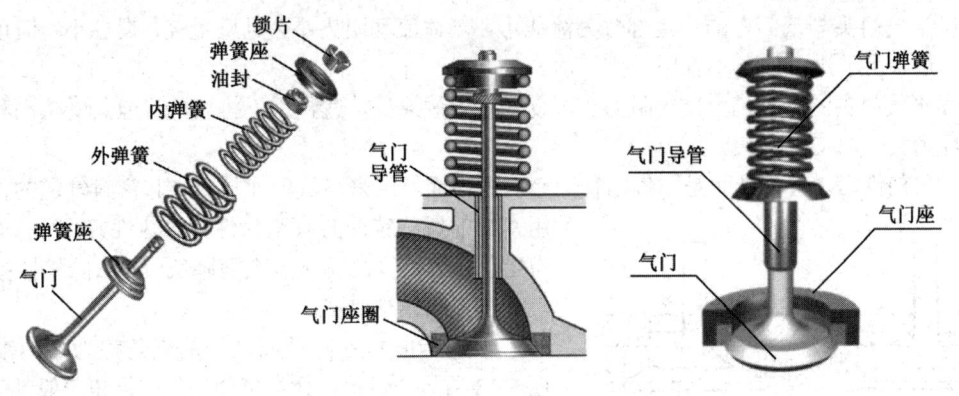

图 3.11　气门组

气门组应保证气门能够实现汽缸的密封，因此要求：气门头部与气门座贴合严密，以保证汽缸的密封；气门导管与气门杆的上下运动有良好的导向；气门弹簧的两端面与气门杆的中心线相垂直，以保证气门头在气门座上不偏斜；气门弹簧的弹力足以克服气门及其传动件的运动惯性力，使气门能迅速开闭，并保证气门紧压在气门座上。

1. 气门

气门又称气阀，分为进气门和排气门二种，二者均为菌形，都由圆形且带有锥面的头部和圆柱形的杆部组成，如图 3.12（a）所示。气门头的锥面用来与气门座的内锥面配合，以保证密封；气门杆同气门导管配合，起导向作用。

气门工作时，气门头要承受高温高压气体压力、高温燃气中腐蚀介质的腐蚀、气门弹簧力及传动组零件的惯性使气门落座时受到的落座冲击力，冷却和润滑条件极差，工作条件非常恶劣。因此，气门均采用优质钢制造。进气门一般采用中碳合金钢（如镍钢、镍铬钢和铬钼钢等），排气门多采用耐热合金钢（如硅铬钢、硅铬钼钢）。为节约优质材料，降低成本，有些发动机排气门的气门头采用耐热合金钢，气门杆采用中碳合金钢，然后将两者焊在一起。还有一些排气门的气门头锥面喷有一层钨钴等特种合金材料，以提高其耐高温、耐腐蚀性。

（1）气门头的形状。气门头形状主要分成平顶形、喇叭形和球面形三种结构形式，如图 3.12（b）所示。

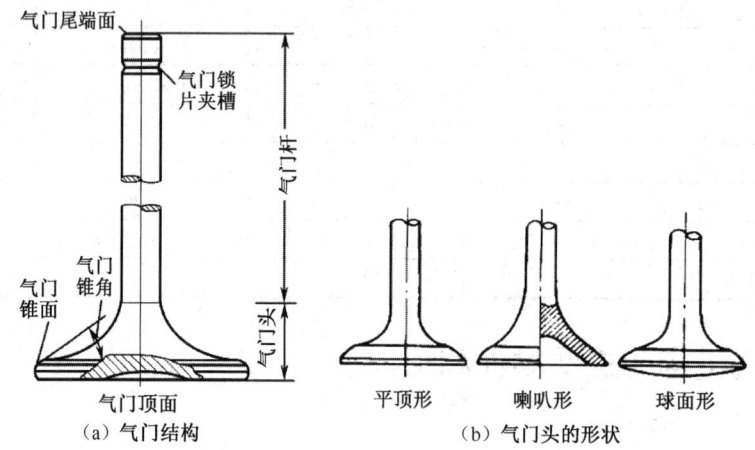

图 3.12　气门结构及头部形状

平顶形是大多数发动机采用的气门头形状，它吸热面积小，结构简单，制造方便，质量小，进、排气门均可采用。

喇叭形气门头与气门杆的过渡部分为流线形，气体流动阻力小，且质量轻，惯性小。但顶部受热面积大，适合用于进气门，不宜用于排气门。

球面形气门头的强度高，排气阻力小，废气清除效果好，适合用于排气门。但其受热面积大，质量和惯性力大，加工也复杂。

（2）气门锥面。气门锥面是与气门杆同心的圆锥面，用来与气门座接触，起密封气道的作用。采用密封的气门锥面具有密封性和导热性好、气门落座时可自定位、避免气流拐弯过大而降低流速、能挤掉接触面的沉淀物及自洁的特点。

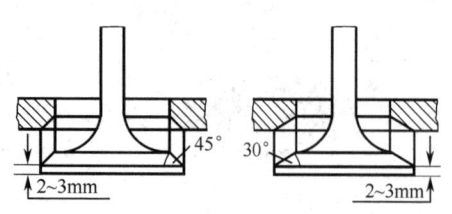

图 3.13　气门锥角

气门锥面与气门顶面之间的夹角称为气门锥角，如图 3.13 所示。进气门、排气门的气门锥角一般都为 45°，少数发动机（如 CA1091 型汽车 6102 型汽油机）的进气门锥角为 30°。气门锥角的大小对气门和进、排气过程有很重要的影响。进气门锥角较小时，气流通过截面较大，进气阻力较小，可以增加进气量。但由于气门锥角小，气门边缘薄，刚度较差，容易变形，导致气门与气门座圈之间的密封性变差。气门锥角较大时，气门边缘厚，可提高气门头部边缘的刚度，气门落座时不易变形，与气门座圈有较大的接触压力等。这些都有利于气门与气门座圈之间的密封和传热，还有利于挤掉气门锥面上的积炭。

气门头边缘与气门锥面之间的厚度一般为1～3mm，以防止在工作中受冲击损坏或被高温气体烧坏。为了减少进气阻力，提高汽缸的充气效率，多数发动机进气门的气门头直径比排气门的大。

气门头接受的热量一部分经气门座圈传给汽缸盖；另一部分通过气门杆和气门导管也传给汽缸盖，最终都被汽缸盖水套中的冷却液带走。为了提高气门与气门座圈之间的密封和传热，气门与气门座圈之间必须良好密合，因此，装配前应将气门头与气门座二者的接触锥面配对研磨。研磨好的零件不能互换。

排气门热负荷特别高，为了改善其导热性能，有些发动机（如捷达EA113五气门发动机）的排气门采用了充钠技术，如图3.14所示。其原理是：钠在约为1243K时变为液态，液态钠具有良好的热传导能力，利用液态钠的来回运动，热量迅速地从气门头传到气门尾。排气门的这种内部冷却方式既提高了气门的使用寿命，又降低了混合气自燃的危险。

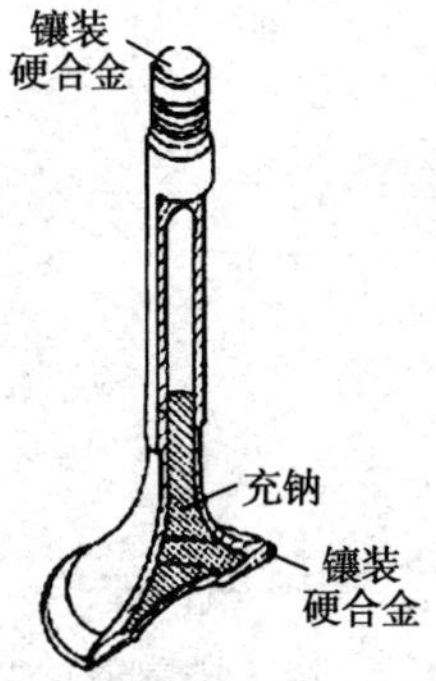

（3）气门杆。气门杆为圆柱形，与气门导管配合起运动导向作用。

发动机工作时气门杆的润滑条件极为恶劣。因此，气门杆表面都经过热处理和磨光，以保证同气门导管的配合精度及良好的耐磨性与散热作用。

（4）气门弹簧座的固定。弹簧座固定在气门杆的尾部，常采用锥形锁环式和锁销式两种固定方式，如图3.15所示。

① 锥形锁环式。锥形锁环式是将一完整的圆锥剖分成两半而成的，内孔有一环形凸起，如图3.15（a）所示。弹簧座的中心孔为圆锥形，与锁环的外圆锥面形成密切配合。安装时，需要用专用工具将弹簧座连同气门弹簧一起压下，然后将两块锁环套于气门尾，缓缓放松弹簧座，使锁环内孔的环状凸起正好落入气门尾的环形槽内。在气门弹簧的弹力作用下，弹簧座的圆锥孔与锁环的外圆锥面紧紧地贴合在一起，不会脱落。

② 锁销式，如图3.15（b）所示。它的固定方法比较简单，将弹簧座连同气门弹簧一起压下后，把锁销插入气门尾的径向孔内，放松弹簧座后，锁销正好位于弹簧座外侧面的凹穴内，防止了弹簧座的脱出。

图3.14 充钠排气门

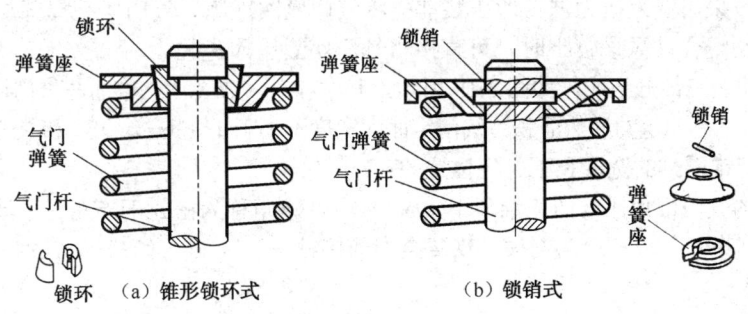

图3.15 气门弹簧座的固定

（5）气门机油（润滑油）防漏装置。适量的机油进入气门导管与气门之间的间隙，对于气门杆的润滑是必要的。但如果进的机油过多，将会在燃烧室和气门上形成积炭。因此，有的发动机在气门杆上装有气门机油防漏装置，如图3.16所示。

气门油封损坏会使机油由气门处进入燃烧室燃烧，出现排气冒蓝烟，机油消耗异常等现象。气门油封多为一次性产品，拆卸后应更换新品。

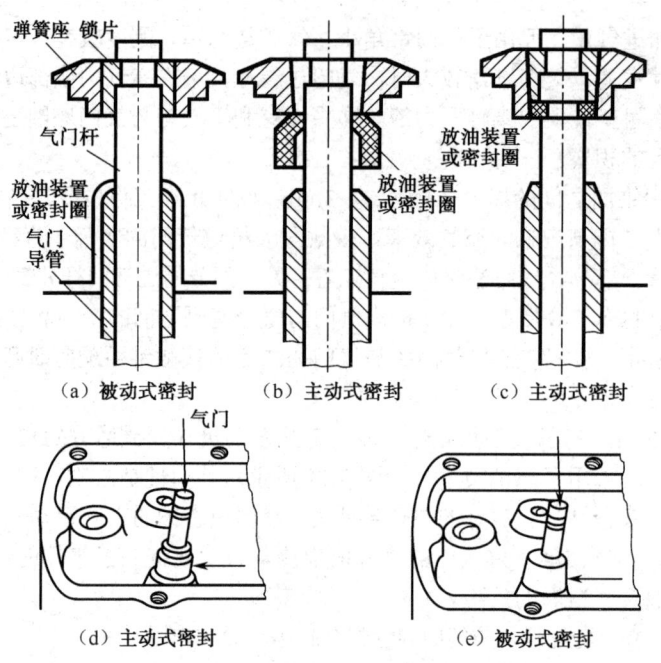

（a）被动式密封　　（b）主动式密封　　（c）主动式密封

（d）主动式密封　　　　　（e）被动式密封

图 3.16　气门机油防漏装置

2. 气门座

进、排气道口与气门锥面直接贴合的部位称为气门座。其功用是与气门头密切贴合密封汽缸，接受气门头传来的热量，对气门起散热作用。

气门座的形式有两种：一是直接在汽缸盖上镗出；二是单独制成气门座圈，镶嵌在汽缸盖上，如图 3.17 所示。直接在汽缸盖上镗出的气门座经特殊的热处理，散热效果好，使用中不存在气门座圈脱落等事故，但不便于修理更换，仅用于铸铁汽缸盖。气门座圈用耐热合金钢或耐热合金铸铁制成，镶嵌在汽缸盖上，具有耐高温、耐磨损和耐冲击，使用寿命长，而且易于更换等特点；缺点是导热性差，加工精度高，若气门座圈与汽缸盖上的座孔配合精度不当，有可能发生气门座圈脱落事故。因气门座热负荷大，温差变化大，又受气门落座时的冲击，为保证良好散热和防止气门座圈脱落，气门座与座孔之间应有较高的加工精度、较低的粗糙度和较大的配合过盈。镶装气门座圈时，应根据配合过盈量采用温差压力法，即压装前先将气门座圈冷冻、气门座孔局部加热，然后将气门座圈压入座孔内；配合过盈量较小时，可直接将气门座圈压入座孔。

气门座的锥角由三部分组成，如图 3.18 所示。其中 45°（或 30°）锥面与气门锥面相适应；为使密封更可靠，同时又有一定的散热面积，气门锥面的宽度不小于 1～3mm。15° 和 75° 锥面是用来修正工作锥面（即气门锥面）的宽度和上、下位置的。

某些发动机的气门锥角比气门座锥角小 0.5°～1°，该角称为密封干涉角。干涉角有利于走合期的磨合。走合期结束，干涉角逐渐消失，恢复全锥面接触。

3. 气门导管

气门导管的功用是引导气门沿导管做往复直线运动，确保气门关闭时能正确地与气门座贴合；并将吸收气门杆的热传给汽缸盖，起散热作用。气门导管的结构如图 3.17 所示，通常将其单独制成零件，压装在汽缸盖的导管承孔内。气门导管一般用球墨铸铁或冶金粉末制成，以提高自润滑性能。

气门导管外圆表面与缸盖承孔为过盈配合，气门导管的下端伸入进、排气道内。为减小对进、排气气流的阻力，伸入气道的气门导管外缘做成圆锥状。气门导管与气门杆的配合精度很高，配合间隙仅有 0.05～0.12mm。为防止气门导管松脱，有些发动机采用卡环对气门导管进行轴向定位。

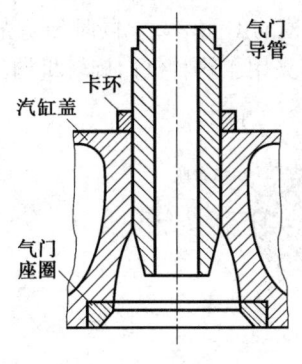

图 3.17　气门座的结构

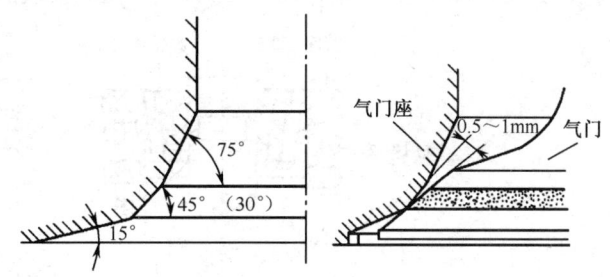

图 3.18　气门座锥角的结构

4. 气门弹簧

气门弹簧的功用是使气门自动复位关闭，保证气门与气门座的座合压力；吸收气门关闭过程中各传动零件产生的惯性力；防止各个传动件彼此分离而破坏配气机构正常工作。为确保上述功能，气门弹簧的刚度一般都很大，且安装时须进行预紧压缩，因预紧力很大，须用专用工具方可完成对气门弹簧的拆装。

气门弹簧多采用优质弹簧合金钢丝卷绕成螺旋状，弹簧两端磨平，以防弹簧在工作中产生歪斜。为提高气门弹簧疲劳强度，确保其弹力不下降、不折断，簧丝表面都要经过磨光、抛光或喷丸、发蓝或磷化处理，以免在使用中生锈。为避免气门弹簧在工作时因共振而折断，常采用以下结构措施。

（1）提高刚度。如加粗簧丝直径，减小气门弹簧直径，如图 3.19（a）所示。

（2）采用变螺距弹簧。弹簧压缩时，螺距较小的气门弹簧两端逐渐贴合，使有效圈数逐渐减少，气门弹簧的固有振动频率不断增加，可避免共振的发生，如图 3.19（b）所示。

（3）采用双气门弹簧结构。每个气门同心安装两根直径不同、旋向相反的内、外弹簧，如图 3.19（c）所示。因内、外弹簧的自振频率不同，当某一弹簧发生共振时，另一弹簧起减振作用；其中某根弹簧折断时，另一根还能继续维持工作。

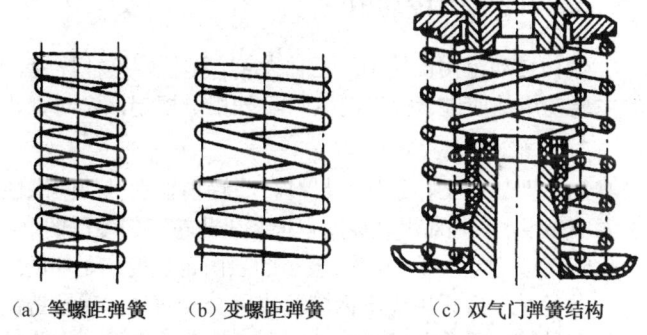

（a）等螺距弹簧　（b）变螺距弹簧　（c）双气门弹簧结构

图 3.19　气门弹簧防振措施

5. 气门旋转机构

气门旋转机构可以使气门在工作中相对于气门座缓慢旋转，使门与气门座间的贴合更加严密，使用寿命大为提高。气门旋转时，可以使气门头沿圆周温度更加均匀，减小气门头的热变形；还有助于清除气门锥面上的沉积物，具有自洁作用。

气门旋转机构有两种形式：一种是低摩擦型自由旋转机构［图 3.20（a）］，在锁片与弹簧座之间加设了一个锥形套筒（旋转体），旋转体的下端支承在弹簧座平面上，旋转体端部与弹簧座接触面的摩擦力不大，且随运转状态而变化，在发动机运转振动的情况下，在某一短时间内摩擦力可能为零，发动机运转平稳，旋转体与弹簧座接触面相互压紧，使气门自由地进行不规则的转动。

另一种是强制旋转机构，如图 3.20（b）所示。在气门旋转机构的壳体上有 6 个由浅变深的凹槽，凹槽中装有钢球和复位弹簧，碟形弹簧安装在壳体与弹簧座之间。当气门关闭时，碟形弹簧并没有压紧在钢球上。这时钢球在复位弹簧的作用下位于凹槽的最浅处。当气门开启时，气门杆尾端受到的压力传到碟形弹簧，使碟形弹簧变形并压紧在钢球上，迫使钢球沿凹槽的斜面滚动，同时带动壳体、锁片及气门一起旋转一定的角度 Δ δ。135 系列增压柴油机的进气门即采用了这种气门旋转机构。

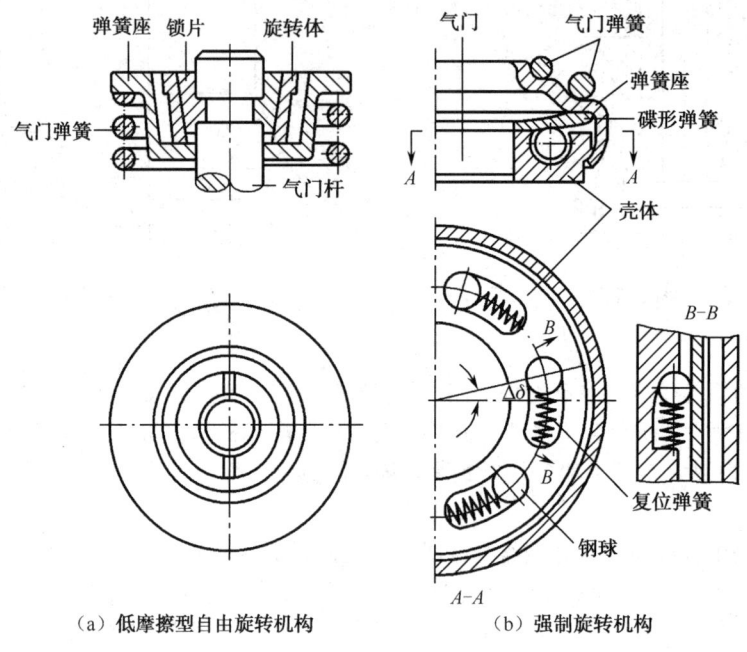

（a）低摩擦型自由旋转机构　　　　　　（b）强制旋转机构

图 3.20　气门旋转机构

3.2.2　气门传动组

气门传动组由凸轮轴、正时齿轮、挺柱、挺柱导管、推杆和摇臂总成等零部件组成。气门传动组的主要功用是使进、排气门按照配气相位规定，定时开、闭气门。

1. 凸轮轴

（1）凸轮的工作条件及材料。凸轮轴承受气门间歇性开启的周期性冲击载荷。凸轮与挺柱之间的接触应力很大，相对滑动速度也很高，凸轮工作表面的磨损比较严重。因此，凸轮轴轴颈和凸轮工作表面除应该有较高的尺寸精度、较小的表面粗糙度和足够的刚度外，还应有较高的耐磨性和良好的润滑性。

凸轮轴一般采用优质钢模锻或用合金铸铁、球墨铸铁铸造而成。凸轮与轴颈表面经过热处理，使其具有足够的硬度和耐磨性。为了减小系统质量，有些发动机（如捷达 EA113 型五气门发动机）采用了空心凸轮轴。

（2）凸轮轴的一般构造。EQ6100-1 型发动机的凸轮轴如图 3.21 所示，主要由凸轮、轴颈、衬套、偏心轮和螺旋齿轮等组成。凸轮轴由发动机曲轴正时齿轮驱动，通过凸轮驱动和控制各缸气门的开、闭；偏心轮、螺旋齿轮分别用以驱动汽油泵、分电器和机油泵。

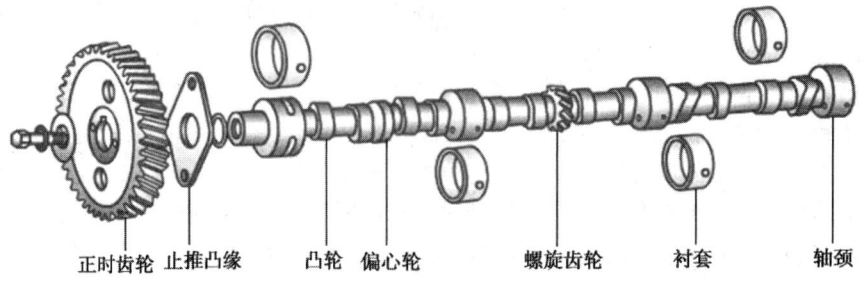

正时齿轮　　止推凸缘　　凸轮　　偏心轮　　螺旋齿轮　　衬套　　轴颈

图 3.21　EQ6100-1 型发动机凸轮轴的结构

凸轮轴的前端安装有正时轮（正时齿轮或皮带轮、正时链轮），在装配曲轴与凸轮轴时，应将曲轴正时轮与凸轮轴正时轮（正时齿轮、皮带轮或正时链轮）的正时标记对齐，否则，轻者影响发动机的正常工作，严重时将导致发动机无法起动。

（3）凸轮的轮廓曲线和凸轮的相对角位置。凸轮是凸轮轴的重要组成部分，其轮廓曲线直接影响了气门开启与关闭时刻、开启高度和开关过程的运动规律。凸轮轮廓曲线如图 3.22 所示。O 为凸轮旋转中心，曲线 AF（图中下方部分）为圆弧，其向径恒为基圆半径，挺柱与 AF 圆弧接触时，气门处于完全关闭状态。曲线 AC 对应气门开启段，从 A 点开始，凸轮向径大于基圆半径，随着凸轮轴的转动，挺柱开始升起，对于普通发动机，由于存在气门间隙，气门不能打开。凸轮转至 B 点，气门间隙消除，气门

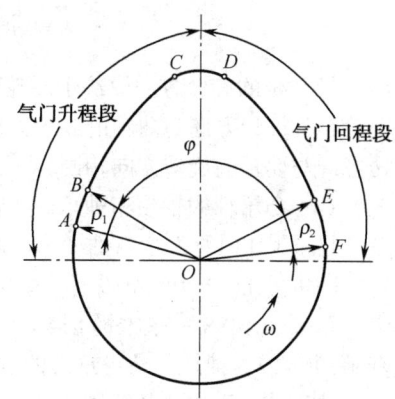

图 3.22 凸轮的轮廓曲线

开始打开；凸轮转至 C 点，气门开度最大。曲线 CD 的向径恒等于凸基圆半径加气门最大开启高度，凸轮转动，挺柱"静止"不动，气门保持最大开度。曲线 DE 其向径逐渐减小，凸轮转至 D 点，挺柱开始下移，气门在气门弹簧的作用下开始关闭。当凸轮转到 E 点，挺柱"静止"不动，停止下移，气门完全关闭，至 F 点恢复气门间隙。

综上所述：对于四冲程发动机，凸轮转过一圈，气门打开一次。图中角 φ 为气门开启持续角，它等于配气相位中气门开启持续角的一半。ρ_1 和 ρ_2 是消除气门间隙和恢复气门间隙所需的凸轮转角。凸轮轮廓曲线 BCE 的形状决定了气门打开与关闭过程的运动规律。工作时，气门开启对凸轮的压力大于气门关闭时对凸轮的压力，曲线 AC 段的磨损大于曲线 DE 段，凸轮轮廓线磨损后，将导致气门开启时刻推迟，关闭时刻提前，开启持续角减小，最大开度降低，发动机的充气系数下降。

凸轮轴上各缸的进气凸轮（或者排气凸轮）称为同名凸轮。从凸轮轴的前端来看，各缸同名凸轮的相对角位置与发动机做功顺序、凸轮轴旋转方向和做功间隔角有关，如图 3.23 所示，同名凸轮的夹角为做功间隔角的 1/2，如四缸发动机同名凸轮的夹角为 180°/2=90°，六缸发动机同名凸轮的夹角为 120°/2=60°。

凸轮轴上同一汽缸的进、排气凸轮称为异名凸轮，异名凸轮的相对角位置理论上为 90°，但实际上，由于气门都是早开、迟闭的，所以同一汽缸异名凸轮的相对角位置 $\theta > 90°$。即：$\theta = 90° + \dfrac{1}{4}(\beta + \gamma - \alpha - \delta)$，如图 3.24 所示。

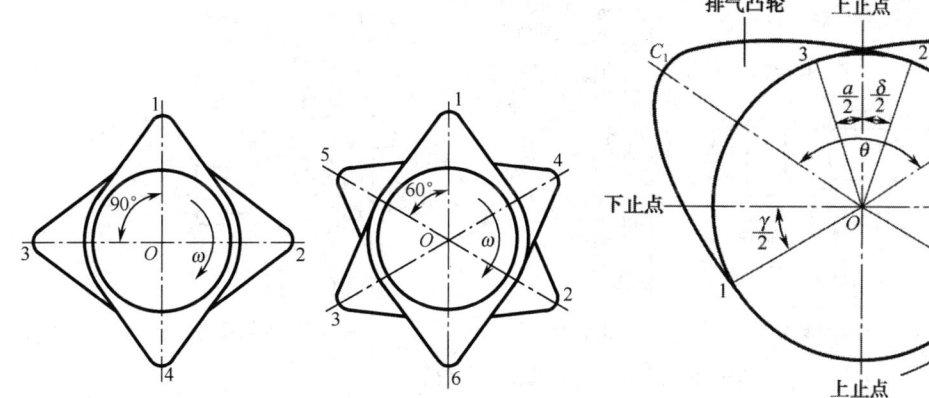

图 3.23　同名凸轮的相对角位置　　　图 3.24　异名凸轮的相对角位置

例如：EQ6100-1 型汽油机，$\alpha = 20°$，$\beta = 56°$，$\gamma = 38.5°$，$\delta = 20.5°$，则

$$\theta = 90° + \frac{1}{4}(56° + 38.5° - 20° - 20.5°) = 103.5°$$

凸轮轴的旋转方向取决于凸轮轴的布置位置和传动方式，下置式凸轮轴采用一对正时齿轮传动，凸轮轴的旋转方向与曲轴的旋转方向相反；顶置式凸轮轴采用链传动或同步齿形带传动，凸轮轴的旋转方向与曲轴的旋转方向相同。

（4）凸轮轴的轴颈和轴承。凸轮轴属细长轴，其轴颈数量直接影响凸轮轴支承刚度。若凸轮轴刚度不足，工作时将发生弯曲变形，影响配气相位。因此，发动机凸轮轴一般采用全支承或非全支承结构，即每隔 1～2 个汽缸设置一个轴颈。如 EQ6100-1、6135Q-2、YC6105QC 等的发动机凸轮轴共有七个轴颈，CA488-3、依维柯 8140-41 等四缸发动机的凸轮轴有五个轴颈，都是全支承结构；而 CA6102、奔驰 OM421、捷达、桑塔纳等的发动机凸轮轴只有四个轴颈，属非全支承结构。

中置式和下置式凸轮轴的轴承一般采用衬套式结构，为了安装方便，中、下置式凸轮轴的轴颈和衬套的直径由风扇端向飞轮端依次减小；顶置式凸轮轴的轴承多为剖分式结构，各凸轮轴轴颈的直径均相等。

凸轮轴轴承材料多与主轴承相同，在低碳钢钢背上浇注减磨合金层。也有的凸轮轴轴承采用粉末冶金衬套或青铜衬套。

凸轮轴的轴颈采用压力润滑，汽缸体或汽缸盖上钻有油道与轴承油孔相通，凸轮与挺柱间采用飞溅润滑。换装凸轮衬套时，应确保油道与油孔相对，维护保养发动机时，应检查凸轮衬套油孔，保持润滑油路的畅通。

（5）凸轮轴的轴向定位。为了限制凸轮轴在工作中随发动机转速变化产生的轴向窜动，必须设置轴向定位。发动机凸轮轴常用的轴向定位装置如图 3.25 所示。

① 顶置式凸轮通常在第一道轴颈的两侧加装止推轴承（止推片），与轴承盖两端面组成轴向定位装置，如图 3.25（a）所示。其间隙 $\Delta = 0.1～0.2mm$。

② 中、下置式凸轮轴常采用止推凸缘式轴向定位装置，如图 3.25（b）所示。钢制止推凸缘装在正时齿轮轮毂和凸轮轴第一道轴颈端面之间，并用螺栓固定在发动机机体上。在止推凸缘内孔中安装有止推凸缘座，止推凸缘座的厚度大于止推凸缘。这样，止推凸缘与正时齿轮轮毂（或凸轮轴第一道轴颈）端面之间就形成了一定间隙 Δ（$\Delta = 0.08～0.20mm$）。间隙的大小可以通过改变止推凸缘座的厚度进行调节。

③ 止推螺钉式，如图 3.25（c）所示。在正时齿轮室盖上拧入止推螺钉，止推螺钉端部与正时齿轮紧固螺栓的间隙 $\Delta = 0.10～0.20mm$，间隙的大小可通过止推螺钉予以调节。

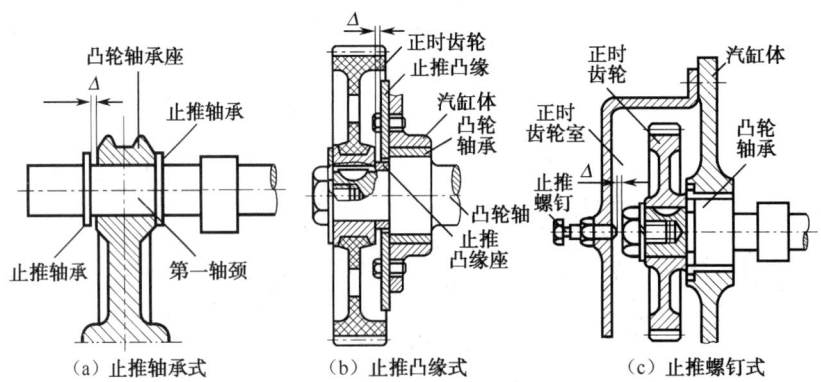

（a）止推轴承式　　　　（b）止推凸缘式　　　　（c）止推螺钉式

图 3.25　凸轮轴常用的轴向定位装置

2. 挺柱

挺柱在气门传动组中起改变运动方式和传力的作用，即将凸轮的旋转运动转变为推杆的直线往复运动，并将凸轮的推力传给推杆或者气门。汽车发动机所用的挺柱分为机械式和液力式两大类。

（1）机械式挺柱，如图 3.26 所示。菌式挺柱多用于侧置式气门的配气机构，大多数发动机采用球面或滚轮式挺柱，可显著减少摩擦力和侧向力。某些凸轮轴顶置的轿车发动机，其挺柱体上部装有调整垫片，用于调整气门间隙。

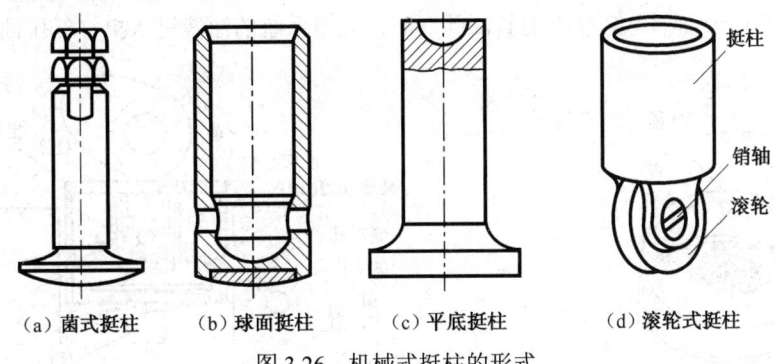

(a) 菌式挺柱　　(b) 球面挺柱　　(c) 平底挺柱　　(d) 滚轮式挺柱

图 3.26　机械式挺柱的形式

凸轮在旋转中对挺柱推力的方向是固定不变的，为使挺柱底面与凸轮接触面的磨损均匀，避免挺柱外圆表面与导向孔之间形成单面磨损，在设计上采取了如图 3.27 所示的结构措施。

将挺柱底面做成球面（有一定的锥度），使凸轮与挺柱的接触点偏离挺柱中心轴线，如图 3.27（a）所示；或挺柱中心轴线偏离凸轮对称轴线布置，如图 3.27（b）所示。这样，挺柱在凸轮的推力作用下，沿导向孔上升的同时，挺柱还绕其中心轴线旋转，使挺柱底面与凸轮表面、挺柱外圆表面与导向孔内表面磨损均匀。

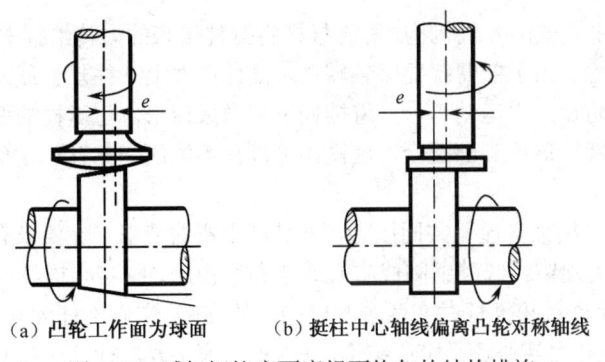

(a) 凸轮工作面为球面　　(b) 挺柱中心轴线偏离凸轮对称轴线

图 3.27　减轻挺柱底面磨损不均匀的结构措施

采用滚轮式挺柱，如图 3.26（d）所示，则将凸轮与挺柱的滑动摩擦变为滚动摩擦，进一步降低了凸轮、挺柱的摩擦磨损。

（2）液力挺柱。图 3.28 所示为桑塔纳轿车液力挺柱的外形，其结构如图 3.29 所示。挺柱体由圆桶和上端盖焊接而成。油缸外圆柱面与挺柱体的油缸导向孔配合，油缸内圆柱面与柱塞配合。球阀被补偿弹簧压靠在柱塞下端面的阀座上。挺柱体内部的低压油腔通过挺柱顶背面的键形槽与柱塞上方的低压油腔相通。挺柱工作中，挺柱体上的键形槽与缸盖上的斜油孔对齐时，缸盖主油道内的润滑油经量油孔、斜油孔和环形油槽进入低压油腔。柱塞下端油缸内部的空腔称为高压油腔，当球阀打开时，高压油腔与低压油腔相通。

无论是高压油腔还是低压油腔，都充满了油液。补偿弹簧还可以使油缸与柱塞做相对运动，保持挺柱体顶面与凸轮紧密接触。油缸下端面与气门杆端面紧密接触，整个配气机构无间隙。在气门打开的过程中，凸轮推动挺柱体和柱塞下移，油缸受到气门弹簧的阻力而不能马上下移，导致油压升高，球阀将阀门关闭。由于油液的不可压缩性，整个挺柱如同刚体一样下移，将气门打开。在此期间，挺柱和油缸之间的间隙会有部分油液泄漏，但不影响气门的正常打开。

在气门关闭的过程中，挺柱上移，由于仍受到凸轮和气门弹簧两方面的顶压，高压油腔仍保持高压，球阀仍处于关闭状态，液力挺柱仍是一个刚性体，直至气门完全关闭为止。气门关闭以后，补偿弹簧将柱塞和挺柱体继续向上推动一个微小的冲程（补偿由于油液泄漏而造成的柱塞与挺柱体的下降），同时高压油腔油压下降，球阀打开，低压油腔的油液进入高压油腔内补充油液的泄漏。气门关闭时，挺柱体上的环形油槽与缸盖上的斜油孔对齐，润滑系统的油液进入挺柱低压油腔内。

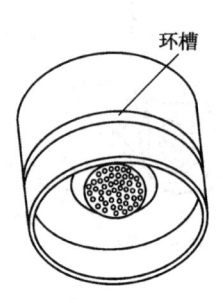

图 3.28　液力挺柱外形

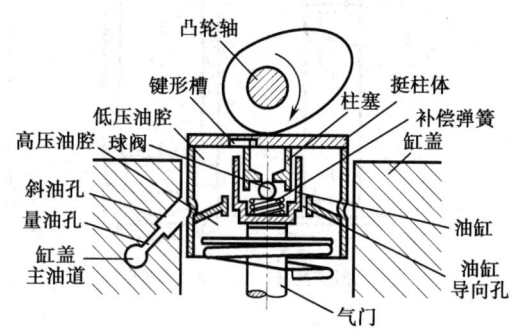

图 3.29　液力挺柱的结构

气门受热膨胀伸长时，通过柱塞与油缸之间的间隙，高压油腔内的油向低压油腔泄漏，柱塞与油缸产生相对运动，挺柱自动"缩短"，保证气门关闭紧密。

气门冷却收缩时，补偿弹簧将柱塞与挺柱体向上推动，球阀打开，低压油腔油液进入高压油腔，挺柱自动"伸长"，可保证"零气门间隙"。

3. 推杆

采用凸轮轴下置、中置式的配气机构，利用推杆将挺柱传来的力传给摇臂。推杆下端与挺柱接触，上端与摇臂调整螺钉接触。由于摇臂绕摇臂轴转动，推杆在做上下往复直线运动的同时，上端随摇臂一起做微量的摆动。为防止发生运动干涉，将推杆下端做成球形，与挺柱的凹球面配合；推杆上端做成凹球形，与摇臂调整螺钉球形头部配合。这样还可以在接触面间储存一定的润滑油，减轻磨损。推杆的结构如图 3.30 所示。

推杆属于细长杆，受挺柱与摇臂共同压力，容易产生弯曲变形。除要求有很大的刚性之外，应尽量做得短些。推杆一般用硬铝或低碳钢制成实心或空心结构，钢制实心推杆同两端的球形或凹球形支座锻成一个整体；而采用硬铝棒推杆时在两端配以钢制的支座。空心推杆大都采用冷拔无缝钢管制成，两端配以钢制的支座。无论是实心还是空心结构，两端的支座都要进行淬火和磨光处理，保证其耐磨性。

4. 摇臂与摇臂组

（1）摇臂的结构及布置如图 3.31 所示。摇臂的功用是以摇臂轴为支点，将推杆或凸轮传来的运动和作用力，改变大小和方向后传给气门，并使气门开启。摇臂是一个双臂杠杆，摇臂的两臂不等长，短臂端拧有气门间隙调整螺钉，长臂端加工成圆弧面，是推动气门的工作面。两臂长度比约为 1.2～1.8，这样，使用小向径的凸轮，也可获得比较大的气门开度。

因摇臂圆弧工作面与气门杆尾端面的接触应力很大，且有相对滑移，磨损严重，通常圆弧工作面需要在淬火后磨光。为使摇臂在尽可能小的质量下有较大的强度和刚度，特将摇臂制成"T"字形或"工"字形断面。与液力挺柱配用的摇臂不需要安装气门间隙调整螺钉，常用薄钢板冲压而成，如图 3.31（b）所示。

摇臂采用 45 号钢冲压或铸铁、铸钢铸造而成。摇臂轴孔内镶有衬套，以减小摇臂和摇臂轴的磨损。摇臂上端面钻有油孔，摇臂轴中的润滑油通过该油孔流向摇臂两端进行润滑。

（2）摇臂轴组件如图 3.32 所示，主要由摇臂、摇臂轴、摇臂轴支座、定位弹簧、定位套等组成。摇臂空套在空心的摇臂轴上，摇臂在摇臂轴上的位置由定位弹簧或定位套限定。摇臂轴由摇臂轴支座通过螺钉与汽缸盖固定。

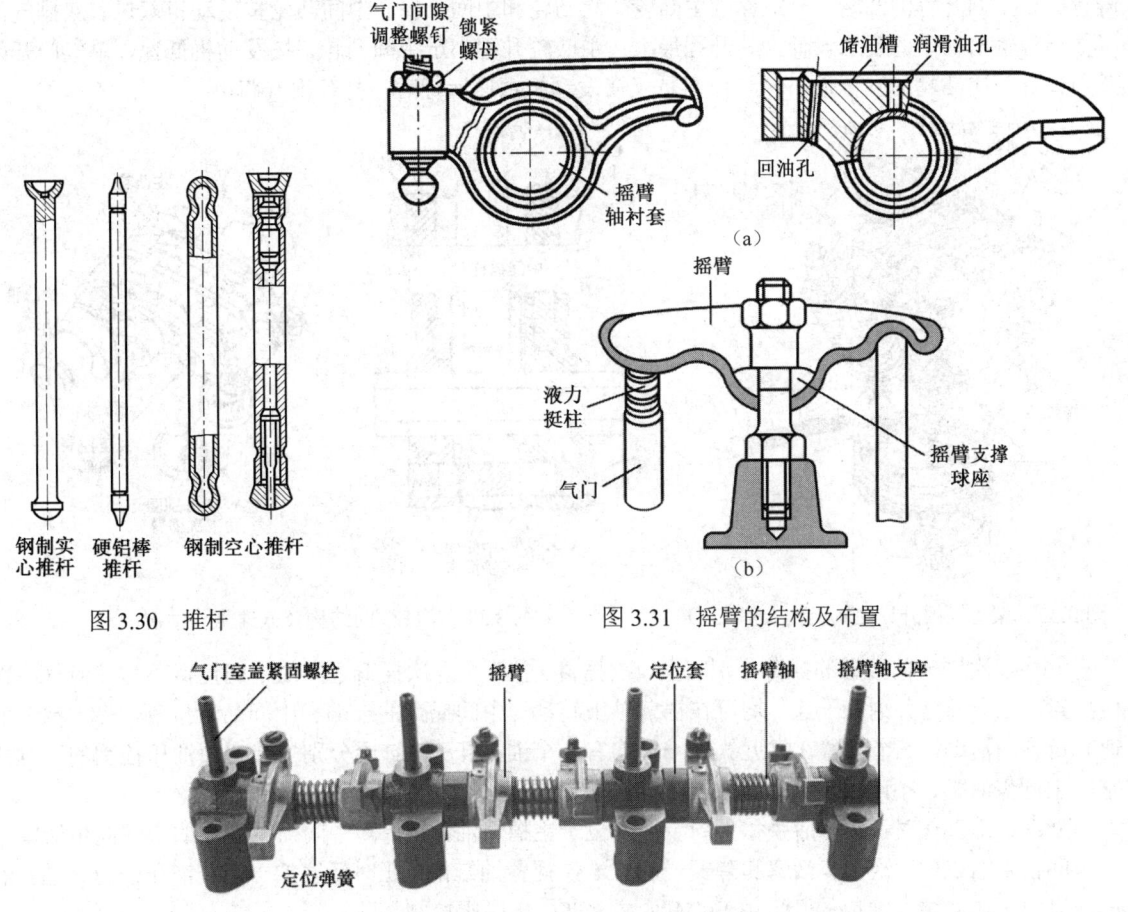

图 3.30 推杆

图 3.31 摇臂的结构及布置

图 3.32 摇臂轴组件

摇臂轴衬套与摇臂轴、摇臂工作面与气门杆尾端面、气门间隙调整螺钉的球头/球座与推杆的球座/球头均需要润滑，为此将润滑油从机体经汽缸盖和摇臂轴支座中的油道引入摇臂轴，再使其从摇臂轴、摇臂轴衬套和摇臂上的油孔流向摇臂两端。

3.2.3　可变配气技术简介

普通发动机的进、排气门的开闭时间和气门的开启高度（升程）仅在特定工况（负荷、转速）下为最佳值。可变配气技术则能随发动机转速、负荷、水温等运行参数的变化，自动地调整配气正时和气门升程，使发动机在多种工况下都能获得最佳的燃烧效率，使发动机在低速运转时转矩充沛，高速状态下动力强劲。

不同的汽车生产厂家对可变配气技术的称谓、标注各有不同，但在实现可变配气技术的方式上都大同小异，大类上可分为可变气门正时技术（VVT）、可变气门升程（VTEC）技术两大类。有些发动机只采用了可变气门正时技术，如丰田的 VVT-i 发动机；或只配置可变气门升程控制机构，如本田的 VTEC 发动机；某些发动机既采用了可变气门正时技术，还配置了可变气门升程控制机构，如丰田的 VVTL-i、本田的 i-VTEC 发动机。

1．可变气门升程控制机构（简称 VTEC）

装备有 VTEC 的发动机，每个汽缸配置有两个进气门和两个排气门，分别称为主进（排）气门和次进（排）气门，由对应的主次凸轮、主次摇臂驱动，如图 3.33 所示。

（1）VTEC 的结构。VTEC 的结构及低速工作情况如图 3.34 所示。在凸轮轴上，对应的每个汽缸铸有三个不同升程的凸轮，分别称为主凸轮、次凸轮和中间凸轮。中间凸轮按发动机双进、双排气门工作最佳输出功率的要求设计，其升程最大；主凸轮升程小于中间凸轮，按发动机低速、单气门开闭要求设计；次凸轮的升程最小，其作用是仅在发动机怠速运行时，打开次气门。

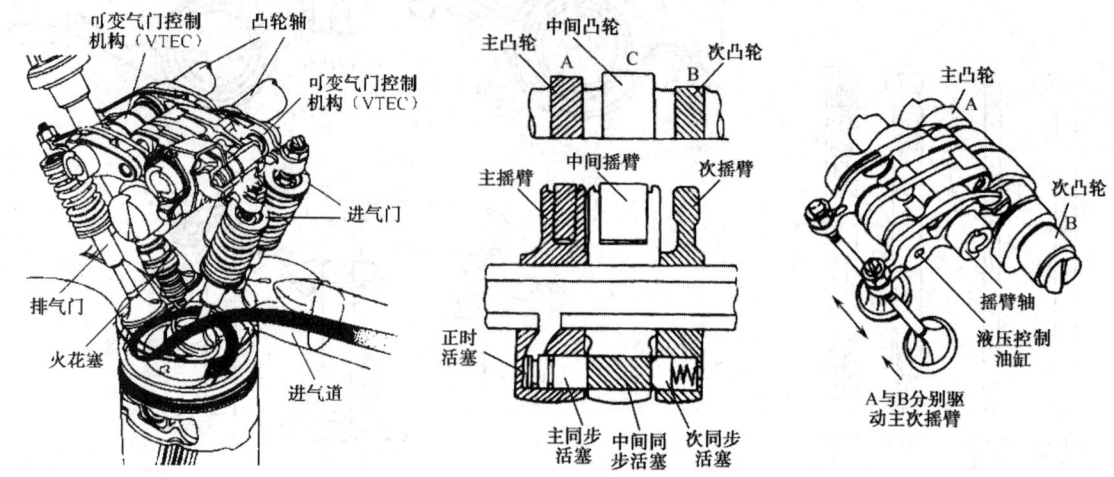

图 3.33　可变气门升程控制机构（VTEC）　　　　图 3.34　VTEC 的结构及低速工作情况

与主、次进气门接触的摇臂分别叫主、次摇臂。位于主、次摇臂之间的中间摇臂不与任何气门直接接触。三个摇臂并列在一起，均可在摇臂轴上转动。中间摇臂的一端和中间凸轮接触，另一端在低速时可自由活动。三个摇臂在靠近气门一端均有一个油缸孔。油缸中分别安装有由油压控制的正时活塞、主同步活塞、中间同步活塞和次同步活塞。

VTEC 不工作时，正时活塞和主同步活塞位于主摇臂油缸内，和中间摇臂等宽的中间同步活塞位于中间摇臂油缸内，次同步活塞和弹簧一起位于次摇臂油缸内。正时活塞的一端和液压油道相通，液压油来自工作油泵，油道的开启由 ECM 通过 VTEC 电磁阀控制。

（2）VTEC 的控制原理。VTEC 机构是采用一根凸轮轴上设计两种（高速型和低速型）不同配气定时和气门升程的凸轮形成的。VTEC 的控制原理如图 3.35 所示。ECM 接收发动机的转速、负荷、水温及车速传感器信号，经分析、计算、处理后，输出信号控制电磁阀的开闭，实现对配气正时及气门升程变化的控制。

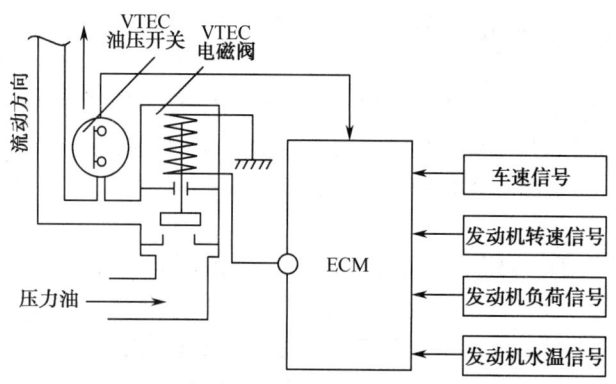

图 3.35　VTEC 控制原理示意图

发动机低速运行时，ECM 无指令输出，正时活塞无油压作用，各活塞位于各自的油缸内，各摇臂均独自上下运动，如图 3.34 所示。主、次摇臂分别由主、次凸轮驱动，主进气门按正常的时间和开度开启，次进气门由于次凸轮的开度小只稍稍打开，中间摇臂由中间凸轮驱动，但对进气门的开启无任何作用；此时，发动机处于"单进、双排"工作状态，进、排气门重叠角和升程都较小，吸入的混合气不到高速时的一半，满足了低速工况的需要。

发动机在高速、大负荷（即转速≥2000r/min、车速≥10km/h，水温≥10℃，发动机负荷到达一定程度）运行时，ECM 输出控制信号，使 VTEC 电磁阀打开，来自工作油泵的油压作用于正时活塞，使正时活塞和同步活塞右移，同步活塞将三个摇臂连锁成为一体，如图 3.36 所示。主、次摇臂均由中间凸轮驱动，因中间凸轮的升程大于另两个凸轮，从而改变了配气正时，增大了进、排气门重叠角和升程，适应了发动机高速工况的需要。

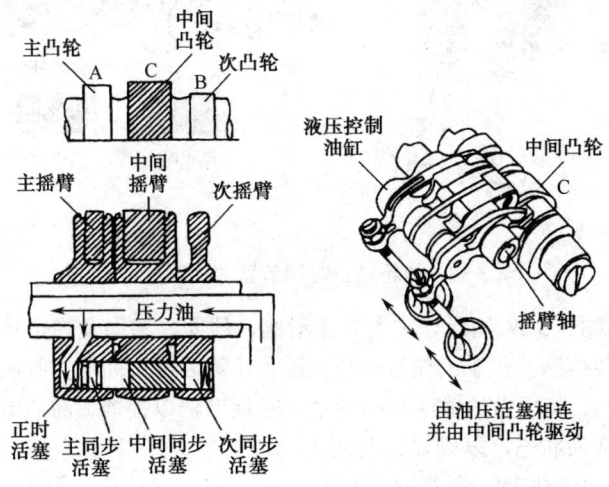

图 3.36　发动机高速大负荷运行时 VTEC 的控制原理示意图

2. 可变气门正时控制机构（简称 VVT-i）

（1）可变气门正时控制机构的结构。可变气门正时控制机构的结构如图 3.37 所示，主要由凸轮轴正时调节器、油压控制阀（OCV）、曲轴位置传感器（CKP）、凸轮轴位置传感器（CMP）及发动机管理系统（PCM）等组成。CKP 将发动机转速信号传给 PCM，CMP 将汽缸识别信号传给 PCM。PCM 经分析、计算，发出指令，输出电流（占空比形式）信号控制 OCV，改变 OCV 的高压油通道。OCV 控制可变气门正时执行器调节进气凸轮轴相位，以使气门正时达到最佳状态。

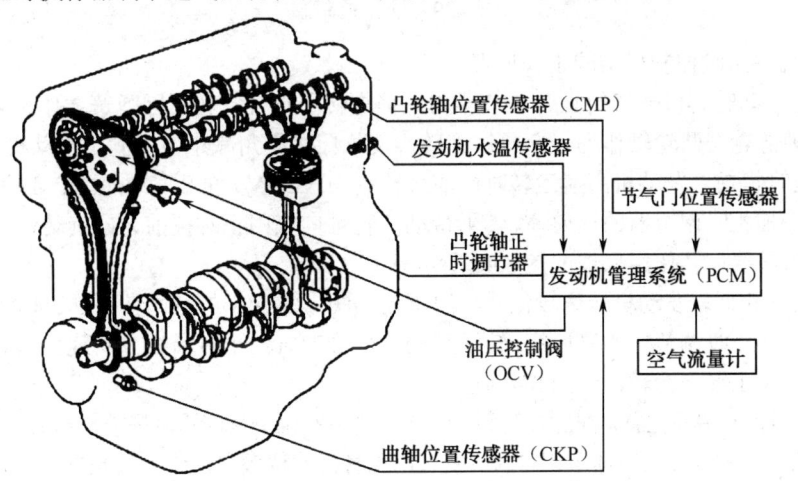

图 3.37　可变气门正时控制机构（VVT-i）的结构示意图

凸轮轴正时调节器的外形及结构如图 3.38 所示，它主要由固定在进气凸轮轴上的叶片、与从动正时链轮一体的壳体及锁销组成。叶片与壳体组成的空腔分为（气门正时）提前室和（气门正时）滞后室，由油压控制阀将压力油传送给提前或滞后室，促使凸轮轴正时调节器的叶片带动凸轮轴旋转，达到调整进气门正时，获得最佳配气相位的目的。

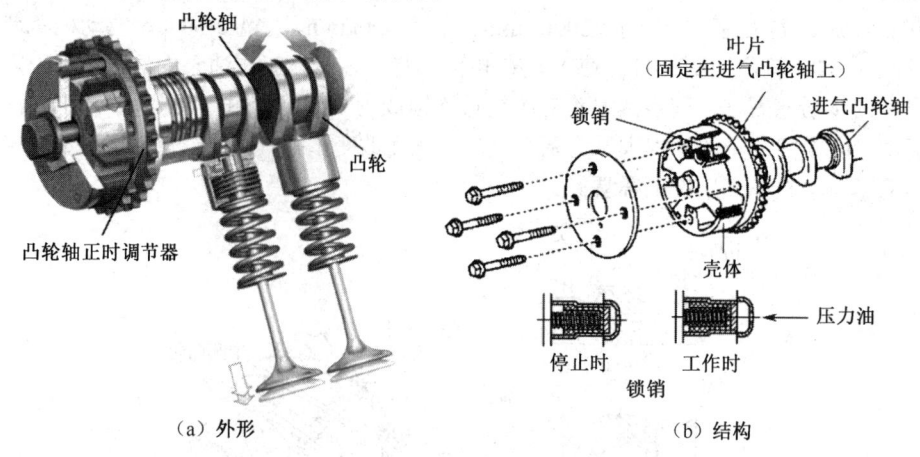

（a）外形　　　　　　　　　　　　　（b）结构

图 3.38　凸轮轴正时调节器的外形及结构

油压控制阀的结构如图 3.39 所示，它主要由滑阀、线圈、柱塞及弹簧等组成。工作时，发动机管理系统（PCM）接收各传感器传来的信号，经分析、计算后传给油压控制阀控制指令，接通油压控制阀电源，控制滑阀移动，将压力油输送给凸轮轴正时调节器以提前、滞后或保持位置。当发动机停机时，油压控制阀处于滞后状态，以确保起动性能。

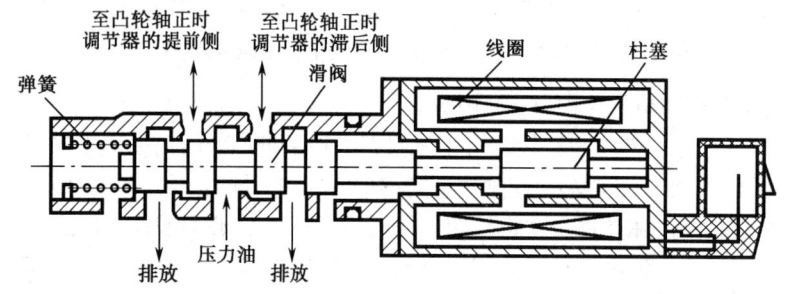

图 3.39　油压控制阀

（2）可变气门正时控制机构的工作原理。

① 发动机起动时。可变气门正时调节器的锁销与转子啮合，转子因弹簧力作用处于最大配气延迟位置，凸轮轴链轮与凸轮轴作为一个整体旋转，使气门重叠角减小，以满足发动机的起动性能。

② 气门正时提前。发动机高速运转时，油压控制阀（OCV）的滑阀按照 PCM 信号移动到左侧，液压油进入凸轮轴正时调节器的提前室，转子带动凸轮轴向气门正时提前方向旋转，增大气门重叠角，满足高速工况的需要，其作用原理如图 3.40 所示。

③ 气门正时滞后。发动机转速较低时，油压控制阀（OCV）的滑阀按照 PCM 信号移动到右侧，液压油进入凸轮轴正时调节器的滞后室，转子带动凸轮轴向气门正时滞后方向旋转，减小气门重叠角，发动机稳定在低速工况下运转，如图 3.41 所示。

④ 保持气门正时中间位置。油压控制阀（OCV）的滑阀位于气门正时提前与滞后的中间位置。凸轮轴正时调节器的提前室与滞后室油压相等，可变气门正时机构按额定设计工况下的重叠角范围工作。

综上所述：从原理上看，可变气门正时控制机构只能控制气门提前打开或推迟关闭的时刻，不能改变气门开启持续时间，也不能控制气门升程，即不能有效改善汽缸内单位时间的进气量，对于发动机动力性的帮助并不大。但若在普通发动机上实现可变气门正时控制，技术上只需一套液压装置（凸轮轴正时调节器），就能调整凸轮轴的相位。

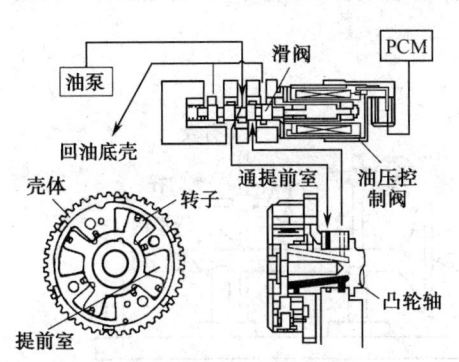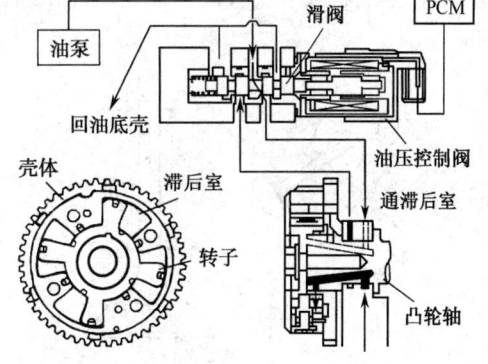

图 3.40　可变气门正时控制机构的正时提前　　　图 3.41　可变气门正时控制机构的正时滞后

采用可变气门升程技术的发动机高速运转时，气门升程高度大，"呼吸"更顺畅；低速运转时，气门升程高度小，进气负压更大、进气涡流更强烈，燃气混合更充分，从而提升发动机在各个转速内的动力性能。

值得指出的是，可变气门升程技术在国内已经得到了普遍运用，但其应用仍然处于初级阶段的分段可调。连续可变气门升程技术目前只在少数高端进口车上使用。

可变气门正时控制机构和可变气门升程技术的普及，无疑可以将发动机动力性、经济性、排放性和平顺性之间的均衡性提升到一个新的境界，这也是自然吸气发动机的发展方向。

3.3　配气机构的维修

3.3.1　气门组零件的检修

1. 气门与气门座配合的技术要求

气门与气门座的配合是配气机构的重要环节，它影响到汽缸的密封性，对发动机的动力性和经济性影响极大。气门与气门座的配合技术要求如下。

（1）气门与座圈的工作锥面角度应一致。为改善气门与座圈的磨合性能，磨削气门的工作锥面时，其锥面角度应比座圈小 0.5°～1°。

（2）气门与座圈的密封带位置在中部靠内侧。过于靠外会使气门的强度降低；过于靠内会造成气门与座圈接触不良。

（3）气门与座圈的密封带宽度应符合原厂规定，一般为 1.2～2.5mm，排气门的密封带宽度大于进气门，柴油机的密封带宽度大于汽油机。密封带宽度过小将使气门磨损加剧；宽度过大容易烧蚀气门。

（4）气门工作面与杆部的同轴度误差应不大于 0.05mm。

（5）气门杆与导管的配合间隙应符合原厂规定。

2. 气门的检修

气门常见的耗损有：气门工作面的磨损与烧蚀，气门杆的磨损，气门杆的弯曲变形等。

（1）气门工作面的检修。气门工作面磨损起槽或烧蚀出现斑点，应进行光磨。气门光磨是在气门光磨机上进行的，光磨后，气门工作（锥）面的径向圆跳动误差一般应不大于 0.01mm，表面粗糙度应小于 1.25mm。

（2）气门杆的检修。

① 用外径千分尺检测气门杆的磨损，测量部位如图 3.42 所示，通常与气门杆尾端未磨损部分对比测量，磨损量若超过 0.05mm，或用手触摸有明显的阶梯形成感觉时，应更换气门。

② 用百分表检查气门杆的弯曲变形，如图 3.43 所示，若表针摆差超过 0.06mm，应校直或更换气门杆。

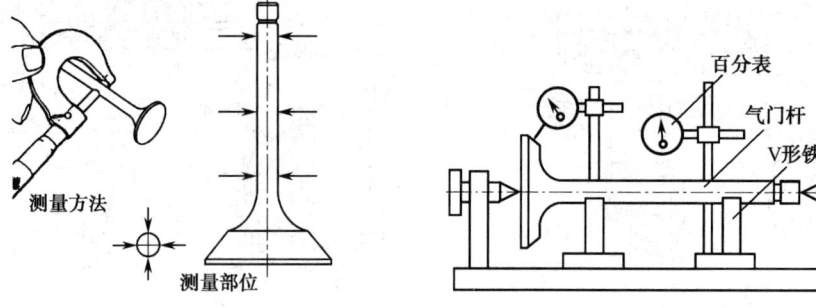

图 3.42　用外径千分尺检测气门杆的磨损　　图 3.43　用百分表检查气门杆的弯曲变形

③ 气门杆尾端磨损凹陷应磨平，气门全长及磨削量应符合相关规定要求。

3. 气门座的检修

（1）铰削气门座如图 3.44 所示。

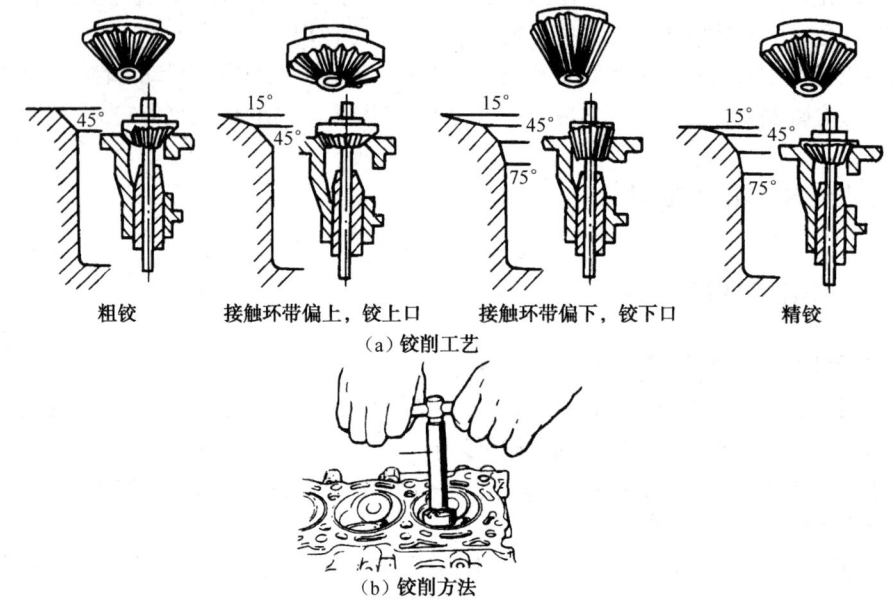

（a）铰削工艺

（b）铰削方法

图 3.44　气门座的铰削

① 根据气门导管内径选择铰刀导杆，导杆以轻易插入气门导管内且无松动为宜。

② 把砂布垫在铰刀下，磨除座口硬化层，以防止铰刀打滑。

③ 用与气门锥角相配的粗铰刀铰削工作锥面，直到凹陷、斑点全部除去，并保证有 2.5mm 以上的完整锥面为止。

④ 用相配的气门与气门座进行涂色试配，查看印迹。接触环带应在气门和工作锥面的中部靠里位置，若过上或过下，可用 15° 或 75° 锥角的铰刀铰削。

⑤ 最后用与工作锥面角度相同的细刃铰刀进行精铰，然后在铰刀下垫细砂布磨修，以降低气门座工作锥面粗糙度。

（2）气门的研磨。研磨气门可手工操作或在气门研磨机上进行，下面以手工研磨为例，说明其工艺过程及要领。

① 研磨前应先用汽油清洗气门、气门座和气门导管，将气门按顺序排列或在气门头部打上记号，

以免错乱。

② 在气门工作锥面上涂上一层薄薄的粗研磨砂，同时在气门杆上涂以机油，插入气门导管内。

③ 利用螺丝刀或橡皮捻子按图 3.45 所示方法，使气门做往复和旋转运动，与气门座进行研磨，注意旋转角度不宜过大，并不时地提起和转动气门，变换气门与气门座相对位置，以保证研磨均匀。

④ 当气门工作锥面与气门座工作锥面磨出一条较完整且无斑痕的接触环带时，可以将粗研磨砂洗去，换用细研磨砂，继续研磨。当工作锥面出现一条整齐的灰色的环带时，再洗去细研磨砂，涂上润滑油，继续研磨几分钟即可。

（3）气门的密封性检查。

① 画线法。检查前将气门及气门座清洗干净，在气门工作锥面上用软铅笔沿工作锥面均匀地画上若干条线，如图 3.46（a）所示；然后将气门与相配气门座圈接触，略压紧并转动气门 45°～90°，取出气门，查看铅笔线条，如铅笔线条均被切断，如图 3.46（b）所示，则表示气门的密封性良好，否则应重新研磨。

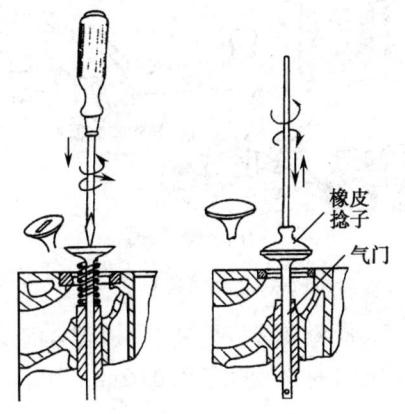
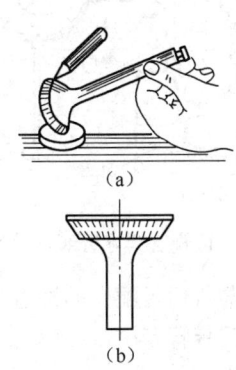

图 3.45　手工研磨　　　　　　图 3.46　用铅笔画线法检查气门的贴合情况

② 拍击法。将气门与相配气门座轻轻敲击几次，查看接触带，如有明亮的连续光环，即为合格。

③ 涂红丹油。在气门工作锥面上涂抹上一层轴承蓝或红丹油，然后用橡皮捻子吸住气门在气门座上旋转 1/4 圈，再将气门提起，若轴承蓝或红丹油布满气门座圈工作锥面一周而无间断，又十分整齐，即表示密封良好。

④ 渗油法。可用煤油或汽油浇在气门顶面上，5min 内观察气门与气门座接触处是否有渗漏现象，如无渗漏即为合格。

4. 气门座圈的镶换

当气门座圈有裂纹、松动、烧蚀现象或磨损严重；或经多次铰削加工修理，使新气门装入后，气门顶面仍低于汽缸盖燃烧室平面 2mm 以上，应镶换新气门座圈，其工艺要点如下。

（1）拉出旧气门座圈。应根据具体情况选用不同方法，不得损伤气门座承孔。

（2）用内径量表测量气门座承孔内径，根据气门座和汽缸盖承孔的材质选择合适新气门座圈，过盈量一般在 0.07～0.17mm。

（3）根据过盈量的大小，选择合适的（温差法、温差压力法、压力法）镶装工艺将气门座圈压入承孔中。

5. 气门导管的修配

当气门导管与汽缸盖承孔过盈量过小，或气门导管磨损严重，或气门杆与气门导管的配合间隙超过限度时，应予以更换。工艺要点如下。

（1）检查气门导管磨损程度，如图 3.47 所示。将汽缸盖倒放在工作台上，将气门顶面升至高出气门座口约 10mm，安装磁性座百分表，使百分表的测头触及气门杆尾部，侧向推动气门尾部，同时观看百分表上指针的摆动，其摆动量即为实测的近似间隙。如换上新气门，其间隙仍超过允许值，则更换气门导管。

（2）压出旧导管。先用游标深度尺检查导管顶端面与汽缸盖平面之间的距离（压装新导管时，按此尺寸安装），再用带台阶的冲头在压床上压出导管，或用锤子敲击冲头将导管取出。导管取出后，应仔细检查汽缸盖上导管承孔的内壁有无拉毛擦伤。

（3）新导管的选配。新导管内径应与气门杆尺寸相适应，外径与导管承孔间的过盈量应符合技术标准要求。

（4）压装新导管。先在新导管外圆表面涂上一层机油，然后用带台阶的冲头在压床上压入新导管。如无压床，可用锤子谨慎敲击冲头缓缓装入，如图 3.48 所示。压装时，注意气门导管的伸出量 H（导管上端距汽缸盖上平面的距离）。

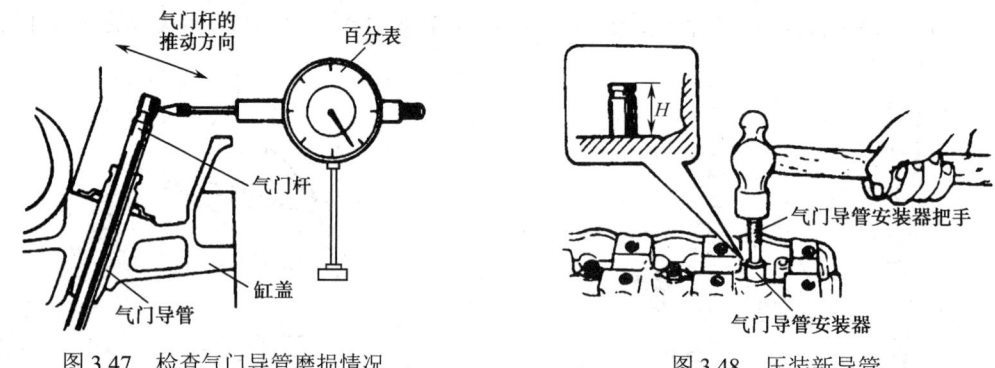

图 3.47　检查气门导管磨损情况　　　　　　图 3.48　压装新导管

（5）新导管与气门杆配合的检查与修整。新导管压入后，应检查其与气门杆间的配合间隙，如间隙过小，可用气门导管专用铰刀铰削内孔。铰削应分几次进行，每次铰削量以 0.02mm 为宜，直至配合间隙符合要求为止。

6. 气门弹簧的检查

气门弹簧经长期使用后会出现下列耗损：断裂、歪斜、弹力减弱。气门弹簧的歪斜将影响气门关闭时的对中性，使气门关闭不严，容易烧蚀密封带，并破坏气门旋转机构的正常工作。维护中主要检查气门弹簧的自由长度、中心轴线垂直度和弹力，检查方法及所用的检查量具如图 3.49 所示。气门弹簧垂直度公差大于 1.5mm、弹力的减小值大于原厂规定的 10%、自由长度减小值超过 2mm 时，均应更换。

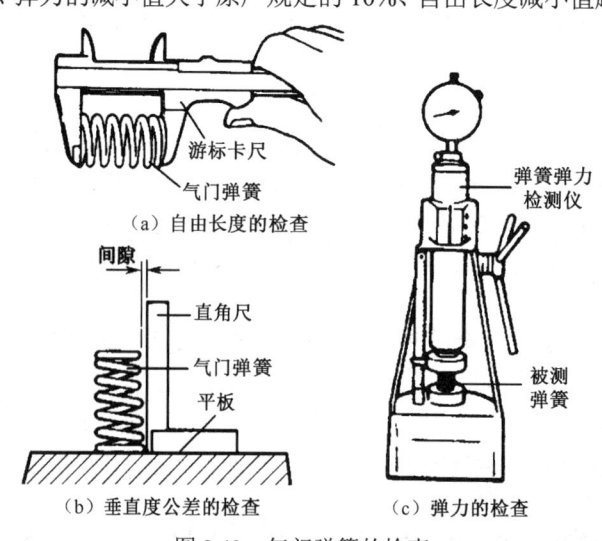

图 3.49　气门弹簧的检查

3.3.2 气门传动组的修理

1. 凸轮轴的检修

（1）凸轮轴的损伤形式。凸轮轴常见的损伤是凸轮轴弯曲变形、凸轮磨损、支承轴颈表面磨损，以及正时齿轮驱动件耗损等。这些损伤会使气门的最大开度和发动机的充气系数降低，配气相位失准，并改变气门上下运动的速度特性，从而影响发动机的动力性、经济性等。

（2）凸轮轴弯曲变形的检修。凸轮轴的弯曲变形是以凸轮轴中间轴颈对两端轴颈的径向圆跳动误差来衡量的，检查方法如图 3.50 所示。将凸轮轴放置在 V 形铁上，V 形铁和百分表放置在平板上，使百分表触头与凸轮轴中间轴颈垂直接触。转动凸轮轴，百分表表针的摆差即为凸轮轴的弯曲度。

检查完毕后将检查结果与标准值比较，以确定是修理还是更换。

（3）凸轮磨损的检修。凸轮的磨损使气门的升程规律改变和最大升程减小，因此凸轮的最大升程减小值是凸轮检修的主要依据。当凸轮最大升程减小值大于 0.40mm 或凸轮表面累积磨损量超过 0.80mm 时，则更换凸轮轴；当凸轮表面累积磨损量小于 0.80mm 时，可在凸轮轴磨床上修磨凸轮。但是，现代汽车发动机凸轮轴的凸轮均为组合线型，由于加工精度极高，修理成本高，所以目前极少修复，一般更换凸轮轴。凸轮最大升程 H 的检测可在 V 形铁上用高度游标卡尺检测，也可用外径千分尺进行检查，如图 3.51 所示。

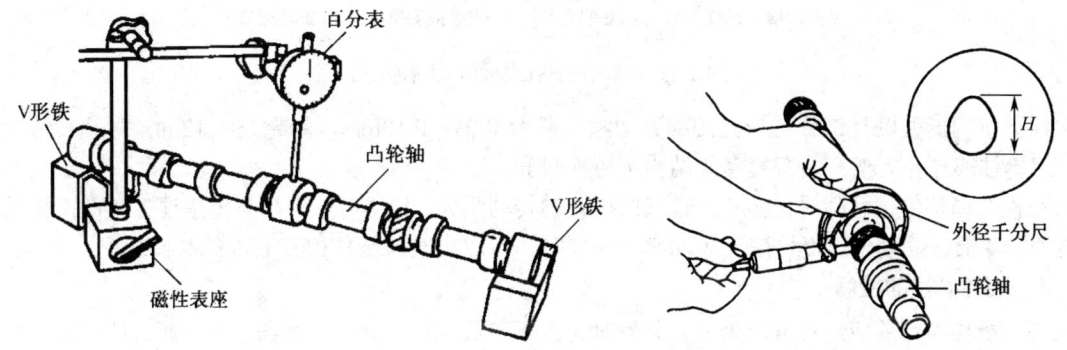

图 3.50　检查凸轮轴的弯曲变形　　　　图 3.51　检查凸轮的磨损

（4）凸轮轴轴颈的检修。用千分尺测量凸轮轴轴颈的圆度误差和同轴度误差。凸轮轴轴颈的圆度误差不得大于 0.015mm，各轴颈的同轴度误差不得超过 0.05mm，否则，应按修理尺寸法进行修磨。

（5）凸轮轴轴承的检修。凸轮轴轴承的配合间隙超过使用极限时，应更换新轴承。

（6）凸轮轴轴向间隙的检查调整。对于采用止推凸缘进行轴向定位的发动机，在检查轴向间隙时，应用塞尺插入凸轮轴第一道轴颈前端面与止推凸缘之间，或正时齿轮轮毂端面与止推凸缘之间，如图 3.52（b）所示。塞尺的厚度值即为凸轮轴轴向间隙，一般为 0.10mm，使用极限为 0.25mm，如间隙不符合要求，可增、减止推凸缘的厚度来调整。

对于采用轴承翻边进行轴向定位的发动机（如桑塔纳 2000 型），检查轴向间隙时，要在不装液压挺柱的情况下进行（可只装第 1、第 5 道轴承盖），用百分表触头顶在凸轮轴前端，轴向推拉凸轮轴，百分表的摆动量即为凸轮轴的轴向间隙，如图 3.52（a）所示。凸轮轴轴向间隙超出使用极限时，则更换凸轮轴止推轴承。

2. 气门挺柱的检修

气门挺柱的主要耗损是：气门挺柱底部出现剥落、裂纹、擦伤划痕，气门挺柱与导孔配合松旷等。气门挺柱多为冷激铸铁材料制成的筒式挺柱，其缺点是底面的冷激层极易产生疲劳磨损；此外，因气门挺柱运动的特殊性，加之润滑条件较差或其他原因使气门挺柱运动阻滞，造成底部的不均匀磨损，导致气门挺柱底部对凸轮的反磨效应加剧，在不长的行驶里程内使凸轮过早因磨耗而报废。

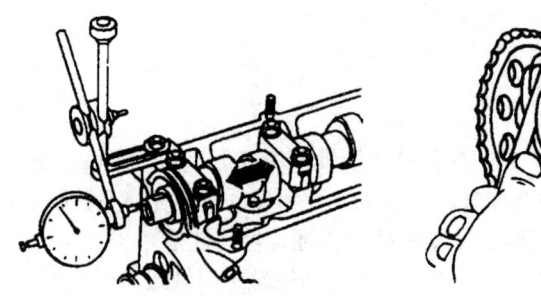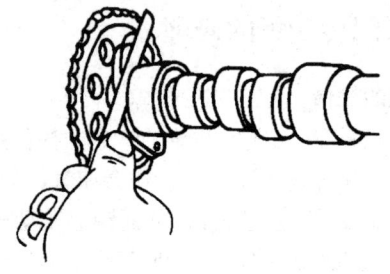

（a）用百分表检查凸轮轴轴向间隙　　　　　　（b）用塞尺检查凸轮轴轴向间隙

图 3.52　凸轮轴轴向间隙的检查

（1）气门挺柱底部出现疲劳剥落时，更换新件。

（2）底部出现环形光环，说明磨损不均匀，应尽早更换新件。

（3）底部出现擦伤划痕时，应更换，如图 3.53 所示。

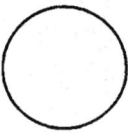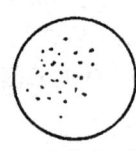

（a）凹槽或裂纹　　（b）接触良好　　（c）点蚀或剥落　　（d）条状划痕

图 3.53　气门挺柱工作面的技术状况

（4）气门挺柱圆柱部分与导孔的配合间隙一般为 0.03～0.10mm，如超过 0.12mm 时应视情况更换气门挺柱或导孔支架。装有衬套的结构可更换衬套。

在检查调整气门间隙时，就应检查气门挺柱的转动阻力。检查时，食指与拇指捏住气门挺柱转动应自如无阻滞，摆动气门挺柱应无晃动感。必要时，可取出气门挺柱检查底部的磨损状况。

3．液力挺柱的检修

液力挺柱检修前应进行分解清洗。分解时先拆下弹簧卡环，拆掉柱塞盖、限流阀、柱塞及柱塞回位弹簧。分解完毕后，清洗液力挺柱总成，清除积炭、胶质和油泥。检查液力挺柱与承孔的配合间隙，一般为 0.01～0.04mm，使用限度为 0.10mm。逾限后应更换液力挺柱。检查各部件有无损坏，应特别注意检查液力挺柱体外侧面及底部有无过度磨损。可用直钢板尺放在液力挺柱底面上检查底面有无凹损，如果底面呈凹形，应更换磨损的液力挺柱并确认是否需要更换凸轮轴。

在液力挺柱清洗、检查、组装后，应用液力挺柱回降测试仪检测各个液力挺柱的泄漏量、回降时间是否在规定范围内，以确保发动机配气、传动系统的正常工作。

4．气门杆的修理

气门杆一般都是空心细长杆，工作时易发生弯曲，直线度误差应不大于 0.30mm（EQ6100-1 型发动机的此项限值为 0.40mm）。杆身应平直，不得有锈蚀和裂纹。上端凹球端面和下端凸球面半径磨损应控制在 +0.03～-0.01mm 之间。气门杆若弯曲，应进行校直。

5．摇臂轴和摇臂的修理

摇臂的损伤主要是摇臂头的磨损。检查时，摇臂头部应光洁无损。修理后的凹陷应不大于 0.50mm。如超过规定则应修理，可用堆焊修磨。摇臂与摇臂轴的配合间隙如超过规定应更换衬套，并按轴的尺寸进行铰削或镗削修理。镶套时，要使衬套油孔与摇臂上的油孔重合，以免影响润滑。

摇臂上调整螺钉的螺纹孔损坏时，一般应更换。

摇臂轴轴颈的磨损量大于 0.02mm 或摇臂轴与摇臂承孔的配合间隙超过规定时，应更换摇臂轴。摇臂轴弯曲应冷压校直，使其直线度误差在 100mm 长度上不大于 0.03mm。

6. 正时链轮和链条的检查

采用上置凸轮轴式配气机构的发动机在工作中，正时传动机构会因正时链条的磨损而使节距变长，噪声增大，严重时会使配气正时失准。因此，在维修中应认真检查。

（1）正时链条的检查。测量全链长，测链条长度时，对链条施以一定的拉力拉紧后测量其长度，如图 3.54 所示。测量时的拉力可定为 50N，如丰田 2Y、3Y 发动机的链条长度应不超过 291.4mm，如长度超过此值时，应更换新链条。

（2）正时链轮的检查。测量最小的链轮直径，将链条分别包住凸轮轴正时链轮和曲轴正时链轮，用游标卡尺测量其直径，如图 3.55 所示，其直径不得小于允许值。例如，丰田 2Y、3Y 发动机其允许的直径最小值：凸轮轴正时链轮为 114mm；曲轴正时链轮为 59mm。若小于此值时，应更换链条和链轮。

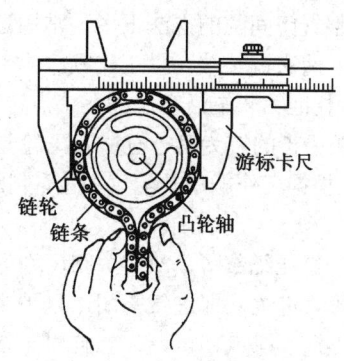

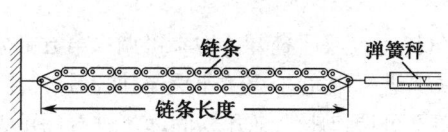

图 3.54　链条长度的测量

图 3.55　链轮直径的测量

7. 正时齿形带的安装

（1）曲轴带轮和正时带轮上都有标记。装配时要将标记和汽缸体上正时齿轮、带轮室上的标记对齐，以保证配气相位的正确性，如图 3.56 所示。

（2）装上正时齿形带并检查确认齿形带不开裂，齿数、齿形不残缺，否则更换。

（3）正时齿形带张紧度的检查如图 3.57 所示，用手指在正时齿轮和中间齿轮之间捏住正时齿形带，以刚好能转 90° 为宜，调整张紧轮固定螺母并拧紧。将曲轴转 2~3 圈后，复查确认。

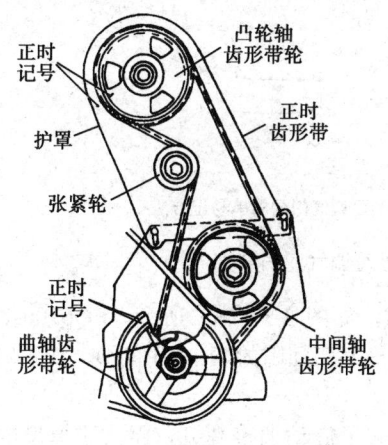

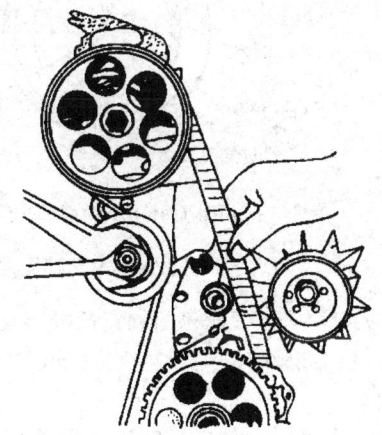

图 3.56　正时齿形带的安装

图 3.57　正时齿形带张紧度的检测

3.3.3　配气机构的检查与调整

1. 气门间隙的检查与调整

在发动机使用过程中，气门间隙的大小会发生变化，因此在配气机构气门传动组中设有气门间隙调节装置，以便对气门间隙进行调整。有些发动机（主要是轿车发动机）采用了长度能自动变化的液力挺柱，可随时补偿气门的膨胀量，故不需要预留气门间隙，也没有气门间隙调整装置。

（1）气门间隙调整原则：在气门完全关闭状态下，即挺柱（或摇臂）必须落在凸轮的基圆上时，才能调整。

由于气门开始开启和开始关闭时，挺柱（或摇臂）位于凸轮的缓冲段内某点上，而且配气相位往往产生一定的偏差，所以不仅气门开启过程不能调，而且将要开启和刚关闭不久的一段时间内也不能调。根据该原则，则气门在如下六种状态下不能调。

正在进气，则进气门不能调；正在排气，则排气门不能调；将要进气，则进气门不能调；将要排气，则排气门不能调；刚进气完，则进气门不能调；刚排气完，则排气门不能调。

调整气门间隙的方法很多，常用逐缸调整法和两次调整法。

（2）两次调整法（以工作顺序为 1-5-3-6-2-4 的六缸发动机为例）。

① 找准第一缸活塞压缩上止点位置。摇转曲轴，若曲轴皮带盘的缺口与正时齿轮盖凸出点对准，则分火头所指的缸为第一缸；若飞轮与飞轮壳上的标记对准，则分火头所指的缸为第一缸。

② 根据工作顺序及配气相位，判断出完全关闭的气门，然后调整这些气门的间隙，如图 3.58（a）所示。

第一缸压缩终了，双门关闭，均可调；第六缸排气终了，双门叠开，均不可调；第五缸处于压缩冲程，距"进关（即进气关闭，以下类似）"很近，属"进气刚完"，进气门不能调，距"排开""排关"都很远，排气门可调；二缸"正在排气"，排气门不可调，距"进开"尚远，进气门可调；第三缸"正在进气"，进气门不可调，距"排关"已远，排气门可调；第四缸处于做功冲程，已距"排开"很近，属"将要排气"，排气门不可调，距"进开""进关"都很远，进气门可调。

简单易记的方法是"双排不进"，如图 3.58（b）所示。

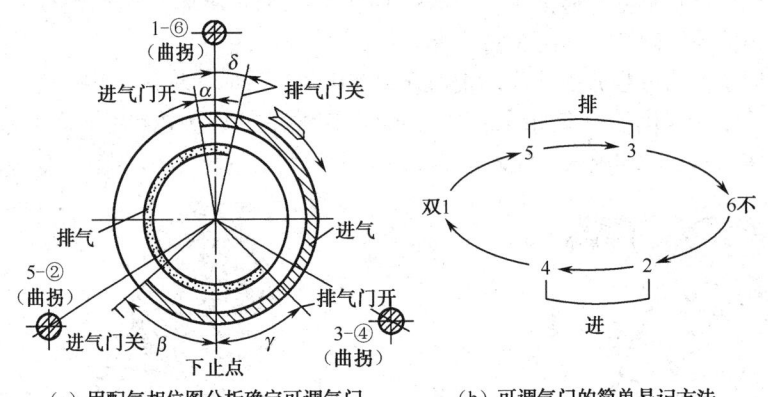

（a）用配气相位图分析确定可调气门　　　（b）可调气门的简单易记方法

图 3.58　第一缸压缩终了做功开始时可调气门的判别

③ 用塞尺检查进、排气门的气门杆与摇臂之间的间隙，如图 3.59（a）所示。EQ6100-1 型发动机的进、排气门间隙值均为 0.20～0.25mm（部分汽车发动机气门间隙如表 3.2 所示），如不符合技术要求应予调整。

调整时，如图 3.59（b）所示。先松开锁紧螺母，用起子旋动调整螺钉，将规定厚度的厚薄规插入气门杆端部与摇臂之间，当抽动厚薄规有阻力感时，拧紧锁紧螺母，再复查一次，符合规定值即可。

④ 调整一半气门后，将曲轴摇转 360°，再检查调整其余的气门间隙。

⑤ 对所有气门进行复检。

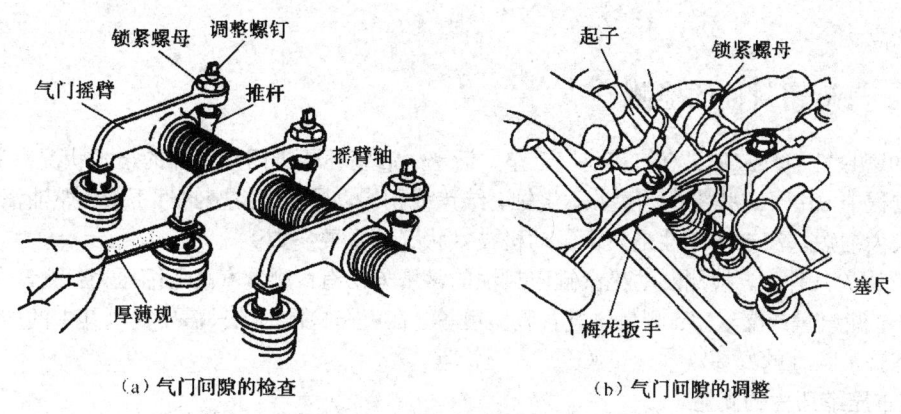

| （a）气门间隙的检查 | （b）气门间隙的调整 |

图 3.59　气门间隙的检查与调整

（3）逐缸调整法。

① 摇转曲轴，找准第一缸压缩上止点位置。

② 按上述方法检查调整第一缸进、排气门间隙。

③ 按工作顺序，摇转曲轴180°（四缸机）或120°（六缸机），依次使下一缸处于压缩上止点位置，调整该缸进、排气门间隙。

2. 配气相位的检查与调整

配气凸轮、凸轮轴轴支承点、正时齿轮的磨损，气门传动件的变形等，会导致配气相位的改变，致使发动机充气系数下降，功率不足。为此，在发动机大修时，应认真检查配气相位变动情况，必要时予以校准。下面以 EQ6100-1 型发动机为例进行介绍。

（1）配气相位的检查（以 EQ6100-1 型发动机为例），介绍其检测方法及步骤。

① 检查时，为了减少凸轮轴轴向窜动和气门间隙对配气时刻的影响，先将凸轮轴轴向间隙调整好，将气门间隙调整为0。

② 取下气门罩盖，按发动机工作顺序 1-5-3-6-2-4 摇转曲轴，使第一缸活塞处于排气上止点位置。摇转曲轴，根据前述方法确保第一缸活塞上行到排气上止点位置。

③ 安装好百分表支架和表头，使百分表的测量头垂直接触在排气门弹簧座上，并使百分表测量头有一定的预压缩量，其大小以百分表上的小指针在 1～2 之间为宜，同时转动百分表表盘使大指针对"0"。

④ 在曲轴皮带轮上安装一只刻度（分度）盘。

⑤ 慢慢转动曲轴（或飞轮），注意百分表指针的变化，当百分表指针离开"0"值时，为排气门开启时间，此时将刻度盘的指针调到"0"。

⑥ 继续转动曲轴，当曲轴皮带轮的缺口与正时齿轮盖凸出点对准时，刻度盘指针指示的刻度值即为排气门在下止点开启的角度。

⑦ 继续转动曲轴，当百分表指针回到"0"位时，为排气门关闭时刻，此时，刻度盘指示的角度值，即为排气门开启持续角。

⑧ 用同样的方法可以检查其他气门的开启时刻和开启持续角。

（2）配气相位的调整。

调整配气相位，应根据导致配气相位产生误差的因素和误差的情形，采取相应的调整措施，以弥补配气相位。使发动机的动力性、经济性得以改善。

对于某些发动机仅仅因为气门间隙过大，而造成的配气相位角减小，可将气门间隙调至标准值，即可恢复配气相位。

如果因为凸轮、液力挺柱等磨损而造成的配气相位角减小，只能用更换配气机构凸轮轴等相关零件的方式解决。

3.3.4　汽缸密封性的检测

汽缸的密封性与汽缸体、汽缸盖、汽缸垫、活塞、活塞环和进门等零件的技术状况有关，在发动机的使用过程中，由于这些零件的磨损、烧蚀、结焦或积炭，导致汽缸密封性下降，燃油消耗率增加，使用寿命大大缩短。汽缸密封性是表征发动机技术状况的重要参数。

在不解体的条件下，检测发动机汽缸密封性的常用方法有：测量汽缸压缩压力；测量曲轴箱窜气量；测量汽缸漏气或漏气率；测量进气管真空度等。在就车检测时，只需要检测其中的一项或两项，就能确定汽缸密封性的好坏。

1.　汽缸压缩压力的测量

测量活塞到达压缩上止点时汽缸压缩压力的大小可以了解汽缸的密封性。检测方法有用汽缸压力表测量和用汽缸压力测试仪测量。

（1）用汽缸压力表测量。如图 3.60 所示，用汽缸压力表测量汽缸压缩压力（以下简称汽缸压力）具有仪表轻巧、价格低廉、实用性强和检测方便等优点，在汽车维修企业中应用十分广泛。

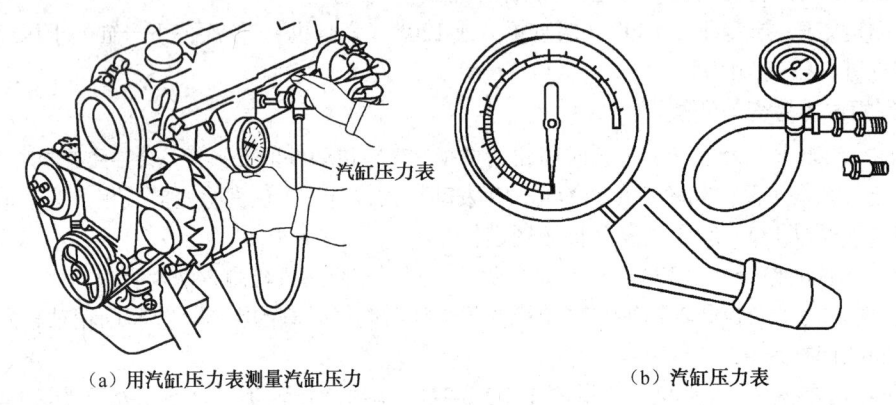

（a）用汽缸压力表测量汽缸压力　　　　　　　　（b）汽缸压力表

图 3.60　用汽缸压力表测量汽缸压力

① 测量方法：发动机正常运转，使水温达 75℃以上。停机后，拆下空气滤清器，用压缩空气吹净火花塞或喷油器周围的灰尘和脏物，然后卸下全部火花塞或喷油器，并按汽缸次序放置。对于汽油发动机，还应把分电器中央电极高压线拔下并可靠搭铁，以防止电击和着火，然后把汽缸压力表的橡胶接头插在被测缸的火花塞孔内，扶正压紧。节气门和阻风门置于全开位置，用起动机转动曲轴 3～5s（不少于四个压缩冲程），待汽缸压力表表头指针指示并保持最大压力后停止转动。取下汽缸压力表，记下读数，按下单向阀使汽缸压力表指针回零。按上述方法依次测量各缸，每缸测量次数不少于两次。

就车检测柴油机汽缸压力时，应使用带螺纹接头的汽缸压力表。如果要求在较高转速下测量，此种情况除受检汽缸外，其余汽缸均应工作。其他测量条件和测量方法同汽油机。

② 诊断参数：汽缸压力标准值一般由制造厂提供。根据国标《汽车修理质量检查评定标准发动机大修》规定：大修竣工发动机的汽缸压力应符合原设计规定，每缸压力与各缸平均压力的差别：汽油机不超过 8%，柴油机不超过 10%。常见几种车型发动机汽缸压力的标准值如表 3.3 所示。

③ 结果分析：测得结果如高于原设计规定，可能是由于燃烧室积炭过多、汽缸衬垫过薄或缸体与缸盖结合平面经多次修理，加工过甚造成。测得结果如低于原设计规定，可向该缸火花塞或喷油器孔内注入适量机油，然后用汽缸压力表重测汽缸压力并记录。

表 3.3　常见几种车型发动机汽缸压力标准值

发动机型号	压缩比	汽缸压力值（kPa）	各缸压力差（kPa）
奥迪 100 1.8L	8.5	新车：800～1000 极限：650	不大于 300
捷达 EA827	8.5	900～1100	不大于 300
桑塔纳 AJR1.8L	9.3	1000～1350	300
富康 TU3	8.8	1200	300

a．如果第二次测出的压力比第一次高，说明汽缸、活塞环、活塞磨损过大或活塞环对口、卡死、断裂及缸壁拉伤等原因造成汽缸不密封。

b．如果第二次测出的汽缸压力与第一次相近，说明进、排气门或汽缸衬垫不密封。

c．如果两次检测某相邻两缸压力均较低，说明该两缸相邻处的汽缸衬垫烧损窜气。

（2）用汽缸压力测试仪测量。

① 用压力传感器式汽缸压力测试仪测量。用这种测试仪测量汽缸压力时，须先拆下被测缸的火花塞，旋上仪器配置的压力传感器，用起动机转动曲轴 3～5s，由传感器取出汽缸的压力信号，经转换后再送入显示装置即可获得汽缸压力。

② 用起动电流或起动电压降式汽缸压力测试仪测量。通过测起动电源——蓄电池的电压降，也可获得汽缸压力。这是因为起动机工作时，蓄电池端电压的变化取决于起动机电流的变化。当起动电流增大时，蓄电池端电压降低，即起动电流与电压降成正比。起动电流与汽缸压力成正比，因此起动时蓄电池的电压降与汽缸压力也成正比，所以通过测蓄电池电压降可以获得汽缸压力。用该测试仪测量汽缸压力时，无须拆下火花塞。

③ 用电感放电式汽缸压力测试仪测量。该测试仪是一种通过测量电感放电电压来确定汽缸压力的仪器，仅适用于汽油机。汽油机工作中，随着断电器触点断开，电感放电电压随即上升，火花塞间隙被击穿，火花塞持续放电。电感放电电压与汽缸压力之间具有近乎线性的对应关系，因此各缸电感放电电压可作为检测各缸压力的信号，该信号经变换处理后即可显示汽缸压力。

使用以上几种测试仪测量汽缸压力时，发动机不应点火工作；汽油机可拔下分电器中央高压线并搭铁或按测试仪要求处理，柴油机可旋松喷油器高压油管接头断油，即可开始测量。

2．曲轴箱窜气量的测量

测量曲轴箱窜气量也是检测汽缸密封性的方法之一。特别是在发动机不解体的情况下，使用该方法诊断汽缸活塞摩擦副的工作状况很方便。

（1）曲轴箱窜气量的测量方法。曲轴箱气量的测量一般采用专用气体流量计进行，如图 3.61 所示，具体检测步骤如下：

① 按下电源开关，按使用说明书的要求对仪器进行预调。

② 密封曲轴箱，即堵塞机油尺口、曲轴箱通风口等，将取样头插入机油加注口内。

③ 起动发动机，待其运转平稳后，仪器指示值即为发动机曲轴箱在该转速下的窜气量。

曲轴箱窜气量除与发动机汽缸活塞组技术状况有关外，还与发动机转速和负荷有关。因此，在测量时，发动机应加载，节气门应全开（或柴油机供油量最大），在最大转矩转速（此时窜气量达最大值）下测试。发动机加载可在底盘

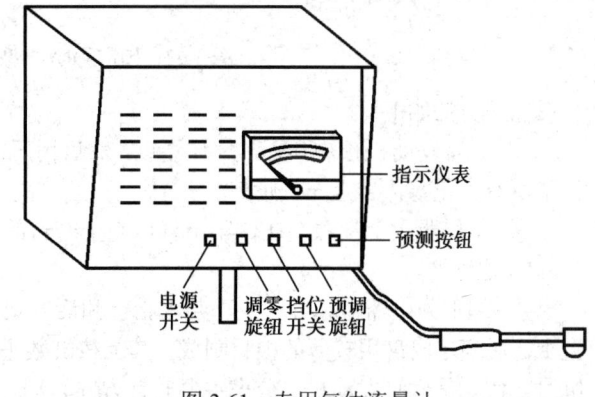

指示仪表
预测按钮
电源开关　调零旋钮　挡位开关　预测旋钮

图 3.61　专用气体流量计

测功机上实现，测功机的加载装置可方便地通过滚筒对发动机进行加载，以实现发动机在全负荷工况下从最大转矩转速至额定转速的任一转速下运转。因此，可用测功机配合测量各种工况下曲轴箱的窜气量。

（2）曲轴箱窜气量诊断参数标准。对曲轴箱窜气量还没有制定出统一的国家测量标准，有些维修企业自用的企业标准一般是根据具体车型逐渐积累资料制定的。由于曲轴箱窜气量还与缸径大小和缸数多少有关，很难把众多车型统一在一个诊断参数标准内。有些国家以单缸平均窜气量作为诊断参数。综合国内外情况，单缸平均窜气量诊断参数可参考以下标准：

汽油机：新机 2～4L/min，达到 16～22L/min 时应大修。

柴油机：新机 3～8L/min，达到 18～28L/min 时应大修。

曲轴箱窜气量大，一般是汽缸、活塞、活塞环磨损量大，使各部分间隙大；活塞环对口、结胶、积炭、失去弹性、断裂及缸壁拉伤等原因造成，应结合使用、维修和配件质量等情况来进行深入诊断。

3. 汽缸漏气量和漏气率的测量

（1）汽缸漏气量的测量。汽缸的密封性可用测量汽缸漏气量的方法进行评价。测量汽缸漏气量时，发动机不运转，活塞处在压缩上止点位置，从火花塞孔处通入一定压力的压缩空气，通过测量汽缸内压力的变化情况，来表征整个汽缸组的密封性，即不仅表征汽缸活塞摩擦副的密封性，还表征气门、汽缸衬垫、汽缸盖及汽缸的密封性。该方法仅适用于对汽油机的测量。

国产 QLY-1 型汽缸漏气量测量仪如图 3.62 所示。该仪器由调压阀、进气压力表、测量表、校正孔板、橡胶软管、快速接头和充气嘴等组成，此外还须配备外部气源、指示活塞位置的指针和活塞定位盘。外部气源的压力相当于汽缸压缩压力，一般为 600kPa～900kPa。压缩空气按图 3.62 中箭头方向进入汽缸漏气量测量仪，其压力由进气压力表显示。随后，它经由调压阀、校正孔板、橡胶软管、快速接头和充气嘴进入汽缸，汽缸内的压力变化情况由测量表显示。

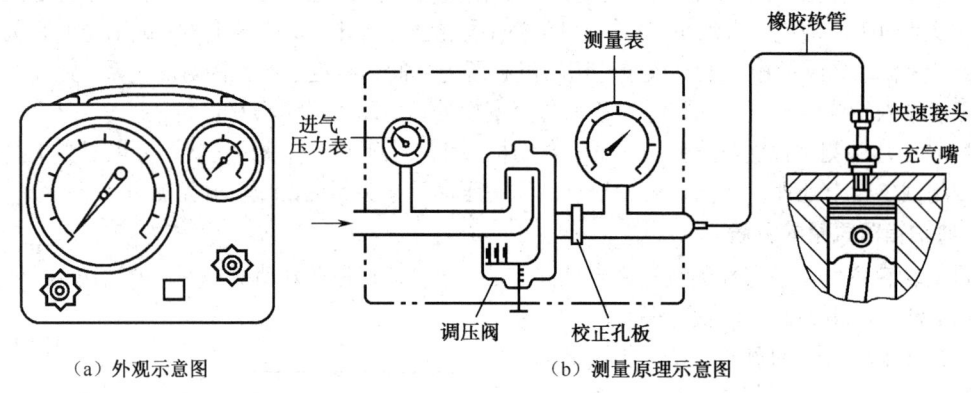

（a）外观示意图　　　　　　（b）测量原理示意图

图 3.62　国产 QLY-1 型汽缸漏气量测量仪

检测方法如下：

① 先将发动机预热到正常工作温度，然后用压缩空气吹净缸盖，特别要吹净火花塞孔上的灰尘，拧下所有火花塞，装上充气嘴。

② 将仪器接上气源，在仪器出气口完全密封的情况下，通过调节调压阀，使测量表的指针指在 392kPa 位置上。

③ 卸下分电器盖和分火头，装上指针和活塞定位盘。指针可用旧分火头改制，仍装在原来的位置上。活塞定位盘用较薄的板材制成，其上按缸数进行刻度，并按分火头的旋转方向和点火次序刻有缸号。假定是六缸发动机，分火头顺时针方向转动，点火次序为 1-5-3-6-2-4，则活塞定位盘上每 60° 有一刻度，共有六个刻度，并按顺时针方向在每个刻度上分别刻有 1、5、3、6、2、4 的字样。

④ 摇转曲轴，先使第 1 缸活塞处于压缩上止点位置，然后转动活塞定位盘，使刻度"1"对正指

针。变速器挂低速挡，拉紧驻车制动器，以保证压缩空气进入汽缸后，不会推动活塞下移。

⑤ 把第 1 缸充气嘴接上快速接头，向第 1 缸充气，测量表上的读数便反映了该缸的密封性。在充气的同时，可以从进气口、排气消声器口、散热器加水口和加机油口等处监听是否有漏气声，以便找出故障部位。

⑥ 摇转曲轴，使指针对正活塞定位盘下一缸的刻度线，按以上方法检测下一缸漏气量。

⑦ 按以上方法和点火次序，检测其他各缸的漏气量。为使数据可靠，各缸应重复测量一次。

⑧ 仪器使用完毕后，调压阀应恢复到原来的状态。

对于国产发动机，在确认气门和汽缸衬垫密封良好的情况下，其测量读数值若大于 246kPa，则汽缸活塞摩擦副的密封性可诊断为合格；如读数值小于 246kPa，则须换环或镗缸。

（2）汽缸漏气率的测量。对于汽缸漏气率的测量，无论是使用的仪器、检测的方法，还是判断故障的方法，与汽缸漏气量的测量是基本一致的，只不过汽缸漏气量测量仪的测量表标定单位为 kPa 或 MPa，而汽缸漏气率测量表的标定单位为百分数。一般说来，当汽缸漏气率达 30%～40% 时，如果能确认气门、汽缸衬垫、汽缸盖和汽缸套等是密封的（可从各可能泄漏处有无漏气等迹象确认），则说明汽缸活塞摩擦副的磨损临近极限值，已到了需要换环或镗缸的程度。

4．进气管负压的测量

进气管负压（也称真空度）是进气管内的压力与大气压力的差值，发动机进气管负压的大小随汽缸活塞组零件的磨损而变化，并与气门组零件的技术状况、进气管的密封性及点火系统和供油系统的调整有关。因此，测量进气管负压可以用来诊断发动机多种故障。

进气管负压用真空表测量，无须拆任何机件，而且快速简便，应用极广。一般发动机综合分析仪也具有进气管负压测量功能。

（1）测量条件及操作方法。

① 起动发动机，并使其以高于怠速的转速空转 30min 以上，使发动机达到正常工作温度。

② 将真空表软管接到进气歧管的测压孔上。

③ 变速器挂空挡，发动机怠速运转。

④ 读取真空表上的示值。

（2）诊断标准。根据国标《汽车发动机大修竣工技术条件》的规定，大修竣工的四冲程汽油机转速在 500～600r/min 时，以海平面处大气气压为准，进气管负压应在 57.33kPa～70.66kPa 范围内。波动范围：六缸汽油机一般不超过 3.33kPa，四缸汽油机一般不超过 5.07kPa。

进气管负压随海拔升高而降低。海拔每升高 1000m，负压约减少 10kPa，测量时应根据所在地的海拔高度进行折算。

3.4　配气机构异响诊断

3.4.1　气门脚响

1．故障现象

发动机怠速时，发出有节奏的"嗒、嗒、嗒"响声；转速增高，响声也随之增高；发动机温度变化或做断火试验，响声不变。

2．故障原因

机件磨损或调整不当，使其气门间隙过大导致气门杆端与调整螺钉头部碰击。

3．故障诊断

在气门室一侧监听可听得较清晰，为查明是哪一只气门脚响，可将气门室盖拆下，在怠速时用手提起挺柱或用适当厚度的厚薄规插入可疑的气门脚与调整螺钉间，响声消失即为该气门间隙大；若厚薄规插入后，气门没有间隙，响声减轻但没有消除，可用起子撬气门杆，若响声消除，说明气门杆与导管磨损过大；如气门咬住可以看出气门与挺柱间有一段距离。发生这种响声是允许的。若响声很明显，可结合汽车维护调整气门间隙或在大修时修复凸轮等。

3.4.2 气门挺柱响

1. 故障现象

汽车起动后发出有节奏的、清脆的"嗒、嗒、嗒"响声；发动机怠速时响声明显，转速达中速及以上时响声减弱或消失；温度变化或做断火试验对响声无影响。

2. 故障原因

挺柱与导孔配合松旷，当凸轮顶动挺柱时，横向力使挺柱摆动，撞击导孔而产生响声；挺柱端头磨损有沟槽；挺柱不能自由转动；凸轮有线性磨损，顶动挺柱有跳动现象。

3. 故障诊断

判断某一挺柱响，用铁丝径向钩住可疑挺柱，若响声减弱或消失，即为该挺柱故障。但发生这种响声不影响汽车继续使用。

3.4.3 气门座响

1. 故障现象

与气门脚响相似，但比其响声大，且有忽大忽小的"嚓、嚓、嚓"响声；发动机转速达中速时响声清晰，达高速后响声杂乱；单缸断火，响声不变，有时更明显；发动机低温初发动时，响声易出现。

2. 故障原因

气门座选用材料不当，受热后产生变形而松旷；镶配时，选择过盈量不当造成松旷，在工作中受冲击振动而松脱，导致与座孔碰撞。

3. 故障诊断

拆下气门室盖，经检查不是气门脚和气门弹簧响，可以断定为气门座松脱响声。

3.4.4 气门弹簧响

1. 故障现象

发动机怠速时有明显的"嚓、嚓"响声，升至其他各种转速时均有清脆的响声，拆下气门室盖则响声更为清晰；少数缸不工作，加速困难，机体震抖严重。

2. 故障原因

气门弹簧过软或折断。

3. 故障诊断

将气门室盖拆下来检视，找出故障汽缸后，用起子撬住气门弹簧，若弹簧折断很明显就可以看出；若弹簧过软，响声就消失。

3.4.5 正时齿轮响

1. 故障现象

这种响声比较复杂，有的有节奏，有的无节奏，有的间歇响，有的连续响。怠速或转速变化时，在正时齿轮盖处发出杂乱而轻微的噪声，转速提高噪声消失，急减速时，此噪声尾随出现；此响声不受温度和单缸断火试验的影响。

2. 故障原因

正时齿轮啮合间隙过大或过小；曲轴和凸轮轴中心线不平行，造成齿轮啮合失常；更换曲轴和凸轮轴轴承后，改变了齿轮啮合位置；凸轮轴正时齿轮固定螺母松动；凸轮轴正时齿轮个别齿折损。

3. 故障诊断

发动机在怠速时，发出有节奏的、轻微的"嘎拉、嘎拉"的响声，中速时显得突出，高速时声音变得杂乱，严重时正时齿轮盖有震动，此种情况为齿轮啮合间隙过大；新车大修或更换正时齿轮后，如果发动机发出一种连续不断的"嗷、嗷"声，发动机转速越高响声越大，此种情况为齿轮啮合间隙过小；齿轮啮合不良引起的响声，类似"呼啸"声，响声的大小随发动机转速变化而变化；发动机怠速运转时，发出有节奏的"哽、哽"响声，发动机转速提高，响声加大，此种响声为齿轮啮合不均的响声；随发动机运转而产生有节奏的、清晰的撞击声，为正时齿轮个别齿损坏。

3.4.6 凸轮轴异响

1. 故障现象

在缸体侧可听到有节奏而较钝的"嗒、嗒"声；中速明显，高速消失；单缸断火，声响依旧。

2. 故障原因

凸轮轴及轴承配合松旷；凸轮轴弯曲变形；凸轮轴轴向间隙过大。

3. 故障诊断

一旦发现此类故障，确定后，应拆检，并更换相应故障件。

3.4.7 液力挺柱响

1. 故障现象

发动机运转时，出现有节奏的"嗒、嗒"声；怠速时明显，中速以上时响声减弱或消失。

2. 故障原因

发动机机油油面过高或过低，致使有气泡的机油进到液力挺柱中，形成弹性体而产生噪声；机油压力低；由于机油泵、收集器损坏或破裂，使空气进到机油中去；液力挺柱失效。

3. 故障诊断

检查机油油面，视情况添加或排放，使油量正常；检查机油压力是否正常；检查液力挺柱是否失效，方法如下。

（1）起动发动机，并使之运转，直到散热器风扇运转。

（2）将发动机转速提高到约 2500r/min，并运转 2min，若液力挺柱还有噪声，则拆检液力挺柱。

（3）拆下汽缸罩盖。

（4）旋转曲轴，直到待查的挺柱凸轮向上。

（5）用楔形木棒或塑料棒向下压下挺柱，气门打开前，如果自由行程超过 0.1mm，则应更换挺柱，换上新挺柱后，30min 内不得起动。

实训 3.1　配气机构的拆装与结构观察

1. 实训目的与要求

（1）熟悉顶置气门式配气机构的组成，气门组和气门传动组各主要机件的构造、作用与装配关系。

（2）掌握正确的拆装步骤、方法和要求。

2. 仪器、设备

常用工具和专用工具、发动机等。

3. 方法与步骤

（1）配气机构的拆卸：

卸下气门室罩→卸下凸轮轴正时带轮→卸下凸轮轴轴承盖→取出凸轮轴→取出挺柱→用专用工具压气门→取出气门锁片→取出气门弹簧→取出气门油封及气门。

（2）配气机构的装配：

安装气门→装气门油封→装气门弹簧→装气门弹簧座→用专用工具装气门锁片→装挺柱→装凸轮轴→装凸轮轴正时带轮。

（3）注意事项：

① 注意工具的正确使用。

② 按装配工艺要求拆装，注意顺序。

③ 凸轮轴转动时，曲轴不可位于上止点。

④ 装配时应清洗零件，并吹干。

⑤ 气门间隙、扭紧力矩按厂家规定调整。

4. 实训工单

实训项目	配气机构的拆装与结构观察
一、准备工作	
	情况记录
（1）准备工具及仪器设备	
（2）准备维修手册	发动机型号_____，凸轮轴布置形式_____，凸轮轴紧固力矩_____。气门间隙标准值：进气门为____，排气门为_____。
二、操作过程	
正时皮带的拆卸	正时皮带的拆卸步骤及技术要点：
气门组件的拆卸	气门组件的拆卸步骤与技术要点：
气门组件的组装	气门组件的组装步骤与技术要点：
正时皮带的安装与检验	正时皮带的安装与检验步骤及技术要点：
拆装体会与总结：	

实训 3.2　气门间隙与配气相位的检查与调整

1. 实训目的与要求

（1）理解配气相位、气门间隙检查与调整的基本原理。

（2）掌握配气相位、气门间隙检查与调整的基本方法。

2. 仪器、设备

发动机、百分表、清洗用料等。

3. 方法与步骤

（1）配气相位的检测。

（2）配气相位的调整。

（3）气门间隙的检查。

（4）气门间隙的调整。

4. 实训工单

实训项目	气门间隙与配气相位的检查与调整			
一、准备工作				
	情况记录			
（1）准备工具及仪器设备				
（2）准备维修手册	发动机型号_____，进气门提前打开角_____，延迟关闭角_____；排气门提前打开角_____，延迟关闭角_____。气门间隙标准值：进气门为_____，排气门为_____。			
二、操作过程				
确定一缸上止点记号	画出正时标记简图			
测量一缸气门间隙	测量结果：			

测量一缸气门间隙 — 测量结果：

缸号	进气门	排气门

调整气门间隙至标准值	调整步骤及技术要点：
安装刻度盘及百分表	安装步骤与技术要点：

摇转曲轴并读取配气相位数值 — 测量结果：

进气门		排气门	
提前打开角	延迟关闭角	提前打开角	延迟关闭角

维修结论：

根据测量结果，提出维修方案：

实训 3.3　配气机构主要零件的修理

1. 实训目的与要求

（1）熟悉气门组件的检查和修理技术要求。

（2）熟悉气门座修理设备、仪器的使用。

（3）掌握气门传动组件检查和修理技术要求。

2. 仪器、设备

绞刀、橡皮捻子、煤油、研磨膏、汽缸盖、气门、V形铁、百分表、气门弹簧检修工具等。

3. 实训步骤

（1）气门组件的检修：

检查气门导管→检查气门弹簧→检查气门。

（2）气门座的铰削：

选择气门绞刀→粗绞→精绞。

（3）气门传动组的检修：

检查凸轮轴→检查挺柱。

4. 实训工单

实训项目	配气机构主要零件的修理
一、准备工作	
	情况记录
（1）准备工具及仪器设备	
（2）准备维修手册	发动机型号_____，凸轮轴螺栓拧紧力矩_____，气门弹簧自由长度标准值_____；气门导管弯曲度标准值_____，气门导管直径标准值_____。
二、操作过程	
拆装气门组件	拆装气门组件的步骤和技术要点：
检查气门组件	进气门气门杆直径：_____，排气门气门杆直径_____，气门弹簧长度_____。气门杆弯曲度_____。
铰气门座圈	铰气门座圈的步骤及技术要点：
维修结论：	
根据测量结果，提出维修方案：	

复习思考题

1. 简述配气机构的功用及顶置气门式配气机构的基本组成。

2. 比较双气门与多气门的特点。

3. 柴油机的进、排气管为何多分置于机体的两侧？

4. 何谓气门间隙？气门间隙过大或过小对发动机工作性能有何影响？

5. 简要叙述用两次调整法调整气门间隙的基本要领。

6. 绘制 EQ6100 型发动机的配气相位。

7. 简要叙述配气相位的检查与调整方法。

8. 简要叙述汽缸密封性的检测项目和检测方法。

第4章 汽油发动机电控汽油喷射系统的构造与维修

学习目标

● 了解汽油发动机（简称汽油机）供给系统的组成、功用及类型；

● 熟悉汽油机供给系统各组成部件的构造与工作原理；

● 理解可燃混合气的形成及发动机工况对可燃混合气的要求；

● 了解电控汽油喷射系统的类型、特点；

● 熟悉电控汽油喷射系统的组成、工作原理；

● 掌握电控汽油喷射系统各主要部件的结构、工作原理。

4.1 汽油发动机电控汽油喷射系统的基础知识

4.1.1 汽油的基础知识

汽油机燃料供给系统的功用是根据发动机各工况的不同要求，准确地计量空气与汽油混合比，并将一定数量和浓度的可燃混合气供入汽缸，最后将燃烧做功后的废气排入大气。当前汽油机燃料供给系统主要采用电控汽油喷射系统。

1. 汽油的性能指标

汽油是从石油中提炼出来的密度小而且又易于挥发的多种烃类混合物，其主要化学成分是碳（C）和氢（H）。汽油使用性能的好坏对发动机的动力性、经济性、可靠性和使用寿命都有很大的影响。其主要性能指标是蒸发性、抗爆性和热值。

（1）热值：指 1kg 燃料完全燃烧后所产生的热量，汽油的热值约为 44000kJ/kg（煤油的热值约为 46040kJ/kg）。

（2）抗爆性：指汽油在各种使用条件下抵抗爆燃的能力。车用汽油的抗爆性用辛烷值表示。辛烷值高，抗爆性好。汽油的牌号就是以汽油的辛烷值命名的。如 92 号、95 号汽油，其辛烷值分别为 92、95。

（3）蒸发性：指汽油在混合气形成装置中蒸发的难易程度，对发动机的起动、暖机、加速、气阻、燃料消耗量等有重要影响。汽油的蒸发性常用馏程、蒸气压等指标综合评定。

① 馏程：指汽油馏分从初馏点到终馏点的温度范围，通过燃料的蒸馏试验来测定。10%馏出温度表示汽油机冷态起动性能、暖机性能及汽油在管路形成气阻的倾向性；50%馏出温度表示汽油机加速性能和动力性能；90%馏出温度与干点则用来判定汽油中难以蒸发的重质成分的含量。

② 蒸气压：指在标准仪器中测定的 38℃ 蒸气压，是反映汽油在燃料系统中产生气阻的倾向和发动机起动难易的指标。车用汽油要求有较高的蒸气压，航空汽油要求的蒸气压比车用汽油低。

2. 汽油的选用

在汽车的日常使用中，必须根据发动机的压缩比，选择合适牌号的汽油。基本用油原则是：高压缩比发动机用高牌号汽油，低压缩比发动机用低牌号汽油。一般来说，压缩比为 7～8 的发动机选用 90 号汽油；压缩比为 8～8.5 的发动机选用 92 号汽油；压缩比为 8.5 以上时，应选用 97 号汽油。

若将低牌号的汽油加在高压缩比的发动机上，除会产生爆燃外，还会导致发动机功率下降、油耗上升、内部零件损坏，如活塞顶部烧蚀、脱顶等，严重缩短发动机的正常寿命。

同样，低压缩比发动机用高牌号汽油，除增加用车成本外，更会产生着火慢、燃烧时间长，导致功率下降，还会因燃烧气体温度过高而烧坏进、排气门座圈，导致气门关闭不严。

4.1.2 汽油发动机燃烧过程分析

1. 燃烧过程

燃料在汽缸内从着火到燃烧是极其复杂的热反应过程。汽油机和柴油机由于混合气不同的形成过程和形成原理，其燃烧过程、特点也大不一样。

（1）汽油机的正常燃烧过程如图4.1所示。它分为着火延迟期、速燃期、补燃期三个明显不同的阶段。

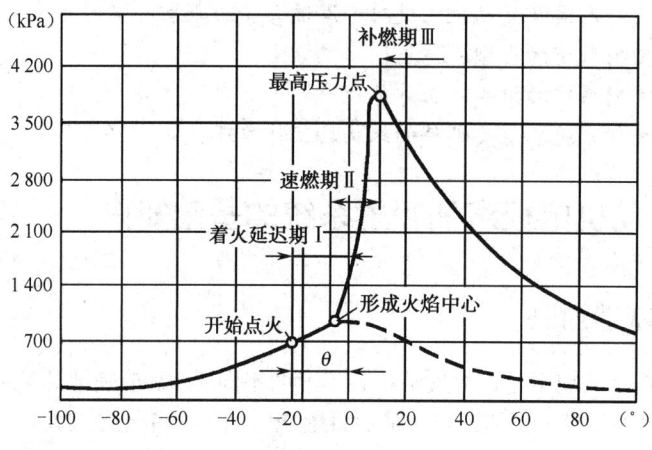

图4.1　汽油机的燃烧过程

① 着火延迟期，如图4.1中的阶段Ⅰ所示。可燃混合气在进气冲程中被吸入汽缸，压缩后温度、压力明显提高。当压缩至上止点前某一时刻（θ——点火提前角），点火系统通过火花塞产生高压电火花，首先在火花塞电极周围形成火焰中心。因只有少量的混合气燃烧，对汽缸内的温度、压力影响不大，其过程曲线与压缩冲程曲线相差不大，因此将此过程又称着火诱导期。

② 速燃期，如图4.1中的阶段Ⅱ所示。随着火焰的形成及压缩冲程的继续，汽缸内部温度、压力迅速升高，缸内气体扰流加剧，火焰以20～30m/s的速度向四周迅速扩散，直至掠过整个燃烧室，缸内混合气迅速完全燃烧，混合气燃烧速度快而且放出的热量多，压力明显上升，很快出现很陡的尖峰。最高燃烧温度和最大爆发压力分别为：2200～2800K、3～5MPa。

③ 补燃期，如图4.1中的阶段Ⅲ所示。在工作循环过程中，由于时间很短，混合气中汽油蒸发不良及与空气混合不均匀，部分颗粒较大的油滴在火焰前锋掠过后，处于表层的汽油被燃烧，尚有少量未被燃烧的部分在膨胀过程中继续燃烧。由于补燃期间汽缸容积已明显扩大，燃烧放出的热量产生的压力比速燃期低得多，热量不能充分地转变为机械功，反而使排气温度上升，通过缸壁时热量被冷却水带走，因此，应尽量缩短补燃期。

（2）汽油机的非正常燃烧。汽油机的非正常燃烧包括爆燃和表面点火。

① 爆燃是指火焰还未达到燃烧室的末端、活塞尚未到达上止点前，末端的部分未燃混合气受已燃混合气的强烈压缩和热辐射作用，自行着火燃烧，形成多个新的、自发的火焰中心，这些火焰的扩散速度要比电火花点火后的正常火焰扩散速度快几十倍。使未燃混合气瞬间燃烧完毕，气体的容积来不及膨胀，汽缸内部局部温度、压力迅猛增加，与周围气体形成极大的压力差而产生超音速冲击波，撞击燃烧室、汽缸壁、活塞顶部，使之震动而发出尖锐的金属敲击声。

汽车上坡时，在最大转矩转速附近有轻微的爆燃声是允许的，这是点火正时的最佳标志。强烈的爆燃使活塞、连杆、曲轴、轴瓦等机件过载，产生变形甚至损坏。

爆燃时的局部高温会加速燃料的热分解，产生不能燃烧的产物，并冒出黑烟；膨胀过程补燃期延长，机体过热，功率下降，油耗增加。

② 由于燃烧室内部局部机件过热或高温积炭而点燃混合气的燃烧现象称为表面点火。在火花塞正常点火前的表面点火称为"早火"，火花塞正常点火后的表面点火称为"后火"。由于表面点火不受点火系统控制，使燃烧过程不稳定、工作粗暴，从而使发动机的动力性、经济性下降。

2. 使用因素对汽油燃烧过程的影响

影响汽油燃烧过程的使用因素主要有点火提前角、发动机负荷和发动机转速等方面，如表 4.1 所示。

表 4.1 发动机转速和负荷对燃烧过程的影响

因　　　素	影　　　响	
	点火提前角	爆燃可能性
转　速　高	大	小
转　速　低	小	大
负　荷　大	小	大
负　荷　小	大	小

（1）点火提前角对燃烧过程的影响。点火提前角过大，将导致缸内压力升高过快，压缩冲程消耗的功率过多，有效功率下降，爆燃的可能性增大。点火提前角过小，将导致燃烧过程的最高压力下降，膨胀过程的热损失增多，排气温度过高，机体过热，严重时会导致排气管喷火、"放炮"等故障。

（2）发动机转速对燃烧过程的影响。发动机转速越高，进气系统的流速增加，压缩冲程活塞的挤气作用、气体的涡流作用加强，混合气混合越均匀；燃烧速率越高，燃烧过程缩短，爆燃的可能性越小。但由于转速增加，燃烧过程中曲轴转角相应增加，点火提前角也相应增大。因此，汽油机分电器上设置有自动点火提前装置，以适应发动机转速变化对点火提前角的要求。

（3）负荷对燃烧过程的影响。发动机在小负荷运行时，油门（节气门）开度小，进气量少，汽缸内残余废气比例较大，燃烧速度和最高压力相对较低，爆燃可能性小；由于燃烧速度变缓，燃烧过程有所延长，点火持续角相应增大，为此，在分电器式点火装置中应设有真空点火提前装置。

实际使用过程中，正确地调整点火提前角可有效地抑制爆燃。调整方法是：松开分电器紧定螺钉，顺着分电器轴旋转方向转动分电器壳体，点火时间推迟即点火提前角减小；反之，点火提前角增大。发动机在怠速运行时，猛踩加速踏板（相当于低速大负荷工况），若能听到轻微的爆燃敲击声，并且瞬间消失，说明点火提前角合适。电控汽油机大多设有点火提前角自动调节程序，ECU 根据爆燃传感器检测到的发动机的燃烧信息，决定是否执行点火提前角的调节，使发动机始终处于最佳的燃烧状态，爆燃传感器发生故障时，ECU 以故障代码形式显示。

4.1.3 混合气的形成及对发动机性能的影响

1. 充气系数

充气系数或效率指发动机在一个工作循环中，实际充入汽缸的空气质量 ΔG 与大气状态下汽缸工作容积内能够充入的空气质量 ΔG_0 之比。用 η_v 表示，即

$$\eta_v = \frac{\Delta G}{\Delta G_0}$$

充气系数 η_v 恒小于 1。不同类型的发动机其充气系数有较大的差别，汽油机 η_v 为 0.7～0.85，柴油机 η_v 为 0.75～0.90。

2. 提高充气系数的措施

提高充气系数是提高发动机动力性的先决条件，提高充气系数除了在结构上有合理的气道结构形

状与尺寸，合理的进、排气歧管的配置，适宜的配气相位及采用多气门结构外，在使用过程中还应注意：定期清洗空气滤清器，以减小进气系统的阻力；定期检查、调整配气相位，消除因配气机构零件磨损导致的配气相位变化，从而提高充气系数。

4.1.4　混合气的浓度

在燃烧过程中，对空气与燃料有一定的浓度要求，混合气的浓度通常用空燃比 R 和过量空气系数 α（我国用过量空气系数 α，欧美大多数国家使用空燃比 R）表示。

（1）空燃比。空燃比是指混合气中所含空气质量（单位为 kg）与燃料质量（单位为 kg）之比，用 R 表示，即

$$R = \frac{混合气中所含空气质量}{混合气中所含燃料质量}$$

理论上，1kg 汽油完全燃烧大约需要 14.7kg 空气，即空燃比 R =14.7。这种混合气称为理论混合气。若 $R<14.7$ 则称为浓混合气，$R>14.7$ 则称为稀混合气。对于不同的燃料，其理论空燃比是不同的。

（2）过量空气系数。过量空气系数是指燃料在燃烧过程中，实际供给的空气质量（单位为 kg）与理论上燃料完全燃烧时所需要的空气质量（单位为 kg）之比，用 α 表示，即

$$\alpha = \frac{燃料在燃烧过程中实际供给的空气质量}{理论上燃料完全燃烧所需要的空气质量} = \frac{实际空燃比}{理论空燃比}$$

由上述定义可知，无论使用何种燃料，α =1 的可燃混合气即为理论混合气（又称标准混合气）；$\alpha<1$ 时则为浓混合气，$\alpha>1$ 时则为稀混合气。

过量空气系数 α 与空燃比 R 在数值上的对应关系如表 4.2 所示。

表 4.2　过量空气系数 α 与空燃比 R 值的对应关系

α	0.6	0.7	0.8	0.9	1.0	1.1	1.2	1.3	1.4
R	8.9	10.4	11.8	13.3	14.7	16.3	17.8	19.2	20.7

在发动机的实际循环过程中，发动机对混合气的浓度要求是随发动机负荷工况的变化而变化的。

4.1.5　不同浓度的混合气对发动机性能的影响

试验和实践表明：不同浓度的可燃混合气对发动机功率和经济性均有很大的影响，如图 4.2 所示，其具体情况如表 4.3 所示。

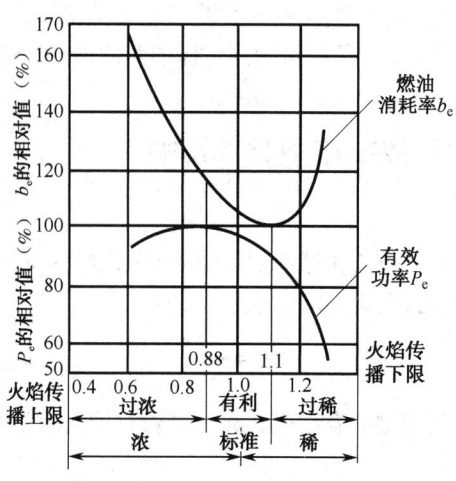

图 4.2　可燃混合气成分对发动机性能的影响

表 4.3 不同浓度的混合气对发动机性能的影响

混合气浓度		过量空气系数 α	发动机功率	燃料消耗率	工作特性
火焰传播上限		0.4	—	—	混合气不能燃烧，发动机不能工作
浓	过浓	0.43~0.87	降低	最高	排气冒黑烟、"放炮"、发动机运转不稳
	功率混合气	0.88	最大	增加 20%~25%	发动机加速性最好
	标准	1.0	降低 2%	增加 4%	发动机加速性较好
稀	经济混合气	1.11	降低 8%	最低	发动机加速性较差
	过稀	1.13~1.33	显著降低	急剧增加	化油器"回火"、发动机过热、加速性不好
火焰传播下限		1.4	—	—	混合气不能燃烧，发动机不能工作

当 $\alpha \leqslant 0.4$ 时，因空气量太少，火焰将无法传播，发动机熄火，称此值为火焰传播上限或燃烧上限；当 $\alpha \geqslant 1.4$ 时，因空气量过多，火焰也无法传播，发动机熄火，此值称为火焰传播下限或燃烧下限。

4.1.6 汽油机不同工况对混合气的要求

汽油机在起动、怠速、中等负荷、大负荷和加速五种基本工况（工作状况）条件对混合气浓度的不同要求，如表 4.4 所示。

表 4.4 汽油机不同工作状况对混合气的要求

工况	工况特征	对混合气要求
起 动	冷车起动，发动机温度低，曲轴转速低（50~100r/min）汽油雾化、蒸发不良，大量汽油处于油粒和油膜状态	要求提供极浓的混合气，保证混合气中有足够浓度的汽油蒸气，以利于顺利着火
怠 速	发动机暂不对外输出动力，处于最低稳定转速状态，进气量少，汽油雾化、蒸发仍很差	要求提供量少而浓的混合气，以保证发动机能稳定在怠速下运转
中 等负 荷	发动机工作时间最长的状态，进气量较多，节气门开度适中，转速较高，汽油雾化、蒸发良好	要求提供稍稀的混合气，以保证获得一定动力和最经济的油耗
大负荷	汽车须克服很大的阻力，进气量很多，节气门接近全开	要求提供量多而浓的混合气，以保证燃烧迅速，达到最大的动力
加 速	要求发动机转速急速提高，节气门突然开大的状态，由于空气流量的增长比汽油喷出增长快得多，混合气瞬时变稀，不仅不能加速，甚至熄火	在突然开大节气门的同时，要求提供瞬时加浓混合气，以保证能及时提高动力性

由表 4.4 可知：发动机在一般工况下，混合气浓度应在浓（功率混合气）与稀（经济混合气）之间，过量空气系数 α 在 0.8~1.13（R=13.2：1~16.6：1）范围内，通常不使用过浓和过稀混合气。

（1）冷起动工况。发动机冷起动时，因温度低汽油不容易蒸发汽化，起动时转速低（50~100r/min），进气歧管中的空气流速很低，不利于汽油的雾化，致使进入汽缸的混合气中汽油蒸气太少，混合气过稀，不易着火燃烧。为使发动机能在冷车状态顺利起动，要求供给极浓混合气（α 约为 0.2~0.6），以保证进入汽缸的混合气在火焰传播界限范围之内。

（2）怠速工况。怠速时发动机对外无功率输出，可燃混合气燃烧后对活塞所做的功只用来克服发动机内部的阻力，使发动机以最低稳定转速运转。在怠速工况下，节气门几乎关闭，因此吸入汽缸内的混合气数量很少。在这种情况下汽缸内的残余废气量相对增多，混合气被废气严重稀释，使燃烧速度减慢甚至熄火。为此要求供给少量的浓混合气（α=0.6~0.8），用来补偿废气的稀释作用。

（3）小负荷工况。小负荷工况时，节气门开度在 25% 以内。随着进入汽缸内的混合气数量的增多，汽油雾化和蒸发的条件有所改善，残余废气对混合气的稀释作用也有所减弱。因此，与怠速工况相比小负荷工况供给的混合气稍稀，但仍为浓混合气（α=0.7～0.9），以保证汽油机小负荷工况的稳定性。

（4）中等负荷工况。中等负荷工况节气门的开度在25%～85%范围内。汽车发动机大部分时间在中等负荷下工作，因此应该供给经济混合气（α=1.05～1.15），以保证发动机有较好的燃油经济性。从小负荷到中等负荷，随着负荷的增加，节气门逐渐开大，混合气逐渐变稀。

（5）大负荷和全负荷工况。发动机在大负荷或全负荷工作时，节气门开度达到85%以上，为了克服较大的外界阻力或加速行驶，要求发动机发出最大效能。因此，必使节气门接近或达到全开位置，供给极浓的功率混合气（α=0.85～0.95）。从中等负荷转入大负荷时，混合气由经济混合气加浓到功率混合气。

（6）加速工况。加速时，节气门开度突然加大，进气管道内的真空度迅速增大，使空气、汽油流量迅速提高，因汽油的惯性比空气的大，则汽油流量的增长比空气慢，致使混合气暂时变稀。又因进气量增大，冷空气来不及预热，又会使汽油蒸发不良，部分汽油凝结在进气管壁上，不能随气流进入汽缸，造成混合气进一步变稀。如此不仅使发动机转速不能迅速提高，甚至会发生熄火现象。为了避免发生此种现象，保证汽车有良好的加速性能，在节气门突然开大，空气流量迅速增加的同时，燃料供给系统应有特殊装置及控制措施，瞬时快速、额外地多供给一定数量的汽油，使变稀的混合气得到重新加浓。

为了满足发动机各种工况对可燃混合气浓度的要求，在化油器上装有一系列自动调配混合气浓度的装置，如主供油装置、怠速装置、大负荷加浓装置、加速装置和起动装置及一些附属装置等，以满足发动机工作的需要。

为了极大地提高发动机的动力性、燃料经济性，满足更加苛刻的污染物排放标准的要求，传统的化油器式燃料供给系统由于受到自身结构的限制，已被电控汽油喷射系统所取代。

4.2 汽油发动机电控汽油喷射系统的分类与组成

4.2.1 汽油喷射式发动机的特点

汽油喷射式发动机极大地提高了发动机的动力性、燃料经济性，降低了尾气排放污染，具有以下一系列的特点：进气阻力小；雾化程度高，各汽缸混合气更加均匀；汽油滞后性小，加速性能提高；空燃比控制精度高，发动机始终在最佳的空燃比状态下工作；可实现汽车减速断油控制，极大地降低了油量消耗和排放污染等。

4.2.2 电控汽油喷射系统的分类

汽油喷射系统的不同分类如图4.3所示。

目前在汽车上广泛应用的电控汽油喷射系统（EFI）主要有D型、L型、LH型和M型四种形式，分别如图4.4～图4.7所示。

1. D型EFI

D型EFI又称进气密度控制型EFI，是最早应用在汽车发动机上的电控多点间歇式汽油喷射系统，其基本组成如图4.4所示。它是根据进气管的压力与发动机转速推算出每次循环吸入的空气量，再根据推算的空气量计算需要喷射的汽油量，并控制喷油器工作。由于进气管的压力波动，进入的空气压力和空气流量呈非线性关系，所以，空气计量精度不高，即控制精度不高。

2. L型EFI

L型EFI又称质量流量控制型EFI，是在D型电控汽油喷射系统的基础上，于20世纪70年代发展起来的多点间歇式汽油喷射系统。其构造和工作原理与 D 型基本相同，如图 4.5 所示。这种 EFI 是根据空气的流量直接测量进气管的空气量，再根据发动机的转速，由 ECU 控制喷油器的喷油量。因为是直接计量空气，所以控制精度比 D 型的要高。在美式、德式、日式等车款上普遍使用的就是这种 EFI。

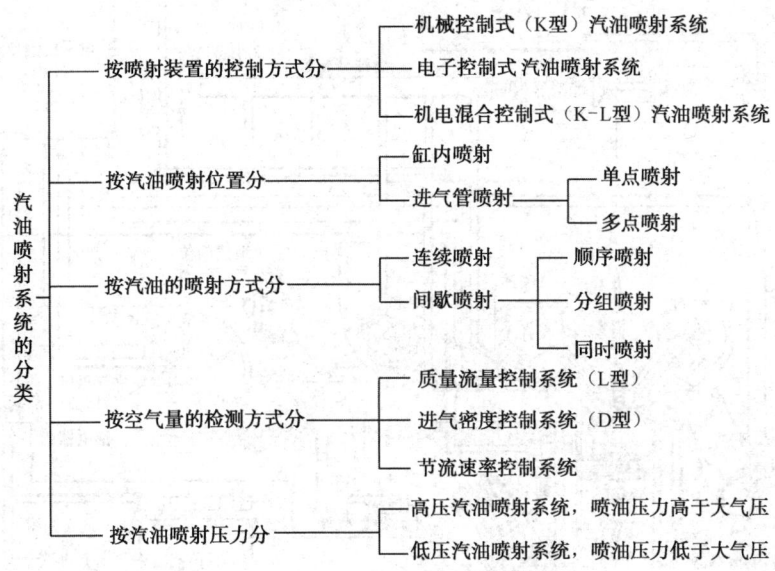

图 4.3 汽油喷射系统的分类图

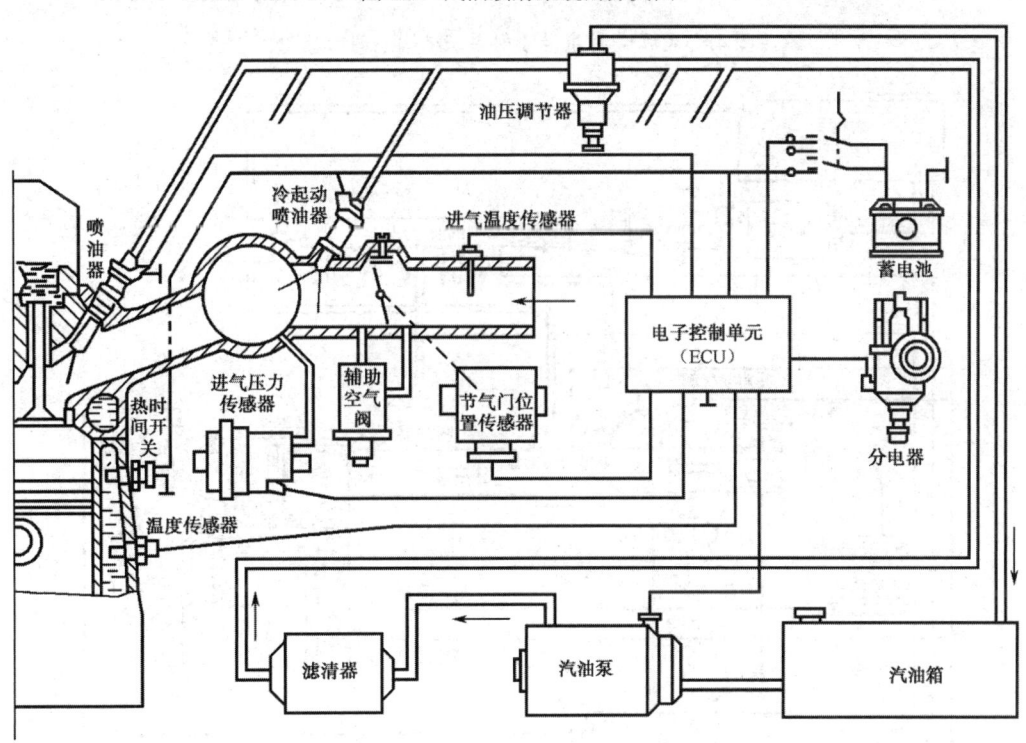

图 4.4 D 型电控汽油喷射系统结构原理示意图

3. LH 型 EFI

LH 型电控汽油喷射系统是 L 型电控汽油喷射系统的变型产品，其结构原理示意图如图 4.6 所示，两者的结构与工作原理基本相同，不同之处是 LH 型采用热线式空气流量计，而 L 型采用翼片式空气流量计。热线式空气流量计无运动部件，进气阻力小，信号采集快，测量精度高。另外，LH 型电控汽油喷射系统的电控装置采用大规模数字集成电路，运算速度快，控制范围广，功能更加完善。

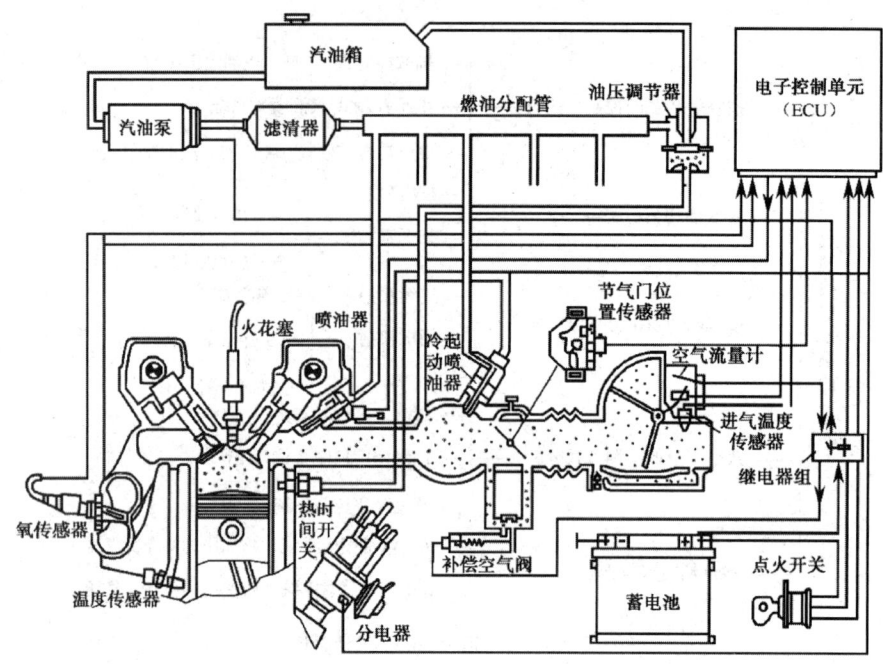

图 4.5　L 型电控汽油喷射系统结构原理示意图

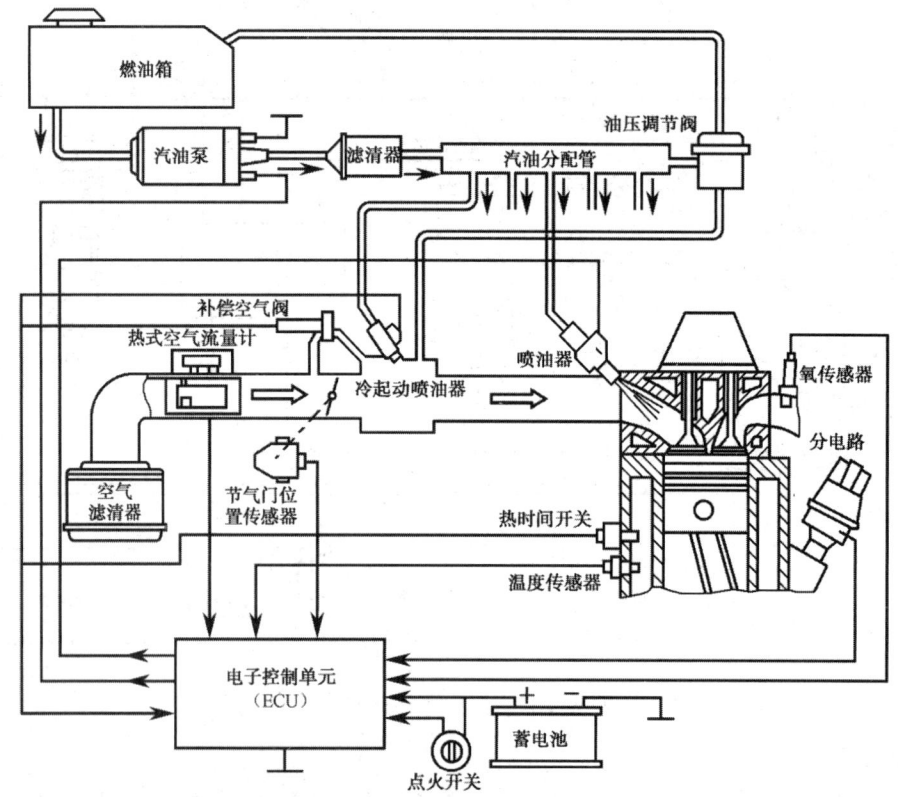

图 4.6　LH 型电控汽油喷射系统结构原理示意图

4. M 型 EFI

M 型电控汽油喷射系统结构原理示意图如图 4.7 所示，M 型电控汽油喷射系统将 L 型电控汽油喷射系统与电子点火系统结合起来，用一个由大规模集成电路组成的数字式微型计算机同时对这两个系统进行控制，从而实现了汽油喷射与点火的最佳配合，进一步改善了发动机的起动性、怠速稳定性、加速性、经济性和排放性。

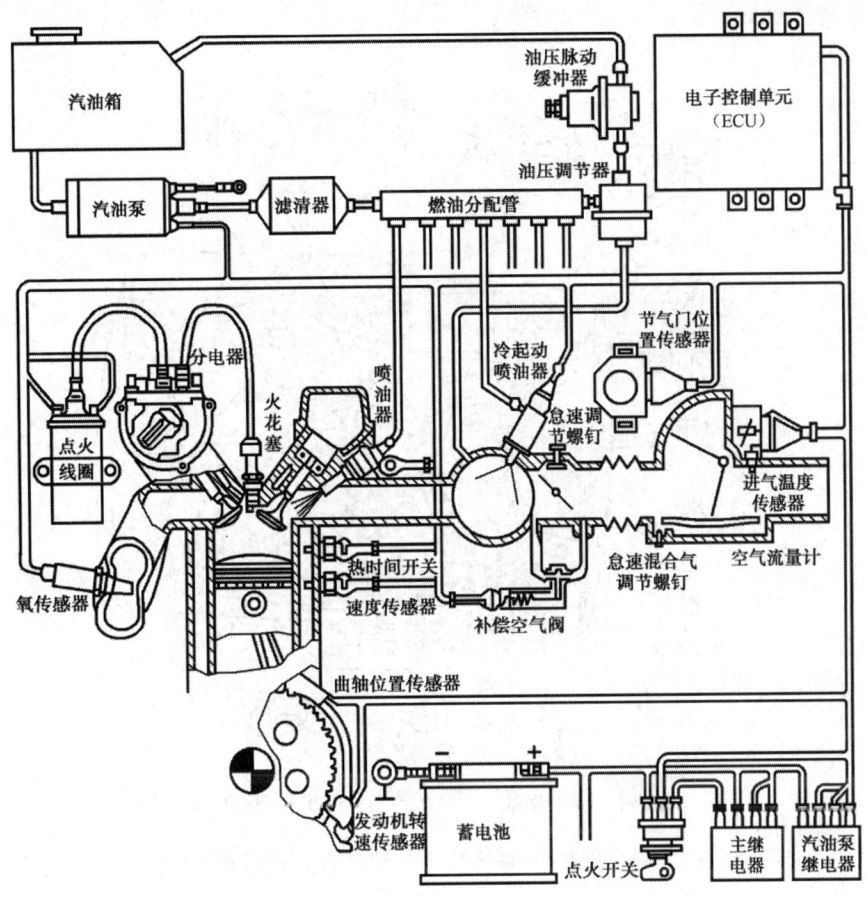

图 4.7　M 型电控汽油喷射系统结构原理示意图

4.3　电控汽油喷射系统及其主要部件

4.3.1　系统的组成与控制原理

1. 系统的组成

电控汽油喷射系统主要由空气供给系统、汽油供给系统和电子控制系统三部分组成。

空气供给系统由空气滤清器、空气流量计、进气温度传感器、进气压力传感器、节气门体及节气门位置传感器等组成，其功用是为可燃混合气的形成提供必需的空气量。

汽油供给系统由电动汽油泵、汽油滤清器、燃油压力调节器、喷油器等组成，其功用是根据发动机的负荷工况提供必需的汽油量。

电子控制系统（简称 ECU）是电控汽油喷射系统的大脑，能根据各传感器输入的发动机的运行信息，进行综合运算与判断，根据运算结果对执行元件输出控制指令，实现对发动机的精确控制。ECU 还具有信息鉴别功能，当发动机出现故障时，则以代码形式储存在存储器中，供维护修理时调用。

图 4.8 及图 4.9 所示分别为桑塔纳 2000GLi-AFE 型发动机和桑塔纳 2000GSi-AJR 型发动机的电控汽油喷射系统。它们是在德国 Bosch 公司 M 型电控汽油喷射系统基础上，增设了爆燃传感器，采用了喷油、点火一体化数字控制技术，开发研制而成的适合中国国情的产品。它们属于闭环电控多点燃油顺序喷射系统（Motronic）。

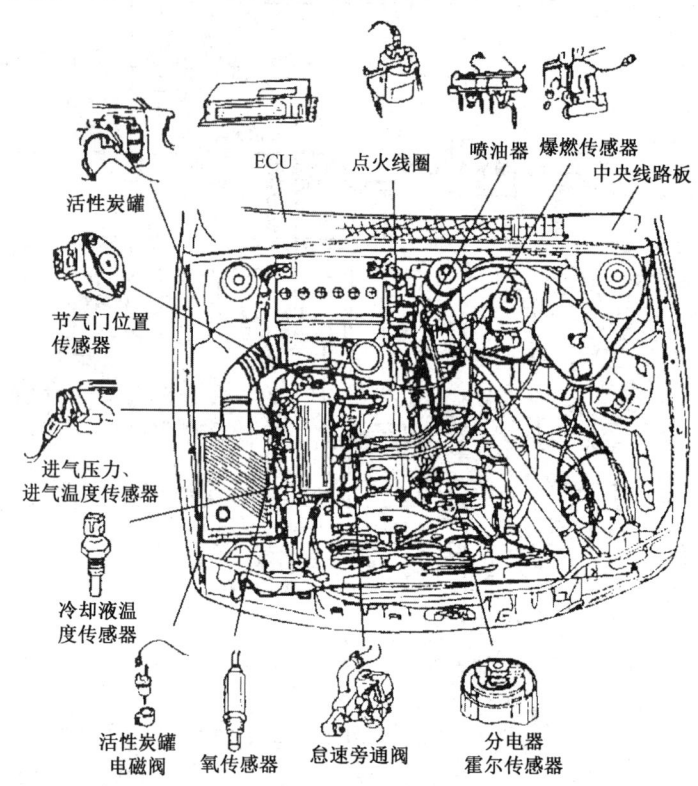

图 4.8　桑塔纳 2000GLi-AFE 型发动机的电控汽油喷射系统

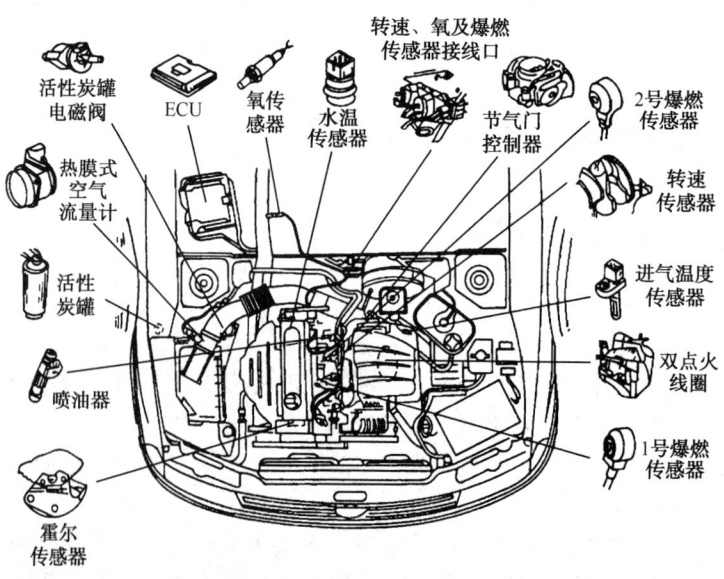

图 4.9　桑塔纳 2000GSi-AJR 型发动机的电控汽油喷射系统

上述两款发动机电控汽油喷射系统都是由汽油供给系统、空气供给系统和电子控制系统三大部分组成的。它们的主要区别是：AJR型发动机将原测量进气压力、进气温度为一体的传感器改为两个独立元件，并采用了热膜式空气流量计、两个爆燃传感器、双点火线圈，取消了分电器，转速信号直接采自曲轴，取消了怠速控制阀和节气门位置传感器，改用节气门控制部件，由ECU直接控制，控制精度更高。

2. 控制原理

当驾驶员通过加速（油门）踏板控制节气门开度时，节气门位置传感器将负荷信息传给ECU；进气温度传感器、进气压力传感器将进气充量信息传给ECU，ECU根据季节温度、海拔高度等环境因素对发动机工况进行适当调整；爆燃传感器将爆燃信息传给ECU，ECU对点火正时进行校正，使发动机避免爆燃；水温传感器将发动机热状态参数传给ECU，调整供油量；氧传感器将排气中的氧含量信息传给ECU，由ECU调整喷油量，使混合气浓度始终处于理想（即空燃比始终处于14.7:1）状态，将排放污染降至最低，实现了发动机的闭环控制；曲轴位置传感器将曲轴转角、曲轴转速信息传给ECU，ECU根据曲轴转速调整喷油时刻、点火时刻及喷油和点火的持续时间。

4.3.2 主要部件

1. 汽油供给系统

汽油供给系统主要由汽油箱、电动汽油泵、汽油滤清器、汽油压力调节器及喷油器等组成，如图4.10所示。工作时，电动汽油泵源源不断地将汽油从汽油箱泵出，经汽油滤清器滤去水分和杂质，经压力调节器调压，稳压后，以一定压力将汽油送至喷油器，由ECU根据发动机负荷工况按某特定方式，将汽油喷入进气管或汽缸内，与空气混合成特定浓度的混合气。

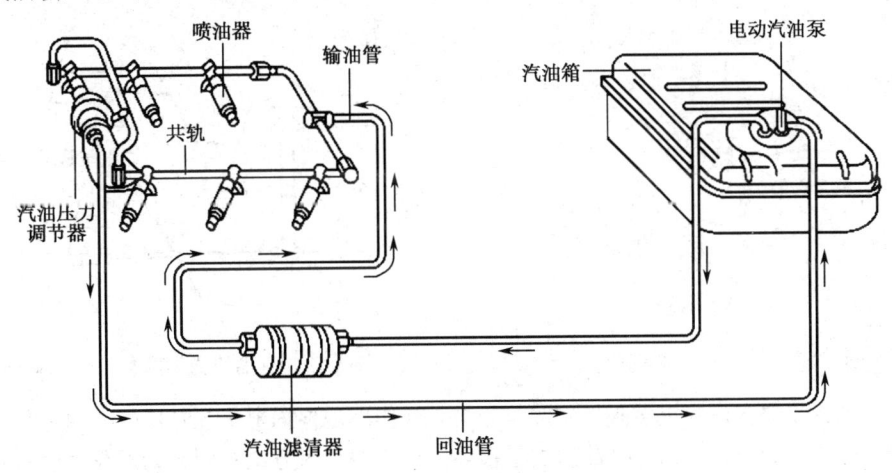

图4.10 汽油供给系统的组成示意图

（1）电动汽油泵。电动汽油泵由电动机和油泵组成，按其结构原理不同分为滚柱式、叶片（涡轮）式、齿轮式等形式。根据油泵自吸能力的大小，常采用油箱内和油箱外两种安装方式。桑塔纳轿车采用油箱内安装、叶片式电动汽油泵，其外形如图4.11所示。它具有管路简单，不易产生气阻和漏油，省去油压缓冲器等优点，同时克服了滚柱式汽油泵运行噪声大、油压脉动大、易磨损等缺点。

油泵中安全阀的作用是当供油管路的压力过高时自动打开，使部分汽油回流至汽油箱。当汽油泵停止运转时，单向阀在供油管路的油压作用下自动关闭，使供油管路中维持一定的汽油压力，以便发动机再次起动时能及时供油，保证发动机顺利起动。

（2）汽油压力调节器。喷油器的喷油量与喷油器的开度、开启时间及喷油压力（指喷油器孔内外的压力差）有关。相同的开度和开启时间内，喷油压力越大，喷油量越多。汽油压力调节器的功用是维持恒定的喷油压力，以保证精确的空燃比。

目前，电控汽油喷射系统所采用的汽油压力调节器大多为相对压力调节器，如图4.12所示。油压调节器壳体内腔被膜片分隔成两个小室，膜片上方压力与弹簧弹力和进气歧管真空吸力有关。当膜片下方的汽油压力超过膜片上方压力时，油压推动膜片上移，打开回油阀，超压汽油经回油管流回汽油箱。进气歧管真空度越大，膜片上方的压力越小，回油阀越容易打开，所调节的汽油压力就越低；相反，进气歧管真空度越小，所调节的汽油压力就越大。由于

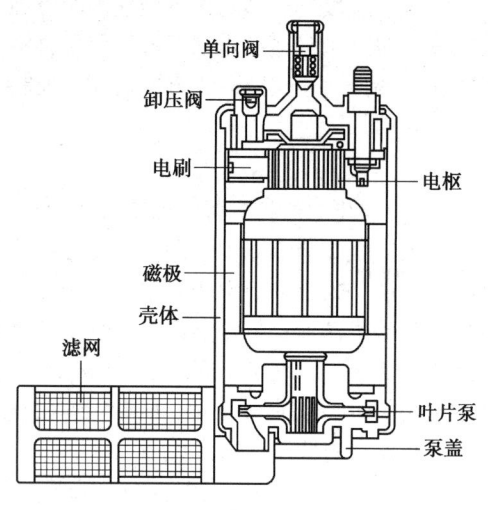

图 4.11　电动汽油泵

汽油压力=弹簧压力−进气歧管真空度

而弹簧压力为定值，所以

喷油压力=汽油压力+进气歧管真空度=弹簧压力=定值

因此，无论进气歧管的真空度如何变化，汽油压力调节器均能使汽油压力与进气歧管的真空度之和始终保持不变，如图4.13所示。不同车型的汽油压力调节器所调节的喷油压力（即汽油压力+进气歧管真空度）不尽相同，一般为300～350kPa。

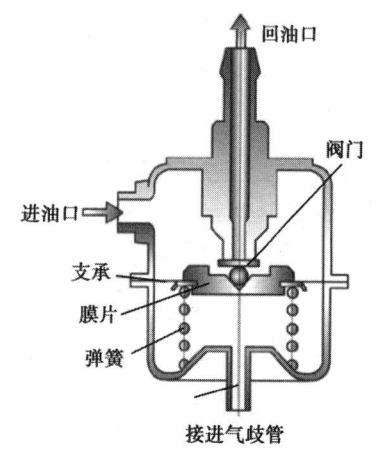

图 4.12　相对压力调节器

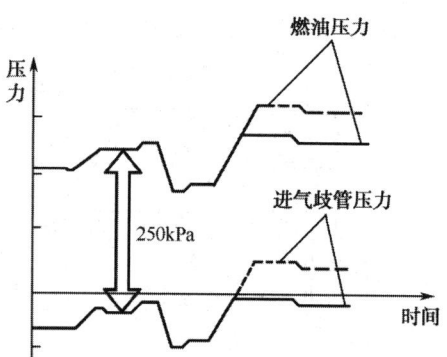

图 4.13　汽油压力调节器工作示意图

（3）喷油器。喷油器是由电磁阀控制的执行器，其作用是根据电子控制器的喷油信号将适量的汽油喷射到进气歧管（或汽缸）内。喷油的类型很多，按汽油喷射方式不同分为多点喷射式喷油器和单点喷射式喷油器；按结构和工作原理不同又分为针阀式、球阀式和片阀式；按喷口数量不同有单喷口、双喷口和多喷口喷油器之分；按电磁线圈的电抗不同则分为低电抗（2～3Ω）型和高电抗（13～17Ω）型两种。

如图4.14所示为（AFE型发动机使用的）单喷口、多点喷射、针阀式、高电抗型喷油器。

ECU发出控制信号，电磁线圈通电，产生电磁力使铁芯克服弹簧弹力带动针阀移动，打开喷孔，压力油从喷孔喷出。电磁线圈断电，电磁力消失，铁芯在弹簧弹力作用下迅速回位，喷油器立即停止喷油。

（4）汽油箱。汽油箱是用以储存汽油的装置，其结构如图4.15所示，其形状、容量根据汽车类型、发动机排量而定。大型客车、货车的汽油箱一般用薄钢板冲压后焊接成形，并在油箱内壁镀锌或镀锡。轿车的汽油箱大都用聚乙烯吹塑成形。

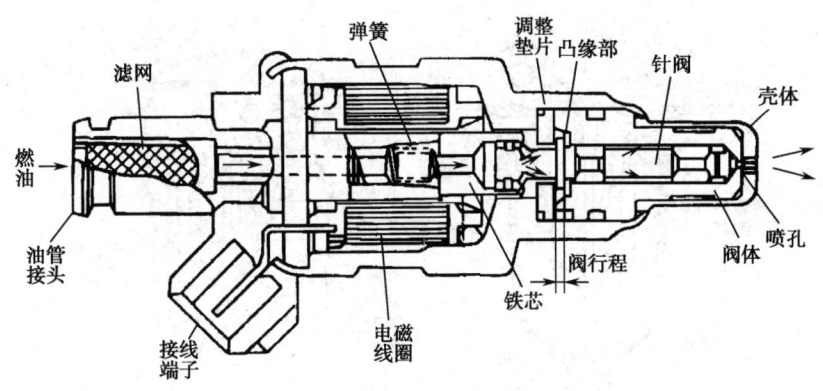

图 4.14　单喷口、多点喷射、针阀式、高电抗型喷油器

汽油箱用箍带固定在油箱支架上。油箱内有隔板，以减轻汽车在行驶时的汽油激荡，降低汽油蒸发。加油管内装延伸管，延伸管上有滤网。加油口用空气阀—汽油蒸气阀（汽油箱盖）密封，如图 4.16 所示。当汽油箱内因油量减少气压过低时，空气阀打开，空气进入汽油箱内；当汽油箱内汽油蒸气压力增大时，汽油蒸气阀打开，排出部分汽油蒸气。一般情况空气—汽油蒸气阀均保持关闭。汽油箱上方装有出油开关，汽车较长时间停驶时，应将出油开关关闭。油面指示传感器装在汽油箱顶部，用导线与汽油表相连。有的车型还装有回油管与汽油泵或油压调节器相通。汽油箱底部装有汽油滤清器，为了便于排除汽油箱内的杂质和水分，在底部装有放油螺塞。

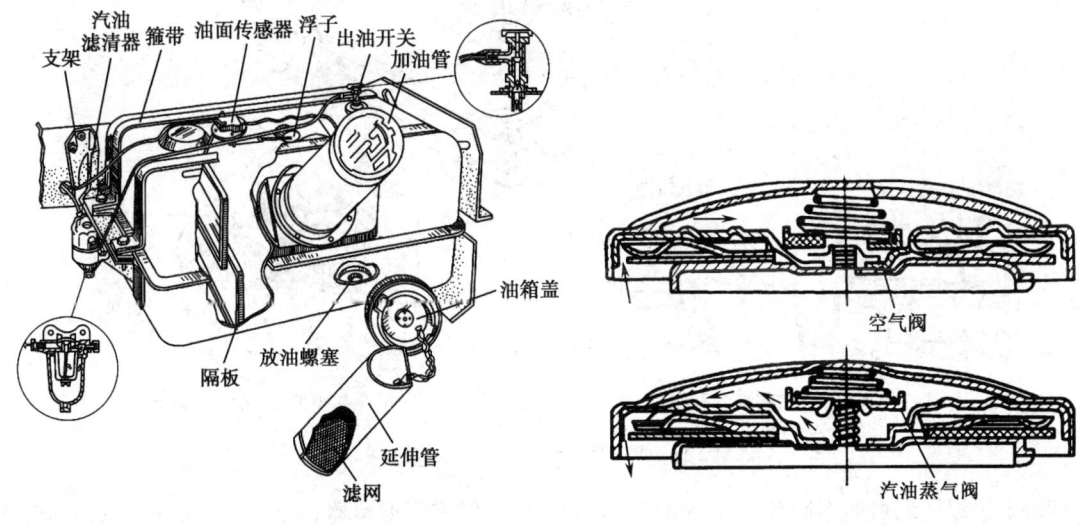

图 4.15　传统的汽油箱结构　　　　　　图 4.16　油箱盖

（5）汽油滤清器。汽油滤清器的作用是滤去汽油中的杂质，并使水分沉淀在沉淀杯内，以保证发动机的正常工作。

国产汽油机有的采用了可拆洗式汽油滤清器，如图 4.17 所示（部分结构图中未标出）。沉淀杯、滤芯（多孔陶瓷或纸质滤芯）与上盖通过密封垫用螺塞组合为一体。出油管、进油管分别与汽油滤芯的内、外表面空间相通。当汽油泵工作时，汽油从进油管进入沉淀杯内，水分及较大的硬质颗粒沉积于杯底；较轻的杂质随汽油流向滤芯，或被滤芯黏附或被滤芯隔离在滤芯外。汽油则通过滤芯的微孔渗入滤芯内部，最后从出油管流向汽油泵。

2. 空气供给系统

空气供给系统主要由空气滤清器、进气管道、节气门及节气门体、稳压器、空气流量计、进气压力传感器、进气温度传感器及怠速控制阀（怠速空气阀及由 ECU 控制怠速控制阀）、进气歧管等组成，如图 4.18 所示。

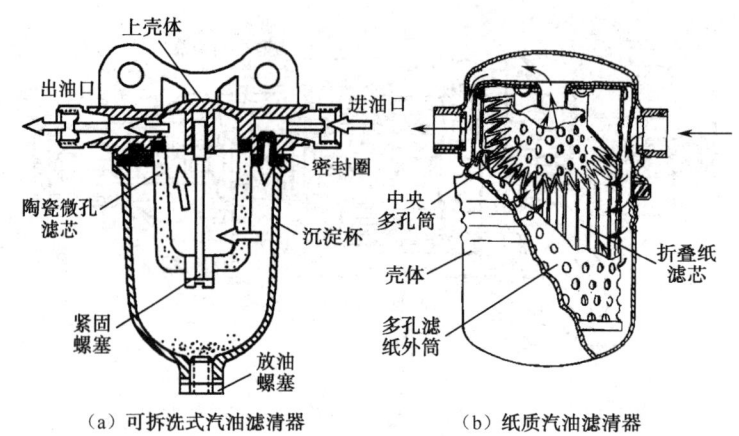

（a）可拆洗式汽油滤清器　　　（b）纸质汽油滤清器

图 4.17　汽油滤清器

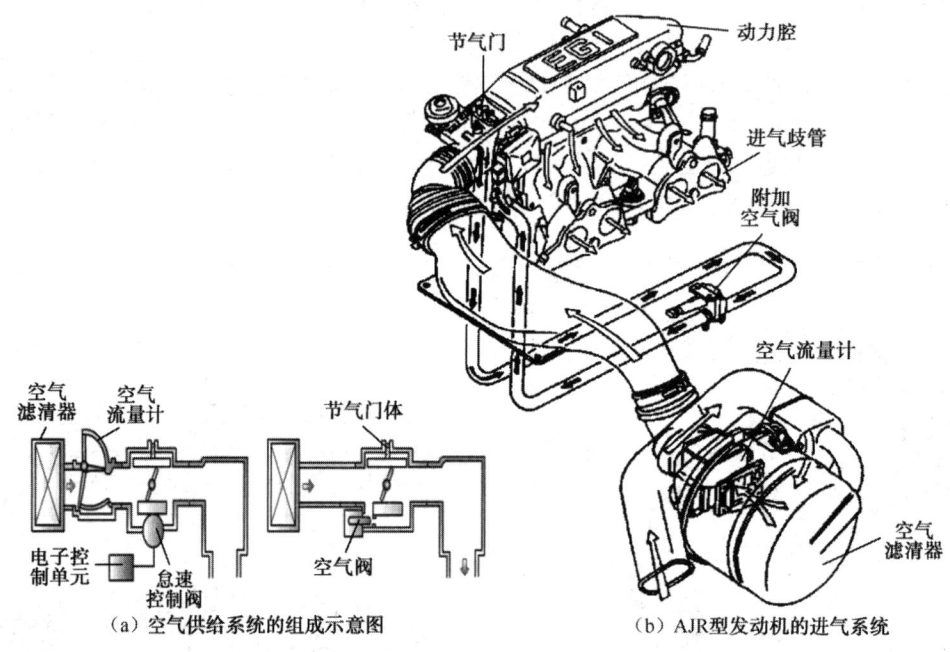

（a）空气供给系统的组成示意图　　　（b）AJR 型发动机的进气系统

图 4.18　空气供给系统的基本组成

　　驾驶员根据发动机的不同负荷控制节气门开度，空气经空气滤清器、空气流量计、节气门、进气管、进气歧管进入汽缸。

　　发动机怠速运转时，节气门关闭，空气从怠速旁通空气道中通过。怠速调整螺钉和怠速控制阀或怠速空气阀用以调整、控制怠速旁通空气道的开度，从而调节怠速运转时的转速。怠速空气阀则直接感受发动机的温度，由温度敏感元件自动控制。怠速控制阀由 ECU 根据各传感器收集的发动机怠速负荷信息，进行分析比较后，通过控制指令进行控制。

　　（1）空气流量计。空气流量计是发动机进气量（体积或质量）的测量装置。其作用是将吸入的空气量转换为电信号输送给 ECU，作为 ECU 判断喷油量的基本依据。根据不同的测量原理，常用的空气流量计有叶片式、卡门涡旋式及热式等几大类型，下面以热式为例进行说明。

　　热式空气流量计有热线式和热膜式之分，如图 4.19 和图 4.20 所示，根据电热体的放置位置不同又分为主流式和旁通式两种形式。

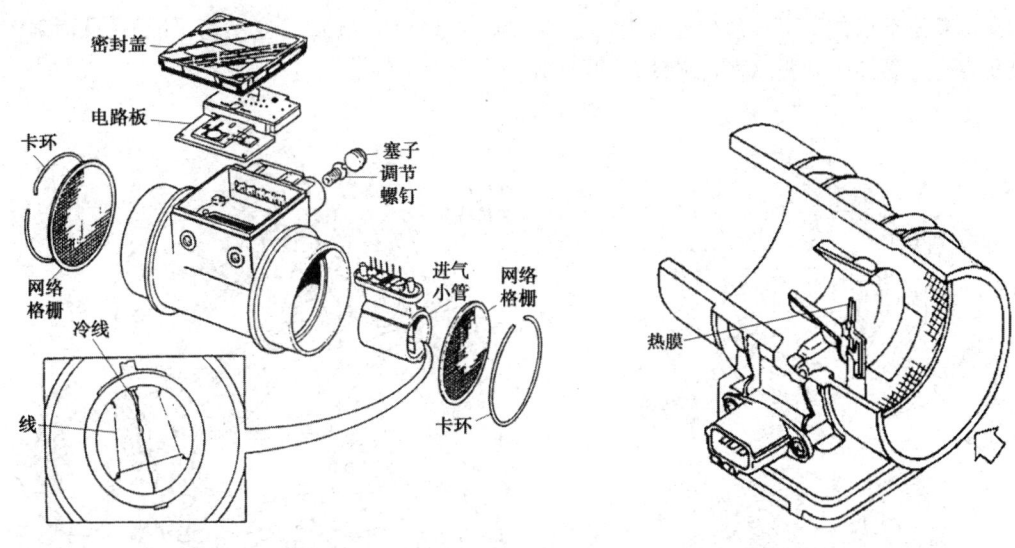

图 4.19 热线式空气流量计　　　　　图 4.20 热膜式空气流量计

热式空气流量计的基本原理如图 4.21 所示。在空气管路中放置一个电热体，空气流经电热体时带走其热量，使发热体变冷，电热体周围通过的空气流量越大，带走的热量也越多。

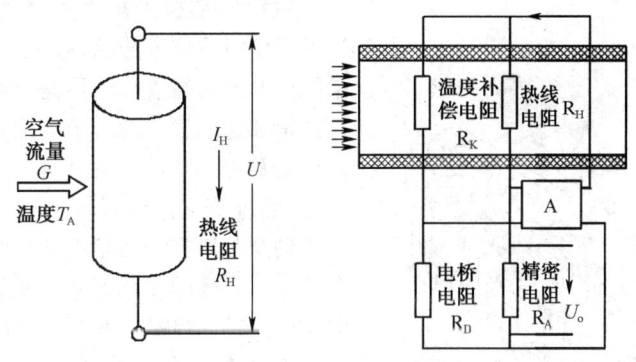

图 4.21 热式空气流量计的基本原理

热式空气流量计具有测量范围大、体积小、反应灵敏、测量精度高的特点，由于检测信号与空气流量相对应，因此不需要对大气压力及进气温度进行修正。目前热式空气流量计已成为电控汽油喷射系统较常用的空气流量计。

（2）节气门体。节气门体用于安装节气门、节气门位置传感器等节气门控制部件。不同的车款、不同的汽油喷射方式，由于对发动机的控制方式不同，其节气门体的结构组成有很大的差异。

早期使用的单点喷射式节气门体，除节气门上体、节气门位置传感器外，还装有集中喷油的主喷油器、汽油压力调节器、冷起动喷油器、怠速空气阀等，如图 4.22 所示。

图 4.23 所示为多点喷射式的节气门体结构图。它由节气门、节气门位置传感器、怠速调整螺钉等组成。

桑塔纳 AJR 型发动机的节气门体如图 4.24 所示。其特点是取消了节气门位置传感器及怠速调整装置。其节气门开度、怠速的调整与控制由 ECU 通过步进电动机及传动机构直接控制。

（3）节气门位置传感器。节气门开度由驾驶员通过加速踏板操纵，以改变发动机的进气量，从而控制发动机的转速。节气门位置传感器是将节气门开度转变为电信号传给 ECU 的装置。点火控制系统、汽油喷射系统、怠速控制系统、废气再循环控制系统、汽油蒸发排放控制系统、自动变速系统等都需要从节气门位置传感器信号中获取节气门开度、节气门开启速度、怠速状态等信息，ECU 根据这些信息判断发动机的工况（急加速工况、怠速工况、部分负荷工况、全负荷工况），从而确定、调节及修正点火、喷油时刻和点火、喷油持续时间。

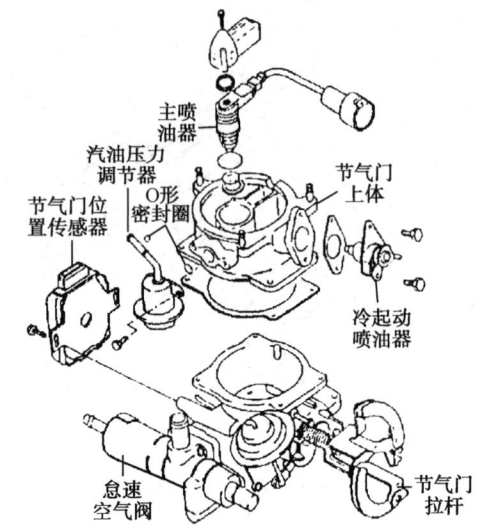

图 4.22　单点喷射式的节气门体结构图

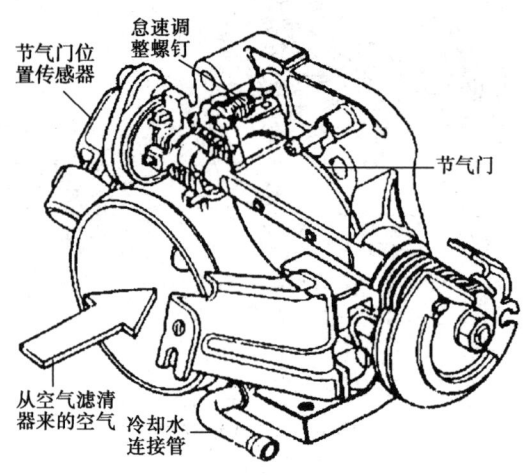

图 4.23　多点喷射式的节气门体结构图

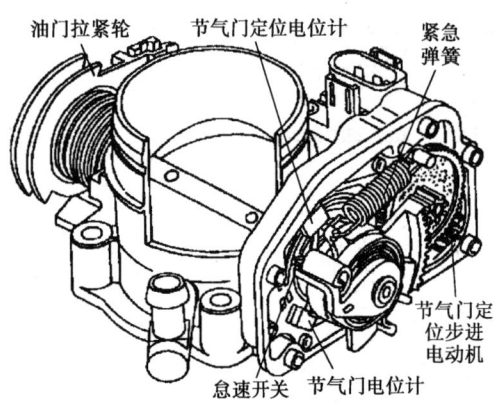

图 4.24　桑塔纳 AJR 型发动机的节气门体

目前发动机上采用的节气门位置传感器均为线性可变电阻型位置传感器，如图 4.25 所示。线性可变电阻型节气门位置传感器是一种线性电位计。驾驶员踩、抬加速踏板，通过节气门轴将节气门转动和电位计滑动触点滑动，改变节气门开度、电位计电阻值。ECU 通过节气门位置传感器可以获得表示节气门由全闭到全开所有开启角度的连续变化的开度信号，以及节气门开度的变化速率，从而更精确地判断发动机的运行工况，提高了对发动机的控制精度。

有些车型在线性可变电阻型节气门位置传感器中还设有一个怠速开关，用以采集怠速信号。数字控制方式的 ECU 还可根据怠速开关闭合信号，在电位计有误差时，作为 ECU 校正节气门开度信号值的基准点。

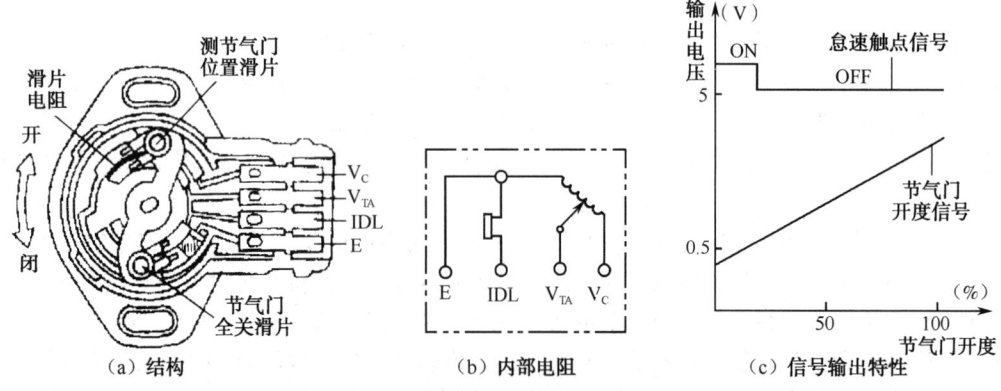

图 4.25　线性可变电阻型节气门位置传感器

节气门位置传感器发生故障时，ECU 可得知，并将相关信息进行存储。通过发动机故障诊断仪可检测其故障信息。

（4）怠速控制阀。怠速控制阀的功用：使发动机在低温起动时快速升温；发动机怠速负荷增大时，提高怠速转速。根据结构与控制原理不同怠速控制阀可分为：利用发动机机体温度控制的怠速旁通空气道的双金属片式、蜡式怠速空气阀；利用传感器收集发动机怠速运行状态、冷却液温度、空调开启使用情况、用电器负荷等信号，经 ECU 综合比较、分析，最终输出指令，由执行机构实现对发动机怠速控制的怠速控制阀。其中由 ECU 控制的怠速控制阀，按进气量的控制方式分为节气门直动式与旁通空气道式；按怠速控制阀的结构则又分为步进电动机式与电磁式；按空气阀的控制方式不同还可分为直接控制式与间接控制式。

① 蜡式怠速控制阀如图 4.26 所示，主要由封闭的蜡盒和阀芯组成。蜡盒装在与空气隔绝的冷却水套内，通过阀芯控制旁通空气道的开、闭状态，其工作原理类似于发动机冷却系统中的蜡式节温器。发动机冷车起动时，发动机的温度低，蜡盒内的蜡质凝固收缩，阀芯在弹簧作用下打开旁通气道，发动机高于正常怠速运转，使发动机温度快速升高。发动机水温升高，蜡盒内的蜡质受热熔化膨胀，通过推杆关闭旁通空气道。这种怠速空气阀具有结构简单、不受电流控制的特点。由发动机冷却水直接加热起作用，工作可靠，现代汽油喷射式发动机的怠速自动控制大都采用这种结构。

② 步进电动机式怠速控制阀。步进电动机式怠速控制阀装在旁通空气道上，与电动机做成一体。它主要由永磁电动机、丝杆机构和空气阀组成，如图 4.27 所示。步进式电动机转子与丝杆组成丝杆机构，当步进电动机在怠速控制信号的控制下运转时，丝杆进行直线运动，通过丝杆带动空气阀上下移动，从而可使空气阀开启或关闭。

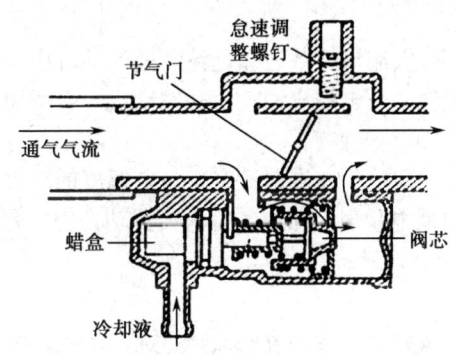

图 4.26 蜡式怠速控制阀

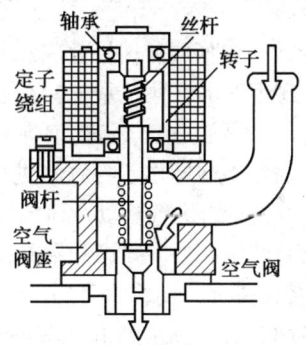

图 4.27 步进电动机式怠速控制阀

步进式电动机有几组励磁线圈，改变励磁线圈中的通电顺序，即可改变电动机的旋转方向。线圈每通一次电，转子就转过一定角度（一般为几度至十几度）。因此控制各个励磁线圈电路的通断状态即可改变阀芯与阀座之间的间隙，以调节流过旁通空气道的空气量。这种控制阀一般有 100 多种不同的开启位置，足以满足发动机不同怠速工况的要求。

③ 电磁式怠速控制阀。电磁式怠速控制阀根据作用原理不同有直动式电磁阀和转动式电磁阀两种，如图 4.28 所示。

电磁式怠速控制阀在怠速控制信号的控制下通电，产生电磁吸力，阀杆进行轴向移动（或转子旋转），从而控制阀门的开度，调节旁通气道的空气流量。电磁吸力的大小由 ECU 根据发动机怠速工况输给电磁线圈驱动电流决定，驱动电流越大，电磁吸力也大，阀门开度也大；反之，阀门开度小。电磁线圈电流消失，阀门在回位弹簧的弹簧力作用下回位，阀门关闭。当阀门开启时，阀门上、下形成了压力差，波纹管即是为消除阀门上、下压力差对阀门位置的影响而设置的。

（5）进气歧管。电控汽油喷射式发动机没有化油器，进气阻力小，充气效率高。其进气歧管采用了特殊结构（如长进气管、动力腔等），能充分利用进气时的空气动力效应，进一步提高发动机在各种转速下的进气量，增加发动机动力输出，改善其转矩输出特性。

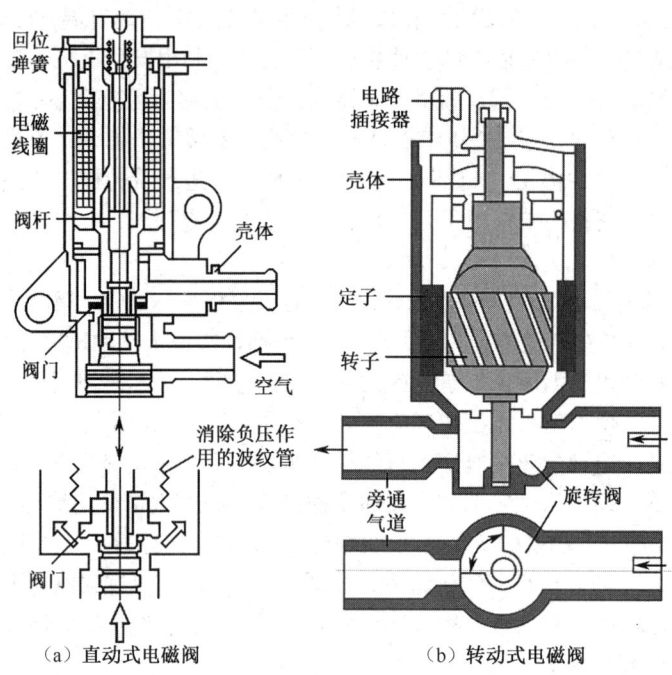

（a）直动式电磁阀　　　　　　（b）转动式电磁阀

图 4.28　电磁式怠速控制阀

进气动力效应包括气流惯性效应和气流压力波动效应。气流惯性效应即气流高速流动时由于惯性作用，当活塞到达下止点时，进气系统仍可继续向汽缸充气。故电控汽油喷射式发动机一般采用大弧度的长进气管，以增加进气气流的惯性。

气流压力波动效应即由于各汽缸进气过程的间歇性和周期性，在进气管产生一定幅度的进气压力波动。进气压力波动沿进气管以音速传播，并在进气管内反复反射，在进气管内设置动力腔，有利于压力波的反射并产生共振，即可利用共振后的压力波增加进气量。

3. 电子控制单元（简称 ECU）

电控汽油喷射式发动机的电子控制单元主要由微处理器、存储器（RAM、ROM）、模/数转换器、数/模转换器、各种传感器、执行器，以及连接各传感器、执行器的控制电路等组成。桑塔纳轿车 AJR 型发动机 ECU 如图 4.29 所示。

（1）ECU 主要由以下五大部分组成。

① 输入装置和输出装置，即由线束和插接器组成的装置。

② 输入和输出控制，包括数字/模拟转换器和模拟/数字转换器。

③ 存储器，包括只读存储器 ROM 和随机存储器 RAM。

④ CPU 中央处理器，主要有数字和指令寄存器，算术、逻辑运算部件，时钟和输出累加寄存器。

⑤ 数据总线，即控制总线和数据指令总线。

（2）ECU 的工作原理。ECU 的工作原理如图 4.30 所示。各传感器采集的模拟或数字信号，由输入装置输入微处理器（模拟信号随后由模拟/数字转换器将信号转换为数字信号），并存入 RAM。发动机起动时，ECU 从 ROM 读取某些基本程序，将其送入微处理器主处理区。微处理器将这些程序从 RAM 调用传感器信号，按规定步骤，逐个指令地分析计算，得出控制指令。控制指令经数字/模拟转换器转换成模拟量，送至各喷油器和点火控制器控制喷油时刻、喷油持续时间、点火正时和点火能量等。ECU 以极快的速度接收、运算、输出指令，使发动机保持在最佳的工作状态。

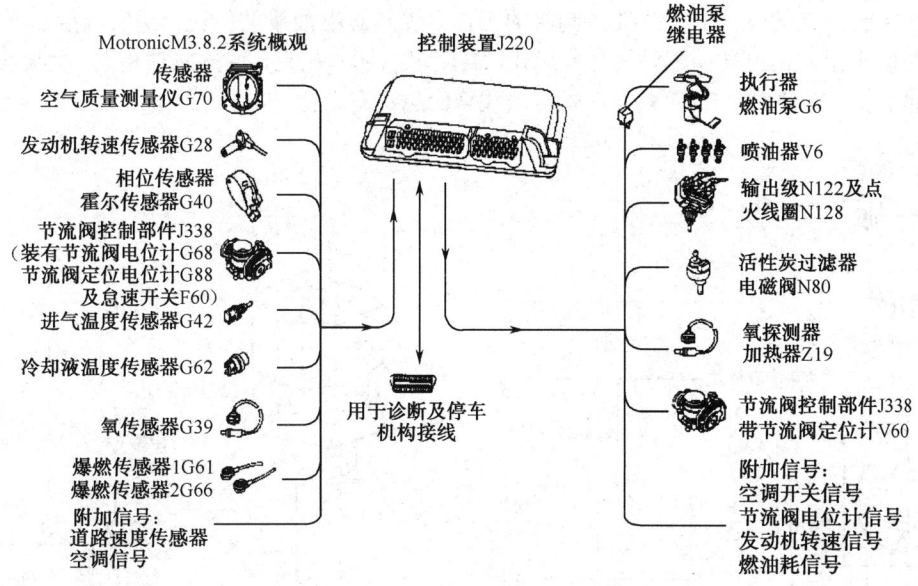

图 4.29 桑塔纳轿车 AJR 型发动机 ECU

ECU 除具有上述功能外,还能对传感器传来的信号进行检测鉴别。若发现某传感器的信号超过规定范围,则认为该传感器或相关线路有故障,并将相关信息储存起来。当发动机出现故障时,ECU通过一个人为设定的数据或其他传感器的信号对发动机实施控制,使发动机转入故障应急状态下运行"跛行回家"程序,以便驾驶员将车辆开至附近修理厂。

ECU 还设有故障诊断接口,通过发动机故障诊断仪(故障解码器、修车王),可以从所储存的故障信息中,快速、准确地诊断出发动机的故障部位,以便对发动机进行及时维护、修理;通过读取某些数据,了解传感器和执行元件所处的技术状态,并由此判断发动机的工作状态;通过 ECU 自诊断功能,了解某执行元件的工作状态,消除存储在 ECU 中的故障信息。

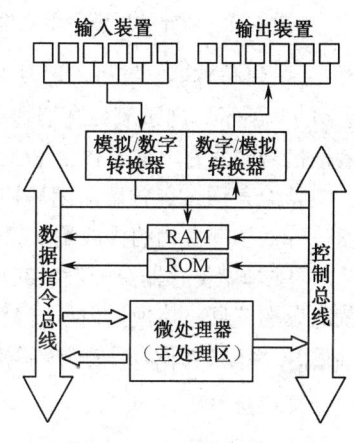

图 4.30 ECU 的工作原理

(3)传感器。传感器是 ECU 的"眼睛"和"耳朵",其作用是将发动机的工况及状态等物理量转变为电信号,输送给 ECU。在电控汽油喷射系统和空气供给系统中已介绍了部分传感器,下面介绍其余的几种传感器。

① 进气管压力传感器。在 D 型 EFI 系统中,进气管压力传感器是用于监测发动机负荷状态的另一单元,是 ECU 计算基本喷油时间和确定最佳点火提前角的重要数据来源。根据信号产生原理的不同,进气管压力传感器分为压电式、半导体压敏电阻式、电容式、差动变压器式(真空膜盒传动)等。目前汽车上大多采用半导体压敏电阻式进气管压力传感器,其外形如图 4.31(a)所示。

半导体压敏电阻式进气管压力传感器是利用半导体的压阻效应将压力转换为相应的电压信号,其内部电路原理如图 4.31(b)所示。半导体应变片按惠斯登电桥连接方式布置在硅膜片上,当硅膜片变形时,各应变片因受拉力或受压力作用其电阻发生变化,电桥即有相应的电压输出,经集成放大电路放大后输送给 ECU。

② 温度传感器。在电控汽油喷射系统中,进气温度和发动机冷却液温度是对喷油量进行控制和修正的两个温度参数。进气温度传感器是检测发动机吸入空气的温度,ECU 根据空气温度的变化情况对空气密度影响进行喷油量的修正。水温传感器则检测发动机冷却液的温度变化,以确定发动机的

运行工况，控制冷起动喷油器、怠速控制阀的工作，以及对喷油量的修正。进气温度和水温传感器大都采用热敏电阻式温度传感器，其结构形式、温度范围基本相近，测量原理相同，如图4.32所示。当水温传感器出现故障时，ECU将发动机转入故障应急状态运行。

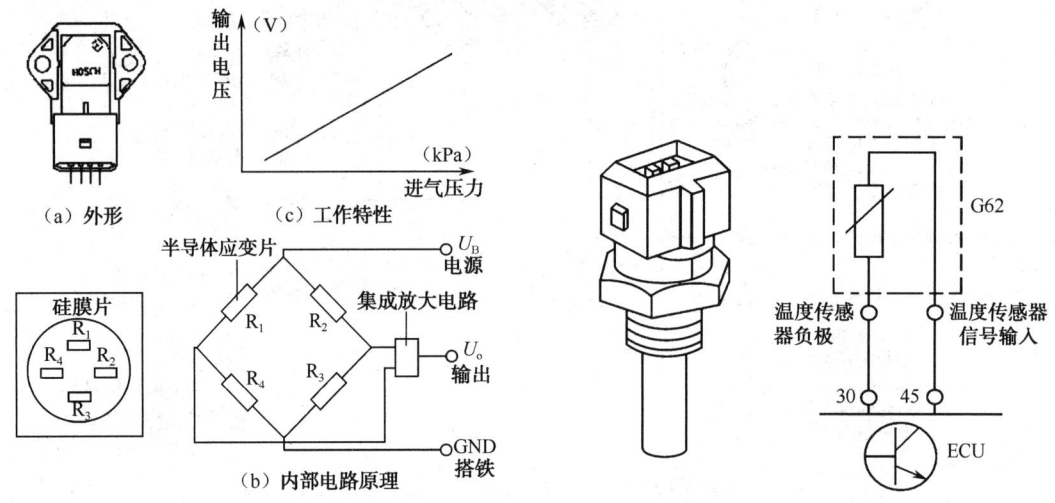

图4.31 半导体压敏电阻式进气管压力传感器　　　　图4.32 热敏电阻式温度传感器

③ 氧传感器。氧传感器是ECU实现混合气闭环控制的重要元件，一般装在排气管上，其外形如图4.33所示。通过氧传感器探测废气中的含氧量，可获得上次喷油时间是否过长或过短的信号，并将该信号转变为电信号传给ECU，实现对本次喷油持续时间的修正。

混合气通过氧传感器闭环控制后，能将空燃比控制在最佳范围内，从而得到一个最佳的混合气浓度，降低了有害物的排放量。氧传感器发生故障后，可通过发动机故障诊断仪检测出其故障信息。

④ 爆燃传感器，一般装在第二、第三缸之间的缸体侧面上，通过检测爆燃时发动机机体振动，获取爆燃信息，将模拟信号转变为电信号，由ECU对爆燃汽缸的点火时间进行调整（即将点火时间推迟），至爆燃消除。爆燃传感器的外形如图4.34所示。

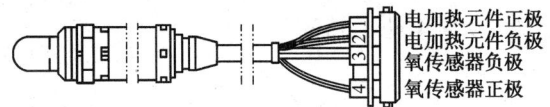

图4.33 氧传感器的外形及接线原理　　　　　　图4.34 爆燃传感器的外形

⑤ 曲轴位置传感器，一般装在分电器内（有分电器的发动机）或装于凸轮轴、飞轮附近（无分电器的发动机）。其功用是检测曲轴位置、发动机转速及第一缸活塞上止点的位置。ECU根据曲轴位置和转速信号，计算出喷油时刻、点火时刻、喷油持续时间与点火持续时间，在无分电器的ECU和按各缸工作顺序喷油的汽油喷射系统中，曲轴位置传感器还用于识别汽缸。

曲轴位置传感器按其结构原理不同可分为电磁感应式、霍尔效应式和光电式三种类型。

a. 电磁感应式曲轴位置传感器。较为典型或常见的电磁感应式曲轴位置传感器有导磁转子触发式和飞轮齿圈—正时记号触发式。

图4.35所示为安装于分电器内的导磁转子触发式曲轴位置传感器。感应线圈Ne和G按上下结构安装于分电器轴上，由分电器轴驱动，分别触发Ne、G_1和G_2感应线圈，产生交变感应电压信号。Ne感应线圈产生转速信号，G_1感应线圈、G_2感应线圈则产生曲轴位置信号。感应线圈G与发动机缸数的对应关系使G_1感应线圈、G_2感应线圈分别在点火次序中前一半汽缸的第一缸和点火次序中后一半汽缸中第一缸压缩上止点前某一时刻产生电压脉冲。ECU即可根据G_1感应线圈、G_2感应线圈的电

压脉冲信号，确定发动机曲轴的位置参数，做出点火正时和喷油正时控制；根据 Ne 感应线圈的脉冲数及脉冲频率即可确定点火控制脉冲及汽油喷射脉冲的间隔，由 Ne 感应线圈的脉冲频率可以确定发动机的转速。

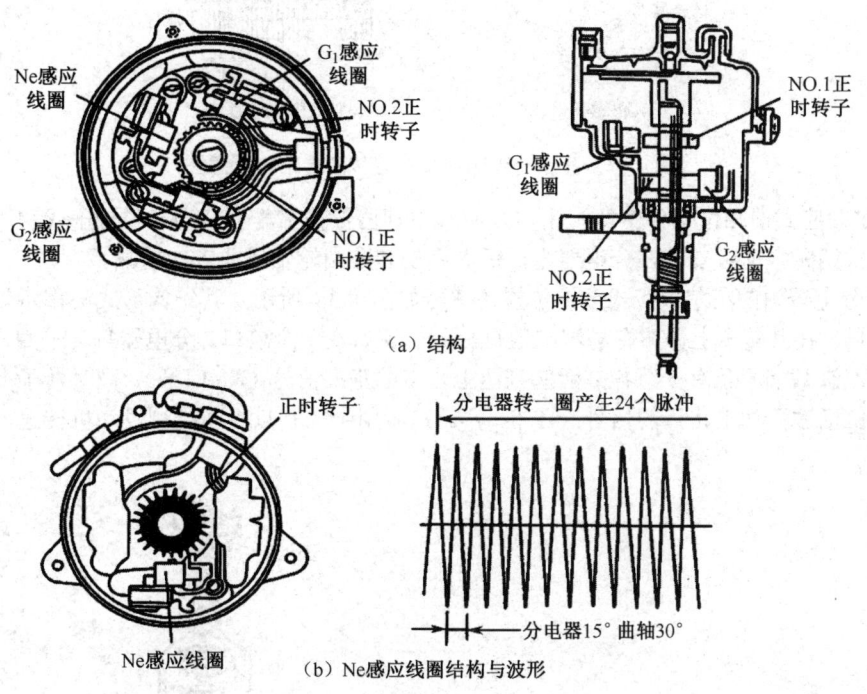

（a）结构

（b）Ne感应线圈结构与波形

图 4.35　安装于分电器内的导磁转子触发式曲轴位置传感器

对于无分电器的发动机电子控制系统，曲轴位置传感器一般安装在凸轮轴前端或曲轴前端，由传感器轴驱动导磁转子。

对于不同车型，ECU 采用的计算方法不尽相同，因此导磁转子的凸齿齿数、感应线圈 G 的个数也不相同。

图 4.36 所示为安装于飞轮处的飞轮齿圈—正时记号触发式曲轴位置传感器。当发动机旋转时，飞轮的轮齿和飞轮上的正时记号使传感器内部的磁路空气间隙变化，磁阻也随之变化，即通过感应线圈的磁通量也发生变化，从而使两个磁感应线圈产生相应的电压脉冲信号。

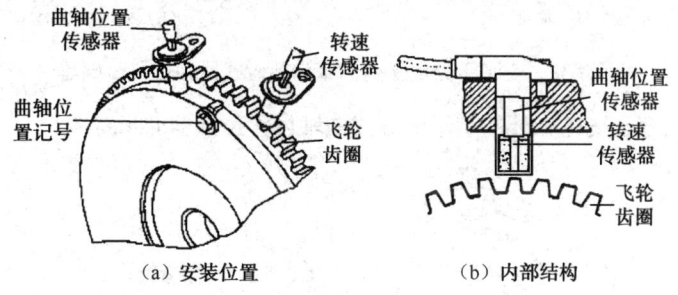

（a）安装位置　　　　　　　　（b）内部结构

图 4.36　安装于飞轮处的曲轴位置传感器

图 4.37 所示为富康轿车的曲轴位置传感器结构示意图，它是另一种利用飞轮齿圈触发形式的传感器。在飞轮上另外安装了一个有 60-2 个齿（即有 2 个缺齿）的传感器触发齿圈，齿圈上的两个缺齿对应第一、第四缸上止点后 114°位置。当发动机运行时，在传感器感应线圈中产生如图 4.37（b）所示的电压信号波形，ECU 根据此信号频率的变化，即可计算得到所需的发动机转速和曲轴位置参数。

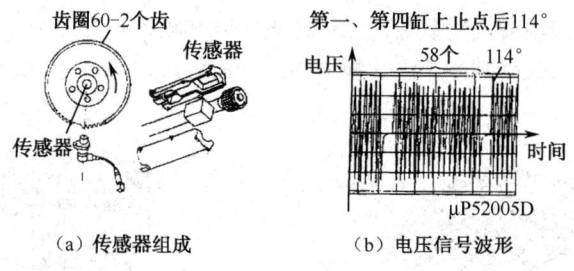

(a) 传感器组成 　　　　　　(b) 电压信号波形

图 4.37　富康轿车的曲轴位置传感器结构示意图

b. 霍尔效应式曲轴位置传感器。霍尔效应式曲轴位置传感器也分为导磁转子式和飞轮齿圈—正时记号触发式两种。前者安装在分电器内，后者则安装在凸轮轴或曲轴的前端。

安装于分电器内的霍尔效应式曲轴位置传感器如图 4.38 所示，其结构形式与霍尔效应式点火信号发生器相同。在其转子上分布有与汽缸数目相同的窗口及一个缺口。分电器每转一圈，转子上的窗口便产生和汽缸数相同且有一组各缸活塞到达上止点的基准信号（Ne 信号），同时转子上的缺口则产生一个第一缸活塞到达上止点的信号（G 信号）。前者用于控制点火及检测发动机转速，后者用于控制喷油顺序。

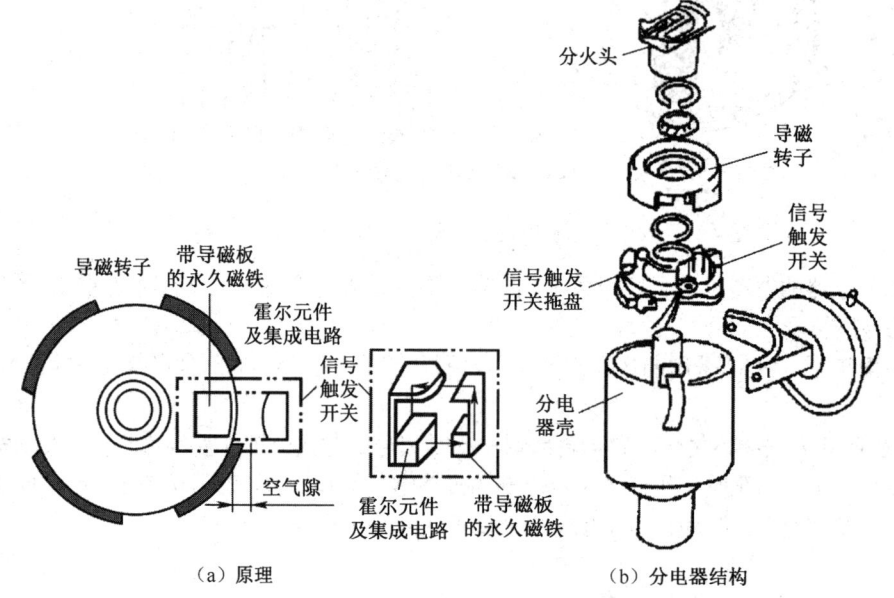

（a）原理 　　　　　　　（b）分电器结构

图 4.38　安装于分电器内的霍尔效应式曲轴位置传感器

图 4.39 所示为安装于飞轮壳处的霍尔效应式曲轴位置传感器的示意图。

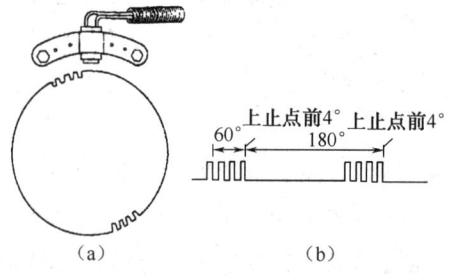

（a）　　　　　　　　　（b）

图 4.39　安装于飞轮处的霍尔效应式曲轴位置传感器示意图

在飞轮齿圈与驱动盘的边缘有对称的 2 组传感器（六缸发动机为 3 组）且每组均匀分布有 4 个齿槽。当发动机旋转，齿槽对准信号触发开关下方时，传感器输出高电平（5V）；无槽面对准信号触发开关下方，传感器则输出低电平（0.3V）。四冲程四缸发动机一个工作循环传感器输出 4 组（每组 4 个）脉冲信号。槽的分布及传感器的安装位置使一组脉冲信号占据 60°曲轴转角，组与组的脉冲信号间隔 180°曲轴转角，每一组中的第 4 个脉冲信号的下降沿对应活塞上止点前 4°曲轴转角。ECU 即可根据此信号确定喷油顺序、点火时间及发动机转速。

c．光电式曲轴位置传感器。光电式曲轴位置传感器一般安装在分电器内。它主要由发光二极管、光敏三极管及遮光盘等组成，如图 4.40 所示。

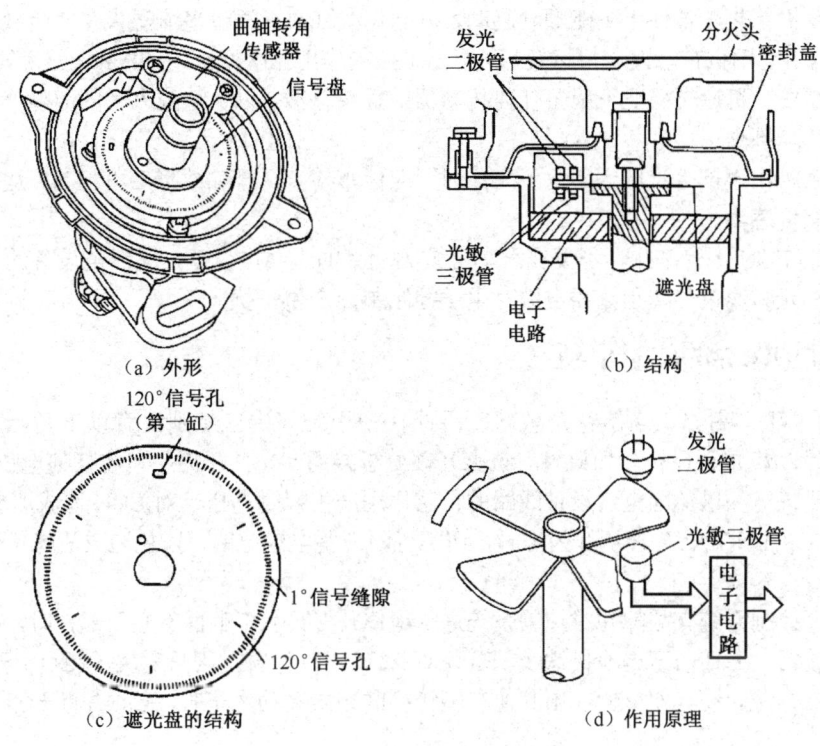

图 4.40 光电式曲轴位置传感器

在遮光盘转子的外圆均匀分布有 360 道缺口，内圆则分布有与发动机汽缸数相等对应的缺口。发光二极管和光敏三极管也分为两组，由遮光盘转子将其隔开。发动机工作时，一组发光二极管、光敏三极管通过遮光盘转子外圆缺口透光，曲轴位置传感器转子每转一圈产生 360 个脉冲信号；另一组则通过遮光盘转子内圆透光，遮光盘转子每转一圈产生与汽缸数相对应的脉冲信号。两组发光二极管、光敏三极管产生的脉冲信号经整形电路整形后输入 ECU，用以确定曲轴位置和发动机的转速。

当曲轴位置传感器发生故障时，ECU 不能检测，发动机立即熄火，无法运转。

4.4 电控汽油喷射式发动机的使用与维护

4.4.1 电控汽油喷射式发动机的使用

电控汽油喷射式发动机的结构原理与化油器式发动机有着本质性的区别，在使用中，切不可将驾驶化油器式发动机汽车的操纵习惯用在电控汽油喷射式发动机汽车上，在使用操作过程中应特别注意以下几点。

（1）电控汽油喷射式发动机具有冷起动加浓和暖车加浓装置，能保证发动机冷车和热车状态下顺利起动，因此在起动发动机时，不要将加速踏板踩到底，否则 ECU 将会进入断油控制模式，导致发动机无法起动。

（2）操作电控汽油喷射式发动机的油门踏板是控制节气门的开度，喷油量是由 ECU 检测到的进气量、发动机转速等运行参数计算确定的，因此在发动机起动前和起动中，不可用反复快速踩油门踏板的方法来增加喷油量。

（3）当仪表板的汽油指示警示灯亮及油箱存油不足时，应尽快加油，不可强行运转发动机，以免烧毁汽油泵。

（4）若发动机在热车条件下不能顺利起动，可能是汽缸内存油过多淹湿火花塞所致，此时可将油门踏板踩到底，用起动机带动发动机运转，利用电子控制作用排除汽缸内的汽油，然后再起动发动机。

（5）不可在发动机运转情况下拔下任何传感器的插头接线，以免造成人为的故障代码，影响发动机正常工作和故障判断。

（6）当发动机出现部分汽缸因断火不工作时，应停车检查，排除故障后再起动、运转，以免在缺火情况下烧毁氧传感器。

（7）为保证 ECU 不受干扰，不要在汽车上装大功率的无线电设备，无线电设备的天线应尽可能远离电子控制单元和线束，防止无线电波对电子控制单元产生干扰。

4.4.2　维护保养的注意事项

ECU 对高电压、高湿、高温特别敏感，因此在使用维修中应特别注意以下几点。

（1）无论发动机是否运转，如果只有点火开关处于接通状态，千万不可将任何电压为 12V 的电气设备的插接器拔下，以免因电气设备线圈的自感作用产生瞬时高压，对 ECU 造成严重损害。

（2）"CHECK ENGINE"警示灯闪烁时，切不可断开蓄电池电路，以免造成故障代码及有关资料信息的丢失。

（3）当诊断控制系统有故障并对控制系统进行检修，需要从车上拆下某一部件时，应先关闭点火开关，拔下插接器，并切断蓄电池搭铁线。若仅对 ECU 进行检查，则只需要关闭点火开关即可。

（4）用跨接方法起动其他车辆或用其他车辆跨接的方式起动本车时，必须先断开点火开关，才能拆卸跨接线。

（5）除特别指明外，切不可用指针式万用表检测 ECU 和传感器，应使用汽车专用万用表（高阻抗数字万用表）进行检测。严禁用试灯法检测与 ECU 有关的电气设备。

（6）拆换蓄电池时，应特别注意蓄电池的搭铁特性，而且必须是负极搭铁。

（7）在 ECU 或传感器等电子控制元件附近进行电弧焊接作业时，应先切断 ECU 的电源，并采取特别的如隔热、防磁等保护措施。

（8）ECU 电源电压、参考电压（基准电压）、信号电压均属低电平，对电阻特别敏感，维护保养应特别注意插接器的清洁，配线与电气设备的连接必须牢固可靠。

4.5　电控汽油喷射系统的故障自诊断

4.5.1　故障自诊断系统

1. 故障自诊断原理

电控汽油喷射式发动机控制系统均具有故障自诊断功能，并能检测出控制系统中大部分的故障，将故障以代码形式储存在 ECU 内。只要不拆下蓄电池，这些故障代码就一直储存在 ECU 中。需要对发动机控制系统进行维护修理时，可按照特定方法将故障代码从 ECU 中读出，为检修发动机控制系统提供依据。

故障自诊断系统是在 ECU 中设置了判别各输入信号的监控程序和有关诊断标准参数而形成的，它能在发动机运行过程中不断监测发动机各传感器的输入信号、执行器的反馈信号。当传感器和执行器的信号出现异常或消失，电信号的值超出设定范围时，故障自诊断系统即会做出有故障的判断，并根据不同情况做出如下反应。

（1）故障警示。当出现影响行车安全、会造成事故或其他较严重的故障时，故障自诊断系统立即使仪表板上的"CHECK ENGINE"（检修发动机）的故障警示灯点亮或闪烁，提醒驾驶员停车检修。

（2）故障储存。故障自诊断系统将监测到的故障信息以故障代码形式储存起来，在对发动机进行维护修理时，可采取某种方式读取故障代码，以便迅速、准确地查找和排除故障。

（3）故障应急状态运行。为使发动机不因一些传感器的信号消失或出现异常而停止工作，自动地使系统在设定的参数下，转入故障应急状态运行"跛行回家"程序，以便驾驶员将车辆开至附近修理厂。例如，水温传感器信号不正常或消失时，系统则以起动时 20℃，运行时 80℃的标准参数进行控制，以使发动机起动，并"带故障坚持工作"；当爆燃传感器信号失常时，系统则自动将点火时间提前，以避免系统失去对爆燃传感器的控制而产生爆燃等。

（4）安全保障。当发动机控制系统出现影响汽车安全或导致某部件损坏的故障时，系统则自动停止发动机，以确保安全。如当控制系统检测不到点火器的反馈信号，系统即停止喷油，以免有未燃烧的混合气排出，使大量的碳氢化合物进入催化转化器，造成过量氧化反应烧毁反应器。

2. 故障自诊断系统的组成

发动机故障自诊断系统的基本组成如图 4.41 所示，主要由 CPU、ROM、RAM、故障诊断接口、故障警示灯及后备系统等组成。

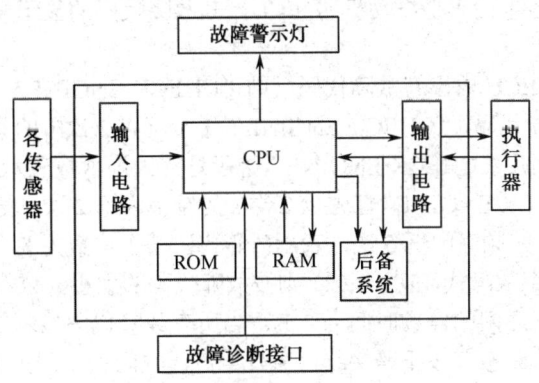

图 4.41　发动机故障自诊断系统的基本组成

（1）ROM 只读存储器。它用于储存能保障系统正常工作的监控程序、诊断标准及故障应急状况运行时的预定参数等，工作时供 CPU 提取和查询。若 ROM 出现故障，CPU 只能根据 RAM 的记忆参数计算出控制参数，并输出相应的控制信号。此时，发动机控制系统的反应速度将变得十分缓慢。

（2）RAM 随机存储器。它用以储存故障代码、控制系统自适应（学习修正）参数。ECU 有一个直接与蓄电池连接的电源端子，它可以使得在点火开关关闭时所储存的信息不会因断电而丢失。

（3）故障警示灯。此灯用于发动机出现故障时提醒驾驶员注意发动机需要维修的信息；维修发动机时，也可通过故障警示灯模块读取故障代码，以便迅速、准确地判断和排除故障。

（4）故障诊断接口。故障诊断接口即故障诊断插座，其作用是将故障诊断接口的有关端子短接，可使 RAM 与故障警示灯接通，若有故障则故障警示灯以某特定规律闪烁，据此可判断发动机是否有故障，以及是何故障；将发动机故障诊断仪与故障诊断接口相接，通过诊断仪可快速地读取故障代码和其他传感器、执行元件的运行参数。

（5）后备系统。此系统为 ECU 和曲轴位置传感器发生故障时，为维持发动机的基本运行而设置的备用电路。

4.5.2 故障代码的读取与清除

故障代码的读取方法主要有：用人工方法读取、用故障自诊断专用设备读取。

1．用人工方法读取故障代码

（1）操纵方式与操纵要领。汽车制造商根据不同车型发动机均设置了用人工方法读取故障代码的操纵方式。按故障代码显示方式分为故障警示灯闪烁法、电表电脉冲法、发光二极管闪烁法；根据操纵方式不同则分为跨接线短接法、按压诊断开关法、旋动诊断开关法、空调控制面板按键法，以及循环开闭点火开关和加速踏板操纵方法等。

用人工方法读取故障代码时，必须按制造商规定的操纵方式进行，使 ECU 安全地进入自诊断测试状态。以跨接线短接操纵方式、故障警示灯闪烁规律显示故障代码（丰田车系）为例，介绍用人工方法读取故障代码的操纵要领。

① 读取故障代码之前，先关闭点火开关，将变速器置于空挡，节气门处于完全关闭状态，关闭诸如灯光、空调、音响等所有附属用电设备，检查蓄电池电压是否高于 11V。

② 打开发动机附近或仪表板下方的故障诊断接口罩盖，根据不同车型，依照罩盖上注明的各插孔名称，用一根导线将与接口有关的两个端子短接，或将某个端子搭铁。例如，丰田车系是将故障自诊断 TE1 和接地 E1 插孔短接，按下点火开关，置于 ON 位置，但不要起动发动机（富康轿车则是将故障诊断盒内的 2 号端子搭铁，按下点火开关通电 3s 后拆除），此时仪表板上的"CHECK ENGINE"警示灯即会闪烁。

（2）故障代码的显示。不同车型发动机的 ECU，其故障代码的显示规律不尽相同。丰田车系规定故障的闪烁规律如下。

① 若控制系统正常、ECU 内没有故障代码，则"CHECK ENGINE"警示灯不亮。

② 若 ECU 内存在故障代码，"CHECK ENGINE"警示灯以 2 次/s 的频率闪烁。将两位数的故障代码的十位数和个位数先后用"CHECK ENGINE"警示灯的闪烁次数表示出来，即为故障代码。如，当故障代码为 25 时，"CHECK ENGINE"灯先以 2 次/s 的频率闪烁 2 次，表示故障代码的十位数为 2，然后停顿 1.5s，再以 2 次/s 的频率闪烁 5 次，表示故障代码的个位数为 5。

③ 当 ECU 内存有几个故障代码时，ECU 则按故障代码的大小，依次将所有储存的故障代码显示出来，相邻两个故障代码之间的停顿时间为 2.5s。当所有故障代码显示完毕后，停顿 4.5s，再重新显示，如此反复，直至从诊断接口拔下跨接线，盖好罩盖，关闭点火开关为止。

（3）故障代码的清除。ECU 的故障经诊断并排除后，应清除 RAM 中的故障代码。其基本方法是将储存故障代码的 RAM 存储器断电。但不同车型规定的 RAM 断电方法各有不同。丰田车系 ECU 故障代码的清除方法是拔下 EFI 的熔丝 10s 以上，富康轿车的 ECU 系统则是通过断开蓄电池的负极电缆来清除故障代码。有些 ECU 需要经过若干个操作步骤才能清除故障代码，但无论哪一种 ECU，在断开蓄电池 30s 以上时，均可使 RAM 中的故障代码消失。

值得指出的是：断开蓄电池在清除了故障代码的同时，也清除了 RAM 所储存的自适应修正参数，以及石英钟和音响等装置的内存信息。因此，清除故障代码最好是按相关车型所规定的方法进行，不应随意断开蓄电池的连接。

2．用故障自诊断专用设备读取故障代码

早期的电控汽油喷射系统的故障自诊断专用设备一般都与各汽车公司的发动机电子控制系统配套，自成体系，仅适合于单一的车种（或车型）。随着电控汽油喷射系统的普及，1993 年美国汽车工

程师学会（SAE）制定了车载自诊断系统（OBD-Ⅱ）标准规范，并于1996年在世界各汽车公司推广实施。它使汽车电子控制系统在全球范围内实现了标准化、系列化、通用化。该标准采用了统一的诊断模式，统一的16端子诊断接口。因此，现在用于汽车电子控制系统故障自诊断的专用设备都具有广泛的通用性，只要换上不同的智能卡（维修卡）即可适应不同的车系或同一车系不同年代生产的汽车。它既可用于发动机电子控制系统的检测诊断，还可以用于汽车其他电子控制系统，应用功能逐渐多样化，且具有良好的人机对话功能，操纵方式也十分简单。将故障自诊断专用设备接口与车上相关控制系统接口对接后，打开故障自诊断专用设备上的电源开关，通过按键即可获得相关的操作提示。根据提示即可快速选择需要检测的系统和相关项目。

　　图4.42所示是V.A.G1552大众公司汽车专用解码器，各车型通用，可用于大众/奥迪系列的捷达、高尔夫、奥迪、红旗、帕萨特、桑塔纳等车型发动机、自动变速器、ABS、防盗、自动空调等系统的检测。具有识别被检测的 ECU、读取故障代码、提供检测的部位和检测参数、删除故障信息、检测系统参数、输入模拟控制信号检测执行器、加速踏板初始化、计算机系统初始化等功能，应用十分广泛、方便、快捷。

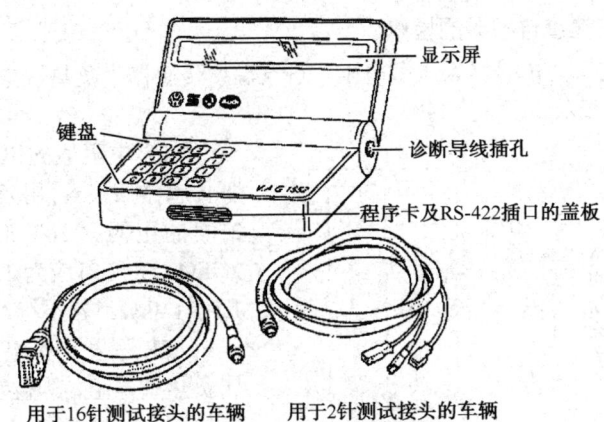

图 4.42　V.A.G1552 大众公司汽车专用解码器

4.6　发动机 ECU 主要部件的检修

　　对 ECU 中的控制单元、传感器、执行器进行电阻、电压等参数的检测，目的在于通过实测值与其对应的标准值比较，判断该元件的性能好坏，决定是否需要修理或更换。现以桑塔纳轿车 AFE 和 AJR 型发动机为例，介绍发动机 ECU 主要部件的检测与故障判断方法。

4.6.1　发动机 ECU 的检修

1. 常见故障

　　因控制器稳压电源电路短路或断路、元件烧坏等故障使 ECU 电源供给异常，致使 ECU 不能正常工作；因 ECU 提供的各传感器电源电路出现短路或断路、元件烧坏等故障，使有关传感器不能产生信号或信号异常；CPU、存储器、接口电路等芯片或电路烧坏使 ECU 不能工作或工作不良；喷油器、怠速控制阀等执行元件的内部驱动电路出现短路、断路或元件烧坏使相应的执行器不能工作。

2. 检修方法

　　ECU 发生故障的概率一般都很小，当故障代码指示为 ECU 故障，或通过故障分析和相关项目的检测，最后怀疑 ECU 有故障时，可对 ECU 进行检测予以确认。

　　检测 ECU 时，不可打开计算机盖，以免烧毁计算机或损坏其密封性。

对 ECU 进行检测时，先检查蓄电池电压，若蓄电池电压低于 11V，应先对蓄电池进行补充充电，或维修、更换蓄电池。

插好连接器，关闭点火开关，用汽车专用（高阻抗）数字式万用表测量各端子的直流电压（有些车型的 ECU 需要在点火开关接通时测量），应为蓄电池电压，若电压过低或没有电压，则检测电源电路；若电压正常，则再测量各传感器电源端子的电压，一般为 5V 左右；若电压异常或没有电压，则说明 ECU 内部有故障，应予以更换。

3. 故障排除

（1）排除法。通过对 ECU 插接器各端子电压和（或）电阻及有关部件的检测，排除了被检测线路和部件故障后，若故障现象仍然存在，则应更换 ECU。

（2）替代法。用一个新的或已确认性能良好的 ECU 替代，若故障现象消失，则原 ECU 已损坏，应予以更换。

4.6.2 传感器的检修

1. 进气压力与进气温度传感器的检修

AFE 发动机的进气压力传感器为压敏电阻，进气温度传感器为负热敏电阻，二者制成一体，外形和接线原理如图 4.43 所示。

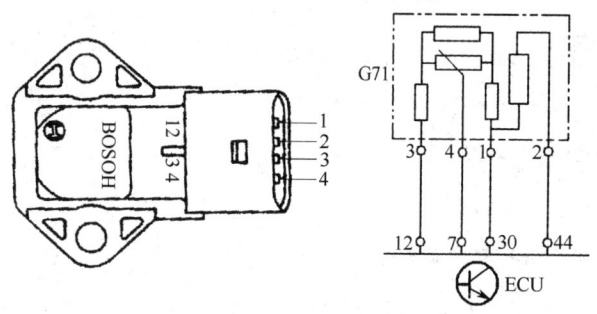

1—接地；2—进气温度信号；3—+5V；4—进气压力信号

图 4.43　进气温度、压力传感器的外形与接线原理

（1）电阻值的检测。断开点火开关，拔下传感器插接器，用万用表电阻 kΩ 挡测量 1#、2# 间的电阻，20℃时电阻阻值应为 2.2～2.7kΩ；30℃时应为 1.4～1.9kΩ；40℃时应为 1.1～1.4kΩ。若不符，应更换传感器。

AJR 型发动机温度传感器单独制造，同属负热敏电阻，其温度范围与 AFE 发动机温度传感器相同。

（2）电压值的检测。点火开关置于 ON 位置，传感器与 ECU 处于接通状态。

传感器 1# 端子通过 ECU 30# 端子搭铁，对地电压为 0V。

检测传感器 1#、3# 端子与 ECU 30#、12# 端子，可得 ECU 提供给传感器的参考电压，正常时为 5V；若实测电压异常或无电压，则断开点火开关，拔下 ECU 插接器，再接通点火开关，检测 ECU 12#、30# 端子之间的电压，若有电压，则 ECU 与传感器间的配线或传感器有故障；若无电压，则应检查 ECU 的电源电压。

断开点火开关，检测传感器 2#、1# 端子间电压，其电压应为 0.5～3.0V（与温度有关）。若无电压检出，拔下 ECU 插接器，点火开关置于 ON 位置，检测 ECU 12#、30# 端子电压，若有电压，则 ECU 与传感器间的配线或传感器有故障；若仍无电压检出，则检查 ECU 电源电压。

点火开关置于 ON 位置，但不起动时，检测传感器 4#、1# 端子，其电压应为 3.8～4.2V；起动发动机，怠速状态下此电压应为 0.8～1.3V，节气门开度逐渐增大，电压应发生变化。

2. 冷却水温度传感器的检修

AFE、AJR 两种发动机的冷却水温度传感器形式相同，均为负热敏电阻，其外形与接线原理如图 4.44 所示。

（1）电阻的检测。断开点火开关，拔下传感器插接器，将冷却水温度传感器从发动机上拆下，在不同温度条件下检测 1#、2# 端子电阻。正常范围：20℃时为 1080～2750Ω，80℃时为 150～500Ω。若不符，应更换冷却水温度传感器。

（2）电压的检测。冷却水温度传感器 2#端子经
ECU 30#端子接铁，对地电压为 0V。

断开点火开关，拔下冷却水温度传感器插接器。
再接通点火开关，检测 ECU 45#、30#端子，可得 ECU
提供给冷却水温度传感器的参考电压值，标准值应为
5V。

连接 ECU 与冷却水温度传感器，接通点火开关，
检测冷却水温度传感器 1#、2#端子，其电压应在 0.5～
2.5V 之间变化（与温度有关）。

上述检测，若实测电压异常或无电压检测出，
按检测进气温度传感器的方法进一步检查。

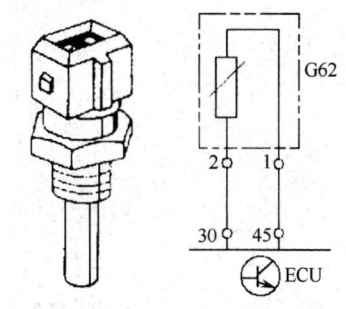

1—冷却水温度传感器信号输入；2—冷却水温度传感器负极

图 4.44　冷却水温度传感器外形及接线原理

3. 热膜式空气流量计的检修

AJR 发动机的热膜式空气流量计的结构及接线原理如图 4.45 所示。打开点火开关，热膜式空气
流量计与 ECU 处于连接状态，检测 2#端子，其对地电压应为 12V。若无电压检出，检测汽油泵继电
器、ECU 电源电压及相关配线。

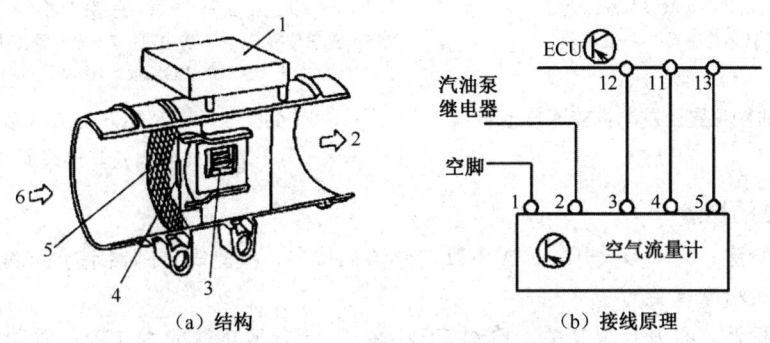

（a）结构　　　　　　　　　　（b）接线原理

1—控制回路；2—通发电机；3—热膜；4—温度传感器；5—金属网；6—空气

图 4.45　热膜式空气流量计的结构及接线原理

拔下 ECU 与传感器插接器，检测端子 11#与 2#电压，电压值应为 5V。端子 3#、12#为信号副线，
端子 5#、13#为信号主线。检测端子 3#、5#可得进气流量电压信号。

4. 曲轴位置及发动机转速传感器的检修

（1）电阻的检测。关闭点火开关，拔下传感器插接器。检测传感器端子 2#、3#，其电阻值应在
480～1000Ω之间，如图 4.46 所示。若不符，应更换传感器。

（2）电压的检测。端子 2#与端子 63#为信号正线，端子 3#与 56#则为信号负线，将示波器接在端
子 3#与 2#之间，可检测转速传感器脉冲电压信号。

5. 霍尔传感器的检修

AFE 与 AJR 发动机采用同一型号的霍尔传感器，仅是安装部位不同，其接线原理如图 4.47 所示，
传感器端子 3#通过 ECU 端子 48#搭铁。

当霍尔传感器出现故障时，ECU 不能检测，发动机立即熄火，用发动机故障自诊断仪不能读取
霍尔传感器的有关信息。

拔下传感器插接器，打开点火开关，用电压表检测端子 12#、48#之间的参考电压，正常应为
5V；保持 ECU 与传感器的连接状态，人工转动曲轴，检测 ECU 端子 48#、49#可获得曲轴旋转的
电压脉冲（2V 左右）。

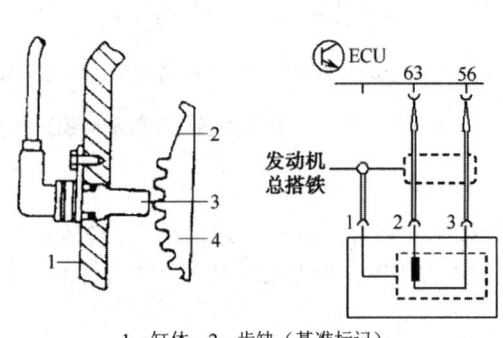

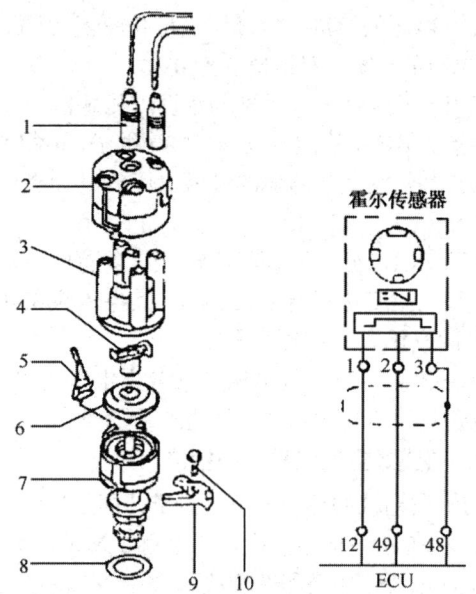

霍尔传感器

1—缸体；2—齿缺（基准标记）；
3—转速传感器；4—信号盘

1—高压线；2—绝缘罩；3—分电器盖；4—分火头；
5—霍尔传感器；6—防尘罩；7—分电器壳体；8—密封垫；
9—分电器压板；10—压板螺钉

图 4.46　曲轴位置及发动机转速传感器　　图 4.47　安装于 AFE 与 AJR 发动机的
霍尔传感器及其接线原理

6. 氧传感器的检修

（1）电阻的检测。关闭点火开关，拔下氧传感器插接器，检测氧传感器端子间的电阻，正常应在 $0.5\sim20\Omega$ 之间（与温度有关）。

（2）电压的检测。打开点火开关，检测 ECU 端子 15#，其电压应为 12V；发动机正常运转时，ECU 端子 31#、30# 间电压应在 $0.2\sim0.8V$ 之间波动。

7. 节气门位置传感器的检修

AFE 型发动机节气门位置传感器的接线如图 4.48 所示，ECU 端子 12# 向传感器端子 1# 输出 5V 参考电压。

（1）电阻的检测。关闭点火开关，拔下传感器插接器，用仪表测量各端子间的电阻，示数异常时，应更换传感器。

节气门全关时，传感器端子 1#、3# 之间的电阻应为 2.2kΩ；端子 1#、2# 之间电阻为 3.1kΩ；端子 2#、3# 之间电阻为 962Ω。

节气门全开时，传感器端子 1#、3# 之间的电阻应为 2.2kΩ；端子 1#、2# 之间电阻为 962Ω；端子 2#、3# 之间电阻为 3.1kΩ。

（2）电压的检测。ECU 与传感器保持连接状态，打开点火开关，用仪表直流电压挡检测，端子 1#、3# 之间电压应为 5V。端子 2#、3# 之间电压在节气门全闭时，在 $0.1\sim0.9V$ 之间；节气门全开时，在 $3.0\sim4.8V$ 之间。

4.6.3　执行器的检修

1. 喷油器的检修

喷油器的可能故障主要有：喷油器阀胶结；电磁阀线圈短路、断路或烧坏；插接器内部接触不良导致喷油器不喷油；喷油器密封阀密封不严引起滴油；喷油弹簧变软或折断，喷油器喷嘴脏污导致喷油量减少或喷射角度、喷射距离减小。

（1）电阻的检查。关闭点火开关，拔下喷油插接器，检测两端子电阻。低电阻型喷油器的电阻在1.5～3.5Ω之间，高电阻型喷油器的电阻在19.5～22.5Ω之间，若不符应更换喷油器。喷油器的接线如图4.49所示。

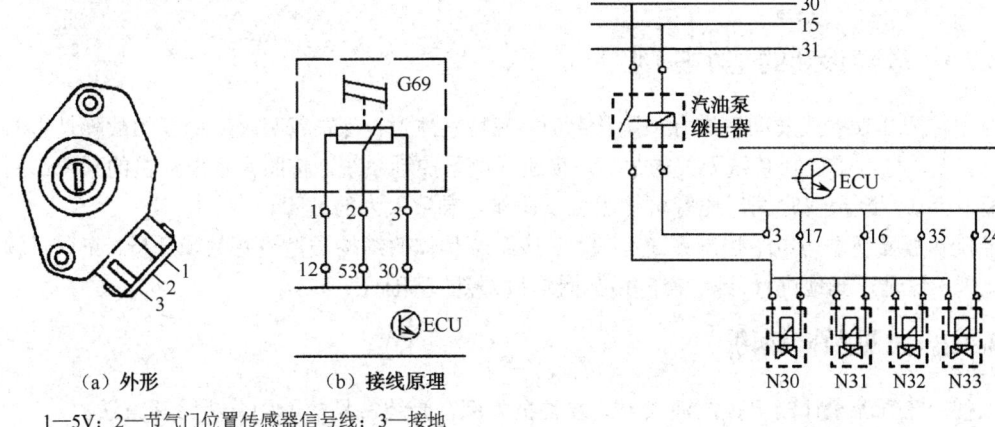

（a）外形　　　（b）接线原理

1—5V；2—节气门位置传感器信号线；3—接地

图4.48　AFE型发动机节气门位置传感器的接线原理　　　　图4.49　喷油器的接线

（2）喷油器的就车检查。起动发动机，借助听诊器检查喷油器是否有喷油声，或用手逐缸触摸喷油器的工作状况，若感觉不到震动，表示喷油器不工作。此时应检查线束、插接器、喷油器或ECU的喷油信号。

2．汽油泵的检修

汽油泵出现故障可能是由以下原因引起的：电动机烧坏、内部电路接触不良引起汽油泵不工作；油泵磨损严重、安全阀泄漏或弹簧失效导致供油不足；单向阀漏油使发动机熄火后油管中不能维持一定的油压，导致发动机起动困难。

（1）汽油泵的就车检查。在未拆下汽油泵时，用跨接线将蓄电池正极与汽油泵继电器的汽油泵接线端子"FP"短接，听汽油泵是否工作。若无声响，则应拆检或更换汽油泵。

（2）检查汽油泵电动机两端子间电阻，应在0.5～3Ω之间，若断路或电阻过大，则应更换汽油泵。

（3）泵油压力与流量的检查。在管路中接入压力表和流量表，起动发动机并使其稳定运转，测得的流量、压力应与原厂规定值相符。若流量相符，压力过小应检测或更换汽油压力调节器，若汽油压力调节器工作正常，则应更换汽油泵。若流量过小也应更换汽油泵。

3．怠速控制阀的检修

步进电动机式怠速控制阀常见的故障是：线路插接器松动、锈蚀，电动机内部有短路、断路或接触不良现象，从而导致怠速控制阀不工作或工作不良。

（1）怠速控制阀工作状况的检查。在拆下怠速控制阀前，应检查发动机在暖机后关闭点火开关时，怠速控制阀是否有完全打开时的"咔嗒"工作声响。若无声响，应检查怠速控制阀插接器及控制阀与ECU间的配线，再根据需要检查怠速控制阀。

（2）步进电动机电阻的检测。关闭点火开关，拔下怠速控制阀插接器，用万用表分别检查各端子（B_1或B_2与S_1、S_2、S_3、S_4）间的电阻，如图4.50所示。若与规定值不相符，则应更换怠速控制阀。

（3）怠速空气阀的检修。怠速空气阀的故障主要是：热敏元

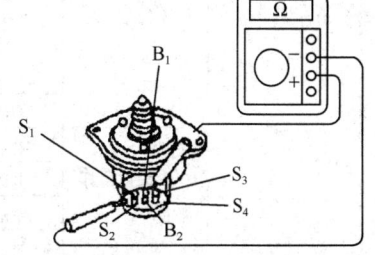

图4.50　步进电动机电阻的检测

件失效，不能根据发动机温度的变化，做出相应的控制响应。蜡式怠速空气阀在水温低于 20℃ 时，阀门应完全打开；水温在不低于 35℃ 时，阀门应处于完全关闭状态。

4.7　电控汽油喷射式发动机的故障诊断

4.7.1　故障诊断的基本原则

对电控汽油喷射式发动机进行故障诊断时，应特别注意：首先应明确所诊断的故障是否与电子控制系统有关，与电子控制系统无关的故障，须避开电子控制系统，按照常规发动机的故障诊断程序进行检查，否则，既浪费时间，还有可能因盲目操作，导致人为的故障。

经确认故障现象与电子控制系统有关时，应结合具体的结构类型进行故障分析，充分了解可能的故障原因，这是正确地进行诊断操作并迅速排除故障的基础。

4.7.2　常见故障诊断

以使用空气流量计的电控汽油喷射式发动机为例，介绍常见故障的分析诊断方法。

1. 发动机不能起动

（1）无着火征兆。

① 故障现象。发动机起动时，起动机转速正常。发生故障时发动机不能起动，且无着火征兆。

② 故障原因。可能原因主要有：点火系统不点火或火花太弱；供油系统不供油或供油压力太低；喷油器不喷油或喷油质量太差；进气系统堵塞或严重漏气；汽缸压力太低等。

③ 故障诊断与排除。发动机不能起动，无着火征兆故障的诊断与排除方法如表 4.5 所示。

表 4.5　发动机不能起动，无着火征兆故障的诊断与排除方法

故障现象	故障原因		诊断与排除
起动发动机时，起动转速正常，但发动机不能起动，且无着火征兆	点火系统不点火或火花弱	低压电路工作不良	检查配线、熔断器、插接器、点火开关
		点火线圈工作不良	检查点火线圈有无断路、短路、搭铁
		点火器工作不良	检查点火器内部元件及电路的技术状况
		高压电路工作不良	检查高压电路有无破损、短路、断路
		分火头、分电器盖工作不良	检查分火头、分电器盖是否漏电
		火花塞工作不良	检查火花塞是否烧损、积炭及火花塞间隙
		曲轴位置传感器工作不良	检查传感器配线、插接器是否正常
			检查曲轴位置传感器的技术状况
	供油系统工作不良	油箱无油或供油不畅	检查油箱存油，油箱盖是否畅通
		输油管路堵塞或漏气	检查油管有无破损、接头是否松动
		汽油滤清器堵塞	检查、清洗或更换汽油滤清器
		汽油泵不工作或工作不良	检查汽油泵配线、插接器是否正常
			检查继电器、电动机有无断路、短路
			检查安全阀、单向阀是否失效
		油压调节器工作不良	检查膜片、弹簧及密封件的技术状况
	喷油器工作不良	喷油器线路接触不良	检查配线、熔断器、插接器是否正常
		电磁阀工作不良	检查电磁线圈有无短路、断路
		喷油器技术状况不良	检查喷油器喷嘴、喷油器弹簧
		喷油器控制信号不正常	检查 ECU 插接器及工作参数

故障现象	故障原因		诊断与排除
起动发动机时,起动转速正常,但发动机不能起动,且无着火征兆	进气系统工作不良	空气滤清器堵塞	检查、清洗或更换空气滤芯
		进气软管堵塞或漏气	检查进气软管有无破损,连接是否可靠
		进气歧管、汽缸垫密封不良	检查进气歧管、汽缸垫是否漏气
		废气循环阀工作不良	检查配线、插接器是否正常
			检查废气循环阀的技术状况
	汽缸压缩不良	缸盖与缸体不密封	检查汽缸垫是否漏气
		进气歧管与缸体不密封	检查进气歧管是否漏气
		气门与气门座不密封	检查汽缸压力
		活塞与缸套配合间隙过大	检查汽缸压力

（2）有着火征兆。

① 故障现象：发动机起动时，有着火征兆，但发动机不能起动。

② 故障原因：点火系统火花过弱或点火时间不当，供油系统供油压力太低，喷油器喷油不畅或喷油器漏油，进气系统漏气，控制器信号不良等。

③ 故障诊断与排除：发动机不能起动，有着火征兆故障的诊断与排除方法如表 4.6 所示。

表 4.6 发动机不能起动，有着火征兆故障的诊断与排除方法

故障现象	故障原因		故障诊断与排除
起动发动机时,有着火征兆,但发动机不能起动	点火系统火花太弱或点火时间不当	低压电路故障	检查配线、熔断器、插接器、点火开关
		点火器、点火线圈故障	检查点火线圈有无短路、搭铁
			检查点火器内部元件或电路
		高压电路故障	检查高压线有无破损、短路
			检查分电器盖、分火头是否漏电
		火花塞故障	检查烧损、积炭、火花塞间隙
		点火时间不当	检查、调整点火正时
	供油系统供油压力太低	油管、汽油滤清器堵塞	检查油箱盖是否畅通
			检查油管是否压瘪或破损,连接是否松动
			检查、清洗或更换汽油滤清器
		汽油泵工作不良	检查汽油泵磨损情况
			检查继电器、电动机有无短路或烧损
			检查安全阀、单向阀是否失效
		油压调节器工作不良	检查膜片、弹簧及密封元件是否失效
	喷油器工作不良	控制信号不良	检查 ECU 插接器及工作参数
		喷油器技术状况不良	检查电磁线圈有无短路或搭铁
			检查、清洗喷油器喷嘴积炭
			检查喷油器弹簧是否失效
	进气系统漏气或堵塞	空气滤清器堵塞	检查、清洗或更换空气滤清器滤芯
		进气软管及接头漏气	检查进气软管有无破损、连接是否可靠
		废气循环阀工作不良	检查配线、插接器,循环阀的技术状况
		进气歧管、汽缸垫密封不良	检查进气歧管、汽缸垫是否漏气
	控制器信号不良	空气流量计工作不良	检查空气流量计配线、插接器及技术状况
		水温传感器工作不良	检查水温传感器配线、插接器及技术状况
		ECU 工作不良	检查 ECU 插接器及 ECU 工作参数

2. 发动机冷机起动困难

（1）故障现象：发动机冷机状态下起动困难，而热机状态下起动正常。

（2）故障原因：冷起动时喷油量过小，冷起动时混合气量过小。

（3）故障诊断与排除：发动机冷机起动困难故障的诊断与排除方法如表 4.7 所示。

表 4.7　发动机冷机起动困难故障的诊断与排除方法

故障现象	故障原因		故障诊断与排除
发动机冷机状态下起动困难，热机状态下起动正常	冷起动时喷油量过小	水温传感器工作不良	检查水温传感器配线、插接器是否正常
			检查水温传感器，必要时应更换
		冷起动喷油器工作不良	检查喷油器配线、插接器是否正常
			检查或更换冷起动喷油器
		热时间开关工作不良	检查热时间开关配线、插接器是否正常
			检查或更换热时间开关
	冷起动时混合气量过小	怠速调整不当	检查、调整怠速至规定要求
		怠速控制阀工作不良	检查怠速控制阀配线、插接器是否正常
			检查、修理或更换怠速控制阀
		怠速空气阀工作不良	检查或更换怠速空气阀

3. 发动机热机起动困难

（1）故障现象：发动机热机状态下起动困难，或热机状态比冷机状态下更难起动。

（2）故障原因：喷油压力过低，进气系统漏气或堵塞，起动时供油过量，喷油器信号异常等。

（3）故障诊断与排除：发动机热机状态下起动困难故障的诊断与排除方法如表 4.8 所示。

表 4.8　发动机热机状态下起动困难故障的诊断与排除方法

故障现象	故障原因		故障诊断与排除
发动机热机状态下起动困难，或热机状态比冷机状态更难起动	喷油压力过低	汽油滤清器、油管堵塞或漏油	检查、清洗或更换汽油滤清器
			检查油管及接头是否漏油或堵塞
		汽油泵工作不良	检查汽油泵配线、插接器
			检查油泵磨损、单向阀工作状况
		油压调节器工作不良	检查油压调节器膜片、弹簧
	进气系统堵塞或漏气	空气滤清器堵塞	清洗或更换空气滤清器滤芯
		进气管漏气	检查软管、接头是否漏气
			检查进气管与缸体（盖）的密封
		真空装置、废气循环装置漏气	检查真空管、废气循环的密封
	起动时喷油量过多	喷油器、冷起动喷油器漏油	检查配线、插接器是否正常
			检查喷油器电磁阀有无卡滞
			检查喷油器弹簧、喷孔是否正常
		热时间开关工作不良	检查配线、插接器是否正常
			检查热时间开关工作是否正常
发动机热机状态下起动困难，或热机状态比冷机状态更难起动	喷油器的控制信号异常	水温传感器工作不良	检查配线、插接器是否正常
			检查水温传感器工作是否正常
		空气流量计工作不良	检查配线、插接器是否正常
			检查空气流量计的技术状况
		ECU 工作不良	检查 ECU 插接器及工作参数

4. 发动机起动后随即熄火

（1）故障现象：发动机可以起动，但当点火开关从起动位置回复到点火位置时，发动机即会熄火。

（2）故障原因：点火开关处于点火位置时，汽油泵不工作；冷起动后的怠速工况下喷油量或混合气量过小；怠速调整不当。

（3）故障诊断与排除：发动机起动后随即熄火故障的诊断与排除方法如表4.9所示。

表4.9　发动机起动后随即熄火故障的诊断与排除方法

故障现象	故障原因		故障诊断与排除
发动机可以起动，但当点火开关从起动位置回复到点火位置时，发动机即会熄火	点火开关处于点火位置时汽油泵不工作	汽油泵开关工作不良	检查空气流量计中的汽油泵开关
			检查汽油泵配线、插接器是否正常
		汽油泵工作不良	检查汽油泵绕组有无断路
			检查汽油泵及安全阀的技术状况
		油泵继电器工作不良	检查继电器配线、插接器是否正常
			检查、修理或更换汽油泵继电器
		转速传感器工作不良	检查传感器配线、插接器是否正常
			检修或更换发动机转速传感器
		ECU控制信号不正常	检查ECU插接器及工作参数
	怠速工况下喷油量或混合气量过小	水温传感器工作不良	检查传感器配线、插接器是否正常
			检查或更换水温传感器
		怠速控制阀工作不良	检查控制阀配线、插接器是否正常
			检查怠速控制阀的技术状况
		怠速空气阀工作不良	检查或更换怠速空气阀
		油压调节器工作不良	检查膜片、弹簧及密封件是否有效
		怠速调整不当	检查、调整怠速至规定要求

5. 怠速不稳

（1）故障现象：发动机在怠速工况下转速过低，运转不平稳甚至熄火。

（2）故障原因：点火系统工作不正常，喷油压力过低，进气系统堵塞或漏气，喷油器工作不正常，怠速调整不当或怠速控制阀工作不正常。

（3）故障诊断与排除：发动机怠速不稳故障的诊断与排除方法如表4.10所示。

表4.10　发动机怠速不稳故障的诊断与排除方法

故障现象	故障原因		故障诊断与排除
发动机在怠速工况下转速过低，运转不平稳，甚至熄火	点火系统工作不良		按点火系统故障诊断方法进行
	喷油压力过低	油管泄漏	检查油管是否破损、接头有无松动
		汽油滤清器堵塞	检查、清洗或更换汽油滤清器
		油泵工作不良	检查油泵配线、插接器是否正常
			检查油泵磨损、安全阀工作情况
			检查油泵继电器、电动机的技术状况
		油压调节器工作不良	检查膜片、弹簧及密封是否失效
	进气系统漏气或堵塞	空气滤清器堵塞	检查、清洗或更换空气滤清器滤芯
		进气软管及接头漏气	检查软管有无破损，连接是否可靠
		废气循环控制阀工作不良	检查配线、插接器是否正常
			检查废气循环管连接是否可靠
			检查废气循环控制阀的技术状况

故障现象	故障原因		故障诊断与排除
发动机在怠速工况下转速过低，运转不平稳，甚至熄火	喷油器工作不良	喷油器技术状况不良	检查、清除喷油器积炭
			检查喷油器配线、插接器是否正常
			检查喷油器电磁阀、弹簧是否正常
		喷油（空气流量计、水温传感器、节气门位置传感器）信息不正常	检查传感器配线、插接器是否正常
			检查相关传感器的技术状况
			检查空气流量计的技术状况
		ECU 控制信号不正常	检查 ECU 插接器及工作参数
	怠速调整不当或怠速控制阀工作不良	怠速调整过低	重新调整怠速至规定要求
		怠速空气阀工作不良	检查或更换怠速空气阀
		怠速（空气流量计、水温传感器、节气门位置传感器）信息不正常	检查传感器配线、插接器是否正常
			检查相关传感器的技术状况
			检查空气流量计的技术状况
		ECU 控制信号不正常	检查 ECU 插接器及工作参数
		怠速控制阀工作不良	检查控制阀配线、插接器是否正常
			检查或更换怠速控制阀

6. 怠速过高

（1）故障现象：发动机在热机状态下，怠速转速明显偏高，通过调整无法使怠速降低。

（2）故障原因：节气门关闭不严或节气门操纵机构故障，喷油器或冷起动喷油器工作不正常，油压调节器压力过高，怠速控制系统工作不正常。

（3）故障诊断与排除：发动机怠速过高故障的诊断与排除方法如表 4.11 所示。

表 4.11　发动机怠速过高故障的诊断与排除方法

故障现象	故障原因		故障诊断与排除
发动机在热机状态下，怠速转速明显偏高，通过调整无法使怠速降低	节气门关闭不严或节气门操纵机构故障	节气门体工作不良	检查节气门回位弹簧弹力是否正常
			检查节气门及节气门轴是否卡滞、变形
		节气门操纵连接装置故障	检查节气门各连接节点是否卡滞
			检查操纵拉杆或拉索是否变形、卡滞
	喷油器或冷起动喷油量不正常	冷起动喷油器工作不良	检查喷油器配线、插接器及技术状况
		喷油器工作不良	检查喷油器配线、插接器及技术状况
		喷油（空气流量计、水温传感器、节气门位置传感器）信息不正常	检查水温、进气、节气门位置传感器，空气流量计配线、插接器是否正常
			检查传感器技术状况是否正常
	油压高节器压力过高	油压调节器、汽油泵工作不良	检查油压调节器弹簧弹力是否正常
			检查汽油泵安全阀是否正常
	怠速控制系统工作不良	怠速控制阀工作不良	检查怠速控制阀配线、插接器是否正常
			检查怠速控制阀的技术状况
		怠速空气阀工作不良	检查怠速空气阀，必要时更换
		曲轴位置传感器工作不良	检查传感器配线、插接器及技术状况
		空调、动力转向、自动变速器挡位开关工作不良	检查各开关配线、插接器
			检查各开关的技术状况，必要时更换
		ECU 信号不良	检查 ECU 插接器及工作参数

7. 发动机进气管回火

（1）故障现象：发动机工作不正常，在迅速加大节气门开度时，进气管回火。

（2）故障原因：进气系统漏气，点火时间过早，喷油压力偏低，喷油器工作不良。

（3）故障诊断与排除：发动机进气管回火故障的诊断与排除方法如表 4.12 所示。

表 4.12　发动机进气管回火故障的诊断与排除方法

故障现象	故障原因		故障诊断与排除
发动机工作不正常，在迅速加大节气门开度时，进气管回火	进气系统漏气	进气软管及接头漏气	检查进气软管有无破损、连接是否可靠
		废气循环阀关闭不严	检查废气循环阀配线、插接器是否正常
			检查废气循环阀的技术状况
	点火时间过早		参照电气部分故障诊断
	喷油压力偏低	输油管泄漏	检查油管及油管接头是否有泄漏
		汽油滤清器工作不良	检查、清洗汽油滤清器，必要时更换
		汽油泵工作不良	检查汽油泵配线、插接器及油泵的技术状况
			检查油泵继电器、安全阀
		油压调节器工作不良	检查油压调节器弹簧、膜片是否失效
	喷油器工作不良	接触不良	检查喷油器配线、插接器是否正常
			检查油泵电磁阀、喷嘴及弹簧是否失效
		空气流量计、水温传感器、节气门位置传感器工作不良	检查传感器配线、插接器是否正常
			检查传感器技术状况，必要时应更换
		ECU 工作不正常	检查 ECU 插接器及工作参数

8. 排气管放炮

（1）故障现象：发动机工作不良，排气管有放炮现象。

（2）故障原因：点火过迟，点火系统缺火或火花弱，喷油器工作不良，冷起动喷油器工作不良，油压调节器工作不良，排气门漏气。

（3）故障诊断与排除：发动机排气管放炮故障的诊断与排除方法如表 4.13 所示。

表 4.13　发动机排气管放炮故障的诊断与排除方法

故障现象	故障原因		故障诊断与排除
发动机工作不良，排气管有放炮现象	点火过迟		见本书电气点火过迟故障诊断与排除部分内容
	喷油器工作不良	喷油器漏油	检查喷油器喷嘴、弹簧，必要时应更换
		氧传感器工作不良	检查传感器配线、插接器是否正常
			检查氧传感器技术状况，必要时应更换
		空气流量计、水温传感器、节气门位置传感器工作不良	检查传感器配线、插接器是否正常
			检查传感器技术状况，必要时应更换
		ECU 工作不良	检查 ECU 插接器及工作参数
	冷起动喷油器工作不良		检查传感器配线、插接器是否正常
			检查氧传感器技术状况，必要时应更换
	油压调节器工作不良		检查油压调节器弹簧、膜片是否失效
	排气门漏气		见本书配气机构故障诊断与排除部分内容

9. 发动机喘振

（1）故障现象：在起步和加速时发动机喘振，汽车加速困难。

（2）故障原因：点火系统工作不良，喷油压力过低，进气系统堵塞或漏气，喷油器工作不良，机械部分故障。

（3）故障诊断与排除：发动机喘振、加速困难故障的诊断与排除方法如表 4.14 所示。

表 4.14　发动机喘振、加速困难故障的诊断与排除方法

故障现象	故障原因		故障诊断与排除
在起步和加速时发动机喘振，汽车加速困难	点火系统工作不良		见本书电气点火不良故障诊断与排除部分内容
	喷油压力过低	输油管泄漏	检查油管及油管接头是否有泄漏
		汽油滤清器堵塞	检查、清洗，必要时更换汽油滤清器
		汽油泵工作不良	检查配线、插接器及汽油泵的技术状况
			检查油泵继电器、安全阀是否正常
		油压调节器工作不良	检查油压调节器弹簧、膜片是否失效
	进气系统堵塞或漏气	空气滤清器堵塞	检查、清洗或更换空气滤清器滤芯
		进气管漏气	检查进气软管有无破损
			检查进气软管连接是否可靠
		废气循环阀关闭不严	检查废气循环阀配线、插接器是否正常
			检查废气循环阀的技术状况
	喷油器工作不良	喷油器喷油不畅	检查清洗喷油器积炭
		个别喷油器不工作	逐个检查喷油器的技术状况
		空气流量计、水温传感器、节气门位置传感器工作不良	检查传感器配线、插接器是否正常
			检查传感器技术状况，必要时应更换
		ECU 工作不良	检查 ECU 插接器及工作参数
	汽缸漏气、离合器打滑、制动拖滞		见本书机械部分相应故障诊断与排除部分内容

实训 4.1　汽油机电控汽油喷射系统的结构观察与拆装

1. 实训目的与要求

（1）熟悉、了解电控汽油喷射系统的组成、主要部件的安装位置。

（2）掌握电控汽油喷射系统的控制原理和拆装方法。

2. 设备、工具

轿车、电控发动机台架、常用工具。

3. 方法与步骤

（1）观察电控发动机总成，识别发动机类型，记录发动机型号。

（2）认识和拆装电控发动机汽油供给系统主要组件。

（3）认识和拆装电控发动机空气供给系统主要组件。

（4）认识和拆装电控发动机电子控制系统主要组件。

（5）认识和拆装电控发动机怠速控制系统主要组件。

（6）认识和拆装电控发动机辅助控制系统主要组件。

4. 实训工单

实训项目	汽油机电控汽油喷射系统的结构观察与拆装
一、准备工作	
	情况记录
（1）工量具及仪器设备准备	
（2）维修手册准备	
二、操作过程	
发动机总成观察	发动机的型号为_____，采用_____型喷射系统，由_____、_____和_____三大系统组成。
认识和拆装汽油供给系统	电控发动机采用_____汽车油泵，安装在_____内。采用_____喷射方式。汽油压力调节器安装在_____上，其作用是_____。喷油器安装在_____上，采用_____进行密封。
认识和拆装空气供给系统	发动机采用_____来计量进气量，属于_____电控系统。采用的是_____节气门。进气温度传感器安装在_____上，用来检测进气温度，为_____提供修正信号。
认识和拆装电子控制系统	本台发动机的传感器主要有_____，执行器主要有_____，ECU 的型号为_____。
认识和拆装怠速和辅助控制系统	发动机采用的怠速控制装置为_____。主要的辅助控制系统有_____。采用的是_____氧传感器，安装在_____上。
实习体会：	

实训 4.2　电控汽油喷射系统主要部件的性能检测

1. 实训目的与要求

（1）掌握电控汽油喷射系统各主要组成部件的结构和主要性能参数。

（2）掌握电控汽油喷射系统主要部件的检测方法。

2. 设备、工具、量具

电控汽油喷射系统的主要部件，OTC 数字式万用表，示波器及其他常用工具。

3. 方法与步骤

（1）传感器检测。

（2）执行器检测。

4. 实训工单

实训项目	电控汽油喷射系统主要部件的性能检测	
一、准备工作		
	情况记录	
（1）工量具及仪器设备准备		
（2）维修手册准备	发动机的型号为_____	
二、操作过程		
	检测数据	波形
进气温度传感器的检测		
曲轴位置传感器的检测		

实训项目	电控汽油喷射系统主要部件的性能检测	
节气门位置传感器的检测		
水温传感器的检测		
空气流量计的检测		
压力传感器的检测		
油泵的检测		
怠速控制阀的检测		
EGR 检测		
检测结果分析:		

实训 4.3　电控汽油喷射系统常用检测诊断设备的使用

1. 实训目的与要求

了解电控汽油喷射系统诊断仪的结构、功能和使用方法。

2. 设备、工具、量具

实训轿车或发动机台架，电控汽油喷射系统诊断仪，常用工具、量具。

3. 方法、步骤

（1）起动发动机（预热）。

（2）连接故障诊断设备。

（3）读取故障代码。

（4）读取数据流。

（5）清除故障代码。

4. 实训工单

实训项目	电控汽油喷射系统常用检测诊断设备的使用	
信息获取	车型：＿＿＿＿＿＿＿＿＿＿＿＿＿＿＿＿	
一、场地及设备初步检查（考前对场地安全和设备的检查及准备）		
（1）工具、量具的检查准备：		备注
（2）仪器设备的检查准备：		
（3）技术资料的检查准备：		
（4）汽车停放位置与举升机状况检查：		
（5）放置车轮三角块：		
（6）连接尾气抽排管：		
（7）放置方向盘套和脚垫：		
（8）放置发动机及翼子板罩：		
（9）发动机机油、冷却液的检查：		
（10）蓄电池状况的检查：		
二、操作过程		
（1）检测仪器的连接：		

实训项目	电控汽油喷射系统常用检测诊断设备的使用
（2）运用检测仪器诊断汽车故障：	
（3）诊断结果分析：	

实训 4.4　电控汽油喷射式发动机故障的诊断与排除

1. 实训目的与要求

（1）掌握电控汽油喷射式发动机故障诊断与排除的一般程序。

（2）掌握电控汽油喷射式发动机常见故障的诊断与排除方法。

2. 设备、工具、量具

实训轿车或发动机台架，故障诊断仪，常用工具、量具。

3. 方法与步骤

（1）做好汽车的基本防护和基本检查。

（2）起动发动机，明确故障现象。

（3）分析故障原因，制定故障诊断计划。

（4）连接诊断设备，读取故障代码和数据流。

（5）找出故障点，排除故障。

（6）检验故障是否排除。

4. 实训工单

实训项目	电控汽油喷射系统发动机故障的诊断与排除	
信息获取	车型：＿＿＿＿＿＿＿＿＿＿＿＿＿	
一、场地及设备初步检查（考前对场地安全和设备的检查及准备）		
（1）工具、量具的检查准备：		备注
（2）仪器设备的检查准备：		
（3）技术资料的检查准备：		
（4）汽车停放位置与举升机状况检查：		
（5）放置车轮三角块：		
（6）连接尾气抽排管：		
（7）放置方向盘套和脚垫：		
（8）放置发动机及翼子板罩：		
（9）发动机机油、冷却液的检查：		
（10）蓄电池状况的检查：		
二、操作过程：		
（1）故障现象：		

实训项目	电控汽油喷射式发动机的故障诊断与排除
（2）故障诊断步骤：	
（3）诊断结果分析：	

复习思考题

1．电控汽油喷射系统的主要优点有哪些？

2．电控汽油喷射系统有哪些类型？

3．电控汽油喷射系统由哪几部分组成？各组成部分的作用是什么？

4．简要叙述电控汽油喷射系统的工作原理。

5．简要叙述空气供给系统的主要组成。

6．空气流量计有哪几种类型？简要叙述热式空气流量计的工作原理。

7．怠速空气阀、怠速控制阀各分为哪几种类型？

8．简要叙述步进电动机式怠速控制阀的结构与工作原理。

9．汽油供给系统由哪些主要部件组成？

10．简要叙述电磁式喷油器的结构和工作原理。

11．冷起动喷油器和时间控制开关是如何工作的？

12．常用的曲轴位置传感器和发动机转速传感器的作用是什么？常见的类型有哪几种？

13．简要叙述汽油泵继电器控制原理。

14．简要叙述废气循环阀的结构与工作原理。

15．简要叙述 ECU 故障自诊断的工作原理。

16．简要叙述 ECU 的诊断程序和注意事项。

17．简要叙述对 ECU 主要部件进行电阻、电压检测的目的及检测方法。

18．电控汽油喷射式发动机与化油式发动机在使用过程中有哪些主要不同之处？

19．ECU 可检测哪些传感器的故障信息？

第 5 章　柴油机燃料供给系统的构造与维修

学习目标
● 了解柴油机燃料供给系统的特点、喷油泵的功用、使用要求、类型；
● 理解柴油机可燃混合气的形成、燃烧过程、燃烧室类型及特点；
● 理解喷油器的类型、构造、工作原理、特点；
● 掌握柱塞泵的构造、工作原理、供油提前角的调节装置；
● 理解调速器的功用、离心式调速器的调速原理；
● 理解主要零部件的检查、调整，喷油泵、调速器的调试；
● 理解输油泵的功用，柱塞式输油泵的构造和工作原理；
● 掌握柴油机燃料供给系统的常见故障诊断与排除。

5.1　柴油机燃料供给系统的组成及燃料

5.1.1　柴油机燃料供给系统的功用及要求

1. 柴油机燃料供给系统的功用

柴油机燃料供给系统的功用是向汽缸内供给清洁的空气；按柴油机的工况要求，定时、适量地以一定的油压将柴油以雾状喷入汽缸，与空气形成可燃混合气，并将燃烧后的废气排入大气。

2. 柴油机对燃料供给系统的要求

各缸的喷油定时和喷油量相同且与柴油机运行工况相适应。

喷油压力、喷注雾化质量及其在燃烧室内的分布与燃烧室类型相适应。

在每一个工作循环内，各汽缸均喷油一次，喷油次序与汽缸工作顺序一致。

根据柴油机负荷的变化自动调节循环供油量，以保证柴油机稳定运转，在最低空车转速下不熄火，在允许最高空车转速下稳定不飞车。

5.1.2　柴油机燃料供给系统的组成

典型汽车用柴油机的燃料供给系统基本构造如图 5.1 所示（下述部分结构未在图中标出）。它主要由燃油供给、空气供给、混合气形成及废气排出四套装置组成。

燃油供给装置：包括主要部件（喷油泵、喷油器和调速器等）和辅助装置（油箱、输油泵、油水分离器、燃油滤清器、喷油提前器、高压油管和低压油管等）两大部分。

空气供给装置：主要由空气滤清器、进气管、进气道、增压器等组成。

混合气形成装置：柴油机的混合气形成装置主要是燃烧室。

废气排出装置：主要包括排气道、排气管、消声器等部件。

5.1.3　燃油供给路线

低压油路：从油箱到喷油泵入口这一段油路，其油压由输油泵建立，油压较低，一般为 0.15～0.30MPa，故称低压油路，主要完成柴油储存、输送和滤清等任务。

高压油路：从喷油泵到喷油器这一段油路，其油压由喷油泵建立，油压较高（大于 10MPa），故称高压油路。柴油供给任务主要由高压油路来完成。

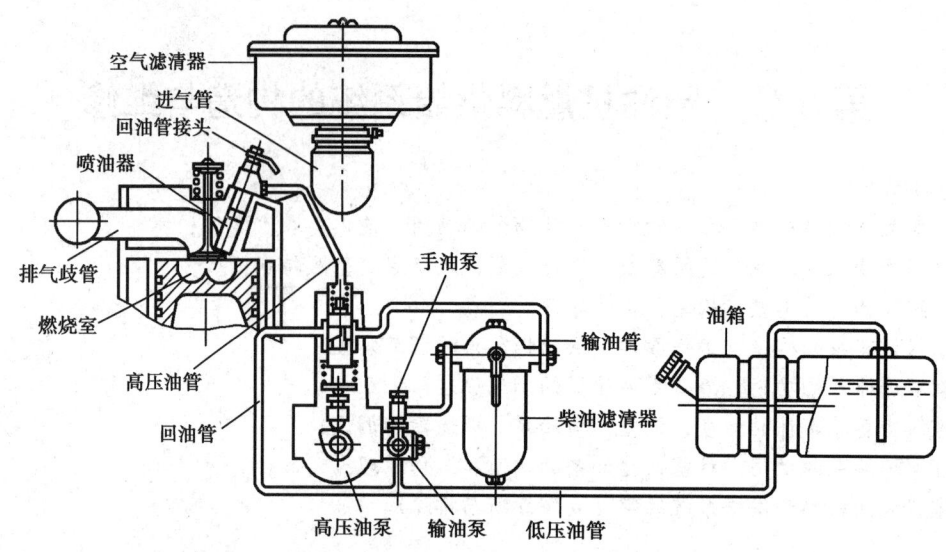

图 5.1　典型汽车用柴油机燃料供给系统基本构造

回油油路：由于输油泵供油量是喷油泵出油量的 3～4 倍，滤清器和喷油泵上都装有溢流阀，使多余燃油经溢流阀和回油管流回输油泵进口或直接流回油箱。

为了便于排除整个油路中的空气，将柴油充满喷油泵，在输油泵上装有手动输油泵。

柴油机供给系统的空气供给装置、废气排出装置的功用、构造和工作原理与汽油机基本相同，本章仅介绍柴油机的燃油供给装置和混合气形成装置。

5.1.4　柴油的性能指标

柴油是在 533～623K 的温度范围内，由石油中提炼出来的碳氢化合物，含碳 87%，氢 12.6%和氧 0.4%。

柴油的使用性能指标主要有发火性、蒸发性、黏性和凝点。

发火性：指柴油的自燃能力，用十六烷值评定。柴油的十六烷值大，发火性好，容易自燃。国家标准规定车用轻柴油的十六烷值不小于 45。

柴油的蒸发性指柴油蒸发汽化的能力，一般用馏程和闪点表示。馏程即在特定条件下柴油馏出某一百分比的温度范围，柴油需要测定的馏程是 50%馏出温度、90%馏出温度和 95%馏出温度。同一相对蒸发量的馏出温度越低，表明柴油的蒸发性越好。越有利于混合气的形成和燃烧。值得指出的是，不同结构形式的燃烧室对柴油蒸发性的要求是不同的，采用预燃室式和涡流室燃烧室的柴油机，可用重馏分柴油，而采用直接喷射式燃烧室的柴油机，则要求使用轻馏分柴油。

柴油按其所含重馏分的多少分为重柴油和轻柴油。重柴油多用于1000r/min 以下中、低速柴油机，轻柴油多用于1000r/min 以上的高速柴油机。汽车用柴油机都是高速的，必须使用轻柴油。

柴油的闪点是指在一定的条件下，当柴油蒸气与周围空气形成的混合气接近火焰时，开始出现闪火的温度。柴油的闪点越低，其蒸发性越好。

为了控制柴油的蒸发性，国家标准中规定了各种牌号柴油的闭口闪点，要求-35 及-50 号轻柴油的闪点不低于 45℃，-20 号轻柴油的闪点不低于 60℃，其余各牌号的柴油的闪点均要求不低于 65℃。从储存和运输来看，闪点过低的柴油不仅蒸发损失大，而且也不安全，所以柴油的闪点也是保证安全性的指标。

柴油的低温流动性：用柴油的凝点和冷滤点评定低温流动性。凝点是指柴油失去流动性开始凝固时的温度，而冷滤点则是指在特定的试验条件下，在 1min 内柴油开始不能流过过滤器 20mL 时的最高温度。一般柴油的冷滤点比其凝点高 4~6℃。

柴油的凝点应比最低工作温度低 3~5℃以上。凝点过高将造成油路堵塞。

国产轻柴油按凝点分为 10、5、0、-10、-20、-35 六个牌号。

为了降低柴油的凝点，改善柴油的低温流动性，商品柴油中常掺入裂化煤油或降凝剂（主要组分是乙烯-醋酸乙烯酯共聚物，当用量为 500~1000ppm 时，即可降低凝点 10~20℃）。

柴油的黏度决定了柴油的流动性，黏度越低，则流动性越好。黏度随温度而变化，当温度升高时，黏度降小，流动性增强；反之，当温度降低时，黏度提高，流动性减弱。

5.1.5　轻柴油的选择与使用

选择柴油时，应按当地当月风险率为 10%的最低气温选用轻柴油牌号。

柴油中不得掺入汽油使用，因为汽油的自燃温度比柴油的高，且发火性能差。混合使用将会导致柴油机起动困难，排气管冒黑烟，甚至不能起动；柴油机有时还会出现爆燃现象，加剧机件的磨损，同时燃烧室和排气系统会产生大量胶质或积炭，严重破坏润滑，导致柴油机早期损坏。

柴油中若含有杂质，极易造成燃油系统精密件的堵塞或卡死。因此，使用柴油前须经沉淀过滤，沉淀时间不得少于 48h；同时，要及时更换或清洗柴油滤清器的滤芯，以保持其良好的过滤效果。

柴油是易燃烧、易爆炸的危险品。其自燃点为 335℃，燃烧后热值很高，一旦发生火灾会使油料大量汽化，从而使火势迅速扩大，难以扑灭。因此，在使用中必须采用合理的防火和防爆措施，以确保使用安全。

5.1.6　柴油机燃烧过程分析

1. 柴油机混合气的燃烧过程

柴油机的燃烧过程分为着火延迟期（Ⅰ）、速燃期（Ⅱ）、缓燃期（Ⅲ）和补燃期（Ⅳ），如图 5.2 所示。

① 着火延迟期，如图 5.2 中的Ⅰ段所示。从开始喷油到柴油着火使汽缸压力开始急剧上升，而与压缩压力曲线分开时为止。喷入汽缸的柴油经雾化、吸热、蒸发、扩散，并与空气混合才能自燃着火，着火延迟的长短取决于燃烧室混合气的温度。

② 速燃期，如图 5.2 中的Ⅱ段所示。柴油机的混合气是自燃着火的，而燃烧室内的混合气几乎同时着火。因此在速燃期，压力升高速度很快是柴油机粗暴工作的主要原因。着火延迟期越长，在着火前燃烧室内积累的柴油越多，工作越粗暴。在速燃期时最高温度和压力分别为：1800~2200K、5~10MPa。

③ 缓燃期，如图 5.2 中的Ⅲ所示。喷油和燃烧同时进行，由于活塞开始下行，容积不断增大，而缸内气体压力变化不大。

④ 补燃期，如图 5.2 中的Ⅳ段所示。此时喷油停止，未完全燃烧的柴油在膨胀过程中继续燃烧，压力急剧下降，通过汽缸壁将热量传给冷却水，因此应尽可能缩短补燃期。喷油器断油不干脆将使补燃期延长。

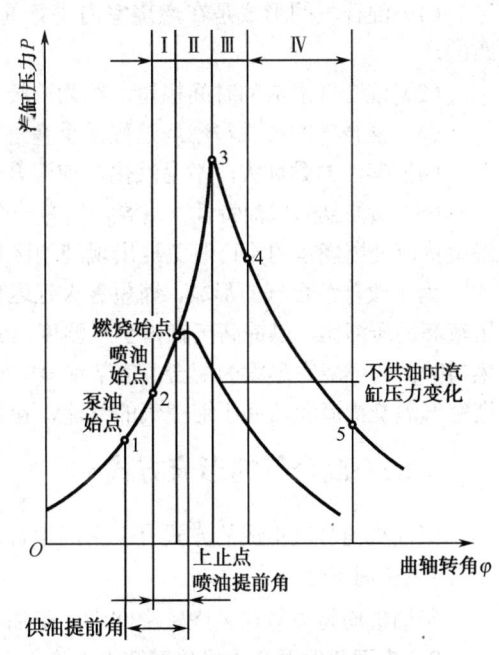

图 5.2　柴油机的燃烧过程

2. 影响柴油机燃烧过程的主要因素

（1）喷油提前角。喷油提前角过大，压缩冲程结束时缸内气体压力较低，着火延迟期长，发去吧杨工作粗暴。若喷油提前角过小，则补燃期延长，功率下降，柴油过热。

（2）喷油规律应与燃烧过程一致，即燃烧初、中、后期的喷油量按少、多、少顺序来变化且结束时迅速降到零，这样发动机工作柔和，动力性、经济性也较高。喷油器的喷射角和喷射行程与燃烧室形状相配合，使用中不应随意改变与原机相匹配的喷油器类型。

（3）负荷增加，供油量也增加，过量空气系数相对减小。单位容积内混合气燃烧放出的热量增加，着火延迟期缩短，发动机工作柔和。若发动机负荷过大，过量空气系数过小，导致燃烧不良，补燃期延长，废气中出现黑烟，排气温度过高，经济性下降；若怠速运转，压缩冲程结束时温度较低，着火延迟期长，压力升高速率较大，产生较强的敲击声，发动机工作粗暴。

（4）提高发动机转速加强了进气涡流，同时喷油压力也相应提高，柴油的雾化及其与空气的混合也得以改善，着火延迟期随转速变快而缩短，用于计算曲轴转角的喷油提前角应相应增大。因此在柴油机上都装有离心式喷油提前角自动调节器。

（5）若采用与柴油喷射系统相匹配的燃烧室，压缩冲程能形成与油雾相配合的气流运动，这有利于燃料与空气的均匀混合，提高空气的利用率。

5.2 可燃混合气的形成与燃烧室

5.2.1 可燃混合气的形成特点

柴油机所使用的柴油黏度较大，不易挥发，靠高压喷射和空气涡旋扰流运动，在汽缸内部形成可燃混合气（混合气），与汽油机的混合气形成过程相比，具有以下特点。

（1）混合气的形成是在燃烧室内进行的，形成方式与燃烧室的形式密切相关，且柴油是压缩自燃的。

（2）混合气形成的时间极短，约为同转速汽油机混合气形成时间的 $1/45 \sim 1/70$。

（3）混合气的形成与燃烧过程是重叠进行的，即边喷油、边混合、边燃烧，没有明显界限。

（4）柴油的黏性大，不易汽化，使混合气形成困难。

（5）喷油泵的供油特性，使混合气有一个由稀到浓再到稀的变化过程；柴油的喷射雾流及空气的涡旋扰流使燃烧室内不可避免地出现纯油区与纯空气区。

为了改善混合气的形成，缩短着火延迟期，使柴油机工作柔和，除选用十六烷值较高的柴油，采用较高的压缩比，以提高汽缸内空气温度，促进柴油的蒸发以外，还应适当地提高喷油压力，并利用燃料喷注与燃烧室形状的配合，使柴油呈雾状均匀地分布在汽缸内高温空气中，同时，还应利用进气道空气涡旋扰流和活塞压缩空气的气流，使柴油与空气混合均匀。

5.2.2 混合气的形成方式

柴油机混合气形成的方式有：空间混合、表面蒸发混合和复合式混合。

1. 空间混合

柴油被均匀喷射在燃烧室空间中，柴油吸热蒸发，这样利用空气涡旋扰流混合成混合气。

2. 表面蒸发混合（或油膜蒸发混合）

绝大部分柴油顺着气流方向喷射到燃烧室壁面上形成油膜，油膜受热蒸发时，进气涡旋扰流将油膜逐层卷起带走，随之与空气形成均匀的混合气。

3. 复合式混合

将部分柴油喷至燃烧室壁面，并形成均匀油膜；而另一部分柴油喷入燃烧室空间中。这种混合气的形成方式兼顾了前两种方式的特点。二者比例随柴油机的转速和燃烧过程的不同而有所差异，多数柴油机混合气的形成方式以空间混合为主。

5.2.3　柴油机燃烧室

燃烧室的尺寸、形状与混合气的形成和燃烧有着密切关系。从结构上看，燃烧室可分为统一（直接喷射）式和分隔式两类，如图 5.3 和图 5.4 所示。直接喷射式又有开式和半开式之分。分隔式燃烧室又分为涡流室式和预燃室式两种。

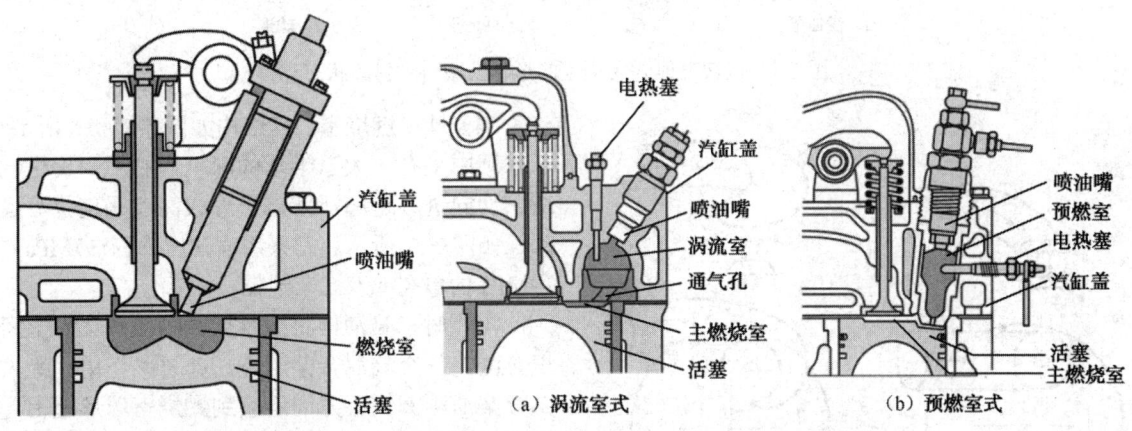

图 5.3　直接喷射式燃烧室　　　　　　　　图 5.4　分隔式燃烧室

1. 直接喷射式燃烧室的形状及燃料喷射的状态

直接喷射式燃烧室又可分为浅皿形、ω形、球形和 U 形燃烧室等多种结构，如图 5.5 所示。其特点是燃烧室基本上分成两部分，活塞顶部凹坑较深部分是燃烧室的主要部分，它与特殊的进气道相配合。

（1）浅皿形燃烧室由活塞顶部浅凹坑、汽缸盖底平面和汽缸壁组成，结构如图 5.5（a）所示。高压柴油通过多孔喷油器喷散在燃烧室空间，利用柴油的高度雾化和燃烧室形状相配合形成混合气。它属于空间混合式。其优点是热损失少，经济性好，易于起动；缺点是混合气不易混合均匀，柴油机工作粗暴。它在国产柴油机上应用较少。

（2）ω形燃烧室，如图 5.5（b）所示。其凹坑底部剖面轮廓呈ω形状，有利于形成涡流。凹坑有明显收口，与螺旋进气道配合，利用进气涡流和压缩涡流促进柴油与空气的混合。喷油器采用多孔闭式，喷油压力在 17MPa～22MPa 之间。混合气的形成方式属于空间混合。135 系列的柴油机采用这种燃烧室。

这种燃烧室的优点是形状简单，结构紧凑，散热面积小，易于起动，经济性、动力性好；缺点是对喷油器、进气道形状及位置要求严格。

（3）U 形燃烧室，如图 5.5（c）所示。燃烧室位于活塞顶正中心，其凹坑形状像缩了口的"U"字形。它采用切向和螺旋相结合的扭切气道，产生高速空气涡流，燃料均匀地在燃烧室壁面形成油膜，与球形燃烧室中混合气的形成相似。使用单孔轴针式喷油器（喷射压力为 12MPa），这样不仅降低了对喷油泵和喷油器的要求，而且还可防止喷孔堵塞的故障。

其特点是：柴油不直接喷到燃烧室壁面，而是与空气的运动方向垂直，靠气流将油雾带到壁上形成油膜。这样空间形成的混合气增加，改善了冷车起动性能。

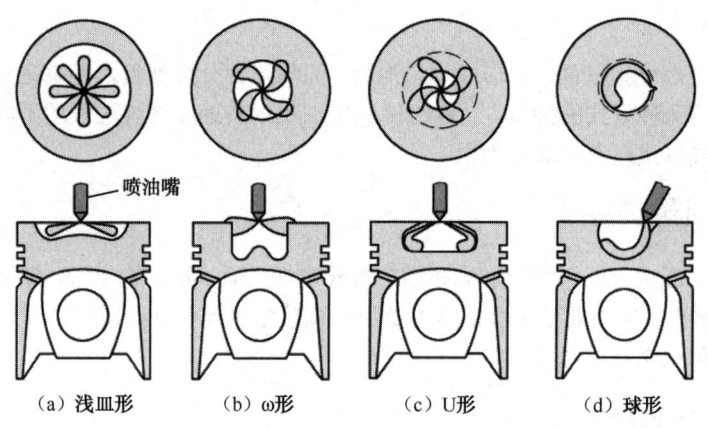

（a）浅皿形　　　　（b）ω形　　　　（c）U形　　　　（d）球形

图 5.5　直接喷射式燃烧室的形状及燃料喷射的状态

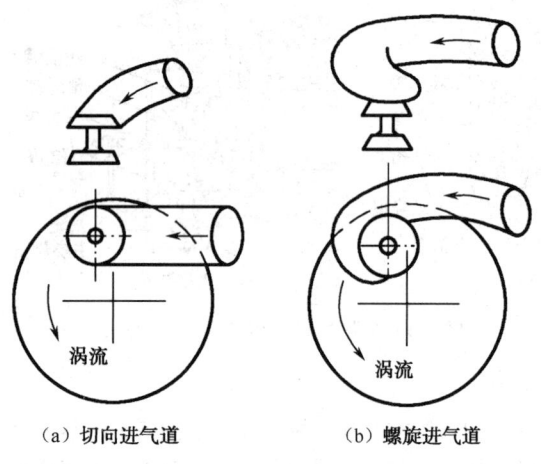

（a）切向进气道　　　（b）螺旋进气道

图 5.6　进气涡流的形成

（4）球形燃烧室，其结构如图 5.5（d）所示。活塞顶中央有一大于半球的深坑，利用螺旋进气道、切向进气道和活塞挤压形成高速涡旋扰流运动，如图 5.6 所示。它采用喷油压力为 17MPa～19MPa 的单孔或双孔喷油器。

工作时，喷油器将少量柴油喷散在球形空间炽热区，与空气混合并燃烧，起引燃作用；绝大部分柴油顺着气流方向斜喷到燃烧室球形壁上，形成油膜，高温、空气涡旋扰流促使柴油分批、分层汽化形成油气，混合气的形成属于油膜蒸发混合式。120、95 系列的柴油机采用这种结构的燃烧室。

这种燃烧室，由于靠表面蒸发形成混合气，开始燃烧的混合气量较少，而后燃烧加速进行，故柴油机工作比较柔和，经济性、动力性和排气净化性也大为提高，但冷车时燃烧室壁的温度较低，不利于油膜的蒸发混合，故冷车起动性能较差。

2. 分隔式燃烧室的形状及燃料喷射的状态

（1）涡流室式燃烧室，如图 5.4（a）所示。它的燃烧室由两部分空间组成，一部分位于汽缸盖下平面、活塞顶与汽缸之间，称为主燃烧室；另一部分位于汽缸盖内，称为副燃烧室。主燃烧室和副燃烧室之间用一个或几个通道相连。通道的截面形状为圆形、豆形或弯月形，通道的方向与活塞顶部成一定角度，并与涡流室相切。喷油器为轴针式，安装在涡流室上部，喷油压力为 8～12MPa。

工作时喷油器将柴油顺气流方向喷入涡流室空间，在强烈的空气涡旋扰流作用下柴油与空气很好地混合。涡流室内的混合气着火后，由于压力急剧升高，燃烧气体将刚喷入的柴油一起由切向通道喷向主燃烧室，形成二次涡旋扰流，与空气进一步混合燃烧。

这种燃烧室具有空气利用充分，燃烧过程柔和，噪声小，喷油器故障少，对燃料质量和喷雾质量敏感性小，性能稳定等优点。但它散热面积大，热损失大，经济性差，冷起动性较差。

（2）预燃室式燃烧室，如图 5.4（b）所示，它也是由主、副燃烧室两部分组成的。主、副燃烧室之间由一个或数个通道相连。喷油器为孔式，安装在预燃室中心线附近。

与涡流室式燃烧室比，预燃室式燃烧室具有以下特点。

① 在压缩冲程中产生无组织的素流，或组织微弱的压缩涡旋扰流。

② 预燃室及其通道容积较小，使预燃室和主燃烧室的压力差较大，可获得较高的流速，形成强

烈的燃烧涡旋扰流。

③ 预燃室的通道孔多，有利于混合气在主燃烧室的均匀分布。

其缺点基本与涡流室式燃烧室相近，这里不再赘述。

5.3 喷油器

5.3.1 喷油器的功用与分类

1. 喷油器的功用

喷油器的功用是将喷油泵送来的高压柴油雾化，并按一定的要求喷入燃烧室，以保证形成良好的混合气。

2. 对喷油器雾化质量的要求

各种燃烧室对喷油器雾化质量的要求是：有一定的喷射压力，喷雾细碎均匀、不成油束、无后滴，喷射锥角、射程合适，并与燃烧室的形状相适应，喷油特性符合燃烧规律，对于多缸柴油机，各缸喷油器的喷油量应均匀一致。

3. 喷油器的类型

喷油器的类型很多，按其内部与燃烧室是否连通，分为开式和闭式两种；喷油器内部通过喷孔与燃烧室经常相通的称为开式喷油器。开式喷油器喷射质量差，工作时易出现漏油和积炭现象，故很少采用。喷油器内部与燃烧室之间被一针阀隔开，这种喷油器称为闭式喷油器。

喷油器与发动机的连接方式分为法兰连接、螺纹连接、螺纹套连接，如图5.7所示；喷油压力的调节方式可分为螺钉调压式、垫片调压式和螺钉—垫片并用调压式，如图5.8所示；喷油器的结构可分为孔式和轴针式。

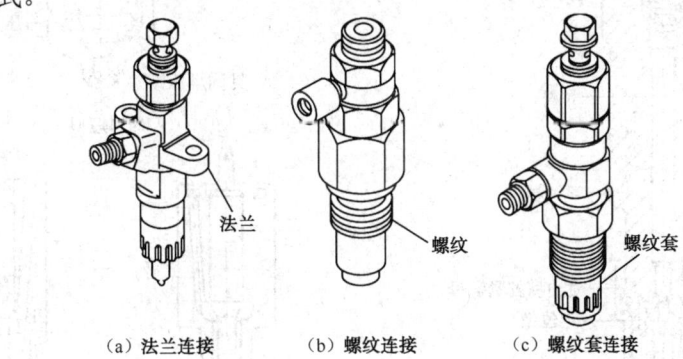

（a）法兰连接　　　　　（b）螺纹连接　　　　　（c）螺纹套连接

图 5.7　喷油器的连接方式

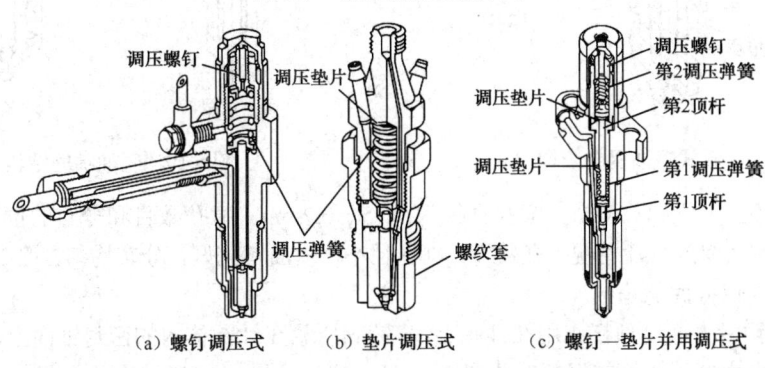

（a）螺钉调压式　　　　（b）垫片调压式　　　　（c）螺钉—垫片并用调压式

图 5.8　喷油器喷油压力的调节方式

目前，柴油机基本都采用闭式喷油器，按其结构形式可分为孔式和轴针式两大类。孔式喷油器按孔的数目又可分为单孔、双孔或多孔式等。孔式喷油器又可分为普通型和长型两种。

孔式喷油器主要用于直接喷射式燃烧室的柴油机，轴针式喷油器则主要用于分隔式燃烧室的柴油机。

5.3.2　喷油器的结构与工作原理

1. 孔式喷油器的结构与工作原理

孔式喷油器的结构如图 5.9 所示，喷油器由进油管接头通过高压油管与喷油泵出油口相通，喷油器体内有贯通油道直通针阀体的内腔。轴针（针阀）装在针阀体内，针阀与针阀体属精密偶件，不具互换性。

针阀有两个锥面，即承压锥面和密封锥面。承压锥面承受高压油腔中油压的作用，使针阀产生向上的轴向推力，克服调压弹簧的预紧力及针阀与针阀体间的摩擦力，使喷油器实现喷油。针阀的密封锥面与针阀体内的密封锥面配合，实现喷油器内腔的密封。

针阀和针阀体构成喷油嘴。喷油嘴有短型、长型和冷却型等多种结构，如图 5.10 所示。长型喷油嘴针阀的导向部分远离燃烧室，冷却型喷油嘴则在针阀与护套间设有冷却油路，以减少针阀受热及变形，从而避免针阀卡死在针阀体内。长型、冷却型喷油嘴多用于热负荷较高的柴油机上。

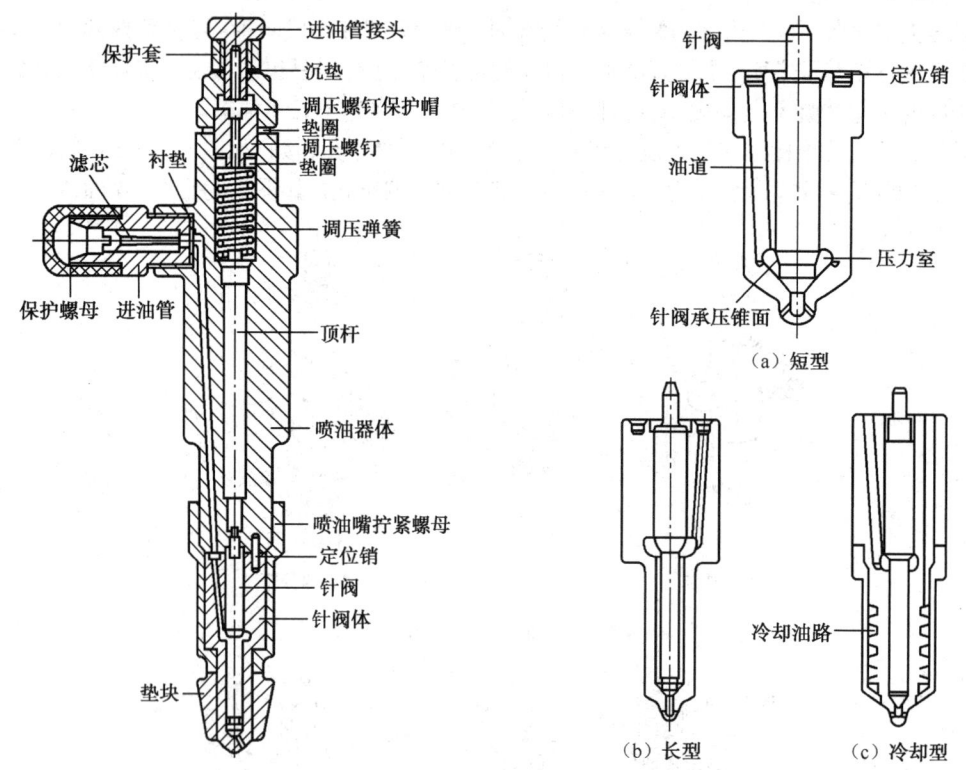

图 5.9　孔式喷油器的结构　　　　　　图 5.10　喷油嘴的结构

喷油器的喷孔一般为 1～8 个，喷孔直径为 0.15～0.7mm。喷孔数目和分布的位置取决于燃烧室的形状、大小及空气涡旋扰流情况。孔数多，则孔径小，喷油雾化好，分布均匀，但小孔径加工困难，易积炭堵塞，难以保持性能稳定。

调压弹簧的预紧力通过顶杆作用在针阀上，将针阀压紧在针阀体内的密封锥面上，使喷油嘴密封。调压弹簧的预紧力由调压螺钉或调整垫片调节。

为了保证喷油器喷孔的安装方向，在喷油器体与针阀体之间装有定位销。

喷油器工作时，喷油泵输送的高压柴油进入针阀体中部的环状油腔，在针阀承压锥面上形成向上的推力。当推力大于调压弹簧预紧力及针阀与针阀体间的摩擦力时，针阀即上移，打开喷孔，高压柴油从喷孔喷入燃烧室内。当喷油泵停止供油时，油腔内的压力迅速下降，针阀在调压弹簧的作用下迅速回位，关闭喷孔，终止喷油。

喷油器喷油时，少量的柴油从针阀与针阀体的配合表面之间漏出，对偶件起润滑作用，最后，这部分柴油沿顶杆周围的空隙上升，经回油管流回柴油滤清器。

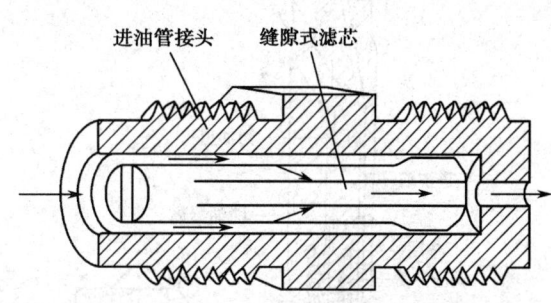

图 5.11　缝隙式滤芯的构造与工作原理

为防止细小杂物堵塞喷孔，在进油管接头上装有缝隙式滤芯。其构造与工作原理如图 5.11 所示。柴油从一端进入由滤芯的两个平面组成的油道，滤芯两个平面的另一端为圆柱面，与进油管接头配合，柴油无法流出。只有绕过滤芯的棱边与接头内圆柱面的缝隙，经滤芯的另两个平面与接头内圆柱面组成的油道才能进入喷油器。柴油在通过棱边时杂质颗粒便被过滤。此外，滤芯具有一定的磁性，可以吸住金属屑。

2. 轴针式喷油器的结构与工作原理

轴针式喷油器的结构如图 5.12 所示。其工作原理与孔式喷油器基本一致，构造特点是在针阀密封锥面下方还延伸出一个轴针，轴针的形状可做成倒锥形或圆柱形，如图 5.13 所示。轴针伸出喷孔外面，使喷孔成圆环形状的狭缝。

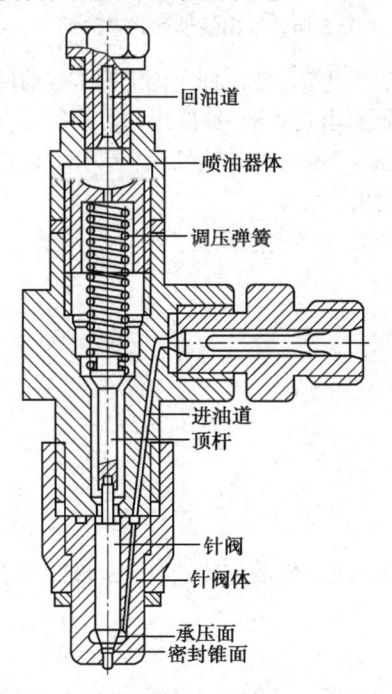

图 5.12　轴针式喷油器的结构

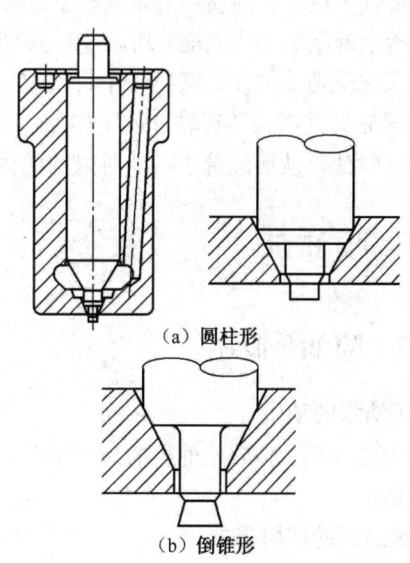

（a）圆柱形

（b）倒锥形

图 5.13　轴针的形状

常见的轴针式喷油器都只有一个喷孔，喷油压力较低。由于喷孔直径较大，其中的轴针可做上下运动，具有自行清除积炭的作用，喷孔不易积炭，多用于对喷雾质量要求不高的涡流室式、预燃室式燃烧室及 U 形燃烧室柴油机。

3. 低惯量喷油器

为提高喷油器的使用寿命，优化针阀的关闭速度，减少压力室的容积，Benz 公司研制了低惯量喷油器，如图 5.14 和图 5.15 所示。

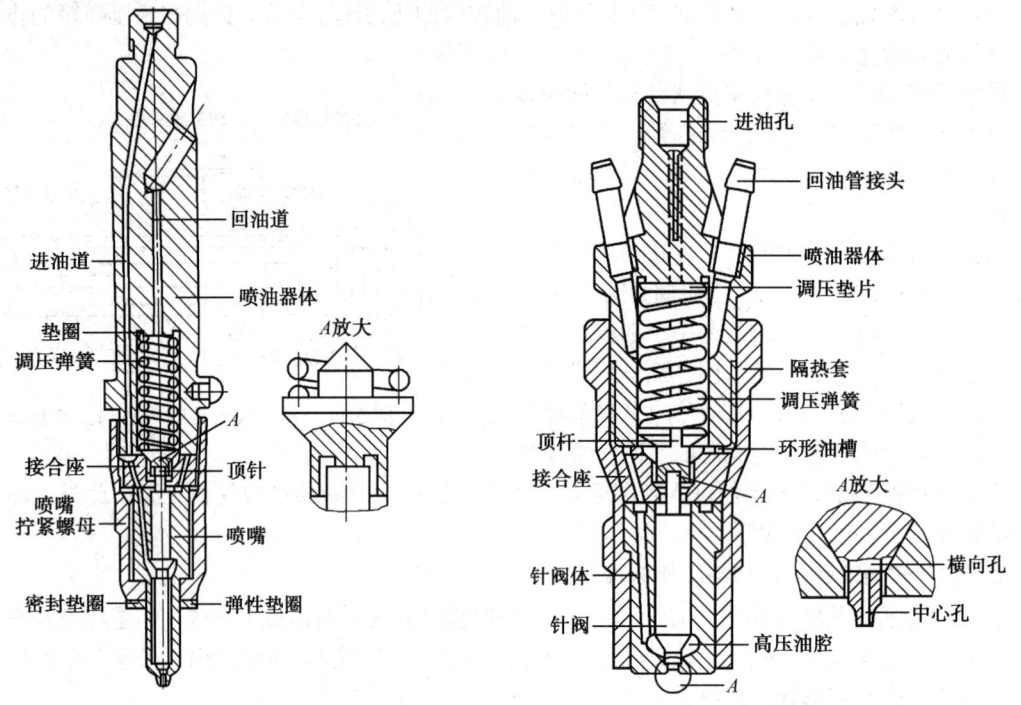

图 5.14　低惯量孔式喷油器　　　　　图 5.15　低惯量轴针式喷油器

与传统喷油器相比，低惯量喷油器的调压弹簧下置，靠近喷嘴，使顶杆大为缩短；运动件的质量小，从而降低了运动件的惯性力，减轻了针阀偶件密封锥面之间的撞击，针阀运动对油压力变化反应灵敏，改善了针阀的关闭性能。对防止针阀锥面穴蚀，避免燃气倒流成喷嘴积炭卡死，以及由于针阀反应不灵可能造成的滞后喷射等不良现象，都有明显的效果。

低惯量轴针式喷油器在轴针的下端加工有横向孔和中心孔，当喷油器工作时，既从横向孔喷油，又从中心孔喷油，从而改善了喷油时燃油的分布。

5.4　喷油泵

5.4.1　喷油泵概述

1. 喷油泵的功用

喷油泵的功用：按照柴油机的运行工况和汽缸工作顺序，以一定的规律适时、定量地向喷油器输送高压燃油。

2. 喷油泵的使用要求

喷油泵的使用要求：各缸供油量相等；各缸供油提前角相同，误差小于 0.5°～1°（曲轴转角）；各缸供油持续角一致；能迅速停止供油，以防止喷油器发生滴漏现象。

3. 分类与系列

（1）喷油泵的分类：喷油泵的结构形式较多，车用柴油机的喷油泵按作用原理不同，可分为三类。

柱塞式喷油泵。这种喷油泵应用的历史较长，性能良好，工作可靠，为目前大多数汽车柴油机所采用。

喷油泵—喷油器。将喷油泵和喷油器合为一体，直接安装在柴油汽缸盖上，可以消除高压油管带来的不利影响。但要求在柴油机上另加驱动机构。PT 燃油供给系统即属此类。

转子分配式喷油泵。这种喷油泵只有一对柱塞副，依靠转子的转动实现燃油的增压与分配。它具有体积小、质量轻、成本低、使用方便等优点。

（2）国产系列喷油泵。国内厂商研制喷油泵时，以柱塞行程、泵缸中心距和结构形式为基础，再分别配以不同尺寸的柱塞，组成若干种在一个工作循环内供油量不等的喷油泵，形成几个系列，以满足各种柴油机的需要。

喷油泵的系列化有利于制造和维修。国产喷油泵分为 I、II、III 号泵和 A、B、P、Z 型泵等系列。

5.4.2 柱塞式喷油泵的基本结构与工作原理

以国产 A 型喷油泵为例介绍柱塞式喷油泵。图 5.16 所示为 A 型喷油泵的外形结构，主要由泵体、分泵、油量调节机构和传动机构四部分组成（图中未全部标注）。

1. 泵体

A 型喷油泵的泵体为整体式结构，如图 5.17 所示。泵体上方有 6 个（六缸机）安装柱塞套的垂直孔，分别装有 6 套分泵。泵体下安装凸轮轴、滚轮体及输油泵，泵体侧面开有窗口，用以安装、检查、调整油量调节机构。泵体还设有放气螺钉、进油管接头和油泵安装孔。

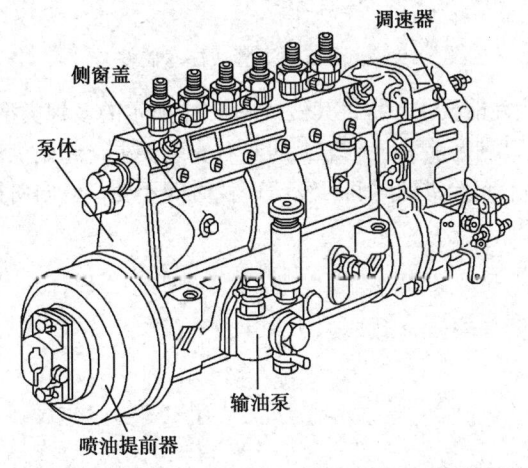

图 5.16 A 型喷油泵的外形结构

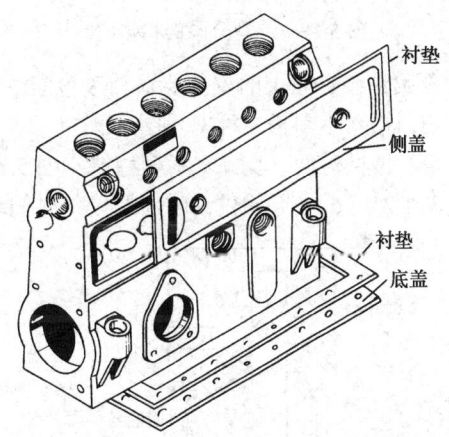

图 5.17 A 型喷油泵的泵体

2. 分泵

分泵是喷油泵的关键部分，每个分泵只向一个汽缸供油。对于单缸柴油机，一套柱塞偶件即组成一个单体泵；对于多缸柴油机，则由多个分泵分别向各缸供油。多个分泵组装成一体，称为喷油泵总成。

（1）A 型分泵的构造，如图 5.18 所示。它主要由柱塞和柱塞套、柱塞弹簧和弹簧座、出油阀、出油阀座、出油阀弹簧等零部件组成。

柱塞与柱塞套组成一副精密偶件，如图 5.19 所示。精密偶件用优质合金钢制造，并通过精密加工和选配，具有极高的精度、极低的粗糙度和良好的耐磨性，配合间隙仅为 0.0015～0.0025mm。精密偶件不具有互换性，损坏后只能成对更换。

柱塞偶件的结构如图 5.20 所示（下述部分结构未标出）。柱塞套上部有两个不等高的径向孔，与柱塞斜槽相对应的为回油孔，另一个为进油孔。在回油孔一侧开有定位槽，以保证柱塞正确的安装位置。起动槽供起动时加浓混合气。集油槽用于回收对柱塞完成润滑冷却后的柴油。

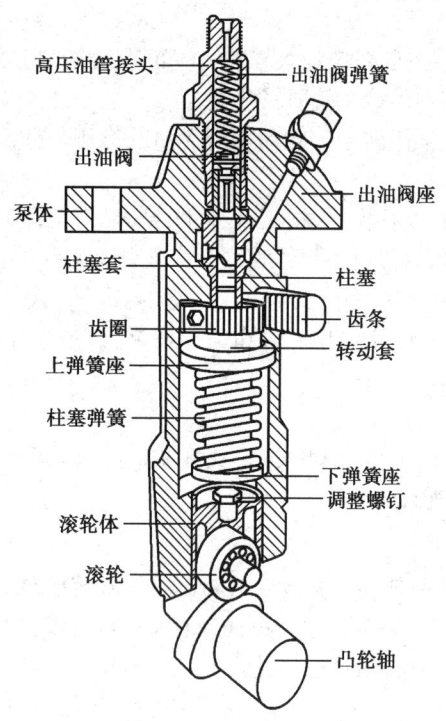

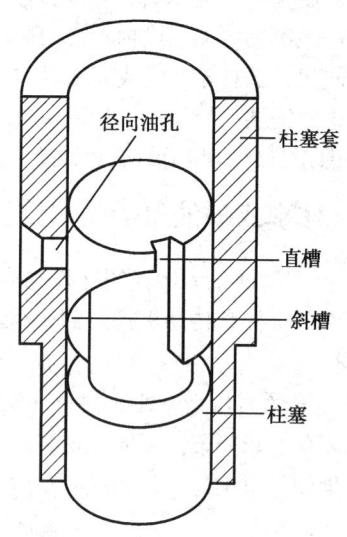

图 5.18　A 型分泵的构造　　　　　　　图 5.19　柱塞与柱塞套（柱塞偶件）

　　根据喷油泵在车上的安装要求和改善柴油机某些性能要求，常将其做成图 5.21 所示的多种类型。左、右旋斜槽（下斜槽）柱塞［图 5.21（a）、（b）］可满足喷油泵在车上的左右安装要求，起始供油时间不变、停供时间可变，上斜槽柱塞［图 5.21（c）］起始供油时间可变、停供时间不变，双向斜槽柱塞［图 5.21（d）］起始供油时间及停供时间均可变。

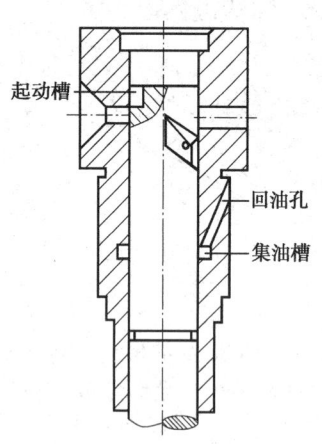

图 5.20　柱塞偶件的结构

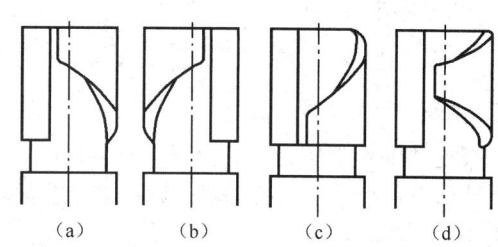

（a）　　　　（b）　　　　（c）　　　　（d）

图 5.21　柱塞的类型

　　柱塞上端有轴向孔、径向孔作为回油道与斜槽相通；中部有环形浅槽，存储少量柴油，以利于柱塞的润滑；下端装有油量调节臂。柱塞弹簧通过弹簧座将柱塞推向下方，使滚轮始终保持与油泵凸轮接触。

　　（2）分泵的工作原理如图 5.22 所示。分泵工作时，柱塞在凸轮及其柱塞弹簧的交替作用下，做直线往复运动，以建立高压，完成泵油过程；柱塞下部的油量调节臂可使柱塞在柱塞套内绕其轴线转动，以改变供油量。

① 进油过程。凸轮转过最高位置，进入回程，在柱塞弹簧作用下，柱塞下行。当柱塞上端面与进油孔上边缘平齐时，柴油进入柱塞上方，直至柱塞到达下止点，完成进油过程，如图 5.22（a）所示。

② 泵油过程。凸轮转过最低位置后，进入升程，推动柱塞弹簧上行。当柱塞上端面封闭进油孔时，在柱塞上端形成密封腔，柴油受压，使压力剧增，当压力大于出油阀弹簧的弹力和高压油管内的剩余压力之和时，推开出油阀，开始供油。当油压达到喷油压力时，柴油经喷油器喷入燃烧室。随后，柱塞继续上行，压油过程继续，如图 5.22（b）所示。

③ 回油过程。柱塞上行到斜槽与柱塞套的回油孔相通时，柱塞上方的高压油腔与上体环形油槽的低压油腔连通，高压油腔的油经柱塞轴向孔、径向孔及斜槽流回低压油腔，油压骤然下降，出油阀在柱塞弹簧作用下迅速关闭，供油结束，如图 5.22（c）所示。之后，柱塞继续上行到上止点为止，但不能供油，如图 5.22（d）所示。

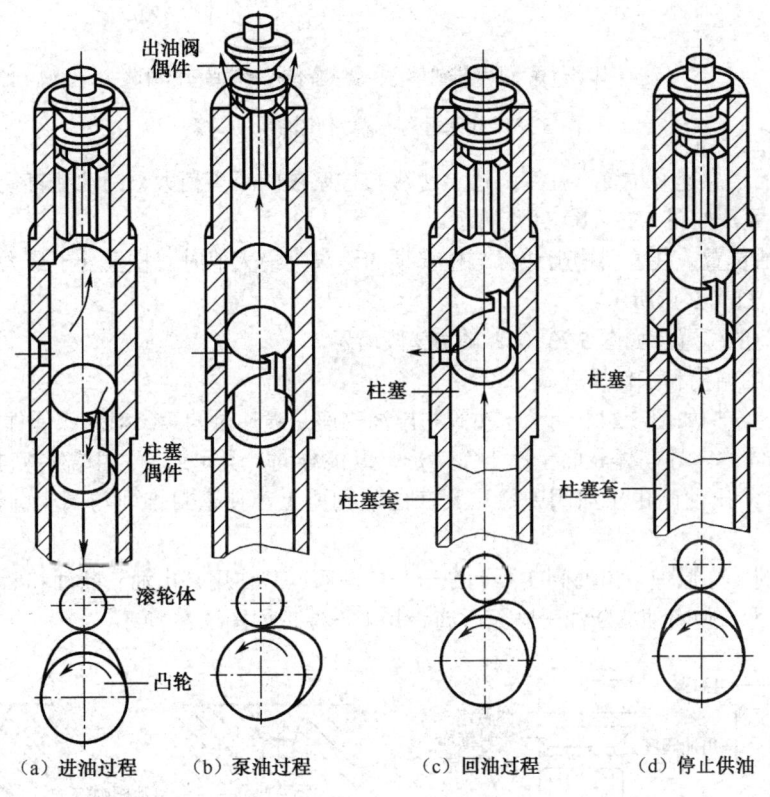

图 5.22　分泵的工作原理

凸轮轴连续转动，重复上述过程。

（3）柱塞行程与循环供油。由以上分析可知：凸轮每转一周，各分泵分别供油一次，分泵上下往复一次的供油量称为循环供油量。从开始供油到供油结束柱塞所移动的距离 h_g 称为供油行程或有效行程。柱塞在上、下止点间移动的距离 h 称为柱塞行程，如图 5.23（a）所示。

柱塞行程由凸轮升程决定，是不可改变的；柱塞的循环供油量与柱塞的有效行程有关；供油的起始时刻与柱塞行程无关（下斜槽式柱塞）。

如图 5.23（b）所示，若要改变供油量，只需要改变供油行程 h_g 的大小，由于柱塞斜槽的作用，转动柱塞即改变了供油结束时刻、供油行程和循环供油量。改变供油行程的方法是：转动柱塞使斜槽打开回油孔的时刻延迟，供油量增大，反之供油量减小。这里介绍柱塞所处的几个特殊位置。

① 停供（熄火）位置。当转动柱塞至斜槽上边缘与柱塞顶部的距离小于回油孔直径时，柱塞顶

部不可能封闭回油孔，柱塞处于停供（熄火）位置。

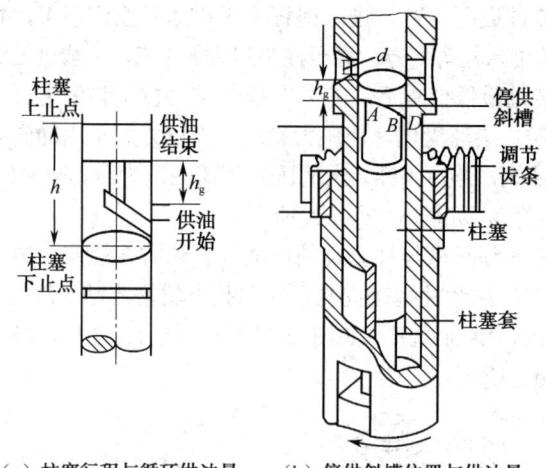

（a）柱塞行程与循环供油量　　　（b）停供斜槽位置与供油量

图 5.23　柱塞行程与循环供油量的关系

② 最小供油（怠速）位置。柱塞斜槽上边缘与柱塞顶的距离稍大于回油孔直径，柱塞处于最小供油（怠速）位置，如图 5.23（b）A 点所示。

③ 最大供油位置。柱塞斜槽上边缘与柱塞顶的距离为最大值时，柱塞处于最大供油（全负荷）位置，如图 5.23（b）B 点所示。

④ 留有余地的位置，如图 5.23（b）的 BD 段所示。

（4）出油阀的结构和工作原理。

① 出油阀的结构如图 5.24 所示。出油阀与出油阀座是喷油泵的第二对精密偶件，装在柱塞上端。出油阀下部为导向体，导向体断面呈"十"字形，既能导向，又可通油。中部有密封环（图中未画出）和减压环带，出油阀由出油阀弹簧压紧在出油阀座上，使密封锥面与阀座圆锥面（图中未画出）紧密贴合。

② 出油阀的工作原理。出油阀实际上是一个单向阀，其作用是出油、断油和断油后迅速降低高压油管的剩余压力，使喷油器断油干脆无后滴。其工作原理如图 5.25 所示。

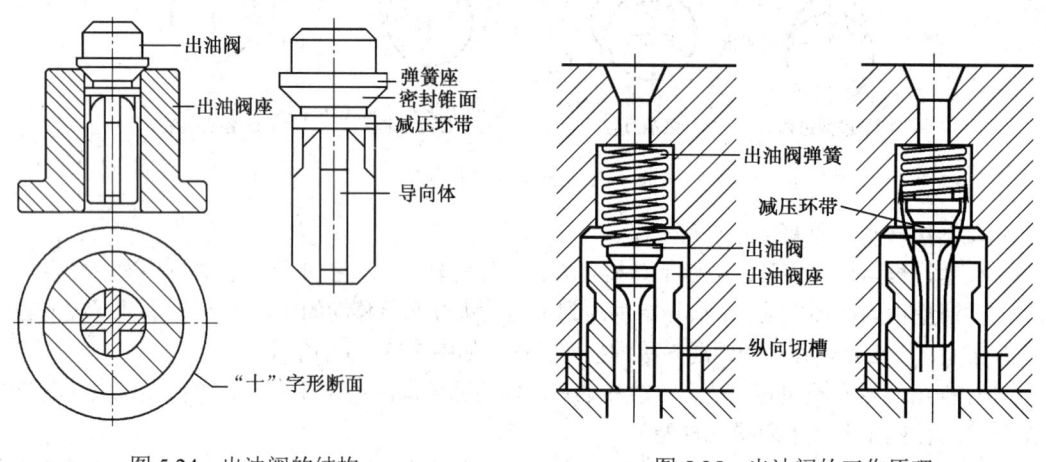

图 5.24　出油阀的结构　　　　　　　　图 5.25　出油阀的工作原理

当柱塞上行到其顶面封闭进油孔时，泵腔内的油压开始升高，直到足以克服出油阀弹簧预紧力和高压油管的剩余压力后，出油阀开始上行，使其密封锥面离开出油阀座。此刻，还不能立即供油，必须使出油阀上行至减压环带完全离开出油阀座时，柴油才进入高压油管，出油阀上行使高压油管的剩余油液受到压缩，当出油阀离开出油阀座的瞬间，油压即迅速升高至喷油器的喷油压力，使喷油器迅速喷油。同样，在回油时，出油阀下行，当减压环带刚进入导向孔，便切断高压油管与泵腔的油路，出油阀继续下行到密封锥面完全落座。从减压环带切断油路到密封环带与出油阀座贴合，出油阀让出一定的容积，高压油管中的油压骤然降低，使喷油器断油干脆、无后滴，并保持高压油管内有适当的剩余压力，为下一次喷油提供条件。

3. 油量调节机构

油量调节机构的任务是根据柴油机负荷和转速的变化相应改变喷油泵的供油量，且保证各缸的供油量一致。

由泵油原理的分析可知，转动柱塞即改变了柱塞有效行程，也就改变了喷油泵的供油量。

A 型喷油泵采用齿杆式油量调节机构，如图 5.26（a）所示。柱塞下端的榫舌（图中未画出）嵌入套筒相应的切槽中，套筒松套在柱塞套上。在套筒上部有一个可调的齿圈，用紧固螺钉固紧。齿圈与齿杆啮合。齿杆的轴向位置由驾驶员或调速器控制。移动齿杆时，齿圈连同套筒带动柱塞相对柱塞套转动，柱塞转动后，供油量发生相应的变化，如图 5.27 所示。

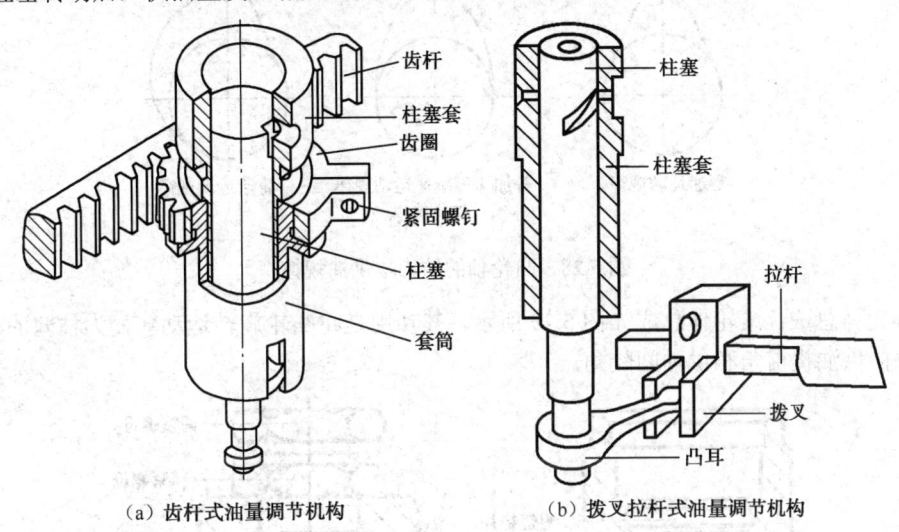

（a）齿杆式油量调节机构   （b）拨叉拉杆式油量调节机构

图 5.26　油量调节机构

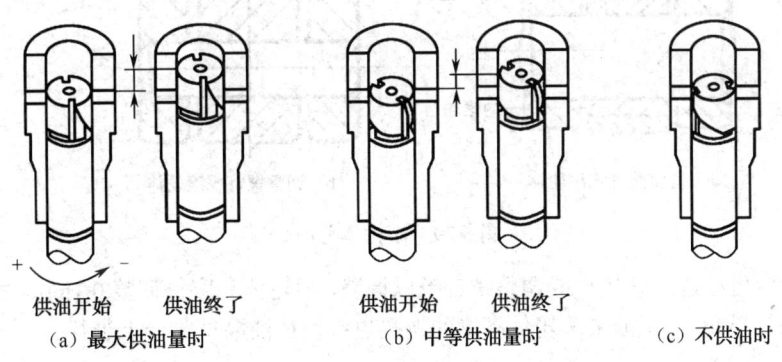

供油开始　供油终了　　　供油开始　供油终了
（a）最大供油量时　　　（b）中等供油量时　　　（c）不供油时

图 5.27　柱塞转动后供油量的变化

各缸供油均匀性的调整可通过改变齿圈和套筒的相对位置来实现，即松开齿圈，按调整的需要使套筒与柱塞一起相对于齿圈转过某一角度，再将齿圈锁紧在套筒上。但此项调整必须在油泵试验台上进行。

齿杆式油量调节机构的特点是传动平稳，但制造成本较高。Ⅱ号喷油泵则采用拨叉拉杆式油量调节机构，如图 5.26（b）所示。

4. 传动机构

传动机构功用是推动柱塞在柱塞套中上下往复运动，完成进油、压油、回油过程；保证供油正时。它主要由凸轮、凸轮轴和滚轮体总成等部件组成。

（1）凸轮轴。其作用是传力，使柱塞运动；保证各分泵喷油顺序及规律。凸轮轴的结构与供油规律如图 5.28 所示，凸轮的排列与工作顺序有关，凸轮轮廓线则由供油规律特性要求决定。油泵凸轮由轴传动机构驱动。为保证在相当于一个工作循环的曲轴转角内，各缸都能喷油一次，四冲程柴油机的曲轴与油泵凸轮轴的传动比恒等于 2。

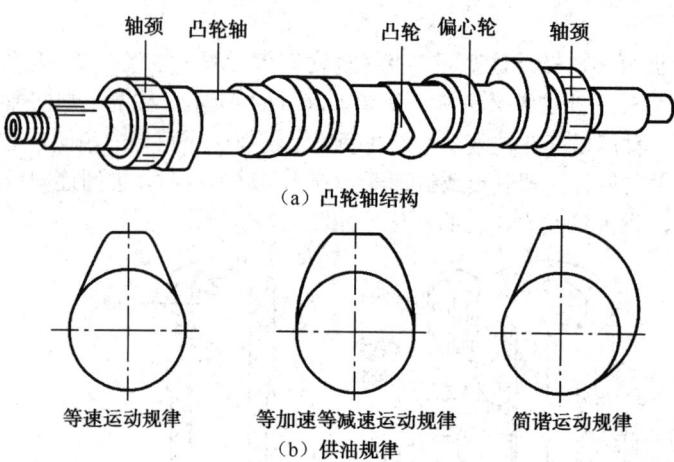

（a）凸轮轴结构

等速运动规律　　等加速等减速运动规律　　简谐运动规律

（b）供油规律

图 5.28　凸轮轴的结构与供油规律

（2）滚轮体总成。滚轮体总成如图 5.29 所示，其功用是将凸轮旋转运动转变为柱塞的往复运动，调整各分泵的供油提前角和供油间隔角。

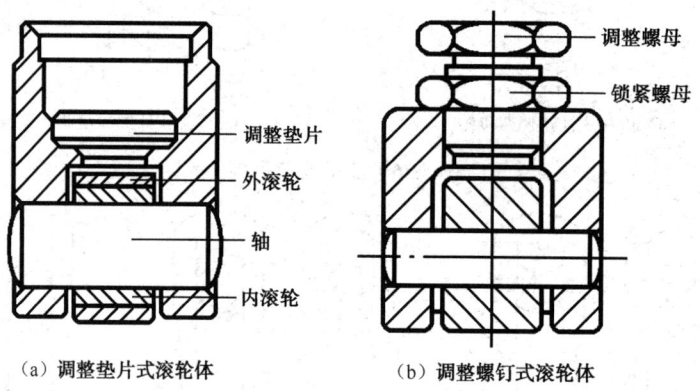

（a）调整垫片式滚轮体　　　　　　　（b）调整螺钉式滚轮体

图 5.29　滚轮体总成

滚轮体的高度可通过调整垫片或调整螺钉予以调整，滚轮体高度每调整 0.1mm，相应调整了凸轮转角 0.5°，即曲轴转角 1°。油泵滚轮体高度的调整也必须在油泵试验台上进行。

5.4.3　VE 泵柴油机的供油系统

VE 泵柴油机供油系统如图 5.30 所示。它主要由燃油箱、输油泵、柴油滤清器、喷油器等部件组成。

与上述柱塞式喷油泵相比，VE 泵具有以下特点：结构简单，使用方便，零件少，体积小，重量轻，故障少，容易维修；精密偶件加工精度高，供油均匀性好，不需要进行各缸供油量和供油定时的调节；凸轮升程小，有利于提高柴油机转速；运动件靠喷油泵体内的柴油进行润滑和冷却，对柴油的清洁度要求很高。

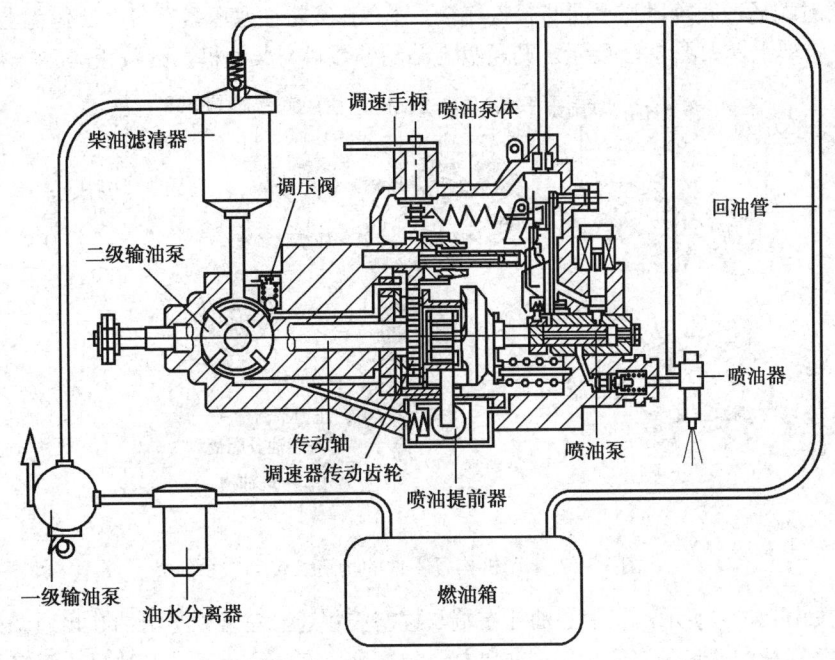

图 5.30　VE 泵柴油机供油系统

1. VE 泵的结构

VE 泵的结构如图 5.31 所示。它主要由凸轮轴、柱塞偶件、高压泵头（喷油泵）、增速齿轮、滑片泵、内压控制阀、提前器等部分组成。VE 泵只有一个不带斜槽，既做往复运动（泵油）又做旋转运动（给各缸配油）的柱塞（图中未画出）。

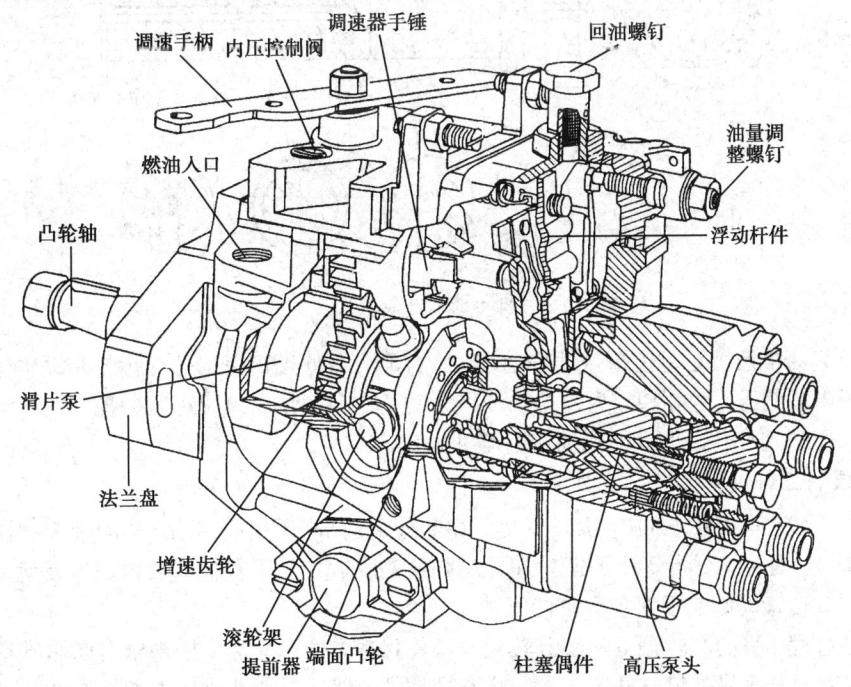

图 5.31　VE 泵的结构（下文所述部分结构未在图中标出）

VE 泵的一端装有凸轮轴、滑片、内压控制阀、增速齿轮、滚轮架、端面凸轮等零部件。另一端设有控制套筒、柱塞、出油阀和电磁阀等零部件。泵的上部为调速器，下部为液压式喷油提前器。

凸轮轴的右端通过联轴器与平面凸轮盘连接，柱塞弹簧将柱塞压紧在平面凸轮盘上，滚轮轴嵌入静止不动的滚轮架上，如图 5.32 所示。凸轮盘上凸轮的数目与柴油机汽缸数相同。

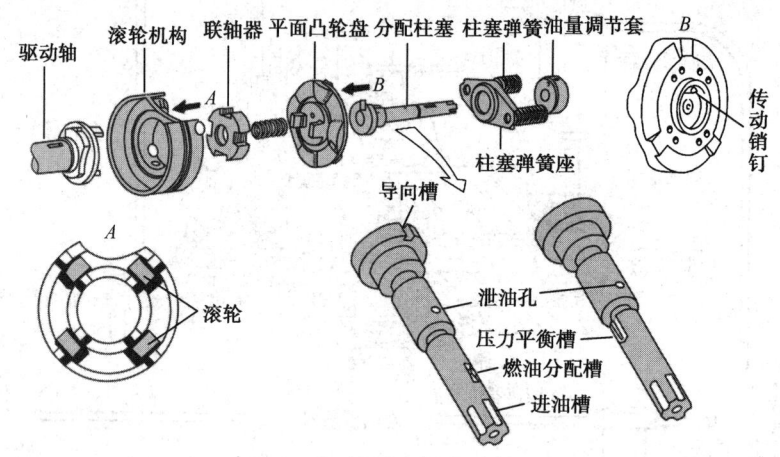

图 5.32　驱动机构各零件的构造及传动关系

柱塞结构如图 5.33 所示，其中心油孔右端与柱塞腔相通，左端则与泄油孔相通。柱塞上有燃油分配孔、压力平衡槽和数目与汽缸相同的进油槽。柱塞套上有一个进油孔及数目与汽缸相同的分配油道，每个分配油道都连接一个出油阀和一个喷油器。

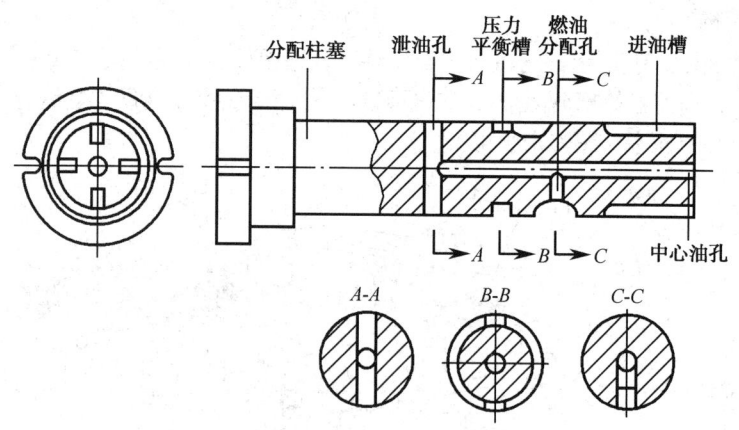

图 5.33　柱塞结构

工作时，柴油机曲轴正时齿轮带动传动轴、滑片泵，并通过调速器传动齿轮带动调速器旋转。泵出口与泵体的内（低压）腔相通。为保持输油压力的稳定，在泵出口设有压力控制阀，泵体内腔油压过高时，压力控制阀打开，多余的柴油流回燃油入口。

2. VE 泵的工作过程

VE 泵的工作过程如图 5.34 所示（下文所述部分结构未在图中标出）。传动轴带动柱塞随平面凸轮盘同步旋转时，柱塞在滚轮、平面凸轮和柱塞弹簧的共同作用下在柱塞套内做往复运动。往复运动使柴油增压，旋转运动则实现对各汽缸的配油。

（1）进油过程。平面凸轮盘下凹部分转至与滚轮接触，柱塞弹簧将柱塞由右向左推移至左端极限位置，这时柱塞的某个进油槽与柱塞套上的进油孔连通，柴油自喷油泵体内腔经进油孔进入柱塞腔和中心油孔内，如图 5.34（a）所示。

（2）喷油过程。平面凸轮盘凸起部分转至与滚轮接触，在平面凸轮盘的推动下，柱塞由左向右移动。进油槽转过进油孔的同时，柱塞外圆柱面将进油孔封闭，柱塞腔内油压升高。与此同时，柱塞的分配孔转至与柱塞套的某一个出油孔相通，高压柴油从柱塞腔经中心油孔、分配孔、出油孔进入分配油道，再经出油阀和喷油器喷入燃烧室。

平面凸轮盘每转一周，柱塞分配孔依次与各缸分配油道接通一次，即向各缸喷油器供油一次，如图 5.34（b）所示。

（3）停油过程。在平面凸轮盘的推动下柱塞继续右移，当柱塞的出油孔移出油量调节套筒的右端并与喷油泵体内腔相通时，高压柴油从柱塞腔经中心油孔和出油孔流进喷油泵体内腔，柴油压力急剧下降，供油停止，如图 5.34（c）所示。

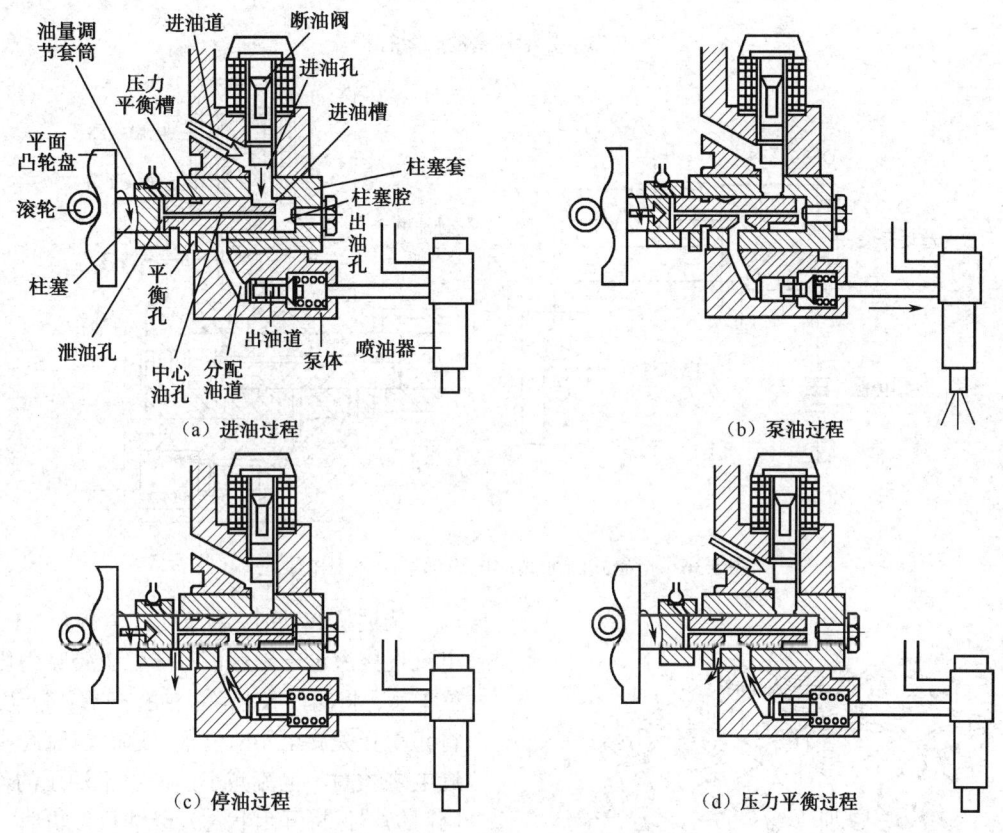

图 5.34　VE 泵的工作过程

从柱塞分配孔与柱塞套出油孔相通的时刻起，至泄油孔移出油量调节套筒的时刻止，柱塞所移动的距离为柱塞的有效行程，如图 5.35 所示。显然，有效行程越大，供油量越多。移动油量调节套筒位置即可改变有效行程：向左移动油量调节套筒，停油时刻提早，有效行程缩短，供油量减少；反之，供油量增加。油量调节套筒的移动由调速器控制。

（4）压力平衡过程。柱塞上设有压力平衡槽，在柱塞旋转和移动过程中，压力平衡槽始终与喷油泵体内腔相通。在某一汽缸供油停止后，且当压力平衡槽转至与相应汽缸的分配油道连通时，分配油道与喷油泵体内腔连通，于是两处的油压趋于平衡，如图 5.34（d）所示。在柱塞旋转过程中，压力平衡槽与各缸分配油道依次接通，致使各分配油道内的压力均衡一致，从而可以保证各缸供油的均匀性。

3. 电磁式断油阀

VE 泵装有电磁式断油阀，其电路示意图和工作原理如图 5.36 所示。

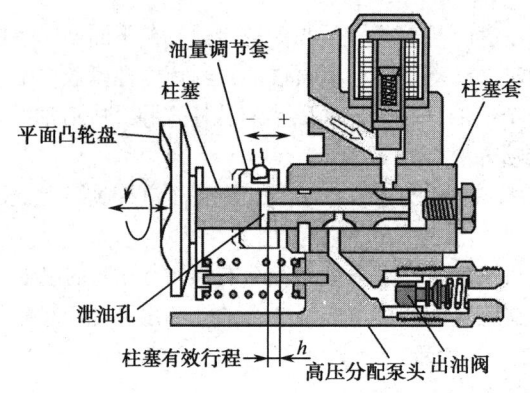

图 5.35　分配柱塞的有效行程

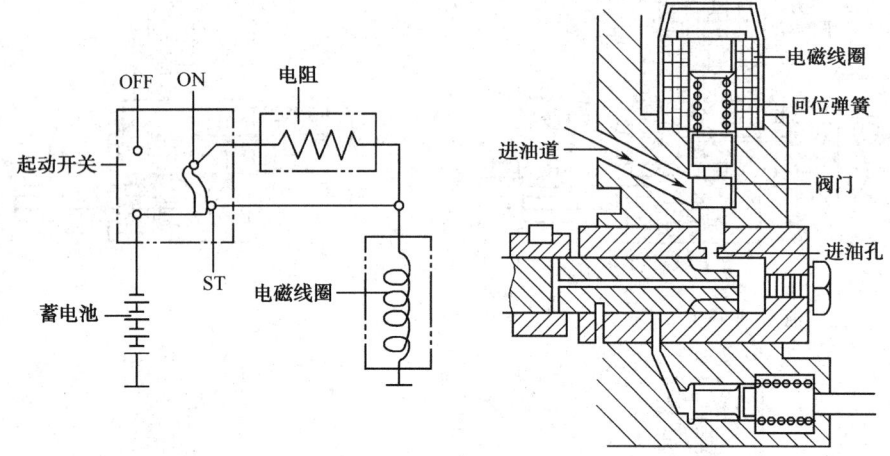

图 5.36　电磁式断油阀的电路示意图和工作原理

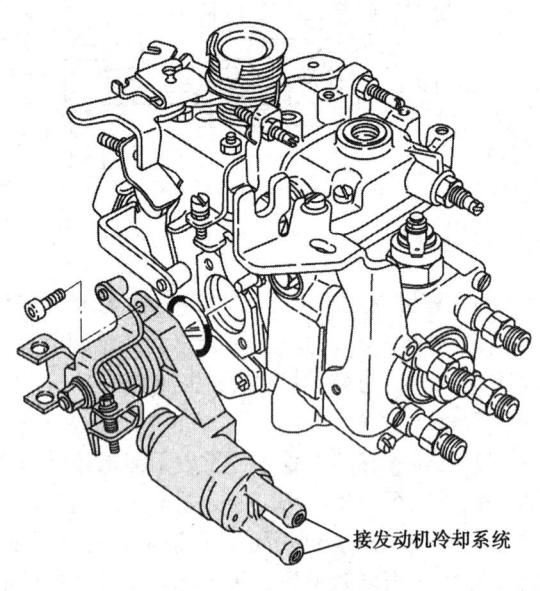

图 5.37　蜡式冷起动装置

柴油机起动时，将起动开关旋至 ST 位置，电流直接流过电磁线圈，产生电磁吸力压缩回位弹簧，将阀门吸起，进油孔开启；起动之后，将起动开关旋至 ON 位置，这时电流经电阻流过电磁线圈，电流减小，但由于油压的作用，阀门仍然保持开启状态；柴油机停机时，将起动开关旋至 OFF 位置，电路断开，在回位弹簧的作用下阀门关闭，切断油路，停止供油。

4. 蜡式冷起动装置

VE 泵的蜡式冷起动装置与调速手柄并联，如图 5.37 所示。冷起动时，蜡质凝固收缩，通过阀芯、推杆将调速手柄向加油方向推动一段距离，增加发动机起动供油量，提高混合气浓度，改善发动机的冷起动性能。起动后使发动机转速高于正常怠速，快速升温。升温后蜡质融化膨胀，调速手柄恢复正常怠速状态。

5.4.4　供油规律、供油起始时刻、喷油提前角与喷油正时装置

（1）分泵循环供油量随油泵凸轮转角变化的关系称为供油规律，它必须与燃烧规律一致，由凸轮外廓各曲线段的形状可以保证，凸轮、滚轮磨损后，供油规律也随之改变，须及时调整或修复。

（2）供油起始时刻、供油起始角。柱塞上行压油，出油阀口油面开始脉动即为供油起始时刻；从柱塞顶开始封闭柱塞套进油孔至出油阀口油面脉动，柱塞中心线与凸轮对称中心的夹角称为供油起始角。供油起始角的调整是在喷油泵试验台上通过"改变挺柱调整螺钉长度或增减挺柱调整垫块厚度"实现的。

（3）供油提前角、喷油提前角。喷油泵的供油提前角是指喷油泵起始供油时刻至活塞到达上止点时刻曲轴所转过的角度；喷油器从开始喷油至活塞到达压缩上止点曲轴所转过的角度称为喷油提前角。显然，喷油提前角小于供油提前角，但其差很值小，一般情况下不予以区别。

喷油提前角的大小对柴油机工作性能影响很大。喷油提前角过大，喷油时汽缸内温度低，混合气形成条件差，备燃（着火延迟）期长，从而将导致柴油机工作粗暴；喷油提前角过小，则补燃期延长，燃烧过程所能达到的最高压力低，热效率显著下降，部分柴油不能燃烧，随废气排出。为此柴油机必须有最佳喷油提前角。

最佳喷油提前角即柴油机在转速和供油量（负荷）一定的条件下，获得最大功率及最小燃料消耗率时对应的喷油提前角，由试验得出。任何一台柴油机，最佳喷油提前角都不是常数，而是随供油量和曲轴转速变化的，且与柴油机结构有关。供油量越大，转速越高，喷油提前角也越大；直接喷射式燃烧室柴油机的喷油提前角（约 28°～35°）比分隔式燃烧室柴油机的喷油提前角（约 15°～20°）大。为使柴油机在其他工况下也有适宜的喷油提前角，在柴油机喷油泵上均设置了喷油提前角的自动调节器。

为消除因喷油泵传动装置相关零件的磨损引起的喷油提前角变化，以及保证喷油泵经解体、装配、调试、装车后正确的喷油正时关系，喷油泵还设有喷油正时的检查校正装置。

1. 喷油提前角的自动调节

与喷油泵配用的喷油提前角自动调节器大都为机械离心式，CA6110-2 型柴油机喷油泵的喷油提前角自动调节器（简称调节器）如图 5.38 所示（下文所述部分结构图中未标出）。

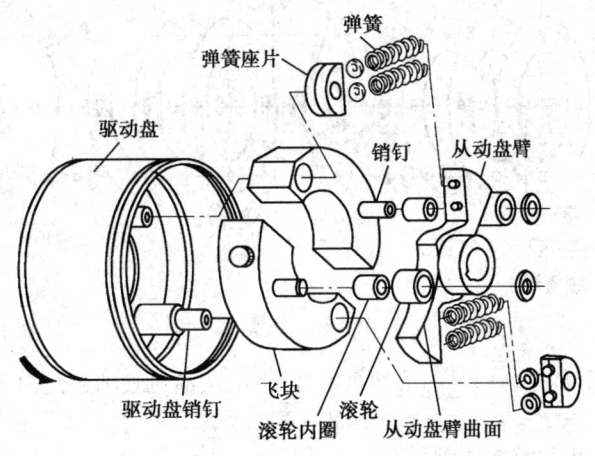

图 5.38　喷油提前角自动调节器

调节器前端的驱动盘与联轴节相连。驱动盘的腹板上压装有两个销钉，两个飞块一端分别套在驱动盘销钉上，飞块的另一端松套着滚轮和滚轮内圈。从动盘用半圆键与喷油泵凸轮轴相连，从动盘两臂的弧形侧面与滚轮接触，平侧面则压靠在两个弹簧上。弹簧的另一端松套在驱动盘销钉的弹簧座片

上。从动盘外圆柱面与驱动盘内圆柱面配合，将调节器合装为一密闭体，内腔充有机油以供润滑。

柴油机工作时，主动盘（即驱动盘）连同飞块沿图 5.38 所示箭头方向旋转，因离心力作用飞块向外甩开，通过滚轮带动从动盘沿箭头方向相对主动盘超前转过一个角度 $\Delta\theta$，直到弹簧力与飞块离心力平衡时为止，主动盘与从动盘同步旋转，如图 5.39（b）所示。转速升高，离心力增大，飞块进一步向外甩出，带动滚轮推动从动盘相对于主动盘沿箭头的方向再朝前转动一个角度，喷油提前角增大。反之，当柴油机转速降低时，喷油提前角相应减小。

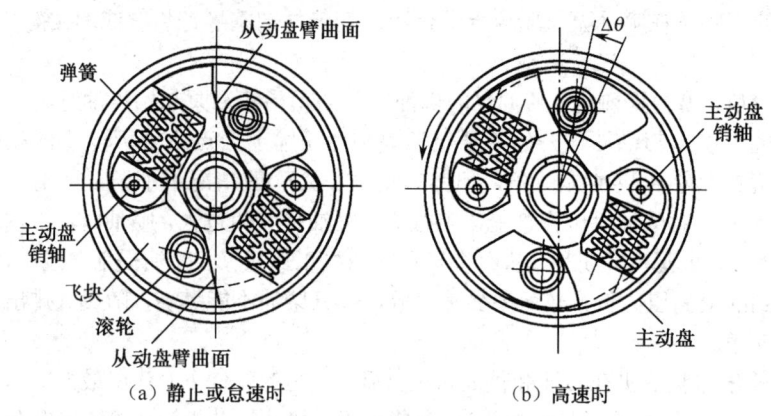

（a）静止或怠速时　　　　　　　（b）高速时

图 5.39　调节器的工作原理

2. 联轴节

联轴节如图 5.40 所示。主动凸缘盘借锁紧螺栓固定在驱动轴上。螺栓把主动盘、主动传力钢片、十字形中间凸缘盘及从动传力钢片连接在一起，再用螺栓使从动传力钢片与调节器相连。这样，驱动轴的动力通过上述各零件即可传递到调节器上。旋松螺栓可使主动凸缘盘相对主动传力钢片和十字形中间凸缘盘沿弧形孔转过一个角度；同样，旋松螺栓可使调节器相对于从动传力钢片和十字形中间凸缘盘沿从动传力钢片上的弧形孔转过一个角度，从而改变了各缸的喷油时刻（即喷油提前角）。

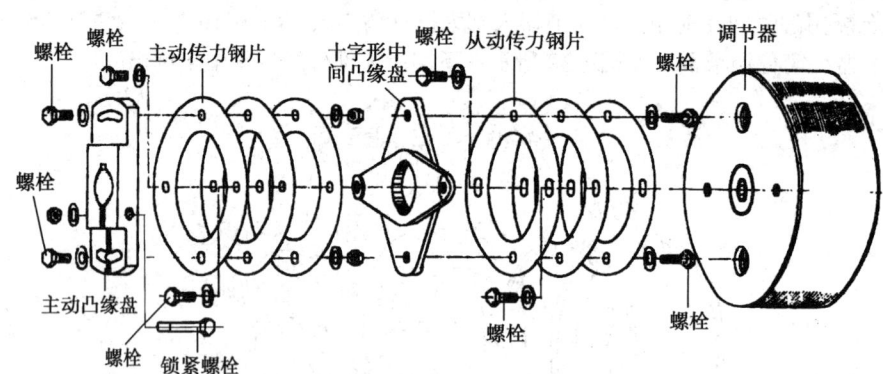

图 5.40　联轴节

喷油泵的联轴节并不是每种型号的柴油机都有，有的柴油机喷油泵是由正时齿轮直接驱动喷油泵凸轮轴的，喷油提前角靠喷油泵壳体上的弧形孔来调节。

3. 喷油提前角的校正与就车调整

（1）喷油泵在车上的安装。喷油泵经解体、调试，在装车后起动前，为保证喷油正时，必须对喷油正时进行检查、校对，现以喷油泵与柴油机用联轴节安装连接方式为例来说明。

① 安装前，先摇转曲轴使第一缸活塞位于压缩上止点前喷油泵开始喷油的位置。

② 将喷油泵固定在柴油机上，但先不连接各高压油管及油泵的主、从动联轴节。

③ 顺着喷油泵的旋转方向缓慢转动喷油泵凸轮轴，仔细观察第一缸高压油管接口油面；当油面刚开始波动时立即停止转动泵轴，此时即为第一缸分泵开始喷油的时刻。

④ 确保油泵轴位置不变，连接并紧固主、从动联轴节。此时十字形中间凸缘盘紧固螺钉应在主动凸缘盘弧形孔的中间。

（2）喷油泵因传动装置相关零件的磨损将引起喷油提前角的变化，为恢复其喷油正时，须对喷油正时进行检查、调整、校验。

喷油提前角的调整方法根据其结构及驱动不同而有较大差异，但其基本原理都是通过改变柱塞顶封闭进油孔的时刻，即改变滚轮体与油泵凸轮凸起接触的时刻来达到调整的目的。

调整必须在保证柴油机配气正时，喷油泵驱动齿轮安装正确的前提下进行。

① 转动泵体法，如图 5.41 所示。当喷油泵由正时齿轮直接驱动，靠喷油泵壳体上的弧形孔与柴油机连通时，调整时先旋松泵体与柴油机连接螺钉，再顺着油泵凸轮轴旋转方向转动泵体，喷油时间延迟，逆着凸轮轴旋转方向转动泵体，则喷油时间提前。调整后拧紧连接螺钉，起动柴油机，检查柴油机在喷油提前角改变前后的性能变化，直至符合要求。

② 转动泵轴法，如图 5.42 所示。喷油泵与柴油机通过联轴节安装连接时，先松开从动联轴节与中间凸缘紧定螺钉，再根据油泵凸轮旋转方向及喷油提前角需要调整的方向转动油泵凸轮轴。顺着凸轮轴旋转方向转动凸轮，喷油时间提前；反之，喷油时间延迟。

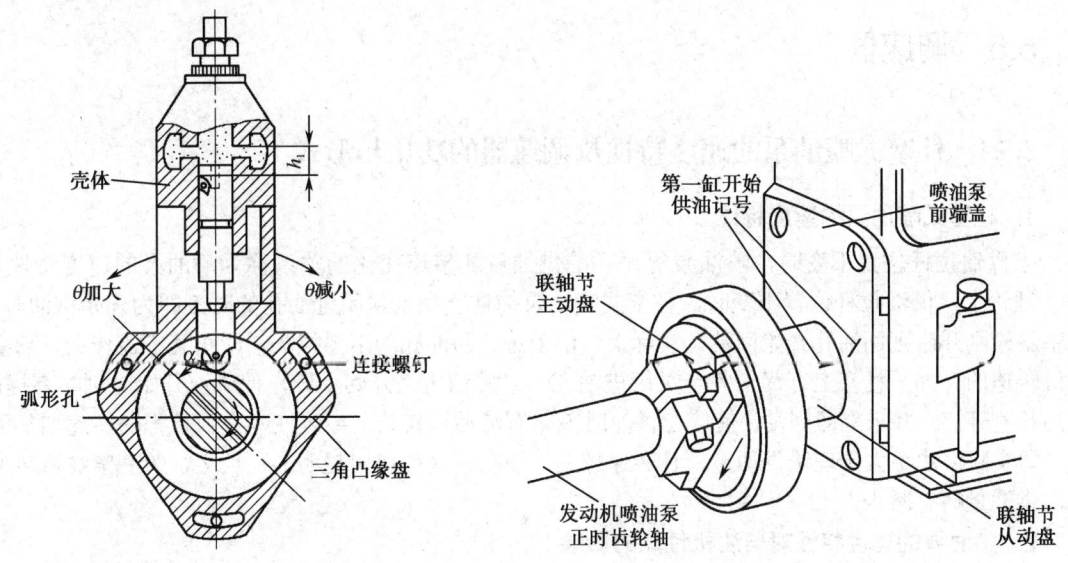

图 5.41　转动泵体调节喷油提前角　　　　图 5.42　转动泵轴调节喷油提前角

③ 升降泵体法。对于单缸柴油机，若改变喷油提前角，则应先松开油泵与柴油机安装螺母，取出喷油泵，再增减喷油泵与柴油机壳体间的喷油提前调整垫片的厚度（数量），即可调整其喷油时间。增加油泵与柴油机间的垫片数量，喷油时间延迟；反之，喷油时间提前。

4. 液压式喷油提前角调节器

VE 泵体的下部安装有液压式喷油提前角调节器，其结构如图 5.43 所示（下文所述部分结构未在图中标出）。在壳体内装有活塞，活塞左端与二级输油泵的入口相通，并有弹簧压在活塞上。活塞右端与喷油泵体内腔相通，其压力等于二级输油泵出口压力。当柴油机在某一转速下稳定运转时，活塞左、右两端压力相等，活塞处于平衡位置。若柴油机转速升高，二级输油泵出口压力增大，活塞右端的压力随之增加，推动活塞向左移动，并通过连接销和传动销带动滚轮架绕其轴线转动一定的角度，直至活塞两端的力重新达到平衡为止。滚轮架的转动方向与平面凸轮盘的旋转方向正好相反，使平面凸轮提前一定的角度与滚轮接触，喷油提前角增大。反之，若柴油机转速降低，作用于活塞右端的力减小,活塞向右移动,并带动滚轮架向着平面凸轮盘旋转的同一方向转过一定的角度,使喷油提前角减小。

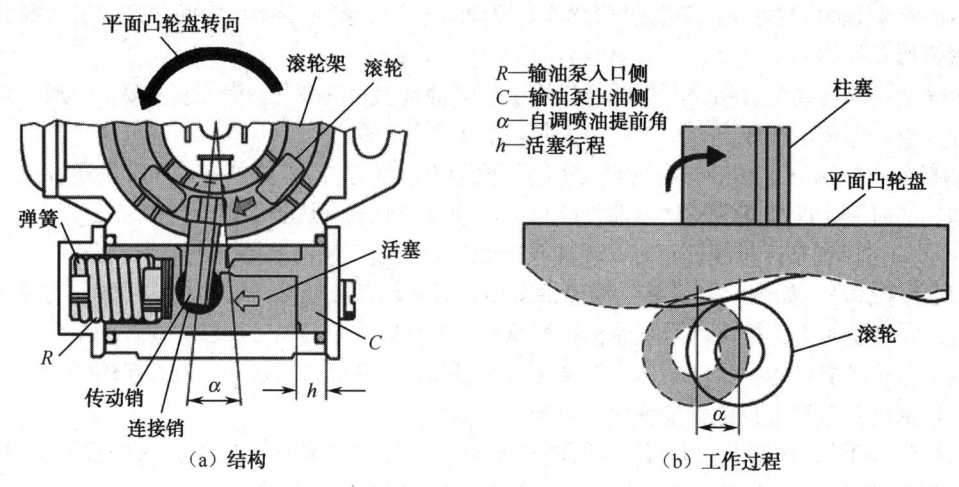

（a）结构　　　　　　　　　　　　（b）工作过程

图 5.43　VE 泵液压式喷油提前角调节器

5.5　调速器

5.5.1　柱塞式喷油泵的速度特性及调速器的功用与形式

1. 柱塞式喷油泵的速度特性

当供油拉杆位置不变时,喷油泵每循环的供油量随转速变化的关系称为喷油泵的速度特性。

理论上,供油拉杆位置不变时,柱塞式喷油泵的柱塞完全封闭进油孔的时刻即为开始供油时刻,柱塞斜槽刚开启则回油孔开始回油。实际上,由于进、回油孔的阻力损失,即小孔节流作用,随着柴油机转速的升高,柱塞上行尚未完全关闭进油孔,泵腔油压已开始上升,使供油开始时刻略有提前;回油孔刚开启,并未立即回油,使停止供油时刻略有滞后。其结果导致柱塞有效行程随转速增加而增大,即实际供油量大于理论供油量,且转速越高,柱塞的这种作用越明显;反之,随着柴油机转速降低,供油量略有减少。

2. 喷油泵的速度特性对柴油机性能的影响

（1）供油量的变化对空燃比的影响。柴油机的充气系数与转速变化的关系正好与喷油泵的供油特性相反,即转速越高,充气系数越小;反之,转速越低,充气系数越大。

若空燃比在高速时适宜,则低速时因进气量相对增多,燃料相对减少,导致混合气浓度过低;反之,若空燃比在低速时适宜,则在高速时,导致混合气浓度过高,对柴油机工作不利。

（2）柴油机负荷、转速、供油量的相互影响,以汽车柴油机为例来说明。若汽车柴油机在高速大负荷状态下运行,偶然事件使大负荷过渡到小负荷(汽车由上坡过渡到下坡)时,驾驶员没来得及减油,致使柴油机转速增加,转速增加又导致供油增加,进而又使转速增加,其结果有可能使转速失控出现"飞车"现象。

若汽车柴油机在低速小负荷状态下运行时,某一偶然事件(如路面阻力)致使负荷增加时,驾驶员没来得及加油,致使柴油机转速下降,转速下降又导致供油量减少,供油量减少又使转速下降,其结果有可能导致柴油机因供油过少,转速过低,功率不足而熄火。

若汽车柴油机在负荷变化频繁的工况下运行,由于供油量变化频率滞后于负荷变化,其结果导致转速波动，工作质量下降。为保持汽车匀速稳定行驶，驾驶员需要不停地加油、减油，致使劳动强度过大，易造成驾驶疲劳。更何况所有负荷的变化并非驾驶员能事先预知的，所以，仅靠人为地根据负荷变化，通过调节供油量使柴油机转速适应负荷变化是不可能实现的。

3．调速器的功用

综上所述，柴油机需要有一套随负荷变化自动调节供油量，使柴油机在规定转速范围内稳定运转的速度调节装置——调速器。

汽车柴油机调速器按工作原理不同，可分为机械式、气动式、液压式、机械气动复合式、机械液压复合式和电子式等多种形式；按作用转速范围，又可分为两速式、全速式和单速式等。部分调速器的特点如表 5.1 所示。

表 5.1 部分调速器的特点

分类方法	类别	特点和应用
按作用转速范围分	单速式调速器	用于转速不变的柴油机，如发电机组
	两速式调速器	稳定和限制柴油机最低和最高转速，中间转速则由驾驶员控制，用于汽车、船舶主机等
	全速式调速器	用于转速范围广的柴油机，如拖拉机、工程机械、重型汽车、机车和船舶等
	极限式调速器	限制最高转速，用于船舶主机等大、中功率柴油机，作为主调速器之外的保险装置
按工作原理分	机械式调速器	感应元件为飞球或飞块，直接推动执行机构，结构简单，工作可靠，广泛用于中、小功率柴油机
	气动式调速器	利用膜片感知进气管真空度的变化，推动执行机构，结构简单、尺寸小，低速时灵敏度较高，适用于小功率内燃机。由于进气管内装有节气门，功率略有下降
	液压式调速器	一般用飞块作为感应元件，推动控制活塞，操纵液压伺服器。感应零件小，通用性强，可用少数几种尺寸系列满足几十到几千千瓦柴油机配套要求。稳定性好，调节精度高（稳定速率可到零），便于实现自动控制，但结构复杂，工艺要求较高
	电子式调速器	把转速变化转换成电量变化，经放大后控制执行机构，可获得很高的调节精度，主要用于发电机组

5.5.2 机械离心式调速器的基本构造与工作原理

1．机械离心式调速器的基本结构

机械离心式调速器的基本结构如图 5.44 所示，包括离心力感知和执行控制两大部分。离心力感知部分主要由飞球或飞块、支承盘（推力盘）、滑动盘（或传动盘）组成，一些机型还设有离心力放大（齿轮增速）机构。执行控制部分主要由调速杠杆、供油拉杆、油门操纵杆（臂）、调速弹簧等组成。

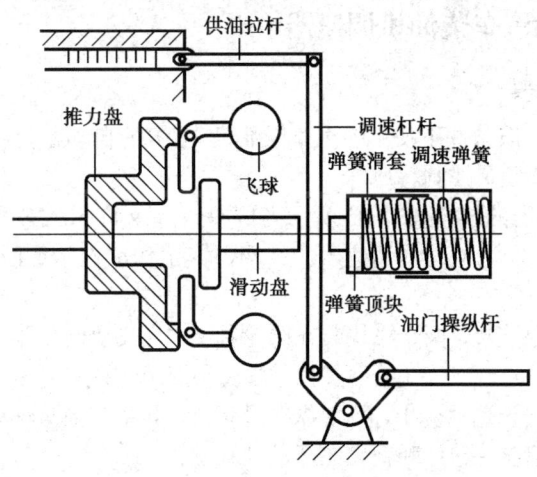

图 5.44 机械离心式调速器的基本结构

2. 工作原理及工作过程分析

（1）柴油机不工作时，阻力矩 M_Q、转矩 M_e、转速 n、飞球轴向推力 F_A 均为零，弹簧张力 F_B 将供油拉杆推至左边最大供油位置，即起动位置。

（2）柴油机起动后，转速 n 升高，滑动盘与推力盘间隙为零，飞球轴向推力 F_A 增大，推动调速杠杆、供油拉杆向减油方向移动，按给定油量的转速运行。

（3）阻力矩 M_Q 与转矩 M_e 相等，其转速 n 等于给定的油量转速，飞球轴向推力 F_A 与弹簧张力 F_B 平衡，供油量等于常数，柴油机稳定运转。

（4）阻力矩 M_Q 小于转矩 M_e，柴油机转速加快，飞球轴向推力 F_A 大于弹簧张力 F_B，压缩弹簧带动调速杠杆、供油拉杆右移，使供油量减小。由于供油量减小，柴油机转速 n 下降，即飞球轴向推力 F_A 下降，弹簧推动调速杠杆、供油拉杆向加油方向移动，至飞球轴向推力与弹簧张力重新平衡，柴油机在另一转速下稳定运转，实际转速比负荷变化前略有升高。阻力矩 M_Q 突然下降为零，柴油机转速急剧升高至最快转速。

（5）阻力矩 M_Q 大于转矩 M_e，柴油机转速 n 下降，飞球轴向推力 F_A 小于弹簧张力 F_B，弹簧伸长带动调速杠杆、供油拉杆左移，使供油量增加。柴油机转速升高即飞球轴向推力增大，压缩弹簧带动调速杠杆、供油拉杆向减油方向移动，至飞球轴向推力与弹簧张力重新平衡，柴油机在新的转速下稳定运转，此时的转速比负荷增大前略有下降。

3. 对机械离心式调速器分析的几点结论

（1）机械离心式调速是靠离心力感知元件感知离心力产生的轴向推力与弹簧张力抗衡的结果，因轴向推力与柴油机转速成正比，所以给定弹簧张力对应给定的起作用转速。

（2）对给定的弹簧张力 F_B（或转速 n_B），调速器在外界负荷由零至与弹簧张力对应负荷范围内起作用，柴油机在 n_0 与 n_B 之间一个不太大的范围内变化。此范围越小，转速越稳定，将 $\delta = \dfrac{n_0 - n_B}{n_B} \times 100\%$ 称为调速器的调速率。

式中　δ——调速器的调速率；

$\quad\quad n_0$——阻力矩为零时，柴油机的转速；

$\quad\quad n_B$——标定转速，取决于弹簧张力 F_B，F_B 可调。

对于汽车、拖拉机用柴油机，$\delta \leqslant 10\%$；对于发电机组用柴油机则 $\delta \leqslant 5\%$。

（3）为了提高调速器的可靠性、敏捷性和稳定性，调速器还有许多辅助装置或措施，如采用增速齿轮、变刚度弹簧、可变杠杆比等。

5.5.3　几种常用的汽车柴油机调速器

1. A型泵两速式调速器

两速式调速器适用于一般条件下使用的汽车柴油机。它只能自动稳定和限制柴油机最低和最高转速，而在中间范围内则由驾驶员控制转速。

（1）A型泵两速式调速器的结构。图 5.45 所示为日本五十铃 TD50A-D 型自卸车及解放 CA1091K3 型载货汽车柴油机所用 RAD 型两速式调速器的结构，其工作原理示意图如图 5.46 所示（下文所述部分结构未在图中标出）。

调速器用螺钉与喷油泵连接，两个飞块装在凸轮轴上，当飞块向外张开时，飞块臂上的滚轮推动滑套沿轴向方向向右移动。

导动杠杆的上端铰接于调速器壳上，下端靠在滑套上，其中部则与浮动杠杆铰接，浮动杠杆上部通过连杆与供油调节齿杆相连，起动弹簧装在浮动杠杆顶部。

浮动杠杆的下端有一销轴，插在支持杠杆下端凹槽内。控制杠杆（油门操纵杆）的一臂与支持杠杆相连，另一臂则由驾驶员通过加速踏板与杆系操纵。

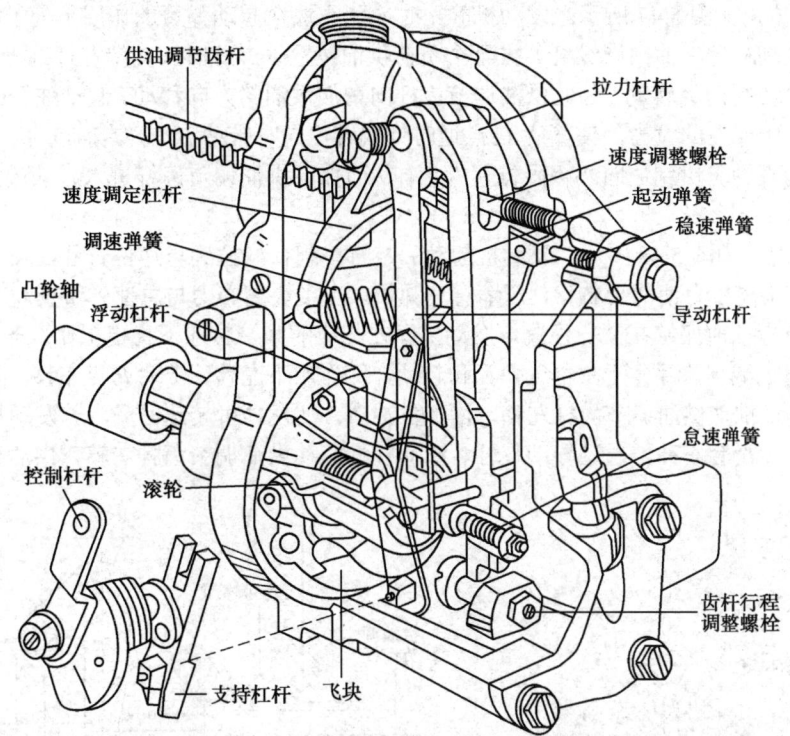

图 5.45 RAD 型两速式调速器的结构

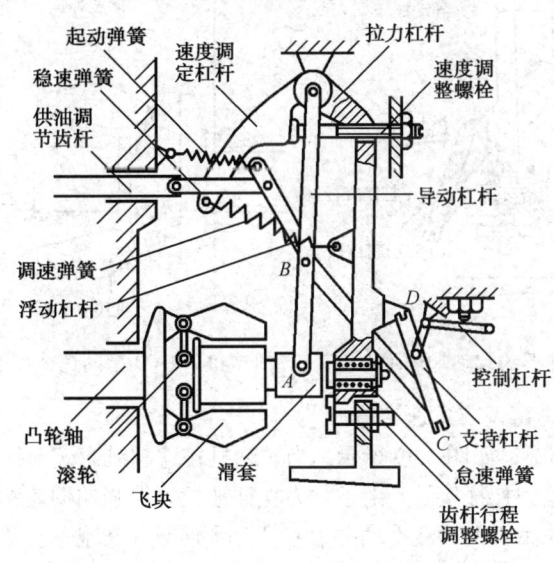

图 5.46 RAD 型两速式调速器的工作原理示意图

速度调定杠杆、拉力杠杆和导动杠杆的上端均支承于调速壳上的销轴上，用速度调整螺栓顶住速度调定杠杆，使装在拉力杠杆与速度调定杠杆之间的调速弹簧保持拉伸状态。因此在所有中间转速范围内，拉力杠杆始终紧靠在齿杆行程调整螺栓的头部。

在拉力杠杆的中下部位置上有一轴销，它插在支持杠杆上端的凹槽内。怠速弹簧装在拉力杠杆的下部，用于控制怠速。

（2）两速式调速器的工作原理。

① 起动加浓，如图 5.47 所示。发动机静止时，两飞块在起动弹簧的作用下处于向心极限位置。起动前，应将控制杠杆（油门操纵杆）推至全负荷供油位置 I。此时，支持杠杆绕 D 点逆时针转动，浮动杠杆也绕 B 点逆时针转动，因此供油调节齿杆向增加供油的方向移动。起动弹簧的作用就在于对浮动杠杆施加一个向左的拉力，使其绕 C 点逆时针偏转，同时带动 B 点（销轴）和 A 点（即滑套）进一步向左移动直到飞块到达向心极限位置为止，从而保证供油调节齿杆进入起动最大供油位置（即起动加浓位置）。

② 怠速工况，如图 5.48 所示。发动机起动后，将控制杠杆拉到怠速位置 II，发动机便进入怠速工况。此时，飞块离心力使滑套右移，压缩怠速弹簧，当飞块离心力与怠速弹簧及起动弹簧的合力平衡时，供油调节齿杆便保持在某一位置，发动机即在相应的某一转速下稳定工作。若此时转速降低，则飞块离心力随之减小，滑套便在怠速弹簧和起动弹簧作用下左移，带动 B 点左移，同时浮动杠杆绕 C 点逆时针转动，推动供油调节齿杆左移，增加供油量，使发动机转速回升。若发动机转速升高，则飞块离心力增加，滑套右移，通过导动杠杆、浮动杠杆驱动供油调节齿杆右移，供油量减小，发动机转速下降。

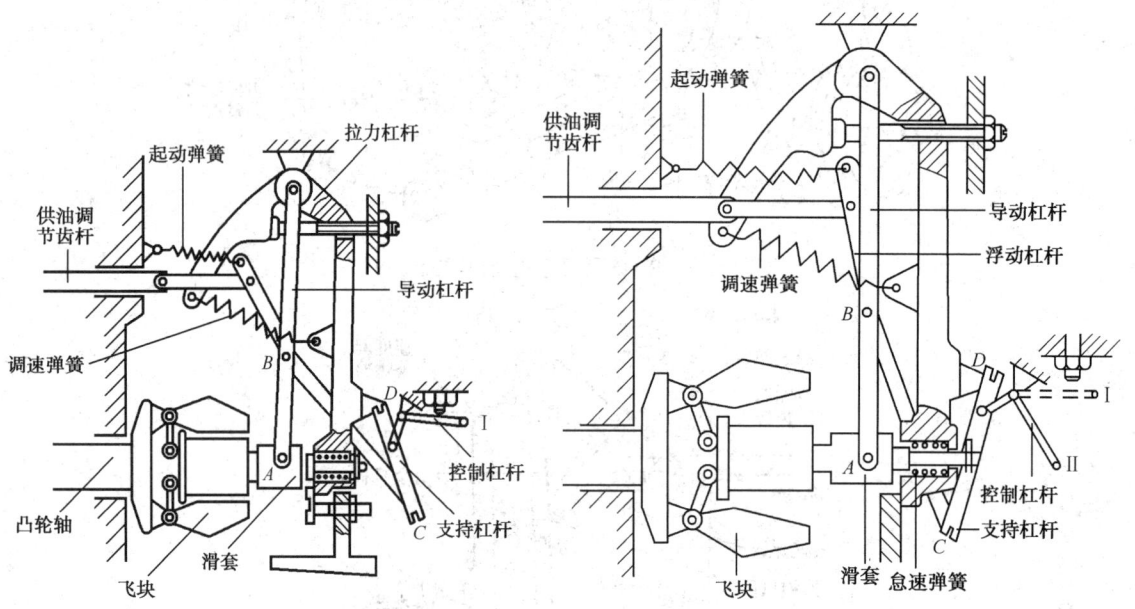

图 5.47　RAD 型两速式调速器的起动加浓示意图　　图 5.48　RAD 型两速式调速式器的怠速工况示意图

改变怠速弹簧的预紧力可调节怠速转速。

③ 正常工作的供油调节，如图 5.49 所示。当发动机转速超过怠速转速时，怠速弹簧完全被压入拉力杠杆内，滑套直接与拉力杠杆接触。由于拉力杠杆被拉力很强的调速弹簧拉住，在转速低于最大工作转速的条件下，飞块的离心力不能推动拉力杠杆，因而支点 B 也不会移动。只有在改变控制杠杆的位置时才可使供油调节齿杆向左或向右移动，从而增加或减少供油量。由此可见，在全部中间转速范围，即正常转速范围内，供油量的调节是由驾驶员控制的，调速器不起作用。

如将控制杠杆由怠速位置 II 位置推到部分负荷位置 III，则支持杠杆绕 D 点转动，同时浮动杠杆绕 C 点逆时针转动，使供油调节齿杆左移，从而增加供油量。

④ 限制超速，如图 5.50 所示。无论发动机在部分负荷还是在全负荷下工作，只要外界负荷变化引起发动机转速超过规定的最高转速时，飞块的离心力就能克服调速弹簧的拉力，推动滑套和拉力杠杆右移使支点 B 移到 B'，同时 D 移到 D'，C 移到 C'。结果供油调节齿杆向右移，供油量减小，从而保证了发动机转速不会超过规定的最大值。

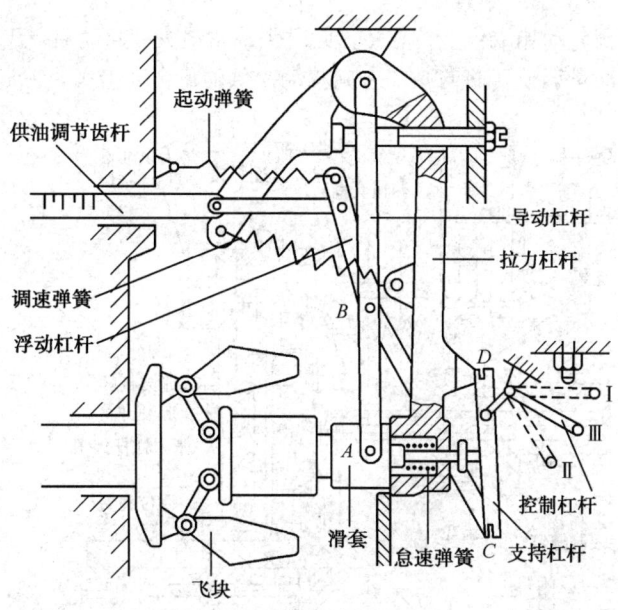

图 5.49　RAD 型两速式调速器正常工作的供油调节示意图

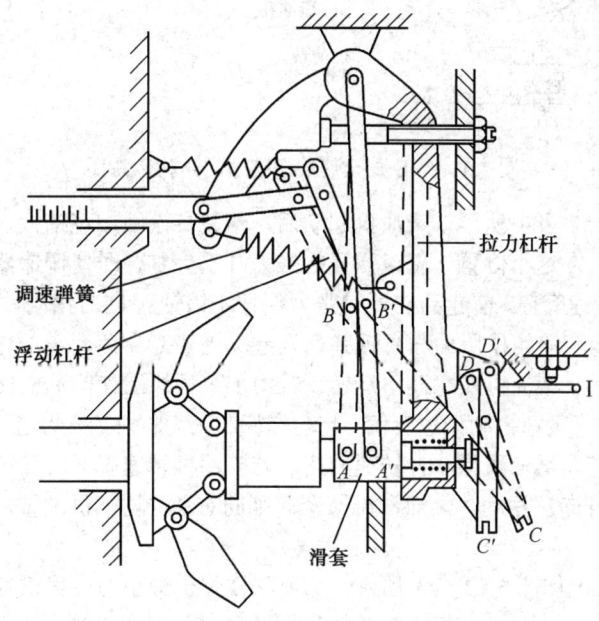

图 5.50　RAD 型两速式调速器限制超速的工作示意图

　　利用齿杆行程调整螺栓改变调速弹簧的预紧力即可调节发动机的最高转速,但此项调节须在油泵试验台上进行。

2. VE 泵全速式调速器

（1）VE 泵全速式调速器的结构如图 5.51 所示。其主要由传动齿轮、飞锤、调速套筒、调速杠杆系统和调速弹簧等组成。张力杠杆、起动杠杆和导杆通过销轴连接组成调速杠杆系统。

　　为了完善调速器的工作性能,有的 VE 泵全速式调速器上还设有增压补偿器和转矩校正装置等附加装置。

（2）VE 泵全速式调速器基本调速原理简述如下。

① 起动工况如图 5.52（a）所示。起动时驾驶员将加速踏板置于最大供油位置,调速杠杆系统将

供油量调节套筒向右拨到起动加浓供油位置 C，此时供油量最大。起动后，飞锤离心力克服起动弹簧张力，起动杠杆拨动供油量调节套筒向减油方向移动，供油量自动减少。

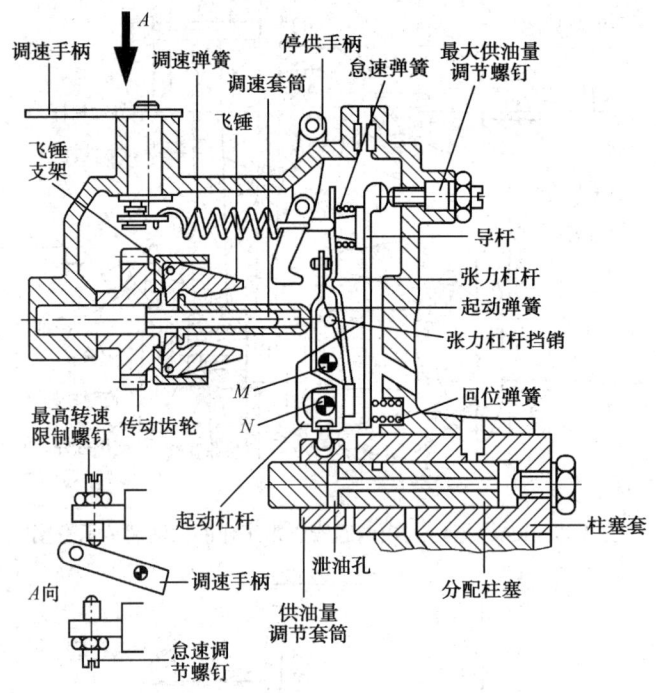

图 5.51　VE 泵全速式调整器的结构示意图

② 怠速工况如图 5.52（b）所示。柴油机起动后，驾驶员松回加速踏板，调速杠杆系统将调速手柄移至怠速调节螺钉上。在这个位置，调速弹簧的张力几乎为零，即使调速器传动轴的转速很低，飞锤也会向外张开，推动调速套筒，使起动杠杆和张力杠杆绕销轴 N 向右摆动，并使怠速弹簧受到压缩。这时，飞锤离心力对调速套筒的作用力与怠速弹簧及起动弹簧对调速套筒的作用力平衡，供油量调节套筒处于怠速供油位置 D，柴油机在怠速下运转。若由于某种原因使柴油机转速升高，则飞锤离心力增大，上述的平衡被打破，飞锤推动调速套筒、起动杠杆和张力杠杆进一步压缩怠速弹簧而向右摆动，供油量调节套筒则向左移，供油量减少，转速回落。若柴油机转速降低，飞锤离心力减小，怠速弹簧推动张力杠杆和起动杠杆向左摆动，供油量调节套筒则向右移，增加供油量，使转速回升，使柴油机在怠速下稳定运转。

③ 中速和最高速工况如图 5.52（c）所示。加速踏板位于最小与最大供油位置之间时，调速弹簧受到相应的拉力，此拉力通过张力杠杆、起动杠杆拨动供油量调节套筒，使供油量增加，柴油机即由怠速状态转入中速状态。柴油机转速升高，飞锤离心力增大，直至与调速弹簧的拉力达到新的平衡，供油量调节套筒稳定在某一中等供油量位置，柴油机在某一给定的中等转速下稳定运转。

驾驶员给定一个加速踏板位置，即有一个与之对应的拉力作用在调速弹簧上。加速踏板位于最大供油位置时调速弹簧所受拉力达到最大，供油量调节套筒也相应移至最大供油量位置，柴油机将在最高转速或标定转速下运转。

若柴油机因负荷变化而引起转速改变，飞锤离心力与调速弹簧拉力的平衡关系被破坏时，调速器即在特定的加速踏板位置上自动增减供油量，恢复离心力与张力的平衡，使柴油机转速稳定在一定的范围内。

柴油机负荷突然降至零，致使柴油机转速超过规定的最高转速时，飞锤向外张开并抵靠在飞锤支架内圆表面上，调速器将供油量调节套筒推至最小供油量位置，使供油量减至最小，避免柴油机发生超速飞车事故。

④ 最大供油量的调节必须在喷油泵试验台上进行。若拧入最大供油量调节螺钉，则导杆绕销轴 M（如图 5.51 所示）逆时针转动，销轴 N 也随之转动，并带动球头销向右拨动供油量调节套筒，这时最大供油量增加，如图 5.52（d）所示。反之，旋出最大供油量调节螺钉，则最大供油量减少。

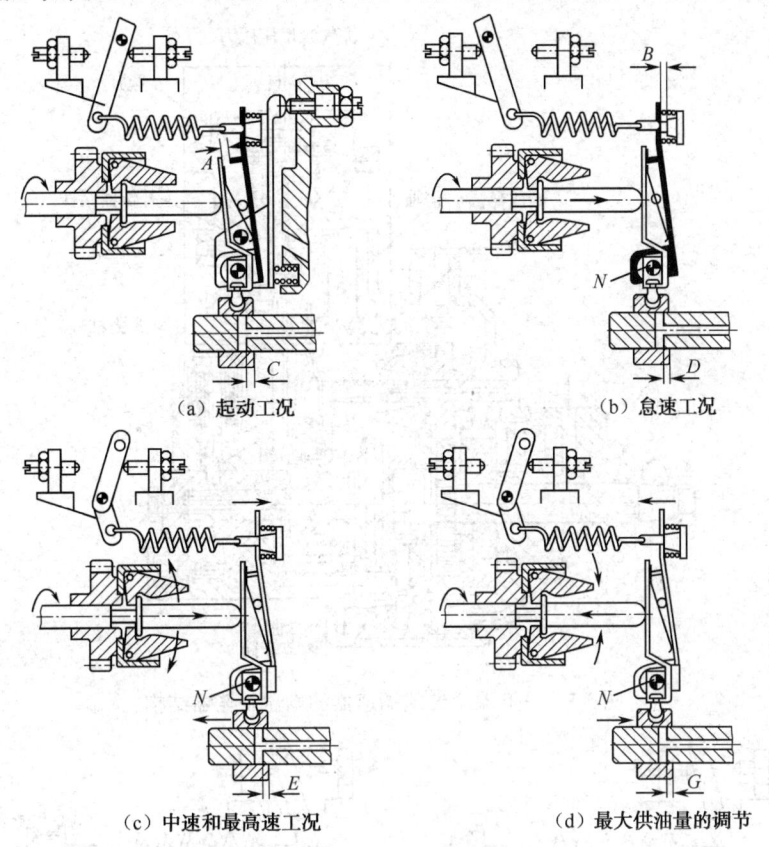

(a) 起动工况　　　　　　　　　(b) 急速工况

(c) 中速和最高速工况　　　　　(d) 最大供油量的调节

图 5.52　VE 泵全速式调速器工作示意图

（3）VE 泵全速式调速器的附加装置。

① 增压补偿器用于增压柴油机的分配式喷油泵，其结构如图 5.53 所示（下文所述部分结构未在图中标出）。在补偿器盖和补偿器壳体之间装有膜片，将补偿器分为上、下两个互不相通的空腔。上腔与进气管相通，其压力即为增压压力；下腔经通气孔与大气相通，膜片下方装有膜片弹簧。补偿器阀杆与膜片相连，并随膜片一起做往复运动。

当进气增压时，膜片带动补偿器阀杆向下运动，与阀杆锥体相接触的补偿杠杆绕其销轴沿顺时针方向转动，经张力杠杆带动供油量调节套筒向加油方向移动，加大供油量；反之，则减小供油量。

② 转矩校正装置。与 VE 泵配套使用的转矩校正装置如图 5.54 所示（下文所述部分结构未在图中标出）。

正转矩校正如图 5.54（a）所示，柴油机转速升高到校正转速时，随着转速继续升高，作用于起动杠杆的离心力的轴向分力对销轴 N 的力矩，超过校正弹簧预紧力对校正杠杆的支点即挡销的力矩；起动杠杆及销轴 S 开始绕销轴 N 向右摆动，校正杠杆绕挡销沿顺时针方向转动，其下端通过校正销压缩校正弹簧，起动杠杆拨动供油量调节套筒，使供油量减少，直至校正销大端靠在起动杠杆上为止，校正过程结束。反之，转速降低时，供油量增加。

负转矩校正如图 5.54（b）所示，其作用是防止柴油机低速时冒黑烟。在负转矩校正装置中，飞锤离心力的轴向分力直接作用于校正杠杆，使校正杠杆紧靠在张力杠杆的挡销上，校正销则靠在张力杠杆的停驻点上。当柴油机转速升高时，离心力的轴向分力增大。轴向分力对挡销的力矩大于校正弹簧对挡销的力矩时，校正杠杆则以挡销为支点沿逆时针方向转动，并通过销轴 S、起动杠杆、球头销拨动供油量调节套筒向加油方向移动，增加供油量；实现柴油机在低速范围内随转速增加而自动增加供油量的负转矩校正。校正杠杆靠在校正销大端上时，校正结束。

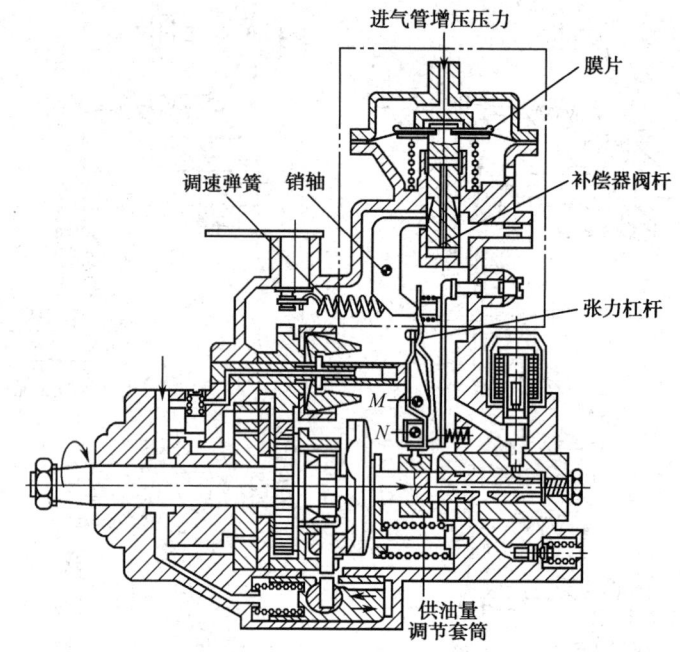

图 5.53 VE 泵全速式调速器的增压补偿器结构

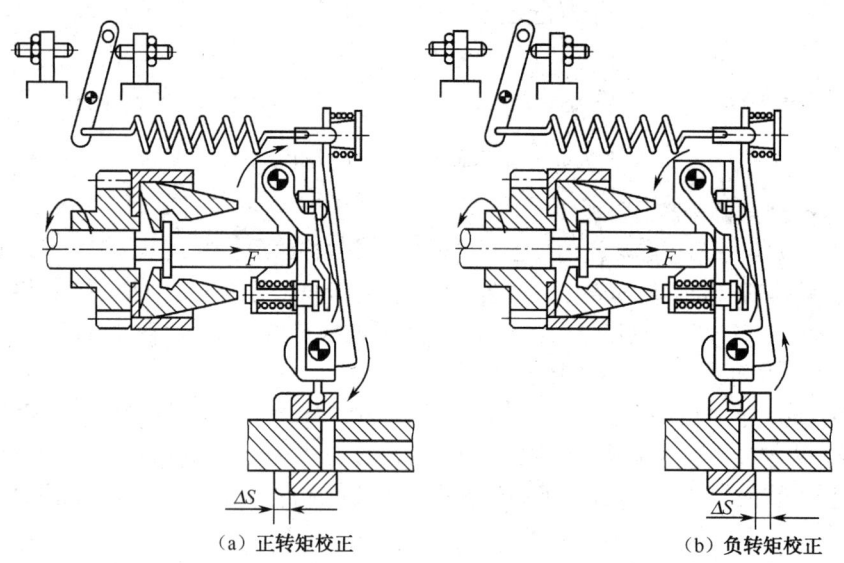

图 5.54 转矩校正装置

③ 大气压力补偿器，其功用是随着大气压力的降低自动减少供油量，以防止柴油机排黑烟，其工作原理如图 5.55 所示。感知盒推杆下端与连接销的接触处是一段上大下小的锥体。当大气压力降低时，大气压力感知盒向外膨胀，感知盒推杆向下移动。由于感知盒锥体的作用，使连接销向左移动，推动控制臂绕销轴 S 沿逆时针方向转动，通过推动张力杠杆、起动杠杆拨动供油量调节套筒向左移动，减少供油量。

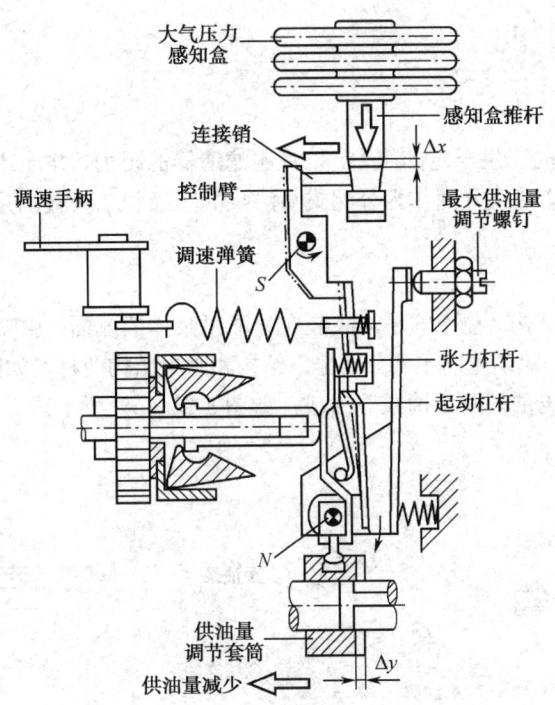

图 5.55 大气压力补偿器的工作原理

5.6 柴油机燃料供给系统的辅助装置

5.6.1 柴油滤清器

为保持柴油的清洁，在柴油机燃料供给系统的低压油路中装有粗、细两个滤清器。纸质滤芯柴油滤清器的结构如图 5.56 所示。输油泵输送的柴油从进油口进入滤清器壳体内与纸质滤芯之间的缝隙，过滤后由中心杆经出油口流出。在滤清器盖上设限压阀，当油压超过 0.1MPa～0.15MPa 时，限压阀开启，多余的柴油自旁通孔直接流回油箱。

在较重型的汽车柴油机上，设置粗、细两级滤清器。当两级滤清器串联使用时，粗滤器采用毛毡等纤维滤芯，细滤器仍用纸质滤芯。毛毡滤芯可滤去粒度为 5～10μm 的杂质。毛毡具有一定的机械强度和弹性，堵塞以后可清洗再用。

5.6.2 油水分离器

为了除去柴油中的水分，在有些柴油机的油箱和输油泵之间装设了油水分离器。油水分离器由手压膜片泵、液面传感器、浮子、分离器壳体和分离器盖等组成，如图 5.57

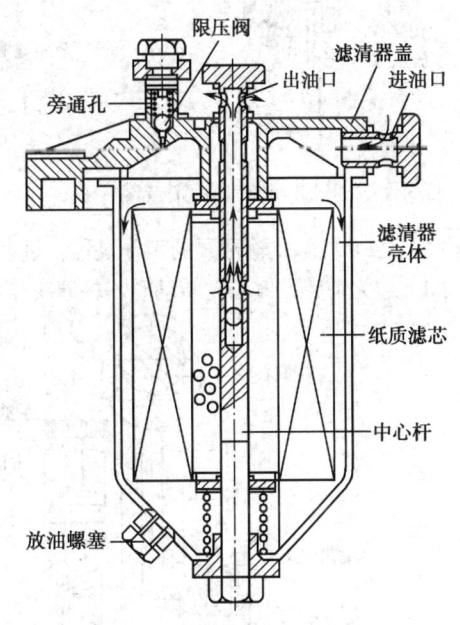

图 5.56　纸质滤芯柴油滤清器的结构

所示。来自油箱的柴油经进油口进入油水分离器，并经出油口流出。柴油中的水分在油水分离器内从柴油中分离出来并沉积在底部。浮子随着积水的增多而上浮。当浮子到达规定的放水水位时，液面传感器将电路接通，仪表板上的报警灯发出放水信号，这时驾驶员应及时旋松放水塞放水。手压膜片泵供放水和排气时使用。

5.6.3 输油泵

输油泵的功用是使柴油产生一定的压力，以克服滤清器的阻力，并连续不断地向喷油泵输送足量的柴油。膜片式和叶片式输油泵分别作为分配式喷油泵的一级和二级输油泵，柱塞式输油泵与柱塞式喷油泵配套使用。

1. 柱塞式输油泵

（1）柱塞式输油泵的结构。柱塞式输油泵装在喷油泵泵体的侧面，由喷油泵凸轮轴上的偏心轮驱动，根据柴油在输油泵中的流动方向不同分为上下结构和水平结构两种，如图5.58（a）、图5.58（b）所示。其由柱塞、推杆、出油阀及手油泵等组成，如图5.58（c）所示。

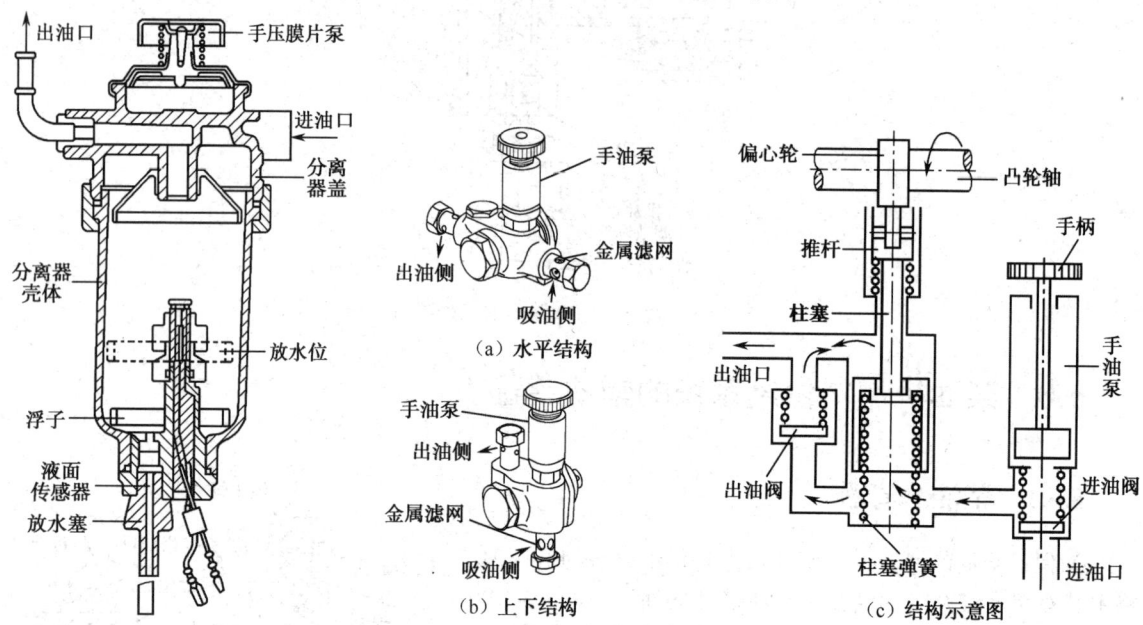

图 5.57　油水分离器结构示意图　　　　　　图 5.58　柱塞式输油泵外形及结构示意图

（2）柱塞式输油泵的工作过程。柱塞将泵体内腔分为前后两腔，靠推杆的一边为后腔，靠柱塞弹簧的一边为前腔。偏心轮转动时，柱塞在推杆及柱塞弹簧作用下做往复运动，其工作过程如图5.59所示。

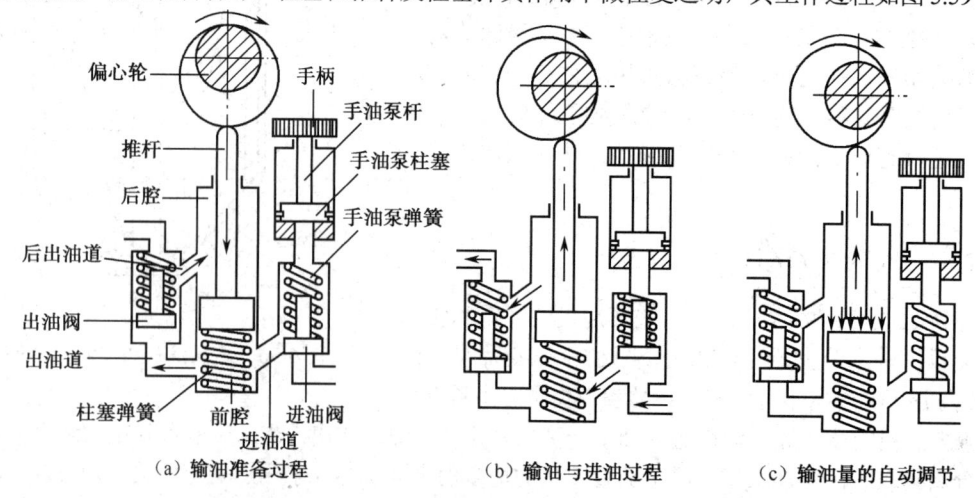

图 5.59　柱塞式输油泵工作过程

① 输油准备过程。当偏心轮转动，凸起部分推动推杆，克服柱塞弹簧弹力使柱塞前移，前腔容积减小，油压增加，将进油阀关闭，出油阀开启，前腔的柴油经出油阀进入后腔，如图 5.59（a）所示。

② 输油与进油过程。偏心轮凸起部分转过推杆端部，柱塞在柱塞弹簧作用下后移，后腔容积减小，油压升高，出油阀关闭，具有一定压力的柴油经出油道流向滤清器。此时，前腔容积增大，进油阀打开，柴油经进油阀进入前腔，完成输油和进油两个过程，如图 5.59（b）所示。

③ 输油量的自动调节，如图 5.59（c）所示。由输油泵的泵油过程可知，输油量的大小取决于柱塞行程，而柱塞行程则与柱塞弹簧弹力和后腔的油压有关。当喷油泵需油量减小或滤清器堵塞时，后腔油压升高，柱塞弹簧仅能将柱塞推到油压平衡的位置，此时柱塞和推杆分离。柱塞行程减小，输油量也减小；反之，柴油机满负荷工作时，要求输油量增大，柱塞弹簧将柱塞推到最大行程位置，则输油量最大，起到自动调节输油量的作用。

④ 手油泵泵油。当低压油路中存有空气时，可用手油泵泵油，排除低压油路中的空气。手油泵不用时，应将其手柄扭紧，防止漏气。

在柴油机燃料供给系统的滤清器或低压油腔的回油路上设有限压阀，以控制喷油泵低压油腔的油压。当喷油泵低压油腔的压力超过规定值时，压力又克服限压阀的弹簧弹力推开阀门使柴油流回油箱。

2. 叶片式输油泵

装 VE 泵的柴油机燃料供给系统每次进油时间短，进油的节流阻力大，为了保证喷油泵进油充分，VE 泵配有两级输油泵，即一级膜片式输油泵和二级叶片式输油泵。叶片式输油泵装在喷油泵进油端，起到接力加压的作用，其结构如图 5.60 所示。它主要由叶片、叶片转子和偏心环等组成。叶片转子和输油泵体之间形成弯月形工作腔，并被 4 个叶片转子分隔成 4 个油腔。叶片转子转动时，使叶片转子和偏心环之间的 4 个油腔的容积不断地由小变大或由大变小，从而进行吸油和泵油操作，泵出的油进入低压油腔。叶片式输油泵出口油压随其转速提高而增大，出口装有限压阀，以保持输出油压稳定。

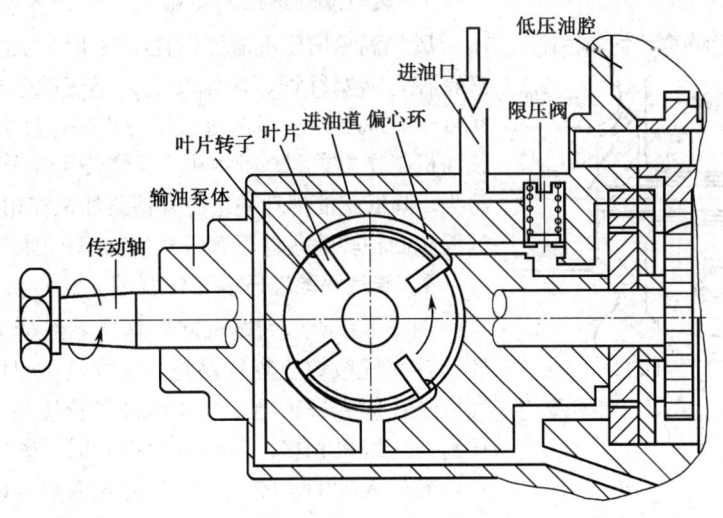

图 5.60　叶片式输油泵结构

5.6.4　柴油机的低温起动辅助装置

柴油机压缩比大，起动阻力矩大；并且柴油机是靠压缩使混合气自燃的，低温起动时，着火困难。为改善柴油机的低温起动性能，在柴油机上大多装有便于起动的辅助装置，如图 5.61 所示。

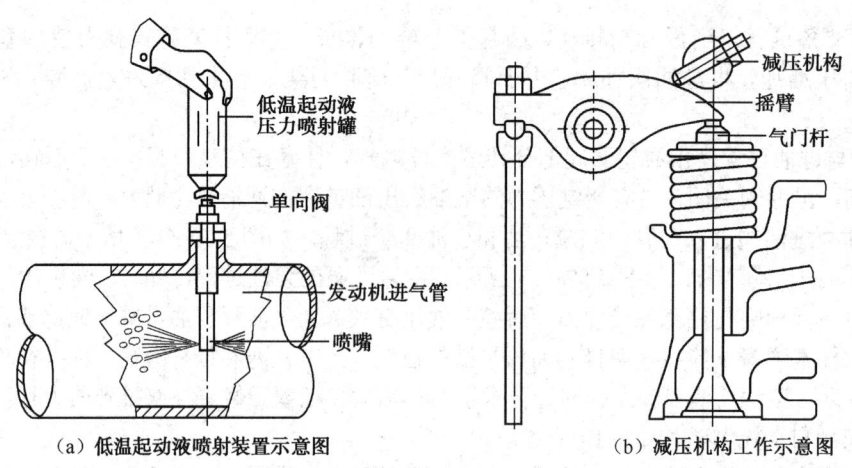

(a) 低温起动液喷射装置示意图   (b) 减压机构工作示意图

图 5.61 柴油机的低温起动辅助装置

（1）改善燃料着火条件。结构措施：一是在燃烧室装有电加热塞，低温起动时，先接通电加热塞电路使燃烧室壁温度升高。二是在进气管装有火焰加热器，起动时，先接通火焰加热器电路、油路，形成火焰加热进气气流，这样，在柴油机低温起动时，汽缸内压缩结束时的气体温度足以使柴油自行着火燃烧，改善了低温起动性能。起动后，关闭电加热塞或火焰加热器。三是在柴油机进气管设有低温起动液喷射装置，低温起动时，用手动或电动方式将一些自燃点低的易燃液体（乙醚、丙烷、丁烷混合液）随空气一起喷入进气管，在较低的起动转速、较低的压缩结束温度下也能使其发火引燃柴油。

（2）降低起动阻力矩。其主要措施是在柴油机上安装减压机构。

5.6.5　废气涡轮增压

增大柴油机进气压力可增大充气量，是增大柴油机动力的主要途径。目前，国内外广泛采用的是废气涡轮增压系统。

1. 废气涡轮增压的特点

废气涡轮增压不需要消耗柴油机动力；在柴油机结构（汽缸直径、活塞行程、曲轴转速）不变的条件下，可提高功率30%～100%甚至更多；进气压力提高，燃烧压力也相应提高，柴油机工作更柔和，噪声更小；燃烧更充分，从而降低了尾气污染，降低燃油消耗率；而且使柴油机在相同汽缸直径、活塞行程和曲轴转速条件下有较宽的功率范围。

2. 废气涡轮增压的工作原理

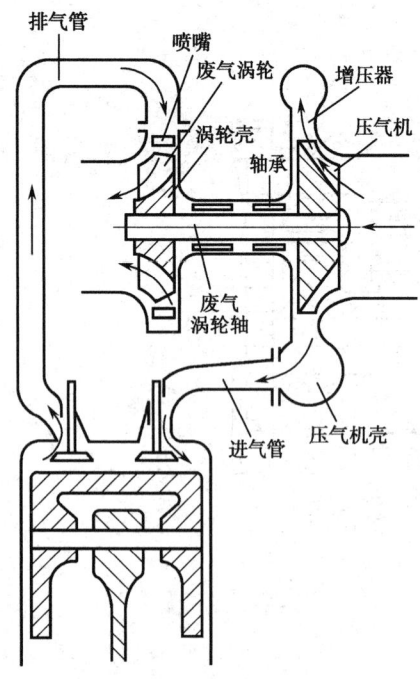

图 5.62　废气涡轮增压系统的工作原理简图

图 5.62 所示为废气涡轮增压系统的工作原理简图。废气涡轮增压系统由废气涡轮、压气机等组成，废气涡轮与压气机装在同一根轴上。柴油机排气管接到涡轮壳上，而进气管则与压气机相接。当排气门打开时，废气经过排气管流进涡轮壳进入喷嘴，按一定的角度喷入废气涡轮，使其高速旋转。废气的压力、温度越高，废气涡轮转速越快。通过废气涡轮的废气，其温度、压力明显降低，最后经消声器（图中未标出）、排气管排入大气。

废气驱动废气涡轮旋转时，压气机叶轮（图中未标出）随废气涡轮轴以同一转速旋转，在叶轮中心形成低压空间，经过空气滤清器过滤的新鲜空气被吸入压气机叶轮中心。离心力作用使空气由叶轮中心沿叶片组成的叶槽甩向叶轮外缘，压向集气管（图中未标出），进一步降速、增压、稳流。进气门打开时，具有较高压力的空气进入汽缸内。这样，在进气冲程中，使进气量增大，就可以在压缩冲程结束时多喷入柴油，以增加每循环的指示功。

3. 使用注意事项

废气涡轮增压系统在高温、高速状态下工作，废气涡轮轴采用浮式润滑，因此应特别注意以下几点。

（1）润滑油须采用"增压柴机油"或Ⅲ系列柴油机机油。

（2）为保证高速下全浮轴承的润滑，起动后应怠速运转几分钟，使润滑油增压升温，以免缺油卡滞等。

（3）带废气涡轮增压系统的柴油机，其空气滤清器维护周期比非增压式柴油机要短。

5.6.6 柴油机的排气净化

柴油机平均过量空气系数大，燃烧比较完全，CO、碳氢化合物、氮氧化合物的排出量较汽油机少。但柴油机中碳烟的排放量却比汽油机大得多。柴油机排气净化即是降低氮氧化合物、碳氢化合物和碳烟的排放。其主要措施有以下几点。

（1）合理的燃烧室结构。

（2）采用增压中冷技术。废气涡轮增压可使过量空气系数提高，进气温度上升，CO、碳氢化合物及碳烟的排放量降低，但也会使氮氧化合物的排放量增加。增压中冷技术是将用于涡轮增压的新鲜空气经中段冷却器冷却后，再送入汽缸燃烧室。这样既可降低尾气排放浓度，又可提高柴油经济性。

（3）采用微粒过滤器。微粒是柴油机排放的突出问题。对微粒的处理，主要是采用微粒过滤器，如图5.63所示。微粒过滤器的滤芯由多孔陶瓷制造，有较高的过滤效率。排放的气体穿过多孔陶瓷滤芯进入排气管，而微粒则滞留在滤芯上。微粒过滤器工作一段时间后，应及时清除存积在滤芯上的微粒，以恢复微粒过滤器的工作能力和减小排气阻力。为此，在微粒过滤器入口处设置一个燃烧器，通过喷油器向燃烧器内喷入少量柴油，并供入二次空气，利用电加热塞点燃滞留在滤芯上的微粒使其燃烧。

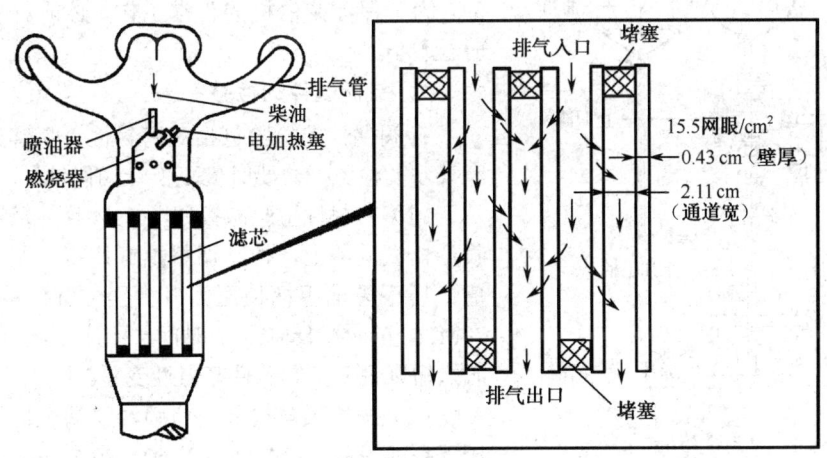

图 5.63　微粒过滤器

（4）其他措施。适当减小喷油提前角使燃烧延迟，降低燃烧期的最高温度，减少氮氧化合物的排放。统一式燃烧室大都采用这一措施以降低氮氧化合物的排放。

5.7 柴油机燃料供给系统的维修

5.7.1 柴油机燃料供给系统的维护

1. 柴油的净化

柴油的净化是正确使用柴油机的基础。其主要措施有：加注前充分沉淀，以分离水分和机械杂质；加注时严格过滤；定期检查清洗柴油滤清器，柴油滤清器滤芯若有破损应及时更换。

2. 低压油路的维护

柴油机低压油路漏油、进气，将使柴油机供油不足，甚至中断供油，继而难以起动，运转不稳，功率下降或停油熄火。管路一旦进气、供油中断，应及时检修。

3. 喷油泵的维护

喷油泵的维护主要是外部清洁、定期检查、补充喷油泵润滑油；检查、校紧喷油泵与柴油机的固定及主、从动联轴器的连接螺栓；根据需要检查、校验喷油正时及喷油器的雾化质量。维护时，不要随意调整喷油泵后盖加铅封的调整螺钉，以免造成喷油泵损坏等事故。

4. 柴油滤清器的维护

对于可重复使用的柴油滤清器，应按使用说明书要求定期清洗，汽车长期在尘土飞扬的工作环境中运行时，应适当缩短柴油滤清器的维护周期。

清洗柴油滤清器时，先旋开柴油滤清器下端的排污螺钉，放出污垢，取出滤芯，用煤油或轻柴油彻底清洗，并仔细检查滤芯是否有破损，若有破损，应予以更换。清洗后再用压缩空气从滤芯内腔往外将滤芯吹净。清洗外部后，按技术要求予以恢复。

5.7.2 喷油器的检修

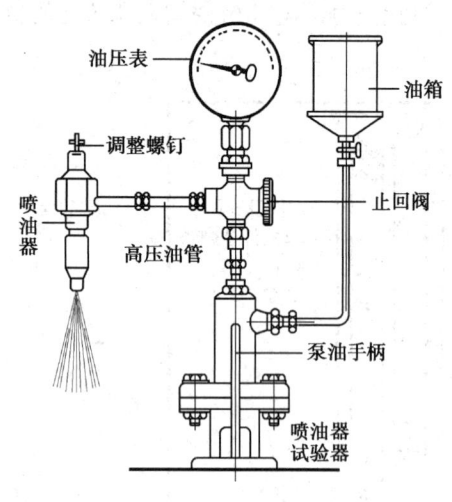

图 5.64 密封性检验

在工作过程中，针阀偶件磨损、针阀卡死、喷油孔堵塞、调压弹簧失效等损伤，都会影响喷油器的正常喷油。为了保证柴油机的正常工作，必须对喷油器进行及时检修。

1. 针阀偶件的检验

针阀偶件的检验包括对密封性、喷雾质量、滑动性和外观的检验，必要时应更换针阀偶件。

（1）密封性检验。按如图 5.64 所示将喷油器安装到喷油器试验器上，拧动调整螺钉使喷油压力略高于标准值。压下泵油手柄使压力升高至 20MPa，测量油压从 20MPa 下降到 18MPa 的时间（不应小于 9～12s）。若用时过短则说明针阀偶件密封性变差。

（2）喷雾质量检验。将喷油器调至标准喷油压力，压下泵油手柄，使喷油器以 60～70 次/min 的速度喷油。油雾应细碎均匀，无油滴飞溅；喷油响声应清脆、强劲有力，断油应迅速干脆，无后滴，雾锥形状及喷注应符合要求，如图 5.65 所示。

（3）外观检验。将针阀偶件洗净、擦干，然后仔细检查：密封锥面不得有烧蚀、变形和积炭，针阀及针阀体不得有锈迹、划痕、裂纹，喷孔不得有烧蚀或被积炭堵塞现象，如图 5.66 所示。

（4）滑动性试验。将针阀偶件洗净后倾斜 45°放置，把针阀从针阀体中抽出 1/3 左右，松手后针阀应能在重力作用下缓缓滑入针阀体内，下滑期间无任何卡滞现象，如图 5.67 所示。

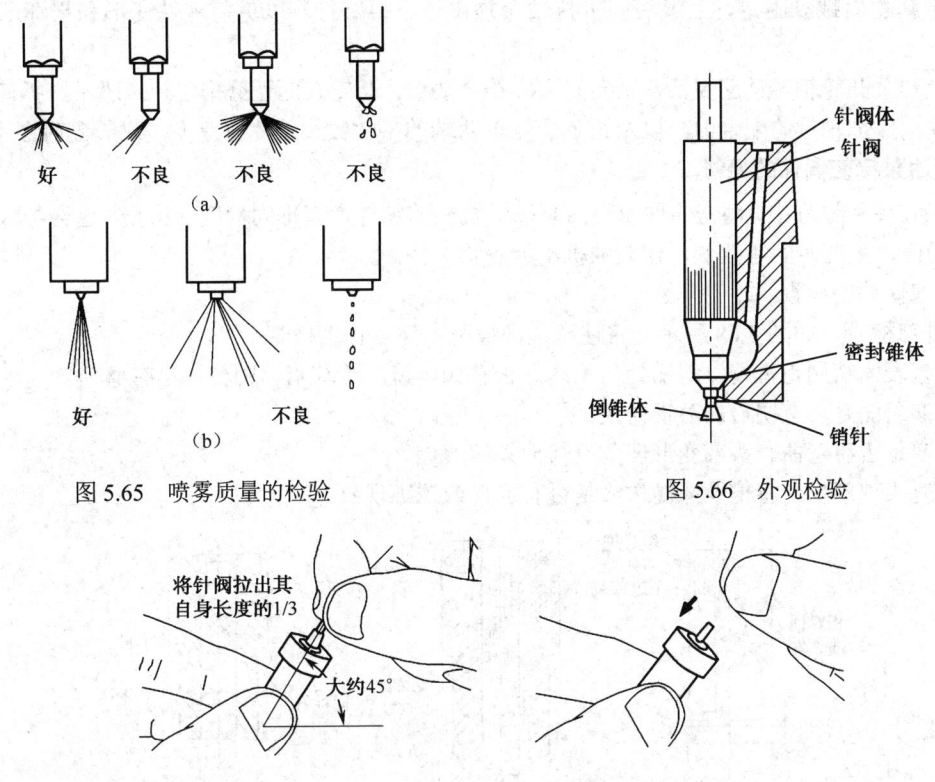

图 5.65　喷雾质量的检验

图 5.66　外观检验

图 5.67　滑动性试验

2. 针阀偶件的修复

针阀偶件有卡滞现象或密封锥面密封不严时，可配对研磨修复；针阀体上端面出现锈蚀或划痕时，可在平面玻璃板上涂上研磨膏研磨；喷油孔堵塞时，先将针阀偶件浸透，然后用细铜丝等软质材料制成的专用工具进行清除；导向圆柱面磨损使针阀偶件密封性明显下降或针阀与针阀体出现裂纹及其他严重损伤时，均应更换针阀偶件。

3. 喷油器其他零件的检修

若喷油器破裂，调压弹簧弹力明显下降、变形或折断，顶杆发生弯曲变形等，均应更换新件。喷油器修复后，应在喷油器试验器上进行试验，检验其密封性，调整喷油压力，最后检验喷雾质量。

5.7.3　喷油泵和调速器的检修

1. 喷油泵的拆卸

以 Ⅱ 号泵为例，拆卸喷油泵时应注意以下事项。

（1）拆卸喷油泵之前，用柴油彻底清洗外部。

（2）尽量使用专用工具。

（3）拆卸上泵体时，因柱塞下部没有托板，为防止柱塞掉落，引起碰毛或错乱，应先将泵体水平放置，然后将上泵体轻轻卸下。注意保护上、下泵体结合面，不得碰毛。

（4）零件拆下后，按顺序放置。尤其是柱塞副和出油阀副，更应该非常仔细，要成对放置，避免磕碰，绝对不允许互换。

（5）对有装配位置要求的零件，如齿条、调整螺钉等零件，应做标记标明原来装配位置，以防止装配时装错。

（6）拆卸调速器驱动轴套时，先将固紧螺母拧下，然后用专用工具将驱动轴套顶出。专用工具利用驱动轴套的内螺纹固定，上紧后即可将轴套顶出。不得敲打，以免使零件变形和损坏凸轮轴的配合面。

（7）喷油泵凸轮轴转动应灵活，轴向间隙应符合要求，凸轮表面无磨损时，一般不必拆卸。如要拆卸，应注意保护轴承的配合面，以及记下凸轮轴两端的垫片数和垫片总厚度，供装配时参考。

2．喷油泵精密偶件的检修

喷油泵在使用过程中，精密偶件及喷油泵操纵机构的零件均有不同程度的磨损。这会导致各缸喷油量、均匀度、喷油时间等改变，使柴油机不能正常工作。

1）柱塞偶件的检查

（1）外部检查，如图5.68所示，将柱塞洗净擦干，然后仔细检查：

① 柱塞表面特别是直槽、斜槽处的色泽是否亮如明镜，若灰暗，则柱塞已有磨损。

② 柱塞表面是否有明显的磨损伤痕。

③ 柱塞是否有弯曲、头部变形现象或其他划擦痕迹。

④ 柱塞头部斜槽、直槽及环槽边缘是否有剥落或锈蚀现象。

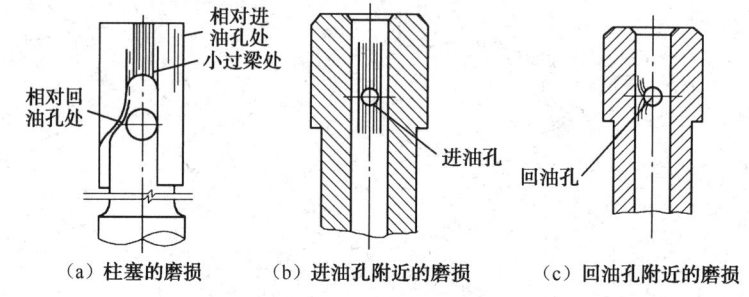

图5.68　柱塞偶件的外部检查

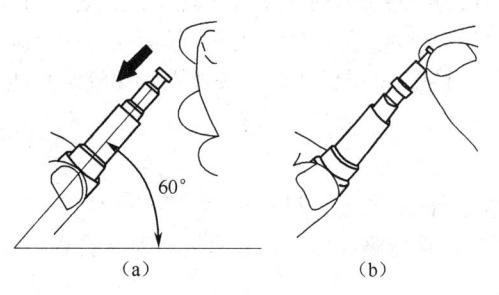

图5.69　柱塞偶件的性能检查

任一外观指标不合格均应更换柱塞偶件。

（2）性能检查。

① 滑动性能试验。将洗净浸润柴油的柱塞偶件与水平线呈60°交角握在手中，从多个方向将柱塞抽出约2/3，松手后柱塞应能徐徐滑落到底；多次试验均能平稳滑落，则滑动性能良好，如图5.69（a）所示。

② 柱塞与柱塞套的密封性能试验。

a．简易试验法。将洗净浸润柴油的柱塞偶件拿在手中，用手指轻抵住柱塞套上端孔和进油孔，来回抽压柱塞，抽拉时应有明显的吸力感，放松时，柱塞应能自动缩回原位，如图5.69（b）所示。

b．台架试验法。取出喷油泵的出油阀阀芯，保留阀座，装好出油阀螺母，连接试验台管路并排除管路内空气，使供油拉杆固定在柱塞的最大供油位置，转动凸轮轴，使被试验柱塞上升到供油行程中间位置，用手油泵泵油，至压力表指示油压超过19.6MPa时停止泵油，记录油压从19.6MPa降至9.8MPa的时间，正常应为10～17s。在满足起动油量需要的条件下，压力下降时间限值可降至规定最小值的25%，但此时各偶件密封性误差将可能大于1.5%，台架试验装置如图5.70所示。

经检验不合格的柱塞偶件，应成套更换。

2）出油阀的检查

（1）外部检查，如图5.71所示。将柱塞洗净擦干，然后仔细检查：

① 出油阀的减压环带有无严重磨损痕迹。

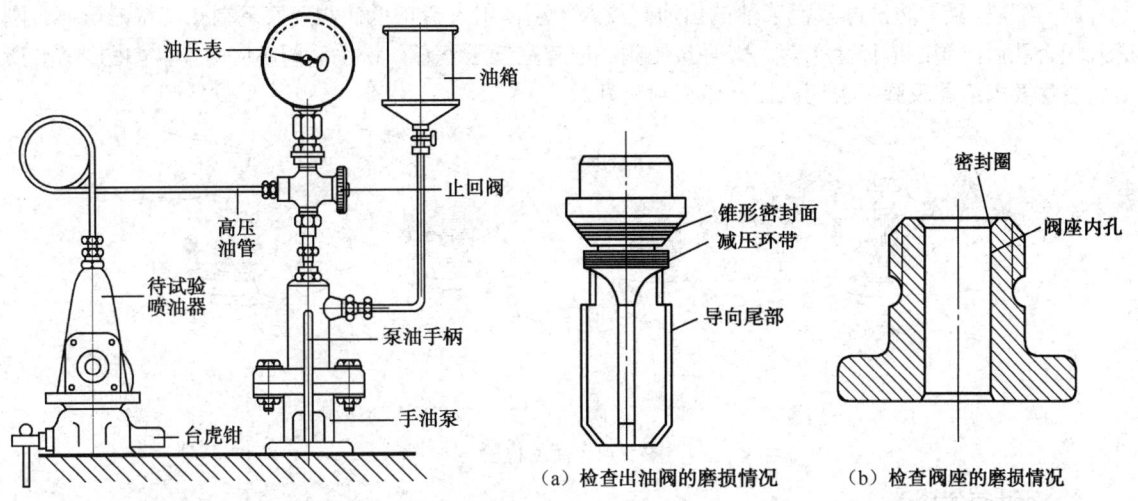

图 5.70　台架试验装置　　　　　　　　　　　图 5.71　出油阀偶件的外部检查

（a）检查出油阀的磨损情况　　（b）检查阀座的磨损情况

② 锥形面磨损是否过多，有无金属剥落或划痕。

③ 出油阀体有无裂痕或阀座的端面、锥形面上有无裂痕。

④ 出油阀及其阀座的锥面是否锈蚀。

质量要求：任一外观指标不合格均应更换。

（2）性能检查。

① 滑动性能检查，如图 5.72 所示。将洗净浸润柴油的出油阀偶件与水平成 60°放置，将阀芯从阀座中抽出配合长度的 1/3，转到任一位置，松手让其自行滑动。质量要求：多次试验均自行滑入阀座，无卡滞。

② 出油阀偶件的密封试验，如图 5.73 所示。

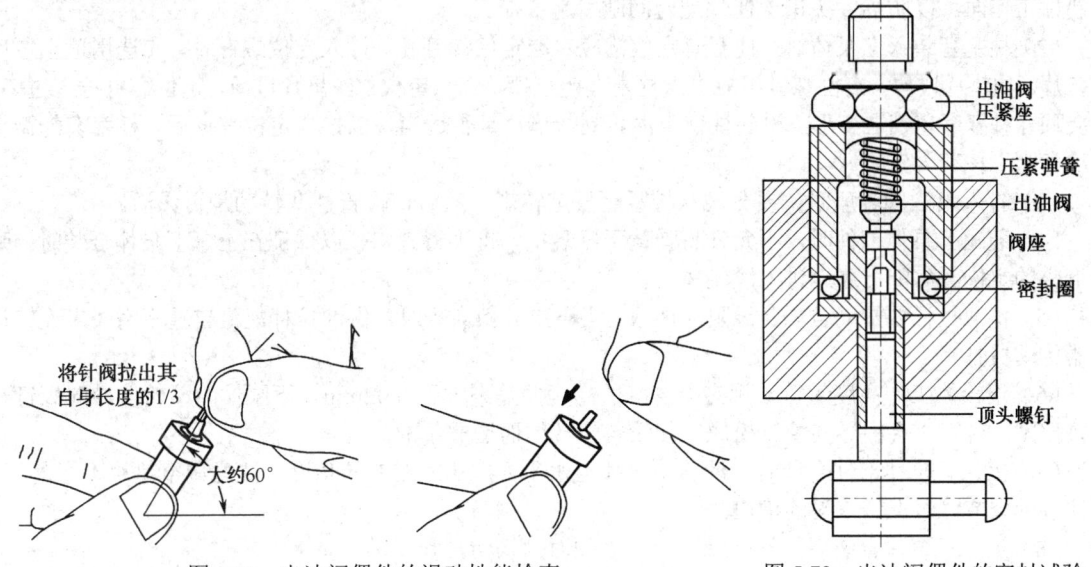

图 5.72　出油阀偶件的滑动性能检查　　　　　图 5.73　出油阀偶件的密封试验

a．检查锥形密封面。旋松顶头螺钉，使出油阀完全落于阀座，检查油压表油压的下降情况。质量要求：由 24.5MPa 降至 19.6MPa 的时间不小于 60s。

b．检查减压环带。旋进顶头螺钉，顶起出油阀 0.3～0.5mm 左右，检查油压的下降情况。质量要求：由 24.5MPa 降至 9.8MPa 的时间不小于 2s。

c．简易检验。将洗净浸润柴油的出油阀放入阀座，用大拇指抵住阀座底下端孔，待减压环带刚进入配合孔后，阀芯应停止下落。轻轻按压阀芯应有空气压缩感，松手后阀芯应回弹，如图 5.74 所示。质量要求：能反弹，说明减压环带密封良好。

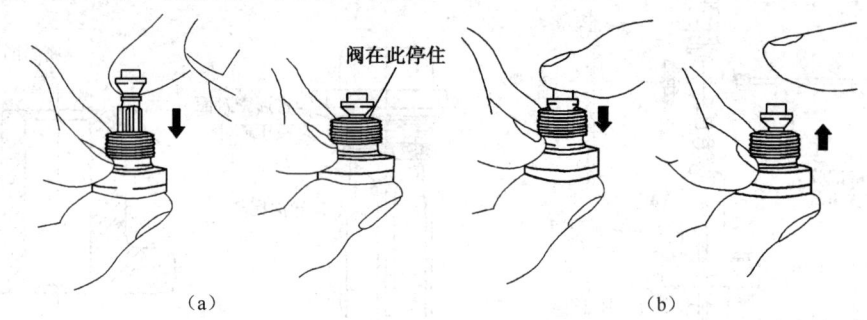

图 5.74　简易检验

3．输油泵的检修

（1）泵体的检修。泵体出现裂纹应更换。挺柱总成、推杆、输油泵活塞及手油泵活塞等零件的承孔磨损严重，可扩孔后选配加大尺寸的配合件进行配合或更换泵体。止回阀阀座出现磨损、凹痕或腐蚀斑点，可用专用工具修磨平整后继续使用或更换新件。

（2）挺柱总成、推杆、输油泵活塞及手油泵活塞的检修。各零件在泵体承孔内应运动灵活且无松旷现象，无明显的拉伤、裂纹及变形，否则，应更换新件。

（3）柱塞弹簧、止回阀弹簧及止回阀的检修。各弹簧出现裂纹、变形、折断或弹力明显减弱的现象时，均应更换新件。止回阀端面轻微磨损，可用细研磨膏在平板上进行研磨修复，磨损严重或出现裂纹应予以更换。

4．喷油泵的装配及注意事项

（1）装配时必须注意零件的清洁。清洗偶件要用干净柴油，成对清洗。清洗后禁止用棉纱或布擦拭偶件工作面，以防棉纱头进入偶件配合间隙引起卡滞。

（2）柱塞套装入上泵体时，柱塞套定位槽应对准定位螺钉孔。拧入定位螺钉时，应选用适当厚度的垫片。如垫片过厚，定位螺钉不能进入柱塞套定位槽，无法定位；如垫片过薄，定位螺钉拧入过多，将会顶住柱塞套，使之变形，引起柱塞卡滞。判断垫片是否适当，以拧紧定位螺钉后，柱塞套能微量转动和上下移动为宜。

（3）拧入出油阀紧座时，要分几次拧紧至规定转矩，然后，检查柱塞转动是否灵活。

（4）装配上泵体部件时，不允许将弹簧下座装反，也不得歪斜，以保证在上、下泵体合装时，弹簧下座的定位凸肩能可靠地进入滚轮体内。

（5）供油拉杆要滑动自如，无阻滞现象。当下泵倾斜 45° 时，供油拉杆能借自重下滑（未连接调速器传动板时）。

（6）滚轮体工作高度应符合规定，各缸的高度偏差不大于 0.02mm。下泵体的滚轮体导向螺钉一定要拧紧，否则，会因导向螺钉松脱，使滚轮体转位而造成事故。

（7）上、下泵体部件合装时，应将下泵体与水平面成 30° 左右的角度，注意调整垫块不得落下，将柱塞的调节臂对准调节叉的槽口。

（8）上、下泵体合装后，拧紧螺母时，必须对角均匀拧紧。

（9）喷油泵装配完毕后，应检查柱塞在凸轮最大升程时柱塞顶部的余隙，余隙一般不得小于 0.3mm。

（10）Ⅱ号输油泵推杆两端的倒角不同，倒角大的一端应朝向输油泵活塞，不得装反。

（11）调速器传动盘和推力盘的工作表面应无明显的沟痕。钢球应能在球座内灵活滚动。球座在圆盘支架上，推力盘在驱动轴套上，都应滑动自如，不允许有阻滞和松动现象。

（12）Ⅱ号泵的供油拉杆与传动板连接螺母应拧到拉杆直径为 7.8mm 的一段，以免传动板卡在供油拉杆的台肩上。

（13）应按技术要求对弹簧进行检验，不合格时须更换。

5.7.4　柴油机燃料供给系统的调试

喷油泵及调速器零件经检修装复后，应将喷油泵安装到喷油泵试验台上进行调试。

喷油泵试验台（以下简称试验台）根据其变速系统结构原理不同可分为：机械式、液压式、电子式和变频式。

喷油泵调速器总成在试验台上的检查调整项目有：柱塞预行程（供油时间）、齿杆（拉杆）行程、转速、供油量、各缸供油间隔角等。

1. 喷油泵总成调试前的准备

（1）喷油泵在试验台上的安装。将喷油泵通过夹具固定在试验台上，喷油泵前端通过连接盘与试验台传动轴的联轴器相连接，安装应牢固可靠，喷油泵凸轮轴和试验台传动轴要保持同轴。不同类型的喷油泵由于尺寸的差异，在安装时要选用高度合适的垫块，然后连接喷油泵和试验台的油管，并检查补足喷油泵和调速器内的润滑油。

（2）试运转。起动试验台，使试验台内的输油泵向喷油泵供油，将低压油路的压力调到 160kPa 左右，松开喷油泵放气螺钉，排除低压油腔中的空气。

拧松标准喷油器上的放气螺钉，将转速逐渐增加到 400r/min 左右。转动操纵臂至最大供油位置，运转 3～5min 后停机。

在试运转中，喷油泵应该运转平顺，无异响，操纵臂及供油拉杆应移动自如，各管路接头应无渗漏现象，凸轮轴的轴承应无显著发热现象。如发现异常，则必须排除异常后，才能进行喷油泵调速器总成的调试。

2. 喷油泵的调试

（1）溢油法。采用溢油法应在试验台上进行。

① 利用试验台配置的高压油泵，将燃油加压至 4.4MPa 以上，输入喷油泵的低压油腔。当柱塞处于下止点时，柱塞套上的进、回油孔未被封闭，高压燃油进入柱塞上方油腔，顶开出油阀，经高压油管自标准喷油器的放气油管流出。

② 用手慢慢转动凸轮轴，使柱塞上行。当柱塞顶部边缘刚好将进、回油孔封闭时，高压燃油被阻断，放气油管立即停止出油。此时即为该柱塞开始供油的时刻。此时，联轴器上的刻度线与喷油泵壳体上的记号（正时刻度线）应对正，如图 5.75 所示。联轴器刻度线与正时刻度线未对正，说明供油不正时，若联轴器刻度线已超过正时刻度线，则说明供油时刻过迟，若联轴器刻度线未到达正时刻度线，说明供油时刻过早。

③ 第一缸柱塞开始供油时刻调整后，以此为基准，按工作顺序，检查调整其他缸柱塞开始供油时刻，六缸柴油机供油间隔角为 60°，各缸供油间隔角允许误差为±0.5°。

（2）测时管法。测时管如图 5.76 所示，也可以自

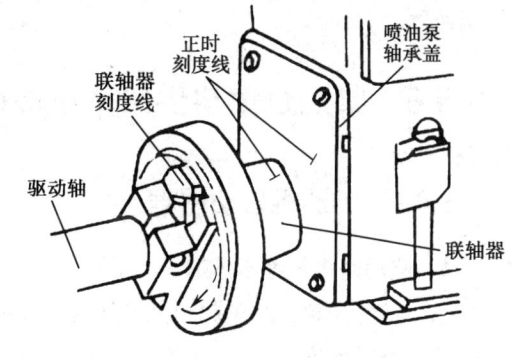

图 5.75　喷油泵正时刻度线和联轴器刻度线

己制作，取一段高压油管，一端固定在第一分泵出油口上，另一端套上橡胶管，再用一段长为 50～60mm、内径约 2mm 的玻璃管与橡胶管连接即可。

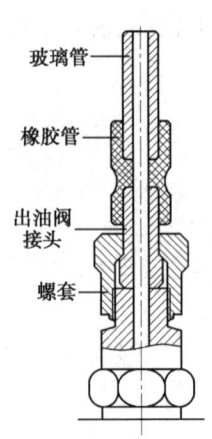

图 5.76　测时管

① 试验前，先将测时管装在第一缸的出油阀紧座接头上。

② 转动喷油泵凸轮轴使分泵泵油，直至测时管不冒气泡为止。然后用手缓慢转动凸轮轴，管口油面刚开始波动时停止转动，此时即为第一缸的开始供油时刻。检查上述两刻度线是否对正。

③ 以第一缸柱塞为基准，按工作顺序，检查调整其他缸柱塞开始供油时刻。

（3）开始供油时刻的调整。若开始供油时刻过迟，应调整滚轮体螺钉或垫块，增加滚轮体工作高度；反之减小工作高度。调整开始供油时刻时，应注意不要将滚轮体的调整螺钉拧出过多或选用过厚的调整垫块，以免柱塞在最高位置时与出油阀紧座下平面相碰。

① 高速起作用转速的调试。使喷油泵转速逐渐增加到接近额定转速，将调速器的操纵臂推向最大供油位置。然后慢慢增加喷油泵的转速，同时注意观察供油拉杆或齿杆位置的变化，其开始向减少供油方向移动时的转速就是高速起作用转速，此转速一般应比额定转速高 10～15r/min。

若高速起作用转速不符合要求，可通过改变高速弹簧的预紧度来调整。对于 Ⅱ 号喷油泵的调速器，可调整其高速限位螺钉。

② 齿杆行程的调试。齿杆（拉杆）行程适当是保证调速器正常工作的前提，必须在调整供油量之前调整好。一般以齿杆向减油方向推到底的位置为"0"位。额定工况时齿杆所处位置至"0"位的距离称为额定行程，可通过调速器上相应的螺钉或调节轴予以调整。

③ 供油量的调试。喷油泵供油量的调试主要是对额定供油量、怠速供油量、起动供油量和各缸供油量不均匀度的调试。要求供油量符合喷油泵的技术要求。

$$供油量不均匀度 = \frac{最大供油量 - 最小供油量}{(最大供油量 + 最小供油量)/2} \times 100\%$$

a. 额定供油量的调试。将试验台转速控制在喷油泵额定转速下，操纵臂固定在最大供油位置，检查各缸供油量是否符合原厂规定。如额定供油量不符合规定或供油量不均匀度过大，可通过调节齿圈或拨叉予以调整。

b. 怠速供油量的调试。将试验台转速控制在怠速状态，检查怠速供油量，可通过怠速螺钉或怠速组件予以调整。

④ 调速器断油性能的检查。供油量调整后，应检查高速及低速断油性能。分别控制操纵臂在最大和最小供油位置，逐渐升高试验台转速，检查停止供油时的转速，如不符合要求，应检查或重新调整调速器。

5.8　柴油机燃料供给系统故障诊断与排除

5.8.1　柴油机起动困难

1. 起动时排气管不排烟

（1）故障现象：汽车起动时排气管不排烟或仅有小股黑烟。

（2）故障原因。

① 低压油路故障：油箱开关未开或通气阀失灵；油箱内无油或存油不足；油箱至输油泵间油管破裂、碰瘪或堵塞；柴油滤清器或输油泵滤网堵塞；输油泵活塞损坏或咬住，止回阀黏滞、密封不严、弹簧折断等，使输油泵不泵油；冬季油路结冰堵塞。

② 高压油路故障：喷油泵柱塞与柱塞套间隙过大；挺柱与柱塞下端间隙过大；出油阀黏滞或密封

不良或弹簧折断；油量调节叉或齿扇固定螺钉松动或脱落，使柱塞滞留在不供油位置上；供油齿杆卡滞，使柱塞不能转动或转动量过小；喷油泵喷孔堵塞；针阀烧结或积炭；出油阀弹簧压力调整不当等。

（3）故障诊断。

① 低压油路故障的诊断步骤图如图5.77所示。

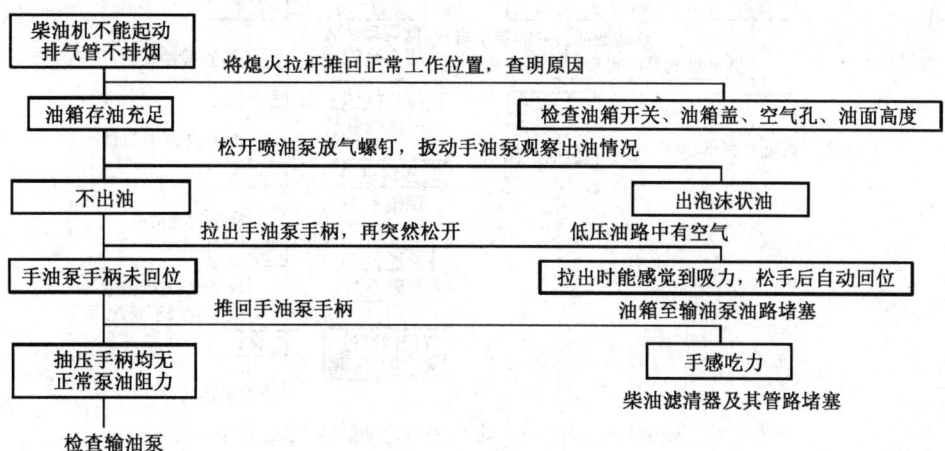

图5.77 低压油路故障的诊断步骤图

② 高压油路故障的诊断步骤图如图5.78所示。

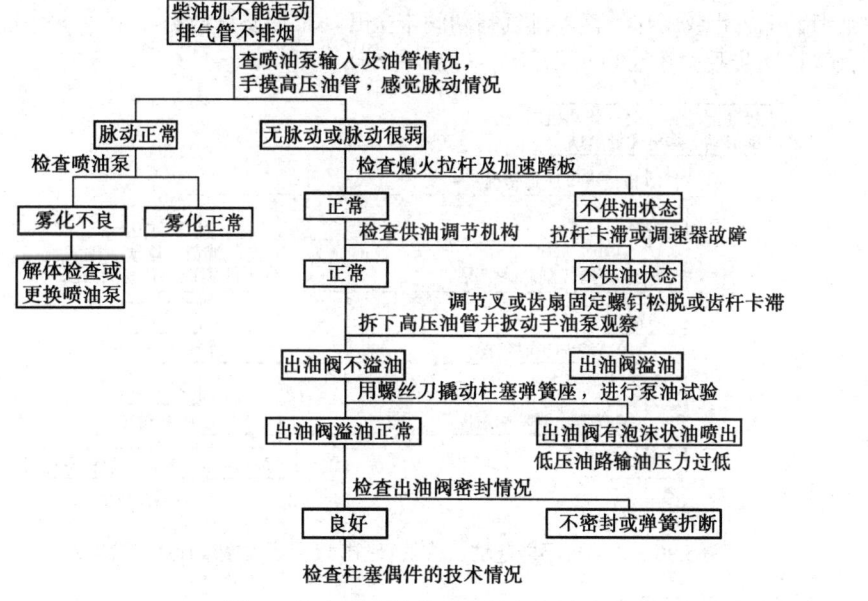

图5.78 高压油路故障诊断步骤图

2. 起动时排气管排出大量的白烟

（1）故障现象：柴油机不能起动，排气管冒白烟。

（2）故障原因：柴油机温度过低，供油时间过晚，汽缸内的温度低，未燃烧的部分柴油形成白色油雾从排气管排出；柴油中有水，水在汽缸内被加热变成水蒸气排出；缸垫冲坏、缸盖螺栓不紧、缸体缸盖水套有裂纹，水进入汽缸。

（3）故障诊断步骤如图5.79所示。

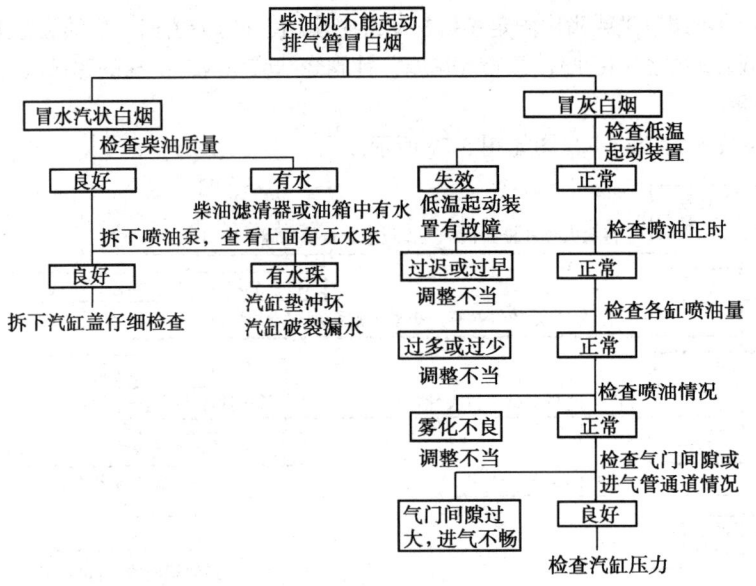

图 5.79　柴油机不能起动、排气管排白烟的故障诊断步骤图

3. 起动时排气管排出大量黑烟

（1）故障现象：柴油机不能起动，排气管排出大量黑烟。

（2）故障原因：喷油正时调整不当，喷油压力过低，调速器调整不当，空气滤清器及油道阻塞，柴油机中个别缸不工作或工作不良，排气制动阀未全开，柴油质量低劣。

（3）故障诊断步骤如图 5.80 所示。

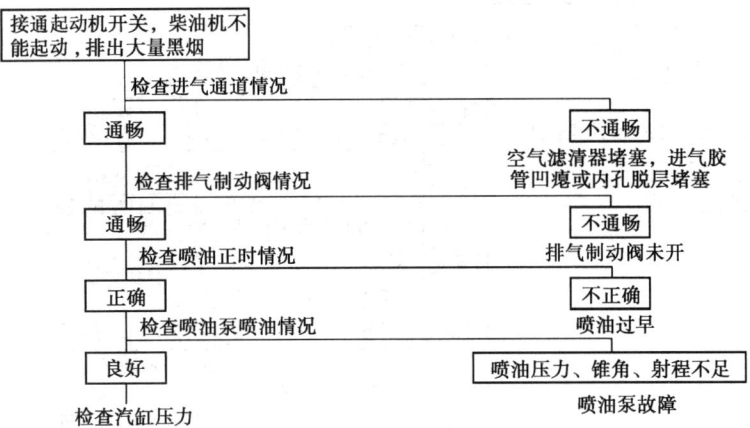

图 5.80　柴油机不能起动、排气管排大量黑烟的故障诊断步骤图

5.8.2　柴油机功率不足

柴油机功率不足的故障现象主要有：柴油机运转均匀，但达不到高速且排烟少；柴油机运转不均匀，排气管排白烟；柴油机转速有规律地忽快忽慢，转速提不高（游车）等。

1. 柴油机运转均匀，但达不到高速且排烟少

（1）故障现象：柴油机运转均匀，但达不到最高转速，排气管排烟过少。

（2）故障原因：油门拉杆调整不当，油量调节齿杆达不到最大供油位置，空气滤清器、排气管消声器、柴油滤清器及油管等阻塞，输油泵供油不足，调速器调整不当、弹簧过软或折断，柴油黏度大或油路中有空气等。

（3）故障诊断步骤如图 5.81 所示。

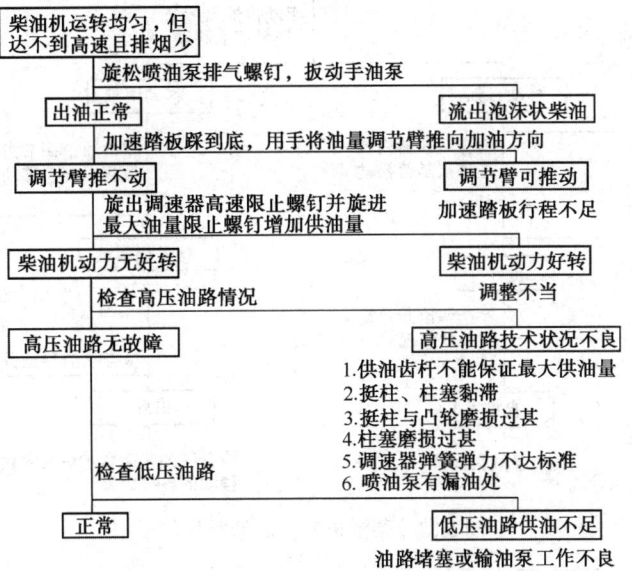

图 5.81　柴油机运转均匀，但无高速且排烟少的诊断步骤图

2. 柴油机运转不均匀，排气管排白烟

（1）故障现象：柴油机无力，运转不均匀并排出大量白烟。

（2）故障原因：喷油时间过迟；汽缸破裂漏水或汽缸垫冲坏，水道与汽缸相通；汽缸压力过低；喷油压力过低，使喷油雾化不良；柴油中有水等。

（3）故障诊断步骤如图 5.82 所示。

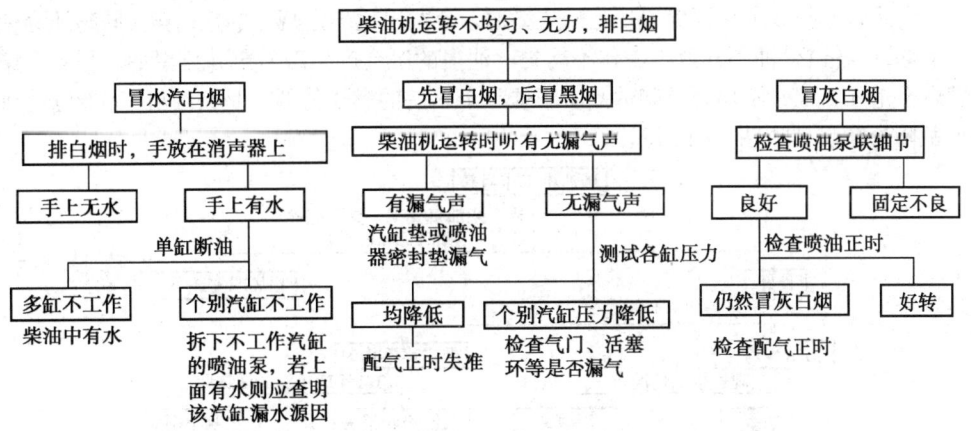

图 5.82　柴油机运转不均匀，排气管排白烟的诊断步骤图

3. 游车

（1）故障现象：柴油机乏力，运转忽快忽慢，具有一定规律，转速提高不了。

（2）故障原因：调速器外壳的孔及喷油泵盖板孔松旷；调速器飞块销孔、座架磨损松旷，灵敏度降低；调速器飞块过重或收张距离不一致；调速器内润滑油太脏或太少；调速器调速弹簧变形或断裂；喷油泵供油量调节齿杆卡滞或与齿扇间隙过大（或柱塞调节臂与油量调节拨叉配合间隙过大）；喷油泵凸轮轴轴向间隙过大；柱塞套安装不良，使调节齿杆（或拨叉）不能自如移动；柱塞调节臂或齿扇变形或松动，妨碍了调节齿杆的移动；个别汽缸喷油泵针阀烧结等。

（3）故障诊断步骤如图 5.83 所示。

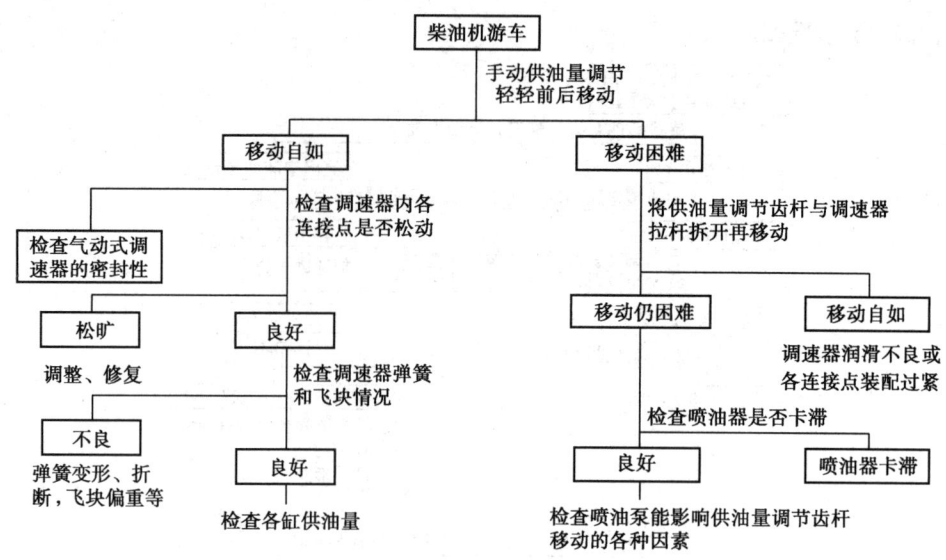

图 5.83　柴油机游车的诊断步骤图

5.8.3　柴油机工作粗暴

（1）故障现象：柴油机起动后即有抖振现象，转速越高，抖振越强烈；柴油机发出清脆而有节奏的金属敲击声，急加速时响声更大，排气管排黑烟；敲击声没有节奏，但也排烟；汽缸内发出低沉不清晰的敲击声。

（2）故障原因：柴油机支承位置不当、支架螺栓松动、支架断裂或支架软垫老化，破损脱落等，易导致抖动。喷油时间过早或过迟会使活塞敲缸而发出较重的敲击声；喷油雾化不良或喷油器滴油，特别是由于出油阀磨损或卡住而使减压作用失效时，会发出无一定规律的敲击声（同时还会使排气管放炮和排黑烟）；各缸供油不一致，工作不均匀，油多的缸会产生敲击声并排黑烟。另外，柴油机温度低、燃烧不充分、工作不均匀及柴油品质不佳、十六烷的燃烧值低也是柴油机工作粗暴的原因。

（3）故障诊断步骤如图 5.84 所示。

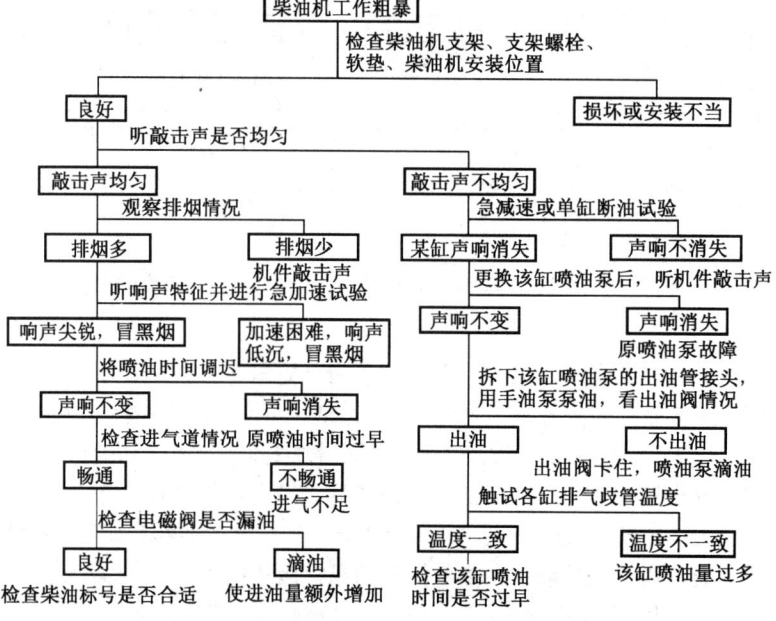

图 5.84　柴油机工作粗暴的诊断步骤图

5.8.4　柴油机飞车

（1）故障现象：柴油机转速失去控制突然升高，超过额定转速，收油门后转速仍不下降，并伴有较大的响声和浓烟。

（2）故障原因：喷油泵供油量调节齿杆与调速器拉杆脱开；加速踏板拉杆或供油量调节齿杆卡滞；喷油泵柱塞弹簧折断或柱塞卡在高速位置；柱塞的油量调节齿圈固定螺钉松动使柱塞失去控制；调速器的高速调节螺钉或最大供油量调整不当；调速器内润滑油过多；调速器杠杆、销子脱落或飞块销轴断裂，飞块甩脱；飞块的质量不等或飞块压力轴承损坏；调速器弹簧折断或弹力下降。

（3）故障诊断与排除。当柴油机发生飞车后应迅速采取紧急措施使柴油机停止运转。其主要措施有：迅速放松加速踏板、将熄火拉杆拉回到停车位置；将减压手柄拉到减压位置；关闭排气制动阀门，使柴油机制动熄火或挂上起步挡踩刹车，强制柴油机熄火；堵住进气管，切断空气进入汽缸通道；松开喷油泵上各缸高压油管接头或松开喷油泵进油管接头，切断油路。

5.9　柴油机电控燃油喷射系统

5.9.1　柴油机电控燃油喷射系统的类型

随着对柴油机排放性能要求的日益提高和电子技术的迅速发展，柴油机出现了由电子方式控制的不同类型的燃油喷射系统（EDC）。一般按照高压燃油机构的不同，EDC可分为电控直列泵燃油喷射系统、电控分配泵燃油喷射系统、电控泵喷嘴燃油喷射系统和电控蓄压式共轨燃油喷射系统，其中以电控蓄压式共轨燃油喷射系统最先进。它是将多个电控式喷油器并联在一个高压蓄油器上，由电子控制单元（ECU）控制喷油，称之为共轨（CR）喷油。

电控蓄压式共轨燃油喷射系统（EDC-CR）是柴油机应用领域的新技术，也是现代柴油机应用最多的电控燃油喷射系统。

5.9.2　电控蓄压式共轨燃油喷射系统的组成

电控蓄压式共轨燃油喷射系统的组成如图5.85所示。整个系统可以分为两大部分。

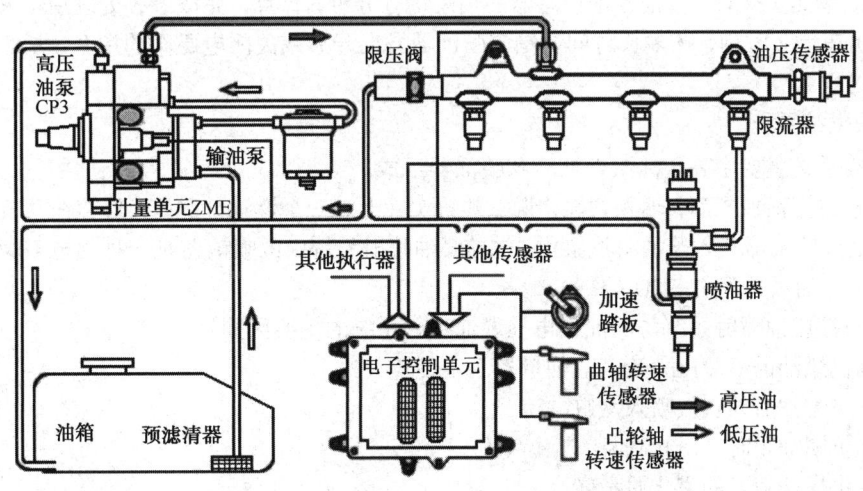

图5.85　电控蓄压式共轨燃油喷射系统的组成

1. 控制系统

以玉柴 4F 柴油机的控制系统为例，控制系统由传感器（包括信号开关及传导元件等）、电子控制单元（ECU）和执行器等部分组成，如图 5.86 所示。

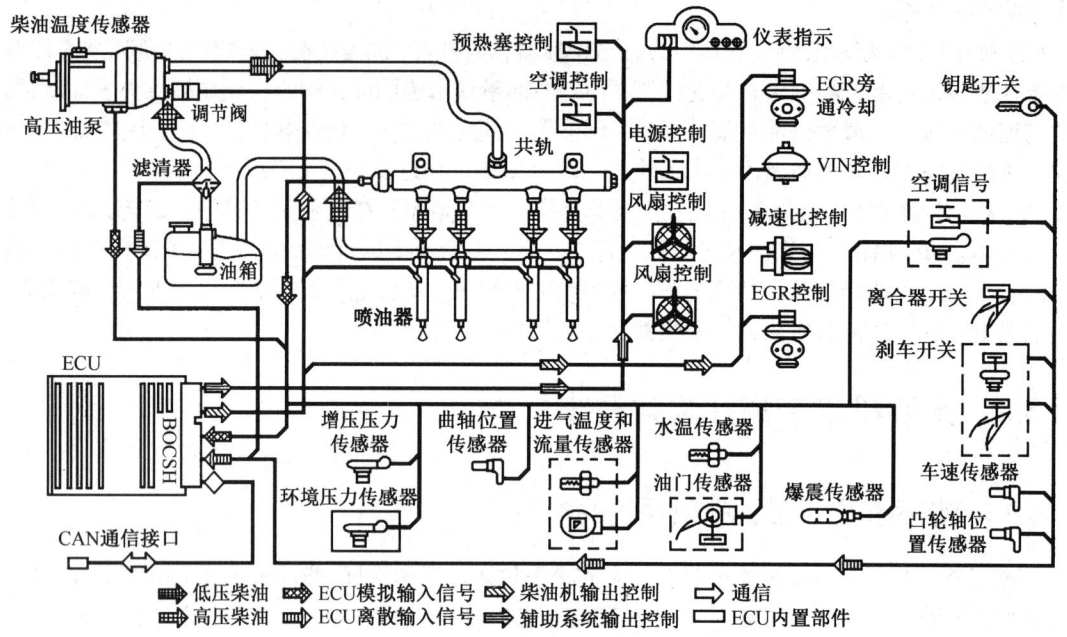

图 5.86　玉柴 4F 柴油机的控制系统

传感器——实时检测柴油机、车辆运行状态，以及使用者的操作意图、操作量等信息，并送给电子控制单元。

电子控制单元（ECU）——负责处理所有收集到的信息，执行程序运算，并将运算结果作为控制指令输出到执行器。

执行器——根据电子控制单元送来的指令调节喷油量及驱动喷油正时的相应机构，从而调节柴油机的运行状态。

电子控制单元（ECU）根据各个传感器的信息进行分析、计算，完成各种处理后，求出最佳喷油量，并计算出在什么时刻、在多长时间范围向喷油器发出开启或关闭电磁阀的指令，从而精确控制柴油机的工作过程。

2. 燃油供给系统

燃油供给系统主要由高压油泵、共轨和喷油器组成。

高压油泵将燃油加压后，输入共轨内腔。共轨实际上是一个燃油分配管。储存在共轨内的燃油在适当的时刻通过喷油器喷入柴油机汽缸内。电控燃油喷射系统中的喷油器是一种由电磁阀控制的喷油泵，喷油泵的开启和关闭由 ECU 控制。

柴油机电控燃油喷射系统与汽油机电控燃油喷射系统的主要区别是：

① 柴油机燃油的喷油压力较高，油量控制难度较大。

② 柴油机燃油必须直接喷入汽缸。

③ 柴油机喷油正时要求较高。

④ 柴油机燃油喷射的雾化质量较高。

5.9.3 柴油机电控蓄压式共轨燃油喷射系统的主要部件

以与 8140/43S 系列柴油机（依维柯汽车用）匹配的博世 MS5.3 电控蓄压式共轨燃油喷射系统为例。

1. 燃油供给系统

（1）低压油路。低压油路为系统的供油油路，具有 250kPa～300kPa 的供油压力。低压油路主要由燃油预滤清器、电动输油泵、柴油滤清器等器件组成。

① 燃油预滤清器。燃油预滤清器串联在输油管间，其作用与一般汽油机纸质滤清器相似，为一次性使用件。

② 电动输油泵。电动输油泵为偏心转子变容滚子式输油泵，它装在车架左侧可接触的部位，如图 5.87 所示。电动输油泵的两端子用导线与 ECU 的 A7、A8 端子相接，直接受控于 ECU 的启闭指令。其技术特性为：电源电压为 12～13.5V，20℃时的电阻值为 28.5Ω，输油压力为 250kPa，流量不小于 155L/h。

③ 燃油滤清器。柴油的清洁度对于电控蓄压式共轨燃油喷射系统是非常重要的。柴油里不能含有杂质和水分，否则会严重损伤系统机件。燃油滤清器由壳体支架和滤芯两大部分组成，如图 5.88 所示（下文所述部分结构未在图中标出）。在壳体支架上装有燃油温度传感器、燃油滤清堵塞传感器、旁通阀、燃油预热器等。燃油温度传感器把燃油温度变化参数输送给 ECU，以供 ECU 适当修正喷油量。当输出油压低于输入油压 60kPa 时，将有堵塞信号控制旁通阀打开，保证正常供油。当燃油温度低于 5℃时，燃油预热器将适当加热燃油至合适温度。

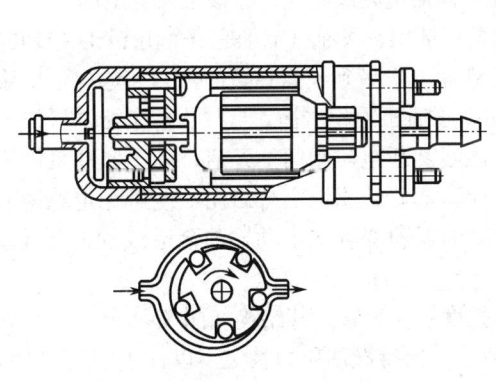

图 5.87　电动输油泵

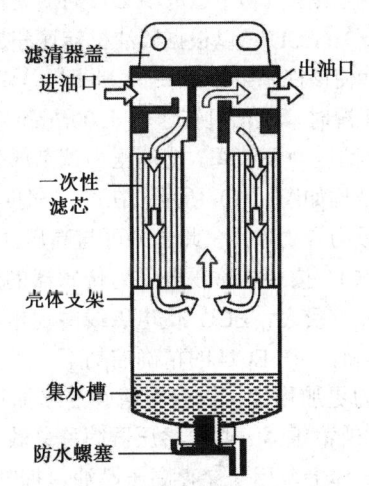

图 5.88　燃油滤清器

一次性燃油滤芯旋装在壳体支架上，应定期更换。滤芯下方装有积水传感器，当积水达到一定量以后，仪表盘上的积水指示灯将亮起，此时应及时排除积水，防止水分进入高压油路。

（2）高压油路。高压油路的功用是为系统的管路产生、输送高压油，其管路最高油压可达 135MPa。高压油路由高压油泵、燃油压力调节阀、共轨蓄压器、共轨限压阀、限流阀、电控喷油器等部件组成。

① 高压油泵。高压油泵由附件箱驱动轴套驱动，它与 VE 泵的区别在于高压油泵只产生高压燃油压力，而不负责燃油的分配，因此高压油泵与附件箱驱动轴套的安装无相位要求。它是三腔径向柱塞泵，在三个柱塞泵不断地吸油和压油的过程中，使高压油泵产生 25MPa～135MPa 的高压燃油，并压送至共轨蓄压器中。

高压油泵的结构如图 5.89 所示（下文所述部分结构未在图中标出）。当柴油机运转时，驱动轴带动三瓣偏心轮转动，使三个柱塞泵的柱塞上下往复运动，产生吸油和压油作用，转动一周总泵油量约为 0.7mL。由燃油滤清器吸来的干净燃油从进油口经进油阀吸入泵腔，压缩后经出油阀进入共轨蓄压器内。过量的燃油经燃油压力调节器和回油管流回油箱；少量的燃油经过安全阀的节流孔进入高压油泵内腔，以润滑和冷却油泵本体。

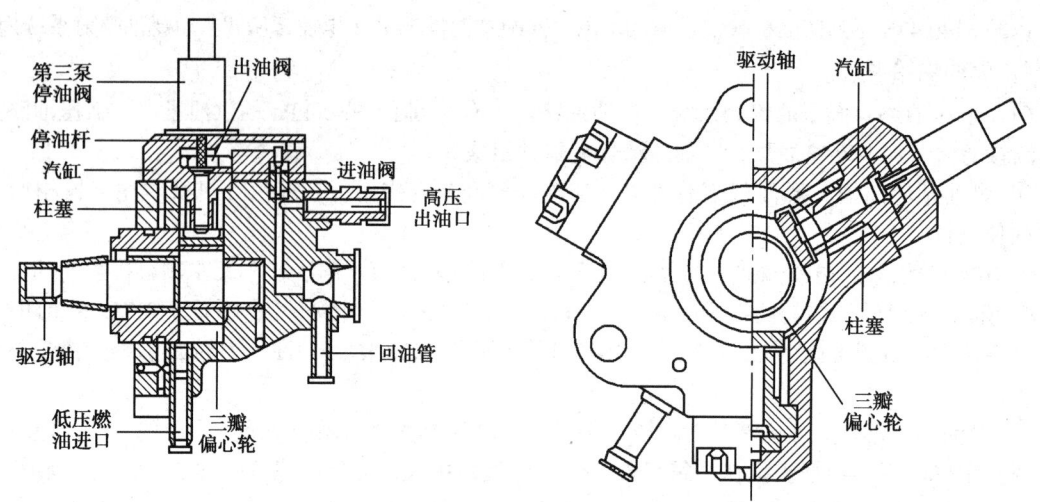

图 5.89 高压油泵的结构

在柴油机怠速和小负荷工况下，柴油机所需燃油减少，而高压油泵供油量相对过多，多余燃油返回到油箱，使柴油机功率造成不必要的损失。为此，高压油泵三个柱塞泵中有一个泵装有停油电磁阀（第三泵停油阀）。ECU 可以根据柴油机转速和加速踏板位置信号控制停油电磁阀通电，其停油杆即推动进油阀关闭，使该柱塞泵停止供油。此时，只有其余两个柱塞泵工作，供油量将明显减少。而当柴油机进入大负荷工况时（柴油机转速 $n>4200r/min$），ECU 又控制停油电磁阀断电，让该泵恢复工作。

② 燃油压力调节阀。燃油压力调节阀装在高压油泵后部出、回油道中，是一个由 ECU 控制的电磁阀，其结构如图 5.90 所示。在阀门和推杆右侧有衔铁盘，它受到预紧弹簧的弹力和通电后电磁线圈的电磁吸力合力作用，此合力可与高压油泵出油道的高压油压力相平衡。当共轨蓄压器油压低于规定值时，ECU 按共轨蓄压器压力传感器的信号，使电磁线圈断电，阀门便开启，高压燃油将供应至共轨蓄压器；反之，ECU 使电磁线圈通电，阀门便关闭。如此敏感地交替启闭，便可稳定地调节燃油压力。同时，在 ECU 的精确控制下，可以消除电控喷油器和变容式电动输油泵造成的油压波动，使燃油压力更加稳定，以获得精确的喷油量控制。

③ 共轨蓄压器。共轨蓄压器简称共轨，是一个高强度铝合金管，其结构如图 5.91 所示。它固定安装在汽缸体上，用来储存高压燃油，抑制燃油压力波动，保持燃油压力稳定，以使 ECU 控制喷油量更加精确。

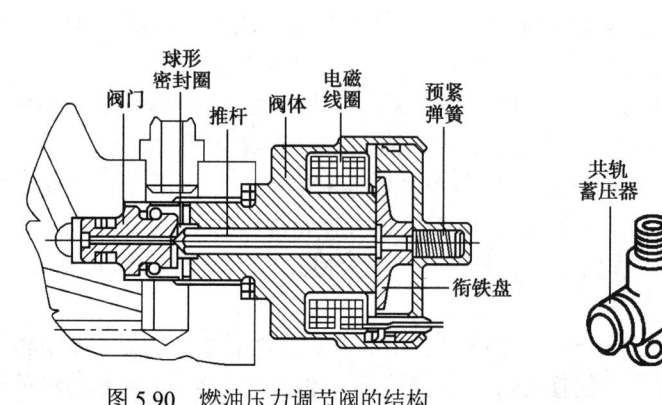

图 5.90 燃油压力调节阀的结构

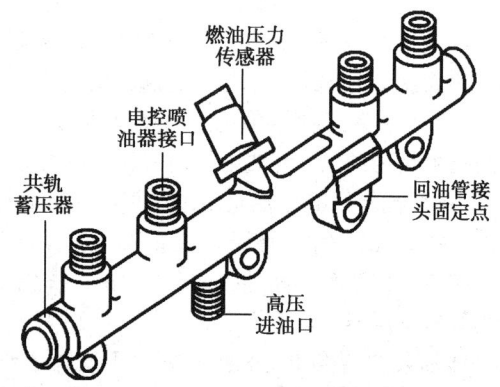

图 5.91 共轨蓄压器的结构

共轨蓄压器内腔容积并不大，在发动机起动和低速运转时，便能快速升压和消除可能引起的压力波动。在共轨蓄压器上还装有燃油压力传感器等，以协调系统的正常运转。

④ 共轨限压阀。它装在共轨蓄压器的回油管端，用弹簧控制溢流锥阀的阀门，当共轨蓄压器内燃油压力超过 135MPa 时，共轨限压阀内溢流锥阀开启，回油口打开，防止燃油压力过高，其结构如图 5.92 所示。

⑤ 限流阀。共轨蓄压器至电控喷油器的四根高压油管中均装有限流阀，其结构如图 5.93 所示。它的功用是：当电控喷油器端发生燃油大量泄漏时，及时切断共轨蓄压器的供油，以防燃油外溢造成火灾。

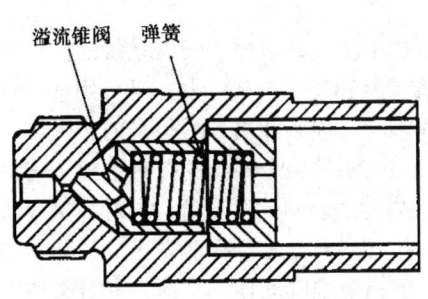

图 5.92 共轨限压阀结构示意图

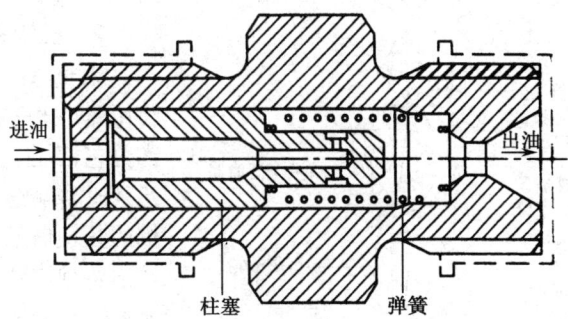

图 5.93 燃油限流阀结构示意图

⑥ 电控喷油器。电控喷油器由喷嘴、电磁阀、液压继动伺服系统三大部分组成，其结构如图 5.94 所示。喷嘴与传统的喷油器类似，包含针阀、针阀体、控制柱塞、柱塞弹簧、压力腔等。其中，针阀与针阀体为一对偶件，针阀体末端有 5 个直径为 0.272mm 的喷孔，上端有压力腔；电磁阀部分由线圈、导阀、回油管、电磁阀连接器等组成；液压继动伺服系统部分由高压进油接头、输入油道、控制油道、控制区、控制通道、球形阀等组成。

针阀和控制柱塞受到的向下的关闭力有柱塞弹簧的作用力 F 和控制区内的燃油压力 P；而受到的开启力只有压力腔针阀锥面的向上的燃油压力 N。针阀和控制柱塞的启闭便是这三种力相互作用的结果。

电控喷油器的工作分成关闭和喷射两种状态。

关闭——电控喷油器的线圈在没有获得 ECU 指令时，线圈无电流通过，产生不了向上的电磁力，此时球形阀关闭，来自高压燃油的压力分别作用在控制区和压力腔。此时作用力 $F+P>N$，针阀和控制柱塞下移，紧紧关闭针阀体上的喷嘴，电控喷油器不喷油。

喷射——线圈得到 ECU 的指令时，线圈有电流通过，产生的电磁力大于弹簧的作用力，球形阀打开，

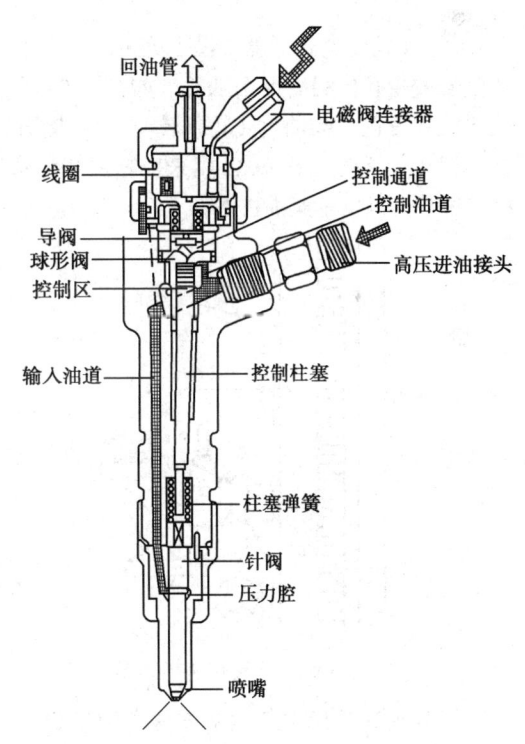

图 5.94 电控喷油器结构示意图

高压燃油将从控制区和控制通道流入上方的油腔，并从回油管回油管接头盒，最终流回油箱。此时，由于控制区燃油压力 P 的降低，使得作用力 $F+P<N$，针阀和控制柱塞便上行，高压燃油便从喷嘴中呈雾状喷出。

针阀开启时刻和开启时间长短直接受控于 ECU。

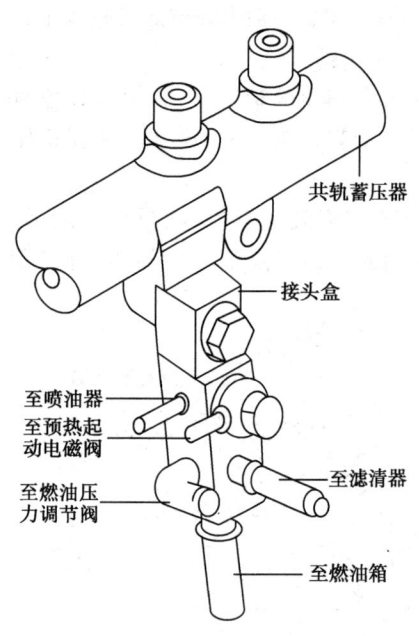

图 5.95 五回油管接头盒示意图

（3）回油油路。回油油路是低压油路和高压油路额外油量的回油通道。在 8140/43S 和 8140/43N 柴油机上，回油油路以五回油管接头盒为中心，如图 5.95 所示。五个回油通路分别是：电控喷油器至接头盒；接头盒至预热起动电磁阀；燃油压力调节阀至接头盒；接头盒至油箱；滤清器至接头盒。

回油油路上承受的燃油压力总体上较低（60kPa～80kPa），但瞬时压力有可能较高，所以也要有足够的耐压性和良好的密封性。

2. 控制系统

博世 MS5.3 电控蓄压式共轨燃油喷射系统的控制系统由传感器、电子控制单元（ECU）和执行器三部分组成。传感器部分包括 11 种能探测和反馈柴油机各种信息的传感器，将信息及时传输给 ECU；ECU 是整个系统的控制中枢，它将柴油机的各种信息，经过内存逻辑对比和计算，再对各执行器准确发出各种控制指令；执行器部分是各种能做出启闭动作的电气元件，它会按 ECU 的指令准确动作，从而完成对柴油机运转的最佳控制。

（1）传感器。

① 飞轮转速传感器如图 5.96 所示。飞轮转速传感器为感应式传感器，在飞轮前端面周沿制有 58 个信号发生孔，另有两个缺孔，如图 5.97 所示。固定在汽缸体上的飞轮转速传感器将直接感受这些孔的位置变化。柴油机飞轮每转一圈所测得的缺孔位置信号是 ECU 识别第一缸活塞至上止点位置的基准信号。此信号被 ECU 用来控制主喷和预喷的提前角和喷油时间，同时该信号被 ECU 转发给发动机转速表，以显示柴油机的转速。

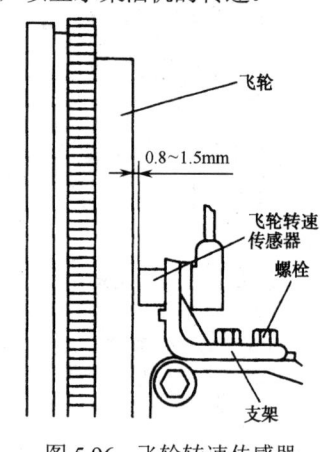

图 5.96 飞轮转速传感器

图 5.97 飞轮转速传感器信号发生孔

飞轮转速传感器的两接线端子用导线与 ECU 相连接。安装时，传感器感应头与飞轮的间隙为 0.8～1.5mm，并保持垂直。若间隙或位置不当可按图 5.96 所示数据检查和调整传感器支架，最后拧紧螺栓。

② 凸轮轴位置传感器。凸轮轴位置传感器也是感应式传感器，它用来测定柴油机各缸活塞压缩行程上止点（进、排气门都处于关闭状态），为电控喷油器确定喷油时机提供基准点。凸轮轴位置传感器安装在汽缸盖罩上，传感器感应头对准了凸轮轴驱动齿轮内边沿上的两相邻凸台和空位后，可使 ECU 获得预喷和主喷的正时信息。传感器感应头的空气间隙为 0.8～1.5mm，若不符合要求，可调节

支架位置，如图 5.98 所示。凸轮轴位置传感器在 20℃时，其正常电阻值为 860Ω。该传感器的两端子用导线与 ECU 的相应端子相连接。

③ 空气流量传感器。空气流量传感器实际上是包含空气温度传感器和空气压力传感器的总成件。热膜式空气流量传感器装在柴油机进气歧管上，负责测量进入柴油机的空气流量。空气流量传感器所提供的信息是 ECU 计算喷油量的基本依据。

④ 冷却液温度传感器。冷却液温度传感器为 NTC（负温度系数热敏电阻器）传感器，利用 NTC 热敏电阻片作为感知元件，测量冷却液在不同温度下的电阻值，再转换成 0～5V 电压信号送给 ECU，以便 ECU 向有关执行器发出工作指令。

冷却液温度传感器装在节温器座上，该传感器的两接线端子用导线分别与 ECU 相连。当冷却液温度超过一定温度时，ECU 即令电磁风扇工作。在冷却液散热器和空调冷凝器一体化的热交换器中，ECU 还令空调压缩机电磁离合器断开，使空调停止运转。

⑤ 燃油温度传感器。燃油温度传感器含有燃油堵塞传感器，也属 NTC 传感器，装配在柴油滤清器总成上。当燃油温度超过 70℃时，ECU 将减小喷油压力；当燃油温度超过 90℃时，柴油机功率将减少至原来的 60%。

⑥ 燃油压力传感器。燃油压力传感器的外形如图 5.99 所示，装在共轨蓄压器上，反映共轨蓄压器中燃油的压力。它内含半导体压敏应变电阻型桥式电路，可将收到的燃油压力信号转换成电信号，经过运算和放大，输出 0.5～4.5V 电压信号给 ECU，ECU 将据此控制燃油压力调节阀，使之修正燃油压力至合适程度。

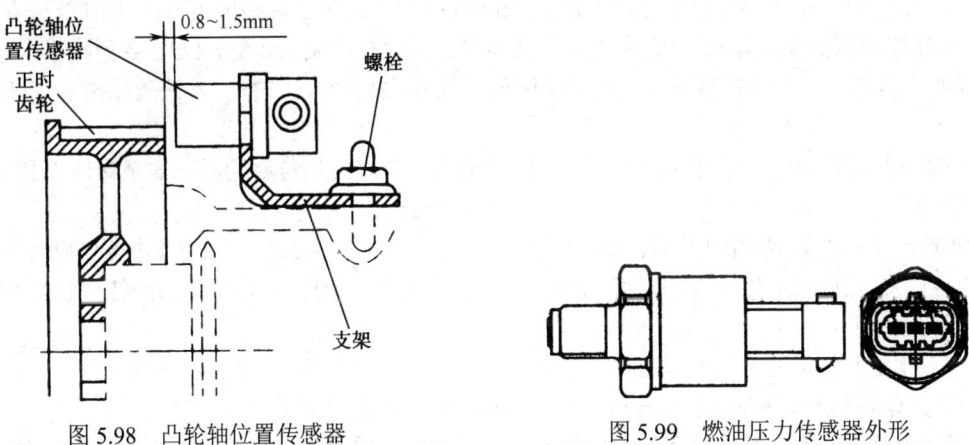

图 5.98　凸轮轴位置传感器　　　　图 5.99　燃油压力传感器外形

⑦ 大气压力传感器。大气压力传感器位于 ECU 内部，可测量不同海拔高度下的大气压力，并转换成电信号，供 ECU 修正不同海拔高度下的喷油量。

⑧ 加速踏板位置传感器。加速踏板位置传感器由位置传感器和怠速开关组成，其外形和内部电路如图 5.100 所示。

当加速踏板完全松开并关闭点火开关时，ECU 立即控制电控喷油器切断供油；当柴油机达到最低转速前怠速开关接通，可保持柴油机的稳定运转。

⑨ 离合器踏板传感器和制动踏板传感器分别安装在离合器踏板和制动踏板支架上，其结构和原理相同，如图 5.101 所示。其常规状态为闭合电路，踩下踏板则切断电路，ECU 接到电路切断信号，迅速控制电控喷油器减少喷油量。

（2）电子控制单元（ECU）。

① ECU 实质上是一个精心设计的微型电子计算机，它在获得各种传感器的信息后，经过与内存脉谱图的对比和计算，再按设计的工作模式，向柴油机各执行器发出指令信号，从而控制柴油机按最优化的模式运转。其具体控制内容如下。

a. 当柴油机转速在 2800r/min 以下时，ECU 控制电控喷油器进行预喷，以减少主喷引起的噪声。

b. ECU 按瞬时工况（转速、负荷）需要，结合喷油时长对喷油压力在 25MPa～135MPa 之间进行调整，以满足柴油机负荷的要求。

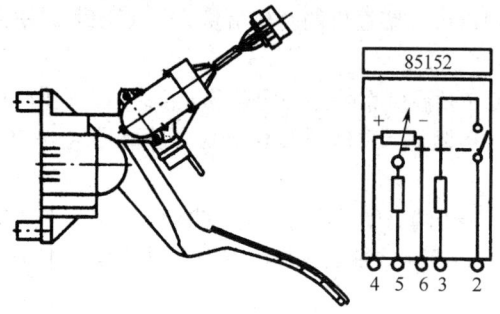

图 5.100　加速踏板位置传感器

图 5.101　离合器踏板传感器和制动踏板传感器

c. ECU 对预喷提前角、预喷与主喷间隔时间、主喷提前角均按柴油机瞬时工况进行调整。

d. ECU 对柴油机怠速和低速状态下的各缸平衡控制，以及控制柴油机在各种转速下的平滑过渡。

e. 柴油机加速时 ECU 对喷油量进行精确控制，以减少排放，使之达到排放标准。

f. ECU 对柴油机最高转速进行控制，当柴油机转速达到 4250r/min 时，ECU 将减少电控喷油器开启时间，来减少喷油量；当柴油机转速超过 5000r/min 时，ECU 即令电控喷油器停止工作。

g. ECU 控制预热指示灯和 EDC 系统故障指示灯。当预热系统工作时，ECU 令预热指示灯亮起，预热结束即令其熄灭；当电控蓄压式共轨燃油喷射系统发生故障时，EDC 系统故障指示灯即亮起或闪烁。

h. ECU 对转速表和车速表的控制。由 ECU 采集的飞轮转速信号将同时传送至转速表和车速表，供驾驶人观察。

i. ECU 对柴油机熄火后的控制。当用点火钥匙熄火后，ECU 仍获得一专用继电器供电若干秒，使其有能力将有关信息保存起来，以便维修人员在以后的作业中，通过 EDC 故障诊断接口获得有关故障信息。

② 对各电控喷油器的实际喷油定时与喷油量的控制。ECU 根据各种传感器的反馈信号，经过与内存数据对比计算后确定实际喷油量和喷油定时，各项控制所需信号如下。

a. 基本喷油量控制：柴油机飞轮转速信号、加速踏板位置信号、空气流量（进气歧管绝对压力）信号等。

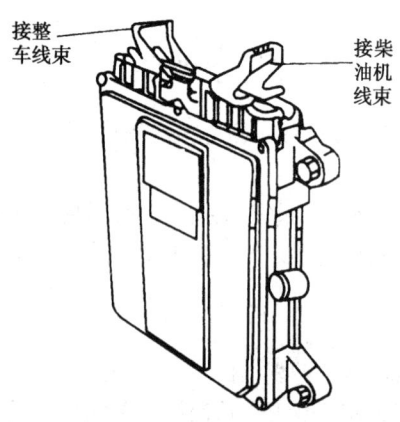

接整车线束　接柴油机线束

图 5.102　ECU 外形

b. 补充喷油量控制：冷起动信号、冷却液温度信号、进气温度和压力信号、燃油温度信号等。

c. 修正喷油量控制：柴油机运行中工况改变后各传感器随之反馈的控制信号。

d. 喷油时刻控制：飞轮转速信号、凸轮轴位置传感器信号等。

博世 MS5.3 系统的 ECU 外形如图 5.102 所示。它安装在柴油机机舱左侧，其上部有两组 43 个端子的插头（"接整车线束"和"接柴油机线束"）。

ECU 除了控制各执行器外，还有故障记忆功能（生成故障码）。故障码能用专用仪器或指示灯读出。

（3）执行器。电控喷油器是主要执行器之一，前面已经介绍，现只介绍以下几种执行器。

① 电动输油泵。起动柴油机时，按下点火开关，ECU 即令电动输油泵工作，并在汽车行驶中维持其运转。如果柴油机在 9s 内不能起动，ECU 会取消向电动输油泵供电。

② 电热冷起动电磁阀。柴油机冷起动时，当空气温度传感器、冷却液温度传感器、燃油温度传感器中任一传感器温度显示在 0℃以下时，ECU 即控制电热冷起动电磁阀开启，并向电热冷起动器供电，直至柴油机起动为止。同时，仪表板上的预热指示灯同步显示。

③ 燃油压力调节阀和第三泵停油阀。其功用是调节燃油压力和燃油供应量，ECU 根据从各传感器采集到的柴油机负荷的信息，及时向燃油压力调节阀发出启闭指令，以调节燃油压力；向第三泵停油阀发出启闭指令，以控制燃油供应量。

④ 电磁风扇离合器。当柴油机冷却液温度达到（94±2）℃时，ECU 即令电磁风扇离合器吸合，电磁风扇参加工作，当柴油机冷却液温度降至（80±2）℃时，ECU 又令电磁风扇离合器断开，电磁风扇停止工作。

⑤ 空调压缩机电磁离合器。空调压缩机由该离合器带动工作，当柴油机冷却液温度超过 105℃，ECU 控制该离合器断开，使空调压缩机停止转动一段时间，以保护冷气调节系统。

5.9.4 博世 MS5.3 电控蓄压式共轨燃油喷射系统的故障诊断与检修

1. 维修通则

（1）在进行柴油机维修之前，应先使用专用故障诊断仪（如 IT2000-IWT）和诊断转换器对柴油机和整车进行检测，并打印出结果，也可采用深圳元征科技公司生产的 X431 型柴油机故障诊断仪进行诊断。

（2）更换 ECU 应由经过授权的专门工作单位在专用设备上进行。

（3）下列零部件只能更换而不能分解修理：燃油压力调节阀、限流阀、燃油压力传感器、共轨蓄压器、限压阀、高压油管总成、电控喷油器。

（4）电控燃油喷射系统的所有配件均已经过防潮包装，使用前要在装配现场才能打开包装。

（5）维修中要最大限度地保持零部件的清洁，防止污染。油管、传感器的保护帽应在装配时当场去除。

（6）所有紧固件应按规定力矩拧紧，尤其要重视高压油路紧固件拧紧力矩，所有快装接头应安装到底。

（7）所有电器连接导线应符合电路图规定的走向。

（8）严禁在柴油机运转时拆卸高压油管，不准在高压油管处进行排气作业，以防伤人。

2. 主要部件装配要求

（1）电控喷油器不得分解。在其上安装高压油管时，应注意它是否在汽缸盖座孔内可靠固定，应一面用扳手固定电控喷油器，一面安装高压油管。在其上安装回油管接头时，应垂直施力，防止弹簧脱出，并使卡套安装到位。

（2）飞轮转速传感器和凸轮轴位置传感器的空气间隙为 0.8～1.5mm，装配时确保传感器感应头的垂直度。

（3）高压油泵中的第三泵停油阀不允许进行任何维修。安装从高压油泵至共轨蓄压器的高压油管时，要注意高压油泵的稳定，操作中可用扳手固定高压油泵。

（4）拆卸任何一根高压油管后，必须换用新件。装配时，要注意相件的固定，以防损坏。

（5）共轨蓄压器上的限压阀和限流阀仅能承受连续 5 次拆装，装配前接头处要涂抹润滑脂，衬垫必须更换。

3. 低压油路密封性和完整性的检查

低压油路是保证系统正常工作的基础之一，它的密封性和完整性将直接影响高压油路的工作。

低压油路的检查可用图 5.103 所示的压力表Ⅰ、Ⅱ、Ⅲ检测，其中Ⅰ、Ⅱ（三接头压力表）可连接在滤清器进、出油接头 A、B 处，正常压力值为 0.4MPa～0.5MPa，若低于 0.25MPa，则表明低压油路有泄漏，应逐段检查，排除故障。

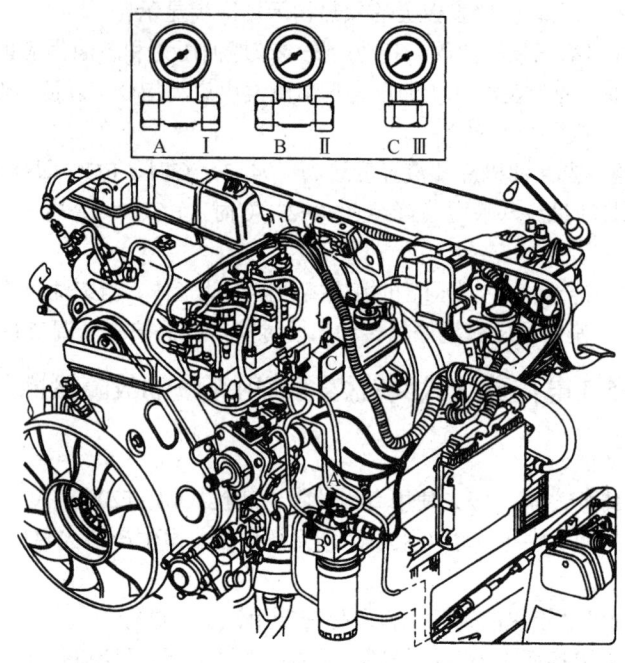

图 5.103　低压油路密封性和完整性检查

单接头压力表Ⅲ可接在多头回油管接头盒 C 处，测量回油压力，正常值为 0.2MPa～0.25MPa。若压力值过低，应检查此处至电热起动器的油路。

4. 故障代码的读取与清除

（1）故障代码的读取：通过专用故障诊断仪（如 IT2000-IWT）对 ECU 诊断接口的连接操作，可以读取 ECU 内存的故障信息，以便维修人员迅速排除故障。

由 ECU 故障数据库中，大约可以读取到 60 种故障模式。每一种故障按时间区分，可分为"现存在"和"曾存在"两类；按故障类型区分，可分为"电源短路""地线短路""线路断路""信号无效""信号值过高""信号值过低""传感器输入电压过高""传感器输入电压过低"8 类。故障在 ECU 中由计时器和计数器控制记录和显示，同时 EDC 系统故障指示灯以亮、灭配合显示。

读取故障代码时，按专用故障诊断仪使用说明书操作。

（2）故障代码的清除。通过代码显示按钮删除故障记录的步骤：用点火钥匙断开点火开关，按住代码显示按钮 4～8s，再接通点火开关，在后续的十几秒钟内不再操作点火开关。

5. 柴油机主要故障的检查

柴油机可能会出现下列综合性故障：柴油机不能起动、柴油机过热、柴油机动力不足、柴油机冒黑烟或深灰色烟、柴油机冒浅灰色烟、柴油机冒蓝烟、柴油机冒白烟、柴油机发出异响、柴油机熄火、燃油消耗过快、机油压力过高或过低等。这些故障往往不是单一因素形成的，可按下述顺序依次逐一排查。

（1）柴油机不能起动。应检查：蓄电池的接线，蓄电池、起动机是否有效，低压油路中是否有气体，低压油路中是否有积水，燃油预滤清器是否堵塞，（用 IT2000-IWT）检查预热起动装置是否有效，高压油泵是否有效，电控喷油器及 O 形密封圈是否有效，汽缸压缩压力是否正常，电动输油泵是否有效（输油压力不低于 0.2MPa），目测低压油路、回油油路有无泄漏或堵塞，柴油滤清器是否堵塞（柴油滤清器与高压油泵间输油压力不得小于 0.18MPa），预热起动电磁阀是否有效，多头回油管接头盒至电磁阀油路是否畅通，电磁阀至电热起动器油路是否畅通，柴油滤清器旁通阀是否畅通，共轨蓄压器限压阀是否有效，电控喷油器是否正常，高压油泵及第三停油阀是否有效，飞轮转速传感器是否正常、安装是否到位，ECU 是否有故障。

（2）柴油机过热。应检查：柴油机冷却液是否充足，水泵 V 带张紧力是否正常，水泵功能是否正常，节温器是否损坏，散热器有无堵塞或泄漏，空气滤清器及输气管路有无堵塞或节流，汽缸盖衬垫有无损坏，电磁风扇离合器工作是否正常。

（3）柴油机动力不足。应检查：空气滤清器是否堵塞，高、低压油路有无泄漏，节温器是否正常，油箱油量是否充足，油箱吸油管是否正常，用 IT2000-IWT 检查高压油泵是否正常，电控喷油器及限压阀是否正常，气门间隙是否符合规定，汽缸压缩压力是否符合规定，废气涡轮增压器是否正常，加速踏板位置传感器是否正常。

（4）柴油机冒黑烟或深灰色烟。应检查：空气滤清器是否堵塞，用 IT2000-IWT 检查电控喷油器是否正常，汽缸压缩压力是否正常，预热起动电磁阀是否常开，废气涡轮增压器压气机端是否渗漏机油。

（5）柴油机冒浅灰色烟。应用 IT2000-IWT 检查电控喷油器是否正常，柴油机冷却液是否进入汽缸。

（6）柴油机冒蓝烟。应检查：机油消耗是否过多，废气涡轮增压器涡轮机端是否渗漏机油，气门导管是否渗漏机油。

（7）柴油机冒白烟或黑烟。应检查凸轮轴位置传感器是否正常，气门头是否损坏。

（8）柴油机异响。应检查：异响是否来自曲轴轴颈与轴承或连杆轴颈与轴承，异响是否来自活塞与气门，异响是否来自汽缸盖及其组合件，异响是否来自凸轮轴，异响是否来自真空泵，异响是否来自电控喷油器，异响是否来自冷起动电磁阀，异响是否来自飞轮转速传感器、凸轮轴位置传感器。

（9）柴油机熄火。应检查油箱油量是否充足，柴油滤清器是否堵塞，低压油路是否堵塞或漏气。

（10）燃油消耗过高。应检查燃油低、高压管路有无泄漏，空气滤清器有无堵塞。

（11）机油压力过高或过低。应检查检查机油压力调节器、机油泵和管路是否正常。

实训 5.1　喷油泵的拆装

1. 实训目的与要求

（1）掌握柴油机燃料供给系统的组成及主要机件的作用、连接关系和工作过程。

（2）了解喷油泵结构、工作原理和调整方法。

（3）了解输油泵的结构和工作原理。

2. 仪器、设备

A 型喷油泵、P 型喷油泵、Ⅱ号喷油泵总成、常用工具和量具、专用工具等。

3. 方法与步骤

（1）喷油泵的分解。

喷油泵的分解步骤：清洗泵体外部→固定喷油泵于专用拆装架上→拆掉调速器和输油泵等附件→转动凸轮轴并用定位板把所有挺柱卡在上止点位置→拆卸提前器端的轴承盖板→从此端抽出凸轮轴→拆卸挺柱体总成→拉出柱塞及其弹簧等→拆卸出油阀体→拆卸油量调节机构。

（2）喷油泵的装复。

喷油泵的装复顺序：清洗零件→将柱塞装入泵体→装入出油阀组件→装入油量调节机构→插入柱塞→装入挺柱总成→装入凸轮轴→装后检查。

（3）注意事项。

工作环境必须清洁；偶件必须成对存放，不得互换；要使用规定的专用工具；记住部件之间的相对位置关系；螺钉、螺母须符合紧度要求。

4. 实训工单

实训项目	喷油泵的拆装
一、准备工作	
	情况记录
（1）工具及仪器的准备	
（2）维修手册的准备	油泵的型号为_____
二、操作过程	
喷油泵的分解	喷油泵分解的步骤与技巧：
喷油泵的装复	喷油泵装复的步骤及技巧：
总结分析：	

实训 5.2 喷油泵的调试

1. 实训目的与要求

（1）学会使用喷油泵试验台，并了解其结构原理及其功能。

（2）掌握常见结构喷油泵的调试项目与方法。

2. 仪器、设备

喷油泵试验台、A 型喷油泵总成、常用工具、专用工具等。

3. 方法与步骤

（1）喷油泵的调试。

① 采用溢流法，测定喷油泵供油的时刻，并调整供油起始点与供油间隔角。

② 调整额定转速供油量、怠速供油量、起动供油量、校正供油量、停止供油量。

（2）调速器的调整。

高速起作用转速的调试，低速起作用转速的调试，调速杠杆全负荷限位螺钉的调整，怠速稳定弹簧的调整，停止供油限位螺钉的调整。

（3）注意事项。

基于喷油泵的实训必须在喷油泵试验台上，在实训指导老师的指导下进行，调试后，各主要调整螺钉须加铅封。

4. 实训报告

实训项目	喷油泵的调试			
一、准备工作				
	情况记录			
（1）工具及仪器的准备				
（2）维修手册的准备	喷油泵的型号为_____，喷油提前角标准值_____，单缸喷油量标准值_____。			
二、操作过程				
喷油泵试验台的认识	喷油泵试验台的型号_____ 喷油泵试验台的功能 _____ _____			
喷油提前角的检测	缸数	1	2	3	4
	喷油提前角				
喷油量检测	缸数	1	2	3	4
	单缸喷油量				
总结分析：				

实训 5.3 喷油泵的车上安装与调整

1. 实训目的与要求

（1）学会喷油泵的正确安装。

（2）掌握喷油泵就车检查和调整。

2. 仪器、设备

喷油泵总成及与其配套的柴油机、常用工具等。

3. 方法与步骤

（1）喷油泵与驱动轴采用联轴器的安装方法。

安装方法如下：根据供油提前角的数值将柴油机第一缸活塞摇至压缩上止点前规定的位置→对正联轴器与喷油泵驱动盘正时标记→装上并将喷油泵固定牢固。

（2）喷油泵采用法兰盘连接的安装方法。

安装顺序：将第一缸活塞摇至压缩上止点位置→将喷油泵凸轮轴（或驱动齿轮）上的标记与泵体上的标记对正→将喷油泵固定在柴油机上即可保证供油正时的准确性。

通过扳动喷油泵泵体改变泵体与柴油机机体的相对位置可以微调供油提前角，一般微调范围为±15°。

（3）由柴油机正时齿轮直接驱动的喷油泵安装方法。

安装顺序：正转曲轴使第一缸活塞处于压缩上止点前 15° 位置→转动喷油泵凸轮轴→装上法兰盘与驱动齿轮的四只连接螺栓（不拧紧）→将喷油泵泵体以 45° 倾角安放在柴油机装合位置上→用样规对喷油泵泵体进行定位，同时使驱动齿轮与正时齿轮正确配合→旋紧泵体固定螺栓→拧紧法兰盘和驱动齿轮连接螺栓，即可保证供油提前角为 15°。

供油正时的微调可通过旋动驱动齿轮改变其与法兰盘之间的相对位置来实现。注意：为了避免正时齿轮啮合间隙的影响，柴油机曲轴必须正向转动，不可反转。

（4）供油正时的检查。

检查方法：拆下第一缸高压油管靠喷油泵的一端，与测时管相连接→将加速踏板踩到底→转动曲轴或直接撬动喷油泵柱塞，向第一缸供油若干次→直至测时管内充满燃油为止→再将测时管内燃油弹出少许，以便观察供油开始时刻→正转曲轴至测时管内燃油刚刚开始移动为止，这时飞轮壳上指针的指示值即是实际的供油提前角，将其与规定值相比较即知供油正时的迟早。

（5）供油正时的调整。

若实际供油提前角与规定值不符，可通过微调予以调整。

① 以联轴器驱动的喷油泵。旋松联轴器主动盘与主动凸缘连接螺栓→适当转动凸轮轴进行调整（供油提前角过大，应反转凸轮轴；过小则正转。盘上每刻度表示3°）→调好后将连接螺栓拧紧。

② 以法兰盘连接的喷油泵。旋松法兰盘紧固螺栓→适当扳转喷油泵泵体予以调整（供油提前角过大，将其按喷油泵凸轮轴旋向顺转；过小则反转）→调毕后拧紧法兰盘紧固螺栓。

③ 直接由柴油机正时齿轮驱动的喷油泵。旋松喷油泵驱动齿轮的四只紧固螺栓→将法兰盘相对驱动齿轮转动一个角度进行调整→调毕拧紧紧固螺栓。

4．实训报告

实训项目	喷油泵的车上安装与调整
一、准备工作	
	情况记录
（1）工具及仪器准备	
（2）维修手册的准备	喷油泵的型号为_____，喷油提前角标准值_____，喷油泵螺栓的拧紧力矩为_____。
二、操作过程	
喷油泵的安装	喷油泵的安装步骤与技术要点：
供油正时的调整	供油正时的调整步骤与技术要点：
总结分析：	

实训5.4 电控喷油器的拆装、检查与调整

1．实训目的与要求

（1）学会正确拆装电控喷油器（以下简称喷油器），了解其结构原理及功能。

（2）掌握喷油器的检修方法。

（3）掌握在喷油器试验器上对喷油器的调试方法。

2．仪器、设备

喷油器、喷油器试验器、常用工具等。

3. 方法与步骤

（1）喷油器的分解。

分解的步骤：拆下高压油管、回油管→旋下喷油器紧固螺栓→取下喷油器总成并按顺序放整齐→将喷油器总成清洗干净→将喷油器垫以铜皮夹在台虎钳上→旋下喷油嘴压紧螺母→取出喷油嘴→再将压紧螺母拧回原处→拆下喷油器体上的调压螺钉、螺母、调压弹簧推杆等→取出针阀，按顺序成对存放，不得混淆。

（2）喷油器的检修。

此步骤主要是清除积炭、锈垢及对针阀偶件的研磨，其他零件一般是不予修理的。

（3）喷油器的调试。

① 喷油器一般在喷油器试验器上进行调试。

② 试验前应对喷油器试验器进行密封性检查。

③ 对喷油器喷油压力的检验与调整。

④ 对喷油器喷雾质量的检验。

4. 实训工单

实训项目	喷油器的拆装、检查与调整
一、准备工作	
	情况记录
（1）工具及仪器的准备	
（2）维修手册的准备	油泵的型号为_____，喷油器喷油标准压力值_____。
二、操作过程	
喷油器的分解与检查	喷油器分解与检修步骤与技术要点：
喷油器实验	喷油器实验步骤与技术要点：
总结分析：	

复习思考题

1．什么是喷油泵的速度特性？

2．喷油泵油量调节机构有哪两种？如何对油量调节机构进行调整？

3．喷油泵出油阀上的减压环带除具有停止供油后迅速降低高压油管中柴油压力的作用外，还具有什么作用？

4．柴油机燃料供给系统常见的故障现象有哪些？

第6章 发动机冷却系统的构造与维修

学习目标

● 了解冷却系统功用、类型及特点，了解冷却水路、冷却程度控制；

● 掌握水冷式冷却系统主要机件、构造与工作原理；

● 掌握冷却系统常见故障的诊断，冷却系统的保养、使用方法与要求。

6.1 概述

6.1.1 冷却系统的功用与类型

1. 冷却系统的功用

冷却系统的功用是对发动机进行适当冷却，使发动机在最适宜的温度下工作，保证其工作可靠、耐久并具有良好的动力性和经济性。

2. 冷却系统的类型

根据冷却系统所用冷却介质的不同，冷却系统可分为水冷式和风冷式两种类型。

水冷式冷却系统以水为冷却介质，高温零件的热量通过冷却水带走，再以一定的方式散发到大气，简称水冷系统，按其散热方式不同又分为蒸发式与强制循环式两种。

风冷式冷却系统以空气为冷却介质，将发动机零件吸收的热量直接散发到大气中，简称风冷系统。

6.1.2 风冷系统

1. 风冷系统的结构

风冷系统的结构与工作原理如图6.1所示，它由风扇、导流罩、散热片、分流板等组成。为了扩大散热面积，汽缸体、汽缸盖表面布有散热片，它与汽缸体、汽缸盖铸成一体。导流罩和分流板引导空气流，加强冷却，保证各汽缸冷却均匀。

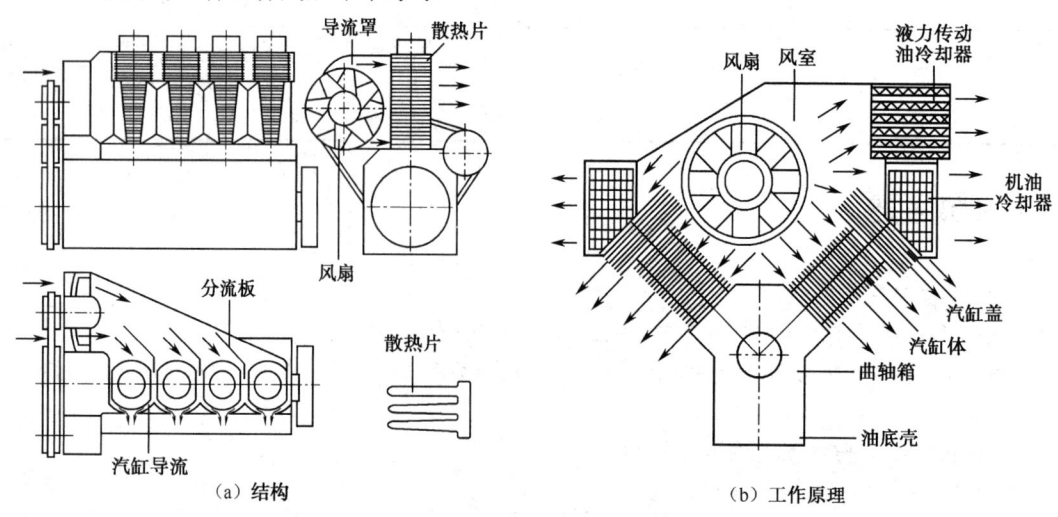

图6.1 风冷系统的结构与工作原理

2. 风冷系统的特点

风冷系统具有结构简单、质量轻、故障少、不需要特殊保养等优点，但由于其对材料质量要求高、冷却不够均匀和可靠、消耗功率及工作噪声大，目前在汽车发动机上很少使用。

6.1.3 水冷系统

1. 强制循环式水冷系统的组成

强制循环式水冷系统的组成及冷却水路如图 6.2 所示。它主要由散热器、水泵、水套等组成。

散热器一般置于车辆前端横梁上，风扇在散热器后面，这样可以利用车辆行驶时迎面来风气流对散热器进行冷却。与风扇同轴的水泵将散热器内的冷却水加压后压送到机体、缸盖水套内，吸收机体的热量后，经汽缸盖出水孔流回散热器。由于有风扇的强力抽吸，气流由前向后高速通过散热器，受热后的冷却水在流过散热器的过程中，将热量不断地散发到大气中。放出热量本身温度下降后的冷却水流回散热器底部，又经水泵抽出，再次压送到机体水套中，如此不断地吸热、散热，使发动机得以冷却。

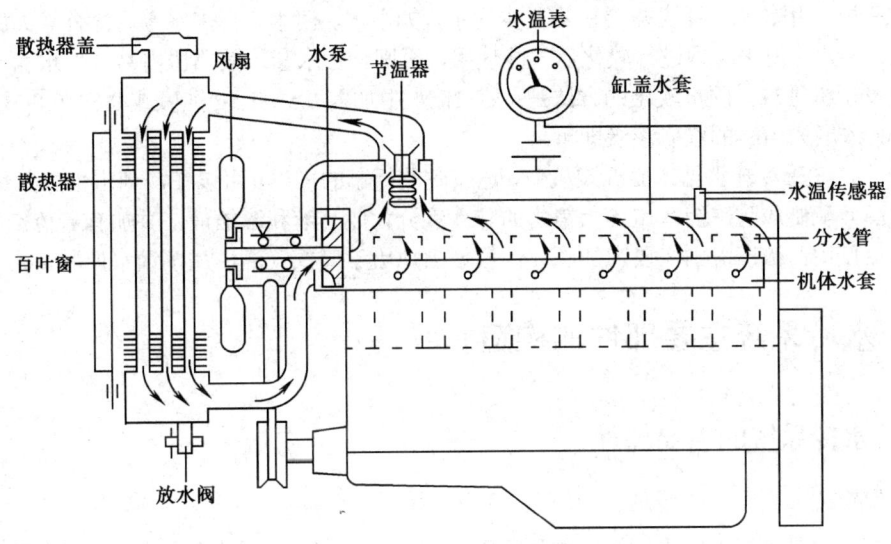

图 6.2 强制循环式水冷系统的组成及冷却水路

为使发动机保持适宜的工作温度，冷却系统中还设有百叶窗、节温器、风扇离合器（图中未画出）等冷却温度调节装置。此外，为了使驾驶员随时掌握冷却系统的工作情况，冷却系统还设有水温表或水温警示灯（图中未画出）等指示装置。有的车辆上的暖风装置利用冷却水带出的热量来达到取暖的目的。为了提高燃油雾化程度，还可以利用冷却水的热量对进入进气歧管内的混合气进行预热。

通常，冷却水在该冷却系统内的循环流动路线有两条：一条为小循环，另一条为大循环，如图 6.3 所示。所谓大循环是水温较高时，水经过散热器而进行的循环流动；而小循环就是水温较低时，水不经过散热器而进行的循环流动，从而使水温很快升高。冷却水是进行大循环还是小循环，由节温器来控制。

2. 强制循环式水冷系统的特点

强制循环式水冷系统虽然结构复杂、需要定期维护，但它具有冷却强度高、均匀可靠、工作噪声小等优点，所以在汽车发动机上得到了普遍的应用。

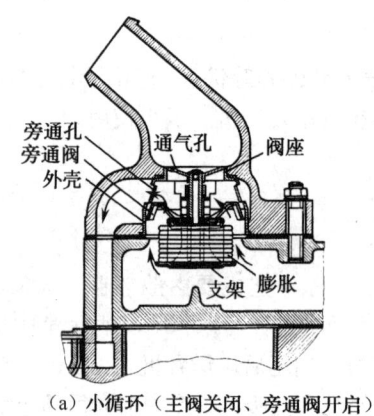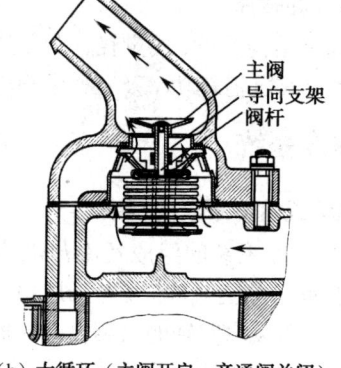

（a）小循环（主阀关闭、旁通阀开启）　　（b）大循环（主阀开启、旁通阀关闭）

图 6.3　冷却水的大循环和小循环

6.1.4　冷却水的特点与选用

冷却水最好使用软水，即含盐类矿物质少的水，如雨水、河水、自来水等。含有盐类矿物质的硬水，如泉水、井水、海水必须进行软化后才能使用，否则，在水套、散热器内易产生水垢，影响冷却效果，造成发动机过热。硬水软化的方法是：在 1L 水中加入 0.5～1.5g 纯碱或 0.5～0.8g 烧碱，或加入 30～50mL 浓度为 10% 的红矾溶液即可。

为了防止在冬季冷却水结冰而冻裂机件，适应冬季行车的需求，可以在冷却水中加入适量的防冻剂（如乙二醇）配制成防冻液。市场上销售的防冻液分为成品液和浓缩液，并加有着色剂予以识别。成品液可直接使用；浓缩液则需要在加注前，根据当地历年最低气温，加蒸馏水调配。

6.2　水冷系统主要部件的构造

6.2.1　水冷系统的主要部件

1. 散热器

散热器的功用是储存冷却水，增大散热面积，加速水的冷却。为了将散热器传出的热量尽快带走，在散热器后面装有风扇与散热器配合工作。

散热器又称为水箱，由上、下水室和散热器芯等组成，其结构如图 6.4 所示（下文所述部分结构未在图中标出）。

散热器上水室顶部有加水口和散热器盖。上、下水室的进、出水管分别用橡胶软管与汽缸盖的出水管和水泵的进水管相连。下水室设有放水开关，供放水时使用。

为了增大散热器的散热面积和传热速率，散热器芯均由许多铜或铝制冷却管和散热片组成，常用的结构形式有管片式和管带式（又可细分为叠层式和蜂窝式），如图 6.5 所示。

管片式散热器芯的冷却管断面呈扁圆形，如图 6.5（a）所示。与圆形断面相比，扁圆形断面不但散热面积大，而且万一管内的冷却水结冰膨胀，扁圆形断面冷却管可以变形而避免破裂。采用管片式散热器芯的散热器不但散热面积较大，散热器的刚度和强度也较高。这种散热器芯强度和刚度都较好，耐高压，但制造工艺较复杂，成本高。

叠层式散热器芯采用冷却管和散热带沿纵向间隔排列的形式，如图 6.5（b）所示，散热带上的缝孔可破坏空气流在散热带上形成的附面层，使散热能力提高。这种散热器芯散热能力强，制造工艺简单，成本低，但其刚度不如管片式散热器芯，一般多为轿车发动机所采用。

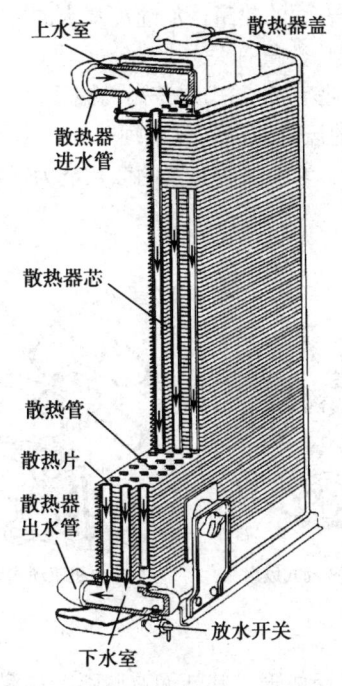

图 6.4 散热器结构

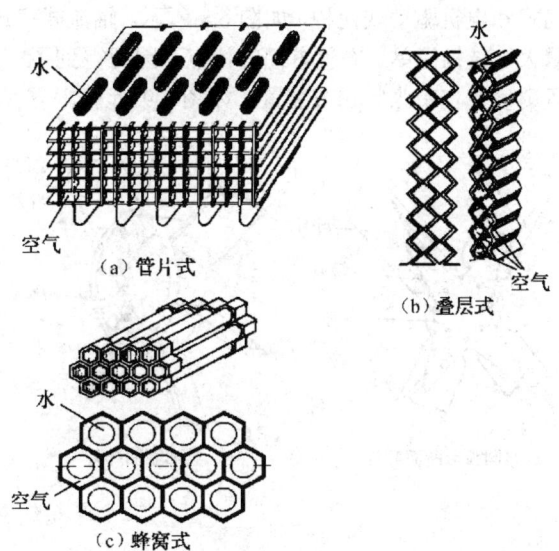

（a）管片式　　（b）叠层式　　（c）蜂窝式

图 6.5 散热器芯的种类及结构

　　强制循环式水冷系统的散热器盖是由空气（真空）阀与蒸汽（压力）阀组合而成的自动阀门，散热器盖的构造和工作原理如图 6.6 所示。发动机正常工作时两个阀门均关闭，冷却系统与大气隔开。当冷却系统内的蒸汽因温度升高使其压力大于蒸汽阀弹簧弹力时，蒸汽阀打开，一部分冷却水由溢流管流回补偿水桶，冷却系统内的压力下降，以防止散热器胀裂；熄火停车温度下降，致使冷却系统内部压力小于空气阀弹簧弹力时，空气阀开启，补偿水桶内的冷却水进入散热器，避免了散热器由于出现较大的真空度而被大气压力压坏。

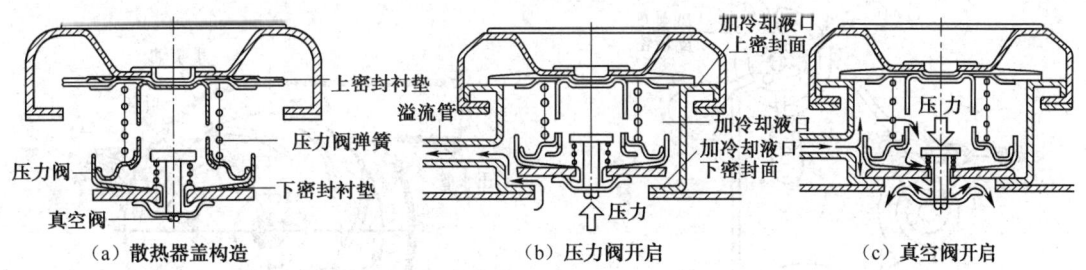

（a）散热器盖构造　　　（b）压力阀开启　　　（c）真空阀开启

图 6.6 散热器盖的构造和工作原理

　　补偿水桶上方用一根软管通大气，另一根软管与散热器的溢流管相连。补偿水桶外部标有液面高度标记线，如图 6.7 所示。使用中应使液面高度位于最高与最低液面高度线之间。液面高度不足时，应向补偿水桶内补充冷却水。

2. 风扇

　　风扇的功用是提高通过散热器芯的空气流速与流量，以增强散热器的散热能力。风扇与水泵同轴安装在散热器的后面，当风扇旋转时，对前方空气

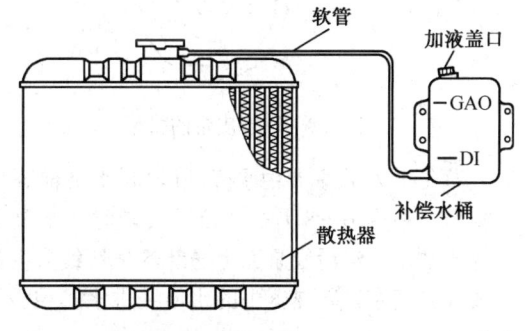

图 6.7 补偿水桶装置示意图

形成吸力，高速空气流由前向后通过散热器芯，带走散热器芯表面的热量，加速冷却水的冷却。风扇的风量主要与风扇的直径、转速、叶片形状、叶片安装角及叶片数量有关。

汽车用发动机的风扇按其结构原理分为轴流式和离心式；按驱动方式则分为机械（发动机曲轴）驱动式和电机驱动式两种，如图 6.8 所示。轴流式风扇所产生的风的流向与风扇轴平行，具有效率高、风量大、结构简单、布置方便的特点，因而得到了广泛的应用。为确保散热器的散热能力，机械驱动式风扇设有皮带张紧调节装置，如图 6.9 所示。

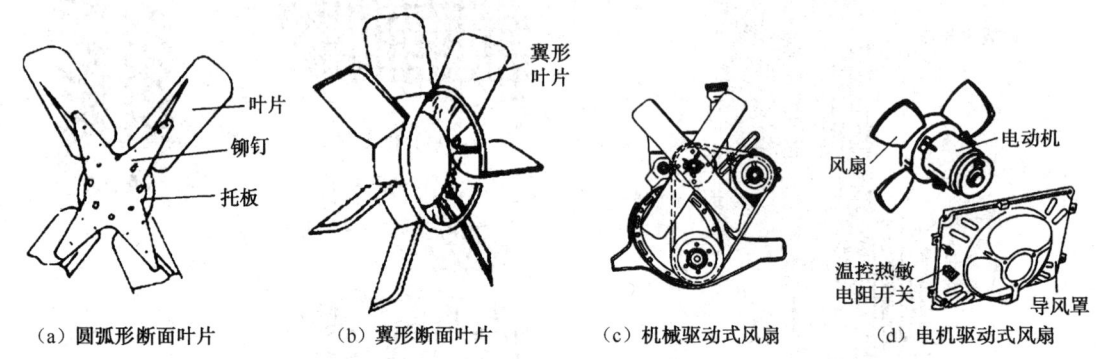

（a）圆弧形断面叶片　　（b）翼形断面叶片　　（c）机械驱动式风扇　　（d）电机驱动式风扇

图 6.8　风扇

轴流式风扇由叶片、托板铆接而成，叶片则由薄钢板冲压而成形，其断面有圆弧形和翼形两种。圆弧形断面叶片风扇也称作螺旋桨式风扇。翼形断面叶片风扇噪声小，空气动力性好，在高速发动机上应用日趋广泛。为降低叶片旋转时的气流噪声，叶片间隔角不等，叶片数量也多为奇数。

3. 水泵

水泵的功用是对冷却水加压，加速冷却水的循环流动，保证冷却可靠。汽车发动机上多采用离心式水泵。它具有结构简单、尺寸小、排水量大、维修方便等优点，其工作原理如图 6.10 所示。

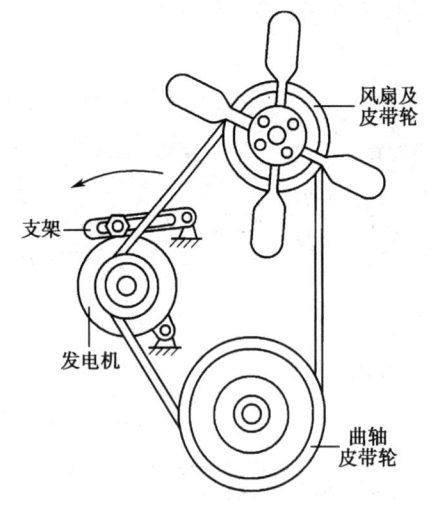

图 6.9　风扇皮带的张紧

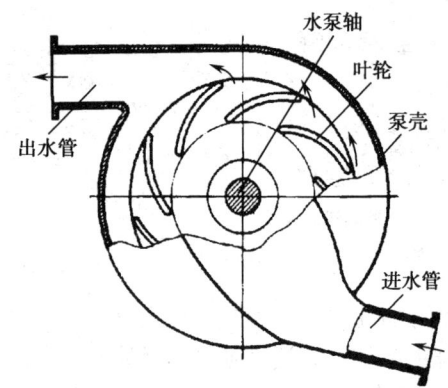

图 6.10　离心式水泵工作原理

离心式水泵主要由泵壳、叶轮和水泵轴等组成，叶轮叶片一般采用径向叶片或后弯叶片两种结构，其数目一般为 6～8 片。当叶轮旋转时，水泵中的水被叶轮带动一起旋转，在离心力作用下，水被甩向叶轮边缘，然后经泵壳上与叶轮呈切线方向的出水管压送到发动机水套内。与此同时，在叶轮中心形成局部真空，散热器中的水便经进水管被吸进叶轮中心部分。水泵连续运转，冷却水在水路中不断地循环。

EQ6100-1 发动机的水泵如图 6.11 所示（下文所述部分结构未在图中标出），水泵轴的一端用两个球轴承支承在水泵壳体内，伸出壳体以外的部分用半圆键与安装风扇皮带轮的凸缘盘连接。水泵轴的另一端安装叶轮，并用螺栓紧固。叶轮与球轴承之间装有水封，防止水泵内的冷却水沿水泵轴渗漏。水封弹簧通过水封环将水封皮碗的一端压在水封座圈上，而将水封皮碗的另一端压在夹布胶木垫圈上。夹布胶木垫圈在弹簧的水封压力下与叶轮毂端面贴合。平布胶木垫圈上有两个凸耳卡在泵壳上的槽孔内。因此，在水泵工作时，水封不随叶轮旋转。

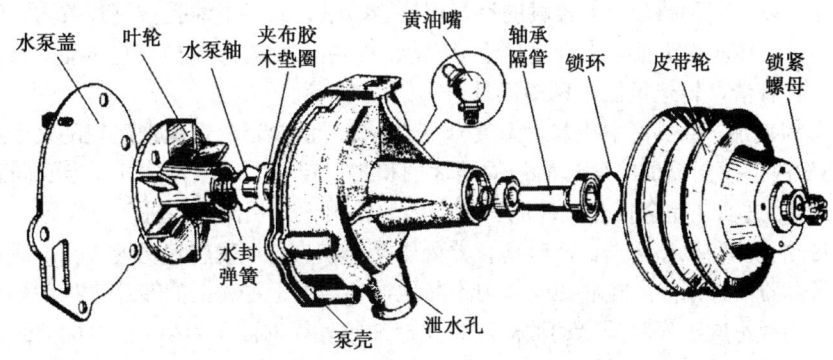

图 6.11　EQ6100-1 发动机的水泵

水泵壳体上有泄水孔，位于水封之前。一旦有冷却水漏过水封，可从泄水孔泄出，防止冷却水进入轴承，破坏轴承的润滑。如果发动机停机后仍有冷却水泄漏，则表明水封已经损坏。

6.2.2　冷却强度的调节装置

冷却强度的调节装置可根据发动机不同工况和不同使用条件，改变冷却系统的散热能力，即改变冷却强度，从而保证发动机经常在最有利温度状态下工作。

改变冷却强度通常有两种方式：一种是改变通过散热器的空气流量，另一种是改变通过散热器冷却水的流量。

1. 改变通过散热器的空气流量

通常利用自动风扇离合器来改变风扇转速，调节通过散热器的空气流量。汽车发动机上常用的自动风扇离合器有硅油式、机械式、电磁式和电机式等多种形式。

（1）硅油式自动风扇离合器（以下简称离合器）是一种以硅油为转矩传递介质的，利用散热器后面的气流温度自动控制硅油液压力的传动离合器。它结构简单，工作效果好，并具有明显节省燃油的优点。在轿车、中小型及重型汽车发动机上都有所应用。其结构如图 6.12 所示（下文所述部分结构未在图中标出）。

前盖、壳体和从动板用螺钉组装为一体，通过轴承安装在主动轴上。为了加强对硅油的冷却，在前盖上铸有散热片。主动轴随水泵轴一起转动，风扇安装在壳体上。从动板与前盖之间的空腔为储

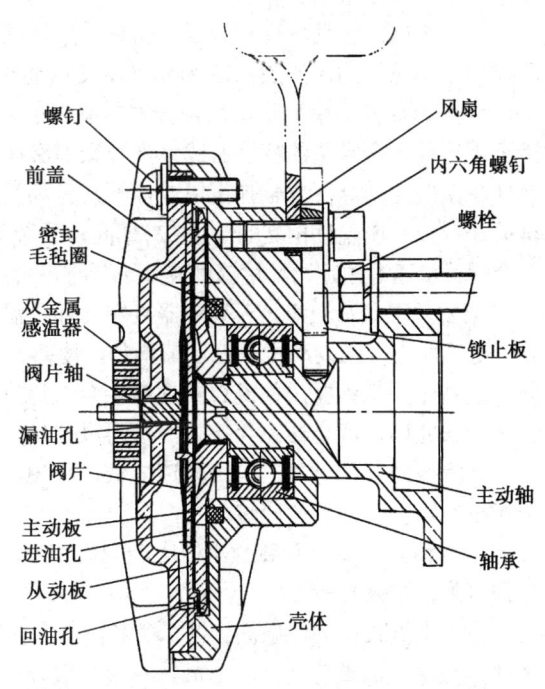

图 6.12　硅油式自动风扇离合器的结构

油腔（油面低于轴中心线），从动板与壳体之间的空腔为工作腔。主动板固接在主动轴上，它处在工作腔内，它与壳体及从动板之间均有一定的间隙。从动板上有进油孔，若偏转阀片，则进油孔打开。阀片的偏转靠螺圈状的双金属感温器控制，并受从动板上定位凸台的限制。双金属感温器外端固定在前盖上，内端卡在阀片轴的槽内。从动板外缘有一回油孔，中心有漏油孔，其直径大于阀片轴孔的直径，以防静态时从阀片轴孔泄漏硅油。

发动机在小负荷下工作时，流经散热器的冷却水的温度不高，流经散热器的气流温度也不高，因而双金属感温器（以下简称感温器）接触的空气温度也较低，此时进油孔被阀片关闭，硅油不能从储油腔流入工作腔，工作腔内无油，离合器处于分离状态。主动轴与水泵轴一起转动，风扇随离合器壳体在主动轴上空转打滑，转速很低，风扇风量很小。

当发动机负荷增加，散热器中冷却水温度升高时，流经散热器的气流温度也随之升高，当气流温度达到 60～65℃时，感温器受热变形而带动阀片轴和阀片转动，进油孔打开。当吹向感温器的气流温度超过 65℃时，进油孔完全打开，硅油在离心力的作用下，从储油腔进入工作腔，主动板利用硅油的黏性即可带动壳体和风扇转动。此时离合器处于接合状态，风扇转速迅速升高，风量增大，冷却强度增大。在离合器接合期间，硅油在壳体内不断地循环。由于主动板的转速比从动板高，因此在离心作用下从主动板甩向工作腔外缘的油液压力比储油腔外缘的油压力高，硅油从工作腔经回油孔流回储油腔，而储油腔又经进油孔及时地向工作腔补充油液。工作腔内的缝隙始终充满硅油，使离合器处于接合状态。在从动板的回油孔旁，有一个刮油凸起伸入工作腔的缝隙内，其作用是使离合器转动时回油孔一侧的硅油压力增高，使硅油从工作腔流回储油腔的速度加快，从而可以缩短离合器回到分离状态的时间。

发动机负荷下降，流经散热器的冷却水温度降低，吹向感温器的气流温度低于 35℃时，感温器恢复原来形状，阀片将进油孔关闭。工作腔内剩余的油液在离心力的作用下，继续从回油孔流向储油腔，直至甩空为止。这时离合器又回到分离状态，风扇缓慢转动。

为了防止温度过低，感温器使阀片反向转动而打开进油孔，在从动板上有一个凸台，可对阀片进行反向定位，这个凸台即定位凸台。

（2）机械式自动风扇离合器。机械式自动风扇离合器（以下简称离合器）是以形状记忆合金作为温控和驱动元件的，如图 6.13 所示（下文所述部分结构未在图中画出）。兼起温控和压紧作用的形状记忆合金弹簧就是用形状记忆合金材料制成的，这种合金具有形状记忆效应和超弹性特性。图 6.14 所示为这种合金弹簧的特性曲线，当合金弹簧所处的环境温度为 T_1 时，合金弹簧处于较短状态；随着环境温度的升高，合金弹簧快速伸长，当环境温度上升到 T_2 后，若温度再升高，合金弹簧几乎不再伸长；当环境温度由 T_2 下降到 T_3 期间，合金弹簧长度几乎不变；当环境温度由 T_3 下降到 T_4 期间，合金弹簧快速缩短，当环境温度继续下降时，合金弹簧几乎不再缩短。

当发动机负荷较小，若离合器接触的环境温度低于（50±3）℃，合金弹簧保持原来形状，离合器处于分离状态。当发动机负荷逐渐增加，使离合器周围的环境温度超过（50±3）℃时，合金弹簧开始伸长，并压紧从动板，使离合器逐渐接合，风扇转速也随之增加。当环境温度上升到 60℃时，合金弹簧伸长完毕，离合器完全接合，使得风扇转速与主动轴转速相同。当环境温度逐渐下降到 54℃左右时，离合器开始分离，风扇转速降低，环境温度下降到 40℃时离合器完全分离，风扇此时只是由于摩擦力矩驱动而低速旋转。

与硅油式自动风扇离合器相比，机械式自动风扇离合器功率损失小，温控灵敏度高，且结构简单，工作可靠，维修也较便利。

（3）电机式自动风扇离合器。很多轿车发动机的水冷系统采用电机驱动风扇，电机由蓄电池直接驱动，与发动机转速无关。电机转速由热敏开关自动控制。当冷却水温度为 92℃时，热敏开关接通电机的 1 挡，风扇以低速转动；当冷却水温度升高到 98℃时，热敏开关接通电机 2 挡，风扇以较高的转速转动；若冷却水温度降到 92～98℃时，电机恢复 1 挡转速；当冷却水温度降到 84℃时，热敏开关切断电源，风扇停止转动。

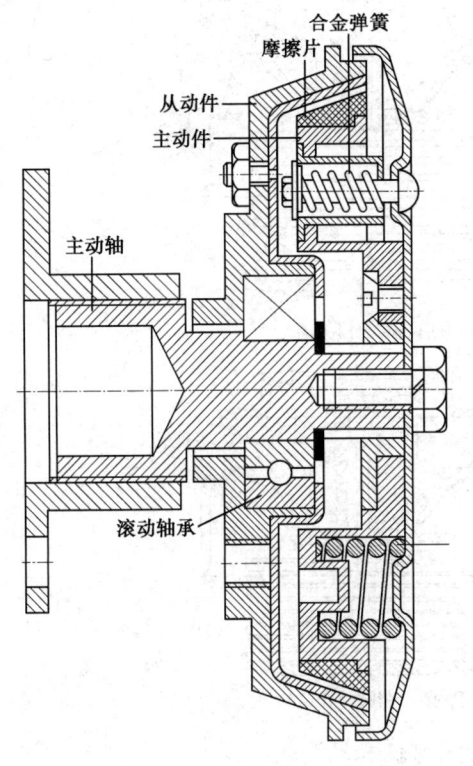

图 6.13　机械式风扇离合器

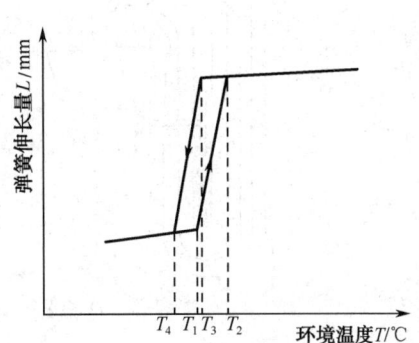

图 6.14　形状记忆合金弹簧的特性曲线

电机驱动风扇的优点是结构简单，布置方便。

2. 节温器

通过节温器可改变流经散热器的冷却水量，改变冷却强度。常用的节温器有折叠式节温器和蜡式节温器两种。

（1）折叠式节温器如图 6.15 所示，它一般装在汽缸盖出水口处的冷却水循环通路中，主要由具有弹性的折叠式的密闭圆筒组成，圆筒内装有易于挥发的乙醚。筒内乙醚蒸汽的压力随着周围温度的变化而变化，即圆筒高度随温度的变化而变化。圆筒的下端焊接在支架上，支架则固定在节温器的外壳上，因此圆筒下端位置是固定不变的。圆筒的上端焊有侧阀门和阀杆，阀杆上又焊有上阀门。这样，当圆筒高度改变时，侧阀门及上阀门随圆筒上端一起上下移动。节温器外壳上的旁通孔（图中未标出）正对着汽缸盖出水管的旁通管，旁通管与水泵进水口连接。

当发动机在正常工作情况下（温度高于 80℃），冷却水全部流经散热器，冷却系统形成大循环。此时节温器的上阀门完全开启，而侧阀门将旁通孔完全关闭，如图 6.15（a）所示。当冷却水温度低于 70℃时，圆筒内的蒸汽压力很低，使圆筒收缩到最小高度，如图 6.15（b）所示，上阀门压在阀座上，即上阀门关闭，同时侧阀门打开。此时切断了由发动机水套通向散热器的水路，水套内的水只能由旁通孔流出，经旁通管进入水泵，又被水泵压入发动机水套，此时冷却水并不流经散热器，只是在水套与水泵间循环，形成小循环，从而防止了发动机过冷，并使冷发动机能迅速而均匀地预热。

当水温在 70～80℃时，上阀门与侧阀门便处于与温度相适应的中间位置。此时只有部分冷却水流经散热器。

上阀门上面的通气孔使阀门上面的出水管的内腔与发动机水套相连通，加注冷却水时，水套内的空气可以通过通气孔排出，以保证水能充满水套。

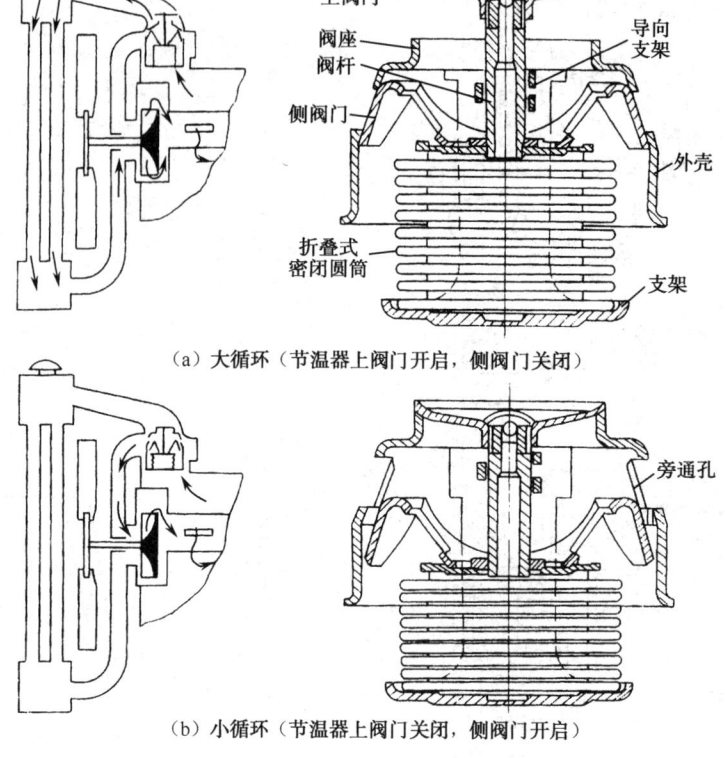

（a）大循环（节温器上阀门开启，侧阀门关闭）

（b）小循环（节温器上阀门关闭，侧阀门开启）

图 6.15　折叠式节温器

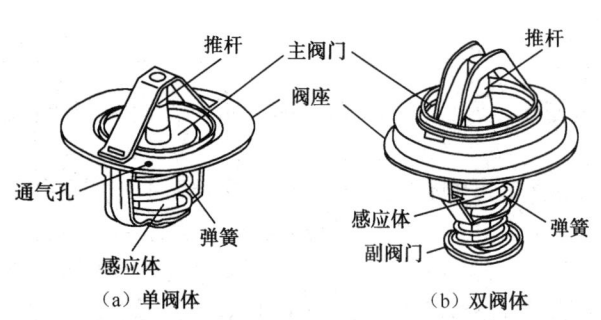

图 6.16　东风 EQ1090E 型汽车发动机所用的蜡式节温器

（2）蜡式节温器。图 6.16 所示为东风 EQ1090E 型汽车发动机所用的蜡式节温器（上文所述部分结构未在图中标出）。推杆的上端固定于支架上端的中心处，另一端插入胶管的中心孔中，胶管与节温器外壳之间形成的腔体内装有精制石蜡。常温时，石蜡呈固态，弹簧将主阀门推向上方，使之压在阀座上，主阀门关闭；而副阀门随着主阀门上移离开阀座，小循环通路打开，如图 6.17（a）所示（上文所述部分结构未在图中标出）。来自汽缸盖出水口的冷却水经水泵又流回汽缸体水套中，进行小循环。当发动机水温升高时，石蜡逐渐变成液态，其体积膨胀，迫使胶管收缩，而对推杆锥状端头施加向上的推力，而固定不动的推杆对胶管及节温器外壳产生向下的反推力。当发动机水温为 76℃时，推杆对节温器外壳的反推力可以克服弹簧预压力，使主阀门开始打开。当水温超过 86℃时，主阀门全开，而副阀门此时正好完全关闭了小循环通路，这时来自汽缸盖出水口的冷却水沿出水管全部进入散热器冷却，进行大循环，如图 6.17（b）所示（上文所述部分结构未在图中标出）。

　　国产捷达、桑塔纳、奥迪 100 及 CA1091 型等汽车都采用了蜡式节温器。CA1091 型汽车的 6102 型发动机的节温器构造如图 6.18 所示，其工作原理与上述相同。

　　折叠式节温器的开启是靠筒中易挥发液体形成的蒸汽压力来完成的，故对冷却系统的工作压力较敏感，而蜡式节温器则对冷却系统的工作压力不敏感，而且与折叠式节温器相比，蜡式节温器工作可靠、结构简单、坚固耐用、制造方便，故目前折叠式节温器有逐渐被蜡式节温器取代的趋势。

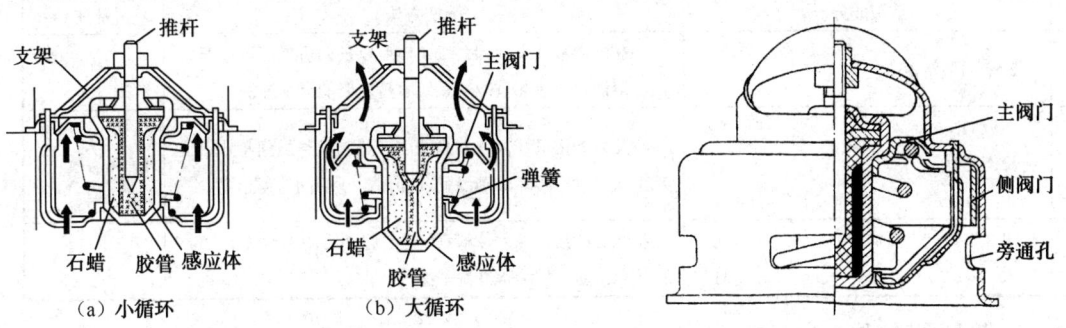

图 6.17　蜡式节温器工作原理　　　　图 6.18　CA1091 型汽车的 6102 型发动机的节温器构造

6.3　冷却系统的维修

6.3.1　冷却系统的使用与维护保养

1．风扇皮带紧度的检查与调整

汽车在使用中，若出现发电机不充电、发动机温度过高等现象时，首先应检查风扇皮带紧度。

检查方法是：用大拇指按压风扇皮带中部（其张力约 98N），皮带应下凹 7～18mm（小车）或 15～20mm（大车）。如果不符合要求，应松开调整螺母，改变发电机的位置加以调整。

若风扇皮带紧度过大，将增加动力损失，增加发电机和水泵轴承的负荷，使轴承磨损加剧，同时也可以导致皮带的早期损坏；若风扇皮带紧度过小，则易使皮带打滑，造成发动机过热，同时影响发电机的发电。

2．水垢的清洗

为了保证发动机能在正常温度下工作，应定期清除冷却系统中的水垢，否则，发动机会出现"开锅"的现象。

水套和散热器的清洗可在汽车使用中或在维护修理时进行。维护修理过程进行水套水垢的清洗时，应先拆去节温器，将水从正常水循环相反的方向压入（即从出水管处压入），到流出的水清洁时为止。当水垢严重积聚、沉淀或有附着在金属表面上的硫酸钙、碳酸钙等物质时，可加入水垢清洗液使其溶解，而后用清水洗净。

就车清洗水套和散热器水垢的方法简单，先将冷却系统的冷却水放净，然后加入配有水垢清洗液的溶液，使发动机运行一小段时间后放出清洗液，再换用清水使发动机运行一小段时间后放出，至出水清洁不混浊即可。汽车服务市场有水垢清洗液出售，也可自行配置。清洗水套、散热器的溶液成分和清洗方法如表 6.1 所示。

表 6.1　清洗水套、散热器的溶液成分和清洗方法

类别	溶液成分		清洗方法	备注
1	苛性钠（火碱）	750g	将溶液过滤后加入冷却系统中，停留 10～12h 后，起动发动机，以怠速运转 15～20min，直到溶液开始有沸腾现象为止，然后放出溶液，再用清水多次冲洗	适用于铸铁制汽缸盖水套的清洗
	煤油	150g		
	水	10L		
2	碳酸钠（洗衣碱）	1000g		
	煤油	500g		
	水	10L		

类别	溶液成分		清洗方法	备注
3	2.5%盐酸溶液		将盐酸溶液加入冷却系统，然后以发动机怠速运转 1h，放出溶液，再以超过冷却系统容量 3 倍的清水冲洗	
4	水玻璃 液态肥皂 水	15g 2g 1L	将配好的溶液注入冷却系统中，起动发动机到其处于正常工作温度，再运转 1h 后放出溶液，用清水清洗干净	适用于铝制汽缸盖水套的清洗
5	煤油接触剂(石油炭) 水	75～100g 1L	将配好的溶液注入冷却系统中，起动发动机运转 1～2h，再放出溶液，用清水冲洗干净	

6.3.2 散热器的检查与修理

1. 散热器的常见损伤

散热器常见的损伤现象有：散热器积聚水垢、铁锈等杂质，形成管道淤塞，阻碍水流；芯部冷却管与上、下水室焊接部位松脱漏水或冷却管破裂漏水；上、下水室出现腐蚀斑点、小孔或裂缝；因外伤损坏而漏水。

2. 对散热器渗漏和淤塞的检查

（1）散热器渗漏的检查。散热器渗漏可用气压表来检验，如图 6.19 所示。

先向散热器内注满水，盖上散热器盖，将气压表的水管接至放水开关，并打开放水开关，捏动橡皮球，向散热器中的水加压，当散热器泄气管放出空气时，气压表上的读数应在 27kPa～37kPa 的范围内变动。然后关闭放水开关，将水管接在泄气管上，加压至 50kPa，检查散热器有无渗漏现象。如气压表读数不能稳定地保持 50kPa 时，则应查明散热器的漏水部位，而后进行修补。

（2）用压缩空气法检查散热器。对于清除水垢后的散热器的漏水检验，可以将散热器的进水管用膨胀式橡皮塞堵塞，如图 6.20 所示，然后放入清水池内，再向散热器注入压缩空气。如散热器各处冒气，形成气泡，则说明散热器已严重腐蚀。如冒气点不多，说明问题不严重，应在冒气点找出渗漏位置，做好记号准备修复。

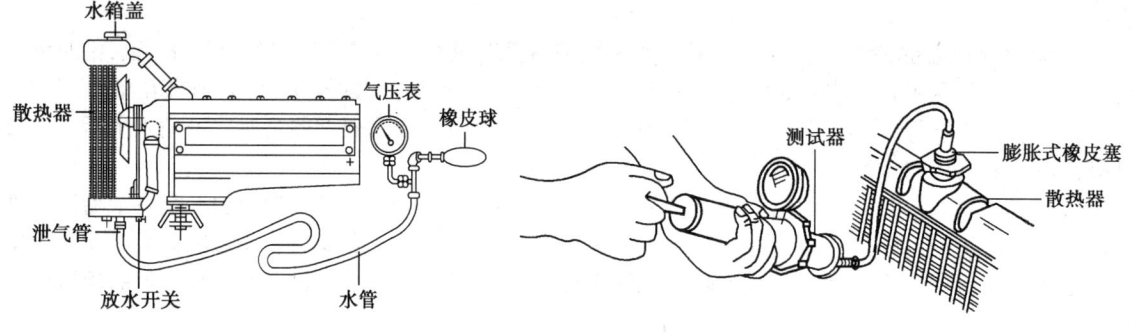

图 6.19　散热器渗漏的检验　　　　图 6.20　用压缩空气法检查散热器的密封性

（3）检查水容量。检查散热器中的水量，可以分析水管是否淤塞或堵住（用新、旧散热器水量对比）。

3. 散热器的修理

（1）散热器上、下水室。散热器的渗漏部位大多出现在冷却管与上、下水室的接触部位。渗漏不严重时，一般可用镀锡法修复。

上、下水室腐蚀不严重，只有少数小孔或腐蚀斑点时，可用镀锡法修理。其方法是将水室浸于稀盐酸内以清除水垢，再取出，用钢丝刷在清水中清除残留水垢，并用毛刷在内外表面涂以氯化锌铵溶液，再放入焊锡锅内，从内、外表面将砂眼焊住。

当上、下水室有洞孔或裂缝时，可用补板封补方法来修理。在裂缝两端终点打两个小孔，用厚0.8mm 的铜片，按裂缝长度加 10～20mm 余量剪下补板，将补板盖在裂缝上，涂以氯化锌铵溶液或氯化锌溶液，然后在四周用焊锡焊牢。

（2）冷却管的修理。

① 接管法。当外层少数冷却管损坏部分不多时，可用接管法修理。方法如下：用尖嘴钳拆去已损坏冷却管上的散热片，剪下已损坏的一段冷却管；从该管的端头插进通条，穿过剪去部分的上、下口，用尖嘴钳将上、下接口整理平直；剪截一段从旧散热器上拆下的可用冷却管，其长度较需要镶接的部分加长 10mm 左右，并将两端接口部分稍微扩大，使其能够套住所要修理冷却管的上、下接口；将镶接管套接好以后，再从该管的端头插进通条，并将接口处整理平顺，涂上一层氯化锌铵溶液，用氧焊加热，将接口用锡焊焊合。

② 换管法。当内层冷却管损坏或外层的冷却管损坏部分的长度较长时，可用换管法修理。方法如下：将散热器芯夹装在修理散热器用的活动修理架上，用一根与冷却管内孔尺寸相近的扁铜条插入需要抽出调换的冷却管内，来回抽拉几次，以清除内部的积垢；将电阻加热器插入需要抽换的冷却管内，如图 6.21 所示，两极接 24V 的电压，接通约 1min 电阻丝即可烧红，冷却管上的焊锡也随之熔化。同时，用氧焊将冷却管与上、下底板连接处的焊锡熔化，使之脱离。切断电源，趁热用手钳将冷却管连同电阻加热器一同抽出；清除底板污垢，将表面挂有焊锡的新制冷却管或从废旧散热器上拆下的可用的冷却管插入孔内，烧热烙铁，稍沾焊锡，将冷却管与上、下底板的接合处焊牢。

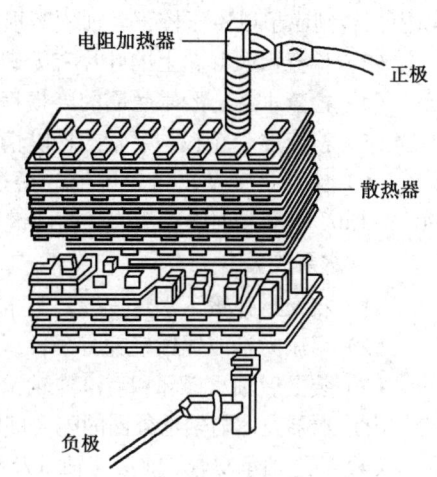

图 6.21 用电阻加热器拆换冷却管

③ 拼修法。散热器芯内排的一部分冷却管和散热片严重损坏时，可用拼修法修理，方法如下：用喷灯加热，拆卸散热器芯的上、下底板；将散热器芯的损坏部分锯下，用弯尖钳校正散热片；从废旧散热器芯上选择可用部分，锯下与所需散热器芯损坏部分同样大小的一块拼镶料，并校正散热片；将拼镶料拼合在已损坏的散热器芯上，按前述修理底板的方法将底板装于散热器芯上，将其与冷却管用焊锡焊牢。

凡经接管法、换管法或拼修法修理的散热器，均应进行渗漏检查，补焊漏孔，至不再渗漏为止。

4. 散热器芯底板的检修

散热器芯底板与冷却管焊缝脱离而发生漏水现象或散热器底板有砂眼、裂缝情况时，可按下列工艺修理。

用喷灯或烙铁熔下冷却管与底板连接处的焊锡，卸下损坏的底板，浸入稀盐酸内，加热至 40℃，几分钟后取出，用清水冲洗，用钢丝刷清除残存污垢。在底板上涂以氯化锌铵溶液，注意不要使其进入冷却管内。将底板焊接于冷却管上。焊锡温度约 360～400℃，浸入焊锡的深度约 10mm，镀锡时间约为 30s。取出底板后，应抖掉多余的焊锡。

6.3.3 水泵的检查与修理

1. 水泵的常见损伤

水泵损伤以后，将出现吸水不佳、压力不足、循环不良、漏水、高温等故障，影响发动机的正常运转。常见的损伤有：泵体破裂；泵轴磨损或弯曲；叶轮片破裂；胶木垫圈与垫圈座磨损，橡皮水封变形老化，水封与封座不平，密封弹簧的弹力不足；皮带轮毂与水泵轴松旷；水泵轴承松旷及磨损；

键槽磨损，键或销被剪断等。

2. 水泵的检修

（1）检查泵体有无裂缝和破裂，螺孔、螺纹有无损坏，前后轴承孔是否磨损过限，止推垫圈的接触面有无擦痕和磨损不平，分离平面有无挠曲变形。

泵体破裂可以用生铁焊条氧焊修理；螺孔、螺纹损坏可以扩大孔径，再攻螺纹，也可焊补后再钻孔攻丝；轴承松旷超过规定（轴向间隙不超过 0.30mm，径向间隙不超过 0.15mm）时应该更换；轴承孔磨损超过 0.03mm 时，可用镶套法修复，套和孔配合过盈量为 0.025～0.050mm；止推垫圈接触平面有擦痕，垫圈座有麻点、沟槽或不平时，可用铰刀修整；壳体与盖连接平面如挠曲变形超过 0.05mm 时，应予以修平。

（2）检查泵轴有无弯曲，轴颈磨损是否过限，轴端螺纹有无损伤。泵轴的弯曲一般应在 0.05mm 以内，否则应予以冷压校正。轴颈磨损过限，可以磨光后镀铬修复。

（3）检查水泵叶轮上的叶片有无破碎，叶轮叶片破裂，可堆焊修复。

（4）检查水封、胶木垫圈的磨损程度，如不适用则应换新件。

（5）检查皮带轮毂与泵轴的松旷情况，装泵轴的孔径若磨损过限，可镶套修理。

（6）检查泵轴及皮带轮键槽的磨损情况，可以焊补后修整它的表面；也可以在与旧键槽相隔 90°～180° 的位置上铣出新的键槽。键和销子已磨损不适用时应换新件。

3. 水泵的装合

（1）将密封弹簧、水封皮碗、胶木垫圈装于叶轮孔内，再装上水封锁环。

（2）用压力机或铜锤轻轻将泵轴压入或敲入水泵叶轮，其配合间隙为 –0.01～+0.02mm。

（3）装上后轴承锁环和后滚珠轴承，其配合间隙为 –0.01～+0.012mm，用铜锤将其轻轻打入水泵壳体内，水泵壳体与轴承外圈的配合间隙为 –0.027～+0.031mm。

（4）装进轴承隔管、前滚珠轴承及前轴承锁环。将风扇皮带轮装在泵轴上，垫上垫圈，紧固螺母。测试水泵叶轮，叶轮转动应灵活。

（5）装上水泵盖及衬垫，用螺栓紧固，向弯颈油嘴注入润滑油。

4. 水泵装合后的检验

水泵装合后应该进行检验。首先用手转动皮带轮，泵轴应无阻滞现象，叶轮与壳体应无碰击。最后在水泵试验台上进行检验。当泵轴以 1000r/min 的速度运转时，每分钟的排水量不应低于规定的数值，在 10min 的试验过程中，应无任何碰击声响和漏水现象。

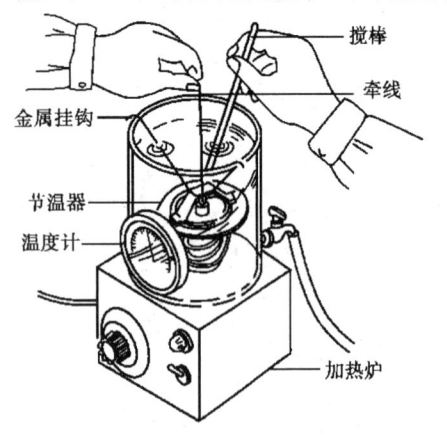

图 6.22　蜡式节温器的检查

6.3.4　节温器的检查与更换

若节温器失灵时，主阀门处于关闭状态，冷却水不经散热器，致使发动机冷却系统很快出现过热现象，导致"开锅"现象的发生；反之，若节温器失灵时，主、副阀门同处于开启状态，冷却水不能进行小循环。检查时，将节温器浸入盛水容器中，并逐步加热提高水温，检查阀门的开启温度和阀门的提升情况。

图 6.22 所示为蜡式节温器的检查。低温型节温器的温度在 80～84℃时，阀门开始开启，在达到 95℃时升程应大于 8mm；高温型节温器的温度在 86～90℃时，阀门开始开启，在温度达到 100℃时阀门的升程应大于 8mm。当上述条件下阀门的升程衰减到 8mm 以下时就不能继续使用，应予以更换。

6.3.5 风扇的检修

风扇拆卸后,检查风扇叶片表面,若有裂纹或折断,应及时更换;连接风扇叶片的铆钉如有松动,应予以重铆;风扇叶片与旋转平面有 30°～45° 的倾斜角度,每片倾斜角度应相等。可用样板来检查其是否符合规定,否则会影响风量,而且摇摆晃动,产生噪声。叶片角度变形,可在压模内扳正或用锤子敲正。

对装有风扇离合器的风扇,应检查风扇离合器的松旷和损伤情况,以及有无硅油的渗漏。将分解后的零件逐一检查,如有裂纹、破损或严重磨损,应予以更换。

6.4　冷却系统的故障诊断与排除

冷却系统可强制地将发动机零件所吸收的热量及时散去,以保证其温度在适当范围内,从而保证发动机的正常运转。

若发动机温度过高,会使被吸入的可燃混合气因受热膨胀而密度下降,减少充气量,使发动机的动力性和经济性变坏;各部件会因受热膨胀而破坏机件原来正确的配合间隙,导致摩擦阻力的增加,零件的磨损加剧,强度降低,严重时会引起烧蚀甚至卡滞,使发动机停止运转。发动机过热还会引起润滑油变稀、黏度降低和变质,油膜不易保持而加速零件的磨损,另外,也会引起爆燃现象的发生。

若发动机温度过低,燃料因不易蒸发而造成雾化不良;润滑油则因温度过低而变稠,使黏度增高,机件的运动阻力增加,使发动机的动力性和经济性变坏,汽缸磨损加剧。

6.4.1 冷却水温度过高

1. 故障现象

冷却水的温度超过 95℃,即为水温过高,其现象是:散热器加水口冒出大量水蒸气,并有行车无力的感觉。

2. 故障原因

(1) 冷却水不足。由于漏水或蒸发而使水量不足,引起发动机过热。

(2) 风扇皮带过松。皮带长期使用,因腐蚀而变形;皮带轮磨损或水泵泵轴变形使皮带松动,都会引起风扇不转动或转速低,使散热器冷却不好,而引起冷却水过热。

(3) 水泵失去泵水作用。泵轴磨损或弯曲,水泵轴承缺油,使轴承磨损及松旷;叶轮固定销或叶轮固定螺钉松脱,叶片破裂,叶轮与泵壳间的间隙过大,叶轮被污泥或其他杂物阻塞;水泵吸力降低,压力不足,影响水的循环效果;水泵管堵塞,水不能流通等都会使水泵不泵水,引起发动机过热。

(4) 节温器损坏或失灵。节温器损坏,发动机长时间超负荷运转,温度过高,如膨胀筒破裂,阀门不能正常开启与关闭;水垢过多,将主阀门卡住,使其不起作用,冷却水只进行小循环,不能进入散热器进行大循环,故水温过高。

(5) 百叶窗没打开和水箱堵塞或受损。由于驾驶员忘记打开百叶窗或百叶窗操纵拉杆卡住,打不开百叶窗,空气不能流通,散热器的热量散发不出去,使发动机过热。

散热器积聚水垢、铁锈等杂质,造成管道和散热器芯管淤塞,阻碍了水的循环流动;上、下水室因受腐蚀而形成斑点、小孔或裂开而漏水;芯管与上、下焊接部位松脱;其他部位因受碰撞而损伤、漏水等,都会引起发动机过热。

(6) 汽缸水套内生锈或积垢过多。由于汽缸在长期使用中使水套内沉积了沉渣、水垢或生锈,减少了水套的容积,使冷却水的流量减少,影响了冷却水的循环;由于水垢层导热性不良,降低了冷却效果;铁锈和水垢日积月累也会堵塞水套、水泵、散热器进水口,阻碍了水的循环流通。这些都会使发动机过热。

（7）分水管腐蚀而不起分水作用。分水管是插入水套内的，若生锈或生水垢，会把管口堵塞，从而使分水管起不到分水的作用，使发动机冷热不均。

（8）长时间的超负荷低速行驶。由于负荷大、时间长、转矩大，使机件磨损较大。润滑差，冷却水流动效果差，使发动机过热。

（9）点火时间过迟。离心点火提前角装置的某处发卡或飞卡被卡，弹簧损坏，使发动机点火提前角不能随着发动机转速的升高而增加。

（10）风扇离合器故障。风扇离合器发生了故障，使风扇的转速不能随着冷却水的温度升高而增高。

3. 故障诊断

（1）当汽车在行驶中水温表的指针指到100℃时，冷却水沸腾并从回水管溢出。汽车加速时，发动机有杂乱的金属敲击声，需要立即停车检查。检查百叶窗是否打开，有无漏水处，水量是否少，风扇皮带是否松旷而打滑，如都正常就要检查水泵的泵水情况。

（2）如果上述情况均未出现，就要用手摸发动机和散热器，如果发动机的温度很高，而散热器的温度并不高，可将出水管处的节温器取出，再试发动机，如果水温正常了，可断定节温器有故障而失效。如果取出节温器，发动机还过热，就要检查水箱管是否堵塞。

（3）如果用手摸发动机缸体各部分冷热不均，可能分水管堵塞，不起分水作用，或者汽缸水套内生锈，污垢过多。

（4）水箱漏水严重而缺水，或者是在冬季水箱结冰，发动机过热。水温表指针指向100℃，用手摸水箱感到冻手，说明水箱中的水结冰了；如果用手摸上水室感到烫手，而下水室冻手，说明有冻阻之处。此时车不能发动，严重时会把水箱或发动机冻裂，造成严重的经济损失，驾驶员要特别注意。要说明的是：现在冬季汽车在多数情况下用的冷却水加有防冻液，尤其是在北方或高寒地带。如果没有加防冻液或没有放进暖库的车，停车时必须把冷却水放净。

（5）如果上述情况均未出现，车仍功率不足，发动机工作声音发闷而且加油很难提速，就需要检查点火时间是否过迟。

4. 故障排除

（1）散热器。

① 散热器的故障主要是渗漏和淤塞。渗漏可用密封试验器检查，也很直观。密封试验器由0.098MPa 分度的压力表、橡皮塞和橡皮球组成。在橡皮球座上有两个阀，一个为进气阀，一个为出气阀。检查时，先把散热器加满冷却水，盖上散热器盖，并把进、出水口封闭，把密封试验器皮管接到散热器出水口上，打开出气阀，用手捏动橡皮球加压，如果压力表读数下降，说明散热器有漏水之处，找到渗漏处，画上记号，以便维修，或用压缩空气法检查散热器，把散热器进、出水口用膨胀式橡皮塞密封，再把散热器放到水池中，将橡皮塞上的软管通入压缩空气。散热器在水中多处冒气，形成气泡，则散热器受到严重腐蚀。如只有某处冒气，说明只有此处损坏，可在此处画好记号，以便焊补。

② 散热器故障的排除。上、下水室腐蚀不严重，有漏水之处或外表有裂缝时，可用镀锡法修理。散热器芯底板和冷却管焊缝脱离而发生漏水，可用烙铁进行修补，即把损坏或脱焊之处清除干净，用烙铁直接焊接或焊补，但是焊处周围需要加热。散热器的冷却管除补焊外，当少数冷却管损坏时，还可以用接管法修理。如果散热器内外都损坏，并且冷却管损坏也比较严重，就需要换管。

（2）清除水箱和水套的污垢。冷却系统由于长期使用，水箱和水套的内表面集结了一层水垢、铁锈和油污等，影响了冷却水的流量，甚至使冷却系统堵塞，大大地影响了散热性能，这样就必须对水箱和水套进行清洗。采用任何清洗方法都必须事先把节温器取出再进行清洗，清洗后再装上。

（3）分水管的更换。当分水管腐蚀或损坏，不起分水作用时，会使发动机冷却不均匀，此时需要更换分水管；如果分水管没有损坏，而只是污垢太多，可清除管内的污垢，然后对正进水管，将其轻轻敲装进去。

（4）水泵。

① 水泵故障的检查。如果水泵出了故障，水泵的泵水压力就会减小，影响冷却水的循环流动，使散热变差。检查泵水压力时，用手握住散热器与缸盖连接的出水橡胶管，使发动机由怠速逐渐加到高速，如手感到水的流量也在加大，证明水泵没问题；如果感觉不到变化，说明水泵有损坏之处，应该拆卸水泵检修。拆开水泵，检查泵体是否有裂纹，泵轴、轴承有无磨损，并对叶轮、键槽及密封垫进行检查。

② 水泵故障的排除。如果泵轴与轴承松旷量很大，有噪声，可更换新件。如泵轴没有弯曲或磨损很小，可以只换轴承，否则全换。皮带轮的锥形套和半圆键若被磨损或出现松旷，也要更换。

如果水泵因胶木水封磨损不均而漏水，可把它拆下，放在玻璃上加研磨膏磨平或用砂布放平磨平，若磨损严重则应更换。

若泵体有裂纹，可将裂缝处削成一小条斜焊口，将泵体加热，就可用生铁焊条或不锈钢焊条焊好，焊后用加热的冷却粉盖住，使其慢慢冷却。

如果螺孔的螺纹脱扣，可加大孔径，以攻螺纹或焊补后再攻螺纹。

壳体和盖的连接平面若有变形，盖变形不严重可修平，若变形严重应磨平或换盖。

（5）节温器。

① 节温器的检查。把节温器从出水管口卸下，放到一个装热水的容器内。最好把节温器悬在容器里，不要触底，用温度计测量水的温度。让水温逐渐升高，当水温升高到 70℃ 左右时，节温器阀门应开始开启。水温达到 80℃ 时，节温器阀门应全开启。如果初开和全开时，水的实际温度都超过了上述温度，发动机就会过热。

② 节温器的故障排除。节温器膨胀破裂或者腐蚀，一般都要更换新的，如果没有新的可更换，应对节温器进行修理。

（6）风扇。拆下风扇后，先检查叶片表面是否有裂缝，再取一个样板检查一下风扇叶片的角度是否符合规格，风扇叶片的铆钉有无松动，叶片如有裂缝，应更换。如果铆钉松动，用锤敲扣几卜铆钉即可。如叶片变形，可按样板修正。

硅油式风扇离合器如果失灵，可旋松内六角螺钉，移动锁止板，使锁止板端部的指销插入主动轴的孔中，再紧固圆柱头内六角螺钉。如果双金属感温器失灵，阀片不转动，进油孔打不开，密封毛毡圈损坏漏水，需要修理和更换垫圈。

6.4.2 漏水

漏水部位可能有汽缸体、汽缸盖、汽缸垫、水泵、散热器和冷却管等。

汽缸体、汽缸盖和汽缸垫漏水的原因有：连接螺栓和汽缸盖螺栓松动；汽缸垫、汽缸盖和汽缸体的接合面脏污、腐蚀或有毛刺，妨碍了接合处的压紧；接合面弯曲或变形也会使汽缸盖、汽缸垫和汽缸体的接合面不能压紧；由于汽缸盖或汽缸体过热或冷冻，产生裂纹而漏水。

水泵漏水的原因有：水泵安装松动或安装不当；水泵壳体有裂纹或有砂眼或变形，泵轴弯曲或轴套和泵轴磨损松旷，轴承松动。

散热器和冷却管漏水的原因有：散热器安装不当而变形；风扇离散热器近而碰坏散热器；散热器冻裂或腐蚀而漏水；放水塞或放水开关处漏水；散热器芯堵塞使冷却水不能上、下循环，积聚在上水室里，最终流出溢水管；连接软管长期使用，因腐蚀而穿透或裂开；软管夹松旷，软管安装位置不当而漏水。

经过检查找到漏水原因后，根据具体情况进行相应的调整和修理。

6.4.3　水温过低

水温过低一般少见，它是指发动机正常工作时冷却水的温度低于 75℃的情况。

水温过低现象多在气温过低时出现。其原因有：节温器损坏，负责大循环的出水阀关闭不严或不关闭，气温过低等。

遇此情况，应拆下节温器检查，如不符合要求，应该更换节温器。

实训　冷却系统主要部件的检查、维护与调整

1．实训目的与要求

（1）熟悉发动机冷却系统的各种不同结构的原理及其功能。

（2）掌握冷却系统主要部件的检查、维护与调整的方法。

2．仪器、设备

试验汽车、常用工具、专用工具及设施等。

3．方法与步骤

（1）散热器的检查与维护。

① 散热器的清洗。将散热器放在盛有含苛性钠 10%～15%水溶液的洗涤池内→加热水溶液使散热器在该溶液中浸煮 25～30min→取出后用热水清洗。

② 密封试验。将散热器进水管用木塞或橡皮塞堵住→加满水后用专用盖密封加水口→用打气筒从排水管口向散热器打气加压→观察有无水从散热器外表渗出→如有破漏处要做上记号。

③ 散热器的修补。如上、下水室或外层散热器芯破漏，可用锡焊焊修。如内层散热器芯破漏，可将外层散热片剪掉，用尖嘴烙铁焊修。修复后的散热器芯应用通条做通过检查，不能通过的管数不得超过全部管数的 5%；如进、出水管破漏应更换，放水开关漏水应拆下研磨或更换。修补后的散热器应再次进行密封试验。

（2）水泵的检查与维护。

① 就车检查水泵的技术状况。检查水泵溢水孔是否渗漏，若渗漏，则表明水封已损坏；检查水泵衬垫是否渗漏，若渗漏应先检查水泵紧固螺栓是否松动，如松动应拧紧，若拧紧后仍漏水，则应更换衬垫。检查皮带轮是否松旷摇摆，如有摇摆，应拧紧风扇及轮毂的连接螺栓，若仍然摇摆，则可能是水泵轴承松旷，应分解水泵检查轴承。

② 水泵的分解。拆下风扇及风扇离合器总成→打开水泵后端盖板→用专用拆装工具压出水泵叶轮、水封和水泵轴承的组件以及泵轴。

③ 水泵主要零件的修理。泵体破裂可用铸铁焊丝气焊，焊前应将整个泵体预热，焊后缓慢冷却。螺孔损坏可扩大孔径，另攻螺纹或焊补后再钻孔攻螺纹。水封损坏可更换水封。轴承若松旷应更换。

（3）节温器的检验。

把节温器放入特定水温的热水中，检查阀门开始开启和完全开启时的水温和最大升程是否符合规定值，若不符合应更换节温器。

（4）风扇的检查。

① 风扇叶片的检查。风扇拆卸后，应检查叶片表面有无裂缝，若有则应该更换。用样板检查风扇叶片角度是否符合规定，若不符合应在压模内扳正或以手锤敲正。检查铆钉有无松动现象，若有则应该重铆。

② 电机式自动风扇离合器的检查。接通温控开关（线束侧）插接器内的火线和电机接线两线头，

若两线头连接后风扇开始转动，而在高温时接上温控开关插接器后风扇不转，则为温控开关损坏，应换新件；若两线头连接后风扇不转，则应检查风扇电机电刷及熔断器等。

③ 硅油式自动风扇离合器的检查。检查外部有无硅油渗漏，若无渗漏，应在热态下把盘簧从固定槽内撬出，然后反转盘簧，直到感觉被绊住为止，不得用力使盘簧外端转过止动处。然后测量盘簧外末端与固定槽之间的距离是否为规定值。如果阀片轴不随盘簧转动，则阀片不能打开从动板上的进油孔，表明离合器已损坏，应拆开、清洁、润滑阀片轴或更换新件。

若暂时不便修理或更换时，可把风扇后面的两个紧固螺钉松开，将其下面的锁止片端部销头插入主动轴上的孔内，然后重新拧紧紧固螺钉，使主动轴与壳体锁止，形成直接驱动，此时，离合器不再起作用，适时再进行修理或更换。

（5）V 形带松紧度的检查和调整。

① V 形带松紧度的检查。以 40～50N 的力压下 V 形带，其挠度为 10～15mm 为合适。

② V 形带松紧度的调整。用梅花扳手松开固定发电机的螺母，然后用轮胎撬杠抵在发动机机体和发电机的紧固部位，运用杠杆原理撬发电机使之移动，以调整 V 形带的松紧度，调好后，再将松开的螺母重新紧固。

4. 实训工单

实训项目	冷却系统主要部件的检查、维护与调整
一、准备工作	
	情况记录
（1）工具及仪器的准备	
（2）维修手册的准备	
二、操作过程	
水箱及散热器的检修	
节温器的检查	
风扇的检查	
V 形带的检查与调整	
总结分析：	

复习思考题

1. 冷却系统的功用是什么？为什么要调节发动机的冷却强度？如何调节？

2. 分别写出冷却水进行大循环和小循环的路线。

3. 简述蜡式节温器的工作原理。

4. 简述冷却水温度过高的原因。

第 7 章　发动机润滑系统的构造与维修

学习目标
● 掌握润滑系统的组成、功用、润滑路线及主要部件的结构和工作原理；
● 熟悉润滑系统主要部件的检测和维修方法，常见故障的原因分析及排除方法。

7.1　概述

7.1.1　润滑系统的功用

　　发动机工作时，有许多相互配合的零件产生相对运动，如曲轴与轴承，活塞、活塞环与汽缸壁，气门与导管，挺柱或摇臂与凸轮等。在这些相对运动零件的表面之间，必然产生摩擦，对运动造成阻力，即摩擦阻力。克服摩擦阻力要消耗发动机功率，使零件表面磨损；摩擦还会产生热，使零件温度升高，机械性能下降，甚至烧坏或热膨胀卡滞，致使发动机无法运转。因此，为保证发动机正常工作，应尽量减小摩擦阻力。

　　一般情况下，摩擦阻力的大小取决于零件表面的压紧力、表面粗糙度、材质及表面间的介质。表面压紧力的大小及材质是由发动机工作性质等因素决定的，不能为减小摩擦阻力而随意变更。提高零件表面加工精度、降低表面粗糙度是减小摩擦阻力的有效措施。但无论零件表面加工精度如何高，仍然存在摩擦阻力。长期实践表明，若使相对运动的零件表面保有润滑油膜，能使固体间的摩擦转变为油膜间的液体摩擦，使摩擦阻力降至最低。

　　润滑系统的基本任务就是将润滑剂（油、脂等）不断供给各零件的摩擦表面进行润滑，使发动机能长期正常工作。润滑系统的主要功用如下。

　　（1）减磨作用。实现液体摩擦，减小零件的摩擦和磨损，降低发动机的摩擦功率损失。

　　（2）冷却作用。通过润滑剂的循环流动，带走因摩擦产生的热量，使零件温度不致过高。

　　（3）清洗作用。利用润滑剂循环冲洗零件表面，带走磨损下来的金属磨屑和其他杂质。

　　（4）密封作用。利用润滑剂的黏性，使其附着于运动零件表面，提高零件的密封效果。

　　（5）防锈作用。润滑剂附着于零件表面，防止零件与水分、空气及燃气接触而发生氧化和锈蚀。

　　（6）缓冲作用。利用润滑油膜的不可压缩性，可缓解配合件相互之间的冲击作用。

7.1.2　发动机润滑剂

　　汽车发动机润滑系统所用的润滑剂有润滑油（机油）和润滑脂（黄油）两种，其性能、特点、选用原则、注意事项可参见其他参考书。

1. 机油的使用特性及机油添加剂

　　汽车发动机机油在润滑系统内循环流动，循环次数每小时可达 100 次。机油的工作条件十分恶劣，在循环过程中，机油与高温的金属壁面及空气频频接触，不断氧化变质。窜入曲轴箱内的燃油蒸气、废气、金属磨屑和积炭等，使机油受到严重污染。另外，机油的工作温度变化范围很大；在发动机起动时为环境温度；在发动机正常运转时，曲轴箱中机油的平均温度可达 95℃或更高。同时，机油还与活塞、汽缸等高温零件接触，受到强烈的加热。对机油的要求如下。

　　（1）适当的黏度和良好的黏温性。机油黏度对发动机的工作有很大的影响。黏度过小，机油在高温、高压条件下容易从摩擦表面流失，不能形成足够厚度的油膜；黏度过大，冷起动困难，机油不能被泵送到摩擦表面。机油的黏度随温度而变化，温度升高，黏度减小；温度降低，黏度增大。机油的黏度随温度而变化的特性称为机油黏温性，用黏性指数表示。国家标准规定，汽车发动机使用的机油，其黏性指数应大于 210。

（2）优异的氧化安定性。氧化安定性是指机油抵抗氧化作用不使其性质发生永久变化的能力。当机油在使用与储存过程中与空气中的氧气接触而发生氧化作用时，机油的颜色变暗，黏度增加，酸性增大，并产生胶状沉积物。氧化变质的机油将腐蚀发动机零件，甚至破坏发动机的工作。

（3）良好的防腐性。机油在使用过程中不可避免地被氧化而生成各种有机酸。这类酸性物质对金属零件有腐蚀作用，可能使铜铅和镉镍类的轴承表面出现斑点、麻坑或使合金层剥落。

（4）良好的抗泡性。机油在润滑系统中快速循环和飞溅，必然会产生泡沫。若机油的抗泡性不好，将造成摩擦表面供油不足。控制泡沫生成的方法是在机油中添加泡沫抑制剂。

（5）强烈的清净分散性。机油的清净分散性是指机油分散、疏松和移走附着在零件表面上的积炭和污垢的能力。为使机油具有清净分散性，必须加入清净分散添加剂。

（6）高度的极压性。在摩擦表面之间的油膜厚度小于 $0.3\sim0.4\mu m$ 的润滑状态，称为边界润滑。习惯上把高温、高压条件下的边界润滑称为极压润滑。机油在极压润滑条件下的抗摩性称作极压性。

2. 机油的分类

国际上广泛采用美国 SAE 黏度分类法和 API 使用分类法。

（1）SAE（美国工程师学会）黏度分类法。按照机油的黏度等级，把机油分为冬季用机油和非冬季用机油。冬季用机油有 6 种牌号：SAE0W、SAE5W、SAE10W、SAE15W、SAE20W 和 SAE25W。非冬季用机油有 4 种牌号：SAE20、SAE30、SAE40 和 SAE50。号数较大的机油黏度较大，适于在较高的环境温度下使用。

（2）API（美国石油学会）使用分类法。根据机油的性能及其最适合的使用场合，把机油分为 S 系列和 C 系列两类。S 系列为汽油机机油，主要有 SD、SE、SF、SG、SH、SI、SJ 和 SK 这 8 个级别。C 系列为柴油机机油，主要有 CD、CE、CF、CH 和 CG 这 5 个级别。级别越靠后，使用性能越好，适用的机型越新或强化程度越高。

（3）我国的机油分类法。参照前述分类方法，我国将机油按性能和使用场合分为：

① 汽油机机油：共有 SE、SF、SG、SH、SI、SJ 这 6 个级别。

② 柴油机机油：分为 CC、CD、CD-II、CE、CF-4 这 5 个级别。

③ 二冲程汽油机机油：主要有 ERA、ERB、ERC 和 ERD 这 4 个级别。

3. 机油的选用

（1）根据汽车发动机的类型，选择机油的种类。

（2）根据汽车发动机的强化程度选用合适的使用等级的机油。

（3）根据地区的季节气温及发动机的热负荷，选择机油的黏度等级。

（4）不同种类、不同品牌的机油不宜混合使用。

（5）使用中应根据机油的质量变化，适时添加或更换机油。

4. 润滑脂

润滑脂，俗称黄油，是在基础油（矿物油、植物油、动物油及其合成油）的基础上，掺入稠化剂、添加剂，制成的一种常温下呈稠厚状态的油脂状半固体。润滑脂在常温下可附着于垂直表面而不流淌，并能在敞开或密封不良的摩擦部位工作，具有其他润滑剂所不能代替的特点。

润滑脂的使用性能指标主要有稠度、锥入度和滴点。

锂基润滑脂具有多种优良性能：具有良好的高低温适应性，可在-30～120℃的宽温度范围内使用；具有良好的抗水性和防锈性能，可用于与水接触的摩擦部位；具有良好的安定性和润滑性，在高速运转的机械部位使用，不变质、不流失，保证润滑。锂基润滑脂被广泛地用于飞机、汽车、机床和各种机械设备的轴承润滑。

7.1.3　润滑方式

发动机各零件的载荷大小、运动速度及所处位置各不相同，所以各配合面所要求的润滑强度和润滑方式也不尽相同。润滑方式按所采用的润滑剂不同，分为干式（固体）润滑和湿式（润滑油和润滑脂）润滑；按是否加压分为压力式润滑和非压力式润滑；按润滑剂是否循环使用则分为循环式润滑与非循环式润滑。

1. 压力式润滑

压力式润滑是用机油泵将具有一定压力的润滑油源源不断地送到零件的摩擦面间，形成具有一定厚度并能承受一定机械负荷的油膜，尽量将两摩擦零件完全隔开，实现可靠的润滑。

相对速度高、机械负荷大的零件都采用这种润滑方式，如曲轴各轴颈与轴承之间、凸轮轴颈与轴承之间、摇臂轴与摇臂之间等部位。压力式润滑工作可靠，润滑效果好，具有一定的净化和冷却润滑油的作用，但需要泵油设备及专门的润滑油道。

2. 非压力式润滑

非压力式润滑是利用某些运动零件激溅和甩出的油滴或油雾，将润滑油送到零件露在外面的摩擦表面或经收集后流入摩擦表面的润滑方式，如汽缸壁、凸轮等。该方式适用于相对运动速度较低的零件，如活塞销等，一般作为辅助方式与其他润滑方式配合使用。其特点是结构简单，消耗功率小，但润滑不可靠，且容易造成润滑油蒸发和氧化。

3. 循环式润滑与非循环式润滑

采用压力式和非压力式润滑的润滑油均可循环使用。二冲程汽油机一般将润滑油掺入汽油中进行润滑，且润滑后的润滑油随汽油一起燃烧，最后随废气排出；发动机某些部位采用润滑脂润滑或定期加注润滑油润滑，均属于非循环式润滑。

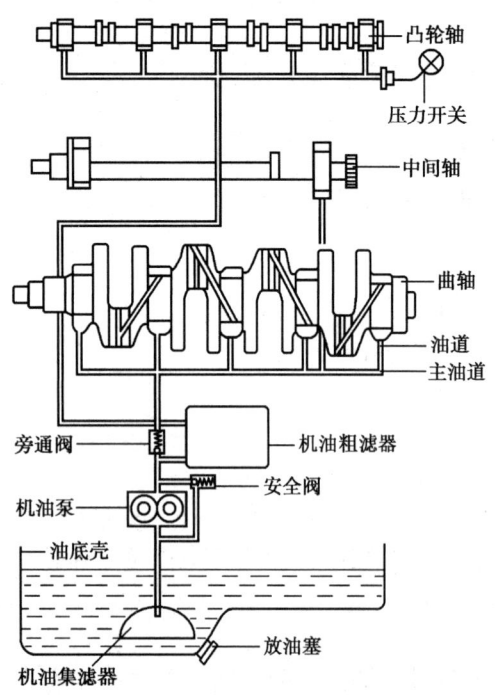

图 7.1　发动机润滑系统的结构

4. 自润滑

自润滑采用含有耐磨材料的轴承（如尼龙、二硫化钼等）来代替加注润滑剂的轴承，使用过程中不需要加注润滑剂。

一般的汽车发动机都同时采用两种以上的润滑方式，称为复合式润滑。

7.1.4　润滑系统的组成和工作原理

1. 润滑系统的组成

现代汽车发动机的润滑系统，其基本组成大体相同，以桑塔纳轿车润滑系统为例，主要由储油、输送装置，机油滤清器，检测报警装置及辅助装置等组成，其结构如图 7.1 所示（下文所述部分结构未在图中标出）。

（1）储油、输送装置。它包括油底壳、机油泵、油管、油道等。其作用是储存和运送润滑油，并使其具有一定压力，在发动机中循环流动。

（2）机油滤清器。它用来过滤掉润滑油中的磨屑、油泥和水分等杂质，将干净的机油送到各润滑部位。机油滤清器按其过滤能力分为机油集滤器、机油粗滤器和机油细滤器三种，分别设置在润滑系统的不同部位。

机油集滤器多为滤网式的，串联安装于机油泵进油口之前，能滤掉机油中粒度大的杂质。机油粗滤器串联安装于机油泵出口与主油道之间，用以滤除机油中粒度较大的杂质。机油细滤器能滤掉机油中细小的杂质，但流动阻力较大，故多与主油道并联，工作时只有少量机油通过机油细滤器过滤。

（3）检测报警装置。它主要包括机油压力表、机油量尺、机油温度表、报警器等，用以检测发动机润滑系统的工作情况，当油位（或油压）超过允许值时报警。

（4）辅助装置。它包括机油冷却器（机油散热器）、恒油阀、限压阀、安全阀、回油阀等。这些辅助装置可以使润滑系统的使用性能更加完善。

2．润滑系统的工作原理

油底壳内的机油经机油集滤器滤掉大的机械杂质后，被机油泵压入机油滤清器（粗滤、细滤）后分 3 路送出。第 1 路经主油道后分为两支：一支送入曲轴主轴承分油道（多路），润滑主轴承，经曲轴内油道润滑连杆大头轴承，再经连杆内油道润滑连杆小头轴承后回到油底壳；另一支则进入中间轴的轴承（AJR 型发动机无中间轴）后流回油底壳。第 2 路从主油道进入凸轮轴的轴承后再润滑气门机构，然后流回油底壳。第 3 路，在主油道油压太高或流量太大的情况下，机油冲开安全阀，分流回油底壳。

在凸轮轴轴承润滑油道的后端，也就是整个压力润滑油路的终端装有最低油压报警器。当发动机起动之后，若机油压力较低，最低油压报警器触点闭合，油压指示灯亮。当机油压力超过 31kPa 时，最低油压报警器触点断开，指示灯熄灭。另外，在机油滤清器上也装有机油压力开关，当发动机转速超过 2150r/min 时，机油压力若低于 180kPa，机油压力开关触点闭合，报警灯闪亮，同时蜂鸣器响报警。

7.1.5　润滑系统的油路

1．桑塔纳 2000GSi 轿车 AJR 发动机润滑油路

桑塔纳 2000GSi 轿车 AJR 发动机润滑油路如图 7.2 所示。转子式机油泵位于曲轴箱内，由曲轴通过链轮驱动。机油集滤器安装于机油泵进油口，机油滤清器串联安装于机油泵出口与主油道之间。

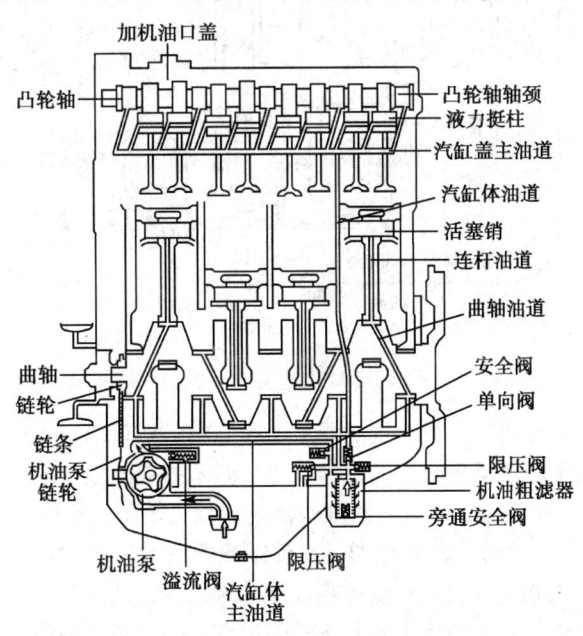

图 7.2　桑塔纳 2000GSi 轿车 AJR 发动机润滑油路

发动机工作时,油底壳内的机油在机油泵的抽吸下,经机油集滤器过滤掉其中较大颗粒的杂质后,进入机油泵。经机油泵加压后的机油,再经机油粗滤器过滤掉杂质后进入主油道。进入主油道的机油分五路送到曲轴各主轴承,对曲轴各道主轴颈进行润滑。同时,通过曲轴内部的油道,机油送到连杆轴颈,对连杆轴颈进行润滑。主油道内的机油还通过一条分油道进入凸轮轴的五个轴承处,对凸轮轴五道轴颈进行润滑。凸轮轴油道还设有分油道与挺柱导向孔相通,以便对液力挺柱补充油液。

以上所述的润滑均为压力式润滑,其他部位则采用飞溅润滑(非压力式润滑),润滑完毕的机油靠重力流回油底壳,以便继续循环使用。

在机油泵端盖上还设有安全阀,当机油泵输出的油压太高或者流量太大时,该阀打开,机油泵进出油口接通,机油在机油泵内进行小循环,防止进入机油粗滤器的机油压力过高或流量过大。旁通安全阀位于机油粗滤器进出油口之间,平时该阀关闭。当机油粗滤器堵塞,进出油口之间的压力差达到180kPa时,该阀打开,机油不经过滤直接进入主油道,保证各部位正常润滑。限压阀用来限制主油道机油的压力。

2. 东风 EQ6100-1 型发动机的润滑系统

东风 EQ6100-1 型发动机的润滑系统如图 7.3 所示(下文所述部分结构未在图中标出)。在该润滑系统中,曲轴的主轴颈、连杆轴颈、凸轮轴轴颈、凸轮轴推力凸缘、摇臂轴正时齿轮和分电器传动轴等都采用压力式润滑,其余部分用飞溅润滑(非压力式润滑)。

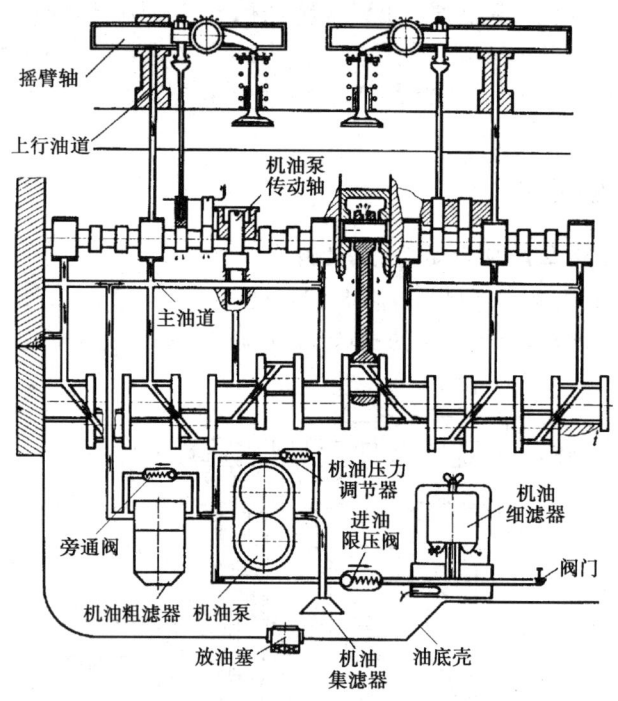

图 7.3 东风 EQ6100-1 型发动机的润滑系统

发动机工作时,机油泵经固定式机油集滤器从油底壳中吸取机油,被机油泵加压后的机油分成两路:大部分的机油经机油粗滤器滤去较大的机械杂质,流入纵向的主油道,执行润滑任务;另一小部分机油(约 10%~15%),经限压阀流入机油细滤器内,滤去较细的机械杂质和胶质后流回油底壳。一般汽车每行驶 50km 左右,全部机油就能通过机油细滤器滤清一次。如果机油泵出油压力低于一定值,则机油细滤器进油限压阀不开启,以保证机油全部进入主油道。

机油进入主油道后,通过上曲轴箱中的七条横向油道分别润滑主轴颈和凸轮轴轴颈。机油还通过曲轴中的斜向油道从主轴颈处流向连杆轴颈,同时也从凸轮轴的第二、四轴颈处,经两个上行油道通向摇臂支座，润滑摇臂轴、推杆球头和气门端部。第三条横向油道还通向机油泵传动轴，这些摩擦表面都能得到压力式润滑。另外，还有一部分机油由第一条横向油道通过喷油嘴喷射出来，以润滑正时齿轮副。此外，在第一、第二横向油道之间还有油管从主油道接出，通到空压机曲轴中心的油道，油润滑空压机的连杆轴颈后，经回油道流回到油底壳中。主油道中还有机油压力传感器和最低油压报警器，并通过导线分别与驾驶室中的机油压力表和机油压力过低报警灯相连，以检测油压，并显示润滑系统的工作状态。

当连杆大头上对着凸轮轴一侧的小孔与曲轴的连杆轴颈上的油道孔口相通时，机油即由此小孔喷向凸轮表面、汽缸壁及活塞等处，润滑推杆球头和气门端的机油顺推杆表面流到杯形挺柱内，再由挺柱下部的油孔流出，与飞溅的机油共同润滑凸轮的工作表面。飞溅到活塞内部的机油溅落在连杆小头的切槽内，以润滑活塞销。

若机油粗滤器淤塞严重，其进、出油道中的压力差达到 0.18MPa 时，机油泵与主油道之间与机油粗滤器并联设置的旁通安全阀被推开，则机油不经过机油粗滤器滤清而直接进入主油道，确保对发动机各部分的正常润滑。

为了防止润滑系统的油压过高，减少发动机的功率损失。在机油泵端盖内设置柱塞式限压阀。当机油泵出油压力超过规定值时，作用在限压阀上的机油总压力将超过限压阀弹簧预紧力，顶开限压阀而使一部分机油流回到机油泵的进油口，在机油泵内形成小循环。

在机油细滤器的下面还设置了可接机油散热器的阀门，机油散热器一般安装在冷却水散热器的前面。在酷热季节，当发动机长时间在大负荷高转速下工作时，驾驶员可将阀门打开，使部分机油流入机油散热器进行散热。在寒冷季节或在气温低于 20℃ 的情况下，汽车行驶于好路面上时，须将阀门关闭。由进油限压阀来控制通往散热器的油路，以保证主油道的油压不致过低。

7.2 润滑系统的主要部件

7.2.1 机油泵

发动机上采用的机油泵分为齿轮式和转子式两种。

1. 齿轮式机油泵

齿轮式机油泵的安装位置一般在曲轴箱内，通常由凸轮轴上的斜齿轮或曲轴前端齿轮驱动，其结构如图 7.4（a）所示（下文所述部分结构未在图中标出）。泵壳上加工有进油口和出油口，泵壳内装有一对主动齿轮和从动齿轮。齿轮与泵壳内壁之间留有很小的间隙。

发动机工作时，齿轮按图中所示箭头方向旋转，如图 7.4（b）所示。进油腔的容积由于轮齿脱离啮合而增大，使腔内产生一定的真空度，机油便经进油口被吸入。齿轮旋转时把齿间所存的机油带到出油腔内。出油腔一侧轮齿进入啮合，容积减小、油压升高，机油便经出油口被送到润滑油道中。发动机连续运转，机油不断地输送到各润滑部位，且输出的油量与发动机的转速成正比。

为保证机油泵连续供油，前一对轮齿未脱离啮合，后一对轮齿已进入啮合，在两对轮齿之间形成封闭的间隙，因齿间间隙不断减小，封闭在齿间的机油会产生很大的推力，作用于齿轮轴。为此在泵盖上铣出一条与出油腔相通的卸压槽，齿间的机油则通过卸压槽导向出油腔。

桑塔纳轿车发动机的齿轮式机油泵构造如图 7.5 所示（下文所述部分结构未在图中标出）。它由中间螺旋齿轮驱动，主、从动齿轮轴平行布置，而且主动齿轮轴较长，上端通过定位螺钉与上支承套连成一体，与分电器从动齿轮啮合，同时驱动分电器和机油泵。泵盖固定于泵体下端面，两者之间设有一个 0.2mm 厚的衬垫，既可以防止机油泵漏油，又可以调整齿轮端面与泵盖之间的间隙。吸油管分别与泵盖上的进油口和机油集滤器相连接。限压阀装在泵盖上，若发动机转速过高，会使机油泵泵油压力超过限压阀的开启压力，限压阀打开，以减小机油压力。

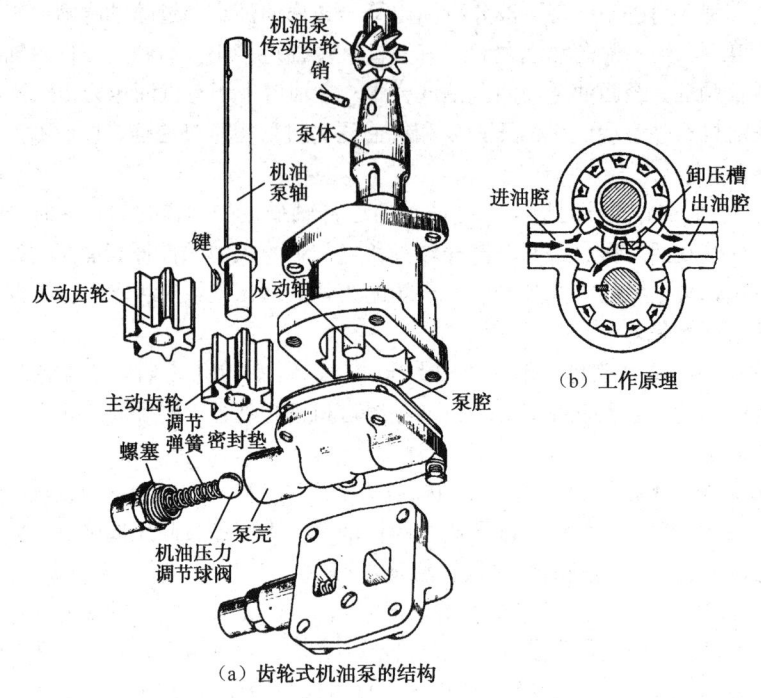

（b）工作原理

（a）齿轮式机油泵的结构

图 7.4　齿轮式机油泵

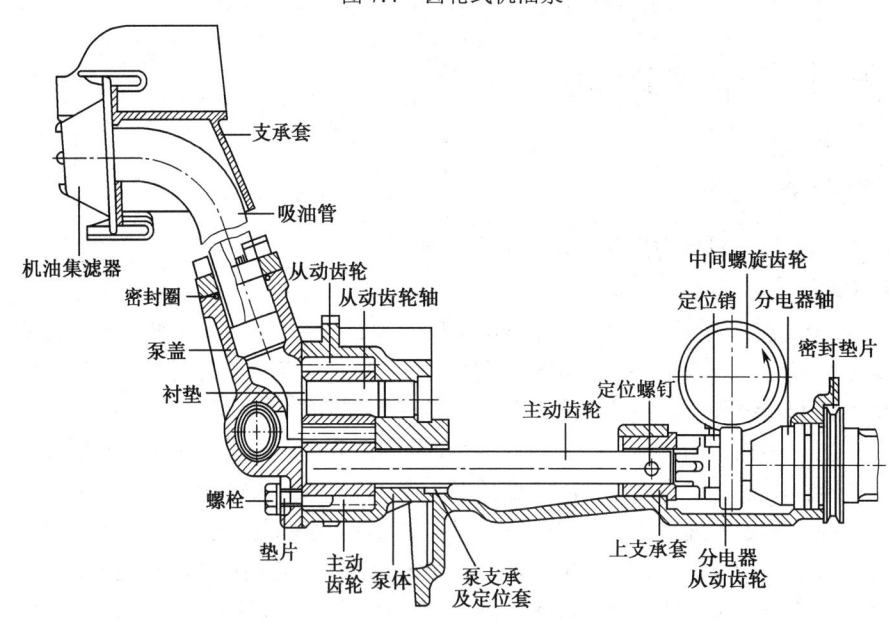

图 7.5　桑塔纳轿车发动机的齿轮式机油泵构造

2．转子式机油泵

　　转子式机油泵通常安装在曲轴箱前端，由曲轴带轮或链轮驱动，其结构及工作原理如图 7.6 所示。它主要由内转子、外转子和泵壳组成。内转子有外齿，通过键固定于泵轴上。外转子有内齿，外圆柱面与泵壳配合。内、外转子有一定的偏心距，外转子在内转子的带动下转动。泵壳体上设有进油孔和出油孔（图中未标出）。

　　在内、外转子的转动过程中，转子的齿形齿廓线上总能形成点接触。因此，在内、外转子之间形成了四个互相封闭的工作腔。由于外转子总是慢于内转子，这四个工作腔在旋转过程中不但位置在改变，容积大小也在改变。每个工作腔总是在容积最小时与泵壳上的进油孔接通，随后容积逐渐变大，形成真空，把机油吸进工作腔。当该工作腔旋转到与泵壳上的出油孔接通且与进油孔断开时，容积逐渐变小，工作腔内压力升高，将腔内机油从出油孔压出。直至工作腔容积变为最小，又重新与进油孔接通开始进油为止。如此往复循环，不断吸油、压油，将机油压送到各配合面。

转子式机油泵结构紧凑，真空吸力大，泵油量大，供油均匀度好，安装在曲轴箱外位置较高处时，也能很好地供油。

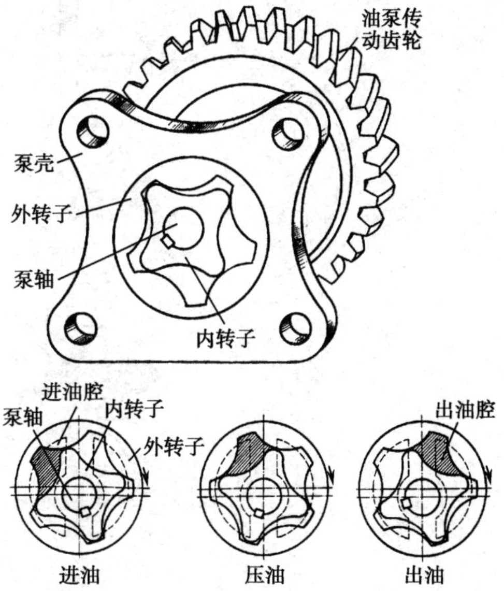

7.2.2 机油滤清器

机油滤清器按过滤能力分为机油集滤器、机油粗滤器和机油细滤器三种。过滤方式分为全流式过滤、分流式过滤和并联式过滤。

图 7.6 转子式机油泵结构及工作原理

① 全流式过滤，如图 7.7（a）所示。机油滤清器串联在机油泵和主油道之间，机油全部经过过滤后流入主油道，为保证机油滤清器淤塞后仍能向主油道供油，在机油滤清器旁设有旁通阀。

② 分流式过滤，如图 7.7（b）所示。经机油泵压出的机油一部分经过滤后流回油底壳，另一部分则不经过滤而直接流入主油道。

③ 并联式过滤，如图 7.7（c）所示，机油滤清器并联在机油泵和机件间的油路中，一部分经机油粗滤器过滤后流入主油道，另一部分经机油细滤器过滤流回油底壳。

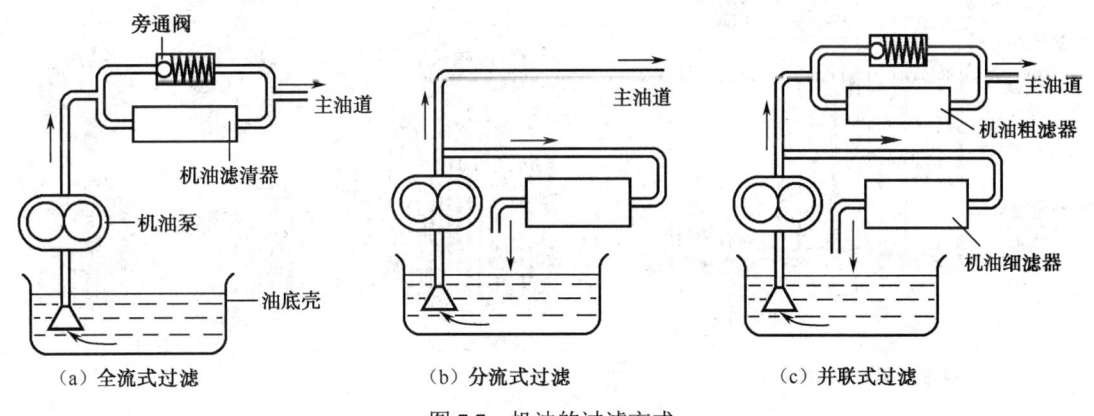

图 7.7 机油的过滤方式

1. 机油集滤器

为了防止较大的机械杂质进入机油泵，通常将浮式机油集滤器安装在机油泵之前，并漂浮在机油中，位于油面下面吸油，这样可防止吸入泡沫。浮式机油集滤器的固定油管装在机油泵上，吸油管一端和浮筒焊接，另一端与固定油管活络连接，这样可以使浮筒自由地随机油液面升起或降落。

当机油泵工作时，机油从罩板与滤网间的狭缝被吸入吸油管进入机油泵，通过滤网时，杂质被滤去，如图 7.8（a）所示。若滤网被杂质阻塞时，机油泵所形成的真空迫使滤网向上，使滤网的环口离开罩板，机油便直接从环口进入吸油管，如图 7.8（b）、（c）所示，以保证机油供给不致中断。

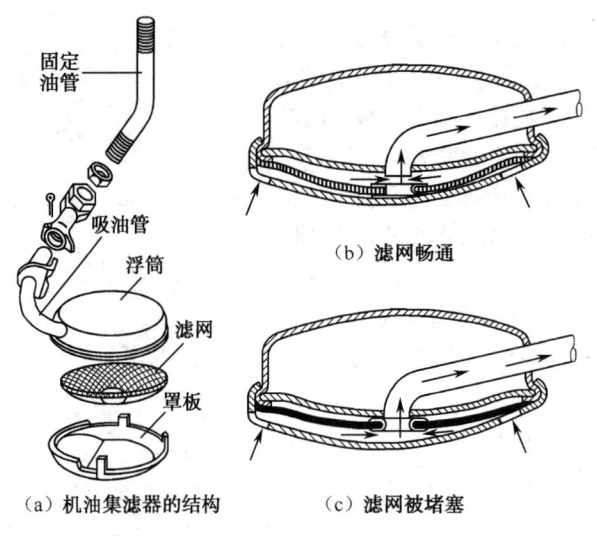

（a）机油集滤器的结构   （c）滤网被堵塞

图 7.8　机油集滤器

2. 机油粗滤器

机油粗滤器安装于缸体外面、串联于机油泵出油孔与主油道之间,属于全流式过滤的机油滤清器,可滤掉机油中粒度较大（直径为 0.05mm 以上）的杂质。

货车用机油粗滤器如图 7.9 所示，它主要由外壳和滤芯等组成。滤芯通过滤芯密封圈、滤芯压紧弹簧压靠在外壳滤芯底座（图中未标出）与端盖之间，外壳与端盖由密封垫圈、螺杆（图中未标出）连接，端盖通过螺栓固定于缸体，并和缸体上相应的油孔对齐。

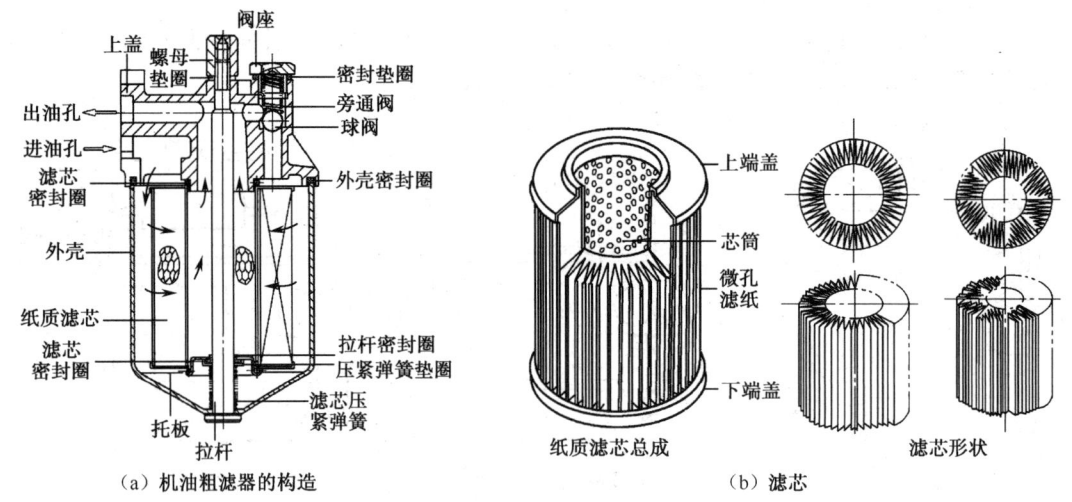

（a）机油粗滤器的构造   （b）滤芯

图 7.9　货车用机油粗滤器

从机油泵输出的机油经端盖上的进油孔进入机油粗滤器，经滤芯过滤后，进入芯筒并经端盖上的出油孔进入主油道。旁通阀装于上盖，当滤芯发生堵塞而阻力增加时，旁通阀打开，外壳内的机油经旁通阀和出油孔进入主油道。

当滤芯阻力增大使油压超过规定值时，驾驶室仪表上的指示灯闪亮，表明需要更换滤芯或者对机油粗滤器进行维护。发动机冷起动时，由于机油黏度大，使滤芯阻力增加，指示灯也闪亮，但当发动机温度升高机油变热时，该灯熄灭。

为了维护方便，目前越来越多的发动机采用旋装式滤芯，如图 7.10 所示。滤芯为纸质折叠式结构，封闭式外壳，直接旋装在机油粗滤器盖上，便于定期更换。

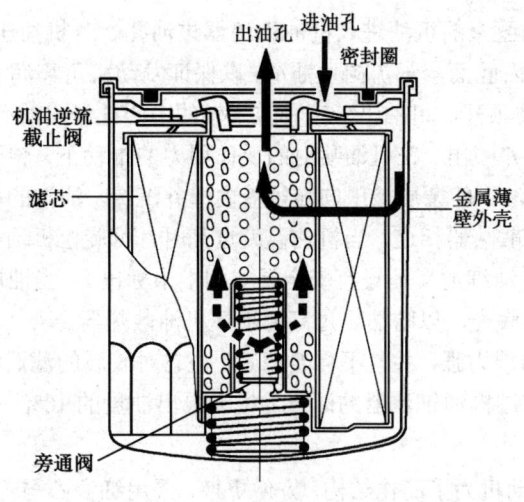

图 7.10 旋装式滤芯

3. 机油细滤器

机油细滤器按过滤方式不同分为过滤式和离心式两种。过滤式机油细滤器与机油粗滤器结构基本相同，只是滤芯能过滤掉更细小的杂质。机油细滤器过滤能力强，流动阻力大，与主油道并联安装，属于分流式过滤的机油滤清器。

离心式机油细滤器一般应用在载重货车和工程机械上。它主要由三部分组成：壳体与滤清器盖、转子轴、转子体与转子盖。EQ6100-1 型发动机的离心式机油细滤器的结构和工作原理如图 7.11 所示。转子轴固定于外壳上，转子体上压有三个衬套，并与转子体端套连成一体套在转子轴上，可以自由转动。用压紧螺套将转子盖与转子体紧固在一起后，须进行动平衡检验。转子下面装有止推轴承，转子上面装有支承垫，并用弹簧压紧以限制转子轴向窜动。转子下端有两个水平安装的互成反向的喷嘴。滤清器盖用压紧螺母装在壳体上，使转子密封。滤清器盖与壳体具有高度的对中性，使转子达到一定转速，以保证机油的滤清质量。

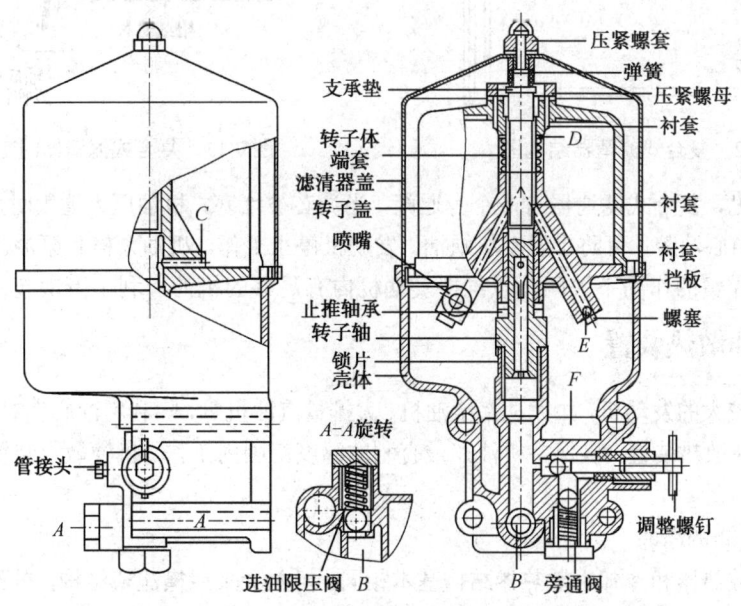

B—进油孔；C—出油孔；D—进油孔；E—喷嘴；F—机油细滤器出油孔

图 7.11 EQ6100-1 型发动机的离心式机油细滤器的结构和工作原理

发动机工作时，从机油泵来的机油进入机油细滤器进油孔。若机油压力低于 0.1MPa，进油限压阀不打开，机油不进入转子内腔而全部流向主油道，以保证发动机可靠润滑；当机油压力超过 0.1MPa 时，进油限压阀进油孔 B 被顶开，机油沿外壳和转子轴的中心孔经出油孔 C 进入转子内腔，然后经进油孔 D、喷嘴油道从喷嘴 E 喷出。在机油喷射的反作用力的推动下，转子及转子内腔的机油做高速旋转。在离心力作用下，机油中的杂质被甩向转子盖内壁并沉淀，清洁的机油由机油细滤器出油孔 F 流向油底壳。管接头与机油散热器相连，当机油温度过高时，可旋松机油散热器开关，使部分机油流向机油散热器进行冷却。机油细滤器还设有安全阀（图中未标出），当油压高于 0.4MPa 时，安全阀被顶开，部分机油便流回油底壳，以防油压过高而损坏机油散热器。

离心式机油细滤器滤清能力强，并且不需要滤芯，但它对胶质的滤清效果差。转子上的喷嘴又是机油的限量孔，它保证了通过机油细滤器的油量为机油泵出油量的 10%～15%。

4. 复合式滤清器

桑塔纳 2000 型轿车发动机为了简化结构，方便更换，采用细滤芯与粗滤芯串联的复合式滤清器，其结构如图 7.12 所示。

褶纸（粗）滤芯由棉花、毛绒、人造纤维等不同类型的材料制成，能吸附不同类型和不同直径的杂质；细滤芯则由尼龙制成。复合式滤清器的工作原理如图 7.13 所示。从油底壳来的脏机油从端盖周边的油孔进入复合式滤清器内，经褶纸和尼龙滤芯过滤后进入中心油腔。当机油压力大于止回阀的弹簧弹力时，机油推开止回阀，过滤后的机油流向发动机。

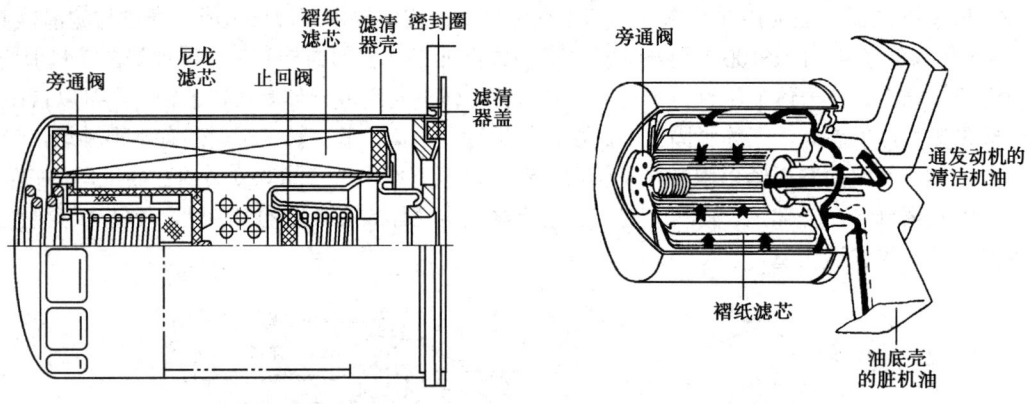

图 7.12　复合式滤清器结构图　　　　　图 7.13　复合式滤清器的工作原理

为了安全起见，复合式滤清器有一个旁通阀，当滤芯被堵塞，机油压力增大时，旁通阀打开，机油绕过滤芯直达中心油腔，可防止发动机缺油。发动机停止工作，机油泵停止泵油。中心油腔的压力下降，止回阀在弹簧的作用下关闭，以维持发动机内有足够的机油，利于下次起动。

7.2.3　机油散热装置

一些热负荷较大的发动机，如大功率柴油机、大排量汽油机等，除利用油底壳对机油进行散热外，还设有专门的机油散热装置，以保持机油在最有利的温度范围内工作。机油散热装置包括风冷式机油散热器和机油冷却器。

1. 风冷式机油散热器

风冷式机油散热器和冷却水散热器结构基本相同，但前者采用横流式结构，布置在冷却水散热器前面。风冷式机油散热器油路与主油道并联，利用风扇风力使机油冷却，如图 7.14 所示。

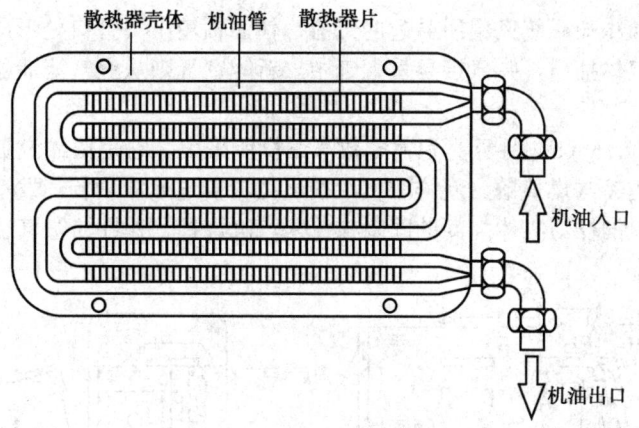

图 7.14　风冷式机油散热器

2. 机油冷却器

机油冷却器如图 7.15 所示。其中图 7.15（c）所示为散热片式机油冷却器，其串接于机油泵与主油道之间。利用发动机冷却水流经散热片间缝隙带走机油热量，冷却后的机油再流入主油道。

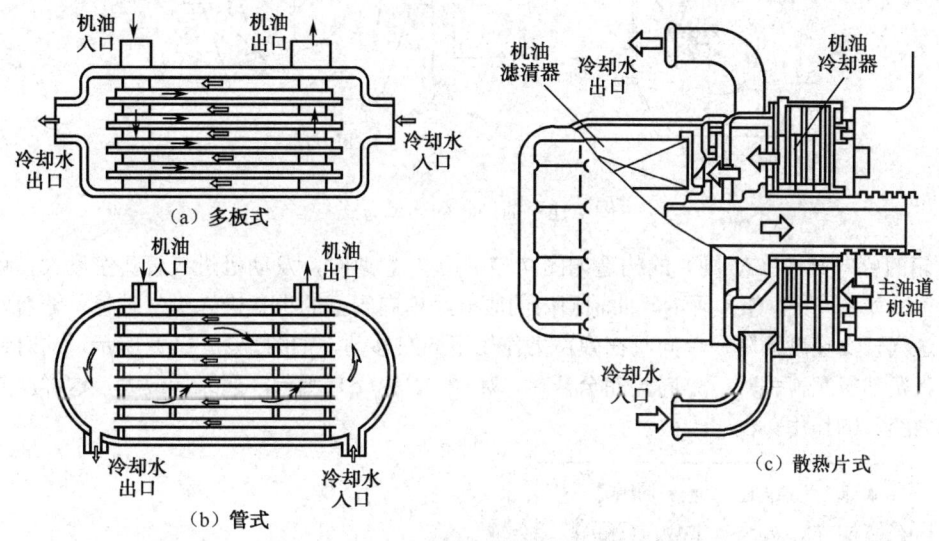

图 7.15　机油冷却器

7.2.4　曲轴箱通风装置

1. 曲轴箱通风装置的作用

发动机工作过程中，汽缸内的可燃混合气和燃烧后的部分废气经活塞、活塞环与缸壁之间的间隙窜入曲轴箱内，未燃烧的燃油、废气中的水蒸气凝结，使机油稀释，从而影响润滑；废气中的酸性物、硫化物对发动机零件产生强腐蚀；废气还会导致曲轴箱内压力升高，破坏发动机的密封，导致发动机漏油。

曲轴箱通风装置的作用就是将这些气体及时从曲轴箱内抽出，保证润滑系统的正常润滑，延长机油的使用寿命，保证发动机机件不被腐蚀，防止发生泄漏。

2. 曲轴箱的通风方式

曲轴箱通风方式可分为强制式和自然式，如图 7.16 所示。

（1）自然式如图 7.16（b）所示。柴油机曲轴箱一般采用此方式。它是利用一根出气管接通曲轴箱，由于汽车行驶和冷却系统风扇所鼓起的气流，使曲轴箱出气管口处形成一定的负压，产生吸力，从而使曲轴箱的气体抽出，并直接导入大气中。新鲜空气则从空气滤清器经加机油管进入，以形成对流。

（2）强制式如图 7.16（a）所示，为大多数汽油机所采用。它是依靠汽缸的吸力，将曲轴箱内的气体强制吸入汽缸内参与燃烧的。新鲜空气经空气滤清器进入曲轴箱。发动机工作时，曲轴箱内的气体经挺柱室、气门推杆与缸体之间的间隙被吸入汽缸烧掉，外界的空气经空气 滤清器进入曲轴箱内。

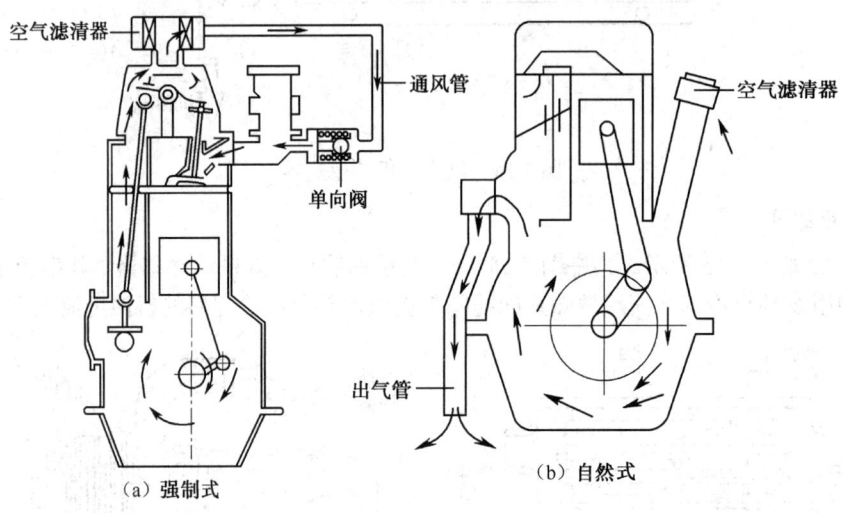

图 7.16 曲轴箱的通风方式

曲轴箱的单向阀（PCV 阀）的构造如图 7.17 所示。怠速时，发动机进气管真空度大，单向阀被吸在阀座上，如图 7.17（a）所示。曲轴箱内的废气经单向阀上的小孔进入进气歧管。随着发动机负荷增大，进气管真空度下降，单向阀在弹簧力作用下向左移动，如图 7.17（b）所示，这时通风量逐渐增大。当发动机负荷大时，单向阀完全开启，如图 7.17（c）所示，通风量最大，这样就起到了更新曲轴箱内空气的作用。

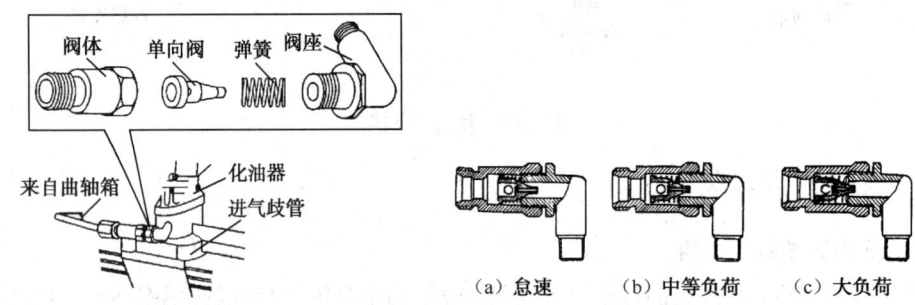

图 7.17 曲轴箱的单向阀的构造

7.3 润滑系统的维修

润滑系统虽不直接参与发动机的做功，但它对保证发动机的正常工作起着非常重要的作用。如果润滑系统技术状况不良，将加剧发动机机件的磨损，引起拉缸、烧瓦、轴承磨损加剧等致命故障，使发动机无法正常工作。

7.3.1 润滑系统的维护

润滑系统的维护是保持发动机处于良好技术状况的基础，是汽车在行驶过程中实现高效率、低油耗、低污染、安全运行的基本技术保障，也是延长汽车使用寿命、减少故障的重要措施。

润滑系统的维护包括日常维护、一级维护和二级维护。

1. 日常维护

驾驶员应在出车前、行车中、收车后，坚持检查机油品质，视情况补充或更换机油。检查时，将车辆停放于水平路面上，待发动机停止运转几分钟后抽出油尺；擦净油尺油迹后重新将油尺插回原处，再抽出油尺，查看机油液面是否位于最低油位线与最高油位线之间，同时注意机油的品质，若有异常，应及时补充或更换，并找出引起机油品质异常的原因。

2. 一级维护

根据机油品质变化适时地更换机油。更换机油时，应在发动机热态下，放净旧机油，先用专用的清洗设备清洗油道，再按原厂规定的容量和牌号加注新的机油。汽车每行驶 12 000km 时应更换滤芯或滤清器总成。机油滤清器在安装前应先注入机油，并在密封圈上抹一层机油，按规定拧紧力矩安装，总成安装应紧固可靠，密封良好，无堵塞。机油细滤器的运转应正常有效。各密封圈如有老化、损坏现象，则应更换。

3. 二级维护

进行二级维护时应检查在规定转速下机油油压是否符合标准；检查机油报警系统性能是否良好、可靠；对于装有机油细滤器的发动机，应拆下机油细滤器壳体，清洗转子罩内壁沉积物，并清洗转子，保持机油喷孔畅通，装配后，转子转动应灵活，无渗漏现象；定期拆卸曲轴箱和机油集滤器；清洗机油散热器。

7.3.2 机油泵的修理

机油泵主要损伤形式是由零件的磨损所造成的泄漏，使得泵油压力降低和泵油量减少。机油泵的端面间隙、齿顶间隙、轮齿啮合间隙、轴与轴承间隙的增大，各处密封性和限压阀的调整不当都将影响泵油量和泵油压力。由于机油泵工作时，润滑条件好，零件磨损速度慢，使用寿命长，故可以根据它的工作性能确定是否需要拆检和修理。

1. 机油泵的拆检

外啮合齿轮式机油泵的检查如图 7.18 所示。

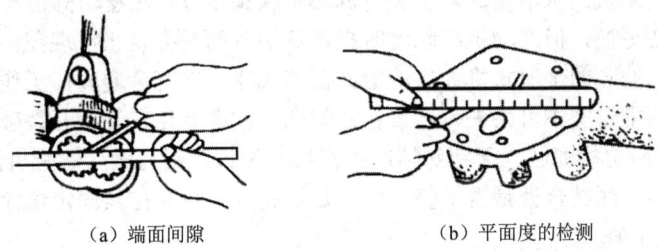

(a) 端面间隙　　　　　　　(b) 平面度的检测

图 7.18　外啮合齿轮式机油泵的检查

（1）用直尺和厚薄规检查齿轮端面到泵盖端面的距离，即检查端面间隙。

（2）用厚薄规在相邻 120° 的 3 个位置测量齿轮的啮合间隙，其齿隙相差应不大于 0.1mm。

（3）用百分表检查泵轴与轴承间的间隙。

对于转子式机油泵应检查端面间隙、啮合间隙和外转子与泵壳之间的间隙，如图 7.19 所示。机油泵磨损后，各部分间隙大于使用极限（表 7.1）时，应更换零件或更换总成。

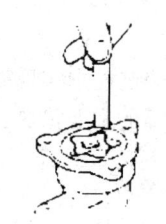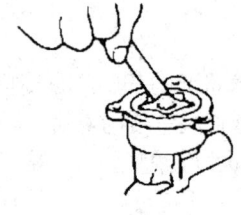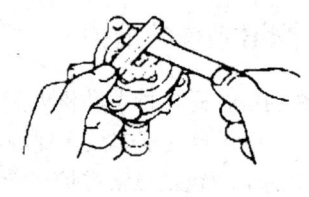

（a）外转子与泵壳之间间隙的检查　　（b）啮合间隙的检查　　　　　（c）端面间隙的检查

图 7.19　转子式机油泵的检查

表 7.1　机油泵各部分间隙的使用极限

结构类型	使用极限/mm			
	泵体间隙	啮合间隙	端面间隙	泵轴间隙
外啮合齿轮式	0.20	0.25	0.15	0.15
内啮合齿轮式	0.20	0.20	0.20	0.15

2．机油泵性能试验

（1）简易试验法。将机油泵放入清洁的机油中，用旋具转动泵轴，应有机油从出油孔中排出，如用拇指堵住出油孔，继续转动泵轴时，应感到有压力。

（2）试验台试验法。机油泵装复后，应在试验台上进行性能试验。例如，CA6102 型发动机机油泵的转速在 1800r/min 时，泵油量应为 67.5L/min，泵油压力约为 600kPa；EQ6100-1 型发动机机油泵的转速在 1000r/min 时，泵油压力约为 147kPa。

泵油压力可以通过增减限压阀螺塞下面的调整垫片或增减限压阀弹簧座处的垫片来调整。

7.3.3　机油滤清器的检修

1．机油集滤器的检修

机油集滤器常见的损坏形式是油管和滤网堵塞、浮子破损等。滤网堵塞可用柴油或煤油清洗；浮子破损则可焊修或更换。

2．机油粗滤器的检修

轿车用机油粗滤器一般不可拆，失效后应及时更换。

解放 CA6102 型发动机的机油粗滤器上装有滤芯更换指示灯，在发动机正常工作时，指示灯持续发亮说明滤芯堵塞需要更换，但发动机冷起动时指示灯短时间发亮是正常现象。东风 EQ6100-1 型发动机装有以微孔滤纸为滤芯的全流式机油粗滤器，在其底座上装有旁通阀，工作可靠。拆装外壳时，注意滤芯与底座之间的密封圈不可丢失，检查各密封圈，如有老化发硬、开裂破损现象应予以更换。汽车每行驶 12000km 应更换滤芯。无特殊情况不得拆卸和调整旁通阀。装配机油粗滤器时应先加满机油，并检查与汽缸体平面结合处是否平整，垫片是否完好，最后拧紧固定螺栓。

3．机油细滤器的检修

机油细滤器若喷嘴堵塞，可以用压缩空气吹通，不能用金属丝穿透，以免刮伤喷嘴。密封圈损坏、变形或老化发硬时应更换。转子轴磨损，轴与孔的配合间隙超过 0.15mm 或轴与轴承的配合间隙大于 0.10mm 时，可用镀铬法修复转子轴。

进油限压阀阀座磨损可用细研磨剂研磨阀座，并更换钢球及弹簧。更换时应注意以下几点。

（1）维修机油细滤器时，注意转子座下面的单向推力球轴承座圈不可丢失。

（2）装复转子总成时，注意对准转子罩与转子座之间的装配记号，以免破坏转子总成平衡。

（3）转子上的锁紧螺母的拧紧力矩应为 29～49N·m，否则影响转子的正常工作。

（4）装配时，转子总成上端与压紧弹簧之间的推力垫片的光面应朝向转子，不得漏装或反装，否则转子将不能转动。

7.3.4 机油压力开关的检测

机油压力开关可使用 VAG1342 仪器及辅助线缆 VAGl594 进行检测。检测时线的连接情况如图 7.20 所示。检测具体操作步骤如下（以捷达轿车发动机为例）。

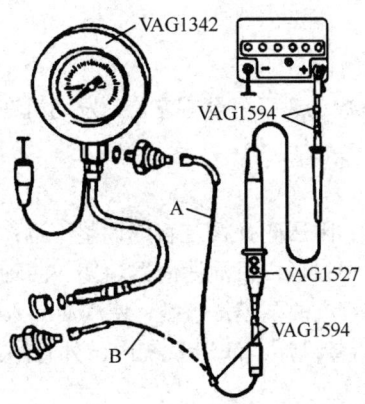

图 7.20　机油压力开关的检测

（1）拆下 0.03MPa 压力开关，将之拧在 VAG1342 仪器（以下简称检测仪）上。

（2）将检测仪压力管的接口软管拧在 0.03MPa 压力开关的安装口上。

（3）将检测仪的棕色导线接地。

（4）将发光二极管表笔接在蓄电池正极和 0.03MPa 压力开关（A）之间，此时发光二极管必须发光。

（5）起动发动机，慢慢升高转速。检测仪上显示的压力为 0.015MPa～0.045MPa 之间时，发光二极管必须熄灭。如果没有熄灭，则更换 0.03MPa 压力开关。

（6）将发光二极管表笔从 0.03MPa 压力开关上摘下，然后插到 0.18MPa 压力开关（B）上。

（7）发动机运转速度大于 2000r/min 时，检测仪上显示的压力在 0.16MPa～0.20MPa 之间时，发光二极管必须发光，否则，更换 0.18MPa 压力开关。

桑塔纳 2000 型轿车发动机润滑系统有两只机油压力开关，低压开关在发动机缸体上的油道末端，高压开关在机油滤清器上。

7.3.5 发动机机油压力的检测

保证发动机正常的机油压力是润滑系统发挥作用的先决条件。

捷达轿车发动机正常的工作压力为 0.2MPa～0.4MPa，机油压力检测具体步骤如下。

（1）卸下 0.03MPa 压力开关（棕色），将其拧到检测仪上。

（2）将检测仪的压力管的接口软管拧在 0.03MPa 压力开关的接口处。

（3）起动发动机，升高转速，当转速大于 2000r/min 且油温为 80℃时，机油压力至少应达到 0.2MPa，继续升高转速，机油压力不得超过 0.7MPa。

7.3.6 机油质量的检查

发动机的机油在经过一定时期的使用后，由于外界杂质的掺入及机油本身所产生的一些化学变化，将使机油渐渐失去它的润滑性能，可根据机油的色、味、黏度等外观性指标予以判别，必要时应及时更换机油。

7.4 润滑系统常见故障诊断与排除

发动机润滑系统的常见故障是机油压力过低或过高、机油消耗过多等。

7.4.1 机油压力过低

1. 故障现象

发动机起动后，机油压力表读数迅速下降至零左右，发动机在正常温度和转速下，机油压力表读数始终低于规定值。

2. 故障原因

机油油量不足；机油黏度太低；限压阀弹簧过软或调整不当；机油滤清器旁通阀弹簧折断或弹簧过软；机油泵齿轮磨损，使供油压力过低；机油滤清器堵塞；曲轴主轴承、连杆轴承或凸轮轴轴承间隙过大；机油压力表或传感器失效；汽油泵膜片破裂，使汽油漏入油底壳而稀释机油；汽缸体水套出现裂纹，使冷却水漏入油底壳而稀释机油；润滑系统内、外管路或管接头泄漏。

3. 故障诊断与排除

（1）观察机油压力表或报警指示灯，发现机油压力过低或为零时，应立即停车熄火，否则，会很快发生烧瓦抱轴等机械事故。先拔出油尺，检查油底壳内油量及机油品质，若油量不足，应及时添加；若机油中含水或燃油时，应通过拆检，查出渗漏部位；若机油黏度过低，则应更换合适牌号的机油。

（2）若油量充足，再检查机油压力传感器的导线是否松脱，若连接良好，在发动机运转时，拧松机油压力传感器或主油道螺塞。若机油从连接螺纹孔处喷出有力，则为机油压力表或其传感器故障。

（3）若机油喷出无力，则应立即熄火，检查机油集滤器、机油泵、限压阀、机油粗滤器滤芯是否堵塞且旁通阀是否无法打开，各进出油管、油道及油堵是否漏油。

（4）若以上检查均正常，则应检查曲轴轴承、连杆轴承或凸轮轴轴承的间隙是否过大，间隙增大会直接影响机油压力。

7.4.2 机油压力过高

1. 故障现象

发动机在正常温度和转速下，机油压力表读数高于规定值；发动机在运转中，机油压力表读数突然增高；机油压力表读数低，但高压机油冲裂机油压力传感器或机油滤清器盖等。

2. 故障原因

机油黏度过高；限压阀调整不当或失效；汽缸体的油道堵塞；机油粗滤器滤芯堵塞且旁通阀开启困难；机油压力表或其传感器工作不良；曲轴主轴承、连杆轴承或凸轮轴轴承的间隙过小。

3. 故障诊断与排除

若发现机油压力过高，应熄火排除故障，否则，机油容易冲裂机油滤清器盖或机油压力传感器。

（1）首先检查机油黏度是否过高，限压阀是否调整不当（弹簧是否过硬）；对于新装发动机，应检查主轴承、连杆轴承或凸轮轴轴承是否间隙过小。

（2）若机油压力突然增高，而未见其他异常现象，应检查机油压力传感器及导线是否有搭铁故障。

（3）接通点火开关，机油泵即有压力指示，则应检查机油压力表、传感器是否完好。

7.4.3 机油消耗过多

1. 故障现象

机油消耗量逐渐增多（机油消耗量超过 0.1～0.5L/100km），排气管冒蓝烟。

2. 故障原因

活塞与汽缸壁间隙过大；扭曲活塞环方向装反；活塞环抱死，或其开口转到一起；活塞环磨损过大或弹力不足；活塞环端隙、边隙或背隙过大；气门杆油封（尤其是进气气门杆油封）损坏；进气门导管磨损过大；曲轴箱通风不良；正时齿轮室密封不良；凸轮轴后油封漏油；油底壳或气门室盖漏油；润滑系统各零部件向外渗油；曲轴后油封密封不良。

3. 故障诊断与排除

（1）首先检查外部是否有漏油，应特别注意曲轴前端和后端、凸轮轴后端油堵是否漏油。

（2）若发动机汽缸盖罩、气门室盖、油底壳衬垫、发动机前油封及后油封等多处有机油渗漏，应检查曲轴箱通风装置。清理曲轴箱管道，尤其是通风流量控制阀处的积炭和结胶。若通风受阻，就会引起曲轴箱内压力升高，出现机油渗漏现象。

（3）若排气管冒蓝烟，则为烧机油造成的。当发动机大负荷、高速运转时，排气管大量冒蓝烟，同时机油加注口（设在下曲轴箱上）也向外冒蓝烟，这蓝烟为活塞、活塞环与汽缸壁磨损过大造成的；活塞环的端隙、边隙或背隙过大；多个活塞环开口转到一起，扭曲活塞环装反等，使机油窜入燃烧室。

（4）若发动机大负荷运转时，排气管冒蓝烟，但机油加注口无烟，则为气门杆油封损坏，气门导管磨损过大（尤其是进气门），使机油被吸入燃烧室。若短时间冒蓝烟后停止，而油底壳的机油未见减少，则是湿式空气滤清器内的油面过高所致的。

（5）对于采用气压制动的汽车，若从储气筒的放污螺塞处放出较多的机油，则为空气压缩机的活塞、活塞环与汽缸壁磨损过大。

7.4.4 油底壳油面自行升高

1. 故障现象

不加机油，油底壳油面自行升高。

2. 故障原因

汽缸套阻水圈、汽缸垫损坏；汽缸套破裂或有气孔；混合气、燃油或废气窜入曲轴箱；采用强制润滑的柴油机喷油泵漏油。

3. 故障诊断与排除

（1）检查机油中是否含有水分，如含有水分，则检查汽缸垫上油孔与水道孔是否损坏，水套下部密封圈是否失效，汽缸套是否破裂。

（2）如机油明显变稀，说明有燃油或混合气进入曲轴箱，在曲轴箱凝结成液滴后流入油底壳和机油混在一起。应检查曲轴箱通风系统中 PCV 阀及管路和各缸缸压，检查是否有活塞环漏气现象。

（3）对于柴油机，还应检查喷油泵柱塞与柱塞套、输油泵柱塞与壳体是否配合不良，导致柴油渗漏。

7.4.5 机油变质

1. 故障现象

机油颜色发生明显变化，失去黏性；含有水分，机油乳化，呈乳浊状且有泡沫。

2. 故障原因

活塞环漏气；机油使用时间太长，机油在高温和氧化持续作用下逐渐老化变质；机油滤清器堵塞而失去滤清作用；曲轴箱通风不良，机油中混杂了废气中的燃油，促使机油变质；汽缸体或汽缸垫漏水。

3. 故障诊断与排除

（1）用油尺取几滴机油滴在中性纸上，若发黑则说明机油变质。

（2）用手捻搓，有滑腻感，说明机油内混有燃油。

（3）若取出的机油为乳浊状且有泡沫，说明机油中进水。

（4）机油过脏，应更换机油及机油滤清器。

实训　润滑系统的结构观察与维护

1. 实训目的与要求

（1）熟悉润滑系统的组成和装配关系。

（2）掌握润滑油路、曲轴箱强制通风的原理。

（3）掌握换机油的方法。

（4）掌握机油泵的拆装方法。

2. 仪器、设备

发动机台架、机油泵、机油、常用工具等。

3. 方法与步骤

（1）机油泵的拆装。

拆装顺序：放出机油→拆卸机油泵带轮→拆卸机油泵→清洗零件→检查零件。

装配顺序与拆卸相反。

（2）机油滤清器的更换。

更换机油滤清器的顺序：放出机油→旋松机油滤清器→装新机油滤清器。

（3）离心式机油细滤器的拆装。

拆装顺序：松开螺母→取下机油细滤器→松开转子紧固螺母→清洗转子罩→装配。

（4）注意。

① 转矩应符合要求。

② 更换机油应在发动机冷态下进行。

③ 装转子总成时，注意对准转子罩与转子座之间的装配记号，以免破坏转子平衡。

4. 实训报告

实训项目	润滑系统的结构观察与维护
一、准备工作	
	情况记录
（1）工具及仪器的准备	
（2）维修手册的准备	
二、操作过程	
机油的检查	
机油泵的检查	

实训项目	润滑系统的结构观察与维护
机油压力的检查	
机油滤清器的更换	
总结分析：	

复习思考题

1. 简要叙述润滑系统的功用及基本组成。

2. 一般润滑油路中有哪几种机油滤清器？其与润滑油道的连接方式有何不同？

3. 简要叙述润滑油道的恒油阀、限压阀、安全阀、回油阀的作用。是否所有发动机均有恒油阀、限压阀、安全阀、回油阀？为什么？

4. 画图说明 EQ6100 型发动机润滑系统的循环路线。

5. 画图说明桑塔纳 2000 型轿车发动机润滑系统的循环路线。

6. 简要叙述齿轮式机油泵、转子式机油泵的结构、工作原理及维护装配要点。

7. 简要叙述转子式机油滤清器的基本组成及工作原理。

8. 发动机工作时，机油压力过高或过低的原因有哪些？如何诊断及排除故障？

9. 机油泵磨损损坏现象、主要检测项目有哪些？

第 8 章　发动机的装配与磨合

学习目标

● 了解汽车大修的技术标准与验收要求，了解发动机修复的装配要领与调整内容；
● 掌握发动机装配的一般工艺过程与调整，掌握磨合试验设备的使用；
● 理解发动机磨合的意义与方法；
● 了解磨合设备的构造与工作原理；
● 掌握发动机磨合试验的方法与基本要求。

8.1　发动机的装配与调试

8.1.1　发动机装配注意事项

发动机装配注意事项如下。

（1）装配前，所有零部件和总成均应经过检验或试验，确保质量。

（2）装配前，所有零部件、总成、润滑油路及工具、工作台等应彻底清洗，并用压缩空气吹干。

（3）装配前，检查全部螺栓、螺母，不符合要求的应更换；汽缸垫、衬垫、开口销、锁片、锁紧铁丝、垫圈等在大修时应全部更换。

（4）不可互换的零部件，如各汽缸活塞连杆组、轴承盖、气门等，应按相应位置和方向装配，不得装错。

（5）各配合件的配合应符合技术要求，如汽缸活塞间隙、轴瓦轴颈间隙、曲轴轴向间隙、气门间隙等。

（6）有关部件间的装配关系务必正确，工作应协调无干涉，如配气相位、供油提前角、点火时刻等必须准确无误。

（7）发动机上的重要螺栓、螺母，如汽缸盖螺母、连杆螺栓、飞轮螺栓等，必须按规定转矩依次拧紧，必要时还应加以锁定。

（8）各相对运动的配合表面，装配时应涂上清洁的润滑剂。

（9）保证各密封部位的严密性，无漏油、漏水、漏气现象。

应当注意，桑塔纳（1.8L）、捷达轿车等现代轿车发动机上有许多重要的螺栓采用的是塑性变形扭力螺栓，这种螺栓与普通刚性螺栓的区别如图 8.1 所示。

所谓"塑性变形扭力螺栓"就是把螺栓按规定的初扭矩拧紧之后，将螺栓相对连接件再扭转一个规定的角度，使螺栓产生一个规定的变形，并且使螺栓具有一定的预应力，起到自锁防松的目的。

例如，捷达、上海帕萨特 B5 轿车发动机连杆螺栓就采用了这种塑性变形扭力螺栓，扭紧顺序为 30N·m+1/4 圈（90°），即在安装时，在把螺栓初步拧紧的条件下，先以 30N·m 的扭力将螺栓拧紧，然后将螺栓相对于扭紧后的位置再扭转 1/4 圈（90°），如图 8.2 所示。另外，上海别克等轿车发动机上都采用此种螺栓，其扭紧顺序为 20N·m+75°。

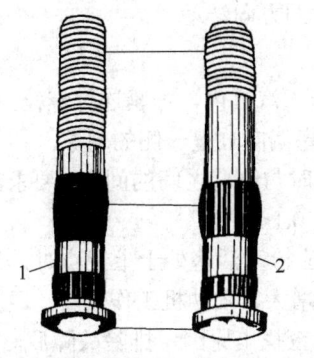
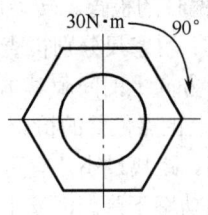

1—塑性变形扭力螺栓；2—普通刚性螺栓

图 8.1　塑性变形扭力螺栓与普通刚性螺栓的区别与标志　　图 8.2　塑性变形扭力螺栓紧固方法

8.1.2　装配顺序与调整

发动机装配顺序随结构的不同而有所变化，但基本工艺过程大同小异。

1. 汽缸套的安装

（1）汽缸套试配。

① 湿式汽缸套未装阻水圈时，在机体内应能用手转动，但不能有明显松旷。

② 汽缸套放入机体内，其上端面应高出机体平面一定距离。高出量不足时，可在安装孔的台肩上加铜垫或铝垫。对于多缸发动机，各汽缸汽缸套的高出量应一致。

4125A 型柴油机的高出量为 0.08～0.205mm，95 系列柴油机的高出量为 0.07～0.17mm。

（2）装阻水圈。将尺寸合格的阻水圈平整地装入汽缸套或汽缸体相应的槽内，不得扭曲或损伤。安装后的阻水圈沿环槽圆周应均匀凸出。为能顺利压入汽缸套，又不损伤阻水圈，可在阻水圈上涂以肥皂水。

（3）安装汽缸套。如果汽缸套壁厚不均匀，应将壁厚较大的一侧置于承受最大侧压力的一面。用压床或其他专用工具压装汽缸套，压装时用力应缓慢均匀，防止挤切阻水圈或使汽缸套变形。汽缸套压入后，应检查圆度和圆柱度，其误差应符合技术要求。如变形过大，应查明原因，重新安装。最后，还要进行水压试验，检验阻水圈是否安装可靠。

对于干式汽缸套，要注意汽缸套与安装孔的清洁，不要涂机油，以免影响散热。

2. 曲轴与飞轮的安装

（1）安装曲轴。

① 清洗机体与曲轴油道，并用压缩空气吹通。

② 准备好轴瓦、止推片、曲轴后油封、轴承盖、螺栓、锁片等零件。注意各轴瓦、轴承盖应对号入座，不得错乱；止推片带储油槽的一面朝向曲柄臂。

③ 曲轴轴颈上涂抹干净的机油。

④ 抬上曲轴，装好轴承盖，按规定转矩，从中间向两端分三四次拧紧螺栓。例如，四缸机共 5 道主轴承，其拧紧顺序为：3-1-5-2-4。

⑤ 检查轴向间隙与径向间隙。轴向间隙一般为 0.05～0.25mm，轿车轴向间隙不大于 0.15mm。用手转动曲轴，应无忽松忽紧和发涩现象。

（2）安装飞轮。为了不破坏曲轴的平衡，飞轮与曲轴之间有严格的位置关系。安装飞轮时，应注意辨认安装记号、定位销或螺栓孔的不等距分布等。

飞轮螺栓应按规定转矩拧紧，并用铁丝或锁片牢固锁紧。用铁丝锁紧时，正确的穿入方向是：铁丝拉紧时，有使螺栓顺时针方向转动的趋势，即向"紧"的方向转动。

3. 装活塞连杆组

（1）安装前的检查。先不装活塞环，将活塞连杆组装入汽缸内，拧紧连杆螺栓，检查以下项目。

① 活塞偏缸的检查。转动曲轴，应无过大阻力及活塞偏向缸壁一侧的现象。

检查方法：用塞尺分别检查活塞处于上止点和下止点时与缸壁之间的间隙。要求活塞顶部与缸壁在曲轴前、后方向上的间隙基本一致，其差值一般不大于 0.1mm。

② 活塞上止点位置的检查。为保证一定的压缩比，应检查活塞处于上止点时，活塞顶距汽缸体上平面的距离。距离过小，有可能顶撞气门，且使压缩比增大，发动机工作粗暴；距离过大，压缩比下降，发动机功率下降。活塞上止点位置不符合要求，应查找出原因，排除故障后，方可继续装配。

（2）活塞环的安装。

① 活塞环的检查与修整方法可参见前文。

② 活塞环安装位置与方向的确定。安装时，应确定镀铬环、平环、锥形环、扭转环、油环等各种活塞环的环槽位置和方向。一般镀铬环、内切槽（朝上）扭转环放在第一道环槽内，油环放在油环槽内；锥形环的小端朝上，扭转环的外切槽朝下。有的活塞环上刻有朝上记号。

③ 相邻活塞环的开口应错开 90°～180°，并避开活塞销方向和最大侧压力方向。

（3）活塞连杆组的安装。

① 在各摩擦表面涂以清洁的机油。

② 确认活塞连杆组的顺序和安装方向后，摆好活塞环开口位置，用专用工具收紧活塞环，将活塞连杆组从上面装入汽缸内。装入时，可用木榔头轻轻敲击活塞顶，并注意引导连杆大头靠向连杆轴颈。

③ 确认连杆轴承盖（瓦）的顺序和安装方向后，将其套在连杆轴颈上，按规定转矩拧紧连杆螺栓。

安装活塞环和连杆轴承时应注意活塞、连杆、活塞的安装方向及活塞环的组合方式。如图8.3所示为富康轿车发动机活塞连杆组装配示意图。

4. 安装气门组

将气门油封压装于气门导管上，安装时，油封一定要压到位，防止油封变形或损坏。装上气门弹簧和弹簧座，将气门杆上涂少许机油，按次序插入气门导管内，用专用工具压紧气门弹簧，装上锁片。桑塔纳轿车发动机气门杆锁块为三槽结构，必须与特定的气门锁片和气门弹簧座配套，如图8.4所示。气门锁片内有相应的凹槽，气门弹簧座表面镀铜或铬，有约 1.5mm 宽的斜边 A 和外边 B。修理时一个凹槽和三个凹槽的气门可以混装，但每种气门只能配用规定的气门锁片和气门弹簧。

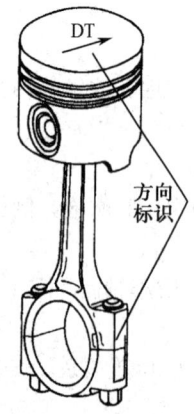

图8.3　富康轿车发动机活塞连杆组装配示意图

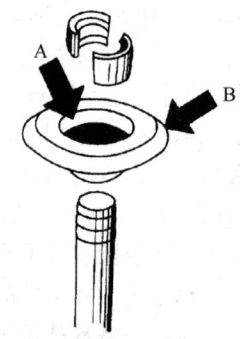

图8.4　三槽结构的气门杆

5. 安装凸轮轴

桑塔纳、捷达轿车发动机凸轮轴的安装顺序如下。

（1）安装凸轮轴之前，应先装上轴承盖并检查其安装位置是否正确，注意中心不要错位。

（2）检查凸轮轴轴向间隙。先不装挺柱，把凸轮轴装入轴承中，用百分表或厚薄规检查凸轮轴轴向间隙，间隙极限为 0.15mm。轴向间隙合适后再拆下凸轮轴。

（3）安装气门挺柱。挺柱不可互换，需要更换时，应更换整组挺柱。装配时，挺柱表面应涂机油，插入相应各导孔内。

（4）装入凸轮轴。将轴承和轴颈涂上机油，把凸轮轴放在轴承孔上。第一汽缸的凸轮必须朝上，转动凸轮轴时，曲轴不可置于上止点。按照顺序拧紧轴承盖，先按对角线方向交替拧紧第二和第五轴承盖，拧紧力矩为 20N·m。然后交叉对角拧紧第一、第三轴承盖，拧紧力矩为 20N·m。

（5）装上凸轮轴油封。在油封的唇边和外圈涂上薄薄的一层机油，将油封放入专用导管并平整压入，注意不要压到头，否则会堵塞回油孔。

（6）装上凸轮轴正时齿轮。先装半圆键，再压上正时齿轮，拧紧固定螺钉，拧紧力矩为 80N·m。

6. 汽缸盖与摇臂总成的安装

（1）安装汽缸盖螺栓。汽缸盖螺栓要拧到底，且高度应符合要求，并与汽缸体上平面垂直。

（2）安装汽缸垫。安装时，要注意对正汽缸垫与汽缸体的油孔和水孔，还要注意其卷边的安装方向：对于铸铁汽缸盖，卷边朝汽缸盖；对于铸铝汽缸盖，卷边朝汽缸体。例如，桑塔纳轿车发动机汽缸垫上标有"Up"（上）字样的一面必须朝汽缸盖。

（3）拧紧汽缸盖螺栓。按规定转矩和顺序分两三次拧紧螺栓。拧紧的顺序为从中心向四周按对角线对称拧紧，如图 8.5 所示。

（4）安装气门推杆和摇臂总成。注意疏通、对正摇臂支座、摇臂轴与汽缸盖的油孔，检查油孔密封垫；拧紧摇臂支座紧固螺母。

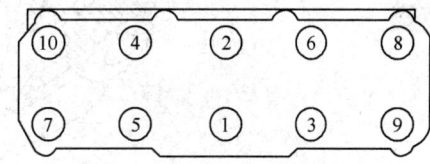

图 8.5　汽缸盖螺栓的紧固顺序

7. 配气相位正时的调整

（1）配气相位正时是为了确保配气和点火（喷油）正时。一般在曲轴齿轮、凸轮轴齿轮、喷油泵齿轮及中间齿轮（或正时皮带轮、正时皮带、中间轴惰轮）上刻有记号，装配时只需要对好记号即可。柴油机的中间齿轮上有三个记号，分别与曲轴齿轮、凸轮轴齿轮及喷油泵齿轮对应，应注意其记号的不同。

（2）无记号或记号模糊不清时正时齿轮的安装。

① 转动曲轴，使第一缸活塞处于上止点位置。上止点位置可通过飞轮记号（飞轮上一般有上止点记号和供油提前记号）来确定；也可在火花塞（喷油器）安装孔中插铁丝，使铁丝触及活塞顶，慢慢转动曲轴，找到活塞上止点位置。

② 根据配气相位，反转曲轴一定角度（进气门提前开启角）。对于有齿圈的飞轮，可通过角度与齿数的换算，确定应该转过的飞轮齿圈齿数。

③ 按照工作时的转向，顺转凸轮轴，使第一缸处于进气门开启临界状态（进气门推杆上升至消除气门间隙的位置）。

④ 装上中间齿轮，转动曲轴，复查配气相位。

⑤ 无正时记号时喷油泵齿轮的安装。

a. 转动曲轴至第一缸压缩上止点位置。

b. 根据供油提前角的大小，反转曲轴相应角度（可通过飞轮记号或飞轮齿数确定所需要转动的角度）。

c. 按照工作时的转向，顺转喷油泵轴至第一缸处开始供油。此前应装好喷油泵，接好低压油管，排放空气，转动喷油泵轴数圈至泵内充满油液；然后在第一缸出油阀紧座上安装测时管，慢慢转动喷油泵轴，观察到管内油面开始上升的瞬间表示喷油泵轴到达所需位置。也可直接在出油阀紧座上观察油面涌动的瞬间。

d. 装上中间齿轮，转动曲轴，复查供油时刻。

⑥ 在正时齿轮上打上记号。

8. 齿形皮带的安装

桑塔纳、捷达轿车发动机齿形皮带的安装步骤如下。

将齿形皮带套在曲轴正时齿轮和中间轴齿轮上；曲轴三角皮带盘用一只螺栓固定；凸轮轴正时齿轮的标记应与气门室罩平面对齐（转动凸轮轴时，曲轴曲拐不可置于上止点）；曲轴三角皮带盘的上止点记号和中间轴齿轮上的记号应对齐；将齿形皮带套到凸轮轴正时齿轮上，如图8.6所示；转动张紧轮，以便张紧齿形皮带。用拇指和食指捏住凸轮轴正时齿轮和中间轴齿轮中间处的齿形皮带可以转90°。

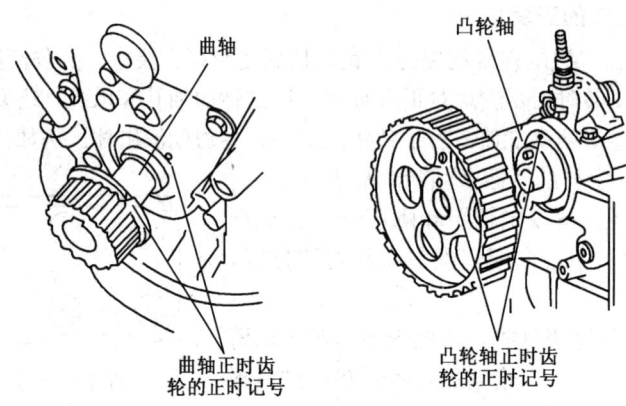

图8.6 同步带轮上的配气正时记号

富康轿车发动机配气正时及齿形皮带张紧力的调整如下。

装配齿形皮带时应注意曲轴正时齿轮和凸轮轴正时齿轮与齿形皮带上的正时记号对齐，以保证发动机正确的配气相位。

用专用工具插入张紧轮的方孔内，并挂上重块，慢慢拧紧张紧轮锁紧螺帽，让齿形皮带张紧，再按规定力矩拧紧张紧轮。锁紧螺帽的拧紧力矩为23N·m，最后拆下齿形皮带，调节张紧力应使用专用工具。

9. 气门室罩的安装

在干净的汽缸盖密封表面上涂适量密封胶，在密封胶开始固化以前，将气门室罩安装在汽缸盖上。安装气门室罩紧固螺钉，以6.37N·m力矩交叉拧紧。

10. 检查调整气门间隙

富康等轿车的发动机采用机械气门式配气机构，按规定检查调整气门间隙。调整时可以采用两次法，也可用逐缸调整法。

桑塔纳、捷达轿车的发动机配气机构采用液力挺柱，可自动补偿气门间隙，因而也就不存在气门间隙的调整问题。液力挺柱磨损后就必须更换新的。注意在安装新的液力挺柱时，发动机在30min内不可转动。

11. 发动机前端V形皮带的安装与调整

按安装顺序将V形皮带装到皮带轮上，调整发动机前端V形皮带的张紧度。

用拇指压下 V 形皮带,检查 V 形皮带的最大挠度:新 V 形皮带约为 2mm,旧 V 形皮带约为 5mm。

调整步骤如下:松开紧固发电机及张紧板的所有螺钉;用扭矩扳手旋转螺母,张紧 V 形皮带;按规定力矩拧紧固定螺母;按规定力矩拧紧发电机与底座的固定螺钉。

12. 安装机油泵及油底壳

将第一缸活塞置于压缩冲程的上止点,然后装入机油泵,使轴端上分电器的横销槽与曲轴平行。把机油泵及出油管装在汽缸体上,最后在油底壳结合面上涂抹密封胶,均匀拧紧油底壳固定螺栓。

13. 安装进、排气歧管

将进、排气歧管装在汽缸盖上,依次均匀拧紧螺栓。

14. 安装分电器及发动机附件

最后安装分电器、火花塞、机油滤清器、水泵、发电机、汽油泵、空气滤清器、起动机,以及供油系统、润滑系统、冷却系统等外部附件和管线。

8.2 发动机的磨合

8.2.1 磨合试验的目的

经修理后的发动机,在投入使用前,应进行磨合试验,以达到下述目的。

(1)改善配合件的表面质量,使其能承受相应的负荷。

(2)减少初始阶段的磨损量,保证正常的工作间隙,延长使用寿命。

(3)修理过程中若发现缺陷,应及时排除。

(4)调整各机构,使其工作协调,得到最好的动力性和经济性。

(5)检验修理质量。

(6)测定发动机功率、油耗和转速。

8.2.2 磨合试验设备

发动机的冷磨合一般在测功机上进行。

测功机的型号很多,其中 SG115M 型水力测功机性能稳定,测量精度高,既能测功,又能对发动机进行冷、热磨合,与油耗仪配套使用还可测定发动机耗油率。该测功机如图 8.7 所示。

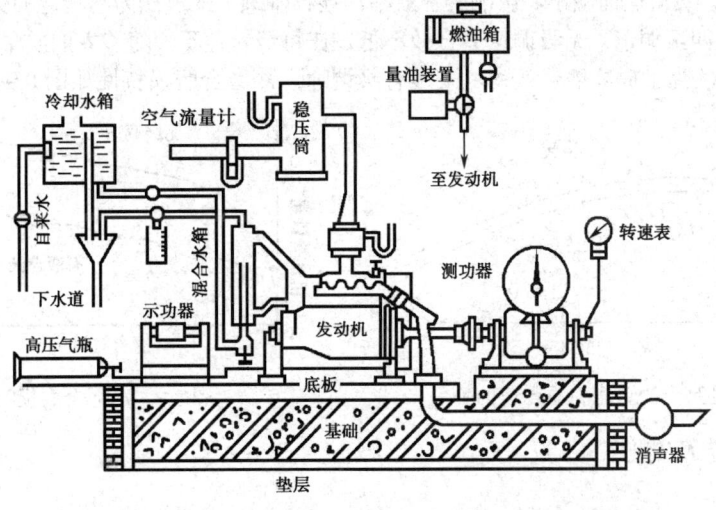

图 8.7　SG115M 型水力测功机

8.2.3 磨合规范

发动机磨合包括无压缩冷磨合、有压缩冷磨合、无负荷热磨合和有负荷热磨合。

1. 冷磨合规范及工艺

（1）准备工作。

① 将发动机装在测功机上。

② 连接好冷却装置、油路及各种仪表。

③ 润滑发动机各部位，包括水泵轴承、喷油泵总成等。

④ 检查测功机变速器油面，检查离合器是否分离。

⑤ 用机油清洗润滑油道及油底壳。将机油加入发动机油底壳，起动测功机，使发动机在300r/min 转速以内运转 3～5min；然后放出机油，并用清洁机油清洗机油滤清器；最后在油底壳内加入磨合用油。

磨合用油一般按说明书规定选择机油，无合适机油时，应选择比规定的质量品级高一级、黏性等级低一级的机油。

（2）无压缩冷磨合。卸去喷油器或火花塞，切断供油，由测功机带动发动机，按磨合规范，从低速到高速进行磨合。

（3）有压缩冷磨合。安装喷油器或火花塞后，仍不供油，由测功机带动，在有压缩的状况下，从低速到高速（起始转速为 400～500r/min，终止转速为 1200～1400r/min）进行磨合。

（4）冷磨合注意事项。

① 机油压力应为 170kPa～300kPa，摇臂机构应有润滑剂。

② 水温在 40～60℃之间。

③ 应注意有无过热、异常声响或漏油漏水现象。

④ 应注意配气机构的挺柱和推杆是否转动（要求转动）。

⑤ 各级转速的冷磨合时间约为 15min，总共为 60min。

如发现异常，应立即停机检查，排除故障后再磨合。冷磨合后，检查调整气门间隙，检查汽缸压力。汽缸压力应不小于规定值的 5%，各汽缸压力差应符合以下规定：汽油机的压力差不大于平均压力的 10%，柴油机的压力差不大于平均压力的 8%。最后，放出油底壳磨合油，并清洗机油滤清器。

发动机磨合的关键是汽缸、活塞环、活塞和曲轴与轴承等配合副的磨合，配合面上的负荷主要由连杆活塞组的质量和离心力形成。有资料介绍，在 1200～1400r/min 转速范围内单位面积上的负荷最大，超过或低于此转速，负荷反而减小，影响磨合效率。连杆轴颈上的总压力与转速的关系如图 8.8 所示。

磨合转速采取四级调速。无级调速磨合效率低，在每级转速下，随着表面质量的改善，磨损率逐渐下降至平衡状态。为了提高磨合效率，采用有级调速。冷磨合磨损特性如图 8.9 所示。

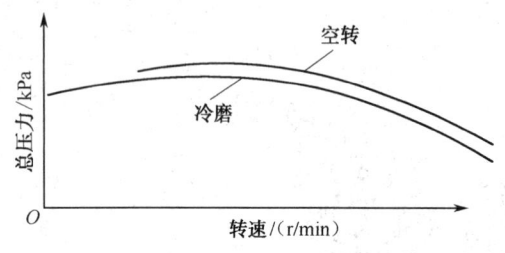

图 8.8 连杆轴颈上的总压力与转速的关系   图 8.9 冷磨合磨损特性

2. 热磨合规范及工艺

（1）准备工作。

① 在油底壳内加注清洁机油至油尺上限。

② 接通油路，排除空气，检查供油提前角。

③ 起动发动机，以怠速运转至水温达 40℃ 以上。

（2）无负荷热磨合。按磨合规范，控制发动机转速，从低速逐渐升高到标定转速磨合。

（3）有负荷热磨合。将发动机稳定在标定转速下，按磨合规范，通过测功机对发动机逐渐增加负荷（但不到满负荷）。

（4）热磨合注意事项。

① 各机构不应有过热现象，各连接处应无漏水、漏油、漏气现象。

② 水温应在 75～85℃ 之间，不超过 90℃。

③ 机油温度在 70～80℃ 之间，机油压力在 250kPa～300kPa 之间。

④ 磨合中如出现异常现象（异常声响），应立即停机检查，查明原因后应及时排除。

⑤ 热磨合结束后，再次检查汽缸压力。

（5）磨合后，将发动机拆开，检查以下项目。

① 活塞表面有无拉毛起槽现象。

② 汽缸壁有无拉毛起槽现象。

③ 活塞环接触面积应不小于总面积的 90%，开口间隙增大值不大于原间隙的 25%。

④ 主轴承、连杆轴承接触面积应比原来大，且无起槽过热现象。

⑤ 汽缸垫有无漏水、漏油、漏气现象。

检查后，如果各方面都正常，则按技术要求再次装配发动机，并调整气门间隙和点火时刻（供油提前角）。对没有拆卸的关键紧固件，应按规定转矩再一次拧紧。

8.3 发动机总成修理竣工技术条件

8.3.1 一般技术要求

发动机总成修理竣工的一般技术要求如下。

（1）装备齐全，按规定完成发动机的磨合，无漏油、漏水、漏气、漏电现象。

（2）加注的润滑油量、牌号及润滑脂符合原厂规定。

（3）无异响，发动机急加速时无突爆声，化油器不回火，消声器无放炮声。

（4）润滑油压力和冷却水温度正常。

（5）汽缸的压力应符合原厂规定，汽油机各汽缸压力差应不超过各汽缸平均压力的 8%，柴油机各汽缸压力差不超过各汽缸平均压力的 10%。

（6）四冲程汽油机的转速在 500～600r/min 时，以海平面气压条件为准，进气歧管真空度应在 57.2kPa～70.5kPa 范围内。其波动范围应符合：六缸机不超过 3.5kPa，四缸机则不超过 5kPa。

8.3.2 主要使用性能

发动机总成修理竣工后的主要使用性能如下。

（1）发动机在正常工作温度下，5s 时间内能起动。柴油机在 5℃ 环境下应可顺利起动，汽油机在 −5℃ 环境下应可顺利起动。

（2）配气相位差不大于 2°30′。

（3）加速灵敏，速度过渡圆滑，怠速稳定，各工况工作平稳。

（4）最大功率和最大转矩不低于原厂规定的 90%。

（5）最低燃料消耗率不得高于原厂的规定。

（6）发动机排放限值符合国家标准《机动车运行安全技术条件》之相关规定。

（7）ECU 的设置应正确无误。自检警告灯应显示系统正常，或通过系统自诊断功能读取的故障码应为正常。

8.4 发动机试验

发动机试验项目有最高空转转速、怠速稳定转速、功率、耗油率等，试验可分为速度特性试验和负荷特性试验。

8.4.1 发动机试验设备

1. 电涡流测功器

电涡流测功器由电涡流制动器、测力机构及控制柜等组成，图 8.10 所示为电涡流制动器结构图。转子盘的圆周上加工有齿槽。定子包括外壳、摆动体涡流环（图 8.10 未标出）、励磁线圈。图 8.11 所示为电涡流制动器工作原理简图。

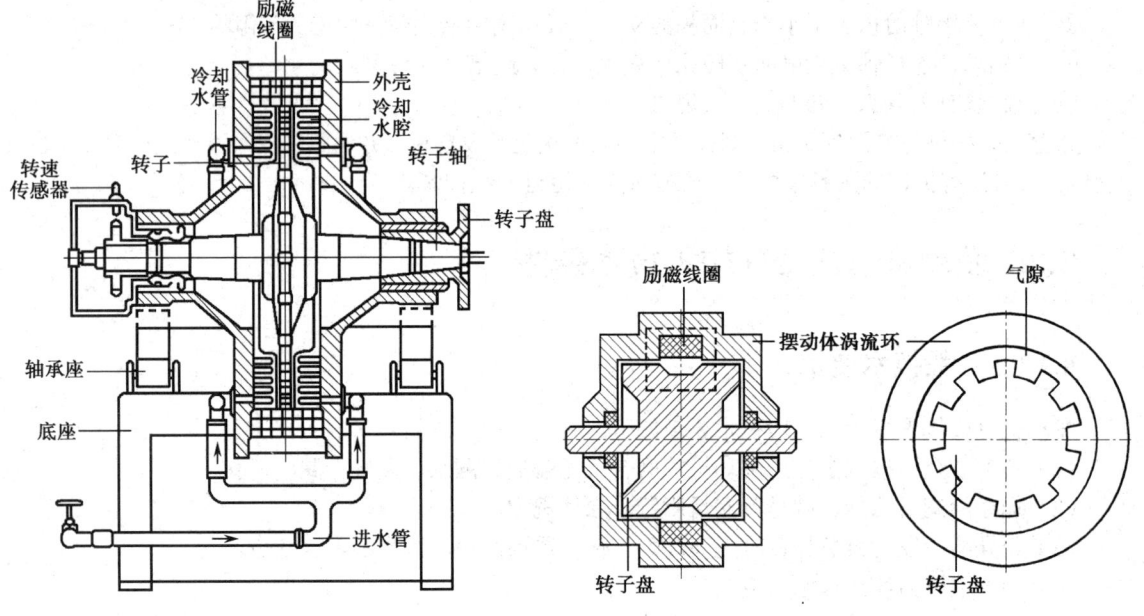

图 8.10 电涡流制动器结构图　　　　　图 8.11 电涡流制动器工作原理简图

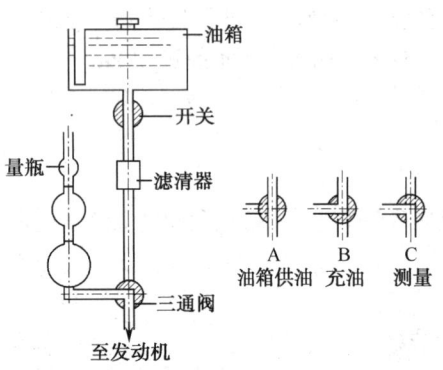

图 8.12 采用定容积法测量油耗的示意图

在励磁线圈中通以直流电时，即产生通过外壳、摆动体涡流环、气隙和转子盘的磁力线，发动机带动转子盘旋转。由于转子盘外圆涡流槽的存在，在气隙处会产生密度交变的磁力线，因而在摆动体涡流环内产生感应电动势而形成涡电流。此电流与产生的磁场相互作用即形成一定的电磁力矩，从而使摆动体涡流环偏转一定角度，由测力机构可以测出力矩数值。

2. 油耗测量装置

油耗测量装置又称油耗仪，它由油箱、量瓶（或量杯）、三通阀、滤清器等组成。采用定容积法测量油耗的示意图如图 8.12 所示。

3. 发动机试验的一般条件

发动机试验的一般条件如下。

（1）所用燃油及润滑油符合制造厂的规定。

（2）测试仪器的精度及测量部位应符合规定要求。

（3）进行试验前发动机应按规定的磨合规范进行磨合。

（4）发动机冷却水的出水温度为（80±5）℃，机油温度为（85±5）℃，燃油温度为（40±5）℃。

（5）排气背压按制造厂规定或低于规定值3.5kPa。

（6）所有数据要在工况稳定后测量，转速、有效转矩及排燃油消耗率三者应同时测量。

4. 主要性能的试验方法

（1）速度特性试验。发动机节气门位置不变时，其性能指标随转速的变化而变化的关系称为发动机的速度特性。发动机遵从速度特性工作时，相当于驾驶员使加速踏板位置保持一定，汽车行驶速度随道路阻力的变化而变化的情况。用图来表示速度特性时，一般用横坐标表示发动机的转速，用纵坐标（性能参数）表示性能指标，如有效功率 P_e、有效转矩 M_e 和有效燃油消耗率 g_e 等。由发动机台架试验测取一系列数据，可绘制成速度特性曲线。节气门（或供油拉杆）保持最大开度时，所测得的速度特性称为发动机的外特性。通过分析发动机的速度特性，可找出发动机在不同转速情况下工作时，其动力性和经济性的变化规律，以及对应最大功率、最大有效转矩、最小有效燃油消耗率时的转速，从而确定发动机工作时最有利的转速范围。

图 8.13 所示为奥迪 1.8L 四缸汽油机外特性曲线。

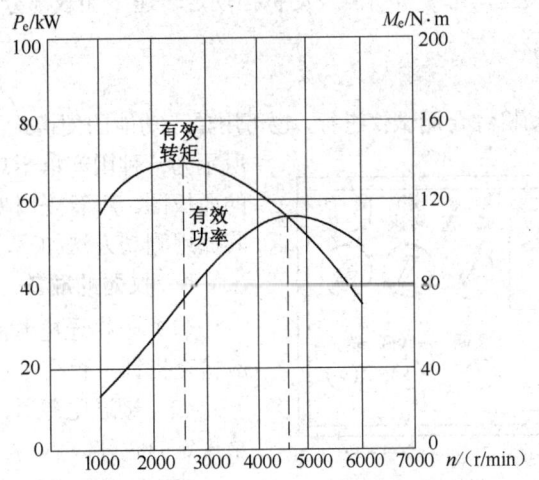

图 8.13 奥迪 1.8L 四缸汽油机外特性曲线

试验时节气门全开，在发动机工作转速范围内，按顺序调节负荷（由小到大或由大到小加载），改变转速，进行测量，适当地布置八个以上测量点，绘制外特性曲线。

试验中主要测量：进气状态、转速、有效转矩、有效燃油消耗、排气程度、噪声、排气温度、点火或喷油提前角及汽油机进气管真空度等。

进行发动机速度特性试验，可测定发动机的外特性，分析、评定所测发动机在全负荷下的动力性和经济性。

（2）负荷特性试验。发动机的负荷特性是指当发动机转速不变时，其经济性指标随负荷变化而变化的关系。发动机遵从负荷特性工作时，相当于汽车以等速在不同阻力的道路上行驶时的情况。用图来表示负荷特性时，一般用横坐标（负荷）表示发动机的有效功率 P_e，用纵坐标（性能参数）表示经济性指标，如每小时燃油消耗量 G_T、有效燃油消耗率 g_e 等。由发动机台架试验测取一系列数据，可绘制成负荷特性曲线。通过分析发动机的负荷特性，可了解发动机在各种负荷情况下工作时的经济性，以及对应最低有效燃油消耗率的负荷状态。

图 8.14 所示为 6135Q 型车用柴油机负荷特性曲线。

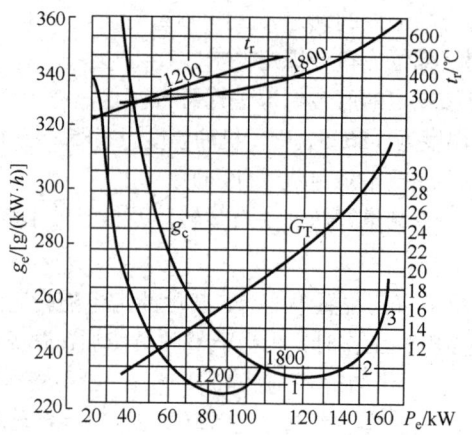

图 8.14　6135Q 型车用柴油机负荷特性曲线

试验时，发动机在 50%～80%的额定转速下运行，从小负荷开始逐渐增大负荷，相应增大节气门开度直到全开，适当地布置八个以上测量点，绘制负荷特性曲线。

试验中主要测量：进气状态、转速、有效转矩、有效燃油消耗率、汽油机进气管真空度等。

进行发动机负荷特性试验，可分析所测发动机在规定转速下加载部分负荷时的经济性。

8.4.2　无负荷测功

无负荷测功既可用发动机综合测试仪进行，也可用单一功能的便携式无负荷测功仪进行。图 8.15 所示为一种国产单一功能的便携式无负荷测功仪的面板图。不管采用哪种形式的无负荷测功仪，其通用测功方法如下。

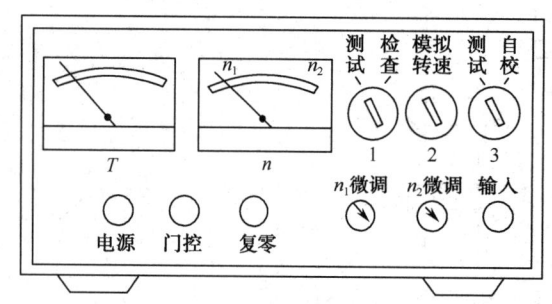

图 8.15　国产单一功能的便携式无负荷测功仪面板图

1. 仪器的准备

（1）未接通电源前，如指示装置为指针式，应检查指针是否在零点上，否则进行调整。

（2）接通电源后，电源指示灯亮，预热仪器至规定的时间。

（3）带有数码管的仪器，数码管亮度应正常，且数码均在零位。

（4）按仪器使用说明书给定的方法对仪器进行检查、调试和校正。

（5）对于测加速时间—平均功率的仪器，要利用仪器的模拟转速、门控指示灯和微调电位器调整好起始转速 n_1 和终止转速 n_2 的门控。对于微机控制的仪器，可通过数字键输入 n_1、n_2 的设定值。

（6）需要设置转动惯量的仪器，要把被测发动机的转动惯量输入仪器内。

2. 发动机的准备

预热发动机至正常工作温度。使发动机运行于怠速状态，使其在规定转速范围内稳定运转。

3. 联机

仪器和发动机准备好后，把仪器的传感器按要求连接在规定部位。无连接要求的则应拉出拔节天线。

4. 测功

（1）按下"复零"键，使指示装置复零。

（2）按下其他必要的按键，如机型选择键、缸数选择键和"测试"键等。对于需要输入操作码的仪器，则应按要求输入规定的操作码。

（3）发动机在怠速下稳定运转，操作者急速地把加速参数加到最大，使发动机转速猛然上升，当超过终止转速 n_2 时应立即松开加速装置，切忌让发动机长时间高速运转，记下或打印出读数后，按下"复零"键使指示装置复零，重复上述操作三次，检测结果并求取平均值。

（4）对于仅能显示加速时间的无负荷测功仪，测得加速时间后，应在仪器制造厂家推荐的曲线图或表格中查出对应的功率值，以便与标准功率值对照。

5. 测量结果分析

根据测量结果进行分析，对发动机技术状况做出判断。

（1）对于在用车，发动机功率不得低于原额定功率的 75%，大修后发动机功率不得低于原额定功率的 90%。

（2）若发动机功率偏低，可能是因为燃料供给系统调整状况不佳或点火系统技术状况不佳，应对油路、电路进行调整。若调整后功率仍偏低，应结合汽缸压力和进气歧管真空度的检查，判断机械部分是否存在故障。

（3）发动机功率与大气气压（海拔高度）有密切关系，无负荷测功仪所测功率是实际大气气压条件下发动机的实际功率，如果要校正到标准大气气压下的功率，还应乘以校正系数。

8.4.3 发动机特性

发动机特性包括速度特性和负荷特性。速度特性用于研究发动机在不同转速下其动力性和经济性的变化规律，确定发动机达到最大有效功率 P_{emax}、最大有效转矩 M_{emax} 和最小有效燃油消耗率 g_{emin} 时的转速，从而确定发动机在不同行驶状态下最有利的转速范围。负荷特性则用于研究发动机在转速不变时，经济指标随负荷变化而变化的关系。

1. 汽油机特性

发动机的性能指标 M_e、P_e、g_e 随发动机转速 n 变化的关系称为发动机的速度特性，用于表示这一特性的曲线称为速度特性曲线。节气门全开时的速度特性曲线称作外特性曲线，汽油机的外特性曲线如图 8.16 所示；节气门处于非全开位置时的速度特性曲线称为部分速度特性曲线。

（1）外特性曲线分析。

① 转矩—转速（M_e–n）曲线。由图 8.16 可知，M_e–n 曲线为一条凸形曲线。发动机在较低转速时，随转速的加快，M_e 越来越大，到达某转速时 M_e 达到最大。以后，随着转速的继续升高，M_e 反而下降。这是由转速对充气系数和燃烧过程的影响所决定的，充气系数只在某一转速下达到最大，充气系数越大，M_e 也越大；其次是燃烧过程，低速时，压缩冲程的气流扰动小，燃油燃烧前的雾化和混合不好，影响燃烧质量；高速运转时，燃烧过程占有的曲轴转角较大，补燃期变长，散热面积大，热效率低。

汽车在陡坡上起步时，可以体验到 M_{emax} 的存在。汽车只有在发动机接近 M_{emax} 的转速下才能平稳起步。

② 功率—转速（P_e–n）曲线。已知 P_e 与 M_e、n 符合关系式 $P_e = M_e n / 9550$，即 P_e 随 n 和 M_e 的增加而增加。因 M_e–n 曲线为凸形曲线，所以当转速从较低转速值增加时，M_e 也同时增加，P_e 迅速上升；当 M_e 达到最大值后，再继续增加转速 n，P_e 上升速度逐渐缓慢；到达某转速 n 时，P_e 达到最高点。若再增加转速，由于发动机自身消耗的功率大幅增加及充气系数下降，有效功率 P_e 也下降。

③ 油耗率（即燃油消耗率）—转速（g_e–n）曲线。由图 8.16 可知 g_e–n 曲线为凹形曲线，发动机只有在某一转速下，油耗率最低，这是因为发动机在低转速和高转速运转时，热效率都比较低，而在高速时机械损失也增加的缘故。

（2）部分速度特性曲线分析。就 M_e-n、P_e-n、g_e-n 曲线形状而言，汽油机的部分速度特性和外特性相似，即 M_e 最高点和 P_e 最高点都向低转速方向偏移。最低的油耗率并不对应节气门全开，因为节气门全开时，省油装置已投入工作，可燃混合气浓度较高，燃烧不充分，所以只能从部分速度特性中得到最小的油耗率 g_{emin}。同时，g_e-n 曲线越平坦越好，这样汽车发动机才能在宽阔的转速范围内均具有良好的经济性，即汽车在各种行驶速度下都比较省油。

（3）汽油机的负荷特性。汽油机靠改变节气门的开度（即改变汽缸的进气量）来调节输出功率的大小，以适应负荷的变化。这种调节方法称为量调节。

当汽车在路况不定的情况下行驶时，驾驶员通过加速踏板调节节气门的开度，使汽车保持等速行驶，即得到汽油机转速一定时的负荷特性曲线，其示意图如图 8.17 所示。

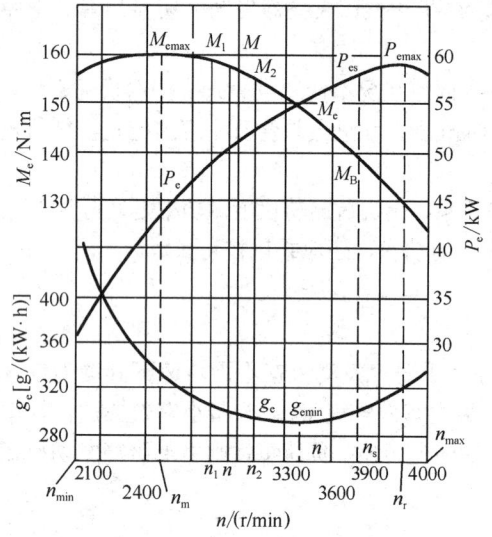 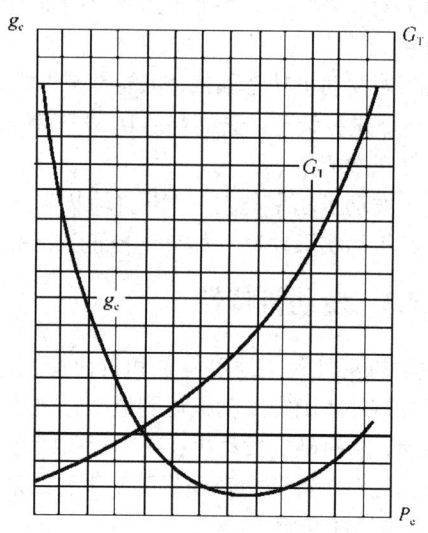

图 8.16 汽油机的外特性曲线　　　　图 8.17 汽油机转速一定时的负荷特性曲线示意图

① P_e-G_T 曲线为递增曲线，即每小时燃油消耗量 G_T 随有效功率（负荷）的增加而增加。G_T 的大小与节气门的开度和可燃混合气的成分有关。节气门开度越大，进入汽缸的可燃混合气越多。节气门开度在 70%～80% 的范围内，可燃混合气的浓度变化不大，从而 G_T 随 P_e 的增加而增加；节气门开度大于 80%，而接近全开时，省油装置开始起作用，使可燃混合气变浓，因而 G_T 增加的速度更快。

② P_e-g_e 曲线与 P_e-G_T 曲线不同，它存在一个最小值。当发动机怠速运转时，机械效率 $\eta_m = 0$，功率完全用于克服发动机自身的摩擦损失，油耗率可以认为是无限大。随着 P_e 的增加，发动机自身摩擦损失所占比例相对减小，因此，g_e 逐渐减小。当节气门开度接近全开时，由于省油器投入工作，可燃混合气浓度增大，使燃烧不完全，g_e 又出现上升趋势。由图 8.17 可知，P_e-g_e 曲线在一定的功率范围内出现低谷，此范围越宽，表示汽车在越宽阔的负荷范围内具有良好的经济性。

2. 柴油机特性

（1）柴油机的速度特性。柴油机的加速踏板位置是控制喷油泵的油量调节机构（拉杆或齿条）的。当油量调节机构位置不变时，柴油机的 P_e、M_e、g_e、G_T 随转速 n 的变化关系称为柴油机的速度特性。油量调节机构位置保持在额定功率供油位置时的速度特性曲线称为柴油机的外特性曲线，如图 8.18 所示；固定在小于额定功率供油时的任何位置的速度特性曲线称为部分速度特性曲线。

与汽油机相比，柴油机的转矩—转速（M_e-n）曲线较平坦，M_e 的储备系数较小，对外界阻力的适应性较差，将使换挡次数增多。为此，在车用柴油机的调速器内装有转矩校正器（校正弹簧），它能在 P_e 增大、n 下降时，使供油量自动增加，以提高 M_e，即提高了柴油机的有效转矩储备系数。

由图 8.18 可知，油耗率—转速（g_e-n）曲线是一凹形曲线。这是因为当柴油机低速运转时，燃烧室内的空气扰流减弱，空气与柴油的混合不均匀程度有所增加，导致不完全燃烧成分有所增加，即油耗率增加；柴油机高速运转时，循环充气量有所下降，而供油量则有所增加，充气系数下降，不完全燃烧的成分有所增加，即油耗率增加。与汽油机相比，柴油机的 g_e-n 曲线较平坦，即在较宽的转速范围内有较低的耗油率。同时，柴油机的最小有效耗油率 g_{emin} 比汽油机低 20%~30%，即柴油机比汽油机更经济。

与汽油机相比，柴油机的功率—转速（P_e-n）曲线近似为一条上升的斜直线。为了防止柴油机转速失控（"飞车"），柴油机的喷油泵均装有调速器，当柴油机达到额定转速时，调速器将起作用，阻止供油量的增加。

（2）柴油机的负荷特性。柴油机在一定的转速下，充入汽缸的空气量是不变的，为适应外界负荷的变化，只有改变循环供油量，即改变充气系数来调节输出功率的大小，这种调节方法称为质调节。

当汽车在道路变化的情况下行驶时，驾驶员通过加速踏板调节油量调节机构位置，使汽车保持等速行驶，即得到柴油机转速一定时的负荷特性曲线，其示意图如图 8.19 所示。

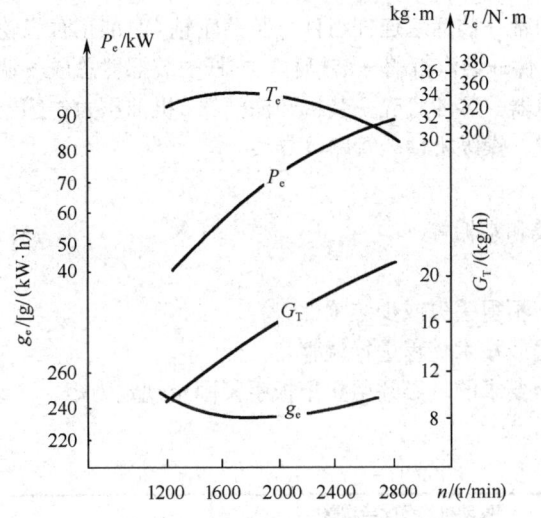 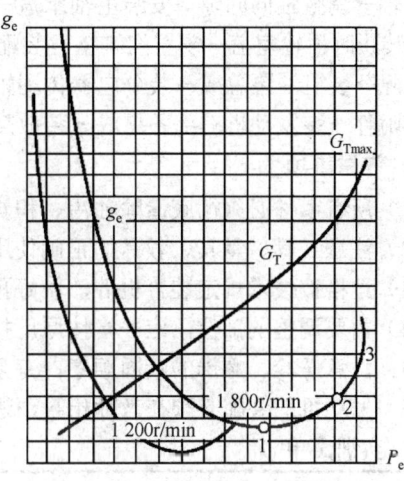

图 8.18　柴油机的外特性曲线　　　　　图 8.19　柴油机转速一定时的负荷特性曲线示意图

在图 8.19 中 G_T 为单位时间（每小时）内的耗油量，由每循环供油量所决定。当转速一定时，负荷（有效功率）增加，供油量也相应增加。因此，随着有效功率增加，P_e-G_T 曲线为上升曲线。

与汽油机相似，柴油机的 P_e-g_e 曲线也是一条凹形曲线。以 $n=1800$ 对应的曲线为例，柴油机怠速运转时，输出功率为零，效率 η_m 为零，g_e 无限大。随着有效功率 P_e 增加，效率 η_m 增加，g_e 迅速下降，P_e 增至图中 1 点时，充气系数下降，热效率略有下降，机械效率明显增大，此时 g_e 达到最小（g_{emin}）。进一步增加，喷油量也进一步增加，导致燃料燃烧不完全，补燃期延长，热效率急剧下降，引起 g_e 上升。g_e 超过 2 点时，排气管中冒黑烟。因此 2 点称为冒烟点，柴油机的最大供油量应使 P_e 限制在 2 点以内。g_e 增加到 3 点时，可以得到最大功率，以备柴油机克服短时间超负荷之需。g_e 超过 3 点时，燃烧进一步恶化，不仅油耗急剧增大，也影响柴油机的使用寿命。

3. 性能试验

性能试验是检验发动机设计、制造、修理质量的有效方法，按试验目的的不同可分为研究性试验、一般性能试验、性能匹配调整试验、部分负荷性能试验、使用特性试验等。

一般性能试验主要是检测其动力性和经济性指标，即转速、功率、转矩和燃油消耗率。试验方法及所需设备的结构原理参见《维修质量与检测技术》等教材。

实训 8.1 发动机的装配与调整

1. 实训目的与要求

（1）熟悉发动机主要零部件的装配标记、配合关系。

（2）掌握发动机装配工艺及过程。

（3）掌握发动机调整项目和调整技术要求。

2. 仪器、设备

发动机实训台架，常用、专用工具及量具等若干套。

3. 方法与步骤

（1）复检待装件，所有待装件应清洁，确认装合标记。

（2）发动机装合。

发动机装合的顺序：装发动机机体→装飞轮壳→装曲轴主轴承→装前、后防漏及轴向定位装置→安装曲轴→调整轴向间隙→安装主轴承盖→转动曲轴→装活塞连杆组件→装凸轮轴（对准正时齿轮记号）→装正时齿轮室盖→安置汽缸垫→装配气门组件→装汽缸盖→装挺柱、推杆→装摇臂总成→调整气门间隙→装机油泵总成→装分电器传动轴及分电器→装油底壳→装机油滤清器、机油压力传感器→装其他附件→装发动机前部各总成→装散热器总成、操纵机件、管路、导线。

4. 注意事项

（1）所有零件必须彻底清除油污、积炭、结胶和水垢等。

（2）注意工具、量具、教具的正确使用。

（3）严格按技术规定装合机件，做好预润滑，不得丢失或少装零件。

（4）需要调整的部位，应严格按原厂技术数据或技术规程进行调整。

（5）注意螺栓、螺母的紧固顺序；有紧固力矩要求的，必须用扭矩扳手紧固至规定力矩。

（6）发动机的装配必须在教师指导下进行。

5. 实训工单

实训项目	发动机的装配与调整
一、准备工作	
	情况记录
（1）工具及仪器的准备	
（2）维修手册的准备	发动机型号_____
二、操作过程	
安装曲轴飞轮组件	安装曲轴飞轮组件的步骤与技术要点：
安装活塞连杆组件	安装活塞连杆组件的步骤与技术要点：
装配气门组件	装配气门组件的步骤及技术要点：

实训项目	发动机的装配与调整
安装汽缸盖总成	安装汽缸盖总成的步骤与技术要点：
安装机油泵及油底壳	安装机油泵及油底壳的步骤及技术要点：
安装气门室盖及附件	安装气门室盖及附件的步骤及技术要点：
总结分析：	

实训 8.2 发动机的磨合

1. 实训目的与要求

（1）理解发动机的磨合意义，了解磨合设备的构造与工作原理。

（2）掌握发动机磨合的方法与磨合规范。

（3）熟悉发动机总成修理竣工技术条件。

2. 仪器、设备

实训 8.1 装合的发动机一台。

发动机冷磨合试验台架一台，发动机热磨合试验台架一台。

常用（专用）工具一套。

3. 方法与步骤

（1）冷磨合。

冷磨合的顺序：安装待磨合发动机→添加润滑油→确定磨合规范→磨合。

（2）无负荷热磨合。

无负荷热磨合的顺序：安装发动机→确定磨合规范→磨合→准确判断换挡时机。

（3）有负荷热磨合。

有负荷热磨合的顺序：连接加载装置→确定磨合规范→磨合→准确判断换挡时机→确认磨合完成→清洗润滑系统→更换润滑油及滤清器滤芯等。

（4）发动机竣工后的检验（一般技术条件、主要使用性能）。

4. 注意事项

（1）磨合过程中，必须注意发动机的状态，出现异常现象应及时处理。

（2）在热磨合过程中，应对发动机进行必要的检查调整。

5. 实训工单

实训项目	发动机的磨合
一、准备工作	
	情况记录
（1）工具及仪器的准备	
（2）维修手册的准备	发动机型号_____
二、操作过程	
磨合前检查	磨合前检查的主要内容：
冷磨合	冷磨合的步骤与技术要点：
无负荷热磨合	无负荷热磨合的步骤及技术要点：
有负荷热磨合	有负荷热磨合的步骤与技术要点：
总结分析：	

复习思考题

1. 发动机装配与调整的基本要求有哪些？

2. 什么是偏缸？如何检查偏缸？

3. 修理竣工的发动机为什么必须经过磨合才能投入正常使用？

4. 维护和修理竣工的发动机验收的主要内容是什么？

5. 什么是发动机的负荷特性？画出汽油机、柴油机的负荷特性曲线图。

6. 什么是发动机的速度特性？画出汽油机、柴油机的速度特性曲线图。

7. 简述电涡流测功器测量发动机功率和转矩的原理。

8. 如何测量燃油消耗量并计算出有效燃油消耗率？

第9章　汽油发动机点火系统的构造与维修

学习目标
- 理解传统点火系统、无触点电子点火系统、计算机控制点火系统、无分电器点火系统的组成及其工作原理;
- 熟悉传统点火系统、无触点电子点火系统主要部件的结构与电路分析方法;
- 掌握传统点火系统、无触点电子点火系统主要部件的检修与故障诊断方法。

9.1　概述

9.1.1　点火系统的功用

汽油发动机(以下简称为汽油机)汽缸内的可燃混合气是采用高压电火花点燃的,因此必须装设一套专门的点火系统。点火系统的作用是将电源(蓄电池或发电机)供给的低压电变成高压电,并根据发动机的工作顺序和点火时间要求,适时、准确地点燃各汽缸的可燃混合气。

9.1.2　点火系统的分类

汽车上使用的点火系统的种类较多,按不同的分类方式分述如下。

1. 按能源不同分

按点火系统的能源不同,点火系统可分为蓄电池点火系统和磁电机点火系统。

蓄电池点火系统由蓄电池或发电机供给低压直流电,借助点火线圈和断电器将低压电变为高压电,送至各汽缸火花塞点火。它具有结构简单、工作可靠的特点,长期得到广泛使用,故又称为传统点火系统。

磁电机点火系统由磁电机本身直接产生高压电,不需要另设低压电源。它主要用于在高速满负荷状态下工作的赛车发动机,以及不带蓄电池的摩托车发动机。

2. 按储存点火能量方式的不同分

按点火系统储存点火能量的方式不同,点火系统可分为电感储能式点火系统和电容储能式点火系统。

电感储能式点火系统是指点火系统在产生高压电点火前,从电源获取的能量以电感线圈建立磁场的方式储存。电感线圈初级点火能量 W_L 大小与线圈的电感量 L 和线圈所形成的电流 I 的平方成正比,即 $W_L = \dfrac{1}{2}LI^2$。

电容储能式点火系统是指点火系统从电源获取的电能以电容建立电场的方式储存。能量 W_C 的大小与电容量 C 和电容电压 U 的平方成正比,即 $W_C = \dfrac{1}{2}CU^2$。

目前汽车上使用的大都是电感储能式点火系统。

3. 按配电和控制方式不同分

按点火系统的配电和控制方式不同,点火系统可分为触点式点火系统、无触点电子点火系统和计算机控制点火系统。

触点式点火系统目前仅在一些载货汽车上还有少量使用。

无触点电子点火系统按点火触发信号产生的方式不同,又分为磁感应式、光电感应式、霍尔感应式三种。

随着电控燃油喷射系统的普及，计算机控制点火系统在汽车上的应用越来越多。

9.2 传统点火系统的组成与工作原理

9.2.1 传统点火系统的组成

传统点火系统的组成如图 9.1 所示，它主要由电源（蓄电池）、发电机（图中未标出）、点火开关、点火线圈、分电器和火花塞等组成。蓄电池供给点火系统所需的电能，点火开关接通或断开点火系统电源。点火线圈储存点火能量，并将蓄电池电压转变为点火高压。分电器由断电器、配电器和点火提前角调节机构（图中未标出）等部组成。断电器的作用是接通或切断点火线圈的初级电路；配电器则可将点火线圈产生的点火高压按发动机的工作顺序送至各汽缸火花塞；点火提前角调节机构的作用是随发动机转速、负荷和汽油辛烷值的变化调节点火提前角。火花塞将点火高压电引入汽缸燃烧室，并在电极间产生电火花，点燃可燃混合气。

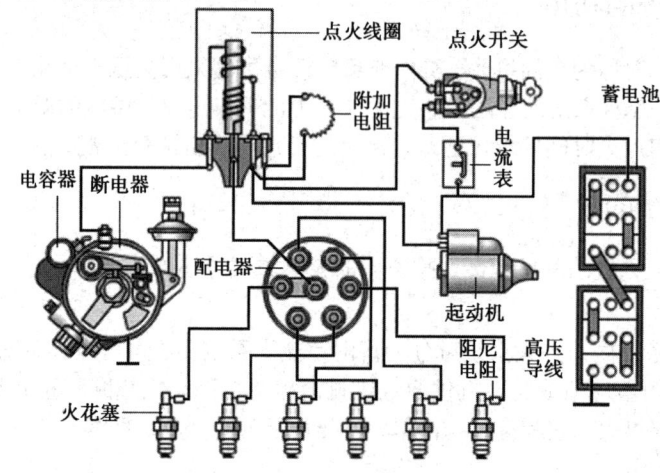

图 9.1　传统点火系统的组成

9.2.2 传统点火系统的工作原理

传统点火系统的工作原理如图 9.2 所示（下文所述部分结构未在图中标出），点火线圈是一个带有附加电阻的自耦变压器，其初级绕组通过断电器的触点搭铁。当发动机凸轮驱动的分电器轴转动时，带动断电器凸轮一起旋转，使断电器触点不断地闭合和分开。

触点闭合时，点火线圈的初级绕组通路产生初级电流，其回路是：蓄电池正极→电流表→点火开关→点火线圈附加电阻→点火线圈初级绕组→断电器触点→搭铁→蓄电池负极。

触点闭合瞬间，点火线圈初级绕组产生一个阻碍初级电流增长的自感电动势，使得初级电流增长比较缓慢，点火线圈铁芯中的磁通量的变化速率也较低，因此在次级绕组产生的互感电动势也不大，约为 1500V，此电动势不能用于点火，但点火线圈的磁场能量随初级电流的上升而逐渐增加，因此触点的闭合过程实际是点火系统的储能过程。

触点断开时，点火线圈初级绕组断路，点火线圈初级电流突然减小，从而使点火线圈铁芯中的磁通量也迅速减小，点火线圈次级绕组产生一个很高（15kV～25kV）的互感电动势。此时，与断电器凸轮轴同步旋转的分火头正好转到对准分电器盖的某一侧电极，使次级绕组与需要点火汽缸的火花塞接通。次级绕组的互感电动势对火花塞电极充电，其电流通路为：次级绕组正极→点火线圈附加电阻→点火开关→电流表→蓄电池→搭铁→火花塞电极→高压导线→配电器盖侧电极→分火头→中心电极→次级绕组负极，火花塞电极两端的电压迅速升高。当电压上升到火花塞的击穿电压时，火花塞电极间即被击穿产生电火花，点燃可燃混合气。

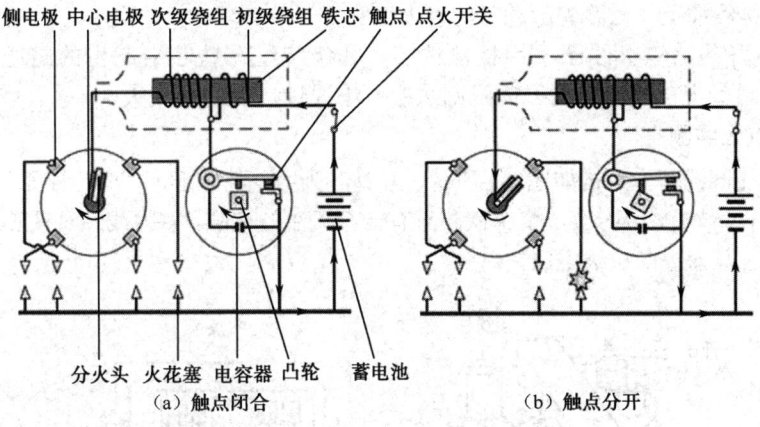

图 9.2　传统点火系统的工作原理

断电器凸轮轴每转一圈，各汽缸按发动机点火顺序轮流点火一次。

9.3　传统点火系统主要元件

9.3.1　点火线圈

点火线圈是将电源的低压电转变为点火所需高压电的基本元件。常用的点火线圈分为开磁路和闭磁路两种形式。

1. 开磁路点火线圈

开磁路点火线圈的结构如图 9.3 所示。由硅钢片叠成的铁芯外套有绝缘套管，套管上分层绕有次级绕组和初级绕组。初级绕组通过的电流较大，产生的热量多，将其绕在次级绕组的外面有利于散热。在绕组与外壳之间装有导磁钢套，用以减小磁阻。

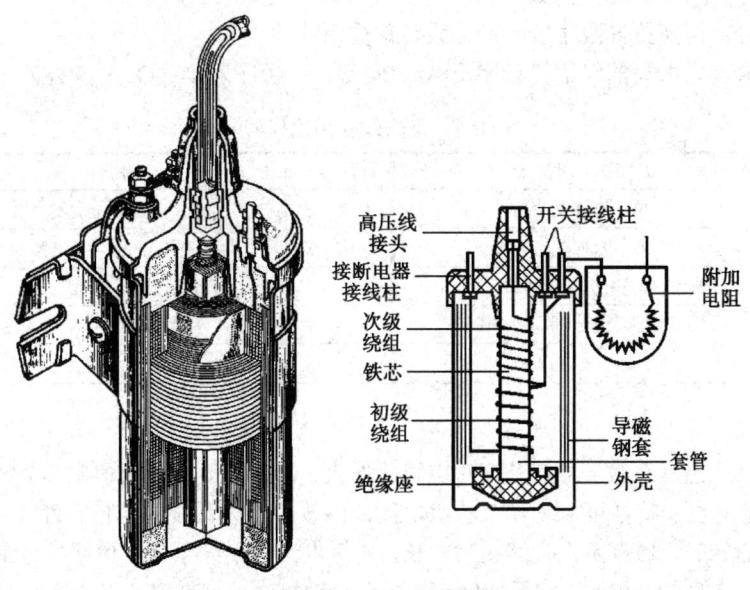

图 9.3　开磁路点火线圈的结构

次级绕组的一端与初级绕组的一端焊接在一起，焊接点在点火线圈内部；次级绕组的另一端则接在胶木盖中央的高压接线头上。初级绕组的两端分别接在开关接线柱上。根据车型不同，点火线圈有二低压接线柱和三低压接线柱之分。三低压接线柱的"+"极接线柱接点火开关，开关接线柱接在起动附加电阻短路接线柱上，以改善起动时的点火性能。

由此可知，开磁路点火线圈采用柱形铁芯，初级绕组在铁芯中产生的磁通通过导磁钢套形成磁回路，而铁芯的上部或下部的磁力线则从空气中通过，磁路损失大。

2. 闭磁路点火线圈

闭磁路点火线圈的基本结构如图9.4所示，其铁芯为"口"字形或"日"字形，铁芯上绕有初级绕组，初级绕组外面绕有次级绕组，整个铁芯只有一个微小的气隙，磁力线经过铁芯后形成闭合回路，以减少磁路损失，从而提高次级电压。

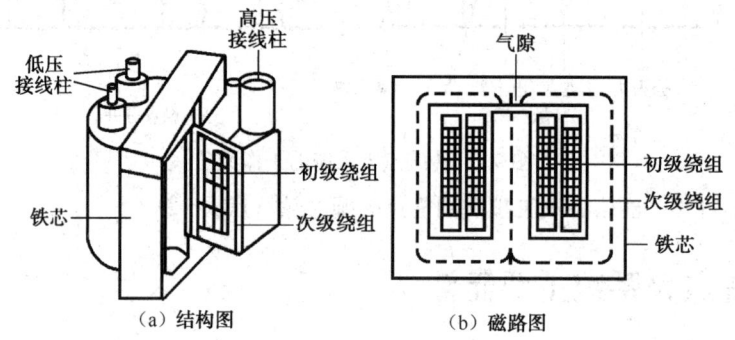

（a）结构图　　　　　　　（b）磁路图

图9.4　闭磁路点火线圈的基本结构

3. 点火线圈的型号

根据汽车行业标准《汽车电气产品型号编制方法》的规定，点火线圈的型号由以下5个部分（按先后顺序）组成。

（1）产品代号：由"点""圈"的汉字拼音的第一个字母"DQ"表示，"DQG""DQD"则分别表示干式点火线圈和无触点电子点火系统用点火线圈。

（2）电压等级代号：用1位阿拉伯数字表示，分别为：1——12V、2——24V、6——6V。

（3）用途代号：用1位阿拉伯数字表示，各代号的含义如表9.1所示。

（4）设计序号：用阿拉伯数字表示产品设计的先后次序。

（5）变型代号：以大写的汉语拼音字母A、B、C、…顺序表示（O、I除外）。

表9.1　点火线圈用途代号

代　号	用　　　途	代　号	用　　　途
1	单、双缸发动机	6	八缸以上的发动机
2	四、六缸发动机	7	无触点分电器
3	四、六缸发动机（带附加电阻）	8	高能
4	六、八缸发动机（带附加电阻）	9	其他（包括三、五、七缸）
5	六、八缸发动机	—	—

4. 附加电阻

附加电阻具有正温度系数（温度升高时电阻值增大，温度降低时电阻值减小）特性。发动机工作时，利用附加电阻的这一特性可自动调节初级电流，以改善点火系统的工作特性。

发动机低速运转时，触点闭合时间相对较长，初级电流可上升至最大值或接近最大值，容易使点火线圈过热，使触点的电火花加大，导致触点烧蚀；发动机高速运转时，触点闭合时间相对较短，触点断开时初级电流还很小，点火线圈不能产生足够高的次级电压，容易使发动机熄火。

点火线圈初级绕组串联附加电阻后，发动机低速运转时，较大的电流使附加电阻温度升高而导致电阻值增大，使初级电流增加的速度变慢；发动机高速运转时，流经附加电阻的电流较小，附加电阻的温度降低，电阻值减小，初级电流随转速上升而下降的速度变慢，从而达到随发动机的转速变化自动调节初级电流的目的。

发动机起动时，通过起动机电磁开关的附加电阻短路触点（或用点火开关的起动挡）将附加电阻短路，可以增大初级电流，提高次级电压和点火能量，从而改善发动机的起动性能。

9.3.2　分电器

FD642 型分电器如图 9.5 所示，它主要由断电器、配电器、电容器及点火提前角调节机构组成（有些组成部分图中未标出）。

1. 断电器

断电器的功用是周期性地接通和断开初级绕组，使初级电流发生变化，以便在点火线圈中发生电磁感应生成次级电压。断电器主要由一对钨合金触点（俗称白金触点）和凸轮组成，如图 9.6 所示。

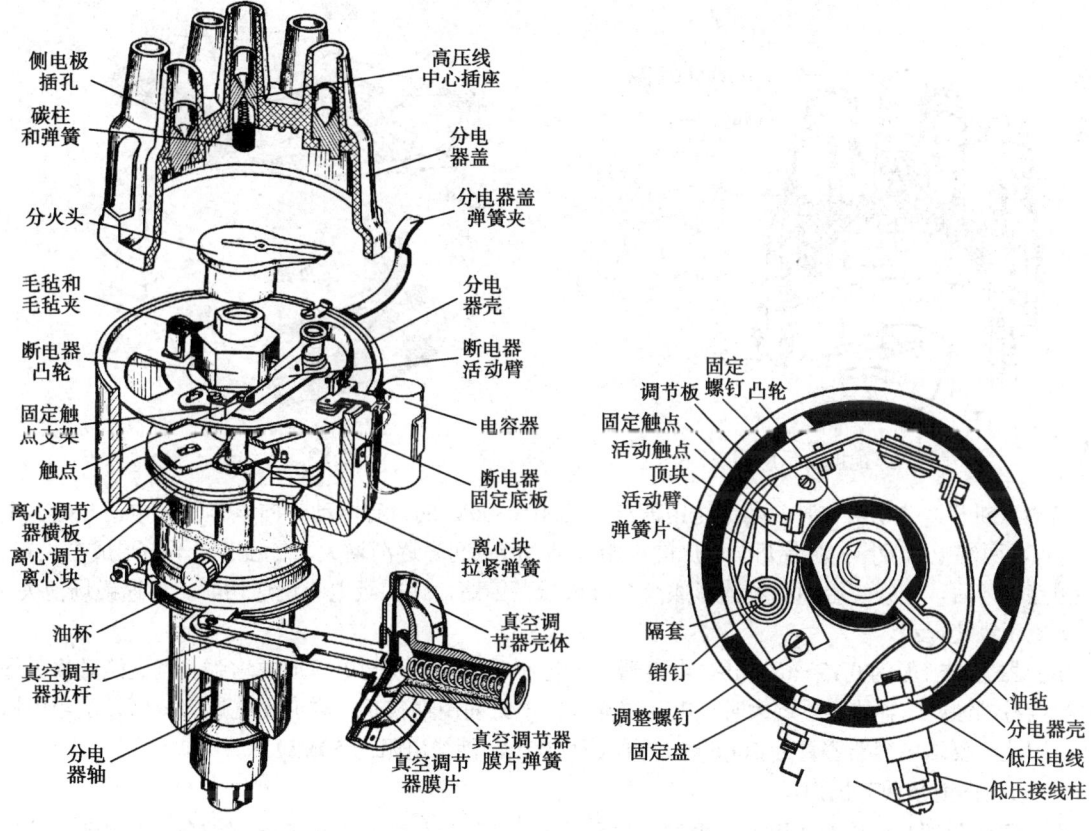

图 9.5　FD642 型分电器　　　　　　　　图 9.6　断电器的结构

固定触点固定于托板（图 9.6 中未标出）上，托板套在销钉上，并用销钉与固定盘连接；活动触点固定在活动臂的一端，活动臂的另一端松套在销钉上，活动臂的中部固定着夹布胶木顶块，弹簧片使固定触点及活动触点保持接触，并将顶块压向凸轮。凸轮的凸角数等于汽缸数。断电器的凸轮由配气凸轮轴带动同步旋转，间歇地打开和闭合触点。

活动触点经活动臂、弹簧片分别用导线与点火线圈初级绕组接线柱和电容器相连，固定触点则依次通过托板、固定盘、外壳与发动机机体实现搭铁。

断电器凸轮按特定方向旋转，当一个凸角顶起顶块使两触点分开的瞬间，次级电路中产生的电压最高，配电器即在此时使相应的汽缸点火。

两触点在断开时，其间的最大间隙称为触点间隙，一般为 0.35～0.45mm。间隙过小，触点易出现火花，使初级绕组断电不良；间隙过大，则触点闭合时间缩短，使初级电流减小，次级电压降低。使用中，当触点间隙发生变化时，可通过调整螺钉予以调整。

2. 配电器

配电器的作用是按发动机的点火顺序将次级线圈高压电分配给各汽缸火花塞。配电器主要由分火头和分电器壳组成，如图 9.7 所示。

分电器盖（如图 9.5 所示）中有一深凹的高压线中心插座，以及数目与汽缸数相同的侧电极插孔。分火头安装在断电器凸轮轴的顶端，并随断电器凸轮同步旋转，分火头导电片在距侧电极约 0.25～0.8mm 的间隙处掠过。

3. 电容器

与断电器触点并联的电容器如图 9.8 所示。其作用是当触点断开时减小触点间的电火花，防止触点烧蚀；同时吸收初级绕组的自感电动势，迅速切断初级电流，提高次级电压。

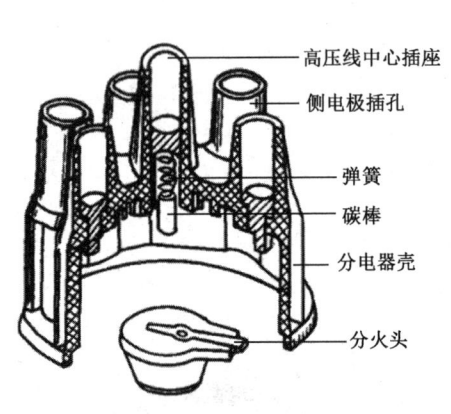

图 9.7　配电器示意图

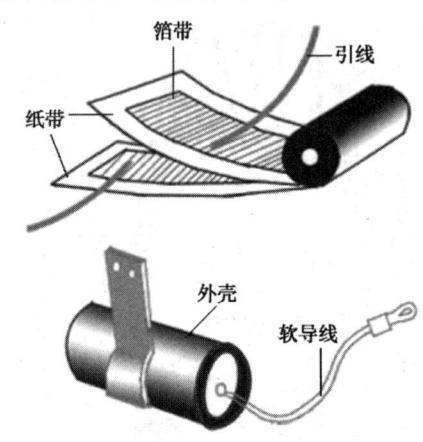

图 9.8　电容器

当触点断开，磁场消失时，初级绕组即产生 200～300V 的自感电动势向电容器充电，开始充电时，电容器两端电压为零，随着充电电压的不断提高，触点间隙逐渐增大，在触点间不易形成电火花。同时触点断开后，初级绕组和电容器形成一个衰减振荡回路，使初级电流迅速切断，加速磁场消失，使次级电压迅速提高。

电容器容量一般为 0.15～0.35μF。电容器容量过小时，触点间的电弧放电增强，点火能量损失增大，触点易烧蚀；电容器容量过大时，电容器充、放电时间周期较长，磁通变化速率降低，次级电压下降。因此，要求电容器容量为 20μF 时，耐压为 500V，绝缘电阻为 50MΩ。

4. 点火提前角调节机构

点火提前角调节机构的作用是根据发动机负荷、转速的变化自动调节点火提前角，以保证发动机具有良好的动力性和经济性。由断电器的工作原理可知，为实现点火提前，必须在压缩冲程中，活塞尚未到达上止点位置时，使断电器触点打开。图 9.9 所示为调节点火提前角的方法，此图也表示断电器触点、凸轮和凸轮轴三者间的相位关系。调节点火时间，即改变这三者的相位关系。

实现点火提前角调节的方法有两种：一种是触点不动，使凸轮相对于凸轮轴顺着旋转方向转过一角度 θ；另一种调节方法是凸轮不动，使触点相对于凸轮轴逆旋转方向转过一角度 θ'。

（1）离心式点火提前角调节机构。其结构和工作原理分别如图 9.10 和图 9.11 所示。它是随发动机转速的变化自动改变断电器凸轮与驱动轴的相对位置，实现自动调节点火提前角的。

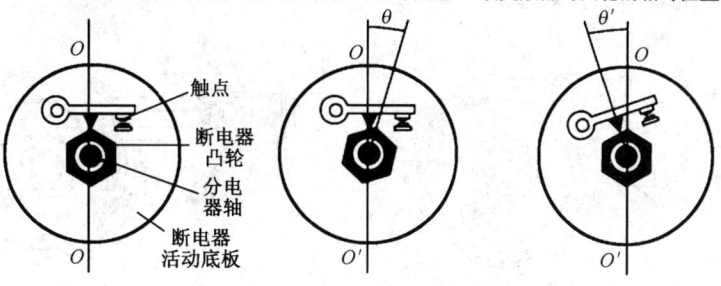

图 9.9 点火提前角调节方法

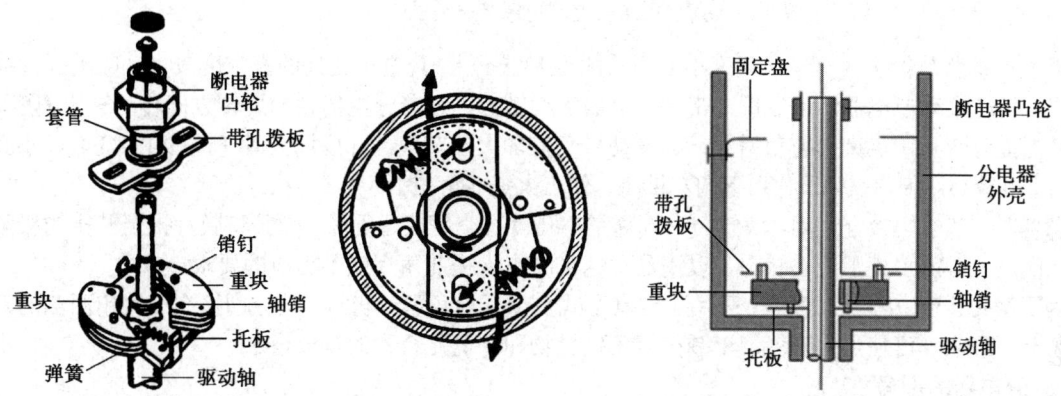

图 9.10 离心式点火提前角调节机构的结构 　　图 9.11 离心式点火角提前调节机构的工作原理

托板与驱动轴固定在一起，重块松套在托板的轴销上。重块小端与托板之间通过弹簧相连，托板随驱动轴旋转时，在离心力的作用下，重块克服弹簧拉力绕轴销转动一个角度，重块的小端则甩出一定的距离。

与断电器凸轮制成一体的套管松套在驱动轴上部，套管下端有带孔拨板，带孔拨板的两个长方孔分别套在两重块的销钉上，即断电器凸轮与驱动轴不是刚性连接，而是由驱动轴通过托板、重块、带孔拨板带动的。发动机不工作时，弹簧将两重块的小端向内拉拢到图 9.10 中的虚线所示位置。

当发动机曲轴转速达到 400r/min 后，重块离心力克服弹簧拉力向外甩出，重块销钉推动托板连同凸轮相对于驱动轴超前一个角度，点火提前角加大。分电器轴转速升高到 1500r/min 时，销钉顶靠在长方孔的外缘上，重块不能继续向外甩，点火提前角也就不能继续加大。

离心式点火提前角调节机构的工作特性取决于两弹簧的总刚度，两弹簧刚度可以相同，也可以不相同，两弹簧也可以不同时参与工作，以便得到变刚度的弹簧特性，使调节范围更符合发动机的工作要求。

（2）真空式点火提前角调节机构。其主要作用是随发动机负荷（节气门开度）的变化自动改变触点与凸轮的相对位置，达到自动调节点火提前角的目的。真空式点火提前角调节机构装在分电器壳外侧，其内部结构如图 9.12 所示。

真空式点火提前角调节机构的工作原理如图 9.13 所示。膜片的左侧通大气，右侧通过真

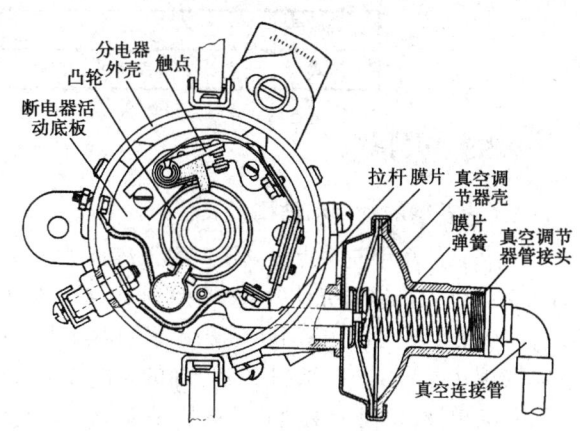

图 9.12 真空式点火提前角调节机构的内部结构

空调节器与节气门体的真空小孔相通。

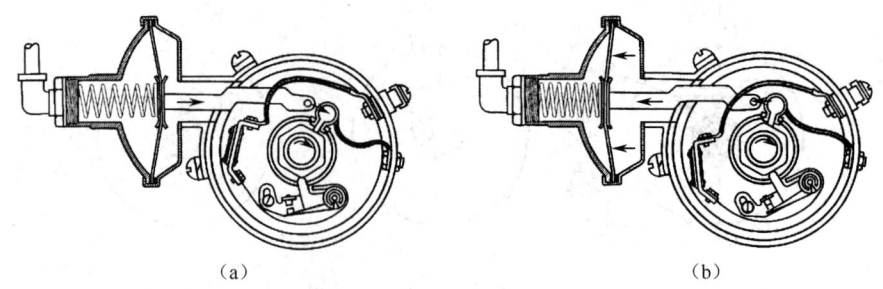

（a）　　　　　　　　　　　　　　（b）

图 9.13　真空式点火提前角调节机构的工作原理

当发动机负荷很小（节气门开度小）时［图 9.13（a）］，真空小孔处的真空度较大，吸动膜片向右拱曲，拉杆拉动断电器活动底板，带动断电器活动触点，逆着分电器轴的旋转方向转动一定角度，使两触点提前断开，点火提前角增大；当发动机负荷加大即节气门开度增大时［图 9.13（b）］，小孔处的真空度减小，膜片在弹簧作用下向左拱曲，使点火提前角减小。

怠速时，节气门接近全闭，节气门上方真空小孔处真空度接近于零，弹簧将膜片推至左拱的极限位置，使点火提前角处于最小状态，以满足怠速工况点火提前角小或不提前的要求。

为了净化排气，有一些轿车上采用了双真空式点火提前角调节机构，其分别接在节气门两侧的真空小孔上，怠速时可使点火延迟，以减少氮氧化物和碳氢化合物的排放量。

5. 分电器的型号

根据行业标准《汽车电气产品型号编制方法》的规定，分电器的型号由以下 5 部分（按先后顺序）组成。

（1）产品代号：由"分""电"的汉字拼音的第一个字母"FD"表示，"FDW"则表示无触点分电器。

（2）缸数代号：以发动机汽缸数表示，分别以 2、4、6、8、9 代表二缸、四缸、六缸、八缸及八缸以上。

（3）结构代号：以阿拉伯数字表示，各结构代号如表 9.2 所示。

（4）设计序号：与点火线圈相同。

（5）变型代号：与点火线圈相同。

表 9.2　分电器结构代号

结构代号	1	2	3	4	5	6	7
形式	无离心	无真空	拉偏心	拉同心	拉外壳	无触点	特殊结构

9.3.3　火花塞

1. 火花塞的功用和结构

火花塞的功用是将点火高压电引入汽缸燃烧室，并产生电火花，点燃可燃混合气，其结构及类型如图 9.14 所示，钢质壳体内部有绝缘体，绝缘体中心的上部有螺杆、连接螺母，下部装有中心电极，螺杆与中心电极之间用密封剂密封，紫铜内垫圈（图中未标出）起密封和导热作用，下部螺纹旋入火花塞安装孔内。壳体下部固定有弯曲的侧电极。

中心电极和侧电极分别由不同的镍锰合金或贵金属合金制成，具有良好的耐高温、耐腐蚀性能。火花塞电极间的间隙一般为 0.6～0.7mm。采用高能电子点火装置的火花塞，其电极间隙可达 1.0～1.2mm。

火花塞与其座孔间的密封有平面密封和锥面密封两种。采用平面密封时，在火花塞与座孔间应加装铜包石棉垫圈；锥面密封则是利用锥座形火花塞的锥形面与汽缸盖的锥形火花塞座孔进行密封的。

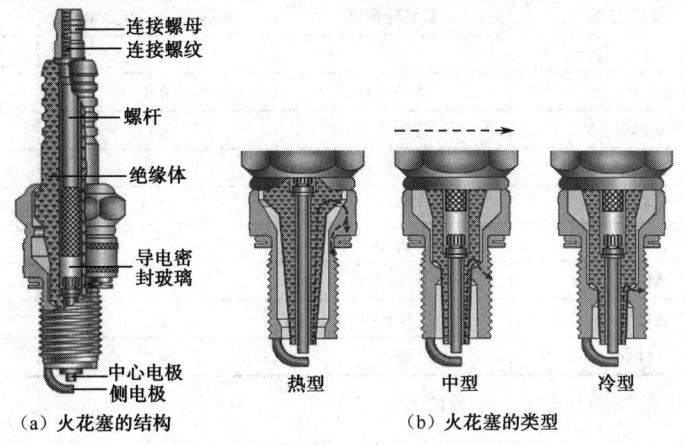

图 9.14　火花塞的结构及类型

2. 火花塞的热特性

要使发动机正常工作，火花塞绝缘体裙部的温度应保持在 500～750℃（该温度称为火花塞的自洁温度），若温度过低，落在绝缘体裙部的油粒不能立即烧掉，形成积炭引起漏电，会导致火花塞电极间不能跳火或火花微弱；若温度过高，则可燃混合气与炽热的绝缘体接触时，会引起炽热点火，产生早燃、爆燃等现象。影响火花塞裙部温度的主要因素是裙部长度。裙部越长，受热面积越大，散热途径越长，散热越困难，则裙部温度越高，称为热型火花塞；反之，裙部越短，裙部温度越低，称为冷型火花塞；介于二者之间的称为中型或标准型。热型火花塞适用于功率小、转速和压缩比低的发动机，冷型火花塞则适用于功率大、转速和压缩比高的发动机。

火花塞电极隙对火花塞的工作有很大的影响。间隙过小，则火花微弱，并且容易产生积炭而漏电；间隙过大，所需要的击穿电压增高，发动机不易起动，且在高速时容易产生"缺火"现象，所以火花塞中心电极与侧电极之间的间隙应适当。

3. 火花塞的型号

根据国家专业标准《火花塞产品型号编制方法》的规定，火花塞型号由 3 部分（按先后顺序）组成。

（1）第一部分为英文字母，表示火花塞的螺纹规格、安装座形式及主要尺寸，各字母的含义如表 9.3 所示。

（2）第二部分为阿拉伯数字，表示火花塞的热值。

（3）第三部分为英文字母，表示火花塞的特征代号，包括派生产品、结构特征、材料特性及特殊技术要求。在同一产品中需要用两个字母表示时，按表 9.4 所列顺序排列。

表 9.3　火花塞型号第一部分的含义

代　　号	螺纹规格	安装座形式	螺纹旋合长度/mm	壳体六角对边/mm
A	M10×1	平座	12.7	16
C	M12×1.25	平座	12.7	17.5
D	M12×1.25	平座	19	17.5
E	M14×1.25	平座	12.7	20.8
F	M14×1.25	平座	19	20.8
（G）	M14×1.25	平座	9.5	20.8
（H）	M14×1.25	平座	11	20.8
（Z）	M14×1.25	平座	11	19
J	M14×1.25	平座	12.7	16

代　号	螺纹规格	安装座形式	螺纹旋合长度/mm	壳体六角对边/mm
K	M14×1.25	平座	19	16
L	M14×1.25	矮型平座	9.5	19
（M）	M14×1.25	矮型平座	11	19
N	M14×1.25	矮型平座	7.8	19
P	M14×1.25	锥座	11.2	16
Q	M14×1.25	锥座	17.5	16
R	M18×1.5	平座	12	20.8
S	M18×1.5	平座	19	（22）
T	M18×1.5	锥座	9.5	20.8

注：（ ）表示非标准的保留产品，不推荐使用。

表9.4　火花塞特征代号及字母排列顺序

序号	特征代号	结构特征	序号	特征代号	结构特征
1	P	屏蔽型火花塞	7	H	环状电极火花塞
2	R	电阻型火花塞	8	U	电极缩入型火花塞
3	B	半导体型火花塞	9	V	V形电极火花塞
4	T	绝缘体突出型火花塞	10	C	镍铜型火花塞
5	Y	沿面跳火型火花塞	11	G	贵金属火花塞
6	J	多电极型火花塞	12	F	非标准型火花塞

例如，F5TC 型火花塞，表示螺纹规格为 M14×1.25、螺纹旋合长度为 19mm、壳体六角对边为 20.8mm 的绝缘体突出型平座火花塞，火花塞的电极为镍铜复合材料。随着汽车技术强化程度的提高，近年来出现了多种其他类型的火花塞，如细电极型。

9.4　无触点电子点火系统

传统的触点式点火系统是依靠断电器触点的开闭来通断点火线圈的初级电流，使点火线圈次级绕组产生高压电的。这种系统存在触点工作可靠性低、最高次级电压不稳定、点火能量低、对火花塞积炭敏感，以及对无线电通信干扰大等缺点，适应不了现代汽车发展的需要，因此逐渐被无触点电子点火系统（以下简称电子点火系统）所取代。

9.4.1　电子点火系统的组成与分类

1. 电子点火系统的组成

电子点火系统主要由点火信号发生器、点火控制器、点火线圈、分电器和火花塞等组成。与传统点火系统相比，电子点火系统采用点火信号发生器和点火控制器取代白金触点控制点火线圈初级电流的接通与关断。图 9.15 所示为解放 CA1092 型汽车发动机使用的电子点火系统。

分电器轴转动时，点火信号发生器产生脉冲电压信号，此脉冲电压信号经点火控制器放大电路处理后，控制串联于点火线圈初级绕组的导通和断开。当输入点火控制器的脉冲电压信号使初级绕组接通时，点火线圈初级绕组储存点火能量；当输入点火控制器的脉冲电压信号使初级绕组断开时，次级绕组产生高压电，通过分电器及高压导线等将点火高压电送至点火汽缸的火花塞。

2. 电子点火系统的分类

电子点火系统按点火信号发生器的工作原理不同可分为：磁感应式、霍尔效应式、光电式、电磁振荡式等。目前汽车上广泛使用的是磁感应式和霍尔效应式电子点火系统。

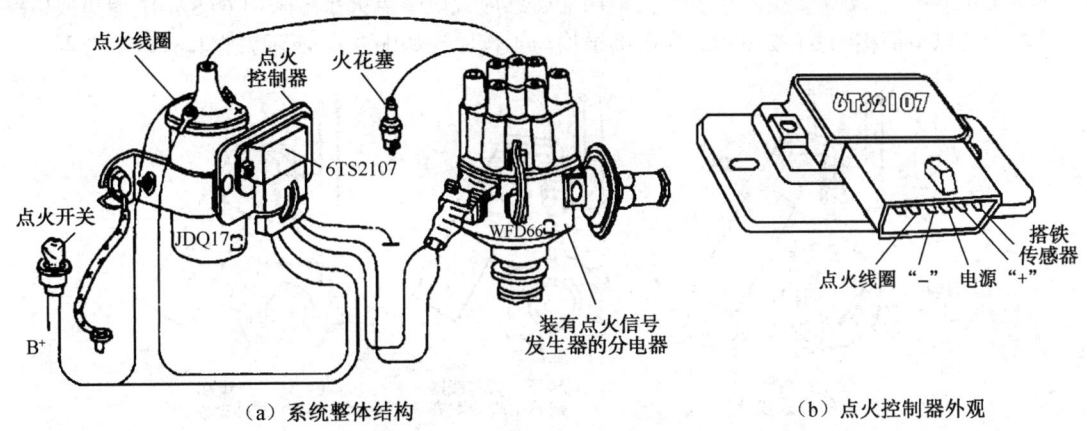

（a）系统整体结构　　　　　　　　　　　　　（b）点火控制器外观

图 9.15　解放 CA1092 型汽车发动机使用的电子点火系统

9.4.2　磁感应式电子点火系统

图 9.16 所示是解放 CA1091、CA1092 型汽车发动机采用的磁感应式电子点火系统的系统结构图，其主要由安装在分电器内的传感器（含磁感应式点火信号发生器）、点火控制器等组成。

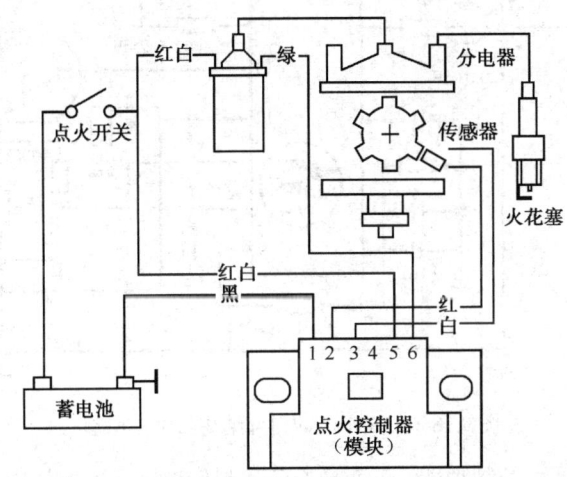

图 9.16　解放 CA1091、CA1092 型汽车系统结构磁感应式电子点火系统的系统结构图

工作过程：磁感应式点火信号发生器产生的交变电压信号由传感器输入点火控制器，经点火控制器整形、放大后，控制最后一级功率三极管的通断，从而控制端子 6 与 1 的通断，即控制点火线圈中初级电流的通断，点火线圈次级绕组产生的高压电经分电器分配给各汽缸火花塞。

1. 磁感应式点火信号发生器

磁感应式点火信号发生器的作用是产生与汽缸数及曲轴位置相对应的电压信号，用以触发点火控制器按发动机各汽缸的点火需要及时通断点火线圈初级绕组，使次级绕组产生高压电。它主要由信号转子、传感线圈和永久磁铁等组成，如图 9.17 所示。

信号转子安装在分电器轴上，凸齿数与发动机汽缸数相等。当信号转子转动时，转子与永久磁铁之间的气隙发生变化。转子凸齿靠近永久磁铁时，气隙减小，磁路的磁阻减小，磁通量增大；反之，气隙增大，磁路的磁阻增大，磁通量减小。磁通量的交替变化使传感线圈产生交变的电压信号并输入点火控制器。

2. 点火控制器

解放 CA1091、CA1092 型汽车发动机采用的磁感应式电子点火系统采用 6TS2107 型集成电路式点火控制器（以下简称为 6TS2107），其内部结构与工作原理如图 9.18 所示。它具有以下特点。

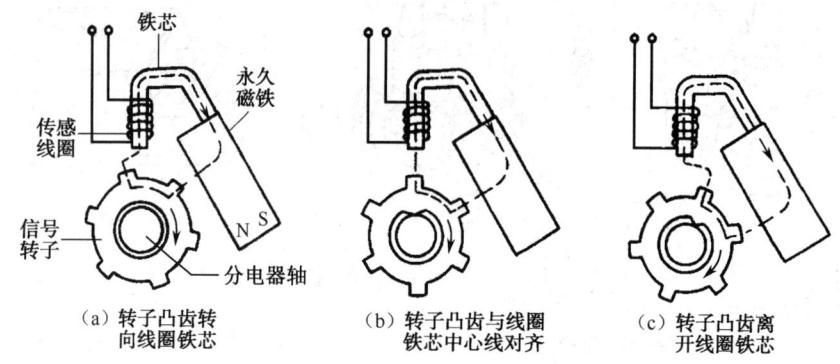

（a）转子凸齿转   （b）转子凸齿与线圈   （c）转子凸齿离
向线圈铁芯   铁芯中心线对齐   开线圈铁芯

图 9.17　磁感应式点火信号发生器的结构与工作原理

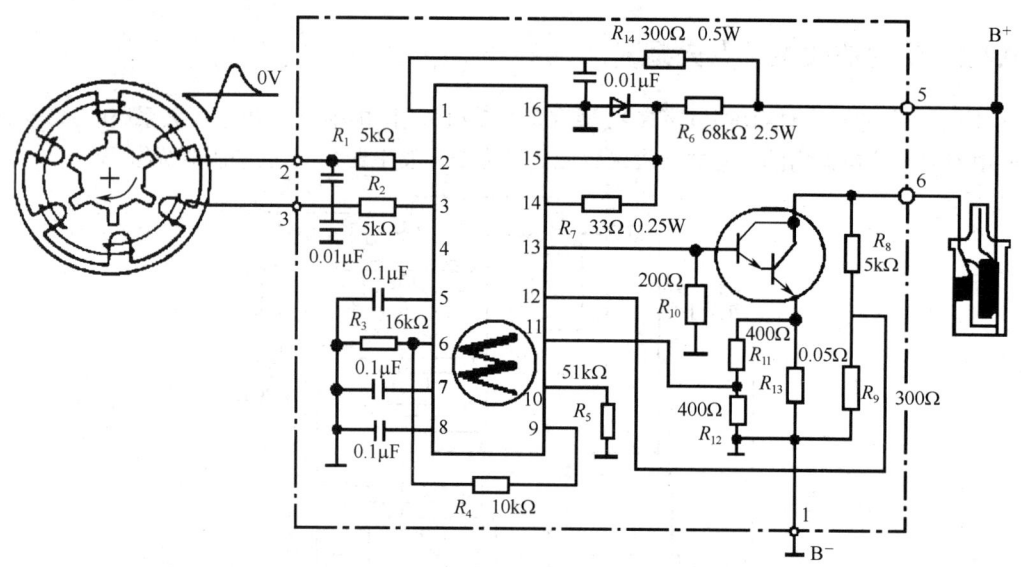

图 9.18　6TS2107 的内部结构与工作原理

（1）恒电流与可变导通角控制功能。可变导通角控制作为恒电流控制的一个辅助措施，可以保证初级电流的导通角随转速的变化而变化，转速越高，导通角越大；反之越小。6TS2107 的恒初级电流限定值为（5.5±0.5）A。

（2）停车断电功能。发动机停止运转且点火开关仍然接通时，6TS2107 可在 0.5s 之内切断点火线圈中的初级电流。

（3）低转速推迟输入信号功能。发动机在起动工况、怠速工况时转速低，需要的点火提前角较小，6TS2107 设计有低转速推迟输入信号功能，使发动机在低转速范围内推迟点火，以满足发动机起动和怠速工况的要求。

（4）保护功能。当电源电压超过 30V 时，6TS2107 能自动停止工作。

9.4.3　霍尔效应式电子点火系统

1. 系统组成

图 9.19 所示为霍尔效应式电子点火系统的结构示意图。它主要由内装霍尔信号发生器（点火信

号发生器）的分电器、点火控制器、点火线圈等组成。

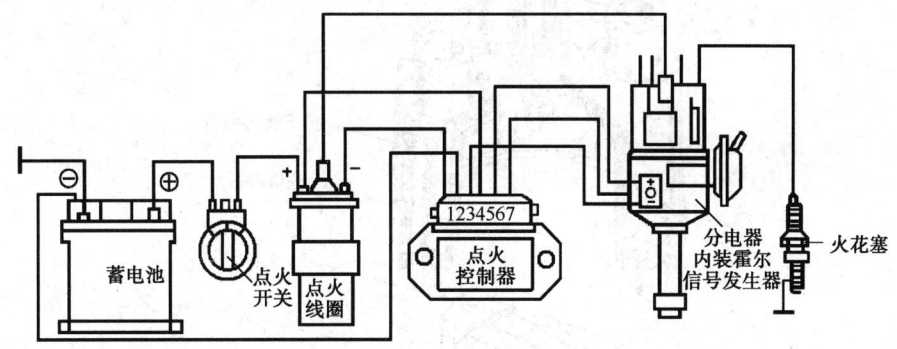

图 9.19　霍尔效应式电子点火系统的结构示意图

2. 霍尔信号发生器

霍尔信号发生器主要由霍尔触发器、永久磁铁和带缺口的转子组成,工作原理如图 9.20 所示。

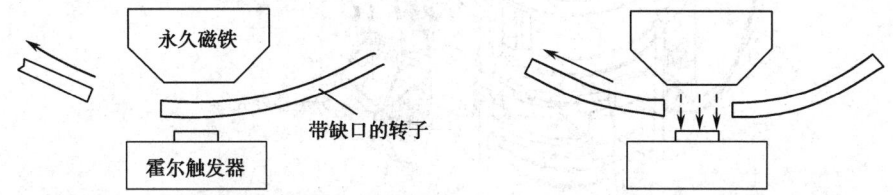

（a）信号转子叶片处于永久磁铁和霍尔触发器之间　（b）信号转子的缺口处于永久磁铁和霍尔触发器之间

图 9.20　霍尔信号发生器工作原理

霍尔触发器是一个带有集成电路的半导体基片。当外加电压作用在霍尔触发器两端时,便有电流 I 在其中通过。如果在垂直电流方向上同时有外加磁场作用,则在垂直于电流和磁场的方向产生霍尔电压 U_H,这种现象称为霍尔效应,如图 9.21 所示。

霍尔电压 U_H 的大小与通过的电流 I、外加磁场强度 B、基片厚度 d 存在以下关系:

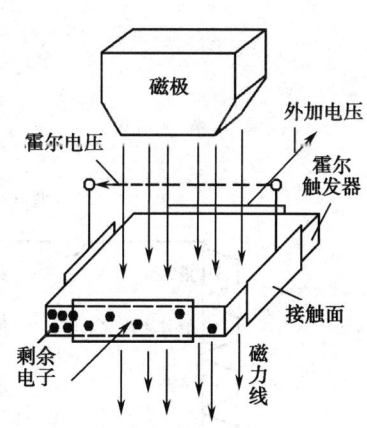

$$U_H = \frac{R_H}{d} \cdot I \cdot B$$

式中　R_H——霍尔系数。

霍尔信号发生器（点火信号发生器）输出电压的幅度不受发动机转速的影响,且霍尔信号发生器具有结构简单、工作可靠、抗干扰能力强的优点,已得到广泛应用。

图 9.21　霍尔效应示意图

3. 分电器

图 9.22 所示为霍尔效应式电子点火系统分电器的结构,其外形与传统的触点式点火系统的分电器相似,但省去了触点。

4. 点火控制器

桑塔纳轿车采用了 SGS-THOMSON 公司生产的 L497 型点火集成块（以下简称为 L497）作为点火控制器,其引脚排列及内部电路框图如图 9.23 所示。其基本电路示意图如图 9.24 所示。它除了具有一般点火控制器的开关作用外,还增加了初级电流限制、闭合角控制、停车断电保护、过电压保护等功能。

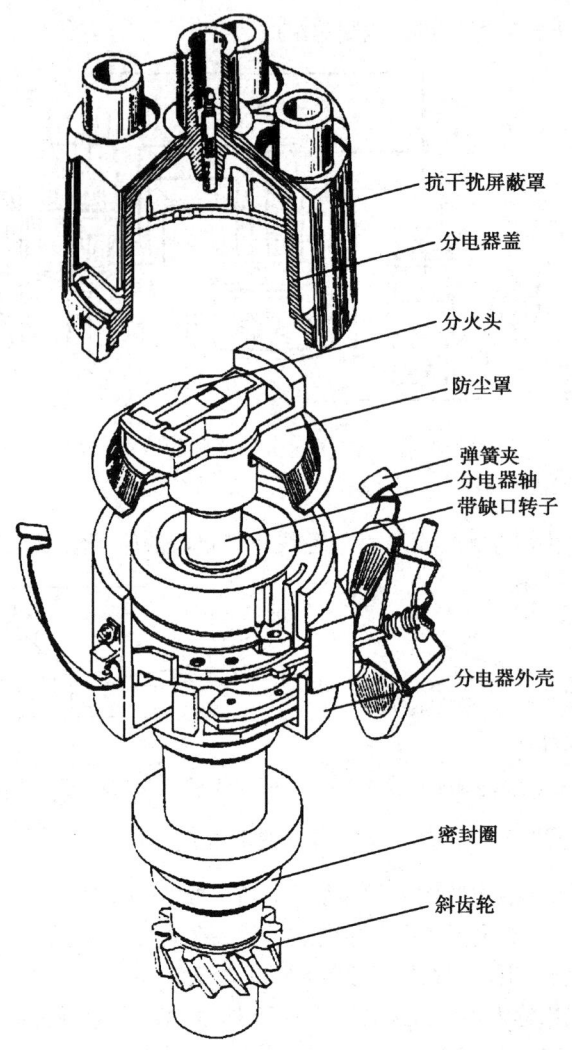

图 9.22 霍尔效应式电子点火系统分电器的结构

抗干扰屏蔽罩
分电器盖
分火头
防尘罩
弹簧夹
分电器轴
带缺口转子
分电器外壳
密封圈
斜齿轮

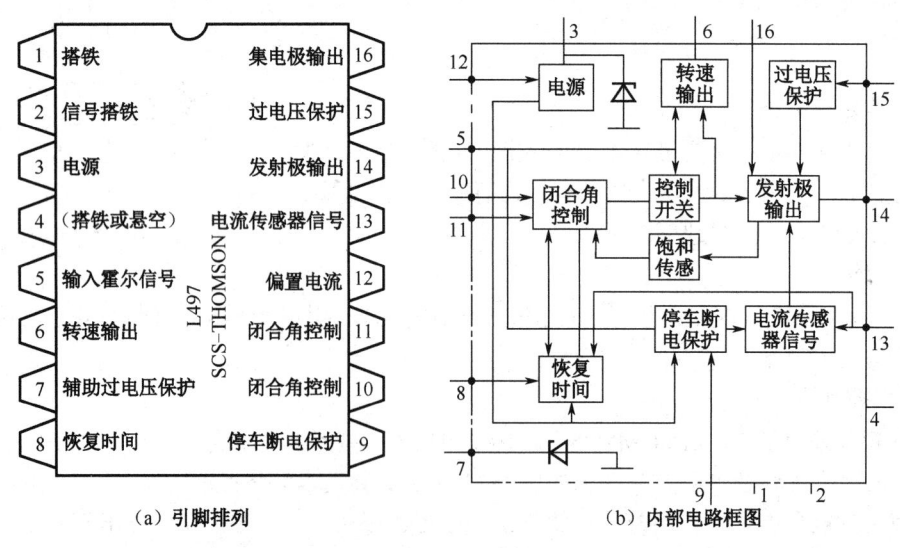

1	搭铁	集电极输出	16
2	信号搭铁	过电压保护	15
3	电源	发射极输出	14
4	（搭铁或悬空）	电流传感器信号	13
5	输入霍尔信号	偏置电流	12
6	转速输出	闭合角控制	11
7	辅助过电压保护	闭合角控制	10
8	恢复时间	停车断电保护	9

L497
SCS-THOMSON

（a）引脚排列

（b）内部电路框图

图 9.23 L497 的引脚排列及内部电路框图

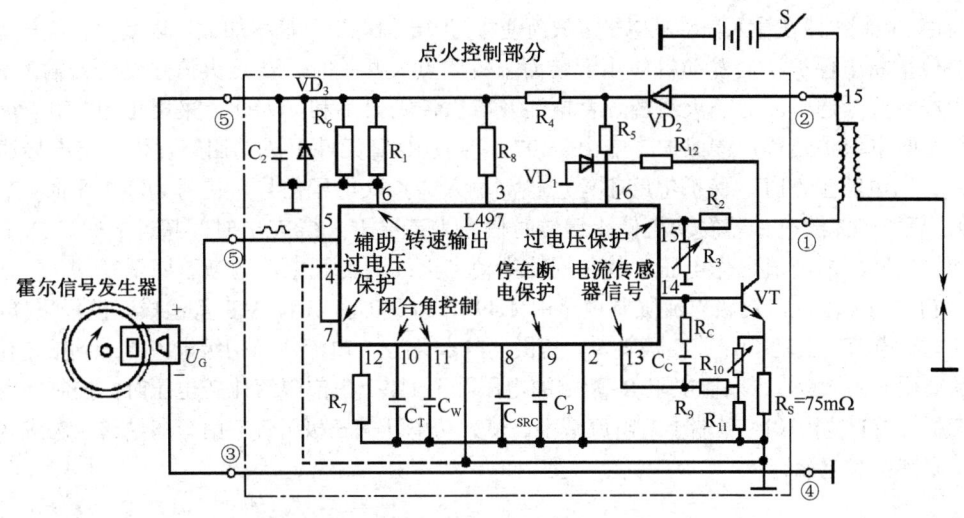

图 9.24　L497 的基本电路示意图

（1）基本点火控制。工作时，霍尔信号发生器（点火信号发生器）产生的点火触发脉冲从点火控制器的 6、3 号端子输入。当点火信号发生器输出上跳沿（信号转子叶片插入气隙）时，L497 的 5 号端子为高电位，经内部电路处理后，使 14 号端子输出高电平，大功率开关三极管 VT 导通，接通点火线圈初级绕组。当点火信号发生器输出下跳沿（信号转子叶片离开气隙）时，L497 的 5 号端子为低电位，内部电路使 14 号端子输出低电平，VT 截止，点火线圈初级绕组断路，次级绕组产生高压电。

（2）闭合角控制。闭合角控制电路由两部分组成，第一部分为由 L497、电容 C_T 与偏流电阻 R_7 组成的闭合基准定时电路。当输入信号为高电平时，C_T 以一恒定的电流 I_T 充电，其电压 U_T 上升，如图 9.25（b）所示，调节偏流电阻 R_7 的阻值可调整 I_T 值。第二部分为由 L497、电容 C_W 与 R_7 组成的闭合角控制电路。当信号为低电平时，C_W 以恒定的电流 I_W 放电，其电压 U_W 下降，而当初级电流达到限定值时 C_W 则开始充电。当 C_T、C_W 的充、放电电压达到 $U_T=U_W$ 时，如图 9.25（b）两曲线交点所示，内部控制开关使 VT 立即导通，接通初级绕组。可见，点火线圈初级绕组接通的起始点由 C_T、C_W 的充、放电电压达到一致的时间控制。C_W 上的电压取决于发动机的转速和 L497 的工作电压。因此，L497 可在发动机转速发生变化和电源电压发生波动时，起稳定初级电流的作用。其控制原理如下。

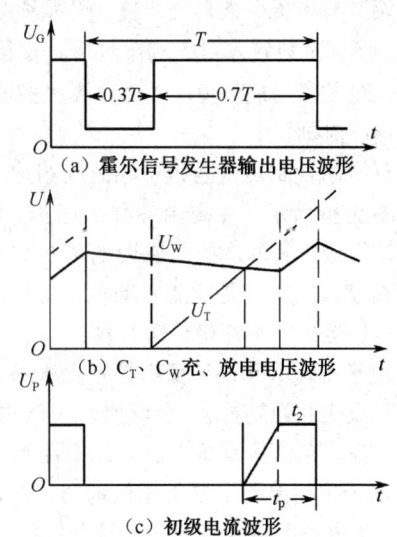

（a）霍尔信号发生器输出电压波形

（b）C_T、C_W 充、放电电压波形

（c）初级电流波形

t_2—初级电流达到限定值的持续时间；p_b—初级绕组通电时间

图 9.25　闭合角控制波形图

当发动机转速上升时，初级电流达到限定值的持续时间 t_2 缩短，使 C_W 的充电电压降低，C_W 放电时满足 $U_T=U_W$ 条件所需时间减少，使初级绕组提前接通即闭合角增大；反之，闭合角减小。

电源电压升高时，C_W 的充电电压也会升高，C_W 放电达到 $U_T=U_W$ 点推迟即闭合角减小，反之，闭合角增大。

（3）电流上升率控制。L497 的电流上升率控制功能由 L497、电容器 C_{SRC}、偏置电阻 R_7 组成的回路实现，其作用是调整点火线圈初级电流由零上升到峰值的速率。当电路检测到初级电流小于额定值的94%时，控制电路在输入信号高电平消失前便将初级电流的上升速率加大，以增大初级电流。

（4）停车断电保护。当发动机停止运转而未关闭点火开关时，若点火信号发生器输入高电平，则使点火线圈持续通电，对点火线圈、蓄电池及点火控制器不利。为此，采用 L497 的点火控制器设置有停车断电保护装置。该保护功能由 L497、C_P 及 R_7 等元件组成的回路提供，基准导通时间为 $t_p=16C_PR_7$。当电路工作时，保护电路不停地检测输入的点火电压信号，信号为高电平时 C_P 充电，信号为低电平时 C_P 放电。若发动机停止运转时信号为高电平，C_P 充电时间超过 t_p 时，C_P 上的电压即会达到控制回路的阈值工作电压，控制回路则使点火线圈初级电流逐渐下降至零。

（5）初级电流限制。初级电流限制电路由 L497、R_S、R_{10}、R_{11}、VT 等组成。流经采样电阻 R_S 的电流有初级电流、大功率开关三极管 VT 基极（14 号端子）电流，当初级电流上升到限定值（桑塔纳轿车的此项值为 7.5A），采样电阻 R_S 两端的电压降至 L497 内部限流比较电压时，控制回路使大功率开关三极管 VT 基极（14 号端子）电流减小，使大功率开关三极管 VT 由饱和导通状态进入放大导通状态，限制初级电流。

9.5　计算机控制点火系统

9.5.1　系统组成

上述点火系统是在传统点火系统的基础上省去触点、采用点火信号发生器及点火控制器而形成的，其提高了次级电压、点火能量，使整个系统的使用寿命及工作可靠性均有较大提高，但对点火时间的调节与传统点火系统一样，仍靠离心式和真空式两套机械点火提前角调节机构来完成。由于机械滞后、磨损及装置本身的局限性等许多因素的影响，机械式点火提前角调节机构还不能保证使发动机的点火时刻总为最佳值。采用计算机控制点火提前角和闭合角，能使发动机在任何工况下均可保证最佳的点火时刻。

计算机控制点火系统按系统的组成可分为有分电器和无分电器两大类。计算机控制点火系统的组成如图 9.26 所示，主要由各种传感器、电子控制单元、分电器（点火控制器）、点火线圈（图中未标出）等组成。其基本控制原理如图 9.27 所示。

传感器的作用是检测发动机运行工况。点火系统用到的传感器主要有发动机的转速传感器、曲轴位置传感器、空气流量计等几种。

电子控制单元是计算机控制点火系统的中枢。它可以实现对点火（初级绕组恒流、闭合角、汽缸判别、点火监视功能）、空燃比、废气再循环、怠速等多项参数的综合控制，还具有自我诊断和保护功能。在汽车电控系统中，计算机控制点火系统仅是其中的一个子系统。

电子控制单元主要由微处理器、存储器、输入/输出（I/O）接口、模数（A/D）转换器等组成。目前，国内外已将具有上述各种功能的部分制作在同一芯片上，形成汽车专用的大规模集成电路——车用单片机。

在计算机控制点火系统中，微处理器是电子控制单元的核心，它采集各传感器输入的信号，进行运算，并发出控制信号，控制被控制对象（如点火线圈）的工作，同时还实现对存储器、I/O 接口和其他外围电路及自身的控制；存储器用以存放实现过程控制的全部程序，同时，存储器中还预先储存了通过大量试验获得的数据（如发动机在各种工况下的最佳点火提前角及其他有关参数），作为计算依据；I/O 接口用以协调微处理器和外部电路间的工作；A/D 转换器将传感器输入的模拟信号转变为微处理器能处理的数字信号；整形电路可以将传感器输入的信号的波形转换成理想波形；驱动电路则将微处理器发出的控制信号加以放大，以驱动点火控制器等执行机构工作。

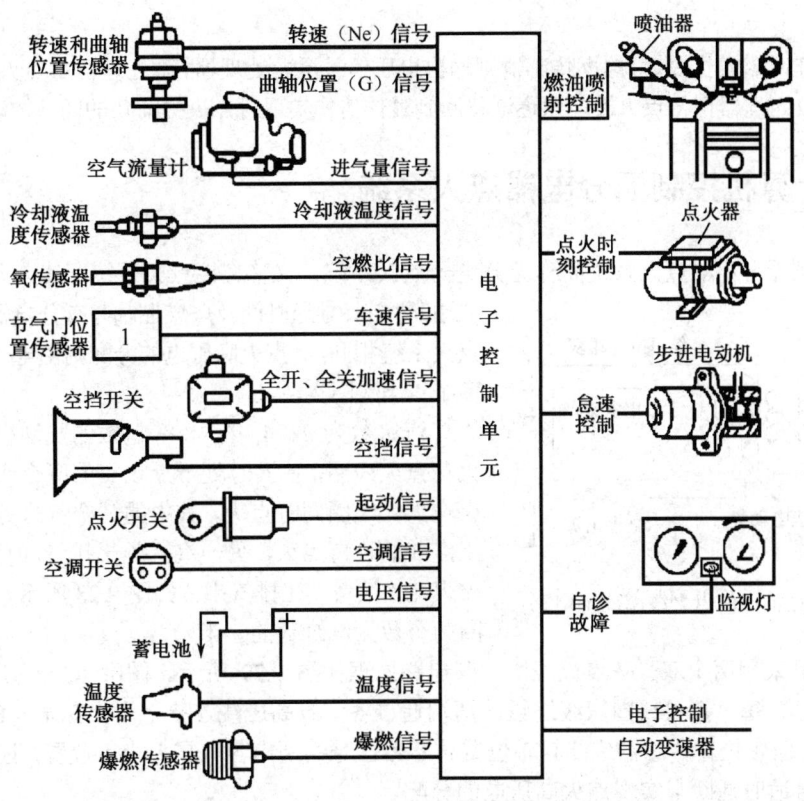

图 9.26 计算机控制点火系统的组成

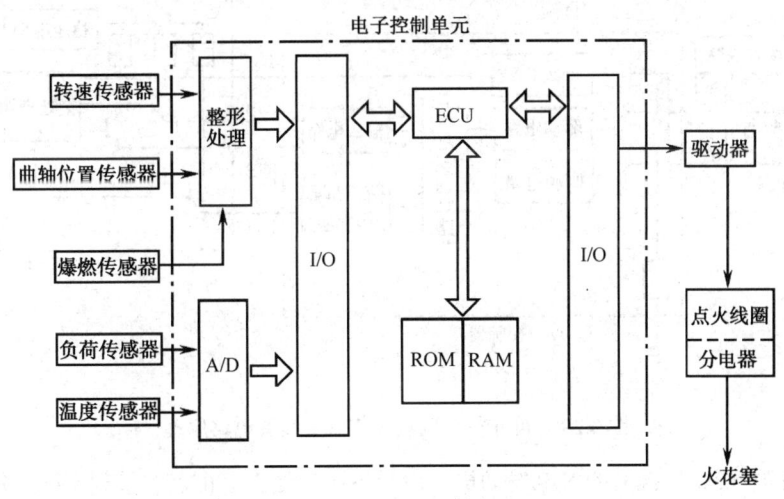

图 9.27 计算机控制点火系统的基本控制原理

9.5.2 工作原理

发动机工作时，各传感器分别将每一瞬间的发动机转速、负荷、冷却液温度，以及是否发生爆燃等与发动机工况有关的信号，经 I/O 接口送入微处理器，微处理器根据转速、负荷信号，按存储器中存放的程序，以及与点火提前角和点火线圈初级绕组导通时间有关的数据，计算出该工况对应的最佳点火提前角和初级点火线圈导通时间，并根据冷却液温度予以修正。最后根据计算结果和点火基准信号，在最佳的时刻向点火控制器发出控制信号，接通点火线圈初级绕组。经过最佳的导通时间后，再发出控制信号，切断初级绕组，使点火线圈的次级绕组中产生高压电，并经分电器送往火花塞，点燃可燃混合气。

发动机工作时若发生爆燃,爆燃传感器则输出电压信号至微处理器,微处理器将点火时间适当推迟,爆燃消除后,微处理器再将点火提前角逐渐移回到最佳值,实现对点火提前角的闭环控制。

9.6 计算机控制无分电器点火系统

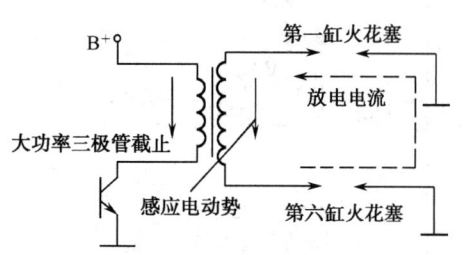

图 9.28 双火花输出的点火线圈放电电路

计算机控制无分电器点火系统简称无分电器点火系统,又称直接点火系统,其点火系统初级绕组的通断时刻、导通时间及爆燃控制与有分电器的计算机控制点火系统相同,而点火高压电的分配则由电子控制单元通过多个点火线圈实现。

汽缸数为 2、4、6、8 等偶数的发动机,通常采用双火花点火线圈,使同时处于上止点的两个汽缸共用一个双火花点火线圈同时点火,其中的一个汽缸处于压缩冲程上止点前的正常点火,另一汽缸处于排气冲程上止点前,点火火花"浪费"在排气中,如图 9.28 所示。双火花点火线圈的个数为汽缸数的一半。

四缸发动机采用两个双火花点火线圈,其电路原理如图 9.29 所示。图中 IGF 为反馈信号,IGT 为点火正时信号。每个点火线圈次级绕组的两端通过各汽缸高压线连接一个火花塞。ECU 根据发动机转速传感器、曲轴位置传感器或凸轮轴位置传感器信号判别出各汽缸上止点位置,控制大功率三极管,使初级绕组适时通断,实现点火高压电的分配。

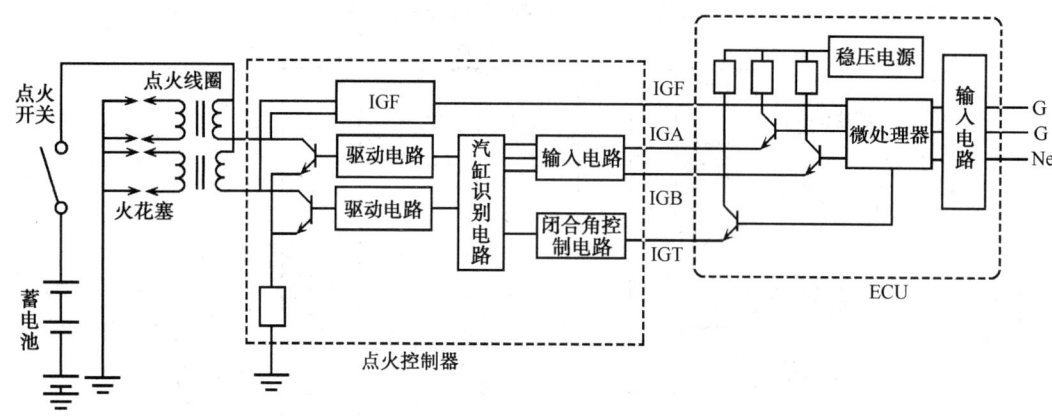

图 9.29 四缸发动机双火花点火线圈电路原理

汽缸数为奇数(3、5 缸)的多缸发动机,由于各汽缸处于上止点的时刻不同,每个汽缸分别采用一个点火线圈,实现点火高压电的分配。

9.7 点火系统的使用与故障诊断

9.7.1 点火正时

分电器轴位置与发动机活塞位置的正确匹配,使点火系统有准确的初始点火提前角,这一正确位置称为点火正时。发动机实际工作时,真空式、离心式点火提前角调节机构是在此点火提前角的基础上进行调节的。因此,点火正时的准确与否对发动机能否在适当时刻点火的影响很大。点火正时的调整方法因不同车型略有差别，但其基本步骤大体相同。

1. 传统点火系统的点火正时

（1）检查断电器触点间隙，并将触点间隙调整至规定范围。

（2）找准第一缸压缩冲程上止点位置。

（3）确定断电器触点刚刚断开的位置。旋松分电器固定螺钉，拔出中央高压线，使其端头距缸体 3～4mm，接通点火开关，然后将分电器壳体顺着正常旋转方向转动，使触点闭合。再反方向转动分电器壳体至中央高压线端头与缸体间跳火，此时分电器位置即是断电器触点刚刚断开的位置。

（4）将第一缸中央高压线插接在分火头所对的分电器盖侧电极插孔内，再顺着分电器轴旋转方向按点火顺序插接好其他各汽缸中央高压线。

（5）起动发动机，检查点火正时。当发动机水温达到正常温度（70～80℃）时，使发动机在怠速状态下突然加速。若发动机转速上升滞后，感到"发闷"或排气管有"突突"声，则点火过迟，应逆着分电器轴旋转方向转动分电器壳体，适当调大初始点火提前角；若在急加速时发动机出现金属敲击声，则点火时间过早，应顺着分电器轴旋转方向转动分电器壳体。

2. 电子点火系统的点火正时

（1）找准第一缸压缩冲程上止点位置。

（2）转动分电器轴或分电器壳体，使分电器上的分火头指向分电器壳体上的标记，或使分电器壳体上的标记与发动机缸体上的标记对准。装入分电器并旋紧固定螺钉。

（3）将第一缸火花塞的中央高压线插入分电器盖上的第一缸插孔内，再顺着分电器轴旋转方向按点火顺序插接好其他各汽缸中央高压线。

（4）起动发动机检查点火正时，必要时可用发动机点火正时检测仪检查。

9.7.2　点火系统的维护

为减少点火系统故障，保证发动机的正常运转，必须做好点火系统的维护保养。

（1）车辆行驶 1000km 后的维护。

① 清除分电器盖和分电器壳体外表面的灰尘和油污。

② 检查、紧固初级绕组所在电路的各连接导线。

③ 用蘸有汽油的抹布擦净火花塞表面。

（2）车辆行驶 5000km 后的维护。

① 清洁分电器盖内外表面的油污。

② 检查触点接触状况和触点间隙。

③ 润滑分电器总成。

9.7.3　点火系统主要部件的检修

1. 传统点火系统主要部件的检修

（1）断电器触点的检修。

① 触点的技术检查与修换。查看触点表面，若触点表面呈浅灰色且接触面平整，则技术状况良好，可继续使用；若触点表面呈黑色且有麻点或凸凹不平，均说明触点已烧蚀、脏污。触点脏污时可用洁净干布蘸少许汽油将其擦净。触点烧蚀不严重可用细砂条轻轻打磨，清洁后将触点间隙调整至规定值即可；触点烧蚀严重则应更换。

② 触点间隙的检查与调整。检查时，先使断电器触点处于断开状态，用厚度等于触点间隙值的塞尺检查触点间隙，若间隙与规定值不符，松开固定触点支架上的固定螺钉，旋动偏心螺钉将间隙调整至合适的值，如图 9.30 所示。

③ 检查活动触点臂弹簧的弹力，如图 9.31 所示。用一弹簧秤，将其挂钩挂在活动触点臂的一端，

沿活动触点垂直方向拉动弹簧秤，记下活动触点张开时弹簧秤的读数（一般为 4.9～6.9N）。弹簧弹力过大或过小均应更换。

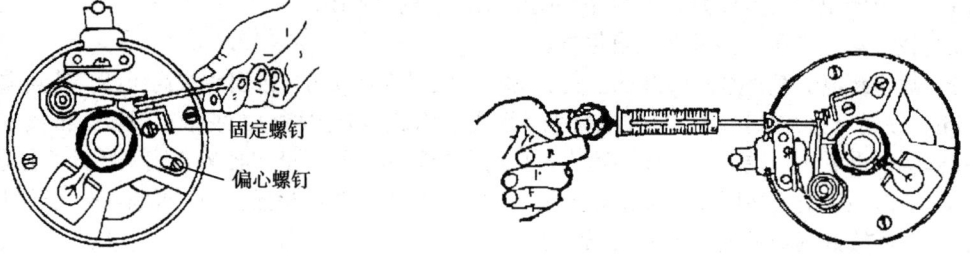

图 9.30　断电器触点间隙的检查与调整　　　　图 9.31　活动触点臂弹簧弹力的检查

④ 检查分电器轴与衬套间的磨损。用手径向摇动分电器轴，若感觉松旷，则说明轴与衬套磨损严重，应视情况修换分电器。

⑤ 分电器跳火均匀性的检查。用分电器试验台（图 9.32）或发动机综合性能检测仪检测分电器跳火间隔均匀性，误差超过±1°时，均应更换分电器。

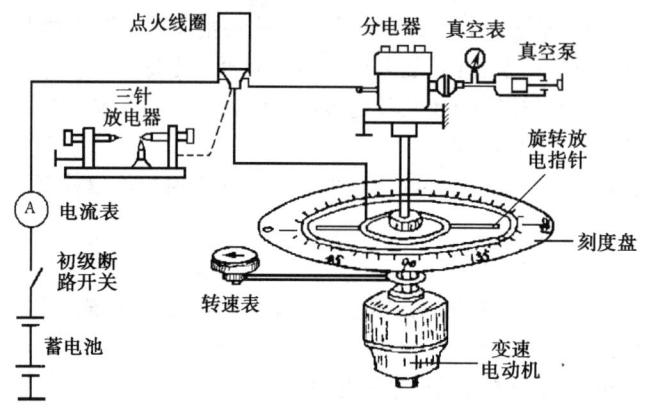

图 9.32　分电器试验台

（2）断电器的检修。

① 分电器盖绝缘性能的检查，如图 9.33 所示。用万用表分别测量分电器盖各插孔间的电阻，电阻值小于 50MΩ 时，应更换分电器盖。

② 检查分火头是否漏电可采用跳火法，如图 9.34 所示。将分火头插在缸体螺杆上或将导电片朝下平放在缸体平面上，拔出分电器上的中央高压线，使其端头离分火头 3～5mm，打开点火开关，拨动断电器触点，使次级绕组产生高压电。若可看到中央高压线跳火，则分火头漏电，应更换。

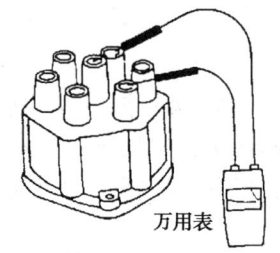

图 9.33　分电器盖绝缘性能的检查

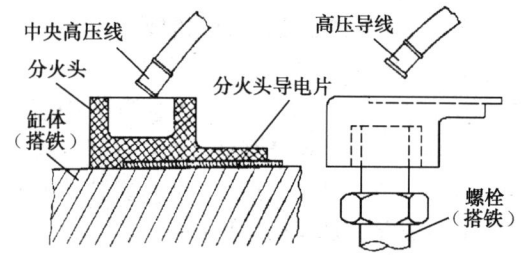

图 9.34　跳火法检查分火头是否漏电

（3）真空式点火提前角调节机构的检修。

① 调节弹簧的检修。保持调节机构壳体不动，用手拨动活动板（触点在活动板上）或转动分电

器壳体（触点在固定底板上），应感到有阻力，松手后，活动板或分电器壳体能迅速回位，否则说明调节弹簧失效，需要更换分电器总成。

② 膜片的检修。在真空式点火提前角调节机构的真空管接口处吹气或吸气，可检查膜片是否漏气。若有破损，应更换分电器。

③ 调节性能的检测。此项检测应在分电器试验台或发动机综合性能检测仪上进行。对真空式点火提前角调节机构施以不同的真空吸力，测量其真空度及点火提前角的改变量，若与标准不符，应更换分电器。

（4）离心式点火提前角调节机构的检修。

① 直观检查。分电器轴不动，用手转动断电器凸轮，应感到阻力，松手后凸轮应迅速回位，若用手转动凸轮时感觉很紧或很松均属不正常。

② 解体检查。若用手转动断电器凸轮感觉不正常，可打开断电器触点底板，查看离心式点火提前角调节机构是否锈蚀、弹簧是否断裂。若有，应视情况修换。

③ 离心式点火提前角调节机构调节性能的检测。在分电器试验台或发动机综合性能检测仪上进行，即用变速电动机给分电器以不同转速，测量分电器轴转速及对应转速下的点火提前角的改变量，若与标准不符，应更换分电器。

（5）电容器的检修。用指针式万用表 R×100Ω 或 R×1kΩ 挡测量电容器容抗，若容抗为零或指示在某一较小值不动，则电容器已短路或漏电，应更换。万用表指针开始向零方向摆动，并立即摆回，指示容抗大于 100Ω，说明该电容器良好。

（6）点火线圈的检修。

① 点火线圈初、次级绕组的检查。用万用表的电阻挡测量点火线圈绕组的感抗，与标准值比较，不符时应更换点火线圈。

② 点火线圈绝缘性能的检查。用万用表电阻挡测量点火线圈任一接线柱与点火线圈外壳间的电阻值，正常值均应大于 50MΩ。否则说明点火线圈绝缘不良，应更换点火线圈。

（7）火花塞的检修。

① 直观检查。工作正常的火花塞绝缘体裙部呈浅棕色或灰白色，有轻微积炭或轻微烧蚀仍属正常。

② 火花塞间隙及跳火性能的检查。火花塞两电极之间的间隙应符合规定（一般为 0.6～0.8mm），若过大或过小，可通过弯曲侧电极予以调整。调整后应进行跳火性能试验，起动发动机，将待测火花塞接在发动机分火线上，性能良好的火花塞跳火时应连续无间断，并发出强劲有力的"扑、扑"声；否则说明火花塞工作不良，应更换。

2. 电子点火系统主要部件的检修

在此主要介绍点火信号发生器和点火控制器的检修，其他部件的检修与传统点火系统部件的检修方法相同。

（1）点火信号发生器的检修。

① 磁感应式点火信号发生器的检修。

a. 检查导磁转子与铁芯间的空气间隙，此间隙应在 0.2～0.4mm 之间，过大或过小时，可用与调整断电器触点间隙类似的方法予以调整，有些分电器此间隙不可调，若间隙不符只能更换分电器总成。

b. 用万用表检查感应线圈感抗，若与标准不符，则应更换点火信号发生器总成。

② 霍尔效应式点火信号发生器的检修。

将分电器插接器电源端子接上电源后，转动分电器轴，测量其信号输出端的直流电压，电压应在一定范围内（桑塔纳轿车的此项范围为 0.4～9V）变动。

也可用就车法检查，即用起动机带动发动机，通过测量其信号输出端的交流电压幅值和波形，判断其是否正常。

（2）点火控制器的检修。

① 模拟点火信号法检查。对磁感应式点火系统，可用一节 1.5V 的干电池分别正接和反接于点火控制器的信号输入端以模拟点火信号，同时检查点火线圈"负极"接线柱对地电压，根据两次测得的电压值可判断点火控制器性能。

a．若两次测得的电压分别为 0V（或 2V）和 12V，说明点火控制器性能良好。

b．若两次测得的电压均高（12V 左右），则点火控制器有不能导通的故障。

c．若两次测得的电压均低（2V 左右），则点火控制器有不能截止的故障。

d．若两次测得电压均在 2～12V 之间，则说明点火控制器有不能饱和导通及完全截止的故障。

② 高压试火法。若已确认点火信号发生器和点火线圈良好，可直接用高压试火法检查点火控制器。将分电器中央高压线拔出，使其距离发动机机体 5mm 左右，起动发动机，看是否跳火，若跳火且火花强，则点火控制器性能良好，否则说明点火控制器有故障。

9.7.4 点火系统常见故障的诊断

点火系统常见故障有断火、火花弱、点火时间不当、缺火、错火等，使发动机不能工作或工作不正常。由点火系统故障引起的发动机常见故障如表 9.5 所示。

表 9.5 由点火系统故障引起的发动机常见故障

点火系统可能的故障部位		发动机故障现象						
		发动机不能起动	起动后立即熄火	怠速不稳	加速不良	化油器回火	排气管放炮	爆燃
断电器①	触点接触不良或触点间隙过大	○		○	○		○	
	触点间隙过小	○		○			○	
	动触点搭铁	○						
配电器	分火头烧损、漏电	○					○	
	分电器盖脏污、破损而漏电	○		○			○	
电容器①	电容器短路	○						
	电容器断路、漏电或电容值不符	○			○		○	
点火提前角调节机构	真空式点火提前角调节机构不工作或工作不良						○	
	离心式点火提前角调节机构不工作或工作不良				○		○	○
中央高压线	中央高压线破损漏电、松脱或断裂	○		○			○	
	中央高压线插错	○		○		○	○	
点火线圈	初、次级绕组断路或短路	○		○			○	
	点火线圈附加电阻断路		○					
火花塞	火花塞积炭	○		○	○		○	
	火花塞电极烧损或间隙过大	○		○			○	
点火信号发生器	点火信号发生器有故障	○						
	点火信号发生器连接线路接触不良	○						
点火控制器②	点火控制器内部电路或元件有故障	○					○	
	点火控制器接地不良	○						
开关与线路	点火开关不良	○	○					
	点火线圈初级绕组所在电路有断路、短路	○						
点火正时	初始点火提前角过小						○	
	初始点火提前角过大	○		○	○			○

注：① 仅对传统点火系统；② 只对电子点火系统。

实训 9.1　传统点火系统主要部件的检测及故障诊断

1. 实训目的与要求

（1）熟悉校准点火正时的方法。

（2）了解检测的工艺和标准。

（3）掌握点火装置的检测内容。

（4）掌握检测的简易方法。

（5）能排除汽车传统点火系统的常见故障。

2. 实验器材

（1）工具：万用表、汽车电气实验台、常用扳手、旋具、钳子、弹簧秤、试灯、砂条、塞尺等。

（2）部件：点火线圈、分电器、火花塞。

（3）图纸：汽车传统点火系统电路挂图、点火线圈结构挂图、分电器挂图。

（4）实习车一台。

3. 实验内容与步骤

（1）点火线圈的检测。观察外表是否完整；用万用表检测电阻值，判断有无短路或断路；用 220V 试灯检测是否搭铁。

（2）分电器的检测。

检测触点间隙，参考值为 0.35～0.45mm。

检测触点张力，参考值为 4.8～4.9N。

检测分电器轴与衬套之间的间隙，参考值为 0.02～0.04mm。

检测分火头和分电器盖是否漏电。

检测电容器绝缘性能。

（3）用汽车电气实验台检测点火线圈、分电器、火花塞。

（4）校准点火正时。

① 检测断电器触点间隙。

② 找出第一缸压缩上止点。

③ 找出触点断开位置。

④ 装复分电器，插好中央高压线。

⑤ 检测点火正时是否准确。

（5）点火系统电路的连接及故障判断。

① 在车上找出各电器的安装位置，并连接好电路。

② 排除点火系统常见故障。

4. 实训工单

实训项目	传统点火系统主要部件的检测与故障诊断
一、准备工作	
	情况记录
（1）工具及仪器的准备	
（2）维修手册的准备	发动机型号＿＿＿＿＿＿＿
二、操作过程	
基本检查	1. 机油＿＿＿＿＿＿＿＿＿＿。 2. 冷却水＿＿＿＿＿＿＿＿＿＿。 3. 蓄电池＿＿＿＿＿＿＿＿＿＿。

实训项目	传统点火系统主要部件的检测与故障诊断				
检测部件	1. 点火线圈的检测				

1. 点火线圈的检测

线圈型号	电阻值/Ω			结论
	附加电阻	初级绕组	次级绕组	

2. 分电器的检测

触点间隙为_____，动触点弹簧弹力为_____。

常见故障的诊断

1. 故障现象：

2. 故障原因分析：

3. 故障诊断步骤：

总结分析：

实训 9.2 电子点火系统主要部件的检测与故障诊断

1. 实训目的与要求

（1）了解电子点火系统的组成。

（2）掌握电子点火系统中各部件的检测方法。

（3）熟练掌握电子点火系统常见故障的诊断与排除。

2. 实训仪器与器材

（1）工具：万用表、汽车电气实验台、常用扳手、钳子、旋具、车用示波器。

（2）部件：无触点式分电器、信号发生器、点火控制器、点火线圈、蓄电池、火花塞。

（3）图纸：电子点火系统的电路图、信号发生器挂图、电子点火系统内部电路图。

（4）实习车一台。

3. 实训内容与步骤

（1）点火系统的检查：用高压试火法检验。

（2）点火线圈、中央高压线、分火头的检查：测量点火线圈初级绕组、次级绕组的感抗值。

（3）点火器的检查。

（4）信号发生器的检查。

4. 实训工单

实训项目	电子点火系统主要部件的检测与故障诊断
一、准备工作	

	情况记录
（1）工具及仪器的准备	
（2）维修手册的准备	发动机型号_____

二、操作过程	

基本检查	1. 机油_____。 2. 冷却水_____。 3. 蓄电池_____。

部件的检测

1. 点火线圈的检测

线圈型号	电阻值/Ω		结　　论
	初级绕组	次级绕组	

2. 信号发生器的检测

信号发生器的型号	最低电压	最高电压	结　　论

常见故障的诊断

1. 故障现象：

2. 故障原因分析：

3. 故障诊断步骤：

总结分析：

复习思考题

1. 汽油发动机点火系统的作用是什么？目前汽车上常用的点火系统有哪几大类型？

2. 传统点火系统主要由哪些部件组成？各组成部件的作用是什么？

3. 点火线圈附加电阻的作用是什么？由于附加电阻断路、点火线圈低压接线柱上的接线错误会出现哪些故障现象？

4. 分电器上的电容器起什么作用？电容器短路、断路或漏电会出现哪些故障？

5. 什么是点火正时？什么是点火提前角？如何检查、校验初始点火提前角？

6. 发动机的转速、负荷变化时，传统点火系统是如何自动调整点火提前角的？

7. 火花塞的间隙大小对点火性能有何影响？什么是火花塞的热特性？什么是火花塞的自洁温度？

8. 电子点火系统点火信号的产生方式主要有哪些？各有什么特点？

9. 简要叙述磁感应式电子点火系统的工作原理。

10. 简要叙述霍尔效应式电子点火系统的工作原理。

第 10 章　起动系统的构造与维修

学习目标

● 掌握发动机起动系统的作用、组成和工作原理；

● 掌握发动机起动系统各组成部分的结构、工作原理及工作过程；

● 掌握起动系统电路的分析方法。

10.1　概述

10.1.1　起动系统的概念

欲使发动机由静止状态过渡到工作状态，必须先用外力转动发动机曲轴，使活塞做往复运动，汽缸内的可燃混合气燃烧膨胀做功，推动活塞向下运动促使曲轴转动，发动机才能自行运转，工作循环才能自动进行。曲轴在外力作用下开始转动，到发动机开始自动地运转的全过程，称为发动机的起动。完成起动过程所需的装置称为发动机的起动系统。

10.1.2　发动机的起动条件

在配气、点火、燃料供给正常的条件下，使发动机由静止到自行运转的条件如下。

1.　起动转矩

能够使曲转旋转的最低转矩称为起动转矩，起动转矩必须克服压缩阻力和内摩擦阻力矩。起动转矩与发动机压缩比、温度、机油黏度等有关。

2.　起动转速

能使发动机起动的曲轴最低转速称为起动转速。在 0～20℃时，汽油机的起动转速为 30～40 r/min，柴油机的起动转速为 150～300r/min。

为了保证发动机在起动时，曲轴能有足够的起动转矩和必要的起动转速，除选用足够功率的起动机和可靠的控制电路外，起动机驱动齿轮与飞轮齿圈的传动比一般应满足以下条件：汽油机在 13～17 之间；柴油机在 8～10 之间。

10.1.3　发动机的起动方式

根据发动机的用途、功率大小、结构特点和所用燃料等不同，发动机的起动可分为人力起动、电动机起动、压缩空气起动和柴油机用汽油机起动等多种方式。

1.　人力起动

这种起动方式大都是将摇手插入与曲轴相连的起动爪，用人力摇转曲轴，使发动机起动；也有用起动绳缠绕飞轮，然后拉绳转动飞轮，实现发动机起动的。人力起动方式主要用于小型柴油机和汽油机的起动。

2.　压缩空气起动

压缩空气起动是使压力为 3MPa～5MPa（由空气控制阀控制）的压缩空气通过空气分配器，按发动机的工作顺序送入汽缸，推动活塞运动，带动曲轴旋转，实现发动机起动。其优点是功率大，起动可靠。缺点是起动系统复杂。这种起动方式主要用于固定式大、中型柴油机和船舶柴油机的起动。

3. 柴油机用汽油机起动

早期的大功率推土机、工程机械的柴油机是用汽油机起动的。

4. 电动机起动

电动机起动系统由蓄电池、起动机和起动控制电路等组成，如图 10.1 所示。起动控制电路包括起动按钮或点火开关、起动继电器等。电动机起动方式是现代汽车、拖拉机和工程机械中广泛使用的起动方式。

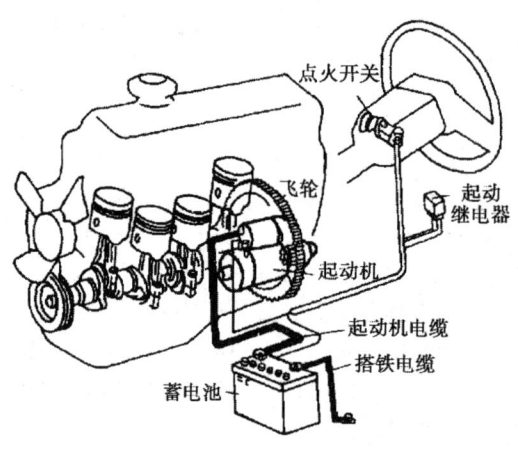

图 10.1　电动机起动系统的基本组成

起动机在点火开关或起动按钮的控制下，将蓄电池的电能转化为机械能，通过起动机驱动齿轮，带动发动机飞轮齿圈、曲轴旋转。

10.1.4　冷起动辅助装置

冬天气温低，燃油不易挥发形成可燃混合气；低温时，机油黏度大，起动阻力大，起动时转速降低，使发动机起动困难。

冷起动辅助装置常采用集中式或分缸式预热低温起动方式。集中式预热低温起动是将冷起动辅助装置安装在发动机的进气管上；分缸式预热低温起动则是将冷起动辅助装置安装在各汽缸内或进气歧管上。冷起动辅助装置主要有电热塞、电火焰预热器等。

1. 电热塞

一般在采用涡流室式或预燃室式燃烧室的柴油机中都装有电热塞。电热塞一般安装在汽缸盖上，伸入燃烧室，其结构如图 10.2 所示。

螺旋形电阻丝的一端焊于中心螺杆上，另一端焊在用耐高温不锈钢制造的发热钢套的底部，在发热钢套内装有具有一定绝缘性能、导热好、耐高温的氧化铝填充物。电热塞中心螺杆用导线并联，并连接到蓄电池上。在发动机起动以前，先用专用的开关接通电热塞电路，电阻丝很快发红、发热，炽热的发热钢套使汽缸内的空气温度升高，提高了压缩终了时的空气温度，有利于柴油着火燃烧。

2. 电火焰预热器

在中、小功率柴油机上常采用电火焰预热器作为冷起动辅助装置。其结构如图 10.3 所示，一般安装在进气管下方。

柴油机起动时，接通电火焰预热器电路后，电阻丝发热，同时加热阀体，阀体受热伸长，带动阀芯移动，使阀芯的锥形端离开进油孔。柴油流进阀体内腔因受热而汽化，汽化柴油从阀体内腔喷出，被炽热的电阻丝点燃生成火焰喷入进气管，使进气得以预热。切断电火焰预热器电路，电阻丝变冷，阀体冷却收缩，其锥形端堵住进油孔，阻止柴油流入，火焰熄灭，停止预热。

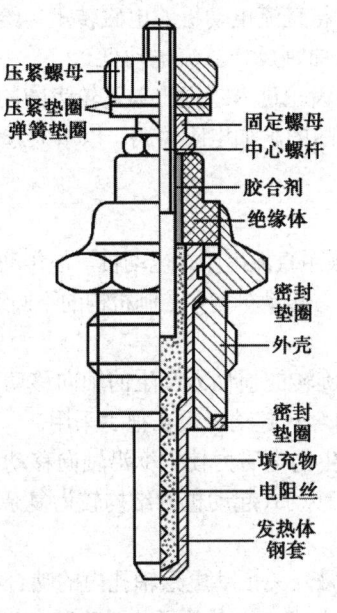

图 10.2 电热塞的结构

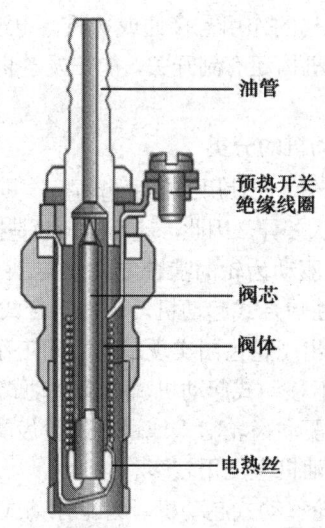

图 10.3 电火焰预热器的结构

10.2 起动机

10.2.1 起动机的组成与分类

1. 起动机的组成

起动机俗称"马达"，其结构如图 10.4 所示，起动机主要由直流电动机、传动机构和控制机构三大部分组成。

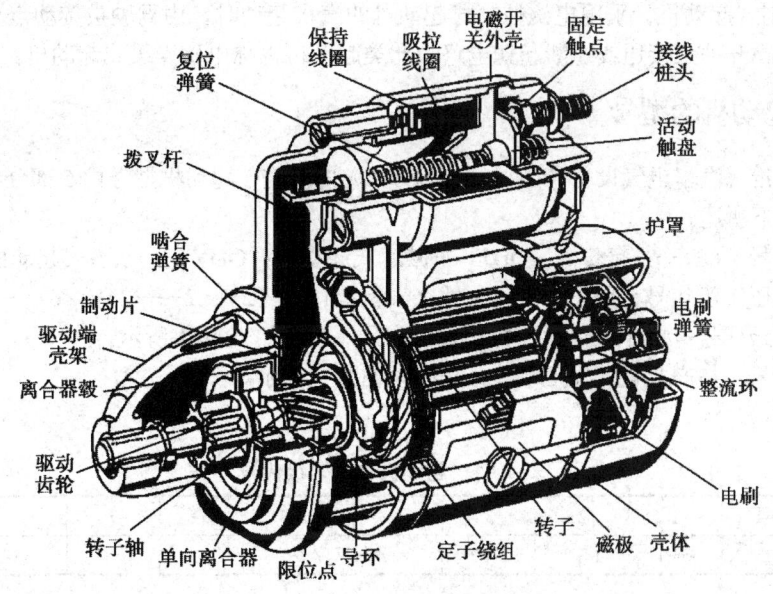

图 10.4 起动机的结构

直流电动机的作用是将蓄电池输入的电能转换为机械能，产生电磁转矩。

传动机构的作用是利用驱动齿轮啮入发动机飞轮齿圈，将直流电动机的电磁转矩传给曲轴，发动机起动后迅速切断曲轴与直流电动机之间的动力传递，防止曲轴反拖直流电动机。

控制机构的作用是接通或切断蓄电池的供电，并使驱动齿轮进入或退出与飞轮齿圈的啮合。有些起动机控制机构还有副开关，能在发动机起动时，使点火线圈的附加电阻短路，以增大起动时的点火能量。

2. 起动机的分类

现在汽车上所使用的各种起动机，其直流电动机一般都采用直流串励式电动机，但传动机构和控制机构则有很大差异，因此，起动机一般是按驱动齿轮啮合方式、传动机构和控制机构的不同进行分类的。

（1）按驱动齿轮的啮合方式分类。

① 惯性啮合式起动机。惯性啮合式起动机依靠离合器旋转的惯性力产生的轴向移动，使驱动齿轮啮入和退出飞轮齿圈实现起动。因工作可靠性差，惯性啮合式起动机现在很少采用。

② 电枢移动式起动机。电枢移动式起动机是靠磁极产生的电磁力使电枢沿轴向移动，带动固定在电枢轴的驱动齿轮啮入或退出飞轮齿圈实现起动的。电枢移动式起动机的结构较为复杂，在欧洲国家生产的柴油机上应用较多。

③ 齿轮移动式起动机。齿轮移动式起动机起动时靠电磁开关推动电枢轴孔内的啮合杆，使驱动齿轮啮入或退出飞轮齿圈。齿轮移动式起动机的结构也比较复杂，一般用于大功率的起动机。

④ 强制啮合式起动机。强制啮合式起动机靠人力或电磁力经拨叉推移离合器，强制性地使驱动齿轮啮入或退出飞轮齿圈实现起动。强制啮合式起动机结构简单，工作可靠，操纵方便，应用最为广泛。

（2）按传动式机构分类。

① 非减速式起动机。非减速式起动机在起动机与驱动齿轮之间直接通过单向离合器传动。

② 减速式起动机。这种起动机增设了一组减速齿轮，具有结构尺寸小、重量轻、起动可靠等优点，在轿车上的应用日渐增多。

（3）按控制机构分类。

① 机械控制式起动机。采用机械控制式起动机的汽车起动时，由驾驶员利用脚踏（或手动）直接操纵机械式起动开关接通或切断起动电路，此类起动机通常又称为直接操纵式起动机，现已被淘汰。

② 电磁控制式起动机。采用电磁控制式起动机的汽车起动时，由驾驶员旋动点火开关或按下起动按钮，通过电磁开关来接通或切断起动电路，此类起动机也称电磁操纵式起动机。

10.2.2 起动机的型号

根据行业标准《汽车电气设备产品型号编制方法》的规定，起动机型号由 5 部分组成，按从前到后的顺序依次如下所述。

（1）产品代号：QD——起动机；QDJ——减速式起动机；QDY——永磁式起动机。

（2）额定电压等级代号：用 1 位阿拉伯数字表示：1——12V；2——24V；6——6V。

（3）功率等级代号：用 1 位阿拉伯数字表示，具体含义如表 10.1 所示。

（4）设计序号：按产品设计先后顺序，用阿拉伯数字表示。

（5）变型代号。

表 10.1 起动机功率等级代号

功率等级代号	1	2	3	4	5	6	7	8	9
电流/kW	0~1	1~2	2~3	3~4	4~5	5~6	6~7	7~8	8~9

例如，QD124 表示额定电压为 12V，功率为 1kW~2kW，第 4 次设计的起动机。

10.2.3　直流电动机

起动机的直流电动机主要由转子、定子（图10.5中未标出）、电刷及驱动端盖等组成，其构造如图10.5所示。

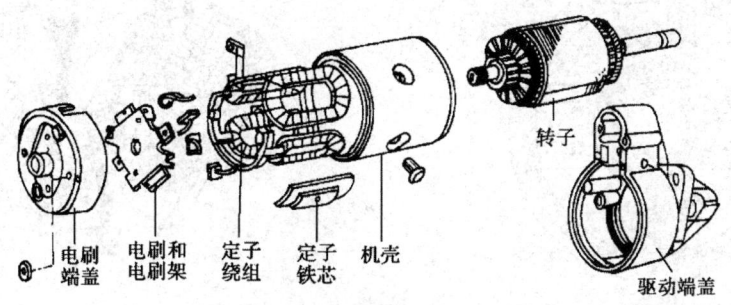

图 10.5　直流电动机的构造

（1）转子。转子俗称"电枢"，由转子轴、铁芯、转子绕组和换向器等组成。转子的作用是产生电磁转矩。

典型起动机转子如图10.6所示。铁芯由硅钢片叠成后固定在转子轴上，铁芯外围均匀开有线槽，用以镶嵌转子绕组，转子绕组由较大矩形截面的铜带或粗铜线绕制而成。

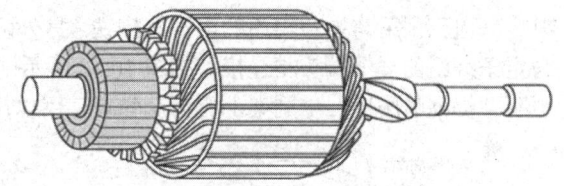

图 10.6　典型起动机转子

在铁芯线槽口两侧，用轧线将转子绕组挤紧，以防转子因高速旋转的惯性作用将转子绕组甩出，转子绕组的端头均匀地焊在换向片上。为防止转子绕组短路，铜线之间及铜线与铁芯之间用性能良好的绝缘纸隔开。减速式起动机转子转速较普通起动机转子转速提高了50%～70%，其绝缘性能及动平衡要求较高，转子线槽的绝缘都采用环氧树脂涂封或耐热尼龙纸封闭。

换向器由铜片和云母叠压而成，压装于转子轴前端，铜片之间及铜片与转子轴之间也有良好的绝缘，换向片与线头采用锡焊连接。减速式起动机的换向器用塑料取代了云母，换向片与线头采用银铜硬钎焊，耐高温且耐高速。考虑到云母的耐磨性较好，当换向片磨损以后，云母片即会凸起，影响电刷与换向片的接触，故有些汽车的起动机换向片之间的云母片比铜片薄0.5～0.8mm。

转子轴驱动端制有螺旋形花键，用以套装传动机构中的单向离合器。转子与定子铁芯有一定的间隙（又称气隙），普通起动机的此项间隙一般为0.5～0.8mm，减速式起动机的此项间隙为0.4～0.5mm。

（2）定子。定子俗称"磁极"，其作用是产生磁场，分励磁式和永磁式两类。为增大转矩，汽车起动机通常设有四个磁极。两对磁极相对交替安装，定子与转子铁芯形成的磁力线回路如图10.7所示，低碳钢板制成的机壳是磁路的一部分。

① 励磁式定子。励磁式定子的铁芯用低碳钢制成，如图10.8所示。式定子用埋头螺钉紧固在机壳上。励磁绕组由扁铜带（矩形截面）或粗铜线绕制而成，每组匝数一般为6～10匝；线间用绝缘纸绝缘，绕组用白布包扎后浸透绝缘树脂，然后烘干。

采用励磁式定子的直流电动机，其定子（励磁）绕组与转子串联，故称串励式电动机，如图10.9所示，先将定子（励磁）绕组两两串联后再与电枢（转子）绕组串联。

② 永磁式定子，在起动机机壳内表面粘接或用片弹簧固装条形永久磁铁形成永磁式定子，可节省材料，采用永磁式定子的直流电动机磁极的径向尺寸小，在输出特性相同的情况下，其质量比采用励磁式定子的直流电动机减轻30%以上。因永磁材料性能及结构尺寸的限制，采用永磁式定子的直流电动机的功率一般不大于2kW。

（3）驱动端盖。驱动端盖上有拨叉座和驱动齿轮行程调整螺钉，还有支承拨叉的轴销孔。为了避免转子轴弯曲变形，一些起动机装有中间支承板。驱动端盖及中间支承板上的轴承多用青铜石墨轴承或铁基含油轴承。轴承一般为滑动式，以承受起动机工作时的冲击性载荷。有些减速式起动机采用球轴承。

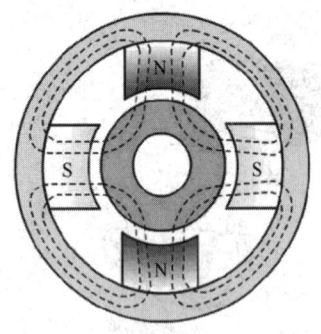

图 10.7 定子与转子铁芯形成的磁力线回路

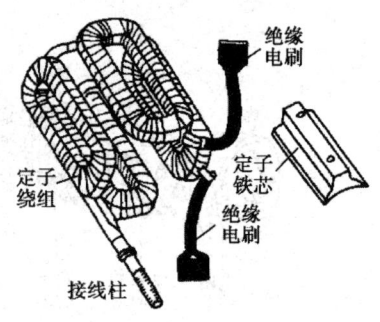

图 10.8 励磁式定子

（4）电刷端盖。电刷端盖一般用浇铸或冲压法制成，电刷端盖内装有四个电刷架及电刷，其中两只搭铁电刷利用与端盖相通的电刷架搭铁。另外两只电刷的电刷架则与电刷端盖绝缘，绝缘电刷引线与定子绕组的一个端头相连接，如图 10.10 所示。起动机电刷通常用铜粉和石墨粉压制而成，以减少电阻并提高耐磨性。电刷架上有盘形弹簧，用以压紧电刷。

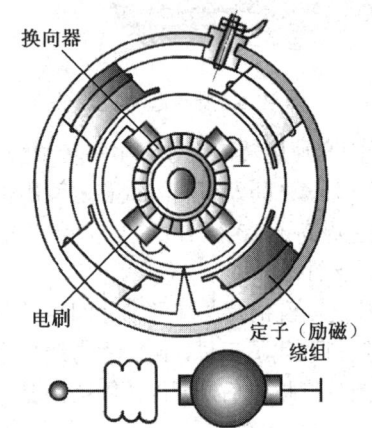

图 10.9 串励式电动机

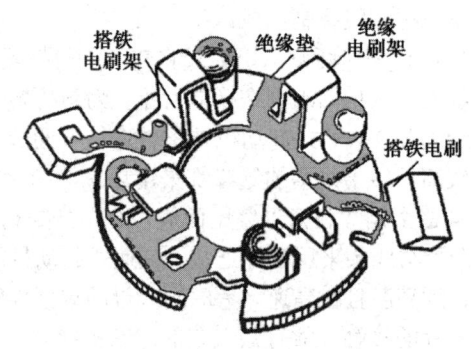

图 10.10 起动机用电刷及电刷架

电刷端盖、驱动端盖与机壳靠两个较长的穿心连接螺栓连接在一起，将起动机组成一个整体，电刷端盖、驱动端盖与机壳间接合面上一般制有定位用安装记号。

10.2.4 直流电动机的工作原理

以单匝转子绕组的直流电动机为例，简要叙述其工作原理。

直流电动机的定子绕组通电后，磁极产生的磁场方向如图 10.11 所示，并通过电刷和换向片将直流电引入转子绕组。当换向片 A 与正电刷接触、换向片 B 与负电刷接触时，转子绕组中的电流 I_s 方向为 $a \to d$，此时按左手法则判定转子绕组匝边 ab、cd 受到磁场力 F 的方向如图 10.11 所示，形成了一个逆时针方向的电磁转矩 M，使转子转动。当换向片 A 与负电刷接触、换向片 B 与正电刷接触时，电流 I_s 方向为 $d \to a$，根据左手法则，电磁转矩方向仍为逆时针，转

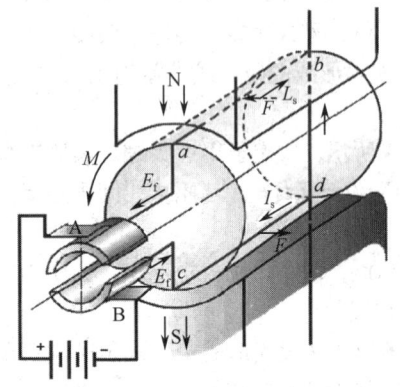

图 10.11 直流电动机工作原理

子按原旋转方向继续转动。

由上可知，直流电动机通过换向器将电源的直流电转换为转子绕组中的交流电，从而使转子绕组产生一个方向恒定的电磁转矩。为产生足够大且稳定的电磁转矩，实际中的直流电动机的转子用多匝绕组串联而成，相应的换向片也有很多片。

10.3 起动机的传动机构

起动机的传动机构包括驱动齿轮的单向离合器和拨叉两部分，减速式起动机的传动机构还包括减速装置。驱动齿轮与飞轮齿圈的啮合一般靠拨叉强制拨动完成，如图 10.12 所示。起动机不工作时，驱动齿轮处于图 10.12（a）所示位置；当需要起动时，拨叉在人力或电磁力的作用下，将驱动齿轮推出，与飞轮齿圈啮合，如图 10.12（b）所示；待驱动齿轮与飞轮齿圈接近完全啮合时，起动机主开关接通，起动机带动发动机曲轴运转，如图 10.12（c）所示。发动机起动后，如果驱动齿轮仍处于啮合状态，则单向离合器打滑，驱动齿轮在飞轮带动下空转，直流电动机处于空载旋转状态，避免了被飞轮反拖使直流电动机高速旋转的危险。起动完毕后，关闭起动电源，起动机拨叉在复位弹簧的作用下回位，带动驱动齿轮退出与飞轮齿圈的啮合。

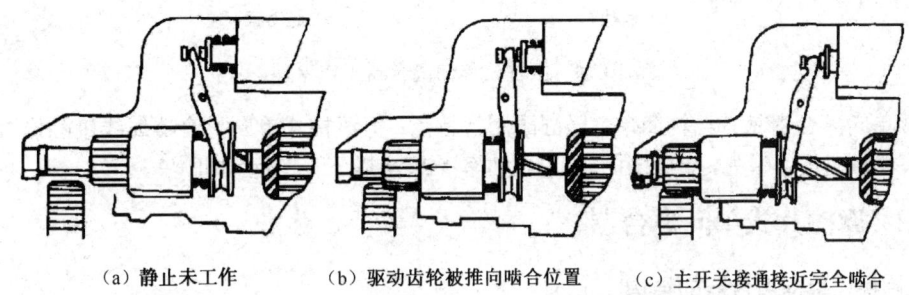

（a）静止未工作　　　（b）驱动齿轮被推向啮合位置　　　（c）主开关接通接近完全啮合

图 10.12　起动机驱动齿轮与飞轮齿圈的啮合过程

起动机传动机构的单向离合器主要有滚柱式、摩擦片式和弹簧式三种结构形式。

10.3.1 滚柱式单向离合器

1. 滚柱式单向离合器的结构

滚柱式单向离合器是通过改变滚柱在楔形槽中的位置实现接合和分离的，按其结构不同分为十字块滚柱式和十字槽滚式两种。十字块滚柱式单向离合器的结构如图 10.13 所示，其外壳与驱动齿轮连为一体，外壳和十字块装配后形成四个楔形槽，槽中有四个滚柱，滚柱的直径大于槽窄端且小于槽宽端，弹簧及活柱将滚柱推向槽的窄端，使得滚柱与十字块及外壳表面有较小的摩擦力。十字块与传动套筒刚性连接，传动套筒安装在转子轴的花键部位，使离合器总成可进行轴向移动和随轴转动。

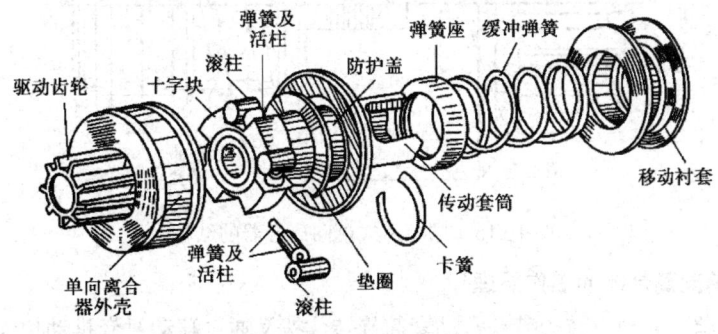

图 10.13　十字块滚柱式单向离合器的结构

2. 滚柱式单向离合器的工作原理

以十字块滚柱式为例：起动时，拨叉通过移动衬套推动离合器总成进行轴向移动，使驱动齿轮啮合飞轮齿圈的同时，转子轴通过花键带动传动套筒、十字块旋转，滚柱被挤到楔形槽的窄端，并越挤越紧，使十字块与驱动齿轮形成一体，直流电动机电磁转矩传给了驱动齿轮，如图10.14（a）所示。发动机起动后，发动机飞轮带动驱动齿轮旋转，从而使离合器外壳的转速高于十字块，滚柱被推到楔形槽宽端而打滑，防止了发动机飞轮带动起动机转子高速旋转，避免造成转子飞散事故，如图 10.14（b）所示。

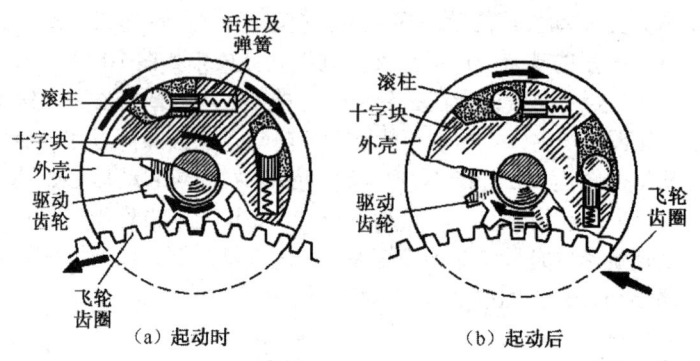

图 10.14　滚柱式单向离合器工作原理

滚柱式单向离合器具有结构简单、坚固耐用等特点；但滚柱式单向离合器属线接触传力，传递大转矩时，滚柱易变形、卡死，一般用于中、小功率（2kW 以下）的起动机。

10.3.2　摩擦片式单向离合器

1. 摩擦片式单向离合器的结构

摩擦片式单向离合器的结构如图 10.15 所示。传动套筒内花键与转子花键轴相连接，传动套筒外圆与内接合鼓通过三线螺旋花键连接；内接合鼓外圆上有凹槽，与主动摩擦片的内凸齿相配合；从动摩擦片有外凸齿，插入外接合鼓的槽中，外接合鼓与驱动齿轮连为一体；在传动套筒上自左向右还装有弹性垫圈、压环和调整垫圈，端部用限位螺母做轴向固定。

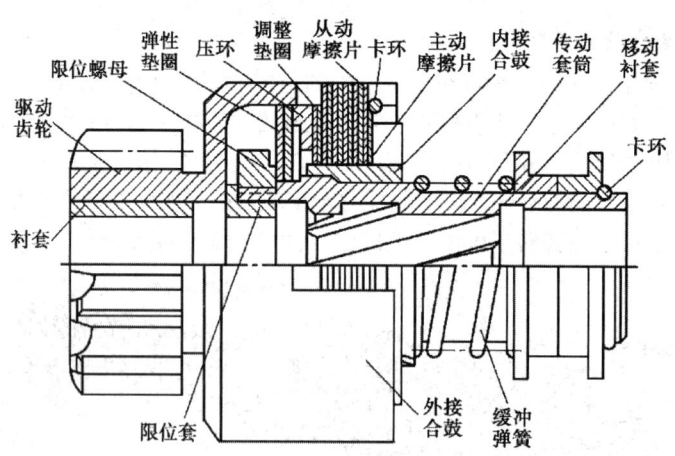

图 10.15　摩擦片式单向离合器的结构

2. 摩擦片式单向离合器的工作原理

接通起动机电源，起动机转子带动传动套筒旋转，拨叉通过移动衬套推动传动套筒、内接合鼓、摩擦片、外接合鼓、驱动齿轮向飞轮方向旋进，摩擦片被压紧，把起动机的电磁转矩传给发动机。发动机起动后，飞轮以较高转速带动驱动齿轮旋转时，内接合鼓沿螺旋花键退出，摩擦片打滑，避免发动机飞轮带动起动机高速旋转。

当起动阻力过大时，曲轴不能立即被带动旋转。此时因内接合鼓与传动套筒之间存在转速差，内接合鼓继续左移，使摩擦片的压紧程度继续增大，调整垫圈在压环凸缘的压力作用下弯曲变形，当弯曲到内接合鼓的左端顶住了调整弹圈的中心部分时，即限制了内接合鼓继续向左移动，摩擦片式单向离合器便开始打滑，从而避免因负荷过大烧坏电动机。

通过增、减调整垫片的方式改变调整垫圈的厚度，即可改变弹性垫圈的最大变形量，也即调整了摩擦片式单向离合器的最大传递转矩。

摩擦片式单向离合器具有传递大转矩、防止超载损坏起动机等优点，在较大功率起动机上应用比较广泛；缺点是结构比较复杂，摩擦片容易损坏而影响起动性能，需要经常检查、调整或更换摩擦片。

10.3.3　弹簧式单向离合器

1. 弹簧式单向离合器的构造

弹簧式单向离合器是通过扭力弹簧的径向收缩和放松来实现接合和分离的，其结构如图 10.16 所示。驱动齿轮松套在传动套筒上，月形圈限制了驱动齿轮和传动套筒的轴向移动，但不妨碍其相对转动。扭力弹簧包在驱动齿轮轮毂和传动套筒的外圆表面，扭力弹簧两端各有 1/4 圈内径较小，并分别箍紧在驱动齿轮柄和传动套筒上，扭力弹簧外装有护套。

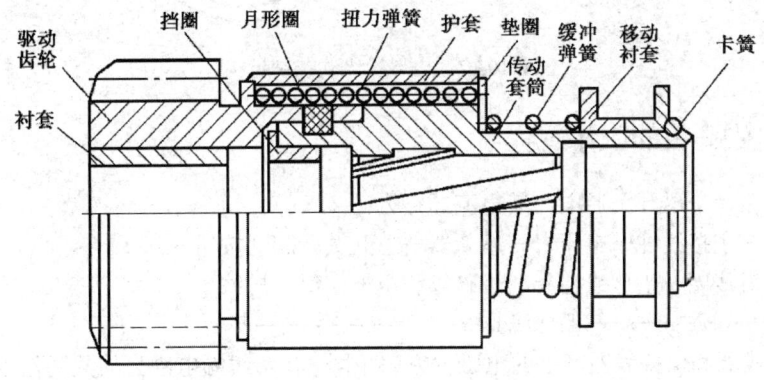

图 10.16　弹簧式单向离合器的结构

2. 弹簧式单向离合器的工作原理

起动时，起动机转子带动传动套筒旋转，拨叉通过移动衬套推动传动套筒、扭力弹簧、驱动齿轮向飞轮方向旋进；扭力弹簧在其两端摩擦力的作用下，按卷紧方向扭转，整个扭力弹簧使驱动齿轮和传动套筒紧箍成一体，将起动机的电磁转矩传给飞轮。发动机起动后，驱动齿轮的转速高于转子转速，扭力弹簧放松，驱动齿轮在传动套筒上滑转。

弹簧式单向离合器具有结构简单、寿命长、成本低等优点，但扭力弹簧圈数较多，轴向尺寸较大，因此多用于大、中型起动机。

10.4　起动机的控制机构

起动机的控制机构也称操纵机构，其作用是控制起动机主电路的通断和驱动齿轮的啮合与分离。起动机的控制机构分为直接操纵式和电磁操纵式两种，电磁操纵式控制机构俗称电磁开关，其使用方便，工作可靠，并适合远距离操纵。现代汽车、拖拉机的起动机均采用电磁操纵式控制机构。

10.4.1 电磁操纵式控制机构的结构

电磁操纵式控制机构（电磁开关）主要由吸引线圈、保持线圈、活动铁芯、接触盘、触点（主接线柱）等组成，如图 10.17 所示。对于汽油机用起动机，电磁开关内还有点火线圈附加电阻短路触点，通过电磁开关壳体的接线柱与点火线圈初级绕组相连。

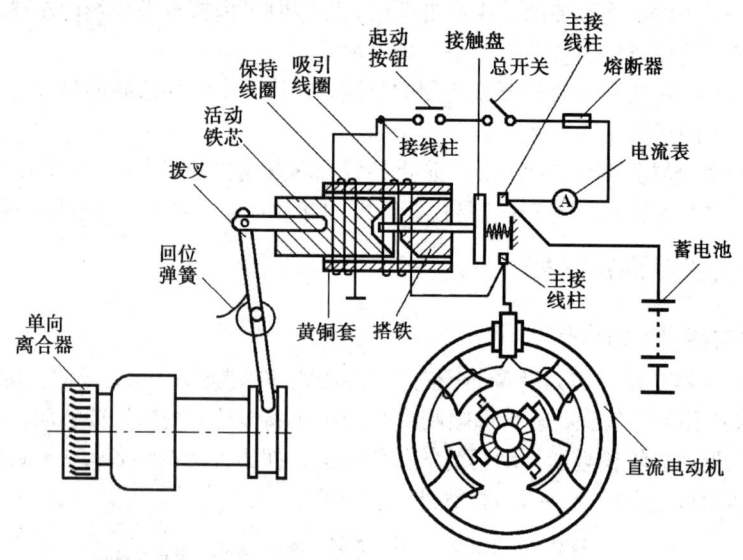

图 10.17　电磁操纵式控制机构

10.4.2 电磁开关的工作过程

接通起动电路，电磁开关通电，其电流通路为：

蓄电池正极→主接线柱→电流表→熔断器→总开关→起动按钮→

接线柱→吸引线圈→主接线柱起动机磁场和电枢绕组→搭铁。

└────────────────────保持线圈────────────────────┘

这时，吸引线圈和保持线圈产生的电磁力方向相同，在两线圈电磁力的共同作用下，使活动铁芯克服回位弹簧的弹力而右移，带动拨叉将驱动齿轮推向飞轮；与此同时，活动铁芯将接触盘顶向触点（主接线柱）。当驱动齿轮与飞轮啮合时，接触盘将两触点（主接线柱）接通，使起动机通入起动电流，产生正常电磁转矩，使发动机起动。接触盘接通触点时，吸引线圈被短路，改善起动时的点火性能。活动触点靠保持线圈的电磁力保持在吸合位置。

发动机起动后，在起动电路断开的瞬间，接触盘仍在接触位置，此时电磁开关电流通路为：蓄电池正极→主接线柱→接触盘→主接线柱→电动机→吸引线圈→保持线圈→搭铁。

吸引线圈和保持线圈是串联关系，两线圈所产生的电磁力方向相反，互相抵消，活动铁芯在回位弹簧的作用下迅速回位，驱使驱动齿轮退出啮合，接触盘在其右端小弹簧的作用下脱离接触，主开关断开，切断了起动机的主电路，起动机停止运转。

10.4.3 典型起动机实例——强制啮合式起动机

东风 EQ1090 汽车采用的 QD124 型起动机是一种由起动继电器控制的强制啮合式起动机，传动机构采用滚柱式单向离合器，为提高转子轴的刚度加装了中间轴承支承板，在控制电路中装有一个起动继电器，起动机由点火开关控制。起动机控制电路如图 10.18 所示，工作过程简述如下。

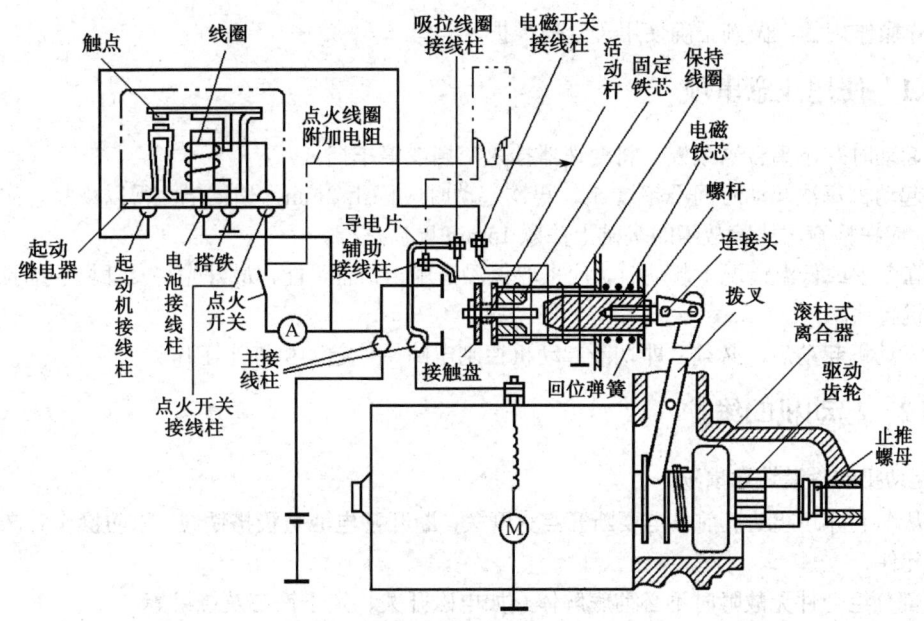

图 10.18　QD124 型起动机控制电路

（1）起动时，将点火开关旋至起动挡位，起动继电器线圈通电，电流由蓄电池正极流经主接线柱→电流表→点火开关→起动继电器点火开关接线柱→起动继电器线圈→搭铁流。起动继电器触点闭合，接通电磁开关电路。

电磁开关电路具体电流通路为：蓄电池正极→主接线柱→起动继电器电池接线柱→起动继电器触点→起动继电器起动机接线柱→电磁开关接线柱，然后分成两并联电路。一路是：吸引线圈→吸引线圈接线柱→导电片→主接线柱→起动机线圈→电枢绕组（图中未标出）→搭铁。另一路是：保持线圈→搭铁。

吸引线圈及保持线圈电流产生同方向电磁力将电磁铁芯吸入，拨叉推动滚柱式离合器，使驱动齿轮啮入飞轮齿圈。

当驱动齿轮啮合约一半时，电磁铁芯就顶动活动杆向左移动，当到达极限位置时驱动齿轮已全部啮合，接触盘同时将辅助接线柱和两个主接线柱接通。于是起动机在附加电阻和吸引线圈短路的有利条件下产生起动转矩，将发动机起动。较大起动电流直接从蓄电池正极经主接线柱、接触盘、起动机流向搭铁。吸引线圈短路后，驱动齿轮的啮合靠保持线圈产生的电磁力维持。此时的保持电路电流通路为：蓄电池正极→主接线柱→起动继电器"电池"接线柱→起动继电器触点→起动继电器起动机接线柱→电磁开关接线柱→保持线圈→搭铁。

（2）发动机起动后，起动机单向离合器开始打滑，松开点火开关，点火开关即自动转回到点火挡位，起动继电器线圈断电，触点断开，使电磁开关两个线圈串联，吸引线圈流过反向电流，使电磁力加速消失。电流通路为：蓄电池正极→主接线柱→接触盘→导电片→吸引线圈接线柱→吸引线圈（电流反向，图中未标出）→电磁开关接线柱→保持线圈→搭铁。

由于电磁开关线圈电磁力消失迅速，电磁铁芯和活动杆在回位弹簧作用下返回。接触盘先离开两个主接线柱，触点切断了起动机电源；点火线圈附加电阻也随即接入点火系统。同时拨叉将离合器拨回，驱动齿轮便脱离了飞轮齿圈，起动机停止工作。

10.5　起动系统的使用与维护

起动系统的性能与维护密切相关，为了提高起动系统的工作可靠性，延长起动机的使用寿命，必须严格遵守操作规程，做到正确使用、合理维护。

10.5.1 使用注意事项

（1）起动时踩下离合器踏板，将变速器挂入空挡或停车挡。

（2）起动机每次起动时间不超过 5s，再次起动时应停止 2min，使蓄电池得以恢复。如果连续第 3 次起动，应在检查与排除故障的基础上停歇 15min 以后进行。

（3）在冬季或低温情况下起动时，应采取保温措施，如有可能，最好先将发动机手摇预热后，再使用起动机起动。

（4）发动机起动后，必须立即切断起动机控制电路，使起动机停止工作。

10.5.2 起动机的维护

1. 起动机的拆装注意事项

（1）从车上拆卸起动机前一定要断开点火开关，断开蓄电池负极搭铁线，以防操作时产生电火花损坏电子元件。

（2）部分组合件无故障时不必彻底解体，如电磁开关、定子铁芯及绕组等。

（3）若起动机与发动机之间装有薄金属垫片，在装配时应按原样装回。

（4）不同型号的起动机解体与组装顺序有所不同，应按厂家规定的操作顺序进行。

（5）组装时各螺栓应按规定转矩旋紧，应检查调整各部分间隙。

（6）各润滑部分应使用厂家规定的润滑剂润滑。

（7）永磁式起动机应避免敲击、震动及较大的外压力。进行电气试验时线路不得接错，否则会损坏磁铁，且不能修复。

2. 起动机的检查

（1）起动机的保养。起动机外部应经常保持清洁，各连接导线（特别是与蓄电池相连接的导线）应保证连接牢固可靠；汽车每行驶 3000km，应检查与清洁换向器，擦去换向器表面的炭粉和脏污；汽车每行驶 5000～6000km，应检查、测试电刷的磨损程度及电刷弹簧的压力；每年应对起动机进行一次解体性保养。

（2）起动机部件的检查。

① 电刷、电刷架和电刷弹簧的检查：为减小电火花，电刷与换向器之间的接触面积应在理论最大接触面积的 75%以上，否则，应进行磨修。电刷的高度不应低于新电刷高度的 2/3。电刷在电刷架内应活动自如，无卡滞现象。

用测试灯或万用表检查电刷架的绝缘情况，若绝缘电刷架搭铁，则应更换绝缘垫后，重新铆合。在电刷弹簧处于工作状态时，用弹簧秤检查电刷弹簧的压力，一般为 10.7～14.7N，检查方法如图 10.19 所示。若压力降低，可将电刷弹簧向与螺旋方向相反的方向扳动或更换。

② 转子的检查：包括转子绕组、换向器及转子轴的检查。对于转子绕组应进行短路、断路及搭铁的检查，转子绕组有短路、搭铁故障时，应重新绕制或更换。换向器的故障多为表面烧蚀或失圆。换向片的径向厚度不得小于 2mm，否则应予更换。换向器的云母片应低于换向器铜片圆周表面 0.5mm 左右。铜片和线头的焊接应牢固，不得松动。检查转子轴是否弯曲，可用百分表检查。铁芯表面对轴线径向跳动应不大于 0.15mm，否则说明转子轴弯曲严重，应予以校直或更换。

③ 定子绕组的检查：与转子绕组相同，定子绕组也应进行短路、断路及搭铁的检查。

④ 单向离合器的检查：将单向离合器夹紧在台钳上，用扭力扳手向离合器压紧方向旋转，单向离合器应能承受规定转矩而不打滑，否则应更换。摩擦片式单向离合器的转矩若不符合规定，可在压环与摩擦片之间增减垫片予以调整。

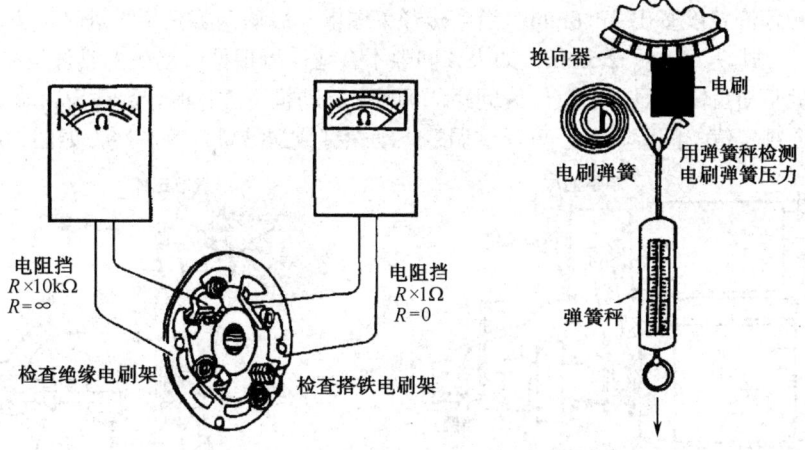

图 10.19　电刷架和电刷弹簧的检查

⑤ 轴承衬套间隙的检查。起动机各轴承与轴颈及轴承孔之间均不得有松动、歪斜等现象，起动机各轴承的配合应符合相关技术要求。各轴颈与衬套的配合间隙一般应符合表 10.2 的规定。若间隙过小，可用铰刀铰孔；若间隙过大，则应更换衬套后，再铰削配合。

表 10.2　各轴颈与衬套的配合间隙

名　称	标准间隙/mm	允许最大间隙/mm	铜套外圆与孔的过盈/mm
前端盖铜套	0.04～0.09	0.18	0.08～0.18
后端盖铜套	0.04～0.09	0.18	0.08～0.18
支承板铜套	0.085～0.15	0.25	0.08～0.18
驱动齿轮铜套	0.03～0.09	0.23	0.08～0.18

⑥ 电磁开关的检查。对于电磁开关应进行接触盘表面、触点表面及线圈的检查。

a. 接触盘表面和触点表面的检查。若有轻微烧蚀可用砂布打光；若有严重烧蚀，应予以修复或更换。

b. 吸引线圈和保持线圈的检查。可用万用表 R×1 挡检查吸引线圈和保持线圈的电阻值，部分起动机线圈电阻标准值如表 10.3 所示。若线圈内部断路或短路，应予以更换。

表 10.3　部分起动机线圈电阻标准值

起动机型号	吸引线圈电阻/Ω	保持线圈电阻/Ω
QD1211	0.27±0.05	0.88±0.1
QD124A	0.33±0.03	1.29±0.12
QD124F	0.6±0.05	0.97±0.1

10.5.3　起动机的调整与试验

起动机经检修后，应进行一系列的调整与试验，以确保其性能符合要求。调整项目包括转子轴向间隙调整、起动机驱动齿轮端面与端盖凸缘间距的调整等。试验项目包括空载试验和全制动试验。

1. 起动机的调整

（1）转子轴向间隙调整。如图 10.20 所示，转子轴向间隙 C 应为 0.1～1.0mm，否则，应通过增减换向器与端盖之间的调整垫片予以调整。

（2）驱动齿轮与限位环间隙的调整。起动机工作时，为了使驱动齿轮不与限位环接触过紧（因摩擦而损耗功率），又能与飞轮齿圈基本上完全啮合，要求电磁开关未接通时，驱动齿轮与限位环间的

间隙 A 应比飞轮齿圈宽度多出 5～8mm；当电磁开关通电，活动铁芯完全吸进时，驱动齿轮被推出，此时间隙为 B，一般 B 为 1.5～2.5mm。如果该间隙不合适，可根据起动机的具体结构进行调整。

（3）起动机驱动齿轮端面与端盖凸缘间距的调整。起动机不工作时，驱动齿轮端面与端盖凸缘之间的距离应符合规定值。间距不当，可通过调整止动螺钉或加减垫片等解决，如图 10.21 所示。

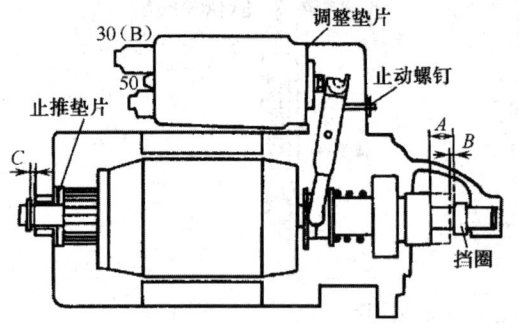

图 10.20　常见起动机调整部位示意图

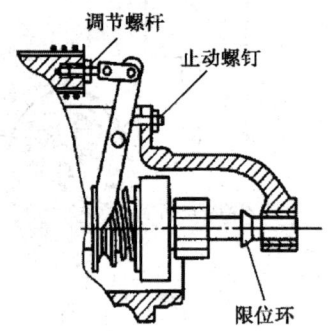

图 10.21　起动机驱动齿轮端面与端盖凸缘间距的调整

2. 起动机性能试验

（1）空载试验。将起动机夹紧，接通起动机电路，如图 10.22 所示。起动机应运转平稳，电刷无火花，其电流表、电压表和转速表上的读数应符合规定值。如果电流大于标准而转速低于标准，则可能是起动机装配过紧，转子绕组、定子绕组有短路或搭铁故障；如果电流和转速都低于标准，则说明起动机内部电路有接触不良之处。注意，每次空载试验不应超过 1min，以免起动机过热。

（2）全制动试验。全制动试验是在空载试验通过后，再通过测量起动机全制动时的电流和转矩来检验起动机性能是否良好。试验方法如图 10.23 所示。通电后，迅速记下电流表、弹簧秤和电压表的读数，其全制动电流和制动转矩应符合规定值。如果电流大而转矩小，则表明定子绕组或转子绕组有短路或搭铁故障；如果电流和转矩都小，则说明起动机内接触电阻过大；如果试验过程中转子轴有缓慢转动的现象，则说明单向离合器打滑。注意，全制动试验要动作迅速，一次试验时间不应超过 5s，以免烧坏直流电动机及对蓄电池使用寿命造成不利影响。

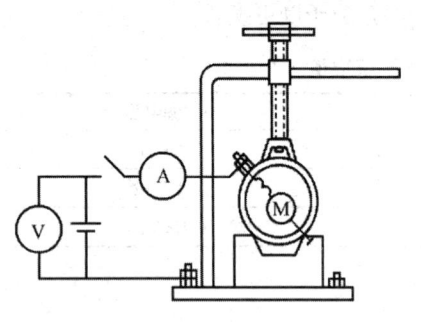

图 10.22　起动机空载试验

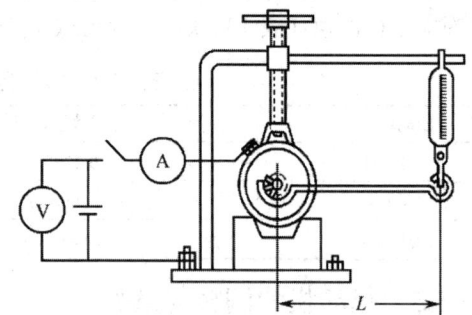

图 10.23　起动机全制动试验

实训　起动系统的拆装与调整

1. 实训内容

（1）对起动系统的组成与结构的认识。

（2）起动机的拆装。

2. 实训目的与要求

（1）学会起动机的拆装方法。

（2）了解起动系统的组成与主要部件的结构和工作原理。

3. 实训器材

（1）发动机 1 台。

（2）性能良好的起动机 1 台。

（3）汽车发动机常用拆装工具 1 套。

（4）汽车起动系统示教板 1 个及相关的多媒体课件和教学挂图。

（5）多媒体教室一间。

4. 实训时间及组织安排

（1）实训时间：1 学时。

（2）组织安排：每 5～6 人一组，由老师指导，学生自己动手拆装。

5. 实训方法与步骤

（1）观察发动机起动系统的基本组成。

（2）起动机的分解。

① 电刷端盖的拆卸。首先旋下螺栓，从起动机电刷端盖拆下衬套座，从转子上取下挡圈后取出衬套和调整垫圈，再旋下螺母，从起动机上取下接线片和电刷端盖，并旋下长螺栓。

② 电刷及电刷架的拆卸。用钳子将电刷弹簧向上抬起，从起动机壳体上取出电刷及电刷架，在起动机壳体与驱动端盖上做好标记后，取下起动机壳体。

③ 电磁开关的拆卸。旋下螺栓并做好标记后，从驱动端上拆下电磁开关端盖及电磁开关体，再旋下拨叉销螺母，取下拨叉销和拨叉，最后将转子及小齿轮组件一起取出。

④ 小齿轮组件的拆卸。从转子的驱动端拆下衬套、止推垫。

⑤ 拆卸外座圈和小齿轮组件。

（3）起动机的安装。

起动机的安装按与拆卸顺序相反，安装时应注意以下事项。

① 小齿轮组件与转子的组装。在转子轴上涂上润滑脂后，装上小齿轮组件，并做以下检查：握住转子，当转动小齿轮组件外座圈时，小齿轮组件应能沿转子轴滑动自如。

② 电磁开关的安装。电磁开关应以倾斜的角度装入，以便电磁开关的滑动阀组件与拨叉装在一起，最后旋上螺栓。

③ 定子的安装。应将定子上的标记与驱动端盖的标记对正后装入。

④ 电刷及电刷架的安装。在换向器上装上电刷架，将电刷架装到适当的位置后，再在电刷架上装上电刷。

⑤ 电刷端盖的安装。首先旋上螺栓，装上电刷端盖，再旋紧螺母。

（4）起动机空载试验。

接好起动机空载试验电路，此时若用导线接通主接线柱和接线柱，起动机应能正常平稳运转，否则重新拆装检查。

6. 实训工单

实训项目	起动系统的拆装与调整
一、准备工作	
	情况记录
（1）工具及仪器的准备	
（2）维修手册的准备	发动机型号：

实训项目	起动系统的拆装与调整
二、操作过程	
起动机的分解	起动机分解步骤与技术要点:
起动机的组装	起动机组装步骤及技术要点:
起动机的检查	1. 起动机控制电路图: 2. 检测结果:
总结分析:	

复习思考题

1. 为使发动机在低温下迅速可靠地起动，常采用哪些辅助起动装置？

2. 为什么必须在起动机中安装传动机构？常用的起动机传动机构有哪几种类型？

3. 试述滚柱式单向离合器的结构和工作原理。

4. 如何正确使用和维护起动系统？

5. 起动机的调整项目有哪些？

参 考 文 献

[1] 扶爱民. 汽车发动机构造与维修[M]. 北京：电子工业出版社，2012.

[2] 屈殿银. 汽车发动机构造与维修[M]. 北京：机械工业出版社，2012.

[3] 蒋瑞斌. 汽车发动机机械系统检修[M]. 北京：机械工业出版社，2014.

[4] 梁　勇. 汽车发动机构造与维修[M]. 北京：中国农业出版社，2015.

[5] 陈文华. 汽车发动机构造与维修[M]. 北京：人民交通出版社，2001.

[6] 麻友良. 汽车电器与电子控制系统[M]. 北京：机械工业出版社，2003.

[7] 李炳泉. 桑塔纳 2000 型轿车构造[M]. 北京：机械工业出版社，2000.

反侵权盗版声明

电子工业出版社依法对本作品享有专有出版权。任何未经权利人书面许可，复制、销售或通过信息网络传播本作品的行为；歪曲、篡改、剽窃本作品的行为，均违反《中华人民共和国著作权法》，其行为人应承担相应的民事责任和行政责任，构成犯罪的，将被依法追究刑事责任。

为了维护市场秩序，保护权利人的合法权益，我社将依法查处和打击侵权盗版的单位和个人。欢迎社会各界人士积极举报侵权盗版行为，本社将奖励举报有功人员，并保证举报人的信息不被泄露。

举报电话：（010）88254396；（010）88258888

传　　真：（010）88254397

E-mail：　dbqq@phei.com.cn

通信地址：北京市万寿路 173 信箱

　　　　　电子工业出版社总编办公室

邮　　编：100036